ZHONGGUO DANG'AN NIANJIAN

中国档案年鉴

（2014）

国家档案局
中央档案馆 编

中国文史出版社

图书在版编目(CIP)数据

中国档案年鉴. 2014 / 国家档案局，中央档案馆编.
—北京:中国文史出版社，2017. 5
ISBN 978-7-5034-9281-5

Ⅰ. ①中… Ⅱ. ①国… ②中… Ⅲ. ①档案工作-中国-2014-年鉴 Ⅳ. ①G279. 2-54

中国版本图书馆 CIP 数据核字(2017)第 131911 号

ISBN 978-7-5034-9281-5

9 787503 492815 >

责任编辑：詹红旗

出版发行：中国文史出版社
网　　址：www. wenshipress. com
社　　址：北京市西城区太平桥大街 23 号　邮编：100811
电　　话：010—66173572　66168268　66192736（发行部）
传　　真：010—66192703
印　　装：廊坊市海涛印刷有限公司
经　　销：全国新华书店
开　　本：787 毫米×1092 毫米　1/16
印　　张：21.75
字　　数：730 千字
版　　式：2017 年 6 月北京第 1 版
印　　次：2017 年 6 月第 1 次印刷
定　　价：200.00 元

2013 年 5 月 8 日，中央办公厅副主任陈世炬视察中央档案馆档案数字化现场

2013 年 6 月 14 日，全国建设项目档案管理示范工程经验交流会

2013 年 10 月 10 日，全国数字档案馆（室）建设推进会

2013 年 10 月 16 日，国际档案理事会东亚地区分会第 11 次全体大会暨数字档案馆的规划和实践研讨会

2013 年 7 月 16 日，国家档案局局长杨冬权与俄罗斯联邦档案署副署长塔拉索夫签署两国档案合作协议

2013 年 1 月 8 日，国家档案局局长杨冬权会见美国犹他州家谱学会会长史蒂夫·尼克尔一行

2013 年 10 月 21 日，国家档案局局长杨冬权会见朝鲜国家文献局副局长柳哲焕一行

2013 年 7 月 26 日，纪念毛主席诞辰 120 周年 120 幅书法作品接收仪式

2013 年 10 月 14 日，国家档案局主办的四川藏区档案局馆长培训班开班式

2013 年 5 月 9 日，北京市档案局（馆）召开主题教育活动大会

2013 年 6 月 9 日，天津市“国际档案日”宣传活动现场

2013 年 10 月，河北省档案局局长魏四海观看唐山市古冶区档案馆新馆沙盘

2013年2月6日，辽宁省副省长薛恒视察辽宁省档案馆新馆

2013年6月6日，第七届上海市档案馆日宣传月活动现场

2013年1月31日，法国对外培训交流促进协会会长波蒙蒂参观江苏省档案局

2013年10月23日，国内唯一一套留存至今最为完整的“红色刊物”《译报周刊》捐赠仪式在浙江省档案馆举行。图为捐赠者郑嘉钧先生（左一）向浙江省档案局（馆）刘芸局（馆）长捐赠《译报周刊》

原版《译报周刊》全套37期35本副本

2013年5月9日，美国档案工作代表团参观安徽省档案展示馆

2013 年 6 月 20 日，福建省档案局在省政府新闻办召开“侨批档案”成功入选《世界记忆名录》新闻发布会

2013 年 6 月 25 日，山东省档案局副局长李洪合一行赴高密征集著名作家莫言档案资料

2013 年 6 月，湖北省档案部门举办多种形式纪念“国际档案日”

2013 年 5 月 29—30 日，国家重点档案抢救和保护工作技术推广应用培训班

2013 年 4 月 22 日，四川省档案局局长丁成明在省档案学校视察灾情

2013 年 12 月 30 日，甘肃省委常委参观“红星照耀中国——外国人眼中的中国共产党人”档案图片展览巡展

编辑说明

一、《中国档案年鉴》是一部供国内外读者了解和研究我国档案事业发展基本情况所必备的综合性、资料性的大型文献和工具书。所采用的资料由国家档案局中央档案馆，中央和地方各部门，各省、自治区、直辖市档案局及有关单位提供，内容全面、翔实、准确，具有权威性。

二、《中国档案年鉴(2014)》反映2013年度的全国档案工作情况。

三、《中国档案年鉴(2014)》以各地档案事业发展情况为主干，从档案法规、标准的制定，档案馆、机关档案室工作，经济科技档案工作，档案教育、科技、宣传、出版、外事工作等各个方面反映我国档案事业发展的全貌。《中国档案年鉴（2014)》介绍了有关档案工作会议及中国档案学会的主要活动，发表了2013年度的档案事业统计资料。

四、《中国档案年鉴(2014)》内容包括：(一)特载；(二)综合概况；(三)档案事业发展概况；(四)档案法制、专项督查和标准化工作；(五)档案馆工作；(六)机关档案工作；(七)经济科技档案工作；(八)档案专业教育工作；(九)档案科技工作；(十)档案宣传工作；(十一)档案编研工作；(十二)档案外事工作；(十三)中国档案学会；(十四)档案统计资料。书后附有2013年中央档案馆国家档案局大事记。

五、《中国档案年鉴(2014)》收录的资料未包括台湾省。香港特别行政区和澳门特别行政区的有关材料由香港特别行政区和澳门特别行政区自行公布。

六、《中国档案年鉴》的编辑和出版工作，得到了各省、自治区、直辖市档案部门和中央、国家机关档案部门以及中国文史出版社的大力支持，谨在此表示衷心的感谢。

七、《中国档案年鉴》的编辑工作尚存在缺点和不足，敬请读者提出宝贵意见，以便改进。

《中国档案年鉴》编辑部

2014年6月

目　　录

(五)档案馆工作

(六)机关档案工作

(七)经济科技档案工作

（八）档案专业教育工作

（九）档案科技工作

（十）档案宣传工作

(十一)档案编研工作

(十二)档案外事工作

(十三)中国档案学会

（十四）档案统计资料

(一) 特　　载

资　料（一）

国家档案局局长、中央档案馆馆长杨冬权在全国建设项目档案管理示范工程经验交流会上的讲话

（2013 年 6 月 14 日）

同志们：

这次全国建设项目档案管理示范工程经验交流会的主题是：总结近几年建设项目档案工作并交流经验，探索科学化、规范化管理的有效途径，部署建设项目档案工作深化发展的任务。

自 2006 年国家档案局与国家发展改革委联合制定《重大建设项目档案验收办法》以来，各级档案部门紧紧围绕我国经济建设大局，按照国家档案局的总体部署，结合实际，创新思路，完善机制，建设项目档案工作有序开展，涌现出一批“建精品工程，创一流档案”的建设项目。

为更好地宣传和推广建设项目档案管理先进经验，去年，国家档案局提出了创建全国建设项目档案管理示范工程活动，各级档案行政管理部门、各项目主管部门和有关建设项目单位积极响应，认真组织推荐和踊跃申报，最后确定了 91 个建设项目为第一批全国建设项目档案管理示范工程。在此，我代表国家档案局向获得建设项目档案管理示范工程称号的单位表示热烈的祝贺！向长期关心和支持建设项目档案工作的各级领导表示衷心的感谢！向辛勤工作在建设项目档案工作一线的基层档案工作者表示诚挚的敬意！

下面，我讲三个问题。

一、全国建设项目档案工作基本情况

（一）法规体系不断完善。自《重大建设项目档案验收办法》发布以来，国家档案局与有关主管部门先后制定了《国防科技工业固定资产投资项目档案验收办法》、《南水北调东中线第一期工程档案管理规定》、《国家电子政务工程建设项目档案管理暂行办法》、《南水北调工程征地移民档案管理办法》和《水利水电工程移民档案管理办法》等一系列建设项目档案管理规章。国家档案局组织修订了国家标准《科学技术档案案卷构成的一般要求》，推动制定了《煤炭建设项目档案管理规范》，正在修订《国家重大建设项目文件归档要求和档案整理规范》。各地把对建设项目档案工作的监管纳入了地方档案条例，各地区、各系统已基本完成建设项目档案管理办法、验收办法实施细则和项目档案登记办法的制定，一些地区和行业系统结合各自建设项目类型和特点，制定了有针对性的项目档案管理规范。这些规章和标准规范的制定有力地推动和规范了建设项目档案工作发展。

（二）指导服务力度加大。近年来，各级档案部门围绕中心工作，加强对建设项目档案工作监督、指导和服务。国家档案局对长江三峡工程和南水北调工程档案工作进行直接指导，集中精力开展重点服务。今年，根据国务院总体安排，开始组织实施长江三峡工程档案专项验收工作。2008 年为贯彻落实中央提出的加强对新增中央投资项目管理的要求，我们发出《关于加强新增中央投资项目档案管理的通知》，要求所有项目应无一遗漏地规范建档。为深入贯彻落实中央西部大开发战略和中央新疆工作座谈会精神，我们于 2010 年发出《关于加强新疆建设项目档案工作的意见》；2011 年组织召开西部大开发建设项目档案工作推进会，对西部大开发建设项目和援建项目档案管理工作做出了部署；2012 年又召开西部大开发建设项目档案工作宣贯会，对西部地区档案业务指导骨干进行宣讲培训。

各地、各部门围绕各自的重点任务积极开展工作，为项目建设提供优质指导服务。在西部大开发，促进中部崛起，振兴东北老工业基地，珠江三角洲、长江三角洲、天津滨海新区、福建省海峡西岸经济区建设，长江三峡工程、南水北调工程、国家高速公路网建设、国家能源基地建设、汶川地震和玉树地震灾后重建，以及北京奥运会、上海世博会、广州亚运会等一系列战略任务和重大项目中，档案部门都积极参与。一些省市档案局抽调业务骨干派驻项目建设指挥部；一些地方和系统在网上开通项目

档案登记，组建项目档案协作组，有的还建立QQ群，利用网络解答问题，进行业务指导；一些企业集团整合内部档案专家资源，委派经验丰富的专家对在建项目档案管理进行诊断把脉。这些做法受到建设项目单位的普遍欢迎。

天津市档案局非常重视项目档案工作，主动热情为全市建设项目提供服务，开展服务的形式多样，效果显著，广受好评。据了解，他们收到的锦旗就有几十面，业务指导处的墙上都挂满了。

（三）监督管理全面强化。按照《国务院投资体制改革决定》中关于加强投资监管的要求，各级档案部门加强了对建设项目档案工作的监督管理，监管效能不断提高。国家档案局组织实施建设项目档案工作巡回检查，目前已完成对12个省（自治区、直辖市）区域内建设项目档案工作的检查。国防科工局与国家档案局联合对国防科技工业固定资产投资项目档案工作进行监督检查。各地档案部门也采取多种方式加强对建设项目档案工作的监督管理：一是加大建设项目档案行政执法监督检查力度，档案行政管理部门与人大、政府法制办、发展改革委、重点工程办等部门联合开展对重大建设项目档案工作执法检查；二是开展专项督查工作，对灾后重建项目、对口援建项目、煤炭建设项目档案工作进行了专项督查；三是认真组织建设项目档案验收工作，建立专家队伍，规范验收程序，严格验收标准，不合格的项目坚决不通过验收，对验收中发现的问题限期整改。

（四）边建边收边管边用。近几年随着社会档案意识的提高，项目档案工作越来越受到项目建设单位和参建各方的重视，项目档案工作作为项目建设的重要组成部分，基本做到与项目建设同部署、同实施、同检查、同验收。项目档案的收集也由原来的工程竣工阶段的集中收集变为按阶段、分部分项及时归档。项目档案不仅在项目运行维护、改建扩建、审计稽察等过程中发挥着不可替代的作用，而且在建设过程中也发挥了重要作用，为项目建设提供服务。例如，在三峡移民工程实施过程中，形成了浩繁的移民档案，大数有100多万卷，形象地说，如果把移民档案一卷卷摞起来，比珠穆朗玛峰还高。这些档案都是由档案工作者收集、整理、汇集起来的，在保障移民权益、促进库区经济发展、加强社会管理、维护社会稳定方面发挥了不可替代的重要作用。从1997年至2012年底，重庆市累计接待查阅利用三峡移民档案达50万人次，查阅群体中80%以上是基层的移民群众。为扶持库区移民，重庆市规定该市范围内的高等院校对移民子女参加高考，可以享受加5分的待遇。所以每年高考时，查阅移民档案的人特别多，有时出现人满为患的情况，不得不限量发号维持秩序。

（五）薄弱领域得到改善。一是，建设项目档案工作地区发展不平衡的状况得到改善。随着西部地区经济建设的发展，投资主管部门和项目主管部门越来越重视建设项目档案工作，建设单位和参建单位档案意识不断增强，做好建设项目档案工作的自觉性和主动性明显提高，与东部发达地区项目档案管理水平的差距在逐步缩小。二是，煤炭行业建设项目档案管理水平明显落后于其他能源行业项目的情况有所改善。2009年国家档案局召开了煤炭建设项目档案工作座谈会，提出力争用三年左右时间扭转落后局面，并提出了有针对性的措施。几年来通过各方共同努力，煤炭建设项目档案管理水平稳步提升。三是，移民档案管理不够规范的情况受到高度关注。长期以来工程移民工作难度大、头绪多，移民档案管理相对薄弱。在总结长江三峡工程等水利水电工程移民档案工作经验教训的基础上，国家档案局与水利部、国家能源局联合制定了《水利水电工程移民档案管理办法》，对移民档案工作作出了全面的规定，进一步规范和促进移民档案工作。

目前，建设项目档案工作处于快速发展时期，仍然存在一些共性问题亟需解决：一是，一些档案部门没有充分履行监督指导职责，对项目建设情况不掌握，工作处于被动状态，监督不力，服务不到位，业务指导人员力量薄弱、业务素质有待提高，甚至存在着不去指导、不会指导的现象；二是，一些项目建设单位和参建单位管理理念落后，把档案工作作为项目的尾工，在项目完工后才去找档案，忽视前端控制和过程管理，存在验收前临时突击收集、整理的现象，档案管理与项目建设管理脱节，管理制度和业务规范不健全，工作措施不到位，档案人员不熟悉项目档案业务，档案的完整性、准确性、系统性受到影响；三是，一些档案部门在档案验收工作中，存在验收组人员专业知识结构不合理、验收过程过于简化、查验不细把关不严等不规范的现象，影响了档案验收评价意见的全面性和准确性。

二、进一步做好建设项目档案工作的几点意见

（一）深化认识，全面部署。建设项目档案真实记录和反映了项目建设全过程，是与实体工程建设相匹配、相生相伴的组成部分，是广大工程建设者的劳动结晶，它既是项目建设、运行、维护、改造必不可少的可靠依据，也是实施项目监管的重要依据。做好项目档案工作对国家、社会、企业、员工都具有重要意义。建设项目档案工作是我们服务国

家经济建设和社会发展这个大局的前沿领域，各级档案部门要始终牢记：为项目建设服务，就是为党和国家中心工作服务的具体体现，充分认识加强建设项目档案工作的重要性和必要性，增强做好建设项目档案工作的责任感和使命感，充分发挥项目档案工作在为项目科学决策、建设管理、效益发挥、权益保障、运行维护、改建扩建和投资监管等方面的凭据作用。

各级档案部门要将重大基础设施建设、涉及产业结构调整和民生工程等方面的建设项目档案工作作为工作重点，紧密结合实际，认真研究建设项目档案工作的新情况、新问题，进一步探索建设项目档案工作中的新思路、新办法，完善建设项目档案工作管理体制，周密部署，切实采取有效措施，加强建设项目档案管理，深入推进新形势下建设项目档案工作。

（二）配合监管，形成合力。档案工作是项目建设管理的组成部分和基础工作。规范档案管理，给投资主管部门、项目主管部门以及质量监督、审计、稽察、纪检监察等部门开展各种监管活动和社会监督提供了有效支撑，完整、真实的档案为项目的建设质量与合规合法性提供了凭证依据。各监管部门需要档案部门对项目监管工作的配合，所以档案部门要借此契机与相关部门合力推动建设项目档案工作。

各级档案行政管理部门应主动与投资主管部门、项目主管部门加强联系，建立和完善建设项目档案工作的协调机制，及时了解每年项目的相关情况和动态，努力创建齐抓共管、各司其职、合力推动的档案工作管理机制，互相配合，形成合力，共同推进建设项目档案工作。项目建设单位和参建单位档案部门要加强与各职能部门的沟通协调，跟踪了解项目进展情况，及时掌握项目档案形成状况，借助专业技术人员力量对档案的完整性、准确性和系统性情况进行把关，形成互相配合、优势互补的档案管理模式。

（三）把握过程，全程服务。认真履行监督指导职责，对建设项目档案管理建立登记制度、进行检查指导、组织或参与项目档案验收，是各级档案部门履行监管职责的重要内容，要按照有关规定，认真组织实施，切实抓好落实。档案行政管理部门和项目主管单位档案部门要紧紧抓住以下环节，对项目实施全程监督、指导和服务：一是要抓好项目档案登记工作。根据项目档案登记情况及时掌握项目及档案工作开展情况，及时介入，做好安排部署；二是加强监管与提供服务相结合，对项目档案工作进行全程跟踪。督促检查项目建立和开展档案工作，及时进行现场指导，推动建设单位建立健全档案管理规章制度和工作体系，帮助专兼职档案人员学习和理解有关标准规范，掌握业务技能；三是认真做好项目档案验收工作，严肃认真、客观公正地开展验收。验收组的组成、验收程序、验收内容及标准，要严格按照《重大建设项目档案验收办法》和有关规定进行。验收工作中要坚持标准，不走过场。验收组成员要精通档案业务、熟悉项目建设，必要时可以邀请有关专业技术人员参加验收。对一些周期长、情况复杂的项目要进行阶段性检查和组织预验收。验收时要坚持原则，发现问题要敢于提出整改意见，并限期整改，进行复查，确保验收质量。

（四）突出管理，实现融合。在项目建设期，档案工作与项目建设管理脱节、滞后是建设项目档案工作的大忌。档案人员不能只埋头于具体的档案整理工作，把档案管理等同为档案整理，忽视文件材料产生、流转、积累和归档的管理过程，出现被动接收、坐等移交的局面。必须采取一系列行之有效的管控措施，预先制定档案收集办法和归档范围，做到随形成，随收集，应收尽收，确保档案的完整性、准确性、系统性。项目档案部门要全程参与项目建设过程，在关键环节实施节点控制和同步管理，使档案管理与项目管理紧密结合。通过强化过程管理，实现档案工作与项目建设的深度介入和全面融合，是实现建设项目档案工作目标的必由之路。

广大项目建设单位应该充分认识到，档案工作是项目建设过程中的基础性工作，在一定意义上讲，抓档案管理就是抓项目管理；保档案工作质量就是保项目建设质量；抓档案管理的规范化可以促进项目建设管理的规范化，从而提升项目建设管理水平。一流的工程离不开一流的档案管理。要充分发挥档案管理支撑项目管理的重要作用，不断更新管理理念、创新管理模式、强化管理措施、提升管理质量，使档案工作融入项目管理，更好地参与和服务项目建设。

（五）与时俱进，扩大归档。随着社会经济发展、科技进步和管理创新，建设项目档案出现了许多新内容、新载体，建设项目档案工作也遇到了新课题、新挑战。各级档案部门要与时俱进，从实际出发，深入研究建设项目档案工作新情况，特别是要研究预测项目在当前和今后对档案的潜在利用需求，扩大收集归档范围，强化收集归档工作，推动建设项目档案工作向广度和深度拓展。

信息化建设项目作为一种新型的建设项目，与以往那些以土建和设备安装为主要建设内容的项目不同，它在实施过程中所产生的项目文件材料，主要由设计需求、标准规范、软件开发、系统测试、系统集成等方面的文件材料和相关软件源程序、系统安装盘等构成，这些都需要收集归档，才能满足日后运行维护的需要。各相关单位必须明确把这些列入收集归档范围并及时归档。

随着信息技术的广泛应用，在项目建设管理过程中，各业务系统中产生了大量有保存价值的原生电子文件，也需要与纸质文件材料一样，采取相关管理措施和技术手段，及时、规范地收集归档，转化为电子档案长久保存。这是项目档案工作面临的一项新任务，也是今后档案信息化建设应重点解决的问题，值得下功夫认真研究。受国家电子文件部际联席会议办公室委托，国家档案局正在组织起草《国家重大建设项目电子文件管理办法》，为规范重大建设项目电子文件管理，维护项目电子文件和电子档案的真实、完整、安全和长久可用提供管理原则和基本方法。各相关单位一定要切实重视电子文件的归档，把项目建设中形成的属于归档范围的电子文件，像纸质文件一样，及时加以收集归档。

工程建设过程日新月异，影像材料在项目建设中起到了重要的形象记录作用。档案部门要更加突出地重视音像档案，全面研究对音像档案的潜在需求，与有关部门共同研究归档范围，制定拍摄计划，提出拍摄要求，从而丰富音像档案的归档内容。要更加注重通过镜头全方位记录项目的重要事件、主要活动和人物、建设进程、质量状态、关键工艺环节、隐蔽工程等形象信息，满足记录历程、新闻报道、企业文化、质量见证、责任追溯、技术研判、科学决策等多元需求，充分发挥音像档案的独特作用。6 月 11 日，我应邀到酒泉发射基地现场观看了“神舟十号”发射，据了解，在组装飞船的每一个部件时都进行了拍照和录像，因为飞船上天以后，就像建设项目的隐蔽工程一样，有情况、有问题时，地面技术人员分析查找原因都离不开这些照片和录像。所以我们讲，今后建设项目档案必须要有更多的音像档案，同时，工程建设的音像档案还不能只有奠基、竣工、开会、视察等仪式性场面，还要有关键部位、关键程序、关键工艺的真实记载，并把它们完整归档。

（六）重视利用，边建边用。建设项目档案源于工程，服务于工程。建设项目档案工作今后一定要更加重视利用。第一，要克服重建轻用、为建而建、为完成任务或应付验收而建立项目档案的思想，形成建立项目档案是为了满足当前和今后各方面利用的认识和自觉；第二，要根据当前和今后所必然会有和可能会有的利用需要而确定归档和收集的范围，也就是以利用为中心来进行收集归档；第三，要在项目档案开始收集之后，就积极主动地向各方面提供这些档案进行利用，用这些档案来解决各种实际问题，实实在在地体现其价值、发挥其作用，从而把档案利用提前到项目建设的过程中，贯穿于项目建设的全过程，最大限度地发挥档案效益，从而提高人们对档案的重视程度，为建设项目档案工作营造更加有利的社会氛围。

（七）充实力量，培养队伍。建设项目档案工作有自身的规律并具有专业性强、技术含量高的特点，要求从事业务指导和项目一线的档案人员，既要精通档案管理，又要熟悉工程项目的建设管理。同时，由于项目一线专兼职档案人员人手少、新手多、流动性强，要建立能胜任工作的档案队伍，就必须充实力量并强化业务培训。目前，总体上档案人员数量和业务素质还满足不了项目建设需要。强化队伍建设是提高工作水平的关键。从事建设项目档案工作的人员，应有较高的综合素质、较强的业务能力和一定的工作经验。各级档案部门要加强对项目档案人员的配备和培养，把那些善于学习、知识面广、沟通协调能力强、熟悉项目建设的同志，充实到业务指导队伍和项目档案工作一线中并保持相对稳定，通过强化培训、考察交流和“传帮带”等多种方式，使他们掌握项目建设规律和特点，熟悉项目档案工作要领，切实培养一批既懂项目建设管理，又懂档案管理的复合型人才；要组织编写一些建设项目档案工作手册，或拍摄一些如何实际操作的录像教材，供不同项目的相关人员使用，便于项目档案工作的实际应用。

三、深入开展创建全国建设项目档案管理示范工程活动

建设项目点多面广、类型复杂，开展创建全国建设项目档案管理示范工程活动，是确立一种引导建设项目创先争优的激励机制，是通过培育典型、提炼经验、以点带面，促进建设项目档案工作全面发展的有效抓手。各级档案行政管理部门和有关主管部门要重视这项工作，继续深入推进创建活动，使更多的建设项目参与进来，同时要投入更多的精力给予指导和培养，更好地发挥其带动工作的导向作用。获得示范工程称号的项目要珍惜荣誉，总结经验，在本地区、本行业、本系统乃至全国范围充分发挥示范引领作用。各建设项目要以示范工程为目标，善于学习借鉴，取长补短，吸收好经验，借鉴好做法，推动自身项目档案工作健康发展。

在示范工程创建过程中，我们不仅要广泛推动，

积极参与，努力争先，还要通过加强宣传和交流使示范工程的先进经验成为广大建设项目的共同财富，大力推广他们“全员、全方位、全过程”实施项目档案管理的经验，大力推广他们勤勉务实，勇于创新，立足为项目建设服务的经验。这次会议各示范工程都提交了经验材料，我们安排了几个示范工程建设单位的代表进行大会发言介绍经验，为大家提供一个交流学习的平台。各级档案部门也要采取多种方式宣传推广示范工程的先进经验，引导项目建设单位积极向示范工程学习，推动建设项目档案工作创新发展，全面提高建设项目档案管理水平，为项目建设和管理提供优质服务和有力保障。

全国建设项目档案管理示范工程创建活动，要坚持数量少、质量高、代表性强的推选原则。数量少才能优中选优确保精品，才能真正具有权威性；质量高就是要从项目建设一开始就要做好工作，进行全程培育，实现高起点、高水平；代表性强，就是要选取那些档案工作水平一流，同时在某些方面有创新、有特色、有代表性的建设项目。

全国建设项目档案管理示范工程每两年公布一批，去年各地、各部门所属的建设项目申报十分踊跃。明年将开展示范工程第二批申报工作，希望各地档案行政管理部门和有关中央主管部门、中央企业，将代表本地区、本行业、本系统建设项目档案工作最高水平的项目推选出来，使示范工程具有典型性、代表性，真正起到典型示范作用。

同志们，建设项目档案不仅事关当前的项目建设和将来的项目运行和维护，而且事关项目建设各单位、各人员的责任、业绩和相互关系、未来定位以及项目建设与自然环境的关系等，因此，建设项目档案与党的十八大提出的小康社会建设“五位一体”总布局息息相关。让我们在十八大精神指引下，为全面建成小康社会，建设强大中国、和谐中国、美丽中国而谱写建设项目档案工作发展的新篇章！

国家档案局印发《关于开展向朱志伟同志学习活动的决定》的通知

各省、自治区、直辖市档案局、馆，各计划单列市档案局、馆，新疆生产建设兵团档案局、馆，中央和国家机关各部委档案部门，总参办公厅保密档案局、解放军档案馆、武警部队司令部办公室，各人民团体档案部门，各中央企业档案部门，中国照片档案馆，中国人民大学档案学院：

现将《国家档案局关于开展向朱志伟同志学习活动的决定》印发给你们，请认真组织学习，把开展向朱志伟同志学习活动同党的群众路线教育实践活动相结合，在全国档案部门兴起学习先进、争当先进、赶超先进的热潮，继续弘扬档案工作者的优良传统和务实作风，不断推动档案事业科学发展，为全面建成小康社会作出新的贡献。

国家档案局关于开展向朱志伟同志学习活动的决定

二〇一三年八月二十三日

近年来，全国档案工作者勇于创新、奋发进取，恪尽职守、扎实工作，为推进档案事业科学发展，为建设档案强国和全面建成小康社会作出了积极贡献，谱写了平凡而感人的兰台诗篇，涌现出一大批为民务实清廉的优秀档案工作者。浙江省龙泉市档案局局长朱志伟（事迹见《中国档案报》2013 年 8 月 1 日）就是他们中的杰出代表，是全国档案系统开展党的群众路线教育实践活动的学习典型。

朱志伟同志 1960 年 9 月出生，浙江龙泉人，1976 年参加工作，2003 年 6 月任浙江省龙泉市档案局、档案馆党组书记和局长、馆长。

朱志伟同志参加工作特别是从事档案工作以来，始终保持党的优良传统和作风，秉承档案人忠于职守、无私奉献的职业精神，持之以恒、勇于创新、全心为民、苦干务实、勤政清廉，为建设民生档案数据库、服务人民群众和发掘档案资源、实现档案价值作出突出贡献，在“清冷”的岗位上，干出了火热的事业。在他的带领下，经过全局馆干部职工的苦干实干，龙泉市档案局馆自 2007 年以来，共获得“全省档案系统先进集体”、“全省‘三农’档案工作先进单位”、“全省农村档案信息资源共享工作先进单位”等 20 项荣誉。朱志伟同志把平凡的岗位作为人生的追求，把事业发展与服务百姓紧密相连，他的先进事迹是社会主义核心价值观在档案行业的生动实践，诠释了档案工作“为党管档、为国守史、为民服务”的神圣使命。国家档案局决定，在全国档案系统开展向朱志伟同志学习的活动。

向朱志伟同志学习，就是要学习他关注民生、服务百姓，一心为群众、一切为群众的务实作风。朱志伟同志是党的群众路线的忠实践行者，他始终坚信：“个人的价值，事业的发展，只有在服务百姓中才能得到最大的实现。”他心里装着群众，做事为了群众，带领档案局馆的干部职工不断研究了解人民群众对档案利用的需求，不断收集整理民生档案，形成民生档案数据库，把党的一切为了人民、依靠人民、服务人民的宗旨落到实处。建新馆，他提出“利用为主”，档案馆不仅是“文件仓库”，更是“百姓窗口”的新理念，增加了服务百姓的功能和空间。建资源，把民生档案资源建设作为“突破口”，10年进馆民生档案4.6万卷、件，占馆藏总量30%，建成内容涵盖山林权证、婚姻、土地承包、房产、知青、移民、企业改制等20个专题110万条全文民生档案数据库。建机制，他提出了变“搞接待”为“送服务”的新思维，坚持“档案为民”，为百姓提供“一站式”和“一键式”服务。

向朱志伟同志学习，就是要学习他勇挑重担、开拓创新，把“冷门”干成“热门”的进取精神。朱志伟同志身上具有想干事、能干事、干成事的特点，他对人生的定位是：尽心干事业；对事业的定位是：创新上水平。正是凭着对党和人民的忠诚、对档案事业的执着，他十年坚持把全部心思和精力花在抓工作、干实事、谋发展、图创新上：2003年筹建新馆、征集到入选“浙江档案文献遗产”的镇馆之宝《清源何氏宗谱》；2004年，建成土地房产、山林权属、婚姻登记等8个民生专题数据库；2005年，新档案馆落成开馆，10天完成10万卷档案的安全搬家，建立爱国主义教育基地；2006年，创建省二级档案馆，完成53万条文件级目录数据库建设，举办“纪念建党85周年图片展”；2007年，举办“龙泉青瓷之光”50年成就展；2008年，启动“龙泉民国司法档案研究”项目，举办“龙泉改革开放30周年成就展”；2009年，创建丽水第一个国家三级档案馆，成为欠发达地区的样板，举办“回望千年——龙泉文化遗产展”；2010年，出版《龙泉民国档案辑要》，在全省165项优秀编研成果中脱颖而出，荣获一等奖，举办“盛世跨越——龙泉撤县设市20周年成就展”；2011年，开展档案登记备份中心项目建设，开展民国档案裱糊修复工作，为剑瓷名人建档；2012年，《龙泉司法档案选编》（第1辑）出版发行，入选《记忆浙江·2012》及“龙泉2012年度十件大事”；2013年，编研出版《龙泉司法档案选编》（第2辑）。十年奋斗赢得十年精彩。

向朱志伟同志学习，就是要学习他真抓实干、攻坚克难，推动档案文化建设的拼搏精神。充分发掘档案的历史价值和文化价值，切实增强档案工作为社会主义文化强国建设服务的能力是新时期档案工作的新任务。朱志伟同志坚信，只要坚守，“小机关”也能有大作为，“小舞台”也能唱大戏。龙泉市保存民国司法档案1.7万卷、88万余页，朱志伟同志以敏锐的文化自觉与自信找准“民国司法档案”这个“突破口”，在全力开展档案抢救保护、建立专题数据库的基础上，抢抓龙泉市与浙江大学合作的机遇，开展案卷研究、田野考察、目录整理、学术研究、编纂出版等；积极争取各方面支持，争取国家出版基金。《龙泉司法档案选编》（第1辑）成为我国首套正式出版的地方司法文献，引起了海内外学术界和多方媒体的高度关注，成为龙泉继青瓷、宝剑后又一张文化“金名片”。

向朱志伟同志学习，就是要学习他率先垂范、廉洁奉公，远离浮华、甘于奉献的高尚人格。朱志伟同志始终把自己当成一名普通档案员、一线战斗员，坚持做到同事能做我能做、麻烦难做我来做、要求你做我先做。在规章制度落实上，朱志伟同志始终不折不扣地带头执行，并敢于叫响“看我的”。开发龙泉民国司法档案，朱志伟同志既做“组织者、策划者”，又做“研究者、整理者”。他不吸烟、不喝酒、不打牌、不交际、不活动，是个生活简单的人、纯粹的人、干工作痴迷的人。朱志伟同志对财务管理十分严格，要求每一笔账都要明明白白，每花一分钱都要说明用途，只有真正用在工作上的，才能办理报销，不允许出现糊涂账，哪怕只有一笔。他对工作经费把得很严，对办公经费的节俭更是“出了名”，新馆搬迁，为了节省开支，他带领大家自己搞新馆内部装修设计，不分昼夜完成10万余卷档案的搬迁任务。

朱志伟同志在平凡的岗位上践行着“一心为民、服务百姓”的群众观点和宗旨要求，体现着“一往无前、真抓实干”的优良作风和担当精神，闪耀着“一身正气、向我看齐”的党性原则和人格修养，代表着新时期档案工作者的人生追求和价值取向，是我国百万档案工作者的优秀代表。

全国各级档案部门要认真开展向朱志伟同志学习的活动，加强领导，周密部署，精心组织，务求实效。要把开展向朱志伟同志学习活动同党的群众路线教育实践活动结合起来，同推进档案事业科学发展结合起来，采取多种形式，广泛开展宣传活动，在全国档案系统兴起学习先进、争当先进、赶超先进的良好氛围，团结和激励广大档案工作者无私奉献、扎实工作，不断推动档案事业科学发展，为全面建成小康社会、为实现中华民族伟大复兴的中国梦作出新的贡献。

国家档案局局长、中央档案馆馆长杨冬权在全国数字档案馆（室）建设推进会上的讲话

（2013 年 10 月 10 日）

这次会议的主要任务是：交流我国数字档案馆（室）建设的经验，明确今后数字档案馆（室）建设的目标和任务。上午，我们现场看了江苏太仓市和苏州工业园区的数字档案馆（室）建设情况，刚才，又有 8 个单位介绍了经验，对我们启发很大。下面我讲 3 个问题：

一、为什么要召开这次会议

数字档案馆（室）是数字时代或者说大数据时代档案馆（室）的发展方向，是现代的新型档案馆（室），是对传统档案馆（室）的升级，是“第二代”或“升级版”的档案馆（室）。档案工作是否现代化，我国能否成为档案强国，其显著标志就是看是否建成数字档案馆（室）。可以说建设数字档案馆（室），是实现我国档案工作现代化，把我国建成档案强国的一项迫切任务和重要内容。

尽管国家档案局在 2005 年就提出要建立一批数字档案馆，但到目前为止，全国真正建成的数字档案馆（室）并不很多。像江苏这样的经济发达省份，到目前全省也只有 5A 级数字档案馆、室各 3 个，4A、3A 级数字档案室各 4 个，其他省份可想而知。这种状况很难让人满意。2012 年，一个中部省份的县级档案局长同我说，在他们那里，档案馆（室）如果不把档案数字化，就无法同其他部门对接，因为各部门日常办公传送的都是数字形态的东西，都通过电子网络传送，纸质或其他非数字形态的根本不好使、不对接。这席话道出了建设数字档案馆（室）的迫切性、必要性和实用性，也增加了我推进全国档案数字化的决心。因此，我在去年底召开的全国档案局长馆长会议上，提出了 2020 年全国档案馆档案数字化数量比 2010 年翻两番的硬指标，目的就是要强力推动档案数字化工作，扎实推进数字档案馆（室）建设。

这个指标提出后，不少同志对该不该这样提、能不能实现还有顾虑、有疑问。为了用事实打消疑虑，统一思想，推进档案数字化工作，我开始注意档案数字化工作的先进典型。很快，我看到太仓市实现档案馆和进馆单位档案室档案百分之百数字化的消息，当即决定今年在太仓开现场会，让全国都来看现场、学先进，树信心、鼓干劲，让大家都像太仓一样，下决心、花力气去推进档案数字化工作，加快数字档案馆（室）建设。

看了太仓，我同大家一样，感到震撼、震动，也感到骄傲、光荣。感到震撼、震动，是因为太仓从 1999 年开始，就一步一步、扎扎实实地搞档案数字化工作，而且十几年不改变，就像习近平总书记说的那样，一颗钉子钉下去，一张蓝图画到底，在全国率先实现了全市“两个百分百”的目标，使档案数字化工作在全国走在了前列，成为了模范。他们做的已超出我的想象，因为我想，单把馆藏档案全部数字化目前是可以实现的，以前已有过个别的先例，但同时把所有进馆单位档案室的档案也都数字化，甚至再过几个月就将把全市的村级档案也百分之百数字化，这是很不容易、很难实现的。感到骄傲、光荣，是因为像太仓这样在一个县级行政区域内做到“两个百分百”的，在世界各国中也是先进、走在前列的，属于不多见的奇迹，可以代表“档案强国”的水平，值得各国档案界学习，值得中国档案工作者骄傲。

当然，也许有人会说，太仓在中国东部沿海，是经济发达地区，有钱，能办成这样的事，但经济欠发达地区没钱，可能学习不了。正好几个月前，我到内蒙古调研，在伊金霍洛旗档案馆，看到了又一个档案数字化工作的先进典型。这个旗既是民族地区，又属西部地区，但他们从 2008 年开始，只用了 5 年时间，就把馆藏共 500 万页纸质档案和资料还有声像档案全部数字化，并在局域网上进行目录检

索和全文查阅。这次会上，我们也特请他们来介绍经验，目的是告诉大家民族地区、西部地区的县级档案馆是怎样实现档案数字化的。刚才介绍经验的几个单位中，一史馆代表了馆藏量巨大的中央级档案馆，他们现在的数字化工作规模，是世界各国档案馆中少有的，再有三四年时间，他们将把馆藏1000万件纸质档案全部整理并数字化，那将又是一个世界奇迹；北京市档案馆代表了省级档案馆，而且是馆藏量居省级前几名的大档案馆，他们将在两三年后，把馆藏200多万卷档案全部数字化。湖北十堰市档案馆，代表了中部地区的地市级档案馆，目前他们已把馆藏近15万卷档案的95%以上都数字化了，不久即可100%数字化。太仓市和伊金霍洛旗档案馆，则分别代表东部和西部的县级档案馆。这样，我们各级档案馆都有范例，东、中、西部都有可学的榜样。此外，还有中央级、省级机关数字档案室建设和在全市范围内全面实现电子档案接收等方面的先进经验。因此，我们这次会议推出的是一群榜样、一批先进，目的是引导各级档案馆（室）学习先进，按照这些单位已经做到的赶快去做，不要再畏难不前、止于观望。我们这次会议的目的就在于树立一批可供学习的数字档案馆（室）建设先进典型，倡导各级档案馆（室）以实际行动开展数字化，实现“数字转型”、“数字升级”、“数字换代”，在全国档案系统形成“数字导向”，推动建成更多的数字档案馆（室），让我国档案事业实现适应时代的、跨越式的“数字崛起”，成为真正的档案强国。

二、我国数字档案馆（室）建设的基本情况

（一）宏观管理稳步推进

2002年以来，国家档案局先后发布了《全国档案信息化建设实施纲要》；发布了《档案事业发展“十一五”规划》，提出了“建立一批电子文件中心和数字档案馆，实现档案信息资源社会共享”的总体目标；印发了《数字档案馆建设指南》《数字档案室建设指南》，明确数字档案馆（室）建设的具体内容；发布了《档案事业发展“十二五”规划》，提出要“加快数字档案馆建设步伐”。同时还陆续制定了一系列相关标准，为数字档案馆（室）规范建设提供了保障。

（二）创新实践全面展开

1. 数字档案馆（室）建设列入了各级政府工作规划。各级档案部门推动数字档案馆（室）建设纳入政府工作或信息化工作规划中，写入本级档案事业发展规划。各地的数字城市、城市记忆等大型项目中也都有数字档案馆（室）方面的内容。

2. 数字档案馆（室）基础设施建设不断加强。全国副省级市以上档案馆基本完成“三网一库”基础设施建设，部分档案馆（室）还进行了文档一体化、电子文件归档管理、电子档案管理、电子档案移交接收、电子文件中心、中心机房等系统和软硬件建设。北京市65%的市属单位办公自动化系统具有电子文件归档管理功能，77%的市属单位使用电子档案管理系统。天津市档案馆改建了“三网一库”，基于互联网的全市档案信息共享平台满足了人民群众“在家看档案”的要求，基于政务网的电子档案接收报送平台也建成使用。吉林省档案馆建成以局域网、公务网、互联网为平台，以电子文件归档管理系统为核心，以档案目录中心、文档管理系统、档案网站信息发布为支撑的基本体系。江西省档案馆建设了三网网络综合布线系统、软硬件与安全集成项目、电子档案接收管理系统、声像电子文件（档案）采编系统。辽宁省档案馆开发了省直机关电子文件接收与归档平台，并在70家省直机关试点单位进行推广，30家单位的电子文件顺利完成在线归档。四川21个市（州）档案馆中，多数具备了数字档案馆所必需的基础设备和网络平台。云南各新建馆普遍规划和建设100平方米以上的标准化中心机房，设置电子文件中心、电子档案查阅场所，布设标准规范物理隔离网络。

3. 馆（室）藏档案数字化工作日益深入开展。在中央和国家机关中，目前已有中央统战部、审计署、水利部、海关总署、新华社、国家统计局、国家林业局、国家食品药品监管局等单位完成了室藏全部档案的数字化，其他单位也正在开展档案数字化工作。总之，搞的是多数，不搞的是少数。另据2012年的调查显示，全国副省级市以上档案馆都已开展传统载体档案数字化，已数字化档案占馆藏总量的比例大幅提高。至2012年底，北京市和各区县档案馆共完成纸质档案数字化8759.5万页，接收电子档案约48TB（万兆字节），市档案馆已完成纸质档案数字化4397万页，占馆藏63%。上海17个区县档案馆档案数字化共超过3.6亿页，占馆藏50%以上，部分区县达90%以上，民生档案数字化率全部达100%。山东全省档案馆重要档案数字化已达30%。长春市档案馆采用“常用先扫、现用现扫、以用定扫”的“三扫”模式，档案数字化共319万页。江苏全省共完成纸质档案数字化1.2亿页。浙江全省有30%以上档案馆已完成一半以上档案数字化。云南全省已完成9172万页档案数字化，仅省档案馆就完成3277万页，富源县档案馆的90%档案已完成数字化。

4. 档案目录和专题档案数据库不断完善。长春有11个档案馆建立13个民生档案数据库，已共享民生电子数据1217万条。宁夏回族自治区档案馆建设档案目录、重要档案、多媒体档案数据库，采集《宁夏新闻联播》视频28600分钟。山东全省馆藏档案案卷级目录的75%、文件级目录的65%已进入数据库，录音、录像等多媒体数据库也已建立。江苏全省共完善各类电子目录9000万条，照片档案数字化52万幅，音像档案数字化39万分钟，涉及经济建设和民生专题数据库30多种。乌鲁木齐市档案馆为政府部门和社会公众提供开放档案目录及政府公开信息的在线查询服务，并建立珍贵档案数据库、照片档案数据库、音（视）频档案数据库、光盘档案数据库。云南省档案馆整合全省民生档案资源，建立民生专题数据库群，逐步实现民生档案“跨馆查档、就近出证”。天津档案馆档案信息资源库目录数据达880万条，各区县档案馆电子档案目录累计862万条。

5. 档案信息服务普遍开展。天津全市可供“一站式”查询的档案信息达473万条。浙江省档案馆网上发布开放档案资料目录24万条，开放档案及资料81万页，累计访问量达480余万次。河南建成档案信息网站87个，加快了开放档案目录、已公开政府信息网上查询步伐。湖北省档案馆网站总访问量已达1800多万人次，覆盖40多个国家和地区。长春市档案馆公布非密档案目录116万条，档案20万页，开展档案网上惠民工程，使153个社区具备了查询政府公开信息和开放档案信息的条件，每年发生远程查档出证案例达300件以上。辽宁省档案局建成档案网站信息资源共享平台，实现14个市网上新闻、档案目录及现行文件的异地共享，现已发布开放档案目录200余万条、政府公开信息目录15万条、开放档案5万多件，照片39914张。成都市提供档案查询服务，仅2012年就实现电子查询利用4万人次。云南省档案馆开通网络查阅档案平台，极大地缩短了查档时间，4年来为群众提供关系其切身利益的档案证明6181页。

6. 档案数据异地备份工作成绩显著。根据国家有关部门“分保”、“等保”工作要求和国家档案局提出的“实施重要档案异地备份制度”的总体要求，全国部分副省级市以上档案馆完成涉密信息系统分级保护工作、非涉密信息系统等级保护工作、重要档案异地备份工作，并积极部署实施辖区内各级档案部门的安全工作。福建已建立43家市、县（区）档案馆数字档案在省馆异地集中备份机制。湖北开展了市州档案馆向省馆的电子档案数据备份工作。辽宁省档案馆与各市签订“电子档案异地备份存储协议”。云南全省147个综合档案馆全部建立重要档案异地异质备份制度，78%的综合档案馆完成异质异地备份协议签署工作，互结为重要档案异地备份基地。北京市建立了本地、同城、异地备份体系。

（三）存在问题

一是宏观管理不够到位。国家层面上相关指导性文件和标准规范出台相对滞后，档案信息化标准体系、数字档案馆（室）建设标准体系不够健全。一些地方对数字档案馆（室）建设内容认识不清，项目管理经验少，实施方案与资金分配不合理，功能定位不清楚，系统建设低水平重复。二是统筹发展不够到位。各地电子文件管理和数字档案馆（室）建设水平参差不齐，很多单位重视数字化设施的建设而轻视数字档案内容的建设，以致空有数字化系统而无数字档案内容；数字档案资源的来源还主要依赖于对存量档案的数字化；数字档案资源的利用尚停留在基于目录的简单查询共享，缺乏综合的数据挖掘和深度整合；对增量电子档案的管理尚未建立起有效的体制，未将电子文件管理纳入档案法规的范畴；电子档案科技研究不够深入，尚未解决确保电子档案真实、完整、长期保存、可靠利用等关键问题。三是安全防范不够到位。一些单位监管不到位，涉密和非涉密档案信息混合管理，未进行有效划控，存在降密使用和泄密风险；带密级信息、敏感信息未经严格审查，公开上网提供利用；对合作公司的背景审查、设备检测、人员政审不到位，存在数字档案被合作单位拷贝留存、传送的情况和风险；优盘、硬盘使用混乱，公私不分，内外不分，登记不明。四是队伍建设不够到位。对专业性人才的引进、使用、培养不够。

三、我国数字档案馆（室）建设的目标和主要任务

当前，随着信息技术的飞速发展和互联网络的无限延伸，数字化、网络化、信息化已深刻地影响了人们的工作、学习、生活和娱乐，数字不再只和计算有关，更使人的生存方式发生了巨变，我们已不可逆转地进入了大数据时代。纵观档案发展史，从简牍到电子，档案工作无不是适应科技发展而不断更新档案管理内容和手段才获取更大发展的。面对大数据时代的机遇与挑战，我们必须全面推进数字档案馆（室）建设。

大数据时代在不断改造传统产业的同时，也对传统档案管理模式提出了挑战。在数字信息技术环境下，电子载体和数字传播方式的异军突起，信息处理方式的变革，电子文件的爆炸式增长，使得档

案的传统载体形态开始向数字形态过渡，档案管理和利用的主要环境逐渐向电子环境迁移。传统档案馆（室）必须向数字档案馆（室）转变，才能适应档案环境的新变化，开拓档案工作的新局面。

我国数字档案馆（室）建设的目标是：用15年左右的时间，建成以数字资源为基础、安全管理为保障、远程利用为目标的数字档案馆（室）体系，使各级各类档案馆（室）能够实现对电子文件的归档和管理并按规定及时移交；县以上各级国家档案馆基本建成数字档案馆，能够接收和保管各进馆单位归档的电子档案，对馆藏传统载体档案全部数字化，实现馆藏档案的数字化利用、馆藏开放档案的互联网利用以及馆藏电子档案的安全保存和长期可利用；县直机关以上档案室传统载体档案基本数字化并实现数字化利用。

为了实现这一目标，我们必须重点抓好以下几项工作：

（一）按照“存量数字化”的要求，大力推进传统载体档案数字化

各级档案馆（室）的现存档案，目前大多还是传统载体而非数字形态的，因此，数字档案馆（室）建设的首要任务，就是要把纸质档案、音像档案等传统载体的档案数字化。这是一场硬仗，是一项工作量巨大的艰难任务。但是，这项任务早晚都得完成。不完成这项任务，档案馆（室）就不能实现转型升级，就必然要在大数据时代落伍，就肯定不能跨进现代化的门槛。

传统载体档案数字化，对档案馆（室）有着多方面的作用和意义。

第一，它是确保传统载体档案安全的保障。传统载体档案在数字化后，将来的整理、编目、统计、查阅、编研、开发等各项工作，都可不再动用档案，并可对档案进行封存管理，从而大大减少了对档案的各种人为损害或自然侵害，大大提高档案的安全系数，从而保障档案的安全。把传统载体档案数字化，实质上是向数字化要安全，用数字化保安全。

第二，它是实现档案精细化、自动化管理的基础。在数字化之前，必须对传统载体档案进行文件级编目、录入计算机，逐卷、逐件、逐页地编号，破损的加以修裱，卷折的加以展平等等，这些基础工作完成后，可使档案达到精细化管理和自动化检索。实际上，数字化带动了档案基础工作的全面完成，使档案管理状况得到全面改善，使档案管理水平得到全面提升。2008年，我们提出在档案馆（室）业务工作中实施“数字化带动”战略，道理就在于通过数字化能全面提升档案馆（室）各项工作水平。

第三，它是实现为人民群众便捷服务的最好途径。数字化档案的最大优点在于它可以通过网络传送，实现档案信息的远程利用、便捷利用、多人异地同时利用；同时还可以通过大数据技术，对档案信息进行充分的、全面的、跨全宗甚至跨收藏单位的整合，并进行自动检索，可以说，数字化使档案利用以最新的手段、在最大的范围发挥出最大的效益，它使任何人都可以不用到档案馆（室）去，而只通过网络，就可以非常便利、迅速地利用、复制到档案。在当今技术条件下，没有任何其他办法比这更便利于档案利用、更能有效地进行档案信息资源开发。任何一个档案馆（室），如果不把传统载体档案数字化，那么，要想最便利迅捷地为最广大人民群众提供利用，要想最充分地整合、开发档案资源，都将只是一句空话、一个传说。把传统载体档案数字化，实质上是向数字化要便捷服务，用数字化促便捷服务。

第四，它将大量节省档案馆（室）的日常工作，把工作人员从繁重、复杂的劳动中解放出来。以纸质档案为例，数字化以后，在本全宗新的档案接收进馆时，不用为了把先后进馆的一个全宗档案放在一起而倒换档案；阅览、编研、办展、拍电视等利用档案时，都不用到库房去一件件提调档案，也不用在归还入库时逐件、逐页地清点档案；在进行档案统计时，也不用逐卷、逐件地对档案进行清点；档案封存管理后，也会省去大部分的日常管理工作。因此，尽管数字化会一次性耗费大量的人力，但数字化后又能长期节省大量的人力。

第五，它是传统档案馆（室）向现代档案馆（室）转型升级的标志。数字化促进了档案工作由传统的管理、利用模式向现代的管理、利用模式转变，使档案馆（室）实现了真正意义上的现代化。在今天，检验一个档案馆（室）是否现代化，关键要看其传统载体档案是否数字化。如果一个档案馆（室）的传统载体档案还没有数字化，还没能进入网络提供利用，利用者利用档案还必须到档案馆（室）来，档案馆（室）还是靠手工提调、原件提供，档案还不能实现大范围整合与检索，不能实现全社会共享，那么，这个档案馆（室）就决不能说是现代化的。

第六，它是档案馆（室）同社会上其他部门实现对接的需要。在办公自动化、信息传输网络化日益普及的情况下，社会上很多部门已经实行了无纸办公和信息的网络传送。传统载体档案不数字化，根本无法与其他单位对接，无法融入社会。

在数字档案馆（室）建设中，目前存在着一种偏向，就是注重数字化硬件系统、软件系统的建设，而忽视对数字内容的积累，忽视传统载体档案的数字化，以至于在先进的系统中缺少内容，就好像高速公路建好了，但路上没有车或车很少，没有起到实效。今后，我们必须彻底扭转这种情况，提醒各级档案部门，数字档案馆（室）建设必须“内容为王”，着重数字内容的积累，着重传统载体档案数字化。下一步，我局在发布的数字档案馆测评指标体系中，将把传统档案数字化数量比例作为“一票否决”的硬指标，只要这个比例达不到，其他工作做得再好，也不能评定是数字档案馆（室）。我们将通过这个“指挥棒”来引导全国各级档案馆（室）从拼设备转向拼内容，推动传统载体档案数字化工作快速进展。

传统载体档案数量巨大，数字化任务十分艰巨。认识到这项工作的重要性、必要性并不太难，难的是克服一系列困难，动手去做。怎么做好这件工作呢？结合各单位的经验，我认为要注意以下几点：

第一，要下大决心。有人可能认为数字化最难点在于找到钱，但我认为最难点在于下决心。像其他事情一样，档案数字化工作的最大困难在于“畏难”。开展这项工作，首先要像最近一本书名那样，做到“心胜”。如果心态是畏难的，不敢下决心，那么，有了钱他也不敢干、不会干；反之，如果痛下决心，那么，没有钱可以争取到钱，有什么困难可以克服什么困难。我自己就有这种体会。前几年，我们中央档案馆按常规按部就班地只由数字化部门的几个人搞数字化，每年只搞十几万页；2011 和 2012 两年，我们痛下决心，用超额按页付酬、超额达到一定数量可以评先、出国等一系列优惠政策，鼓励本单位各部门职工，利用工作和业余时间，集中搞，两年就搞了 400 多万页。2010 年之前，一史馆的档案数字化一直由于缺少工作场地而进展很慢，2010 年中办领导给一史馆提出 5 年左右完成全部档案数字化的硬任务后，我们痛下决心，外租库房，腾出几个库房作场地，大规模引进专业公司开展档案整理和数字化，两年多时间就整理档案 360 多万件，数字化档案近 2000 万页，大大加快了进度，估计再干 3 到 4 年，即可把档案全部整理和数字化。因此，我希望各级档案馆（室）的领导，对传统档案数字化工作，一定要破除畏难情绪敢下决心，痛下决心，没有开始干的一定要下决心开始干；已开始小规模慢慢干的，一定要下决心大规模加快干。

第二，要整体规划，循序渐进，持续进行。整体规划要统筹考虑经费、人员、场地、设备、技术、档案内容、整理与扫描及质检工作的匹配、档案和数据安全、备份载体、数据管理等各个方面，作出整体安排，不能锣齐鼓不齐，顾此而失彼。循序渐进，就是优先搞利用率最高、人民群众最需要或可以先开放的那部分档案，然后再搞其他档案，一部分、一部分地搞。我们中央档案馆就选择的是利用率占全部档案利用率一半以上的一个最重要全宗先突击进行的。不少基层档案馆，都优先搞民生档案的数字化，也是一种正确的选择。因为为民所用，是档案数字化的核心价值。持续进行，就是一颗钉子钉下去，一年接着一年干，一茬领导接着一茬领导干，不要中断，直到搞完为止。

第三，要运用各种人员力量、各种激励手段。数字化前处理和加工需要大量的人员。人员力量，要充分运用本单位人员和外请人员两种力量。本单位人员可以有工作时间干的和业余时间加班干的，外请人员可以有高校等合作单位的技术人员、档案形成单位的人员、外包专业公司的人员等。可以或有条件让外请人员干的，可大量聘外请人员干，以加快速度。无论对哪类人员，都要充分运用各种有效的激励手段，比如超额奖励、开展竞赛、评比先进等，来调动人员积极性，提高数字化速度和工作效率。事实证明，有激励手段，一个人可以顶几个人用。

第四，要注意安全。安全首先是档案实体安全，要以严格清点、全程录像监控、轻拿轻放、严禁把档案带出工作场所等各种手段，确保数字化过程中档案一件不丢、一件不坏、一件不乱。其次是档案数据安全，要以各种最严厉的手段，确保外请人员对数字化信息不带出场外、不据为己有、不随意传输。为了确保档案安全，我们中央档案馆首先把准备加工的档案中所有标密的档案全部挑出来进行鉴定，能解密的随时解密，然后把所有不涉及国家秘密的档案外包给专业公司加工处理，所有涉密的档案皆由馆内职工加工处理，以此确保外请员工不接触国家秘密。外包公司与我馆签有保密协议，加工设备皆由我馆提供并封闭所有下载端口，公司任何人都不能下载加工数据，确保任何数据不会外泄。同时，我们还有其他一系列安全措施，确保档案安全、主机安全、网络安全、数据安全。这些有效办法，可供各单位借鉴采用。

第五，要注重质量。不但要保证扫描后的数字档案内容完整、画面清晰，与原件一一对应，还要确保其具有法律效力。不能出现漏扫、错扫、扫描不清、扫描不全等情况。要通过全程质量控制、全面质量检查等方法来确保数字化质量。

为了促进传统载体档案数字化工作，国家档案局将从今年开始，每年年底对副省级市以上档案馆和中央国家机关档案室的档案数字化进展情况在全国范围进行通报。请各省档案局也从今年起，每年年底对各地、县档案馆和省直机关档案室的档案数字化进展情况在全省范围内进行这样的通报。通报内容不要太复杂，只通报传统载体档案今年完成数字化数量（画幅）、约占馆藏传统载体档案总量的百分比这两个关键数据，并分别按完成数量和比例大小进行两种顺序的排列，以促进后进单位的工作。我们要用通报这个手段，来进一步鞭策各级档案馆（室）加大数字化工作力度。

（二）按照“增量电子化”的要求，全面开展原生电子文件的归档、接收工作

随着办公自动化的日益普及，绝大多数档案形成单位的好多文件现在都有电子文件，新形成的档案都有电子档案。因此，今后各级档案馆（室）的新增档案，多数都已经是数字档案。我们必须从源头抓起，及时地把新形成的电子文件归档保存，并进一步及时地接收进档案馆备份保存。这样，一方面避免新形成的电子文件散失无存，一方面也使新增的档案将来不用再搞数字化。目前，有关电子文件管理的标准、规范日渐完善，电子文件归档、接收工作的条件已基本成熟。如果再不开展这项工作，将导致纸质档案不断进馆、馆藏传统载体档案数字化工作永无止境，并造成国家人力财力物力重复浪费。

各级档案馆（室）要把做好电子文件的归档、接收作为数字档案馆（室）建设的大事来抓。各级档案室要切实履行好收集管理本单位各类档案的职责，把本单位所有应归档的电子文件及时集中归档，做到应归尽归，并按规定向有关档案馆或电子文件备份中心移交，做到应交尽交。各级档案馆要积极建设电子文件备份中心，及时地对本级各机关电子文件进行在线接收或离线接收，并相应进行脱机异地备份，确保电子文件的安全。

一要合理规划。各地要结合实际，按照“典型示范、梯次推动、全面开展”的原则，尽快制定电子文件归档、接收路线图和日程表，作为今后一段时间内电子文件管理的指引和目标。电子文件管理比较先进的地区和单位要积极进取，将局部优势、个别优势扩大为整体优势、全面优势。电子文件管理相对薄弱的地区和单位要克服畏难情绪，充分发挥后发优势，在推动工作中解决问题、取得进展。

二要严格规范。各地要以数字档案馆（室）建设为契机，认真梳理电子文件管理的标准和规范，研究确定文书、录音、录像等各门类电子文件归档范围和保管期限，明确电子文件归档和接收要求，保证归档或接收的电子文件收集齐全、整理有序、命名科学、格式规范、元数据合理有效，实现齐全完整、标准规范的优质档案信息资源建设目标。

三要加强交流。电子文件的归档、接收工作是新鲜事物，尤其需要注意经验的积累和实践的验证。要大力加强本地区各单位、本地区与其他地区的工作交流，把这些交流当作普及业务知识、交流先进经验、推动工作进展的重要手段，通过推广好经验、好做法，在电子文件的归档、接收工作中形成先进促后进，后进追先进的生动局面，推动电子文件管理水平整体上台阶。

为了推动这项工作，各级档案局从今年起，也要对本级国家档案馆各进馆单位档案室的电子档案集中归档情况和向档案馆移交情况，与传统载体档案数字化情况一并通报。

（三）按照两个《建设指南》的要求，大力加强数字档案馆（室）的硬件、软件建设

硬件和软件建设是数字档案馆（室）的基础和前提条件。从全国来看，目前还有相当数量的档案馆（室）在硬件、软件建设方面存在“硬件不硬、软件很软”的状况，基础设施建设离档案信息化的要求还有相当距离。各级档案部门要紧紧依靠当地党委和政府，争取政府电子政务建设部门的支持，将数字档案馆（室）硬件、软件建设与区域电子政务和信息化硬件、软件建设相衔接，作为电子政务基础设施建设的重要一环同步实施。

要坚持硬件、软件建设两手抓，推动硬件建设、软件建设协调发展、互相促进。具体来说，在硬件建设上，要根据实际情况，整体规划，研究提出符合实际的硬件建设方案和要求，既不要贪大求洋，又要能充分满足数字档案馆（室）的建设需求。有些需求较大的硬件项目，可以一次规划、预留空间、分步实施，不一定一次到位。在软件建设上，要注意软件的标准和统一。要以贯彻实施《数字档案馆建设指南》和将要发布的《数字档案室建设指南》为契机，着眼“文档一体”、“馆室一体”，推动开发、使用符合国家标准的，架构合理、功能齐全、扩展灵活、简单易用的软件产品，将原先档案实体辅助管理软件，升级、扩展为适应办公自动化环境的新一代档案管理软件。要创造性开展工作，抓住各单位办公自动化或档案软件建设、升级的契机，通过统一要求、加强指导、配发软件等方式，力争使本地区数字档案馆（室）的软件建设合乎标准、规范统一。档案部门在硬件、软件建设中要争取主动，增强话语权，在涉及档案资源内容管理、处置权限等方面坚定立场，确保档案信息资源管得住、管得好。

（四）按照“安全第一”的要求，全面提升数字档案馆（室）的抗风险能力

在信息技术条件下，数据的改动更为便捷，数据的载体更为脆弱，数据的存储密度更大，数据管理的方式更为复杂多样，因此，数字档案馆（室）必须把数据安全放在第一位，从各个环节确保数字档案信息的可靠、可用、不泄密、不被非法更改与获取。

数字档案馆（室）从建设伊始，就要对数字档案的安全问题给予充分重视，严格遵循国家相关标准和技术规范，建设安全保障体系，通过基础设施建设、组织制度完善和安全技术保障等多种手段，来实现和保证数字档案信息安全。一要按照《档案信息系统安全等级保护定级工作指南》，尽早完成对本单位非涉密档案信息系统的定级，并按照《信息系统安全等级保护管理办法》要求和相关的标准，在当地公安部门指导下进行等级测评，对发现的安全问题及时、认真地整改。对涉密的档案信息系统建设管理应遵守国家保密行政管理部门的规定，进行涉密信息系统的分级保护。二要针对数字档案资源是否涉密、数据格式的类型以及与实体档案的关系，进一步细化与规范数字档案资源的归档、进馆、保管、保护、鉴定、降密解密、复制加工以及利用等业务流程要求，并建立起权（限）责清晰、可行性强的管理制度。三要提升数字档案馆（室）的抗风险能力，针对信息技术条件下存在的数据窃听、电磁泄漏、电力中断、载体损坏、自然灾害、非法访问、计算机病毒、黑客攻击、系统超负载、假冒身份、权限扩散、数据篡改、操作失误等风险，制定相关技术措施，强化管理与审计手段，完善应急预案，建立起灾难恢复机制，提高应急处置能力。四要争取地方财政进一步加大对档案信息安全建设的投入，在信息系统建设伊始，就将信息安全等级保护建设、等级测评、整改、信息安全服务和培训等费用纳入相关预算。

（五）按照“服务为先”的要求，共同参与全国开放档案共享平台的建设

提升档案公共服务能力，实现档案信息资源的社会共享，解决传统档案的利用方式不能满足新时期广大人民群众对档案利用需求的矛盾，是建设数字档案馆（室）的主要目的之一。档案数字化的目的，首先在于实现更广泛的利用。各级档案馆（室）对已数字化的档案，尚未放入数据库或局域网提供利用的要尽快放入数据库或局域网提供内部利用；尚未开展开放鉴定的要尽快开展开放鉴定，并把可开放的放入政务网或互联网供社会共享。国家档案局今年开始建立全国开放档案信息资源共享平台，就是要打通档案信息社会共享、服务群众的“最后一节路”，让各级档案馆（室）的已开放档案在更大平台上，供更多人共享，发挥更大作用，推动以服务群众为主导的档案信息化体系的实质性建立。今年包括中央档案馆、一史馆、二史馆在内的全国50家副省级市以上档案馆都要参与该项目建设。这项工作的推出将不仅提升档案馆服务社会的能力，更是对各档案馆档案开放鉴定工作、编研工作、利用工作、档案信息资源开发能力、档案馆信息化水平的一次全面检验。各参建档案馆要深刻认识其重要意义，积极参与，认真对待。

这项工作实施之前，我们征求了大家对这项工作的意见，这50家档案馆都认为这是提升档案服务能力、充分发挥档案作用的一件好事。但也有一些档案馆有畏难情绪，担心每年公布2万件档案的任务完不成，担心档案公布后的数据安全、社会责任。其实每年鉴定开放2万件档案对副省级市以上档案馆来说并不是很难的事，相当于2个专人的一年工作量。请在座各位关注一下此事，抽调精兵强将攻关，把这个项目的临门一脚踢好。实际上，在这之前，不少馆已经以各种方式向社会开放过不少档案，有的甚至就是在网上公布的全文。现在要做的，只不过是先把你们过去以各种形式公布过的档案，集中、统一地放到国家档案局搭建的一个公共平台上，以互联网形式在更大范围向利用者开放。今年7月，国家档案局办公室印发了相关通知，9月，国家档案局档案科研所进行了专门培训，进一步明确了技术要求和任务安排。现在距平台开通还有一个多月，我想请大家一方面要抓紧准备，集中人力物力，打个歼灭战，在规定的时间内完成本单位的数据组织工作，另一方面要把好审查关，确保所提供的数据都属于可开放的范围，确保涉密及敏感信息不外泄。同时，在确保安全的条件下，我们对上传开放档案数量只定下限，不定上限，鼓励有条件的馆多上传，各地上传情况，我们将在每年年底予以通报。

当第一步完成副省级市以上档案馆的开放档案共享后，明年我们将陆续要求全国地县两级档案馆也这样做，以逐步实现全国各级档案馆开放档案的社会共享。我们决心逐步把这个平台建成世界上规模最大和具有巨大影响力的档案资源共享平台，成为国际档案界的一个知名品牌。

（六）按照“保障有力”的要求，抓好数字档案馆（室）工作体制和机制建设

档案馆（室）建设的保障工作是一项综合性工

程，各级档案部门一定要从全局着眼，下大力气搞好组织保障、人才保障、制度保障、经费保障，为数字档案馆（室）建设创造良好的发展环境。各级档案部门要理顺工作体制机制，成立由主要领导挂帅，有关部门共同参与的领导小组，统筹开展工作。要提升全员水准与引进专业人才一起抓，善于发现和培养具有发展潜力的中青年优秀人才，积极引进和培养既懂计算机技术又了解档案内容和档案管理业务的复合型人才。要结合两个《建设指南》，制定满足规范要求又适应本地区、本单位需要的制度或办法，使数字档案馆（室）建设有章可循，有据可依。要主动加强与党委政府和机关、团体、企事业单位的沟通与协作，争取相关部门重视，在经费投入上适当向数字档案馆（室）建设倾斜。各级档案部门要及时对各档案馆（室）的各项保障情况进行督促检查，力争在较短时间内使数字档案馆（室）建设的保障水平有明显的提升，为数字档案馆（室）建设保驾护航。

中央党的群众路线教育实践活动领导小组办公室
国　　家　　档　　案　　局

关于做好党的群众路线教育实践活动文件材料收集归档工作的通知

群办发〔2013〕10号

各省、自治区、直辖市党委教育实践活动领导小组办公室、档案局，各副省级城市党委教育实践活动领导小组办公室、档案局，中央和国家机关各部委、各人民团体教育实践活动领导小组办公室、档案部门，新疆生产建设兵团党委教育实践活动领导小组办公室、档案局，各中管金融企业党委，部分国有重要骨干企业党组（党委），部分高等学校党委，中央督导组（中央巡回指导组）：

党的十八大明确提出，“围绕保持党的先进性和纯洁性，在全党深入开展以为民务实清廉为主要内容的党的群众路线教育实践活动”。这是新形势下党要管党、从严治党的重大决策，是顺应群众期盼、加强学习型服务型创新型马克思主义政党建设的重大部署，是推进中国特色社会主义伟大事业的重大举措。当前，第一批活动单位正按照中央的统一部署，积极组织开展党的群众路线教育实践活动。活动中形成的大量文件材料，是全面加强党的作风建设的真实记录，对于工作查考、经验借鉴、探寻规律及研究历史都具有十分重要的价值。为做好党的群众路线教育实践活动文件材料的收集归档工作，现就有关问题通知如下：

一、各地区、各部门、各单位党的群众路线教育实践活动领导小组办公室要明确职责，指定专人，认真做好党的群众路线教育实践活动各种载体文件材料（包括纸质文件材料、照片、音像材料、电子文件等）的收集整理和归档工作，确保相关文件材料的齐全完整。

二、各地区、各部门、各单位党的群众路线教育实践活动领导小组办公室要结合实际，明确教育实践活动文件材料的归档范围并及时归档。归档的文件材料主要包括：

1. 各地区、各部门、各单位关于成立党的群众路线教育实践活动领导机构和工作机构的文件；

2. 领导同志有关党的群众路线教育实践活动的指示、批示和讲话；

3. 各级党的群众路线教育实践活动领导小组及办公室印发的各种文件的印制稿、签发稿；

4. 各级党的群众路线教育实践活动领导小组及办公室召开的各类重要会议的会议纪要、录音、录像、照片；

5. 各级党的群众路线教育实践活动领导小组及办公室作出的决定、实施方案、总结、报告、简报、大事记等；

6. 各级党的群众路线教育实践活动督导组（巡回指导组）在工作中形成的工作方案、情况报告等；

7. 其他具有保存和利用价值的文件材料。

三、各地区、各部门、各单位党的群众路线教育实践活动领导小组办公室要按照国家有关档案工作法律法规的规定，将党的群众路线教育实践活动形成的归档材料，在党的群众路线教育实践活动领导小组及其办公室撤销时，向本单位档案部门或同级国家档案馆移交。各级教育实践活动督导组（巡回指导组）完成工作后，也要及时将文件材料进行归档，由同级党的群众路线教育实践活动领导小组办公室统一移交档案部门。

四、各级档案行政管理部门要把做好党的群众路线教育实践活动文件材料的收集、归档工作作为一项重要任务抓紧抓好。要积极配合本地区及相关部门党的群众路线教育实践活动领导小组办公室工作，主动开展服务，加强对党的群众路线教育实践活动文件材料收集、整理和归档工作的业务指导，确保党的群众路线教育实践活动档案资料的完整、系统。

国家档案局局长、中央档案馆馆长杨冬权在全国档案局长馆长会议上的讲话

（2013 年 12 月 27 日）

同志们：

这次会议是经中共中央办公厅批准召开的。中央办公厅副主任陈世炬出席会议并讲话。讲话肯定了一年来全国档案系统取得的成绩，提出了做好明年全国档案工作的指导意见，是对档案工作者的鼓舞和鞭策，我们一定要认真学习领会、全面贯彻执行。

这次会议的主要任务是：以党的十八大、十八届三中全会和中央经济工作会议精神为指导，总结2013 年全国档案工作，部署 2014 年全国档案工作。刚才，6 个单位介绍了今年各自的工作亮点，对我们很有启发。下面，我讲两个问题。

一、2013 年全国档案工作基本情况

（一）档案工作得到各级领导的重视和支持

2013 年，各级领导对档案工作继续给予很大关心与支持。习近平总书记见证我局和秘鲁国家档案馆签署合作协议。“4·20”芦山地震后，中共中央政治局委员、中央书记处书记、中央办公厅主任栗战书对做好档案部门抗震救灾工作作出指示。中共中央政治局委员、新疆维吾尔自治区党委书记张春贤专题研究自治区档案馆新馆建设问题。原国务委员戴秉国参观国务院办公厅举办的档案展览后为档案处题词。内蒙古自治区党委书记王君听取区人大档案执法检查报告。吉林省委书记王儒林为《档案吉林》丛书作序。浙江省委书记夏宝龙对省档案局赴基层走亲团调研报告和向朱志伟学习活动作出批示。中央台办时任主任王毅、现任主任张志军多次到档案处视察，对档案管理提出要求。商务部部长高虎城参观档案展览并对档案工作予以肯定。中国记协党组书记翟惠生多次批示要求落实好重点任务的归档工作。中央军委委员、海军司令员吴胜利多次对航母工程档案管理作出批示。航天科技集团董事长许达哲到档案馆检查工作。航天科工集团总经理曹建国对档案工作作出批示。国家开发银行领导指导档案安全体系建设，档案硬件环境显著改善。中国移动设立了档案与保密工作处。各级领导的关心与支持，为档案工作创造了良好的发展环境。

（二）深入开展党的群众路线教育实践活动，切实转变工作作风

2013 年，省以上档案部门按照中央统一部署，深入开展党的群众路线教育实践活动，落实为民务实清廉要求见实效。国家档案局会同有关部门共同取消全国档案利用收费，受到社会好评。上海取消升级达标考评活动。山东取消档案教育培训等收费项目。青海、新疆、宁波等地积极清理行政审批事项，取消或下放管理权限。

为深入宣传党的群众路线，我们与北京市西城区联合举办党的群众路线档案展览，9 万多人参观，人民日报、新华社、中央电视台等近 50 家媒体报道。黑龙江举办党在黑龙江贯彻群众路线档案展；福建举办中央苏区群众路线档案展；河南举办焦裕禄精神展，都收到很好的社会效果。

（三）档案工作服务经济社会发展成绩显著

第一，服务经济建设取得新发展。我们组织三江源生态保护工程、长江三峡水利枢纽地下电站工程等档案验收；组织对海南、贵州、宁夏建设项目档案巡回检查；与有关单位联合检查国防科技工业固定资产投资项目档案工作和移民档案管理办法落

实情况；召开建设项目档案管理示范工程经验交流会；开展企业会计档案电子化试点；联合水利部完成全国第一次水利普查档案的检查验收。北京重点指导市南水北调工程档案工作。天津实现对全部政府投资建设项目档案专项验收全覆盖。安徽加强招标采购项目档案收集管理。江西、海南、贵州重点抓项目档案管理登记。山东、四川省局与省发改委联合开展重点建设项目档案执法检查。湖北抓好移民档案工作。广东对全省重大建设项目档案工作实行年度巡查。广西召开重大建设项目档案工作现场培训会。西藏检查部分重点建设项目档案工作。甘肃树立建设项目管理样板。青海做好玉树震后重建项目档案验收。宁夏出台建设项目档案验收实施细则。

第二，服务中心工作、重大活动和重点工作取得新成果。我们围绕党和国家中心工作，编辑专题档案资料，报送中央领导同志参阅，为党和国家中心工作服务。为纪念毛泽东诞辰120周年，我们举办毛泽东手书诗词展览；与国家博物馆联合举办毛泽东书法与当代名家雕塑绘画展；编辑出版毛泽东手迹系列丛书；制作专题网络视频《档案天天看——毛泽东档案系列》365集，在国家档案局政府网站和人民网每天推出1集，全年点击量近2000万次，社会反响热烈；为有关部门编写《毛泽东年谱(1949—1976)》等提供大量档案。为纪念习仲勋诞辰100周年，我们为中央领导同志提供习仲勋档案和照片，为有关部门编写习仲勋年谱、文集、画册，拍摄电视片《习仲勋》等提供大量档案，收集了习仲勋诞辰100周年纪念活动档案资料；广东也提供了大量档案和照片。

在服务重大活动方面，我们与有关部门联合下发关于做好党的群众路线教育实践活动文件材料收集归档工作的通知。内蒙古、上海、贵州、青岛参加当地教育实践活动领导小组工作，指导文件材料收集归档。北京做好园博会等全市重大活动归档工作。辽宁编印全运会档案人员手册，确保各类档案及时归档。浙江主动服务世界浙商大会，利用方言录音，制作主题宣传片《听音》，引起与会浙商的强烈共鸣，得到省领导肯定。宁夏积极参与中阿博览会、洽谈会档案资料的收集。青岛制定重大活动档案管理制度，全程参与世界园艺博览会、第十届艺术节。南京与青奥组委会共同开展实物档案征集工作。济南以市两办名义印发加强全市重大活动档案管理工作的意见。武汉指导第二十二届金鸡百花电影节档案工作。成都全程参与指导《财富》全球论坛和世界华商大会的档案工作。西安完成世园会档案资料接收整理工作。

在服务重点工作方面，福建加强小城镇建设和生态建设档案管理工作。四川编写《从馆藏档案看四川疫情灾害及应对措施》。云南围绕烟草和蔗糖特色产业发展，编印《档案信息参阅》。新疆针对反恐维稳形势，强化档案工作在反恐维稳中的作用。厦门在公交纵火案发生后，及时提供类似事件的档案资料供事件处理领导小组参考。青岛针对城市改造与保护，编印专题《资政参考》，得到市领导高度重视。深圳配合市政府地面坍塌防范治理专项工作，全面加强城建档案工作。

第三，服务民生取得新成绩。我们与民政部合发农村五保供养档案管理办法，与高法合发诉讼档案管理办法。天津以市政府办名义印发加强民生档案工作的意见。辽宁出台食品安全档案管理办法。上海拓展民生档案“全市通办”工作，实现“就地查询、跨馆出证、馆社联动”。浙江实施省市县三级联动，“异地查档、跨馆服务”。上海浦东与浙江杭州、宁波还实现“跨省出证”。福建接收的民生档案约占全年接收量的60%。江西建立知青、养老等6个专题目录数据库，开展跨馆跨地档案检索指引服务。湖北召开现场会推进民生档案工作。四川确定2013年为“民生档案建设年”，出台加强全省民生档案管理工作的意见。大连加强食品安全、移民、住房公积金档案管理工作。宁波实现婚姻档案异地查档服务。厦门以市两办名义发文要求加强小城镇建设档案工作。哈尔滨建立农民工技能特长档案数据库。南京完善民生档案开放共享平台，开展远程服务，获市社会建设创新奖。济南参与食品安全信用档案体系建设。广州将已故干部职工档案纳入进馆范围，馆藏民生档案比例提高到44.2%。南京军区档案馆为训练基地用地确权领证提供凭证，帮助解决多年遗留问题。

第四，服务新农村建设取得新成效。我们与农业部等联合确定105个全国农村土地承包经营权登记试点县（市、区），并对登记中形成的文件收集归档工作进行指导；与林业局合发集体林权制度改革档案管理办法；联合民政部、农业部完成56个全国社会主义新农村建设档案工作示范县验收。到2013年底，全国已验收120多个示范县。通过这项活动的开展和农村档案信息资源共享工程的实施，不少地方的农民已经可以像市民一样，不出村就可以利用乡镇、县里、市里、省里甚至国家的开放档案和政府公开信息。这是近几年我国档案工作中呈现的一种新气象、一个新亮点、一场新变化。北京、新疆建立和完善新农村档案工作长效机制。福建、哈尔滨组织召开新农村建设档案工作示范县推进会。山东与有关部门联合制定关于开展农村土地承包经营权确权登记颁证工作的意见。湖北将新农村建设档案工作示范县创建纳入省委1号文件。杭州实施农村档案信息共享工程。济南推广行政村档案规范化管理。

第五，服务文化强国建设取得新进展。我们出版《中共中央文件选集（1949.10—1966.5）》共50册，收录文件4500多件，约1600万字，这是我党第一次全面系统地向社会公布这一时期的中共中央文件，很多文件是第一次公布。山西与晚报合办《档案揭秘》专刊。黑龙江出版《黑龙江档案春秋》。上海与媒体合办上海梦想档案主题活动，与《新闻晨报》合作开设"上海读本"专栏。福建编撰的《潮涌海西——福建现代化历史进程》《台湾义勇队档案画册》获华东优秀哲学社会科学图书评选奖。湖北在《湖北日报》开辟档案文化专栏。广西与有关单位合编出版越南阮文追学校资料选编。海南编辑出版《民国海南档案史料选辑·第一辑》。四川在《成都商报》推出"档案时空"专版。云南与中央电视台合拍《南洋华侨机工》电视片。青岛编印《青岛制造》画册。长春编辑出版《苏联专家在"一汽"》。武汉制作《档案·武汉国际友城纪实》电视片。

（四）档案事业发展更加科学协调

第一，档案法制建设不断完善。我们与监察部、人力资源社会保障部合发档案管理违法违纪行为处分规定；继续修改档案法。天津颁布档案收集办法。河北修订档案收集管理办法，增加了收集门类。吉林检查实施档案法和档案条例情况。福建印发非国家所有档案管理办法、档案行政管理部门规范执法和文明执法规定。湖南规范社会档案中介服务机构的管理。河南、广东、重庆、贵州、西藏、青海、新疆、长春、武汉开展档案执法检查。

第二，档案资源建设不断加强。我们继续抓好9号令、10号令的贯彻落实，审核批复14家省级档案馆收集档案范围细则，完成试点企业文件归档范围和保管期限表的编制业务指导与预审。北京、河南等地认真做好企业文件归档范围和保管期限表的预审。内蒙古自治区档案局与自治区国资委合发贯彻实施10号令的通知。中石油、国家电网、南方航空、中信集团、中国农业发展集团认真制定本单位文件归档范围和保管期限表。上海全面开展进馆单位档案资源普查。广西组织档案资源建设年活动。辽宁征集明清版东北方志等。浙江聘请海外知名侨团负责人为征集顾问，还开展老干部个人档案收集。安徽重点征集了党和国家领导人来皖视察档案及奥运冠军、抗日老战士、抗战期间美国飞虎队战机残骸等资料。山东组织赴台湾征集档案。湖北启动省级领导个人档案收集。湖南做好国外涉湘档案征集。大连征集开埠建市档案。青岛启动方言保护采集工程。沈阳征集与国际友城交往的记录。南京、宁波推进名人档案征集。杭州深化乡村记忆示范基地建设，发掘整理记录家谱族谱、乡土文献、民间传说。广州开展民风民俗的拍摄。

第三，档案馆建设不断推进。省级档案馆建设有序开展。辽宁新馆建成开馆。浙江、南京、成都新馆年底将结构封顶。北京、安徽、河南完成新馆建设前期准备工作，即将动工。河北、山西、重庆、新疆、厦门、长春、武汉新馆建设（扩建）工程已批准立项或列入规划。甘肃将省级档案馆建设补助纳入省级财政预算。

地县级档案馆建设进展顺利。我们核准2013年度中西部地区县级档案馆建设项目264个，共补助中央投资8亿元。北京市档案局与市发改委、财政局合发加强区县档案馆建设的意见。山西协调解决配套资金不足问题。内蒙古由中央投资补助的31个档案馆，28个已开工建设。江苏开展档案馆建设资金绩效评价。湖北设立以奖代补专项资金，对通过功能验收的县级档案馆进行奖励。云南已有62个县级档案馆开工建设。西藏、陕西、青海对档案馆建设项目进行专项督查。武汉以市两办名义印发加强区级档案馆建设的意见。

积极开展中小学档案教育社会实践基地建设。我们与教育部共同确立18家档案馆为国家级中小学档案教育社会实践基地。江苏、江西、广西联合教育厅下发中小学档案教育社会实践基地建设管理办法及实施细则。武汉市局与市教育主管部门签订战略合作协议。

第四，机关、企业事业单位档案工作不断开展。我们组织召开机关档案业务建设座谈会；继续在中央和国家机关开展8号令实施情况年度检查。上海探索建立分层、分类机关档案工作指导新模式。云南开展二级单位档案业务指导和档案接收。宁夏建立统一的机关档案工作管理平台。南京筹建了机关文档中心。科技部安装新的档案安全防范系统。地震局完成对国家科技支撑计划项目5个课题的档案验收。

我们与财政部联合开展企业会计电子档案管理试点；加强对开发区企业和非公企业档案业务指导。辽宁开展企业档案互查活动。四川开展省属国有骨干企业档案工作专项检查。人保集团、华融资产公司实行从总部到下属单位统一的档案信息管理系统。

第五，档案信息化建设不断深化。我们在上海等6省市开展了电子档案移交接收和长期保存试点，为今后全国开展这项工作提供了示范。

我们召开数字档案馆（室）建设推进会，提出用15年左右的时间，建成以数字资源为基础、安全管理为保障、远程利用为目标的数字档案馆（室）体系的发展目标，要求各级档案馆（室）以实际行动开展数字化，实现数字转型。内蒙古完成1000余盘电影胶片数字化加工。上海完成30余万卷（件）世博档案扫描。安徽开展民国档案抢救与数字化。江西启动第四期民国重点档案数字化。广东启动声像档案数字化。云南省馆累计扫描馆藏档案4000余万页。甘肃将数字化扫描经费、数字档案馆设备购置经费列入省级财政预算。大连抢救音视频档案。解放军档案馆在完成馆藏档案数字化后，又对新接收进馆档案进行数字化。兵工集团启动第一批数字档案馆建设试点。

不久前，我们建成并开通全国开放档案信息资源共享平台门户网站。已有27个档案馆上传数据近50万条，还有一些馆的数据正在上传中。福建实现全省开放档案、网上展厅、在线视频的整合展示。江西已有60个市县和23个省直机关连通全省档案专网与查阅平台。青海搭建覆盖省、地、县的档案信息共享平台。武汉完成武汉城市圈档案资源共享系统建设并上线试运行。

我们印发档案信息系统安全等级保护定级工作指南并召开工作会议。北京构建档案数据安全管理体系框架。江苏印发档案异地备份工作规程。福建全省档案数据在省馆异地集中备份。山东开工建设电子文件（档案）容灾备份中心。河南对9个市档案馆进行档案安全风险评估。湖北完成30家县级档案馆电子档案异地备份。广东开展专项保密检查。

第六，档案宣传、教育、科技工作不断进步。档案宣传再上新台阶。我们在全国档案系统发出向朱志伟学习的决定，人民日报、新华社、中央电视台等中央主要媒体在“时代先锋”栏目对朱志伟事迹作了报道，档案工作者的先进事迹又一次在全国广泛宣传。全国档案系统第一次统一开展“国际档案日”宣传活动，我们举办“外国记者眼中的中国共产党人”展览，邀请著名史学家作专题讲座，组织“档案在你身边”征文活动，收到全国征文8768篇；各地开展档案馆开放、张贴挂图、举办展览、主题征文、知识竞赛、文化讲座、档案捐赠、走进电台直播间等各种活动宣传档案工作。

档案教育培训力度不断加大。我们出版《会计档案整理》等3本电子培训教材，并免费发放到县以上档案部门；继续与中央党校、浦东干部学院合办档案领导干部培训班，分别举办重庆、贵州、云南、甘肃等省市分管档案工作领导培训班，举办四川藏区县级档案局馆长培训班，组织档案人员岗位培训，举办全国档案信息化高级研修班等。山东省局与省委组织部举办各市分管档案工作的领导和档案局馆长培训班。

档案科技成果丰硕。全年又有98项科技项目列入国家档案局科技项目计划，37项科技成果获得国家档案局优秀科技成果奖励，10余项优秀成果向全国重点推介。

第七，档案工作对外交流与合作不断扩大。西藏元代档案和侨批档案双双入选世界记忆名录；举办国际档案理事会东亚分会第十一次大会暨数字档案馆的规划和实践研讨会；举办中俄档案合作工作小组第十次会议和中俄档案鉴定圆桌会议；与朝鲜、印尼、土耳其国家档案部门实现互访；与哈萨克斯坦、土库曼斯坦、塞尔维亚、乌克兰等国家加强在档案领域的合作；举办中美档案学术研讨会；组织境外档案征集培训，并征集到8幅涉及我国钓鱼岛和中印边界地区的古地图，其中2幅具有很高价值，可作为我国外交斗争的法理依据。上海承办印度泰戈尔故居中国展厅永久展室，在新西兰举办路易·艾黎在中国档案展，在纽约举办百年上海图片展。福建在泰国、印尼举办侨批档案展。

在看到成绩的同时，我们也清醒地认识到，与全面深化改革的宏伟目标相比，档案事业发展中还有不少战略性问题需要研究解决，与为民务实清廉的要求相比，档案工作还存在一些差距，档案工作自我改革、自我发展的空间还有待于进一步拓展。我们要遵循全面深化改革的要求，在改革发展中推动这些问题的逐步解决。

二、2014年全国档案工作的主要任务

2014年全国档案工作的总体要求是：以邓小平理论、“三个代表”重要思想、科学发展观和党的十八大、十八届三中全会精神为指导，以服务全面深化改革为中心，以建设档案强国为总目标，继续实施以人为本、服务为先、安全第一战略，继续健全覆盖人民群众的档案资源体系、方便人民群众的档案利用体系、确保档案安全保密的档案安全体系，发扬习近平总书记倡导的“钉钉子”精神，为实现与全面建成小康社会相适应的档案工作“三个翻番”主要指标而继续努力。

（一）贯彻落实党的十八届三中全会精神，服务全面深化改革

党的十八届三中全会通过了《中共中央关于全

面深化改革若干重大问题的决定》(以下简称《决定》),部署了到2020年全面深化改革的总目标和主要任务。这个纲领性文件,对我们党和国家的各项工作都具有重要指导意义,我们必须在2014年和今后几年的工作中,持续不断地结合实际加以贯彻落实。

第一,要进一步深入学习领会《决定》的精神。全面深化改革,是党和国家的中心工作和重点工作,是党和国家的工作大局。《决定》内容丰富,关系到档案工作的服务方向和着力重点,各级档案部门必须逐条逐句地认真学习,深刻领会,全面理解,准确把握。学习重在联系实际,结合本职工作,进行“对号入座”、“对照调整”。学习中,一要克服“与己无关”的思想。要认识到,《决定》中虽然没有“档案”两个字,但却包含着档案工作的许多事,与档案工作关系密切,对档案工作关系重大。要结合本职工作,思考怎样去服务改革,怎样用改革的精神去改革和推进自身工作。二要冲破思想观念的束缚。要进一步解放思想,转变观念,不为传统思想、传统做法所束缚,不被旧的本本和条条框框所限制,努力研究新情况,树立新观念,采用新办法,解决新问题。三要突破利益固化的藩篱。要从改革的大局和全局出发,勇于放弃部门利益、个人利益,支持改革,服从改革。

第二,围绕改革做好档案工作,为全面深化改革服务。全面深化改革,涉及党和国家的各项工作,这些改革,既需要利用过去已形成的各方面档案,又会新形成一些档案。随着改革的不断深化,档案的形成者、形成内容都会发生新的变化。各级档案部门必须紧紧围绕改革做好档案工作,并随着改革的深化,不断调整档案工作,为全面深化改革服务。

一要及时做好有关档案规章制度的废、改、立工作。比如,《决定》提出要废止劳动教养制度,国家档案局和有关部门过去合发的涉及劳教人员档案管理的文件的有关内容也应在劳教制度废止后及时废止。随着改革的推进和深化,不少单位将会形成新的内容的档案,一些档案的价值也会发生变化,有的还会形成一些新的专业档案。因此,各机关、企业、事业单位档案部门要根据改革的进程,及时地修改、调整本单位的文件归档范围和保管期限表;各级档案行政管理部门也要及时与有关专业主管部门联合制定新的专业档案管理办法。

二要及时建立改革中新设立机构的档案工作。根据《决定》的精神,今后将会不断有新的机构设立,各级档案部门要注意跟踪改革的发展,当新的机构设立时,及时与他们联系,建立业务指导关系,帮助他们及时建立档案工作,包括配备档案人员、设立档案工作机构、建立档案工作制度等。比如,《决定》提出要“设立国家安全委员会”、“中央成立全面深化改革领导小组”。国家档案局将在这两个新机构设立后,及时与他们建立业务联系,帮助他们尽快建立档案工作。又比如,《决定》提出要“探索建立知识产权法院”、“建立党委和政府监管国有文化资产的管理机构”、“研究建立城市基础设施、住宅政策性金融机构”、“建立开发性金融机构”、“允许具备条件的民间资本依法发起设立中小型银行等金融机构”等等,各级档案部门要随时注意在这些新的机构设立后,及时指导、帮助其尽快建立档案工作。

三要及时收集管理改革中新形成的档案。随着改革的推进,将会形成一些过去没有过的新的档案。各级档案部门必须及时收集管理好这些新的档案。比如,《决定》提出要“对水流、森林、山岭、草原、荒地、滩涂等自然生态空间进行统一确权登记”,这将形成非常重要的自然资源确权登记档案。国家档案局将在这项改革实施时,会同有关主管部门,联合制定这类档案的管理办法;各级档案部门要根据管理办法,及时收集管理这类档案。又比如,《决定》提出了一系列关于农民产权转让的改革措施,这些改革实施后,有关档案部门也要及时地把这些新形成的农民产权转让档案收集起来,管好用好。

四要做好改革中的档案处置工作。改革的全面深化,将导致一些单位的撤并、重组。比如,《决定》提出要“推动文化企业跨地区、跨行业、跨所有制兼并重组”,这些企业兼并重组后,相关档案部门要及时指导他们做好档案处置工作,防止档案散失。

五要做好相关档案提供利用工作,为各项改革服务。《决定》中提出的许多深化改革的措施,都将会利用相关档案为依据来实施。比如,“健全错案防止、纠正、责任追究机制”、“创新劳动关系协调机制”,对食品药品安全“建立最严格的覆盖全过程的监管制度”、“建立生态环境损害责任终身追究制”等,这些以及其他责任追究制度、安全监管制度的实施,都必须依赖于相关的档案,需要利用相关的档案,各级档案部门必须加强对这些档案的收集与管理,保全相关凭证,并及时积极主动地提供利用,为改革的实施提供凭证保障。

第三,用改革的精神,做好档案工作的改革。一要继续探索创新基层档案资源管理模式。档案资源到底是集中管理还是分散管理好,或者集中管理与分散管理相结合好，这些年各地都在不断摸索，进行管理模式的创新。比如，有的对全县档案资源实行集中管理，有的对集中在一个大楼的办公单位档案实行集中管理，有的设立乡镇档案馆，或把乡镇档案馆作为县档案馆分馆，有的由乡镇代管村级档案等等。今后，要按照改革的思路，继续实事求是，不搞一刀切，允许各地根据本地区的实际情况，积极探索创新基层档案管理模式，只要有利于档案的收集、管理和利用，就可以大胆实践，积极推广。

二要进一步深化档案行政审批工作。《决定》指出要“进一步简政放权，深化行政审批制度改革”。各级档案行政管理部门要根据国务院行政审批制度改革的要求，继续规范和完善档案行政审批制度，将保留的档案行政许可的事项、依据、条件、数量、程序、期限以及需要提交的全部材料的目录和申请书示范文本等在网上和行政许可办公场所公示；要按照《决定》的精神，进一步减少行政审批事项，能取消的一律取消；能下放给地方和基层管理的，一律下放。

三要积极稳妥推广购买服务。《决定》提出要“推广政府购买服务，凡属事务性管理服务，原则上都要引入竞争机制，通过合同、委托等方式向社会购买”。随着档案数量的逐年增长和档案工作范围的日益扩大，档案工作量越来越大，但档案人员却因编制的限制而不能随之增加，向社会购买事务性管理服务，是解决各级档案部门人少事多问题的出路之一。各级档案部门要对全部事务进行研究，把可向社会购买的事务性管理服务，从由档案人员进行，改为以购买服务的方式进行。

四要积极引入社会力量。要按照《决定》关于“适合由社会组织提供的公共服务和解决的事项交由社会组织承担”、“支持和发展志愿服务组织”的精神，在遵守国家有关法律法规的前提下，把可由社会组织和志愿者承担的一些具体事务交由社会组织或志愿者承担，并加强监督指导检查，以缓解档案部门人少事多的矛盾。要按照《决定》关于“鼓励社会力量、社会资本参与公共文化服务体系建设”的精神，允许、鼓励并规范企业、社会组织和个人依法设立档案事业发展基金，以扩大社会对档案工作的支持。

五要发挥企业在档案科技创新方面的作用。要按照《决定》关于“强化企业在技术创新中的主体地位”的精神，允许并鼓励企业承接档案科研项目和标准的研制，参与档案科技创新。

六要按照全面深化改革的精神，积极推进档案工作各方面的改革。比如，在减少行政审批和评比达标表彰活动后，要不断改进监督指导方法，采取网络指导、网络培训等新的方法；要积极利用网络、手机、电视等新媒体宣传档案工作；要采取各种有效手段在档案提供利用和服务外包过程中确保档案安全；要积极采用各种新的技术手段来保证和改善各种载体档案的安全等。

总之，我们要围绕全面深化改革，随着改革的不断深化，做好相关档案工作，积极提供档案服务，做到全面改革深化到哪里，档案工作就服务到哪里；全面深化改革需要什么档案，档案部门就提供什么档案，使档案工作为全面深化改革作出新贡献。

（二）进一步加强档案资源体系建设和档案基础业务建设

第一，要继续贯彻落实国家档案局 9 号令和 10 号令。目前，还有近三分之一的省级档案馆没有完成本馆收集档案范围细则的上报审核，相关档案馆要抓紧制定、修改并上报，确保 2014 年完成这项工作。有的省在接到国家档案局的批复后，以党委、政府两办名义印发省馆收集档案范围细则，这种做法值得提倡推广。各级档案行政管理部门 2014 年也要完成职责范围内的档案馆收集档案范围细则的审核。要继续做好企业文件归档范围和保管期限表编制审核，这是企业档案工作中最基础、最重要的一项工作。2014 年国家档案局要完成 20 家左右中央企业文件归档范围和保管期限表审核；各级档案行政管理部门要加强监督指导，分期分批抓紧审核本级重要企业的文件归档范围和保管期限表，进一步推动企业档案基础业务建设。

第二，要加强经济档案工作。2014 年我们将出台金融业务档案管理办法，修订开发区档案管理规定，制定企业档案工作外包服务管理办法；加强自贸区档案工作业务指导；召开经济技术开发区档案工作现场会；继续推进企业会计档案电子化管理试点；做好三峡工程档案专项验收工作；推进南水北调工程档案管理，做好监督指导工作；继续开展建设项目档案巡回检查和国防科技工业固定资产投资项目档案工作检查；制定农村宅基地档案管理办法，适时出台村级档案管理办法和乡镇档案工作办法；与林业局联合检查《集体林权制度改革档案管理办法》贯彻执行情况。各级档案部门要配合相关部门做好土地确权登记文件的收集归档工作；要按照全国城镇化工作会议精神，全面加强城镇建设档案工作。

第三，要继续加大民生档案指导接收力度。2014 年我们要与民政部适时出台城市社区档案管理办法、生活无着流浪乞讨人员救助档案管理办法。

各级档案部门要继续加强新单位、新领域的民生档案建档指导，扩大民生档案覆盖范围；要紧紧围绕保障和改善民生，重点在就业、住房、医疗、食品安全、收入、养老、教育、环境保护等方面做好民生档案收集工作，不断提高民生档案的接收比重，加快民生档案资源整合，充分发挥民生档案在维护人民群众切身利益方面的重要作用。

第四，要继续加强专业档案工作。2014 年我们将制定县级档案馆专业档案进馆范围，继续与有关专业主管部门配合，加强对承担社会管理和公共服务职能的二级单位专业档案的监督指导。各级档案部门要继续与专业主管部门加强沟通与协作，相互借力，把专业档案建好、管好、用好。

（三）进一步推进档案利用公共服务多样化均等化

第一，要提升服务意识。要从转变政府职能，建设服务型政府的高度来做好档案公共服务，着力健全和进一步完善方便人民群众的档案利用体系，全面提升档案公共服务能力和水平。

第二，要增加服务内容。不仅要主动开发档案信息资源，积极为各级党委政府提供档案资政服务，而且要准确把握人民群众日益增长的档案利用需求，主动联系相关部门，科学整合各种档案资源，尤其是民生档案资源，提供“一站式”的民生服务。

第三，要创新服务形式。要进一步简化利用手续，方便群众查阅档案信息。要善于利用编研、展览、电视、网络、社交媒体等各种形式和手段，提供多样化、个性化、常态化的档案服务。2013 年，我们搭建了全国开放档案信息资源共享平台，2014 年各副省级市以上档案馆要继续上传已开放档案，地县两级档案馆也要积极把已开放档案上传到这个平台上来，大家共同努力把这个平台建成世界上规模最大和具有巨大影响力的档案资源共享平台，成为国内信息界和国际档案界的一个知名品牌。

第四，要扩大服务范围。2014 年我们将推广“农业农村档案建设系统规划与示范”项目的成果，使农村档案的规范化管理、涉农档案的资源建设和农村档案信息资源共享等工作得到明显提升，让更多的农民可以和市民一样，享受到同等的档案公共服务，实现档案资源配置和获取上的公平。2013 年，国家正式取消了利用档案收费项目，使利用档案进入到免费时代，客观上扩大了档案服务的范围和受众。但是，少数档案部门对这项政策有意见，甚至有抵触。这里我强调，在国家已经给出明确政策的情况下，任何档案部门都要不折不扣地执行利用档案零收费，不允许再对档案利用者收费。这是对人民群众的感情和态度问题。今后我们会密切关注各地各部门情况，对利用档案收费实行零容忍，发现一起，通报查处一起。

（四）进一步提高档案安全保障能力

第一，要稳步推进中西部县级档案馆建设。根据有关文件精神，档案馆不属楼堂馆所范围，档案部门要继续想方设法地抓档案馆建设。2014 年，要继续做好中西部县级档案馆建设项目审核与督促工作，并在抓紧馆库建设的同时，同步抓好档案安全设施建设工作，确保档案安全设施和设备同步规划设计、同步建设、同步竣工验收。档案馆库建设既要坚持国家相关标准，集安全、节能、环保、美观、适用于一体，又要坚持不超标准，不贪大求全，特别是行政办公用房绝不能超标，把资金用在刀刃上，把行动落实到厉行节约上。

第二，要确保档案实体安全。要构筑人防、物防、技防相结合的“三位一体”综合防范体系，加强内部管理，把安全责任、安全制度、保障措施落到实处。继续推行对已有复制件的档案原件进行封存的做法，无特殊情况的，都不再提供利用档案原件，而以复制件提供利用，以最大限度地延长档案寿命。对突发灾害、事件造成档案损失的，一定要尽快对破损档案采取抢救和保护措施，避免造成更大损失。要继续做好国家重点档案抢救和保护工作，把专项经费切实用好，严禁挪作他用。要进一步完善突发事件应急预案，加强平时演练，提高应急处置能力。

第三，要加强档案信息系统安全保障建设。2014 年我们将印发档案信息系统安全管理基本要求，启用档案信息系统安全等级保护测评工具；要开展档案信息系统安全等级保护工作，对全国省以上重要档案信息系统进行安全检查、行业测评。各级档案部门要将信息安全等级保护工作列入数字档案馆建设日程，将信息安全等级保护费用纳入数字档案馆建设预算；要加强与有关部门的沟通交流，在定级备案、建设整改、等级测评、监督检查等环节密切合作，共同做好数字档案馆的信息安全等级保护。

第四，要加强档案信息安全管理。近两年，有关部门发现并查处了一些档案信息泄密事件，并检查发现了一些档案信息安全的重大隐患。比如，有的对政府公开信息审核把关不严，把涉密的现行文件上网公布；有的对开放档案审核鉴定不细，不看档案，仅看标题就确定档案开放，以致把涉密档案上网开放；有的把涉密档案也外包给公司进行数字化，所有数字化信息皆由外包公司掌控，安全隐患非常大。这些问题，应引起我们的高度重视和警惕。

对政府公开信息和开放档案的审核必须严格，凡涉密和内容敏感的都不要公开或开放，更不要上互联网。各档案馆（室）都要立即组织力量对已上网的政府公开信息和开放档案进行重新复核审查，做到涉密的不上网，上网的不涉密。

在数字化外包前，应先做好涉密和内容敏感档案的挑选、鉴定、解降密工作，不再涉密的档案可在解降密后委托外包，仍涉密的档案则坚决不要外包，特别是仍属绝密的档案一律不搞数字化。对外包公司，要进行保密资质审核。在数字化过程中，要采取各种有效的管理措施和技术手段，加强管理和监控、防范，严禁外包公司留存、外泄数字化档案信息，一经发现，必须严肃查处，从而确保档案数字化过程中的档案信息安全。此外，一些档案部门把档案信息系统的运维服务也外包给专业公司了，有些企业把含有核心商业秘密的档案或其他涉密档案委托给不具备保密资质的档案托管机构管理，存在巨大的安全隐患，一定要高度警惕，采取严密的措施，做到涉密的不外包，外包的不涉密，严防外包服务中档案失泄密。

对安全问题，国家档案局已三令五申，但有些地方不够重视、执行不力，以致出现问题。2014 年，国家档案局将和有关部门联合进行档案信息安全问题的专项检查，发现失泄密问题，不但要严惩相关直接责任人，而且要追究有关领导的责任。

（五）进一步完善档案法治建设

第一，继续推进《档案法》修改工作。力争将《档案法》修改在国务院 2014 年立法工作计划中上升为二档项目，列入全国人大 2014 年年度立法计划。

第二，对《档案管理违法违纪行为处分规定》贯彻实施情况进行检查。我们将联合监察部、人力资源社会保障部对《档案管理违法违纪行为处分规定》贯彻实施情况进行检查，推动其在实际工作中切实发挥应有作用。

第三，开展档案行政执法检查工作。我们将联合有关部门，对 10 个省区市、20 个中央和国家机关、20 个中央企业进行档案法执法检查，坚决查处违法案件，限期整改重大安全隐患。

（六）进一步加快数字档案馆（室）建设步伐

数字档案馆（室）是现代化的、升级版的档案馆（室）。建设数字档案馆（室），是推进国家治理体系和治理能力现代化的需要，是档案工作现代化的方向，是档案信息化的重点，是建设档案强国的着力点，必须坚定不移、全力以赴、持续不断地向前推进。

第一，要按照“存量数字化”的思路，大力开展传统载体档案数字化。随着信息化的日益普及，过去形成的纸质等传统载体档案，如果不数字化，则无法进入社会的信息化系统，无法充分发挥其作用。而且，数字化也大大有利于传统载体档案的安全和证据保全。因此，把现存的传统载体档案数字化，是各档案馆（室）迟早都要完成的任务。2012 年我们提出了传统载体档案数字化十年翻两番的全国总体指标，一年来的实践证明，只要真正去干，这一指标肯定可以实现。有的地方只用了两三年就大大提前实现了，我们 3 个中央级档案馆，按目前趋势，再用 3 到 4 年时间也可以提前实现。很多地区和单位目前都已经确定了完成目标并作了具体部署。各级档案部门要按照全国数字档案馆（室）建设推进会的要求，制定符合本地区、本部门实际的数字档案馆（室）建设路线图、时间表和总体目标，规划好本地区、本部门的数字档案馆（室）建设。2014 年，我们将尽快发布数字档案馆测评指标、数字档案室建设指南，适时推进相关测评工作。各级档案部门要破除畏难情绪，动员各种人员力量、运用各种激励手段，用“钉钉子”的精神，坚持不懈，一年接着一年干，持续开展传统档案数字化工作。

第二，要按照“增量电子化”的思路，积极进行原生电子文件的归档接收工作。现在，绝大多数新形成的文件都有电子版，及时把电子文件归档接收并纳入档案部门管理、纳入档案信息资源体系，不仅关系当前，而且涉及长远，必须高度重视，立即抓起，抓得越早越好。要严格标准规范，保证电子文件收集齐全、整理有序、命名科学、格式规范、元数据合理有效、归档及时。从 2014 年开始，我们将推广电子档案移交、接收和长期保存试点的经验，对 50 家副省级以上档案馆传统载体档案数字化和原生电子文件的归档接收情况以及开放档案平台数据上传情况在全国范围进行通报，各省档案局也要做好相关通报工作。要制定《企业电子文件归档和电子档案管理指南》，召开这项工作的现场会。

（七）进一步加强档案文化建设和档案宣传工作

第一，要努力打造档案文化产品。要通过对档案的筛选、加工、提炼、编撰，努力把档案转化为各种形式的文化产品，使之成为影响更广、受众更多、流行更远的大众文化产品。特别是要把档案产品努力打造成文化精品，推出一批有档案特色、有影响力的精品力作。要通过编辑档案资料汇编、举办档案展览、制作电视节目、发布网络视频、发行音像制品等多种形式，为社会奉献更多的档案产品，让档案从库房“走出来”，让它“活起来”、“亮起来”。2014年，是邓小平同志诞辰110周年，经中央领导同志批准，我们将在网上发布专题视频《档案天天看——邓小平档案系列》，每天发布1件邓小平档案。2015年是抗战胜利70周年，各级档案馆要从2014年开始就着手准备各种专题开发项目，以进一步弘扬爱国主义精神。

第二，要为文化建设提供档案服务。现在，各种文化活动利用档案的越来越多，不仅小说、电影、电视、戏剧等的创作和史志、论著等的编写要利用档案，而且古城重建、古迹遗址恢复、村镇记忆的保留、文化设施的建设、大型文化活动的开展等也会利用档案。各级档案部门要主动为各种文化活动提供档案服务，在档案利用方面不断“开疆拓土”，让档案的利用面和作用领域不断延伸和扩大，使档案利用成果不断丰富。

第三，要为文化建设建立档案。各级档案部门要积极地帮助和指导文化建设者，把在文化活动中形成的电子的、音像的、纸质的等各种载体、各种内容、对后人有参考价值的东西留存起来，分门别类，建立档案。同时，还要主动记录即将消失的各种文化现象，如老城、老镇、老村、老街、老宅、老店、老厂、老校等，用文字、照片、录音、录像等各种形式为“濒危文化”建立档案，积极地承担起为国家守历史、为人类存记忆的神圣使命。

第四，要加强档案文化建设。要通过各种可能的形式，举办群众性的文化活动，通过各种大众化的文化传播形式，宣传档案工作的意义、成绩、知识，宣传档案工作者的事迹、精神，向社会传播档案行业文化，为建设文化强国作出档案工作者应有的贡献。2014年，我们将继续举办第二届全国“国际档案日”系列宣传活动，以“走近档案”为主题，开展内容丰富、形式多样的宣传活动，进一步营造全社会支持档案工作的氛围。

此外，要进一步实施科教振兴档案战略，推动档案科技创新，加大科技成果推广转化力度；优化和丰富档案教育培训内容，继续做好档案人员岗位培训工作，继续在中央党校和浦东干部学院对档案领导干部进行培训。要积极参与国际档案事务，进一步扩大档案对外宣传与交流合作，让更多档案文化成果走出去，扩大中国档案的国际影响力。

让我们紧密团结在以习近平同志为总书记的党中央周围，锐意进取，扎实工作，以档案工作的新成绩、档案服务的新成果，为实现中华民族伟大复兴的中国梦作出新贡献！

（二）综合概况

中央档案馆国家档案局机构情况一览表

（2013年）

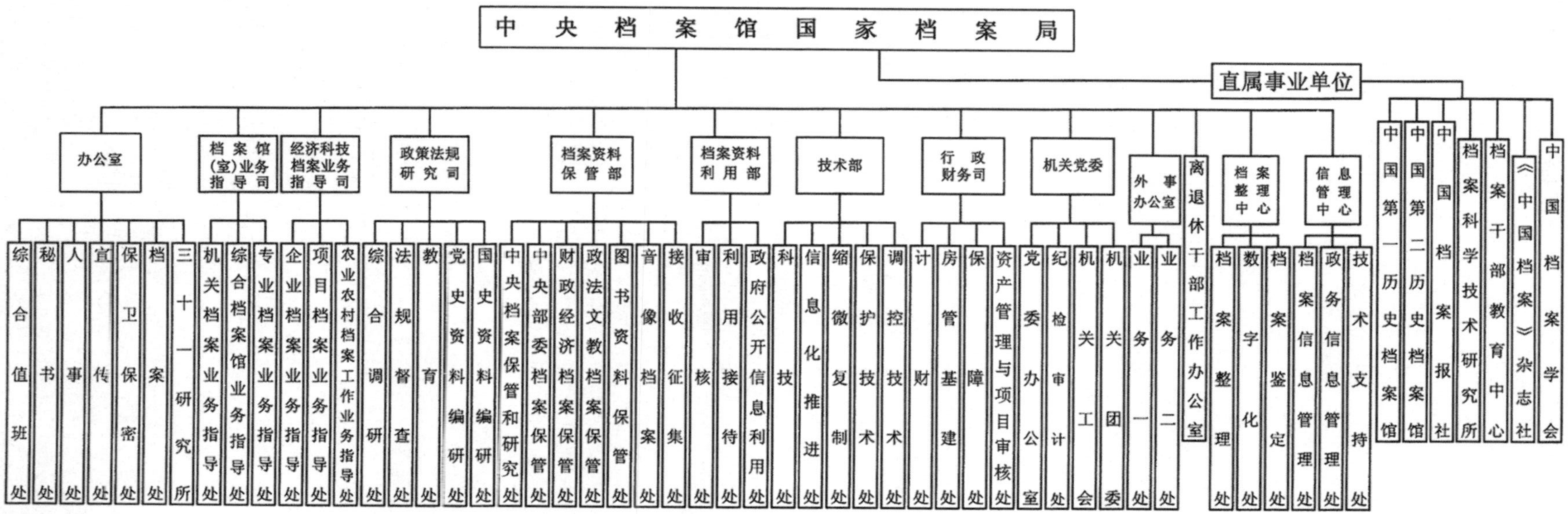

中央档案馆国家档案局人事处制

各省、自治区、直辖市级档案机构情况一览表

（2013 年）

档案机构名称	级别	上级主管部门	编制(人)		内设机构	直属事业单位
			行政	事业		
北京市档案局（馆）	正局级	北京市委		266	办公室、监督指导一处、监督指导二处、区县业务处、法规处、科研教育处、信息化处、档案征集处、整理编目处、技术保护复制处、保管处、利用处、文献编辑部、史料编辑处、展览陈列处、网络管理处、设备处、保卫处、行政管理处、人事处、机关党委、机关工会	北京市档案干部培训中心、北京市档案局老干部活动站、《北京档案》杂志社、北京市档案事业服务中心
天津市档案局（馆）	正局级	天津市委		236	办公室、人事处机关党委、机关事业档案管理处、企业档案管理处、法制处、教育处、行政处、安全保卫处、征集接收部、保管部、编辑研究部、电子档案信息部、技术保护部、开放利用部	天津市档案咨询服务中心、天津市档案干部培训中心、天津市档案局人才交流服务中心
河北省档案局（馆）	正厅级	河北省政府		129	办公室、政策法规处、档案馆建设指导处、档案资源建设指导处、档案利用与开发指导处（政务信息公开服务处）、档案数字化与技术保护指导处、档案管理处（后库综合管理处）、行政财务处（安全保卫处）、机关党委（人事处）、离退休干部处	河北省档案干部培训中心
山西省档案局（馆）	正厅级	山西省委、山西省政府		102	办公室、人事教育处、政策法规处、科技信息处、档案馆（室）业务指导处、经济科技档案业务指导处、档案收集整理处、档案保管利用处、编研处、档案技术保护处、安全保卫处、机关党委、监察室	山西省档案业务咨询服务中心
内蒙古自治区档案局（馆）	正厅级	内蒙古自治区党委办公厅		132	办公室、人事教育处（机关党委）、法规处、档案馆（室）业务监督指导处、经济科技档案业务监督指导处、信息技术处、收集整理部、蒙文档案部、科技部、保管利用部、编目编研部	内蒙古自治区档案局机关事务服务中心、内蒙古自治区档案局档案教育与研究中心

续表

档案机构名 称	级 别	上级主管部 门	编制(人)		内 设 机 构	直属事业单位
			行政	事业		
辽宁省档案局（辽宁省档案馆、辽宁省社会档案寄存中心）	正厅级	辽宁省委办公厅	35	148	办公室、综合法规处、档案馆(室)处、经济科技处、科研处、接收征集处、档案保管处、电子档案管理处、历史档案整理处、现行档案整理处、编研展览处、档案利用处、技术保护处、现行文件服务处(政府信息查阅中心)、电子档案备份中心、人事教育处、行政管理处、离退休干部处、保卫处、机关党委	《兰台世界》杂志社
吉林省档案局（馆）	正厅级	吉林省委办公厅代管	34	107	办公室、人事处、综合法规处、档案馆(室)业务指导处、经济科技档案业务指导处、历史档案管理处、党政档案管理处、档案征集处、档案开发利用处、档案史料编研处、档案保护技术处、档案信息化工作处、馆藏档案数字化管理处、电子档案管理处、老干部处、机关党委	吉林省档案科学技术研究所、《兰台内外》杂志社、吉林省省属改制企业档案托管中心
黑龙江省档案局（馆）	正厅级	黑龙江省委		135	办公室、人事处、机关党委、档案馆(室)业务指导处、经济科技档案业务指导处、教育宣传处、第一档案保管处、第二档案保管处、编研处、技术处、档案信息处、利用处、接收征集处、离退休干部工作处	黑龙江省档案技术服务中心
上海市档案局（馆）	正局级	上海市委办公厅	64	156	办公室、综合规划处、政策法规处、业务指导处、科技教育处、组织人事处、档案接收征集部、档案保管部(电子档案保管部)、档案整理编目部、档案利用服务部(社会教育部)、档案史料编研部(档案宣传部)、档案保护技术部、信息技术部、行政处(保卫处)	上海市档案干部培训中心、上海市档案缩微技术中心
江苏省档案局（馆）	正厅级	江苏省委、江苏省政府	127	29	办公室、人事处、机关党委、业务指导处、科技处、法规宣教处、征集接收处、社会事业档案管理处、管理部、利用部、技术部	江苏省数字档案中心、江苏省档案展览陈列馆
浙江省档案局（馆）	正厅级	浙江省委办公厅	89		办公室、业务指导处、档案电子文件登记与管理处、法规宣传处、人事教育处、档案保管利用处、信息科技处、编研处、机关党委	浙江省电子政务数据灾难备份中心、《浙江档案》杂志社、浙江省档案干部教育培训中心、浙江省档案事务所

续表

档案机构名称	级别	上级主管部门	编制(人)		内设机构	直属事业单位
			行政	事业		
安徽省档案局(馆)	正厅级	安徽省委、安徽省政府	5	75	办公室(人事处)、法规处、标准化建设处、科技信息处、保管处、征集利用处、整理编目处、机关党委(监察室)	安徽省档案缩微技术服务中心(安徽省档案事务所)
福建省档案局(馆)	正厅级	福建省委	10	95	机关党委、办公室、人事教育处、监督指导处、法制处、保管利用处、技术处、编研处、鉴定整理处	福建省档案信息中心、福建省档案干部培训中心
江西省档案局(馆)	正厅级	江西省委、江西省政府	96	24	办公室、业务指导处、科教法规处、信息调研处、档案保管处、档案利用处、档案征集编研处、档案技术保护处、机关党委、科技教育处	江西省档案局机关后勤服务中心、江西省档案局档案服务中心
山东省档案局(馆)	正厅级	山东省委办公厅		100	办公室、法规和经济科技业务处、档案馆(室)业务处、教育培训处、档案接收征集处、档案保管处、档案利用开发处、信息技术处、电子档案备份管理处、编辑研究处、档案保护处、保卫处、机关党委	
河南省档案局(馆)	正厅级	河南省委、河南省政府	113		办公室、政策法规处、人事教育处(机关党委、纪检)、业务指导处、保管利用处、科研技术处、接收征集处	
湖北省档案局(馆)	正厅级	湖北省委、湖北省政府		123	办公室、档案馆(室)业务指导处、经济科技档案业务指导处、法规标准宣传处、科技处、电子档案管理处、档案资料保管处、档案信息开发利用处、行政保卫处、人事教育处、离退休干部处、机关党委	湖北省档案科技推广中心、湖北省档案技术咨询中心
湖南省档案局(馆)	正厅级	湖南省委、湖南省政府		120	办公室、宣传教育(法规)处、业务指导处、科技信息处、人事保卫处、征收保管部、接待利用部、编研展览部、电子声像部、机关党委、纪检监察室	《档案时空》杂志社、湖南省档案服务中心
广东省档案局(馆)	正厅级	广东省政府		94	办公室(人事处、机关党委办公室)、综合法规处、档案督导处、科研教育处、技术处、收集整理部、保管利用部、编研出版部、声像档案部	

续表

档案机构名称	级别	上级主管部门	编制(人)		内设机构	直属事业单位
			行政	事业		
广西壮族自治区档案局(馆)	副厅级	广西壮族自治区党委办公厅		75	办公室、档案馆(室)业务指导处、经济科技档案业务指导处、法规科教处、档案收集保管处、档案编研利用处、档案保护技术处、档案信息化工作处、机关党委	
海南省档案局(馆)	副厅级	海南省政府办公厅		46	办公室、业务指导处、法制宣传处、档案管理处、技术处、音像档案管理处、征集编研处	海南省档案干部培训中心
重庆市档案局(馆)	正局级	重庆市政府	15	93	办公室、档案馆(室)业务指导处、经济科技档案业务指导处、政策法规处(业务培训处)、档案收集整理处、档案管理处、保护技术处、档案编研处、档案信息技术处(电子文件档案管理中心)、人事处(离退休人员工作处)	
四川省档案局(馆)	正厅级	四川省政府		128	办公室、档案馆(室)业务指导处、经济科技档案业务指导处、政策法规处、宣传教育处、档案接收征集处、档案保管处、档案利用处(增挂四川省已公开现行文件利用中心牌子)、档案保护技术处、档案信息技术处、人事处、机关党委办公室、离退休人员工作处、后勤保障处	四川省档案学校、四川省档案局档案科学技术研究所
贵州省档案局(省地方志编纂委员会办公室、省档案馆)	正厅级	贵州省政府	132		办公室、政策法规处、业务一处、业务二处、业务三处、业务四处、业务五处、业务六处(贵州省电子文件档案管理中心)、业务七处、业务八处(贵州省政府信息公开服务中心)、业务九处(贵州省档案资料缩微复制中心)、业务十处、宣传处、人事处(贵州省档案地方志干部教育培训中心)、机关党委办公室、离退休干部处	

续表

档案机构名称	级别	上级主管部门	编制(人)		内设机构	直属事业单位
			行政	事业		
云南省档案局(馆)	副厅级	云南省政府办公厅		117	办公室、业务指导一处、业务指导二处、电子档案管理处、法规宣传教育处、备份管理处、征集管理处、机关党委人事处、老干部工作办公室、运行保障处、利用服务处、接收整理处、管理保护处	
西藏自治区档案局(馆)	副厅级	西藏自治区党委办公厅		90	办公室、业务指导处、法规宣传处、保管利用一处、保管利用二处、保护技术处、编译研究室	
陕西省档案局(馆)	正厅级	陕西省委		152	办公室、人事教育处、业务指导处、法规处、宣传科技处、机关党委、监察室、收集保管处(陕西省现行文件阅览中心)、信息化工作处、社会教育编研处、技术处、后库管理处、档案保护技术研究所、离退休人员服务管理处	
甘肃省档案局(馆)	正厅级	甘肃省委		121	办公室、人事教育处、老干部工作处、业务指导处、法规宣传处、机关党委、收集整理处、科技信息处、电子文件管理处、档案开发利用处、档案保管保护处、后库管理处、保卫处	甘肃档案学校、甘肃省档案装具标准化管理中心
青海省档案局(馆)	副厅级	青海省委办公厅		46	办公室、业务指导处、综合法规处、保管利用处、信息技术和电子文件管理处	青海省政府公开信息查阅服务中心
宁夏回族自治区档案局(馆)	副厅级	宁夏回族自治区党委办公厅		53	办公室、业务监督指导处、法制宣传教育处、接收征集处、保管利用处、技术处、信息开发处	宁夏档案文件利用服务中心
新疆维吾尔自治区档案局(馆)	副厅级	新疆维吾尔自治区党委办公厅		100	办公室、综合法规处(《新疆档案》编辑部)、业务指导处(档案学会)、人事教育处(档案干部培训中心)、档案保管保护处、档案信息开发利用处、档案征集接收处、档案信息化处、机关党委(纪检(监察)组)	

全国建设项目档案管理示范工程经验交流会

2013年6月14日，国家档案局在北京召开了全国建设项目档案管理示范工程经验交流会。大会为91个第一批全国建设项目档案管理示范工程颁发了证书，国家档案局局长杨冬权出席会议并作了重要讲话。

会议由国家档案局副局长李和平主持，国家档案局副局长段东升宣读了第一批全国建设项目档案管理示范工程名单，国家档案局副局长李明华、杨继波出席会议。天津市档案局、国家电网公司、江苏苏通长江公路大桥建设指挥部、江苏核电有限公司、上海东浩国际服务贸易有限公司、昆明新机场建设指挥部的代表分别介绍了开展项目档案工作的做法和经验。来自各省、自治区、直辖市档案局，新疆生产建设兵团档案局，中央和国家机关有关部委，有关中央企业和获得第一批全国建设项目档案管理示范工程的项目单位近200名代表参加了会议。

会议总结了近几年建设项目档案工作，探索了科学化、规范化管理的有效途径，部署了建设项目档案工作深化发展的任务，对宣传推广示范工程的先进经验，引导项目建设单位积极向示范工程学习，推动建设项目档案工作创新发展，全面提高建设项目档案管理水平具有重要意义。

杨冬权在讲话中对2006年国家档案局与国家发展改革委联合制定《重大建设项目档案验收办法》以来全国建设项目档案工作情况进行了高度总结和概括，给予了充分肯定，从深化认识，全面部署、配合监管，形成合力、把握过程，全程服务、突出管理，实现融合、与时俱进，扩大归档、重视利用，边建边用、充实力量，培养队伍七个方面提出了明确要求，并就深入开展创建全国建设项目档案管理示范工程活动作出了具体部署，为今后一个时期全面深化和推进建设项目档案工作指明了方向。

（经济科技档案业务指导司）

全国数字档案馆（室）建设推进会

2013年10月10日，全国数字档案馆（室）建设推进会在江苏省太仓市召开，这次会议的主要任务是交流我国数字档案馆（室）建设的经验，明确今后数字档案馆（室）建设的目标和任务，目的是树立一批可供学习的数字档案馆（室）建设先进典型，倡导各级档案馆（室）以实际行动开展数字化，实现“数字转型”、“数字升级”、“数字换代”，在全国档案系统形成“数字导向”，推动建成更多的数字档案馆（室）。

国家档案局局长、中央档案馆馆长杨冬权出席会议并讲话。会上，太仓市档案局馆、中国第一历史档案馆、北京市档案局馆、辽宁省档案局馆、青岛市档案局馆、海关总署办公厅档案处、湖北十堰市档案局馆、内蒙古伊金霍洛旗档案局馆等单位介绍了数字档案馆（室）建设先进经验。

杨冬权强调，数字档案馆（室）是数字时代或者说大数据时代档案馆（室）的发展方向，是现代的新型档案馆（室），是对传统档案馆（室）的升级，是“第二代”或“升级版”的档案馆（室）。建设数字档案馆（室）是实现我国档案工作现代化，把我国建成档案强国的一项迫切任务和重要内容。

杨冬权提出，我国数字档案馆（室）建设的目标是：用15年左右的时间，建成以数字资源为基础、安全管理为保障、远程利用为目标的数字档案馆（室）体系，使各级各类档案馆（室）能够实现对电子文件的归档和管理并按规定及时移交；县以上各级国家档案馆基本建成数字档案馆，能够接收和保管各进馆单位归档的电子档案，对馆藏传统载体档案全部数字化，实现馆藏档案的数字化利用、馆藏开放档案的互联网利用以及馆藏电子档案的安全保存和长期可利用；县直机关以上档案室传统载体档案基本数字化并实现数字化利用。

杨冬权要求，为实现全国数字档案馆（室）建设目标，各级档案部门必须重点抓好以下几项工作：一是按照“存量数字化”的要求，大力推进传统载体档案数字化；二是按照“增量电子化”的要求，全面开展原生电子文件的归档、接收工作；三是按照《数字档案馆建设指南》和将要发布的《数字档案室建设指南》的要求，大力加强数字档案馆（室）的硬件、软件建设；四是按照“安全第一”的要求，全面提升数字档案馆（室）的抗风险能力；五是按照“服务为先”的要求，共同参与全国开放档案共享平台的建设；六是按照“保障有力”的要求，抓好数字档案馆（室）工作体制和机制建设。

来自各省、自治区、直辖市、计划单列市、副省级市、新疆生产建设兵团档案局，部分中央国家机关档案部门等的近百人参加会议。会前，与会代表参观了太仓市档案馆、苏州工业园区档案管理中心。

（国家档案局档案馆（室）业务指导司）

全国档案系统办公室主任会议

2013年11月11日，全国档案系统办公室主任会议在广西南宁召开。这次会议是国家档案局进入新世纪以来召开的第一次全国档案系统办公室主任会议。会议全面总结和交流了近年来档案系统办公室工作成绩和经验，认真分析办公室工作面临的新形势新任务，进一步明确了当前和今后一个时期加强和改进办公室工作的基本思路和重要举措。国家档案局副局长杨继波出席会议并作重要讲话，广西壮族自治区党委副秘书长林怀勇出席会议并致辞，会议由国家档案局办公室主任李勤主持。会上，北京、黑龙江、江苏、广东、四川、新疆和广西档案局办公室负责同志作了交流发言，介绍了做好办公室工作的经验和做法。

杨继波强调，办公室的工作要讲政治、守规矩、重程序。做好办公室工作要具有五个意识：一要有政治意识，要有高度的政治责任感、政治敏锐性和政治鉴别力，始终在政治上、思想上、行动上同党中央保持高度一致；二要有大局意识，要做到心中装大局，工作看大局，言行护大局，始终把自己放到大局中去考虑，去定位、去审视；三要有责任意识，在工作中要有担当，遇到困难不上交，碰到矛盾不转移，真正为领导分忧解难；四要有服务意识，要找准定位，摆正位置，做到不显荣于人前，而辛苦于人后，做好服务工作；五要有创新意识，要从习惯思维和惯性做法中解放出来，增强工作适应性，加强在理念思路、办法手段和体制机制上的创新，以新理念引领新发展，以新举措解决新问题，以新机制提供新保障。

来自全国各省、自治区、直辖市档案局，各计划单列市档案局，新疆生产建设兵团档案局共计60余人参加会议。

（国家档案局中央档案馆办公室）

全国档案局长馆长会议

2013年12月27日，全国档案局长馆长会议在北京召开。此次会议的主要任务是：以党的十八大、十八届三中全会和中央经济工作会议精神为指导，总结2013年全国档案工作，部署2014年全国档案工作。中共中央办公厅副主任陈世炬出席会议并讲话，国家档案局局长、中央档案馆馆长杨冬权作工作报告。国家档案局副局长、中央档案馆副馆长段东升、李明华、杨继波出席会议。

陈世炬在讲话中强调，各级档案部门要以党的十八大、十八届三中全会和中央经济工作会议精神，以习近平总书记系列重要讲话精神，统一思想，凝聚力量，牢牢把握坚持和发展中国特色社会主义、实现中华民族伟大复兴的中国梦这一时代主题，紧密结合档案工作的实际，坚持档案工作的基本原则，积极探索新形势下档案工作的发展规律，推动档案事业取得更大发展。

陈世炬肯定了一年来全国档案系统取得的成绩，希望各级档案部门在新的一年里改革创新，提升档案工作总体水平；发挥优势，服务改革发展大局；把握规律，推动档案事业科学发展；加强管理，确保档案和档案信息安全；科技强档，打造档案工作升级版；人才兴档，加强档案干部队伍建设。

杨冬权总结了2013年全国档案工作。2013年，在各级领导的关心支持下，各级档案部门深入开展党的群众路线教育实践活动，切实转变工作作风，在服务经济社会发展各个方面取得了显著成绩，档案事业的发展更加科学协调，但与全面深化改革的宏伟目标相比，档案事业发展中还有不少战略性问题需要研究解决，要遵循全面深化改革的要求，在改革发展中推动这些问题的逐步解决。

2014年全国档案工作的总体要求是：以邓小平理论、“三个代表”重要思想、科学发展观和党的十八大、十八届三中全会精神为指导，以服务全面深化改革为中心，以建设档案强国为总目标，继续实施以人为本、服务为先、安全第一战略，继续健全覆盖人民群众的档案资源体系、方便人民群众的档案利用体系、确保档案安全保密的档案安全体系，发扬习近平总书记倡导的“钉钉子”精神，为实现与全面建成小康社会相适应的档案工作“三个翻番”主要指标而继续努力。杨冬权在部署2014年全国档案工作任务时强调，各级档案部门要进一步深入学习领会《中共中央关于全面深化改革若干重大问题的决定》的精神，贯彻落实党的十八届三中全会精神，服务全面深化改革，并做好档案工作的改革；进一步加强档案资源体系建设和档案基础业务建设，继续贯彻落实国家档案局9号令和10号令，加强经济档案工作，加大民生档案指导接收力度，加强专业档案工作；进一步推进档案利用公共服务多样化均等化，要提升服务意识，增加服务内容，创新服务形式，扩大服务范围；进一步提高档案安全保障能力，稳步推进中西部县级档案馆建设，确保档案实体安全，加强档案信息系统安全保障建设，加强档案信息安全管理，注意档案托管中的档案安全问题；进一步完善档案法治建设，继续推进《档案法》修改工作，对《档案管理违法违纪行为处分规定》贯彻实施情况进行检查，开展档案行政执法检查工作；进一步加快数字档案馆（室）建设步伐，大力开展传统载体档案数字化，积极进行原生电子文件的归档接收工作；进一步加强档案文化建设和档案宣传工作，努力打造档案文化产品，为文化建设提供档案服务、建立档案。

会议安排北京市、辽宁省、上海市、广东省、云南省、甘肃省档案局馆的代表作了交流发言，介绍了各单位档案工作亮点和特色经验。

参加此次会议的有全国各省、自治区、直辖市、计划单列市、新疆生产建设兵团、副省级市档案局馆负责同志，各中央和国家机关、中央企业档案业务协作组组长，解放军和武警部队档案部门负责同志，中国照片档案馆、中国人民大学档案学院，以及国家档案局、中央档案馆各部门及事业单位负责同志。

（刘　朝）

“两会”对《中华人民共和国档案法》修订工作的建议和提案

2013年何华章等14名代表在中华人民共和国第十二届全国人民代表大会第一次会议上提出关于加快《中华人民共和国档案法》修订进程的建议（人大工作类第8306号），四川委员曾蓉在全国政协十二届一次会议上提出关于加快《中华人民共和国档案法》修订进程的提案（第3005号），两项内容相同，摘录如下：

随着我国改革开放不断深入，国际国内形势深刻变化，档案工作也面临许多新的挑战：档案工作的对象、领域和环境发生了深刻变化，一些新的经济和社会组织进入档案领域，档案管理难度明显加快，依法治国进程明显加快，建设透明政府、服务型政府的要求特别是政府信息公开制度的确立对加大档案开放力度形成了倒逼的态势；以电子计算机为核心的现代科学技术的广泛应用，给档案工作带来了前所未有的冲击，档案的存在形态和运行方式发生了巨大变化，档案载体由纸介质为主发展到声、光、电、磁等多种形式，亟需对现代计算机网络条件下的档案管理制度进行补充完善；档案事业发展的客观规律，要求进一步规范档案馆设置和布局，更合理地配置国家档案资源。面对这些挑战，《档案法》与档案工作形势任务不相适应的问题日益显现出来，迫切需要再次予以修改。2006年5月，国家档案局在调查研究的基础上，启动了《档案法》修改的预研工作。历经五年，2011年列入国务院法制办调研论证项目，至今未完成修订工作。

建议：国务院尽快列入修订计划，及时组织修改、审议，早日提请全国人大常委会修订现行《档案法》，为全国档案事业发展提供法制保障。

（李淑香整理）

（三）档案事业发展概况

全国档案事业发展综述

一、深入开展党的群众路线教育实践活动

2013年，以党的十八大、十八届三中全会精神为指导，为深入开展宣传党的群众路线教育实践活动，切实转变工作作风，国家档案局与有关部门联合印发《关于做好党的群众路线教育实践活动文件材料收集归档工作的通知》；与北京市西城区共同举办党的群众路线档案展览。黑龙江举办党在黑龙江贯彻群众路线档案展，福建举办中央苏区群众路线档案展，河南举办焦裕禄精神展。内蒙古、上海、贵州、青岛参加当地教育实践活动领导小组工作，指导文件材料收集归档。为落实为民务实清廉要求，国家档案局会同有关部门共同取消全国档案利用收费。上海取消升级达标考评活动，山东取消档案教育培训等收费项目，青海、新疆等地积极清理行政审批事项。

二、强化服务意识，档案服务工作成效显著

2013年，时值毛泽东同志诞辰120周年之际，中央档案馆举办了毛泽东手书诗词展览；与国家博物馆联合举办了毛泽东书法与当代名家雕塑绘画展；编辑出版毛泽东手迹系列丛书；制作专题网络视频《档案天天看——毛泽东档案系列》365集；为有关部门编写《毛泽东年谱（1949—1976）》等提供大量档案。为纪念习仲勋诞辰100周年，中央档案馆为有关部门编写习仲勋年谱、文集、画册，拍摄电视片《习仲勋》等提供大量档案。档案工作在为党和国家重点工作和重大活动的服务中，各地强化服务意识，取得了突出的成绩。厦门在公交纵火案发生后，及时提供类似事件的档案资料供事件处理领导小组参考；深圳配合市政府地面坍塌防范治理专项工作，全面加强城建档案工作。北京、辽宁、宁夏、南京、青岛、西安等地为当地举办的国内国际重大活动，制定档案管理制度，做好档案资料收集整理工作。

以群众路线教育为指导，深化民生档案服务工作。国家档案局与民政部联合制发《农村五保供养档案管理办法》，与最高法联合制发《诉讼档案管理办法》。天津印发《加强民生档案工作的意见》；辽宁出台食品安全档案管理办法；上海拓展民生档案“全市通办”工作；浙江实施省市县三级联动，实现异地跨馆查档；上海浦东与浙江杭州、宁波还实现“跨省出证”；江西建立知青、养老等6个专题目录数据库，开展跨馆跨地档案检索指引服务；湖北召开现场会推进民生档案工作；福建接收的民生档案约占全年接收量的60%；四川确定2013年为“民生档案建设年”，出台加强全省民生档案管理工作的意见。

服务新农村建设，档案工作取得新成果。2013年国家档案局与农业部等联合确定105个全国农村土地承包经营权登记试点县（市、区），并对登记中形成的文件收集归档工作进行指导；与林业局共同印发《集体林权制度改革档案管理办法》；会同民政部、农业部完成56个全国社会主义新农村建设档案工作示范县验收。北京、新疆建立和完善新农村档案工作长效机制；福建、哈尔滨组织召开新农村建设档案工作示范县推进会；湖北将新农村建设档案工作示范县创建纳入省委1号文件；济南推广行政村档案规范化管理；杭州实施农村档案信息共享工程。

三、加强档案事业宏观管理

依法治档水平显著提高。国家档案局与国家监察部、人力资源社会保障部共同印发《档案管理违法违纪行为处分规定》；继续修改《档案法》，召开三次《档案法》修改工作座谈会，力争将《档案法》修改事项在《国务院2014年立法工作计划》中上升为二档项目。天津颁布档案收集办法；吉林检查实施档案法和档案条例情况；福建印发《非国家所有档案管理办法》《档案行政管理部门规范执法》和《文明执法规定》；湖南规范社会档案中介服务机构的管理。

严格开展档案行政执法检查工作。国家档案局协调公安部门依法对北京中拍国际拍卖有限公司违法出卖国家档案的行为进行查处，确保涉案国家档案的安全。各地加强档案执法检查力度，河南、广东、重庆、贵州、西藏、青海、新疆、长春、武汉

开展档案执法检查。

全国档案标准化工作进一步推进。国家档案局组织起草和印发了《2013年度全国档案行业标准立项工作的通知》《全国档案工作标准化技术委员会第二十次年会会议纪要》，下达了第二十次年会通过的9项行业标准制订项目。组织完成《电子档案管理基本术语》《计算机输出缩微品（COM）和计算机输出光盘（COLD）双套保存数字档案的技术规范》两项档案行业标准送审稿的函审工作。完成《信息与文献电子文件长期保存需求》及《数字文件保存指导白皮书》翻译工作，征求起草组成员意见。组织召开国家标准《电子文件归档与管理规范》（修订）的专家审查会；对《照片类电子档案元数据方案》《档案信息系统运行维护规范》《数字档案关系型数据库转换为XML格式文档的技术规范》《特藏档案库基本要求》《信息与文献用于文件的工作过程分析》在全国范围内征求意见。组织召开ISO16175《信息与文献电子办公环境中文件档案管理原则与功能要求》、ISO26122《信息与文献用于文件的工作过程分析》采标工作组会议。申报《信息与文献文件档案元数据管理第3部分：自评估方法》《建设项目档案管理规范》《照片类电子档案元数据方案》三项国家标准项目立项。

四、夯实基础，扎实推进档案业务建设

档案馆工作。2013年省级档案馆建设有序开展，辽宁新馆建成开馆；浙江、南京、成都新馆年底将结构封顶；北京、安徽、河南完成新馆建设前期准备工作；河北、山西、重庆、新疆、厦门、长春、武汉新馆建设（扩建）工程已批准立项或列入规划；甘肃将省级档案馆建设补助纳入省级财政预算。地县级档案馆建设进展顺利。2013年度核准中西部地区县级档案馆建设项目264个，共补助中央投资8亿元。北京市局与市发改委、财政局共同印发《加强区县档案馆建设的意见》；内蒙古由中央投资补助的31个档案馆，28个已开工建设；云南已有62个县级档案馆开工建设；湖北设立以奖代补专项资金，对通过功能验收的县级档案馆进行奖励。调整档案接收范围，优化馆藏档案结构。国家档案局继续抓好9号令、10号令的贯彻落实，审核批复14家省级档案馆收集档案范围细则，完成试点企业文件归档范围和保管期限表的编制业务指导与预审。上海全面开展进馆单位档案资源普查；辽宁征集明清版东北地方志等；浙江开展收集老干部个人档案；安徽重点征集领导人来皖视察档案及奥运冠军、抗日老战士、抗战期间美国飞虎队战机残骸等资料；山东组织赴台湾征集档案；湖南做好国外涉湘档案征集；杭州深化乡村记忆示范基地建设；沈阳征集与国际友城交往的记录；南京、宁波推进名人档案征集；大连征集开埠建市档案；青岛启动方言保护采集工程。

机关档案工作。国家档案局召开机关档案业务建设座谈会；继续在中央和国家机关开展8号令实施情况年度检查。科技部安装新的档案安全防范系统；地震局完成对国家科技支撑计划项目5个课题的档案验收。上海探索建立分层、分类机关档案工作指导新模式；云南开展二级单位档案业务指导和档案接收；宁夏建立统一的机关档案工作管理平台；南京筹建了机关文档中心。

企业档案管理工作。围绕服务经济，提高企业档案工作业务水平，国家档案局组织对三江源生态保护工程、长江三峡水利枢纽地下电站工程等档案验收；对海南、贵州、宁夏建设项目档案巡回检查；联合水利部完成全国第一次水利普查档案的检查验收；与有关单位联合检查国防科技工业固定资产投资项目档案工作和移民档案管理办法落实情况；开展企业会计档案电子化试点；加强对开发区企业和非公企业档案业务指导；召开建设项目档案管理示范工程经验交流会。北京、河南等地做好企业文件归档范围和保管期限表的预审；辽宁开展企业档案互查活动；四川开展省属国有骨干企业档案工作专项检查；人保集团、华融资产公司实行从总部到下属单位统一的档案信息管理系统；中石油、国家电网、南方航空、中信集团、中国农业发展集团认真制定本单位文件归档范围和保管期限表。

档案信息化建设。国家档案局召开数字档案馆（室）建设推进会，提出用15年左右的时间，建成以数字资源为基础、安全管理为保障、远程利用为目标的数字档案馆（室）体系的发展目标，要求各级档案馆（室）以实际行动开展数字化，实现数字转型；建成并开通全国开放档案信息资源共享平台门户网站；在上海等6省市开展了电子档案移交接收和长期保存试点；印发档案信息系统安全等级保护定级工作指南并召开工作会议。各地档案信息化工作也在顺利推进中，北京构建档案数据安全管理体系框架；上海完成30余万卷（件）世博档案扫描；内蒙古完成1000余盘电影胶片数字化加工；云南省馆累计扫描馆藏档案4000余万页；安徽开展民国档案抢救与数字化；江西启动第四期民国重点档案数字化，并且实现了60个市县和23个省直机关联通全省档案专网查阅平台；广东启动声像档案数字化；福建实现全省开放档案、网上展厅、在线视频的整合展示，全省档案数据在省馆异地集中备份；

青海搭建覆盖省、地、县的档案信息共享平台；江苏印发档案异地备份工作规程；湖北完成30家县级档案馆电子档案异地备份；山东开工建设电子文件（档案）容灾备份中心。武汉完成武汉城市圈档案资源共享系统建设并上线试运行；大连抢救音视频档案；解放军档案馆在完成馆藏档案数字化后，又对新接收进馆档案进行数字化；兵工集团启动第一批数字档案馆建设试点。

档案科教工作。2013年有98项科技项目列入国家档案局科技项目计划，37项科技成果获得国家档案局优秀科技成果奖励，10余项优秀成果向全国重点推介。国家档案局出版《会计档案整理》等3本多媒体培训教材，并免费发放到县以上档案部门；继续与中央党校、浦东干部学院合办档案领导干部培训班，分别举办重庆、贵州、云南、甘肃等省市分管档案工作领导培训班，举办四川藏区县级档案局馆长培训班，组织档案人员岗位培训，举办全国档案信息化高级研修班等。山东省局与省委组织部举办各市分管档案工作的领导和档案局馆长培训班。

五、档案宣传工作不断提高

国家档案局在全国档案系统发出向朱志伟学习的决定，《人民日报》、新华社、中央电视台等中央主要媒体在“时代先锋”栏目对朱志伟事迹作了报道，档案工作者的先进事迹又一次在全国广泛宣传。2013年，全国档案系统第一次统一开展“国际档案日”宣传活动，举办了“外国记者眼中的中国共产党人”展览，组织“档案在你身边”征文活动，收到全国征文8768篇，邀请著名史学家作专题讲座。各地开展档案馆开放、张贴挂图、举办展览、主题征文、文化讲座等各种活动宣传档案工作，均取得良好反响，宣传效果显著。

六、不断扩大对外交流与合作

2013年，档案业务对外交流合作继续保持活跃。西藏元代档案和侨批档案双双入选世界记忆名录；国家档案局举办国际档案理事会东亚分会第十一次大会暨数字档案馆的规划和实践研讨会；举办中俄档案合作工作小组第十次会议和中俄档案鉴定圆桌会议；举办中美档案学术研讨会；与朝鲜、印尼、土耳其国家档案部门实现互访；与哈萨克斯坦、土库曼斯坦、塞尔维亚、乌克兰等国家加强在档案领域的合作；组织境外档案征集培训，并征集到8幅涉及我国钓鱼岛和中印边界地区的古地图，其中2幅具有很高价值，可作为我国外交斗争的法理依据。上海承办印度泰戈尔故居中国展厅永久展室，在新西兰举办路易·艾黎在中国档案展，在纽约举办百年上海图片展；福建在泰国、印尼举办侨批档案展。

（国家档案局　史书）

北京市

2013年，北京市各级档案部门认真学习贯彻党的十八大、十八届三中全会及习近平总书记系列重要讲话精神，贯彻落实市委十一届三次全会精神，大力实施“以人为本、服务为先、安全第一”三大战略，大力建设“覆盖人民群众的档案资源体系、方便人民群众的档案利用体系、确保档案安全保密的档案安全体系”，紧紧围绕全市发展大局，圆满完成“十二五”规划阶段性任务，各项工作取得了显著成绩。

一、党的群众路线教育实践活动

按照中央和市委的统一部署，北京市档案局馆开展党的群众路线教育实践活动。领导班子和领导干部带头学习，带头深入基层听取群众意见，聚焦“四风”查找问题，带头整改落实，进一步转变作风，更好地履行行政管理和档案收管用职能，研究解决档案事业发展重要性、方向性、全局性问题的自觉性进一步提高。市属单位档案部门也积极参加本单位的教育实践活动。通过活动，广大党员干部接受了一次深刻的党的群众路线、群众观点的教育，理想信念更加坚定、改进作风更加深入、纪律意识更加牢固、党群干群关系更加密切、为民务实清廉形象进一步树立。

二、档案信息化建设

北京数字档案馆立项工作推进。北京数字档案馆采用“云计算”技术和电子档案凭证性保障技术，通过建立覆盖全市各级国家综合档案馆和档案进馆单位的档案资源管理与共享网络，实现对档案数字资源的全程管理和提供利用。完成项目技术方案和可行性研究报告。

档案数字化工作。北京市档案数字化标准体系基本建成，为保证档案数字化质量提供业务规范。各级档案部门按照“十二五”规划目标，加快推进档案数字化工作。截至2013年底，市和区县档案馆累计完成纸质档案数字化1.5亿页，市档案馆完成馆藏纸质档案总量的70%，区县档案馆平均完成量占馆藏纸质档案的33%，其中石景山、西城、朝阳、昌平区等档案馆馆藏档案数字化率超过50%，提前完成“十二五”规划任务。房山区档案馆对移交进馆的档案进行集中数字化，实现纸质档案和数字化副本的同步接收。市一中院完成档案扫描3000余万页，市统计局、京煤集团等多家单位室藏文书档案数字化率达到100%。

电子文件管理工作。制定并实施北京市电子文件归档与电子档案管理工作总体方案，研究起草《北京市电子文件归档范围和保管期限表编制指南》、《北京市电子文件归档与电子档案管理办法》等制度。

三、服务重点工作、重大工程

服务重大活动、重点工程。市档案局作为园博会、京交会、平原造林等重大活动领导小组成员单位，充分履行职责，与区县档案局共同组织、指导相关单位档案部门开展档案收集、整理工作，保证重大活动档案齐全完整留存。园博会筹建指挥部7000余件档案接收进馆，与园博会主体工作同步完成。新疆和田、青海玉树两个援建指挥部自机构成立之日到2012年底形成的档案全部接收进馆，与援建人员轮换同步进行。市南水北调工程建管中心制定配套工程档案资料管理办法，研发专用档案管理软件，对工程参建单位实施远程监管与在线归档，实现档案管理的标准化和规范化。丰台、大兴、怀柔等区县档案局也加强了对园博会、世界种子大会、新机场建设、雁栖湖生态发展示范区筹备等档案工作的监督指导，确保档案工作与重大活动、工程建设同步进行。

市档案局组织开展240项市级重点建设项目档案管理登记工作，同时联合市规划委、市发改委等部门同步检查重点建设项目档案工作，组织对市政府投资的固定资产项目竣工档案的专项验收。各区县档案局也对本地区重点建设项目实施全程监管。

服务机构改革、企业改制。市和区县档案局对机构调整部门和改制国企档案工作进行指导，不断强化档案工作。食品药品监督管理体制改革档案工作有序推进，确保了档案的合理归属和妥善处置。北汽集团成立专门机构集中保管集团10家改革调整企业档案近17万卷。

服务民生工作。市档案局印发《加强民生档案工作的意见》，进一步明确民生档案工作的目标和任务；联合市水务局、市审计局、市地税局分别印发水库移民后期扶持档案、审计档案及税务档案管理办法；市人力社保局制定《人力资源服务规范》地方标准，对流动人员档案进行规范管理；市高法将诉讼档案收集纳入法院系统绩效目标管理，进一步规范诉讼档案工作。第一次全国水利普查档案验收和社保档案验收工作全面完成，通过率均为100%。12个区县的医保档案工作通过验收。各区县档案局加强对社区档案的指导，社区建档率显著提高。

服务新农村建设。平谷区通过国家档案局组织的全国社会主义新农村建设档案工作示范区验收，成为北京市第二家示范区。各涉农区县按照《北京市新农村建设档案工作测评办法》开展全面自查，有力促进新农村建设档案工作。

四、档案资源建设

档案馆收集工作。在档案移交单位的共同努力下，市档案馆全年接收档案2.9万卷件，市城建档案馆接收竣工档案2.2万卷件，各区县档案馆接收档案26.6万卷件，全市国家档案馆馆藏总量达636.1万卷件，同比增长5.5%。市和区县档案馆采取多种方式开展各类档案征集和主动记录工作，馆藏档案内容更加丰富。

档案室收集工作。市和区县档案局及时宣贯国家档案局令第10号，列入市档案馆接收范围的75家市属国企全部完成管理类档案保管期限表初稿报送工作，区县属国企同步开展管理类档案保管期限表编制工作，从源头规范国企档案收集工作。各机关档案室严格按照审查通过的文书档案保管期限表开展档案收集工作，做到了应收尽收。

五、档案安全建设

档案馆新馆建设。在市领导的关心、协调下，市档案馆新馆建设列为市重点建设项目，已进入开工建设阶段。市档案局与市发改委、市财政局联合印发《关于加强区县档案馆建设的意见》，明确各区县档案馆建设由各区县政府负责，争取在2至3年内基本达标。按照“先开工先补助”的原则，由市级财政投资资金，对各区县档案馆建设新馆按一定比例进行补助。东城、海淀区档案馆新馆已经开工，朝阳、通州、昌平等区新馆建设采取单独建设、合建等方式积极推进，其他区县新馆建设也列入了区县政府议事日程。

馆室安防设施。全市各级档案部门不断强化“安全第一、人人有责”的意识，加强安全教育，完善各项安全制度，购置、添设了大量安全设备，确保档案实体、信息、设施和馆室环境安全。朝阳、顺义、大兴、延庆等区县档案馆进行安防系统改造完善、设备设施更换维修等工作，东城区投入70万元加强档案安全防护设施建设，怀柔区投入45万元对馆内消防报警系统、楼房防水等进行改造和维修，丰台区投入27万元完善馆内及馆际周边安防系统。市公安局、北京农商行分别投入700万元、68万元进行了档案库房设备设施的改造。市二中院购置专用设备对外租库房实施远程监控。

六、档案利用服务

档案查阅服务。市和区县档案馆通过完善接待服务方式、改善服务设施和优化服务流程，不断提升档案利用和政府公开信息查阅的服务质量；取消利用档案收费工作实现平稳过渡，全年接待查档者12.4万人次，同比增长31%。市工商系统档案部门接待社会查阅37万余人次，同比增长25%。

档案展览。全市国家综合档案馆新举办档案展览32个。西城区配合国家档案局举办了党的群众路线档案展览，9万余人参观。平谷区档案馆举办“档案见证 美丽平谷”专题图片展，在区两会会场展出受到好评。门头沟、房山、通州、顺义、密云、延庆等区县围绕纪念毛泽东同志诞辰120周年、学习雷锋等主题举办展览。

档案编研和讲座。全市档案部门精心推出一批有影响的编研作品。召开第一次全市性党的文献编辑工作会议，编辑工作参与单位扩展至各区县档案部门、党史部门及相关市直单位近60家。市委办公厅档案部门围绕市委第十一次党代会编辑文件材料汇编。市档案馆编辑出版的《北京的名园名山》、石景山区档案馆编辑出版的《石景山档案历史文化系列丛书》等文献资料，引起国内外读者关注。市和区县档案馆推出不同内容、形式的文化讲座，“档案见证北京”讲座全年推出34场。

档案网络服务。各级档案馆更加重视利用网络开展展览、查档等服务。北京市档案信息网点击率达2484.9万人次，访问者达79.5万人次，比2012年度分别增长26.4%和19.8%。市档案馆向国家档案局“开放档案信息资源共享利用系统”提供2万件开放档案数据；参与北京市政务信息资源共享工作，提供共享目录81.1万条。海淀区档案馆制作了“海淀区革命历史遗迹”电子杂志并在安卓市场上线，借助互联网、智能移动终端开展档案服务。市一中院利用局域网实施智慧档案室建设，探索物联网技术在档案管理中的应用，提高了服务效率。

七、档案法制和科教宣传

《档案管理违法违纪行为处分规定》宣贯工作。市档案局与市监察局、市人力社保局联合制发学习宣贯《档案管理违法违纪行为处分规定》的文件。市档案局制发《北京市查处档案管理违法违纪行为程序暂行规定》，举办由全市档案部门领导和档案人员参加的专门培训，有力地推动了处分规定的宣传与落实。西城、门头沟、大兴、密云等区县档案局采取与有关单位联合发文、联合培训、开展法制宣传及执法检查等多种措施，将宣贯工作落到实处。

“十二五”规划中期检查。市档案局把档案事业“十二五”规划中期评估工作与信息化建设、“六五”普法宣传教育及专业教育培训专项规划相结合，进行了全面检查。检查结果表明，达到了时间过半、任务过半的目标。市城建档案馆和各区县档案局也结合实际开展相应的检查。

“国际档案日”暨北京市第五届“档案馆日”宣传活动。围绕国家档案局提出的“档案在你身边”的宣传主题，全市各级档案部门推出内容丰富、形式多样的活动，活动涉及面广，参与活动的市属单位为历年最多。各级档案部门积极借助报纸、电视、广播、网络等媒体宣传。北京经济技术开发区、市公园管理中心、王府井百货、北京工美集团、西单商场、北京地铁运营公司等在繁华地区、公园、地铁主要换乘站通过法规咨询、张贴宣传挂图等形式开展档案宣传。

档案科研工作。全市档案科研项目立项18项，在国家档案局立项5项。全市共有8个科研项目获北京市档案科技优秀成果奖，其中一项获得国家档案局优秀科技成果奖二等奖。

教育培训工作。各级档案部门组织多类型、多层次、多专题的面授与网络培训班。市和区县档案局共组织各类面授培训班203期，培训学员1.1万人次，网络培训3888人次。

2013年，东城区档案馆成为全市按照新标准通过测评的第一个国家一级综合档案馆。区县机关档案工作测评全面展开，224个区县机关成为档案工作优秀单位。

（北京市档案局　宗文萍）

天津市

2013年，在天津市委市政府的领导和国家档案局指导下，全市档案部门认真贯彻党的十八大、十八届三中全会和市委十届二次、三次全会精神，积极开展党的群众路线教育实践活动，紧密围绕全市中心工作和大局，以“民生档案建设年”为契机，不断深化扩展档案服务，大力加强档案规范管理，扎实推进各项档案业务建设，多项工作实现了新突破，档案事业发展取得了新成绩。

一、深入开展党的群众路线教育实践活动，切实转变作风

市档案局馆认真贯彻中央和市委部署，组织全员理论学习，广泛征求基层单位和群众意见，召开高质量专题民主生活会，深刻查摆“四风”方面存在的问题。坚持边学边查边改，制定修改18项局馆制度，选派干部赴社区、困难村开展帮扶活动，帮助南开区华章里建立社区书屋，支援宁河县朱东台村打井解决吃水问题。局馆会议、文件数量同比减少40%、30%，“三公”经费同比下降46%。各区县档案局馆通过各种形式加强党员干部思想教育，进一步转变了作风，增强了队伍凝聚力。

二、服务经济建设取得新发展

认真贯彻市委市政府“促发展、惠民生、上水平”活动部署，市区县档案部门联动深入100余个重大建设项目、592家科技型中小企业开展档案服务。主动跟进全市大项目好项目建设，连续第6年举办全市重大建设项目咨询服务活动，全市在全国建设项目档案管理示范工程经验交流会上介绍经验，宝坻区档案局验收项目档案比上年增长130%，泰达档案馆坚持以“三会一训”模式为在建项目提供档案服务支撑。全市政府投资建设项目档案专项验收交由市和区县档案局负责并进入全市行政许可审批大厅，与500多个待验收项目全部建立联系并进行分类培训。联合市科委召开档案工作服务科技型中小企业发展推动会，与212家科技型“小巨人”领军企业建立联系，服务培训199家。妥善处置国有退出企业档案，推动9个集团54个退出企业档案移交进馆。新农村建设档案服务不断深化，宁河县顺利通过全国社会主义新农村建设档案工作示范县验收，80%以上的涉农区县实现农村档案信息资源共享。记录好服务好老城区改造、示范小城镇建设，红桥区档案局累计拍摄拆迁和新建地区照片近万张，北辰区档案局面向全区126个村开展“留住村庄记忆”照片征集活动，蓟县档案局跟进整理新城建设档案3000卷册。

三、服务保障和改善民生取得新成效

积极开展“民生档案建设年”活动，在全国率先以省级政府文件形式出台加强全市民生档案工作的意见。市和区县普遍建立民生档案工作联席会，在全市形成了统筹规划、有效监督、齐抓共管的民生档案工作机制。联合市人社局等涉民部门制发修订《天津市社会救助档案管理办法》等11个民生档案管理规范性文件。市社保中心被人社部和国家档案局授予全国社会保险业务档案管理示范单位。市区县档案部门集中开展第6个“民生档案服务月”活动，联合涉民部门举办专题展览9个，接待群众咨询4000人次，发放各类档案宣传材料3万份。市区县档案馆全部取消档案查阅利用收费，全年接待利用者4.5万人次，提供利用档案和政府公开信息10万卷件次。大港档案馆积极为基层村干部落实补助待遇提供凭据，河东区档案馆群众查档满意率达100%。

四、服务文化大发展大繁荣取得新成果

着力打造档案文化精品工程，市档案馆近代天津历史研究中心牵头编撰《近代天津名人传略》。《中南银行档案史料选编》《天津老南市》等一批档案文化精品出版。市档案馆与天津日报等5家媒体合办档案历史文化专栏，刊发文章200余篇。全市档案部门积极开展“国际档案日”、“三个一”档案宣传月活动，接待群众参观咨询8000人次，发放各类宣传材料2万份。市档案馆举办“知青岁月——天津市档案馆征集知青档案史料资料图片展”，联合市文明办、《渤海早报》举办家庭档案展示活动，“档案文化大讲堂”列入“渤海名家大讲堂”百场公益系列讲座。河西、武清、宁河等向社会推出本地区历史记忆展，河北、蓟县、汉沽等开设家庭档案主题展。北辰、宝坻、塘沽、泰达档案馆等邀请中小学生进馆开展主题活动，南开、河东、红桥、东丽、静海档案馆等走进校园进行档案宣传教育。全市档案部门充分借助各种媒体开展档案社会宣传，全市和行业媒体全年报道天津档案工作200余次，河东区档案馆建立微博，泰达档案馆开通微信。

五、档案依法管理取得新进展

会同市综治办出台《关于进一步加强和规范社会管理综合治理档案工作的意见》。滨海新区区委、区政府两办印发《关于在滨海新区深化管理体制改革中做好档案工作的通知》，加强机构改革档案管理工作。与市人大内司委、市政府法制办联合开展档案执法监督检查取得良好实效。市档案局将“携带、运输、邮寄档案出境”事项的审批委托下放给区县档案局。大力宣贯市政府58号令《天津市档案收集办法》，接待群众咨询3000人次，发放宣传材料1.5万份。全市依法新开放档案2.6万卷。全市机关档案工作评估基本完成，1076家市和区县机关档案评估达标，评估率达97%。天津铁厂等37家企业通过档案工作评估或复验。积极开展第9个全市档案安全月活动，对35个档案馆安防工作进行全面检查。市首批电子档案异地备份数据20TB顺利移交广州市档案馆，实现两地互备。市档案馆完成全文鉴定划控124万页，清点核查档案25万卷，抢救修复档案10万页、音像3.8万分钟。

六、各项档案建设取得新成绩

档案馆库建设进一步推进。静海县7180平方米档案馆新馆正式启用。河北区将3300平方米厂房建筑划归区档案馆并启动改造工程。滨海新区机关文档管理中心建成，区档案馆建设项目立项选址。空港经济区、中新生态城档案馆抓紧建设。市工商局、市医药集团、天津港集团成立档案馆。市档案馆2000平方米特殊载体档案和档案异地备份库建设批准立项选址。河西区、东丽区档案馆通过国家二级档案馆测评。

档案资源建设进一步加强。在全国率先完成区县综合档案馆《档案收集范围实施细则》制定审批工作。市档案馆接收58家市级机关档案11.6万卷件，其中接收市广播电视台录音档案6.58万盘，实现了接收档案数量和载体的新突破；采集天津新闻2.2万分钟，征集名人档案等各类档案2700件1000分钟，赴境外征集档案7000页、照片3000张。各区县档案馆共接收档案13万卷、16万件，其中宝坻、宁河、南开等区县民生档案接收数量均超过2万卷件。和平、北辰等区县积极开展先进人物、劳模等民生档案征集工作，进一步丰富了馆藏资源。

档案信息化建设进一步加快。全市民生档案数据资源建设项目建成，上传婚姻、知青等11类161万条民生档案目录数据。档案数字化工作加快推进。截至2013年底，市区县档案馆完成纸质档案数字化扫描5600万页，是2010年前数字化总量的2.5倍。进一步推动电子文件归档移交工作，对20家立档单位进行电子文件管理工作考核，全市法院系统实现诉讼电子档案同步生成和共享利用，滨海新区建成电子文件中心应用系统平台，河西区、北辰区、市卫生局等积极举办地区、行业电子文件管理培训。国家重大科技专项“核高基”项目完成全部软硬件设备安装测试。积极推进区县档案网站建设，西青、津南等区县档案网站整体水平进一步提升。《电子文件管理安全保障体系研究》等6项在国家档案局立项科研课题完成结题。

档案人才队伍素质进一步提升。高端人才培养实现新突破，全市“数字档案馆建设研究”高研班被列入2013年市级专业技术人才高级研修项目。举办全市档案系统“一把手”培训研讨班，围绕推进全市档案事业发展“十二五”规划和与全面建成小康社会相适应的档案事业奋斗目标研讨谋划。市档案局举办档案学历教育、继续教育及各类业务培训33个班次，培训人员2300余人次。各级档案学会、档案网站及《天津档案》广泛开展群众性档案学术交流活动。组织参加国际档案理事会年会和两岸档案学术交流会，档案工作交流与合作进一步加强。

（天津市档案局）

河北省

2013年，全省各级档案部门和广大档案工作者，全面深入贯彻落实党的十八届三中全会、习近平总书记系列重要讲话及省委八届六次全会精神，按照全国档案工作会议的具体部署，把握“稳中求进”的总基调，高扬改革创新主旋律，紧紧围绕“建设档案强省、提升三个能力”这个中心任务，以档案馆室建设、档案资源体系建设、档案利用开发体系建设以及档案信息化建设等为重要抓手，全省档案事业发展呈现了新的面貌，展现出新的气象。

省档案局馆党的群众路线教育实践活动取得重要成果。按照中央和省委的统一部署，省档案局馆参加了全省第一批教育实践活动。活动期间，局党组高度重视，真查实摆，扎实开展了正风肃纪、提质增效、治理“吃空饷”和办公用房清理整改等专项行动。通过教育实践活动，党员干部普遍受到了一次深刻的马克思主义教育，理想信念更加坚定，政治意识、大局意识、责任意识明显增强，省档案局领导班子更加团结、务实，干部队伍的凝聚力和向心力大大提升，整个局馆的面貌发生了重大、深刻而积极的变化。同时，坚持活动工作两不误两促进，切实把教育实践活动的成效体现到了解决突出问题、促进各项工作上，及时恢复了停摆已久的档案数字化、档案干部培训、档案科技立项评审等许多基础业务工作，复建升级开通了停运五年之久的河北档案网，进一步理顺省市县三级档案部门的关系，先后谋划推进了省档案馆新馆建设、争取中西部地区县级档案馆建设省级专项配套资金、档案日常事业经费、省档案信息化专项资金等项目，搭建了省政府信息公开查阅利用中心和档案利用暨政务服务中心三位一体的档案综合服务体系，为全省档案系统健康快速发展奠定了坚实基础。同时，省局开展了机关标准化管理工作，形成了一套涵盖机关各项规章制度、工作流程的质量管理体系文件，使机关处室职能更加明确、岗位责任更加清晰，“用制度培养习惯、用程序规范行为、用第三方评价促进工作改进”的机关标准化管理理念渐入人心，机关管理日趋规范化、制度化、标准化，工作效率显著提升。

档案馆新馆建设稳步推进。2013年，在省档案馆新馆建设上，进一步解放思想、开拓思路，探索运用市场力量、吸引社会资源参与的新模式，先后与省信息产业投资集团、申江万国数据有限公司、北京某投资公司等进行洽谈交流，与市里土地规划主管领导多次沟通，有关省直部门、主管省领导积极支持，全力推进省档案馆新馆建设。全省市级、县级档案馆新馆建设得到稳步推进，张家口市规划档案馆新馆面积10000平方米，唐山市13000平方米，衡水市确定10800平方米的档案馆新馆馆址。全省县级档案馆新馆建设中，获中央补助的45个县已有39个开工，开工率达到了87%。同时，完成了2013年申报工作，有望为13个县级馆争取中央投资2140万元。

档案资源建设扎实有效。进一步拓展收集范围、改善馆藏结构、丰富馆藏内容，档案接收工作呈现快速增长态势。石家庄市加大民生档案接收力度，把近8万卷民生档案接收进馆，多家媒体对其档案工作转型、服务理念转变进行了专题报道；沧州市通过改造馆库，接收档案近4万卷，并征集到纪晓岚文园、张之洞故居等地方特色珍贵档案；承德市通过在媒体网站刊登档案资料征集启事、“老照片”征文启事，共征集照片档案4300多张。

继续推进了机关团体企事业单位档案工作目标管理认定，全省共完成1319家单位档案工作目标管理认定，其中省档案局先后组织对石家庄市桥西区法院、唐山市中级人民法院等22个单位的5A、4A/3A等级和中石油冀东油田、国网张家口供电公司等10家6★、5★等级的认定工作，唐山、张家口市检察院，承德市住房公积金管理中心，保定市国税、地税，衡水市人行等单位和唐山市供电、衡水市供电分公司等企业均实现全系统“满堂红”。省社保档案管理被全国社保档案达标验收组评定为优秀等级，同时，完成了全省161家社保档案验收，夯实了社保档案管理基础。

档案信息化工作步伐加快。截至2013年底，全省三级档案馆数字化档案1.9亿画幅，占全省馆藏总量的17.5%，年增长6.9%。秦皇岛市各级档案馆累计完成全文扫描1293.45万幅，实现了档案分级管理体制下的数据集中、文档一体、资源共享；衡水市争取到专项资金48万元。唐山的迁西、路南完成全部馆藏档案的扫描工作，率先实现了纸质和电子档案“双轨接收”。河北联通依托“云门户”平台，建成集档案收、管、用于一体的一级数字档案馆架构体系，在联通集团推广应用。省档案局重启档案数字化扫描工作，积极参与国家开放档案信息资源共享平台和省数字档案馆系统建设，实现了与国家局“云平台”的对接。省数字档案馆建设已列入《河北省国民经济和社会信息化“十二五”规划》，“河北省数字档案馆一期”（数字档案综合管理平台）项目通过了省工信厅组织的专家评审，正式立项并给予了资金支持。省档案局局域网“标准化网络综合管理应用系统”开发已经启动。与河北大学合作开发“河北省档案云管理中心构建关键技术研发与应用”科研科题，正在申报省科技厅河北省科技支撑计划项目。

档案文化建设稳中有进。围绕反映地方经济、政治、社会、文化发展和有重大影响的历史事件、历史人物等选题，各级档案部门档案文化建设取得可喜成果。石家庄市记录石家庄著名历史人物、旧址、重大历史事件及党和国家领导人在石家庄等重要内容的《石家庄记忆》一书印讫，并在全市开展了珍贵馆藏摸底调查，为全市深度系统开发作准备；邯郸市配合市政府中心工作编写了从1945年到2013年《党和国家领导人莅临邯郸纪实》。饶阳县利用全国劳模耿长锁档案，与北京大学、中央党校、华中师大等高校专家教授合作编写《中国农村社会主义国家的续研究》《国家与农民关系的研究》等多本专著。省档案局以《档案天地》杂志为平台，公布和展示了一批珍贵档案资料，深入挖掘“档案背后的故事”，推动了档案文化建设。

档案宣传工作明显加强。《档案天地》杂志创新增设栏目，“河北档案网”升级改版开通，“一网一刊一简报”的省内大宣传格局初步形成。《中国档案报》《中国档案》杂志等显要位置数次刊载河北档案工作的相关动态，打破了国家局权威媒介近三年来没有省档案局馆工作声音的沉闷局面，其中，《中国档案报》头版头条长篇文章《踏石留印固基础 抓铁有痕促发展——河北省档案局馆教育实践活动综述》在全国档案系统引起了强烈的反响。石家庄市在省博物馆举办了石家庄市容市貌综合整治十大工程成果档案图片展，同时在省会各大公园、广场举办了“幸福之城 美丽之城”档案图片巡回展览，近5000人参观了展览，凤凰网、新浪网等各大网站给予持续报道和关注；唐山市市县联动，开展了第二届“档案馆日”活动，邀请市级领导及各界人士走进档案馆，市电视台、电台及《唐山劳动日报》《唐山晚报》均进行了专题报道。乐亭县档案局以县主要历史事件为主题编辑档案专题，以“乐亭档案”栏目在县电视台新闻联播节目中播出。

档案法制建设稳步推进。各级档案部门认真宣传贯彻落实档案法律法规，坚持依法治档、依法行政，为全省档案事业发展创造了良好环境。省档案局对行政许可、非行政许可审批、行政监管等三类事项进行了全面清理，制定了《为民服务提质增效专项行动工作方案》，与省监察厅、人社厅联合印发了《关于认真学习贯彻〈档案管理违法违纪行为处分规定〉的通知》。石家庄、张家口、邯郸等市以《档案法》颁布纪念日和法制宣传日为契机，通过发放宣传册、刊载纪念文章等形式开展了一系列的档案法制宣传活动。石家庄市出台《石家庄市档案管理违法违纪行为处分实施细则》。保定、廊坊、邢台等市分别组织对市直部门、县（市、区）和部分乡镇开展了档案执法检查，树立了档案执法权威。

新农村建档工作成效显著。各级档案部门主动加强与涉农等有关部门的联系，充分发挥牵头主导作用，加大业务督导力度，以点带面，加快新农村建档工作步伐。衡水市继桃城区通过国家级社会主义新农村建设档案工作示范县验收后，又设立三个市级示范县、示范乡、示范村；唐山市在全市各行政村普遍开展“阳光档案、服务万家”活动，得到了国家档案局局长杨冬权的高度评价，称其为“农村档案工作的又一创新，效果很好”；邢台市和张家口市等地组织召开新农村建档工作现场会，通过经验交流、实地参观，更好地推进新农村建档工作；辛集市全市 344 个行政村建档率达到 100%，15 个乡镇全部实现“村档乡代管”，全年为村民提供利用档案 2400 卷次。

此外，2013 年全省档案系统干部培训工作开展得有声有色，亦取得较大突破，省档案局即举办各种类型的培训班 10 期，培训学员 1115 名。这些培训班因时之需，区分不同对象安排课程，具有很强的针对性，受到普遍欢迎。培训工作的开展，传播了知识，提高了参训人员的工作技能，为各自的业务建设提供了能力保障。

（河北省档案局　孙国俊）

山西省

一、档案资源体系建设

一是抓好国家档案局令第 8 号、第 9 号的贯彻落实。全省各市、县审批 8325 家单位的文件材料归档范围及保管期限表，其中，市直单位 905 家，县直单位 7420 家；各市、县总共指导完成机关、企事业单位达到省三级以上和 A 级以上档案室共 1068 家。省档案局选取晋城市作为 9 号令的宣贯试点，指导晋城市编制出市、县两级《档案馆收集档案范围实施细则》《档案馆接收档案单位名单》（第一批）和《档案馆贯彻国家档案局第 9 号令全宗管理名册》，并以市委、市政府两办名义正式下发。9 月，省档案局在晋城召开全省档案馆工作暨贯彻国家档案局 9 号令推进会，交流贯彻经验和做法。各市档案局（馆）基本完成本级《机关文件材料归档范围和文书档案保管期限表》的编制审批任务和应接收进馆范围实施细则的编制工作，全面展开档案馆（室）档案的接收工作。各市均恢复开展档案目标化管理，全省共有 1068 个单位实现标准化管理。二是积极开展 10 号令宣贯和落实工作。省档案局与省国资委联合下发《关于深入学习贯彻国家档案局 10 号令的通知》，对全省国有企业 10 号令的宣贯工作做了安排部署，19 家省属国企已全面开展了《文件材料归档范围和档案保管期限表》的编制和报审工作。朔州指导大唐神头电厂、华茂煤业等 8 个企业，晋城指导兰花集团、兰花科创所属 6 个企业完成《企业档案保管期限表》的编制工作。三是开展农村档案规范化建设。省档案局去年选取长治县、潞城市、孝义市作为试点，并出台《山西省（国家）农村土地承包经营权登记档案管理办法》。太原实现 100 个农村、社区建档，11 个农村、社区实现档案工作规范化管理。运城借助农廉网，启动农村、社区档案规范化建设，并以此加强民生档案管理工作。阳泉对平定县开展农村土地承包档案进行重点指导，开展档案规范化整理，并全部接收进馆。四是社会主义新农村档案工作示范县创建活动取得新成绩。在完成霍州市通过国家档案局社会主义新农村档案工作示范县验收的基础上，省档案局继续帮助柳林县规划并实施社会主义新农村档案工作示范县创建工作，并顺利通过国家验收。五是加强对重大建设项目档案工作的监管力度。省档案局下发《关于报送重大建设项目档案工作情况的通知》，全面加强对全省重大建设项目档案工作的监管。省直单位中山西省财政厅、山西省水利厅等，省属企业中山西省国控集团公司、太原钢铁集团公司等，各市档案局对所属重大建设项目档案工作情况按要求进行了报送。省档案局完成 18 个省级重大建设项目档案专项验收工作，各市共完成 32 个重大建设项目档案专项验收工作。六是各级档案馆加大力度丰富馆藏。省档案局全年接收 10 个单位 13424 卷 1893 件档案进馆，政府公开信息 8866 件。各市共增加纸质档案 25.5 万卷（件）、照片档案 1.07 万张、视频档案 550 小时、663 盘。七是积极抓好重大活动档案整理接收进馆。省档案局接收第六届中博会、能博会形成的档案进馆，大同市档案局积极介入国际太阳能十项全能竞赛档案资料收集工作，确保该项重大活动档案资料的齐全完整。吕梁市档案局主动参与全市重大活动、重点工程项目、重要会议的现场拍摄，安装了《新闻联播》《山西新闻》《吕梁新闻》实时自动采集系统，及时完整地收集重要活动的视频资料。八是加强全省档案法制建设。省档案局与省监察厅、省人社厅联合印发《关于学习宣传贯彻〈档案管理违法违纪行为处分规定〉的通知》，促进《档案管理违法违纪行为处分规定》真正落到实处。省档案局联合省人大常委会教科文卫委、省政府法制办对太原市、晋城市和长治市开展档案法律法规执行情况调研。

二、档案利用体系建设

一是做好接待查阅利用工作。2013年，全省各级档案馆共接待涉及民生等问题查档上万人次，利用档案4万余卷（件），为解决群众的切身利益问题提供原始凭证。二是积极开发档案信息资源。省档案局积极开发档案资源，编纂档案文化产品，宣传党的历史，宣传社会经济发展史。启动《山西省志·档案志》编纂工作；与《新晋商》杂志合作策划制作“大太原”蓝图专栏；制作出版《山西省历届劳模会议简介》。自7月1日开始，与《山西晚报》联合出版17期《档案揭秘》专刊，利用馆藏珍贵革命历史档案向读者揭开历史隐藏的真相。太原市档案局与北京电视台联合摄制档案专题片《“山西王”阎锡山逃离山西始末》，在北京卫视《档案》栏目播出。忻州、晋城、晋中、阳泉等市档案局利用馆藏完成40余种档案编研成果。三是积极开展“国际档案日”宣传工作。6月9日是我国第一个全国性的档案部门集中活动日，省档案局围绕“档案在你身边”这一主题，积极开展图片展览、知识讲座、赠阅书籍等一系列内容丰富、形式多样的宣传活动。晋城、长治、晋中、临汾、忻州、运城等市也围绕主题进行系列宣传活动，并利用媒体多渠道、多层次，向人民群众宣传档案工作和档案法律法规。四是加快档案信息化步伐。省档案局对档案信息化硬件、软件建设双管齐下，完成山西省档案馆中心机房建设和门户网站项目技术需求的编制工作；《面向移动终端发布的档案编研平台的研究与应用》列入2013年度国家档案局科技项目计划；积极筹备建立起档案数字化加工中心，计划用5年左右时间完成馆藏重要档案的数字化工作，初步改变全省数字化建设的落后局面，实现档案资源社会共享，满足人民群众“在家看档案”的需要。吕梁市已经完成全部目录数据库90万余条，实现全部馆藏档案计算机目录检索。馆藏档案已完成全文扫描300余万幅。临汾市已完成馆藏全部6.92万条案卷级目录、118.2万条文件目录的录入，并对利用率高的16.72万幅档案进行了全文扫描。大同市档案文件级条目数据库建立，共录入140多个全宗，6万多卷案卷，150多万条目录。阳泉市档案局建立馆藏民生档案数据库，包含11个全宗1265卷的案卷级档案，完成文件级数据库录入9个全宗，人名目录66511条。

三、档案安全体系建设

一是新馆建设取得阶段性成果。在山西省委、省政府和有关部门的重视支持下，省档案馆新馆筹建工作快速推进，《山西省档案馆新馆项目建议书》编制完成，并通过省发改委批准。规划中的新馆占地为65亩，设计规模近8万平方米，初步预算投资为4亿元，将满足未来50年馆藏增长的需求，预计2017年投入使用。太原、朔州、忻州、临汾、晋城5个市级档案馆项目已开工建设，其中4个市已完成主体建设。省档案局努力解决各地建馆资金不足的问题，在省档案局领导不懈的努力下，省发改委追加1000万元投入，达到3000万元，解决各建馆单位的资金困难，39个县级综合档案馆项目已开工建设，24个县档案馆已主体完工。运城市的6个项目主体工程已全部完工，成绩显著。阳泉市郊区档案馆是全省第一批中西部档案馆中央资金资助的项目，第一个立项、第一个开工、第一个建成投入使用。12月26日，阳泉市郊区档案馆以95.5分的优异成绩顺利通过国家一级档案馆的验收。实现市、县两级国家一级档案馆零的突破。二是完成档案馆安全专项督查。省档案局对盂县、阳泉郊区、孝义等21个县级国家综合档案馆进行安全专项督查，就督查中发现的问题提出整改意见，并向各市、县（市、区）人民政府发出《山西省档案局关于档案馆安全专项督查情况的通报》。三是注重档案实体的安全防护和修复保管。省档案馆共缩微、装订档案15000页，修裱破损档案2000余件，并完成馆藏破损地契档案的修复、复制工作。各市县总计完成1.43万幅档案缩微、1.45万件档案修裱、1774件档案仿真复制。太原市清查鉴定了20世纪三四十年代太原市都市规划图、崇善寺重修的建设图以及建国初期汾河水库建设图等珍贵档案1665件，按照濒危优先的原则，完成A4幅1231张破损档案的修裱。临汾市完成4764幅档案缩微工作，晋中市完成4200件档案修裱工作。四是注重档案划控工作。省档案馆制定《档案划控办法》，编制了《档案划控工作原始记录表》等表格，对参与划控工作人员建立工作记录档案，确保工作质量。临汾、忻州、阳泉等市积极开展了档案划控鉴定工作。吕梁市馆完成了馆藏档案100%鉴定划控工作。

（山西省档案局）

内蒙古自治区

2013年，自治区档案工作得到各级领导重视。自治区党委书记、人大常委会主任王君主持自治区第十二届人大常委会第四次会议，听取审议《中华人民共和国档案法》和《内蒙古自治区档案条例》执法检查情况报告。自治区政协主席任亚平视察自治区档案局（馆），对做好档案工作提出要求。自治区党委常委、纪委书记张力主持召开纪委常委会，专题听取纪委机关档案管理工作情况汇报，提出具体要求。自治区党委常委、秘书长符太增将自治区档案局（馆）作为党的群众路线教育实践活动联系点，出席档案局（馆）开展活动动员会议和专题民主生活会，对局（馆）开展群众路线教育实践活动和做好档案工作作出指示。自治区人大常委会副主任吴团英带领档案执法检查组，对全区档案工作开展执法检查。自治区副主席白向群深入自治区档案局（馆）研究档案工作。国家档案局局长杨冬权深入自治区，对巴彦淖尔市五原县农业农村档案工作和鄂尔多斯市及伊金霍洛旗档案工作进行调研，并作指示。

一、群众路线教育实践活动

按照中央和自治区党委统一部署，局（馆）成立群众路线教育实践活动领导小组，制定活动方案，认真研究各个环节安排，落实各项“规定动作”。在教育实践活动中紧扣“为民务实清廉”主题，围绕反对“四风”、贯彻自治区党委“8337”发展思路、通过转变作风推动全区档案工作科学发展等重点，坚持领导带头、上下联动、边整边改，增强了同党中央保持高度一致的坚定性、档案工作服务群众的自觉性、党内生活的原则性、解决实际问题的紧迫性。开展了严肃工作纪律、整顿工作作风专项活动。

二、档案法制工作

自治区档案局积极配合自治区人大常委会，对全区《档案法》和《内蒙古自治区档案条例》实施情况进行检查，深入5个盟市和基层单位进行重点抽查。对2012年度自治区直属机关档案执法检查限期整改单位落实情况进行检查。宣传贯彻《档案管理违法违纪行为处分规定》。研究制定《内蒙古自治区档案行政处罚自由裁量权基准制度》及其《执行标准》《内蒙古自治区电子档案和机读目录移交数据结构规范》《归档文件计算机档号编制规范》《内蒙古自治区数码照片档案管理办法》等文件。按照自治区党委、政府要求，完成规范性文件清理工作。实行新的档案统计年报制度。呼伦贝尔市、兴安盟、通辽市、鄂尔多斯市档案局会同当地人大、政府法制办进行档案行政执法检查。其他盟市、旗县也都采取不同方式，有针对性地开展档案执法检查，收到成效。

三、档案信息化工作

自治区档案馆“数字档案馆”二期建设基本完成，管理系统通过评估；全年数字化档案24506卷、160214件、1954458页，完成馆藏1000余盘电影胶片数字化加工，第一批电子档案接收进馆。各地积极贯彻全国数字档案馆（室）建设推进会精神，加快档案数字化步伐。鄂尔多斯市伊金霍洛旗档案馆完成全部馆藏档案的数字化，成为全国档案数字化先进典型。包头市档案馆档案资源共享服务云平台上线运行。巴彦淖尔市档案馆数字化档案达122万页，占馆藏档案总量的28%。

四、档案馆工作

召开全区档案局长暨旗县档案馆建设推进会，加强督促指导，积极推动档案馆舍建设，“十二五”期间已下达中央投资补助的31个旗县档案馆，有28个开工建设。自治区财政厅为财政困难旗县下达档案设备购置费3600万元。

根据国家档案局《市、县级国家综合档案馆测评办法》，继续开展市、县级国家综合档案馆测评工作，有5个旗县档案馆晋升国家二级档案馆。

五、机关、企业、农业农村档案工作

召开自治区直属机关档案工作测评现场会，进一步贯彻落实机关档案工作测评办法，全区有35个机关按照新标准达到档案工作一级单位。

自治区档案局同自治区国资委联合印发《关于深入贯彻实施国家档案局10号令的通知》，对国资委监管企业的档案工作提出指导意见。加强对重大建设项目档案工作监督指导，自治区档案局组织参与8个重大建设项目档案专项验收，对通过竣工验收的3个重大建设项目档案工作进行巡查。

扎实开展农村档案信息资源共享工作和社会主义新农村建设档案工作示范县创建活动，巴彦淖尔市五原县通过国家级验收，成为自治区第三个全国新农村建设档案工作示范县。

六、档案利用服务工作

自治区档案局同自治区党的群众路线教育实践活动领导小组办公室印发《关于做好党的群众路线教育实践活动文件材料收集归档工作的通知》，参加自治区群众路线教育实践活动领导小组办公室文件材料整理归档工作。帮助指导自治区纪委、党委组织部等机关整理了一批档案。召开华北地区档案工作专题会议，研讨档案工作如何更好服务大局以及如何做好档案的开放鉴定。组建自治区档案馆档案开放鉴定工作小组。为国家档案局开放档案信息资源共享系统提供约2万条开放档案文件目录。各级档案部门认真做好档案提供利用和现行文件中心工作，继续实行档案查阅零收费，努力保证查阅时间，提高服务水平。全区各级档案馆接待利用者21万人，提供档案50.3万余卷（件）。包头市档案局开展自治区最大城市棚户区改造——北梁棚户区原貌专题拍摄活动，将涉及4.7万户居民的搬迁改造补偿安置档案纳入市档案信息资源中心“云”管理，受到市委、市政府表扬。巴彦淖尔市档案局与市林业局联合印发《巴彦淖尔市天然林资源保护工程和森林生态效益补偿档案管理实施意见》，规范档案管理，做好林业服务。鄂尔多斯市档案局积极参与全市创建“国家公共文化服务体系示范区”工作，为创建活动建立科学规范的档案管理体系，提供档案服务，受到市政府领导好评。兴安盟围绕“民生档案建设年”，加强民生档案工作，开展“家庭档案展览”进社区活动，帮助2000多户家庭建立家庭档案。

七、档案基础业务工作

加强档案资源建设。自治区档案馆接收直属机关26个单位档案13421卷、建筑设计图纸5万张、电子档案1625件，征集名人档案477件。整理馆藏历史档案及部分积存档案3259卷、21417件，汉文历史档案整理全部完成；整理名人档案1152卷4798件，整理蒙古文历史档案1500卷。缩微国家重点抢救的历史档案（包括蒙古文）25万页。修裱破损历史档案17万张。翻译蒙古文历史档案案卷目录6400卷。鄂尔多斯市、呼伦贝尔市制定档案接收工作方案和收集、征集范围细则。呼和浩特市档案馆接收破产企业档案，征集昭君文化节、中国民族商品交易会等重大活动档案。通辽市档案馆征集29位抗美援朝老战士“口述档案”。赤峰市档案馆加大民生档案和特殊载体档案接收征集力度，年内接收档案8.9万卷，馆藏档案突破60万卷。据统计，全年各级综合档案馆接收、征集档案59万卷（件）。

加强档案安全建设。自治区档案局（馆）执行自治区政府和武警机关关于自治区档案馆撤勤决定，加强保安执勤，改造消防设备，完善有关制度；完成与吉林省档案馆第一批重要档案异地备份送交工作。乌海市档案馆争取政府专项资金30万元，安装先进安防设备，提高安全防范水平。

八、档案宣传与教育培训

自治区档案局（馆）和各盟市、旗县档案部门积极开展“国际档案日”大型纪念宣传活动。全年各类媒体发表档案宣传文章千余篇，其中《中国档案报》头版报道内蒙古档案工作的有22篇。自治区档案学会组织“档案在你身边”征文和全区档案学术论文征集工作，征集论文83篇。自治区档案教育与研究中心举办专题培训班6次，培训人员900余人。开展全区档案工作先进集体、先进个人评选工作，评选出先进集体80个、先进工作者120人。

（内蒙古自治区档案局　张家槐）

辽宁省

2013年，辽宁省档案战线紧紧围绕贯彻党的十八大精神，积极开展党的群众路线教育实践活动，全省档案工作发展目标明确、主线清晰、重点突破、分步推进。已初步形成档案资源日益丰富、布局相对合理，管理利用逐步走向现代化的良好局面。

一、突出重点，档案工作服务大局取得新成效

服务领导决策富有成效。省档案局（馆）编发了《日伪时期辽宁地区矿产资源调查档案资料》等三期《辽宁档案资政》，得到了省委领导的批示。省档案局（馆）完成了《国家开放档案信息资源共享利用系统（一期工程)，报送开放档案条目2万条、电子原文近40万画幅。给国家档案局撰写了《辽宁省档案馆馆藏俄罗斯人在华活动情况报告》。协助中央电视台拍摄《闯关东》纪录片。抚顺市档案局（馆）制作了专题档案资料画册赠送来抚顺视察的国家副主席李源朝。

服务重大活动作用突出。省档案局（馆）编印了《中华人民共和国第十二届全运会档案工作人员手册》，加强业务指导，省档案局（馆）、沈阳、辽阳、阜新等市档案局（馆）采取专人介入、建立网络、加大投入等措施强化档案管理，确保全运会主赛区和各分赛区基建项目、赛事活动文书档案及相关声像档案及时采集、归档、整理。锦州市档案局（馆）起草了专门档案管理办法，确保2013中国·锦州世界园林博览会筹备、建设、运营等过程中的档案资料齐全完整、整理归档及利用。

服务经济建设取得成果。省档案局（馆）继续落实《企业档案工作规范》，开展了建设项目档案工作巡检、高等院校档案工作联检、省（中）直企业档案工作互检，强化重点项目、企业、高校档案资源的规范化建设；推进辽宁沿海经济带开发区（工业园区）和沈阳经济区新城新市镇“三位一体”档案管理体制的落实，全省44个开发区全部建立档案管理机构。

服务民生再创佳绩。辽宁省档案局（馆）在全国率先出台了《辽宁省食品安全档案管理办法》并下发《关于对全省食品安全档案工作进行督查的通知》，对阜新、沈阳、本溪等市食品安全档案工作进行了督查，丹东等市建立试点落实食品安全档案管理要求。省档案局（馆）开发了《政府信息管理系统》，实现了“红头文件”全文检索。沈阳市档案局（馆）举办了军旅作家胡世宗家庭档案展览，制作《沈阳市家庭档案工作十年纪实》专题片及画册。鞍山、本溪、抚顺、葫芦岛等市开展加快了馆藏知青、棚改、住宅专项维修资金等民生档案著录整理和挂接利用。

二、依法行政，档案事业宏观管理水平不断提高

重点项目档案管理得到加强。省档案局（馆）继续落实《企业档案工作规范》，开展了建设项目档案工作巡检、高等院校档案工作联检、省（中）直企业档案工作互检，受到国家档案局局长杨冬权批示表扬。印发了全省重点项目名单，强化沈阳地铁1号线、T3航站楼、全省农村电网改造、辽西北供水等重点项目档案工作指导和验收。大连、营口、锦州、铁岭、丹东等市档案局（馆）加强了造船基地、港口码头、华能热电、辽河干流河道清理等重点项目档案管理，推进辽宁沿海经济带开发区（工业园区）和沈阳经济区新城新市镇“三位一体”档案管理体制的落实。抚顺经济开发区、盘锦辽东湾新区、辽河口生态区先后成立了档案管理机构。

社会主义新农村建设档案工作扎实推进。庄河市、金州新区、昌图县、抚顺新宾满族自治县通过了全国社会主义新农村建设档案工作示范县验收，溪湖区、太平区、绥中县通过省级示范县验收。截至2013年，辽宁省国家级和省级示范县分别达到7个和11个。葫芦岛市档案局（馆）开展了大台山果业合作社建档指导，沈阳、朝阳、绥中等市县档案局（馆）开展农村土地承包确权登记、林业、水利普查、水库移民档案工作调研、指导，通过建立县、乡、村三级信息网络，创办《农业信息网报》等方式及时提供农业科技档案和致富信息。新民市被农业部确定为“2013年全国农村土地承包经营权登记整乡推进试点县（市）”。

档案法制工作呈现新气象。省档案局（馆）起草了《辽宁省重大活动档案管理办法》和《关于加强电子文件归档工作的意见》；与省监察厅、人社厅联合转发了《档案管理违法违纪行为处分规定》，并纳入了干部培训内容。参与《档案法》修改，对档案法规性文件进行清理，开展了省（中）直机关档案执法检查和全省档案事业发展“十二五”规划和“六五”普法规划中期执行情况检查。大连市档案局（馆）新制定了《行政应诉制度和水利水电项目移民档案管理办法》，不断完善档案法制体系，获评市依法行政先进单位。抚顺市档案局（馆）将监察部、人力资源社会保障部、国家档案局令第30号落实情况列入执法检查内容，辽阳等市档案局（馆）发布档案执法检查通报，督促有关单位落实整改。

档案文化建设纵深发展。省档案局（馆）“清代皇室档案珍品展”、“辽宁记忆展”及“中国档案珍品展”面向社会免费开放，彰显了辽宁丰厚的历史文化和老工业基地全面振兴的发展历程。上海东方卫视和省内主流媒体都对辽宁省档案馆新馆试运行及精品展览进行了集中报道。继续与《辽宁日报》合办“风物辽宁栏目”，与《共产党员》杂志合作宣传党史。省档案学会承办了“城市记忆学术论坛”，举办了“辽宁老工业基地辉煌历史回眸”、“毛泽东与辽宁”等展览。大连市档案局（馆）协助中央电视台“走遍中国”栏目拍摄《大连密档》。鞍山市档案局（馆）与市电视台联合制作《话说鞍山》直播节目。营口文化名人馆成为打造营口夏季夜经济的重要景点，全年接待游客近4万人。东港市档案局（馆）编辑出版《东港百年》。阜新市、昌图县电视台播发档案工作专访，铁岭、抚顺等市档案局（馆）制作反映城市历史沿革和锡伯族发展历程的电视专题片。

档案安全保障体系建设进一步加强。省档案局（馆）争取资金720万元用于抢救国家重点档案11000卷，购置了保护设备，开展档案整理、开放鉴定等工作。营口市档案局（馆）开展奉天辽沈道尹公署等历史档案整理保护。铁岭市、绥中县档案局（馆）增设了档案安全监控设备，凌海市档案局（馆）投入60多万元安装了档案库房安全智能化综合管理系统。

三、夯实基础，档案事业各项业务建设进一步推进

档案馆库建设稳步推进。建筑面积8万多平方米的省档案馆新馆于2013年8月30日试运行。大连市破产与产权变动企业档案库房建设工程竣工，抚顺市档案馆新馆和本溪市置换的档案馆投入使用，铁岭、盘锦市档案馆新馆主体完工。辽宁省列入国家中西部县级档案馆建设规划56个项目，已建成27个，占总数43%；在建5个。

档案资源建设不断夯实。省档案局（馆）深入落实国家档案局令第8号、9号、10号要求，机关、团体、企事业单位档案管理不断加强，以省（中）直机关会议记录和乡镇财政档案规范化建设为抓手，全面加强权力运行过程档案管理，加强了移交档案的管理指导，对口援建安县档案全部接收进馆。社保等民生档案资源实现跨越增长。省档案局（馆）不断拓展渠道，征集了明清版东北旧方志等珍贵档案资料，其中1948年至今全国各大报纸剪报为目前国内最为完整的一套剪报资料。沈阳、大连、鞍山、锦州、昌图等市县档案局（馆）分别接收征集了蒲河生态廊道、老照片、老纪录片、“辽宁舰”、家电下乡、口述档案、满族剪纸、东北大鼓、皮影、锡雕等专题和特色档案。丹东市档案局（馆）征集了国家军委副主席范长龙的图片资料。

档案信息化建设全面推进。省档案局（馆）召开了辽宁省机关电子文件接收与归档管理工作会议，制定了馆藏档案数字化规划（2013—2017）。制定全省数字化档案室建设规范和测评标准，实施省直机关规范化数字档案室二期工程，省委办公厅、省政府办公厅、农发行、审计署辽宁办事处、省检察院等单位完成了存量档案的数字化；起草《辽宁省数字档案馆建设规范》，大力推进全省数字档案馆建设。大连市档案局（馆）启动音视频档案抢救工程，抚顺市档案局（馆）完成了全部馆藏档案条目式录入工作，本溪市档案局（馆）启动了数字档案馆建设三期工程，争取专项资金300多万元，丹东、锦州等市档案局（馆）加大档案数字化资金投入，凌海市档案局（馆）完成馆藏民生档案、旧政权档案的数字化转换。

档案科技、宣传、教育工作齐头并进。省档案局（馆）参与国家档案局档案数字化外包加工安全管理研究课题，受委托编制了《会计档案整理》多媒体教材。全省档案部门通过举办展览、主题征文、文化讲座、直播访谈等形式深入开展6月9日“国际档案日”宣传活动。省档案局（馆）起草了《辽宁省档案馆中小学档案教育暨爱国主义社会实践活动方案》，与辽宁大学签订共建大学生社会实践基地暨合作培养协议。《大连城市发展脉络研究》专题讲座被市委党校纳入全市局、处级干部培训课程。全省各级档案部门结合实际开展档案人员岗位资格培训和继续教育。

（辽宁省档案局）

吉林省

2013年，在吉林省委、省政府的领导下，在国家档案局的指导下，紧紧围绕中心，服务大局，努力提升档案部门公共服务能力，着力加强“三个体系”建设和档案文化建设，切实履行了档案行政管理和保管利用职能，较好地完成了全年工作任务。

一、档案基础业务建设稳步推进

档案资源体系建设大幅提高。继续贯彻落实国家档案局令第9号和10号，加大档案的接收征集力度，注重民生档案资源整合。省档案馆全年接收省直机关档案10万多卷，征集名人档案资料、照片、实物、录音录像等1万余卷（件）；长春市档案馆接收了各类档案5.9万卷（件）和3.4万份电子文件；延边各级档案馆接收进馆9.2万卷（件）档案；辽源市档案馆接收40余万卷城建、房产专业档案，占全市城建和房产档案的95%，整合了档案资源，优化了馆藏结构。

档案安全体系建设进一步加强。省档案局下发了《关于加强档案安全的通知》，要求各级档案部门要确保档案实体和档案信息安全，开展全省档案安全形势大检查。省档案馆完成了库房机房恒温恒湿新风送入系统、智能楼宇监控自动报警系统、档案库房双人双指纹门禁系统建设，邀请专业人员进行消防知识讲座，组织消防逃生演练；长春市对消防设备进行了升级改造，使高区消防气体灭火系统实现了全覆盖；吉林市进行了楼体维修和老化电器开关更换；延边对档案系统进行了安全大排查。

档案利用服务有效拓宽。2013年8月1日起，全省各级档案部门全部取消档案利用收费；长白山管委会档案室大力推进基建档案利用，将已接收的基建档案进行重新整理、装裱、清点，录入电子目录，有些档案为确定林权提供了基础依据；延边州档案馆新建的数据库投入使用，开放的电子档案在对外利用平台上实现在线查阅，提供利用的档案80%为电子档案。

档案馆库建设积极推进。2013年，向国家申报了洮南市、通榆县、靖宇县、白山市江源区新档案馆建设项目。长春市档案馆扩建工程已立项，建设工作正在稳步推进中；白山市抢抓国家补助中西部县级档案馆建设机遇，推动县级档案馆建设，长白县档案馆新馆主体已封闭，江源区档案馆新馆完成选址和立项工作，靖宇县档案馆新馆已完成选址和征地工作，临江市依托地方政府支持完成档案馆新馆主体建设，抚松县档案馆进行置换改造。珲春市档案馆新馆2013年有望交付使用；安图县档案馆新馆建设基本完工；梅河口市档案馆新馆在省发改委和省档案局督导下，已完成新楼主体建设。

档案法制、宣传和科研工作有效开展。档案法制工作。省档案局协调并配合省人大对省直机关、吉林市、白山等7个单位进行了档案行政执法检查，省人大常委会形成了《关于检查档案法和吉林省档案条例实施情况报告的审议意见》；长春市人大教科文卫委员会对全市《档案法》贯彻实施情况进行了执法检查；延边先后对州、县市直属机关、企事业单位进行了档案执法检查；白城对市建设局、引嫩入白管理局等6个单位进行检查。

档案宣传工作。吉林卫视法制频道《软环境建设与政行风》栏目，对全省档案工作进行了两次专题报道，《中国档案报》在全省开展了寻访基层最美档案人活动。各地结合国际档案日，围绕“档案在你身边”主题征文开展活动，吉林市积极宣传了《吉林市档案管理条例》，松原市联合《松原日报》《松原晨讯》分别推出了《档案松原》和《家庭档案的建立与管理》专栏进行宣传。长春市委、市政府重视和支持长春市档案馆赴俄罗斯举办“长春·克拉斯诺雅尔斯克——友好的记忆”档案图片展览。

档案科研工作。省档案馆申报的《吉林省社会保险业务与档案管理服务一体化研究》和《基于省级电子政务网的电子文件在线和电子档案远程利用的实证研究》两个科研课题，通过国家档案局立项审批。长春市档案馆的《民生档案信息资源馆际共享实现方式的研究》通过了国家档案局的鉴定，并获得2013年度国家档案局优秀科技成果奖二等奖。

馆藏档案数字化步伐加快。全省市级以上档案部门档案数字化工作有新进展，县级档案部门和机关档案室也不同程度地开展了档案数字化工作。省档案馆完成前处理、录入及全文扫描54个全宗，75万余条，近640万页；长春完成1085轴档案缩微胶片数字化转换工作，形成270余万画幅，数据282GB；延边州完成现行文件数字化3.5万卷（件）、90多万页；松原市完成公开现行文件扫描5673件、54821页。

二、档案工作服务大局成效明显

服务社会主义新农村建设。贯彻国家档案局、民政部、农业部《关于进一步加强社会主义新农村建设档案工作的意见》精神，全面提升全省新农村建设档案工作整体水平，启动了全省新农村建设档案工作示范乡镇、村创建活动的验收工作，全省有46个乡镇、186个行政村通过了档案、民政、农业部门联合组织的检查验收，并全部达标。

服务民生工作。继续加大民生档案建设力度，全省各级综合档案馆民生档案数据库建立达到100%。吉林市县两级档案部门建立了全文民生档案数据库，利用网络化，提高了效率；延边州推动机关档案室民生档案数字化工作，取得明显成效，《中国档案报》进行了专题报道；辽源市联合人社部门建立了大学生创业、就业档案；全省社会保险业务档案规范化管理取得了可喜成绩，受到人社部和国家档案局的好评，在天津经验交流会上，省档案局代表全省档案部门作了《积极主动 合力推进全省社会保险业务档案规范化管理》的经验汇报。

服务重大建设项目。省档案局会同省交通厅等相关部门完成了营梅、松肇高速公路等九个建设项目档案的指导检查验收工作；延边州完成了汪清至延吉高速公路建设项目档案专项验收；白城市完成了白城机场和白城生态新区建设项目档案的验收工作；镇赉县重点指导了西部土地开发整理项目档案立卷工作；通榆县完成了向海水库除险加固工程项目档案的指导。

服务重大活动。档案在服务重大活动中发挥了积极作用。公主岭市抓住扩权强县改革时机，跟踪服务全市重大活动，完成了“中国玉米之乡”授牌仪式暨首届中国·公主岭玉米节开幕式档案的指导工作，将完整的重大活动专题档案全部接收进馆。

服务机关档案工作。组织开展全省机关档案工作规范化管理测评工作，全省共有36家单位通过示范级档案室测评，100家单位通过优秀级档案室测评，52家单位通过标准级档案室测评，整体推进了机关档案室建设，使机关档案管理更加规范。

三、发掘日本侵华档案研究成果斐然

2013年，省档案馆大力加强了馆藏日本侵华档案的翻译研究工作，取得了一定成果。日本侵华档案是伪满时期日军自己形成的，是揭露日本罪行的铁证，这部分档案史料价值珍贵。吉林省档案馆保存日本侵华档案共65个全宗、近10万卷（件），90%是日文档案，经过一年的努力，翻译整理出500多万字，完成了《关东宪兵队司令部全宗》5%左右的工作量。组织档案专家、研究学者围绕日本侵华罪行深入挖掘档案，成立课题研究组，发掘整理出关东宪兵队档案中反映南京大屠杀相关史实的档案；关东宪兵队、伪满中央银行档案中反映日军强征“慰安妇”的档案；关东宪兵队档案中反映向731部队特别移送人员的档案；关东宪兵队档案中反映日军奴役劳工的档案；关东宪兵队档案中暴露日军暴行的档案；关东宪兵队档案中反映日本向中国东北移民侵略的档案；关东宪兵队档案中反映镇压东北抗日联军的档案；关东宪兵队档案中反映审讯和虐待英美战俘的档案等八方面的研究成果。

四、档案文化建设力度加大

开发《档案吉林》系列丛书，此套系列丛书纳入《吉林省历史文化资源书系》工程，标志着档案文化成为全省文化事业发展的组成部分。省档案馆站在历史的高度，以档案为支撑，筹划拍摄“解码历史”系列专题片，《关东军宪兵队档案揭秘》5部25集脚本创作完成；在《吉林日报》开辟了“档案吉林”专栏，全年共发表文章42篇；长春市出版了《苏联专家在“一汽”》，该书选为一汽建厂60周年礼物；吉林市深入馆藏史料挖掘，对京剧《龙潭燕》进行系统研究，整理出剧本、曲谱、图册等珍贵资料12册；延边州编撰了《图们江地区国际合作开发重要文件汇编（第四册）》；四平市在《四平日报》开辟档案文化专栏，发表多篇文章；通化市出版专题志书《通化市档案局馆志》。

（吉林省档案局）

黑龙江省

一年来，全省档案部门在各级党委和政府的领导下，围绕中心，服务大局，锐意进取，真抓实干，取得了较好的成绩，为黑龙江省经济社会发展作出了积极贡献。

一、档案事业发展环境持续改善

全省各级党委、政府和社会各界对档案工作给予了更多的关心与支持，档案事业发展环境持续改善。省政协主席杜宇新到省档案局视察工作，听取汇报，观看了“黑龙江历史记忆”档案图片展览。时任分管省领导杨东奇对档案工作非常关心，多次听取汇报并作出重要批示。省委常委、秘书长李海涛对档案工作高度重视，在省档案局干部大会上，提出讲政治、谋大局、重创新、建队伍等四点殷切期望。副省长孙东生在2013年海峡两岸档案暨缩微学术交流会上致辞，并在省档案馆馆庆50周年时发表重要讲话，充分肯定50年来省档案馆的发展，就如何做好新时期档案工作提出明确意见。国家档案局对黑龙江省档案事业发展给予有力指导和支持，杨冬权、李和平等领导多次到黑龙江省检查指导工作。齐齐哈尔市政府召开常务会议专题研究档案工作。大兴安岭地区3个县档案部门的执法主体资格得到确认，档案工作纳入县区经济目标考核。同时，一大批市、县政府加大了对档案工作的经费投入，解决了每卷2元钱事业经费问题。

二、档案工作服务经济社会发展成效显著

全省各级档案部门紧紧围绕党委和政府中心工作，创新思路和服务方式，开展大量卓有成效的工作，进一步提升了档案工作服务水平。服务政治建设方面，深入挖掘馆藏档案资源，充分发挥档案工作的独特作用。省档案馆举办了“党在黑龙江贯彻群众路线档案专题展览”。各地档案部门举办“档案见证鹤城发展”、“鸡西历史记忆”、“绥化市档案馆珍贵档案图片展”等形式多样、内容丰富的展览98期，参观展览的人数超过10万人次。服务经济建设方面，各级档案部门采取靠前指导、主动融入、及时跟进等有效举措，为重点建设项目、集体林权制度改革等提供档案服务。省档案局与有关部门联合，对“天保一期工程”档案、全国第一次水利普查档案进行了专项验收。全年共完成16处建设项目档案专项验收。全省有67户企事业单位通过档案规范化管理评估审核。服务文化建设方面，全省各级档案部门编研各种档案资料119种、1482万字。省档案馆挖掘馆藏档案珍品编撰的《黑龙江档案春秋》出版发行，《黑龙江历史档案通览》完稿付印。佳木斯市档案局编印了《佳木斯历史上的今天》台历。双鸭山市档案局历时三年编撰出版了《拓印——中国共产党双鸭山60年》一书。服务社会建设和民生方面，全省档案系统统一取消了档案利用收费。各级档案部门共接待档案查阅者10.7万人次，现行文件查阅者5894人次，调阅档案和现行文件18.8万卷（件、册），补办丢失档案2797起，为人民群众解决养老保险、落实政策等问题提供了相关依据。服务“三农”方面，泰来、同江、密山和绥滨等4个市县创建国家级社会主义新农村建设档案工作示范县取得重要进展，各市地创建省级示范县工作也在扎实推进。黑龙江省档案局与黑河市档案局共同承担的《农村档案信息共享平台建设》课题基本完成，为实现农村档案信息资源共享探索了新的途径。

三、档案事业管理水平不断提高

全省各级档案部门认真贯彻落实《档案法》和《黑龙江省档案管理条例》，坚持依法行政，提高了档案管理规范化水平。档案法制意识不断提升。清理了2012年前制发的党内规范性文件，清理了档案行政审批事项，开展了《黑龙江省重大事项档案管理办法》的立法调研和前期准备工作。齐齐哈尔市以市长1号令颁布《重大活动档案管理办法》。档案行政执法力度不断加强。各级档案部门围绕档案安全保管、档案规范管理、档案法制建设等内容，对档案工作的重点部位和薄弱环节进行行政执法检查和督查。全省共检查3621家单位，通报49家单位，对197家单位下达了责令改正通知书，对5家单位进行了行政处罚。省档案局对72家单位的县级档案馆建设和重点档案抢救保护工作开展了专项督查。与省政府林改办组成联合检查组，对集体林权制度改革档案工作进行了专项检查。在全市改善环境优化服务大会上，哈尔滨市档案监督指导工作获得第一名。档案宣传工作更加有力。全省各级档案部门以“国际档案日”为契机，认真筹划，精心组织，开展了一系列内容丰富、形式多样的主题纪念活动。省档案局举办了档案知识竞赛，并在黑龙江档案信息网、《黑龙江档案》杂志开设了专栏。哈尔滨市四大班子领导先后对档案工作作出批示，伊春市主管档案工作的市领导在《伊春日报》上发表署名文章，鹤岗市主管市领导出席档案展览活动并在现场向市民发放宣传单。

四、档案工作各项基础建设稳步推进

各级档案部门认真落实国家档案局建设“三个

体系”的部署，统筹兼顾，同步推进，不断强化各项档案基础建设，筑牢档案事业发展根基。在馆库建设方面，截至2012年底，中央下达黑龙江的32个中西部县级档案馆建设项目，已有23个开工建设，完工16个，设计阶段5个，征地拆迁阶段4个，已完工面积37357平方米。各级综合档案馆的基础设施得到改善，档案安全保障能力显著提升。在档案资源建设方面，各级档案部门坚持把档案资源建设作为头等大事，广开渠道开展档案接收征集工作。2012年，共接收进馆档案118万卷（件），征集档案9.48万卷（件），全省各级综合档案馆馆藏档案资料总量达到833.4万卷（件），向馆藏档案10年翻番的目标迈出了坚实一步。其中，哈尔滨、齐齐哈尔、大庆等市档案局均超过年7%的增长目标。在档案信息化建设方面，各级档案部门积极争取地方政府和有关方面支持，大力实施数字化带动战略，共投入信息化建设资金767万元，完成文件级目录436万条、案卷级目录105万条、全文扫描1370万页，档案数字化步伐进一步加快。省档案局代表团应邀出访俄罗斯哈巴罗夫斯克边区档案局，双方举行了“档案领域信息化”圆桌会议，开展了档案复印件交换。省档案馆完成了国家开放档案信息资源共享数据上报工作，报送“黑龙江省农业开发档案专题”文件目录数据3358条，原文数据15671幅。哈尔滨市财政每年投入100万元，用于档案数字化工作。鸡西市档案局完成18.7万页全文扫描工作，并送至武汉市江汉区档案局进行异地备份。牡丹江市建立婚姻档案目录数据库，实现了民政和档案部门相关信息共享。

五、档案干部队伍建设不断加强

深入开展党的群众路线教育实践活动。省档案局坚持以整风精神开展批评和自我批评，结合机关实际全面加强“为民务实清廉”作风建设，局领导班子统驭全局能力和群众工作本领进一步提高，与中央和省委保持高度一致的坚定性和自觉性明显增强。全局干部职工的工作作风更加扎实，工作思路更加开阔，呈现出团结向上、奋发有为的精神风貌。哈尔滨市档案局组织“四看三学一宣传一心得”，创造性地开展教育实践活动，激发了干部职工干事创业、为民服务的工作热情。七台河市档案局结合教育实践活动，打造机关走廊文化，提升了职工的内在素质。注重加强档案干部队伍建设。不断创新档案教育培训模式，与省委党校联合举办了首届全省档案局馆长培训班。各地档案部门结合本地实际，开展不同形式的档案业务培训，共举办各类档案培训134期，培训人员77690人次。此外，省档案学会组织开展“最美龙江档案人”推荐评选活动，29人被评选为“最美龙江档案人”。通过评先进，学先进，全省档案工作者扎根兰台、无私奉献的崇高精神和美德得到进一步弘扬。

（黑龙江省档案局　薛永强）

上海市

2013年，上海档案部门扎实开展党的群众路线教育实践活动，努力改进工作作风，坚持服务大局、服务民生、服务社会的方向，档案事业发展取得新进展。

档案法制建设。市档案局积极转变行政管理和业务指导方式，健全完善市级机关分管档案工作领导会议机制，建立大口党委办公室主任档案工作例会制度，积极发挥档案协作组织的作用，探索建立全市档案工作分层、分类监督指导的新模式，有效推进了市级机关、大口党委档案规范化建设。调整4项行政审批事项，将《提前向档案馆移交档案的审批》《利用未开放档案的审批》和《销毁国有企业资产与产权变动档案备案审批》3个审批事项调整为实施告知承诺，取消《设置综合档案馆的审核》。开展行政规范性文件清理工作，在市档案局单独制发的210件行政规范性文件中，继续有效76件，废止51件，失效83件。

全市各级档案部门认真学习贯彻《档案管理违法违纪行为处分规定》。市档案局与中共上海市委宣传部、市法制宣传教育联席会议办公室、市文学艺术界联合会共同举办“档案里的故事——档案法制宣传与档案文化传播”活动。市档案局制发《关于做好上海市党的群众路线教育实践活动文件材料收集归档工作的通知》，部署教育实践活动文件材料收集归档工作。与市教委联合印发《关于开展本市中小学档案教育社会实践基地申报和认定工作的通知》，全面启动市级中小学档案教育社会实践基地申报认定工作，浦东新区档案馆、闵行区档案馆和嘉定区档案馆被认定为2013年度上海市中小学档案教育社会实践基地；与市民政局联合印发《关于贯彻民政部、国家档案局〈农村五保供养档案管理办法〉的通知》，规范农村五保供养档案管理。金山、嘉定区被国家有关部门评为全国社会主义新农村建设档案工作示范区。上海市社保中心加强社保档案管理，被评为“全国社会保险业务档案管理示范单位”。全市9个涉农区县完成了新农保档案标准化建设，上海成为全国首个全部完成这项工作的省级地区。

市档案局依法加强重要档案监管，组织开展市级机关重点档案和2013年度全市重点建设工程项目档案工作登记。对上海中心、迪士尼乐园等重点建设项目单位开展档案业务指导。虹口区、普陀区、奉贤区积极推进区域档案工作建设，通过了档案事业发展综合评估。杨浦区档案局整合力量，开展“组团式”服务，加强对基层单位的指导。中国上海自由贸易试验区管委会制发《关于及时做好档案材料收集及归档事项的通知》及《中国上海自由贸易试验区管理委员会档案工作管理规定》，成立由自贸区及其各部门、各下属单位领导组成的档案工作领导小组，为自贸区档案工作建设奠定了良好基础。

档案公共服务。全市和区县档案馆共接待档案查阅者241971人次，提供档案利用369677卷次、282979件次。市档案馆全年举办档案展览7个，接待参观展览和档案文化休闲活动81902人次，接待学生10300人次、党团活动3314人次。新增向公众提供的政府公开信息8592条，全部开放档案85万余卷；到市档案馆查阅政府公开信息和档案的利用者13620人次。市、区两级综合档案馆贯彻执行国家发改委、财政部有关规定，取消利用档案收费。市、区两级综合档案馆利用查档窗口，按照全市统一部署，实行每周六天接待。市档案馆利用服务窗口在实行每周6天接待服务的基础上，将服务时间延长至18点。市档案局（馆）与国家档案局合办的“红星照耀中国——外国记者眼中的中国共产党人”档案展在北京、宁夏、甘肃等地进行巡展，受到好评。5月9日—6月9日，全市44家各级各类档案馆共同举办“城市记忆·经典上海”——第七届上海市档案馆日宣传月系列活动，其间开展档案展览、讲座、档案捐赠、档案开放等活动近百场。市档案局（馆）与有关单位联合举办“上海梦想档案”大型主题活动，宣传中国梦，见证上海梦。在《新闻晨报》开设“上海读本”专栏，以档案视角解读上海历史发展。市档案局（馆）出版《上海珍档——上海市档案馆馆藏珍品选萃》和学术性论丛《上海档案史料研究》（第十四、十五辑）。市和区县档案局（馆）举办“上海金融百年”档案展、“光荣之旅——杨浦区红色记忆”图片展、“激扬梦想——百姓眼中的新松江”档案展等展览。长宁区档案局（馆）为建设“凝聚力工程博物馆”提供档案支持。黄浦区档案馆与英文《上海日报》合作推出“外滩专栏”。市和区县档案局（馆）进一步做好“就地查询、跨馆出证、馆社联动、全市通办”民生档案利用工作，2013年全市通办的受理点从市、区县档案馆扩展到208个社区事务受理中心，在统一利用平台办理业务的市民达9000余人次，杨浦区将受理点扩展到区民政局和卫计委等政府部门办事窗口，浦东新区、金山区试点推进“民生档案查阅不出村”服务，浦东新区与浙江省杭州市、宁波市档案局（馆）签署民生档案跨省异地利用服务工作协议，实现婚姻档案的跨省互查与办证。《中国档案报》开展“寻找最美档案人”活动，市公安局档案干部黄臻睿、华东理工大学档案馆馆长陆宪良、上海农村商业银行档案干部严群、市残联档案干部曹丹等8人被推选为“最美档案人”。

档案业务建设。全年市和区县档案馆共接收档案260566卷、212039件，向社会征集档案资料365卷、4719件。上海市档案馆接收档案37768卷、30件，征集档案资料2493件。市和区县档案局（馆）完成区县档案馆收集档案范围的编制审批工作。根据国家档案局批准的《上海市档案馆收集档案范围细则》，全面开展361家进馆单位档案资源普查，掌握待进馆档案基础数据，制定新一轮档案接收计划，接收市第十四届人大一次会议和市政协第十二届一次会议、上海重型机器厂有限公司、市自来水公司和五位在沪两院院士视频档案等各类档案4万余卷（件）。吴孟超院士向市档案馆捐赠照片。普陀、虹口、奉贤等区通过档案事业综合评估。闵行区档案馆帮助四川省北川县档案馆修复6万多卷纸砖档案。

档案科技教育。市档案局印发《上海市数字档案室建设指南》（试行）、《加强本市电子文件归档管理工作的实施意见》等文件。市档案馆2013年完成30余万卷（件）世博档案数字化，馆藏档案数字化总量达163万卷（件）、13258万幅。浦东新区档案馆通过数字档案室的同步建设，构建了“区域协同、分级管理”的全区数字档案资源管理模式。闵行区档案局通过政府采购、公开招标制定《全文数字化扫描定点机构服务名录》。上海交通大学档案馆在数字档案馆门户网站发布“基建档案专题数据库”，提供基建项目图片及有关档案的利用。全市共有4个项目获国家档案局优秀科技成果奖。全年共有档案专业硕士研究生42名、大学本科生109名、中专生47名毕业；有1820人参加档案专业岗位培训，3231人接受档案专业继续教育。

档案对外交往。市档案局（馆）与古巴共和国国家档案馆签署档案合作交流备忘录。上海档案代表团出席在比利时布鲁塞尔召开的国际档案理事会2013年年会，上海市档案馆首次以机构会员身份参与投票。市档案局主办的“路易·艾黎在中国”档案展在新西兰基督城展出，“泰戈尔的中国之旅”展在印度泰戈尔故居永久陈列。全年市档案局（馆）共接待来自美国、印度、韩国、瑞士、新西兰和台湾地区的代表团和来访者12批次42人。市档案局组织档案系统18位专业人员赴美国参加“新媒体时代档案信息管理”专题培训。

（上海市档案局　徐珂）

江苏省

2013年，江苏省档案局馆全面贯彻落实党的十八大精神，以党的群众路线教育实践活动为动力，以迎接新馆搬迁为抓手，深入实施“六项工程”（即基础设施现代化工程、管理利用现代化工程、档案资源建设工程、基础业务建设工程、扩大社会影响力工程、干部队伍建设工程），各项工作取得了新的成绩。

一、省委、省政府领导更加关心关注

省委、省政府高度重视档案工作。6月25日，省委书记罗志军在有关省档案局机构职能的信函上作出批示。省委常委、省委秘书长樊金龙年初主持召开全省档案局馆长座谈会，听取省及有关市县档案工作情况汇报，对进一步做好全省档案工作提出要求。年中专程到省档案局检查指导党的群众路线教育实践活动准备工作情况。一年里，樊金龙先后八次作出批示，充分肯定省档案局馆工作，提出指导性意见，切实帮助解决全省档案事业发展中存在的困难和问题。省委常委、苏州市委书记蒋宏坤就档案工作作出批示，视察苏州市档案局馆，肯定苏州档案事业发展。副省长傅自应到省档案局馆调研指导工作，对全省档案事业发展给予充分肯定。副省长许津荣就省档案局工作和机构职能等三次作出批示。

二、服务大局得到充分肯定

紧紧围绕党和政府的中心工作，自觉地把档案工作放在大局中谋划推进。一年来，完成了省委省政府交办的多项工作任务。

（一）完成国家电子文件试点工作任务。根据省委电子文件试点工作领导小组的任务要求，配合省委办公厅对全省国家电子文件管理试点单位进行业务指导和监督，完成《电子文件全程一体化管理系统业务需求说明书》《电子文件管理工作指南》以及电子文件管理读本《文的电子时代》的编写，完成电子文件管理趣味学习软件《舞文弄件》、省档案馆电子文件长期保存系统及电子文件管理系统的研发。

（二）协助做好党内法规和规范性文件清理。根据省委关于党内法规和规范性文件第一阶段（1978—1990年）的清理要求，全面清查、逐件核对，从20万条文件目录中筛选形成6529条目录，并将确定清理的文件打印、装订，汇总上报省委办公厅，为圆满完成第一阶段清理任务打下坚实的基础，受到省委常委、省委秘书长樊金龙的高度赞扬。目前已转入第二阶段（1949—1978年）的文件清理工作。

（三）积极做好扶贫和科技镇长团工作。根据省委、省政府关于扶贫和科技镇长团工作的部署安排，选派骨干力量参加扶贫和科技镇长团工作，并为帮扶地区提供必要的资金支持，得到了省有关部门和帮扶地区的好评。

（四）深化“三走进三服务”活动。继续实施“青春建功新兰台——档案服务进农村，真情温暖下一代”为主题的“三走进三服务”活动项目，组织局馆干部职工开展捐资助学活动，几年来已5次向滨海县界牌初级中学贫困学生捐赠助学金5.96万元。省档案局干部职工的爱心善举赢得了该校师生员工和滨海县委、县政府的广泛赞誉。一批贫困学生在大家的捐助下完成初中学业并进入更高等级学校学习。

（五）公布日本战犯判决书引起强烈反响。日本首相安倍晋三参拜靖国神社当日，适逢省档案局召开新闻发布会。会上公布了馆藏南京军事法庭对日本战犯酒井隆的判决书等史料，以第一手材料印证了日本军国主义犯下的侵华暴行，对安倍“拜鬼”给予有力回击，引起了众多新闻媒体关注并大篇幅报道。

（六）配合省委组织部举办全省干部人事档案人员继续教育培训4期，培训干部人事档案人员400余人。

三、延续性工作取得新进展

（一）推进档案馆新馆建设。加强与省档案馆新馆代建单位的沟通协调，加快推进项目建设。做好新馆相关配套工程的设计和经费落实工作。对新馆建设尚未完成的市县加大宣传力度，利用联系点走访、驻点调研、业务指导等各种机会，加强与当地党委政府的沟通协调，争取各级领导的理解、支持与帮助，助推各地新馆建设。配合省财政厅下达年度档案馆建设补助经费，支持苏中、苏北地区档案馆新馆建设。年内全省有6个档案馆新馆建成，1个档案馆新馆开工。

（二）加强档案资源建设。召开全省档案资源建设会议，对全省各级档案馆加强档案资源建设作出部署。省档案馆接收北京人民大会堂江苏厅撤展艺术作品22件，均为20世纪60年代江苏顶级艺术家巨幅作品原件。向全省千余位援疆、援藏干部发征集函，收集援建干部个人所有与援建相关的档案资

料。口述历史资料录制向工艺美术大师、非遗传承人方面拓展。联系惠山泥人、宜兴紫砂、苏州刺绣技艺传承人，开展口述历史录制。制定全省贯彻国家档案局9号令指导审批工作方案，完成5个试点单位和3个晋升国家一级的档案馆收集档案范围审批。组织全国第四批《中国档案文献遗产名录》申报工作。开展全省档案文化精品建设评选，表彰一批优秀档案编研成果。

（三）深化档案馆基础业务工作。制定省档案馆印章档案和书画档案整理方案，完成馆藏5488枚印章、500多幅书画、9517张积存照片档案整理，39万卷建国后文书档案核查和编目完善，37万余件档案划控鉴定。加快省馆档案数字化，年内新增档案电子目录101万条、全文数字化282万页。召开全省档案利用服务会议，编制《江苏省档案便民服务指南》，建立全省查档服务联动机制。制定《江苏省档案馆查档服务承诺》，努力提供优质查档服务。组织召开专家学者和省级机关两个方面的档案利用者座谈会。召开局馆档案安全工作会议，对加强新形势下的档案安全体系建设作出部署。开展重点档案抢救保护，做好全省重点档案抢救保护项目申报和经费下达工作，完成了民国档案汇集、民国江苏省高等法院、民国江苏省人事厅三个重点档案抢救项目。开展仿真复制技术课题研究，提升了省档案馆字画高仿真复制的技术水平。

（四）开展档案馆（室）等级测评。承办全国档案馆测评与档案教育基地建设研讨会，并在会上作经验交流。认真贯彻修订后的《市、县级国家综合档案馆测评办法》，继续推动全省国家级档案馆测评工作。3个国家一级档案馆、7个国家二级档案馆、4个国家三级档案馆通过测评。江苏省国家一级档案馆总数达到27个，继续保持在全国的先进位置。深入贯彻《江苏省机关团体企业事业档案工作规范》，严格申报标准，规范测评程序，以等级测评为抓手推动机关单位档案管理规范化建设。

（五）加强数字档案馆（室）建设。全国数字档案馆（室）建设推进会在太仓召开，江苏省档案局在会上作经验介绍。加强对市县档案信息化和数字档案馆、室建设的指导监督，全面开展数字档案馆（室）等级评估。年内新增5A级数字档案馆2个，4A级数字档案馆5个，3A级以上数字档案室15个。完成省电子档案中心项目建设并通过验收，该项目被评为2013年度省十大信息化试点工程。

（六）做好档案宣传工作。继续做好国家档案一报一刊新闻报道工作。全年刊稿数量继续保持全国领先。在第十四届《中国档案》宣传工作会议上，省档案局荣获档案宣传工作优秀省级单位，江苏通联组荣获《中国档案》优秀通联组。认真办好《档案与建设》，刊物质量和发行量均保持上升势头。调整江苏档案信息网站的栏目结构，优化网站内容维护流程，健全网站考评体系，网站日常维护进一步加强。办好与《扬子晚报》联合开办的《档案穿越》专版、与《江苏经济报》联合开办的“江苏档案”专栏。

（七）发挥档案法制效能。认真学习贯彻监察部、人社部、国家档案局令第30号《档案管理违法违纪行为处分规定》，制发学习贯彻规定的意见，会同省监察厅、人社厅，落实档案管理违法违纪行为案件移送协同机制。配合省人大教科文卫委和部分人大代表对重点建设项目单位进行执法检查。组织开展全省档案“六五”普法中期检查。

（八）开展档案科技立项和优秀科技成果评选。组织开展国家档案局2013年度科技项目立项申报工作，7项课题获得国家档案局立项，为数量最多省份。开展省级档案科技立项和优秀科技成果评选，21个项目列入省档案局科技项目计划，12项优秀科技成果获奖。

（九）加强档案教育基地建设。继续做好《中国共产党在江苏》和《江苏档案精品展》等新馆展览的筹备工作，并指导市县开展相同专题的展览，一批市县档案馆建成了反映党在当地发展历程的展览。组织第二批国家级中小学档案教育社会实践基地的创建，完成4个档案馆的材料报送和初步验收。与省教育厅协调，制发《全省中小学档案教育社会实践基地建设管理暂行办法》，完成首批6个省级基地创建。

（十）开展档案异地异质备份。印发《江苏省档案异地备份暂行办法》和《江苏省省、市、县（市、区）国家综合档案馆集中开展档案异地备份工作规程》。与湖南省档案局签订协议，双方全力支持省市县三级档案馆捆绑开展档案异地异质备份。组织全省15家市县档案馆首次移交、省馆第三次移交档案备份。就全省档案异地备份工作在中国档案学会影像技术委员会上作专题交流。

（十一）进一步加强干部队伍建设。认真学习贯彻党的十八大、十八届三中全会和习近平总书记一系列重要讲话精神，用于武装全体人员的思想。组织局中心组扩大会成员赴泗阳县学习调研。邀请沭阳县委书记蒋建明以及苏州、宝应档案局长为局馆全体同志作报告。分7个小组开展“三解三促”驻点调研活动。组织赴俄罗斯、英国、巴西、阿根廷学习考察，赴台湾开展学术交流。联合苏州大学、武汉大学举办全省档案高级职称研修班和高评委研讨班。组织局馆科职以上干部暨新提任处级干部培训。研究制定科级干部轮岗交流管理办法。继续开设“业务大讲堂”。成功举办全省档案学术交流大会。筹备全省档案系统首届书画展。组织全省档案系统乒乓球精英赛。举办支部书记培训班。妇委会举办“兰台巾帼才艺展”、“健康来自三养”知识讲座，青工委组织青年同志学术论文撰写和交流评选、学雷锋志愿者活动。

四、创新性工作呈现新亮点

（一）积极开展迎接省档案馆新馆搬迁年主题活动。局馆上下全面动员，把各方面的注意力集中到迎接新馆搬迁上来。开展馆藏家底清理和零散档案整理工作，做好新馆基建对接和开馆准备工作。成立新馆搬迁工作领导小组及其办公室，全面启动新馆搬迁工作。

（二）不断拓展档案服务新领域。与省教育厅联合开展全省高校档案工作先进集体、先进个人评选表彰，召开全省高校档案工作会议。与省宗教局联合推动全省宗教档案工作，出台《关于加强宗教团体、宗教院校和宗教活动场所档案工作的意见》，召开全省宗教档案工作会议。与省民政厅、省农委联合开展社会主义新农村建设示范县创建，江苏省全国示范县达到8个，继续居全国领先。5个建设项目获全国建设项目档案管理示范工程称号，数量名列前茅。与省国资委联合召开国家档案局10号令宣贯会，组织开展《企业文件材料归档范围和档案保管期限表》编制。着手制定《江苏省省属企业档案工作规范评估办法》及其《评估细则》，促进省属企业档案工作规范化管理。与省教育实践活动领导小组办公室联合印发《关于做好党的群众路线教育实践活动文件材料收集归档工作的通知》，推动相关单位做好教育实践活动文件材料收集归档工作。

（三）不断开辟档案文化传播新平台。与《新华日报》社合作编纂《美丽江苏・2012》，反响良好。汇集出版《档案穿越2012》，探索档案文化宣传成果化、品牌化。与省高级人民法院联合编纂的《民国时期江苏高等法院（审判厅）裁判文书实录出版发行。与《老年周报》合作推出“走进档案馆”专栏，用馆藏资源丰富老年群体精神文化生活。与省社会主义学院合作开发档案资源，在《雅集》杂志开设“名人档案”专栏。与省广电总台联合创办《档案江苏》电视文化周刊，以影视形式展现全省重大历史事件、人文故事和社会传奇。与星瑞影视公司合作拍摄江苏民国文化名人系列电影，年内启动了韩国钧、顾景舟两部电影的创作。开通政务微博，“江苏档案”官方微博正式上线，并加入“江苏发布厅”政务微博群。

（四）组织全省档案系统开展“国际档案日”宣传周活动。与中国第二历史档案馆、南京市及所辖区档案局等16家单位，联合举办以“档案在你身边”为主题的大型广场服务活动。在南京图书馆举办“江苏档案文化精品出版物汇展”。《新华日报》两个整版报道江苏省档案事业发展情况。

（五）开展全省档案专项资金绩效评价。根据财政部门对专项资金实行绩效管理的要求，编制了国家重点档案抢救保护补助费和档案馆建设补助费两个专项的绩效评价体系，首次召开全省档案专项资金绩效管理工作会议，布置开展全省国家重点档案抢救和保护补助资金、市县档案馆建设维修补助资金的绩效评价工作。

（六）两次召开新闻发布会。“6・9国际档案日”前夕，省委外宣办举行江苏档案事业发展情况新闻发布会。省档案局新闻发言人及南京、苏州市档案局负责人向媒体发布江苏省档案事业发展情况，回答记者提问。年底，省档案局召开新闻发布会，首次公布一批民国江苏司法审判档案。

（七）启动全省档案人员远程教育平台建设。尝试运用现代网络和多媒体技术，实现高质量、开放式、长效性的档案人员自主学习培训模式。新疆等地档案部门利用此平台开展学习。

（八）开展省级机关档案工作先进集体和先进个人评选工作，调动省级机关档案人员积极性。

（九）出台《关于加强领导班子思想政治建设的实施意见》，推动局领导班子在六个方面带好头作表率。制定省档案局贯彻中央八项规定和省委十项规定的实施意见，切实转变工作作风。出台《关于进一步加强数字档案中心工作的意见》，促进数字档案中心的各项建设，推动档案社会化服务工作。

（十）组织档案业务岗位练兵。针对内网平台运用、档案数据统计、档案整理编目、库房档案等组织档案管理岗位人员进行一口清岗位练兵。为提高安全防范意识和技能，组织管理部全体工作人员、聘用人员和查档群众进行消防安全演练。组织开展大学生档案志愿者服务。首批43名大学生参加省档案馆志愿服务，开创了档案志愿者服务的新途径。

（江苏省档案局）

浙江省

2013年，浙江省档案工作在实干中发展，在创新中推进，狠抓档案事业发展“十二五”规划实施，取得了新的成绩。

一、档案文化建设有新成果

稳步推进名人档案建设。浙江省档案局聘请了45位浙江籍海外知名侨团负责人为省档案馆珍贵档案征集顾问，同省委老干部局等联合开展《红色典藏》——老干部个人档案收集，共为3876位名人建档；和中国传媒大学崔永元口述历史研究中心联合采集步鑫生口述历史档案，与钱江晚报联合推出70多期《文脉——浙江文化老人访谈录》，并举办相应展览。

积极征集优质档案资源。浙江省档案局将国内唯一一套留存至今最为完整的“红色刊物”——《译报周刊》等一批优质档案资源征集进馆；主动介入纪念毛泽东同志批示“枫桥经验”50周年大会等重大活动，做好档案资源收集工作；开展侵华日军细菌战受难者口述档案建设，收集侵华日军细菌战幸存的受害者和家属的声音、视频、实物档案，永久保存；编写出版志愿军老战士战争亲历口述档案《我在朝鲜战场》。

充分利用浙江方言总库。浙江省档案局建成涵盖浙江省96个区域的浙江方言音档总库，声像档案数据235G。利用浙江方言档案资源，全省联动创新制作了《“乡音的呼唤”——浙江方言语音典藏》(光盘)，献礼第二届世界浙商大会，以乡音为纽带，激发浙商故土乡情、召唤真情回归、报效家乡发展，服务浙商回归战略，受到广泛欢迎，得到了省委副书记王辉忠和副省长毛光烈等领导的批示肯定。

扎实推进乡村记忆示范基地和“企业记忆之窗”建设。截至年底，乡村记忆示范基地建成34个、在建95个，并纳入了浙江省文化礼堂建设，“企业记忆之窗”示范点建成24个、在建52个。浙江乡村记忆网部分建成并运行，长兴县、平湖市等2个档案馆成为全国中小学档案教育社会实践基地，宁波市鄞州区等6个档案馆成为浙江省中小学档案教育社会实践基地，开化县等5个档案馆成为浙江省档案馆爱国主义教育示范基地，平湖老鼎丰酱园等3个项目申报中国档案文献遗产，清代家书等6个项目入选浙江档案文献遗产。

各地涌现出一批具有地方特色的档案文化产品。舟山市《舟山记忆》丛书极具海岛文化特色；台州市《台州古村落》全面反映当地村落文化；义乌市32分钟视频《档案见证义乌传奇》真实地记录了义乌从一个浙中小城神话般地快速发展成为享誉海内外的国际性商贸名城、世界小商品之都的传奇历史，被列入当地中学乡土教材。

二、档案登记备份有新推进

召开《浙江省档案登记备份管理办法》宣传贯彻推进会，促进登记备份工作依法有序开展。在浙江省档案局指导下，全省有5627个单位开展了登记备份工作，登记备份数据总量达619.4T，新增备份数据306.9T，比2012年翻了一番多；1266个单位开展了电子业务档案备份工作，建成备份业务系统1526个；74个省直单位按规定实施了登记备份，9个单位开展了在线备份；宁波市、湖州市、嘉兴市、台州市等19个档案登记备份中心通过省级规范化认定。登记备份功能作用逐渐显现，档案灾备保障能力逐步提升。

浙江省档案局（馆）会同浙江省重点建设领导小组办公室修订了《重点项目档案登记备份管理办法》，积极推进杭宁、杭甬、杭长客运专线工程、秦山核电一、二期扩建工程等省重点建设项目的档案登记备份工作，促进了重点建设项目档案登记备份工作规范化。

三、档案信息化建设迈出新步伐

认真贯彻全国数字档案馆（室）建设推进会精神，加大贯彻落实力度。数字档案馆（室）建设列入中共浙江省委十三届四次全会决定，纳入了全省全面深化改革的目标任务体系；全省新建成数字档案馆6个、省级示范数字档案室209个；积极组织开展电子文件归档与电子档案移交接收试点工作、开放档案信息资源共享平台建设；各地加快推进档案信息化建设，杭州市开展电子文件中心三期项目建设，丽水市“1＋9＋N”档案协同管理系统开通全市800余个单位。

“异地查档、跨馆服务”织就档案服务便民网。针对群众异地查档的实际困难，浙江省档案部门首次开展省、市、县三级联动“异地查档、跨馆服务”工作，建立方便、快捷的档案服务百姓新机制。在浙江省档案局（馆）指导下，杭州市建设市、县(市、区）档案馆、专业档案馆“三联动”的馆际联动远程查阅服务体系；绍兴市初步实现了馆际查阅利用一体化，建立以民生档案为主体的区域公共档案信息资源管理和服务总平台；嘉兴市搭建了市域层面的远程档案信息共享平台，实现了市、县、乡、村四级联网，“百姓不出村即可查档”并出证；长兴县的“小朱查档服务热线”，只需查档人提供姓名、身份证号码、要查询的内容，档案部门就会在第一时间安排查档服务人员进行查证，并在十分钟内将查询情况回复市民；金华市编印了首批重点民生档案目录指南，公布了金华市区107项民生档案的保管部门、档案内容、查阅方式等，大大方便了老百姓的查阅利用；衢州市与市卫生局联合建立出生医学证明档案分布式查询系统；丽水市开展了手机查阅档案项目建设，努力提供方便、高效的档案利用服务。

档案科研工作有新成果。17项课题获省档案局优秀科技成果奖，“1+9+N模式档案与电子文件登记备份策略研究”和“面向用户的区域数字档案馆资源集成共享模式研究与平台设计”2项课题获国家档案局优秀科技成果奖。

四、档案法治建设有新进展

认真开展档案事业发展“十二五”规划中期实施情况评估，分析了存在的主要问题，提出了对策建议，引领规划实施。推进标准化建设，档案信息安全标准体系、档案馆服务标准体系等7项标准纳入《浙江省社会管理和公共服务标准化五年行动计划》。档案安全监管工作继续纳入中共浙江省委建设“平安浙江”考核，进一步改进和完善考核方式，做好“平安浙江”档案安全监管考核工作。积极贯彻落实《档案管理违法违纪行为处分规定》，与浙江省监察厅等部门联合共建学习贯彻落实机制。

五、档案宣传工作有新成效

浙江省档案部门上下联动开展了“国际档案日”活动，促进档案走向社会，百姓走进档案。浙江省档案局（馆）邀请全国人大财政经济委员会副主任委员、原浙江省省长吕祖善作《越地长歌——浙江历史文化漫谈》专题讲座；会同杭州市档案局（馆）、上城区档案局（馆）和杭州市城建档案馆、房产档案馆等单位联合开展了广场宣传展览、家庭档案制作与实物展示等多项便民服务，受到了群众的欢迎。各地也开展了各具特色、有影响力的活动。温州市组织书法界知名人士走进档案馆、名人档案捐赠及档案资料征集联络员聘任仪式、在校学生珍藏梦想等活动。绍兴等市召开了新闻发布会。嘉兴市组织开展了12项系列活动。

六、档案基础建设协调推进

认真贯彻执行国家档案局令第8、9、10号，加强档案依法接收。浙江省档案局出台《浙江省出生医学证明档案管理办法》等专业档案管理办法；全省有400余个单位通过了档案工作目标管理省级认定；农村档案信息共享工程扎实推进，安吉、诸暨、玉环等3个县（市）成为全国新农村建设档案工作示范县；有60项省级重点建设项目通过档案专项验收，企业档案工作稳步推进。

档案馆建设有新成绩。浙江省档案馆新馆主体工程结顶，正同步推进内部装修、设备安装、展览设计等工作。列入规划的市县新馆建设项目，已建成和在建12个，在设计方案14个，立项7个。金华市、台州市、嘉善县、海宁市、义乌市等5个档案馆晋升为国家一级档案馆，全省达到16个，数量居全国第二位。温州市龙湾区等4个档案馆晋升为国家二级档案馆。

广泛开展向朱志伟同志学习活动，引领档案干部队伍素质提升。浙江省档案局组织挖掘和宣传了朱志伟同志先进事迹，朱志伟同志被中宣部确定为“时代先锋”宣传典型，在中央电视台等数十家主流媒体上进行宣传，入围“最美浙江人——2013年度浙江骄傲人物”20名候选人，国家档案局作出了全国档案系统向朱志伟同志学习的决定。通过向朱志伟同志学习，全省档案干部形成了真心热爱档案事业、激情成就档案事业、清廉发展档案事业的良好风尚。加大了档案专业人才培养和职称工作的力度，全省新增高级职称86名，有效提升了干部队伍的专业化水平。

（浙江省档案局　梁卫锋）

安徽省

服务经济社会建设。2013年，安徽省档案工作服务经济社会建设成效显著。全省8个重大建设项目通过档案工作验收，其中有3个项目被确定为“全国建设项目档案管理示范工程”，受到国家档案局通报表彰。长丰、太和、怀宁、屯溪等4个县（区）通过全国新农村建设档案工作示范县验收。安徽省档案局制发了中小学档案教育社会实践基地建设实施办法，开展了中小学档案教育社会实践基地建设，滁州市档案馆成为安徽第一家全国中小学档案教育社会实践基地。档案为文明城市创建服务进一步扩大影响，118个市县区文明创建档案测评复核提升了档案馆工作水平。安徽省档案局组织开展援川、援疆、援藏档案工作，出台了对口支援西藏档案工作意见，抽调精干专业人员赴新疆皮山县、西藏山南地区开展档案业务指导。

服务民生建设。2013年，安徽省民生档案工作得到进一步拓展。安徽省档案局制发了水利水电移民档案、城乡居民社会养老保险业务档案管理办法，协调开展了第一次全国水利普查档案验收；推进全省医疗、工伤、生育保险业务档案管理达标验收。加强全省社保、医保、农保档案工作指导和考评验收，安徽社保业务档案工作受到全国通报表彰。全省各地加大民生档案工作建设力度。合肥、芜湖、马鞍山、蚌埠、淮南、安庆、黄山市等地民生档案工作得到大力推进，出台了加强意见，开展调研指导和监督检查。

档案文化资源开发。安徽档案展示馆接待参观突破600批次、达2.5万人次。3D档案专题纪实片《安徽之光》获得全国党员教育电视片观摩交流一等奖和“十佳摄像作品奖”，创造了安徽省一片同获双奖的纪录，填补了“十佳摄像作品奖”空白。安徽省档案局与安徽省电视台联合摄制的纪录片《寻找成本华》，喜获“金熊猫奖”人文类“亚洲制作”奖和“纪录片大奖提名”奖。合肥市举办“合肥——大湖名城开放城”大型图片展，完成城市记忆工程十大建筑档案采集建档工作。淮北市档案局举办“中国好人”档案图片展。芜湖、淮南、滁州、黄山市以及霍山、歙县、屯溪区、黄山区等地一批档案展示馆建成对外免费开放。安徽省档案局、蚌埠、滁州市等档案部门与新闻媒体合作开办了档案揭秘专栏。合肥、淮南、滁州市档案局出版了档案画册。宣城市档案局开展了新四军档案资料研究。黄山市档案局编辑了徽州档案研究系列丛书。

档案法制建设。安徽省档案局根据省委、省政府规定要求，设立省行政服务中心审批窗口，落实档案行政审批事项集中受理承办。合肥、淮北、蚌埠、池州、亳州市等地档案部门与有关部门联合开展《档案管理违法违纪行为处分规定》的宣传贯彻。安徽省档案局加强档案执法检查，采用随机抽查方式，对亳州市及三县一区开展了档案执法督查工作，现场反馈，跟踪问效，有效解决问题。全省各地采取有效措施，加强档案法制建设。宣城市档案局对48项民生工程档案进行专项执法检查。安庆市档案局对交通、水利、房产、卫生系统和街道办事处、社居委档案工作进行执法检查。芜湖、淮南、六安、宣城、亳州、宿州市等地档案局开展档案行政执法检查，对存在问题的单位发放整改建议书。

档案资源体系建设。安徽省各地进一步推进档案资源体系建设。芜湖市档案局开展“档案资源建设年”活动。马鞍山市档案局开展了“专业档案建设年”活动。淮南市档案局开展档案接收上门服务活动。安徽省档案馆重点征集了奥运冠军邓琳琳档案、抗日远征军安徽籍老战士档案、抗战期间美国飞虎队战机残骸、党和国家领导人来皖视察档案资料。合肥市档案馆接收建设、房产、婚姻登记、土地、招投标等专业档案。宣城市档案馆接收破产企业档案。铜陵市档案馆接收企业退休人员档案。合肥市档案馆征集了南淝河地图、合肥航拍图片档案。宿州市档案馆征集了梆子戏老照片、乐石砚申遗档案。淮南市档案馆征集了城市发展影像档案。六安市档案馆接收第四届中国（六安）国际羽绒节档案资料。宣城市档案馆接收第六届中国文房四宝文化旅游节档案。合肥、池州市档案馆接收友好城市协议档案资料。

档案业务建设。安徽省2013年通过机关档案工作目标管理考核545家。安徽省档案局与安徽省司法厅联合开展全省司法鉴定机构档案管理达标升级考核认定；与省直有关部门联合制发了法院档案工作、高等学校档案、社区矫正人员档案管理办法。认真贯彻落实国家档案局令第9号、第10号，推进档案馆接收档案范围细则修订，开展企业文件材料归档范围和档案保管期限表审核。阜阳市档案局出台机关档案工作业务建设规范。滁州市档案局出台档案接收进馆暂行规定。池州市档案局出台江南产业集中区档案管理办法。铜陵市档案局探索定期、重点、分类指导档案工作模式。马鞍山、安庆市档案局加强开发区档案规范化建设指导。淮北市档案局开展国有破产改制企业档案工作指导。

档案馆舍建设。安徽省档案馆4.6万平方米新馆建设，完成了项目立项、可行性研究、初步图纸设计工作。芜湖、淮南、滁州、黄山市等地档案馆新馆投入使用。亳州、蚌埠市档案馆新馆即将建成。宿州、六安市档案馆新馆建设完成前期准备工作。合肥、马鞍山、池州市档案馆新馆建设正在立项。阜阳市档案馆新馆建设列入规划。全省中西部地区县级综合档案馆建设稳步推进。出台了项目管理办法，开展了项目调研和督查，完成了23个项目投资，中央投资已达1亿元。7个市县区档案馆通过升级测评，其中淮南市、铜陵市、霍山县、黄山区、徽州区档案馆晋升为国家二级档案馆，天长市、濉溪县档案馆晋升为国家三级档案馆。

档案信息化建设。安徽省档案馆共完成档案文件级目录数字化144万条、全文数字化142.5万页。合肥市档案馆共完成档案文件级目录数字化545.8万条、全文数字化1626万页。芜湖市档案馆建成开放档案目录共享系统，提供开放档案目录9.7万条，完成全文数字化500万页，接收电子文件1.8万件。六安市档案馆建立市直部门电子文件归档管理平台，完成档案文件级目录数字化96万条、全文数字化101万页。马鞍山市档案馆完成档案文件级目录数字化6万条、全文数字化130万页，接收电子文件1.2万件。黄山市档案馆完成档案全文数字化90万页。淮南市档案馆实现20多万卷档案文件级目录检索、珍贵档案和重要档案全文检索。滁州市档案馆对《凤阳府志》进行数字化抢救。蚌埠市、望江县启动数字档案馆建设并完成阶段性任务。

档案宣传工作。第六届“国际档案日”纪念活动是全国档案系统第一次集中开展的“国际档案日”宣传活动，安徽省各地各部门围绕纪念“国际档案日”，积极开展丰富多彩的档案系列宣传活动，在社会引起强烈反响。安徽省档案局在中安在线举办在线档案访谈节目，开展文化宣传讲座，率先与《中国档案报》联合开展寻访“最美档案人”专题采访活动。合肥市档案局开展了“兰台风采”档案十佳人员评选和“档案忘不了”有奖征文活动。铜陵市档案局举办“江淮普法行”档案法制宣传活动。蚌埠、铜陵市档案局开展“档案馆开放日”活动。芜湖、铜陵、亳州、宿州市档案局开展档案现场咨询宣传活动。

（安徽省档案局）

福建省

2013 年，全省档案部门认真按照省委、省政府的决策部署和国家档案局工作安排，主动服务大局，档案工作持续健康发展，在服务“五大文明建设”中做出了显著成绩。

一、领导重视，档案事业发展条件持续改善

全国人大常委、全国台联会会长汪毅夫为《台湾义勇队档案画册》作序。省委常委、教育工委书记陈桦批示肯定省档案局支持帮助平潭综合实验区档案工作取得的成效，并为《八闽大爱铸金彭》画册作序。省委常委、秘书长叶双瑜到省档案馆调研，并对档案工作作出 8 次批示。省领导张广敏、刘群英、李红、郑晓松等以各种形式关心支持档案工作，李红副省长还专程赴北京，支持侨批档案申遗工作。漳州市原市长吴洪芹，泉州市委书记黄少萍、市长郑新聪，莆田市委书记梁建勇，宁德市委书记廖小军、市长隋军，以及各设区市和福清、长乐、芗城、长泰、华安、丰泽、石狮、惠安、德化、三元、宁化、建宁、仙游、顺昌、浦城、松溪、新罗、永定、武平、长汀、漳平、福鼎、柘荣等地党委、政府领导或对档案工作作出批示、或出席档案部门活动、或到档案部门调研；漳州、宁德和马尾、永泰、建宁、寿宁、屏南等地召开常委会议或政府常务会议，协调解决档案工作存在的困难与问题。

省档案局列入省委常委工作分工范围。推动“中国侨批”申报世界记忆遗产等 3 项档案工作写入 2013 年全省宣传思想文化工作要点。省档案局列为全省爱国主义教育基地建设协调小组成员单位。厦门、漳州、泉州档案工作分别写入当地 2013 年《政府工作报告》。漳州市出台《加快推进档案事业发展五年行动计划》。

各级财政继续加大对档案事业的投入。中央预算内投资支持县级综合档案馆建设项目资金 2219 万元，同比增长 57.6%；落实建宁、光泽、建瓯、周宁、漳平、永定等 6 家省级以奖代补资金 1080 万元。截至目前，29 个“十二五”时期中央补助的县级综合档案馆建设项目中，建瓯、周宁等 2 家投入使用，漳平、永定、建宁等即将搬迁，光泽、上杭、霞浦、武平正在二次装修，武夷山、大田、秀屿、诏安、连城、建阳、长汀、平潭正在建设。其他市、县级档案馆新建（改造）项目中，漳州、晋江投入使用，闽侯、福清、延平正在二次装修，马尾、清流正在建设。厦门、泉州市档案馆项目完成选址。省档案馆建设项目被评为国家优质工程奖。

二、融入大局，档案工作服务发展成效持续增强

（一）积极服务各项重大活动。省档案局联合省委教育实践领导小组办公室部署党的群众路线教育实践活动文件材料收集归档工作；省档案馆举办的“党的生命线——中央苏区群众路线档案图片展”，共接待省直各单位 331 批次 11800 多人参观，《人民日报》、中组部主办的“手机报”、《福建日报》、凤凰网等境内外主流媒体进行了报道。该展览的三维漫游视频在人民网、东南网展播，光碟配发至省级“四套”班子领导和全省各级各部门作为开展教育实践活动的学习教材。龙岩市举办以纪念毛泽东才溪乡调查 80 周年为主题的展览。省档案馆与南京国防园、广东省博物院、驻闽部队某部等联合举办“钓鱼岛：历史与主权”展览，观众逾 30 万人。省档案局联合省委教育工委举办“美丽校园·美丽心灵”全省大学生摄影展览。厦门市档案局主动提供相关档案资料服务 BRT 公交纵火案处置工作，受到市委领导肯定。

（二）积极服务经济社会发展。印发《福建省全面建成小康社会档案工作目标与措施》。总结推广厦门、漳州、泉州、龙岩等地关于推进小城镇建设、重大活动、房屋征收补偿、生态建设等方面档案管理工作的经验做法。省、市两级档案部门通过开展档案登记、业务指导和专项验收等，服务在建省级重点建设项目。在省档案局推动下，平潭综合实验区成立档案局（馆）。厦门市档案局提出三大目标、六项具体措施，服务美丽厦门战略规划；福州、三明、南平、龙岩市档案局服务经济开发区，泉州市档案局服务库区移民档案工作取得实效。

（三）积极服务社会民生。各级档案部门简化档案查阅利用流程，实行利用档案零收费，全年接待档案查阅者 12 万人次。全省社会保险业务档案规范化管理工作名列全国前茅，在全国经验总结交流会上作经验介绍。配合省水利部门完成第一次全国水利普查档案工作，并顺利通过验收。福州建立公务员个人成长电子档案，泉州出台服务小微企业信用信息建档评级工作意见，宁德在市政府网站开通民生档案开放平台。

（四）积极服务文化建设。各级档案部门以6月9日“国际档案日”为契机，举办展览、召开学术研讨会、开展查档体验活动、组织“档案在你身边”等系列宣传活动。侨批档案成功申遗入选2013年福建文化大事记。组织开展全省首届优秀档案编研成果评选活动和第四批中国档案文献遗产名录项目的申报工作。省档案馆举办2期《旗山档案讲坛》；编辑出版5种图书，其中《潮涌海西——福建现代化历史进程》《台湾义勇队档案画册》分获“第27届华东地区优秀哲学社会科学图书评选”一等奖和二等奖；政务微博“大闽记忆”听众超10万，被腾讯公司评为“2013年福建优秀政务机构微博”。厦门市档案局摄制《足迹》专题片，各设区市和鼓楼、仓山、晋安、马尾、翔安、东山、鲤城、晋江、涵江、武夷山、浦城、长汀、连城等档案局（馆）分别编辑出版一批档案文献书籍和举办档案展览。

（五）积极服务社会主义新农村建设。联合省民政厅、省农办在福清召开全国社会主义新农村建设档案工作示范县创建活动推进会，仙游、柘荣、长泰、连城等4个县创建工作顺利通过验收。省档案局印发《福建省小城镇建设档案管理办法（试行）》。秀屿区指导服务埭头镇省级小城镇试点建设的建档工作，城厢区推行“村档镇管”档案管理模式，尤溪县借助大学生村官等人力资源健全农村档案管理工作组织网络，顺昌县召开乡镇档案工作会议部署农村档案工作，泰宁县新农村建设档案工作纳入乡（镇）精神文明建设考评内容，武平县出台措施抓好深化集体林权制度改革的档案工作，松溪县部署创建国家级生态县档案资料收集工作，长汀县建立“国家水土保持生态文明县”档案工作机制。

三、打牢基础，各项档案业务建设持续夯实

（一）档案资源建设得到加强。省档案局（馆）积极开展侨批档案申遗工作，在泉州、晋江等档案部门配合下，侨批档案成功入选《世界记忆名录》，为福建省在自然遗产、文化遗产、非物质文化遗产、记忆遗产等四大类世界遗产上实现“大满贯”作出贡献。各级档案部门贯彻落实国家档案局令第9号、第10号和省政府令第114号，省档案局审核批复漳州、泉州、南平、宁德、平潭综合实验区等档案馆收集档案范围细则；成立企业管理类文件材料归档范围和档案保管期限审查委员会；分类指导重大活动档案管理，加大常规性重大活动档案的管理力度。省档案馆接收省级公务礼品档案近百件和国家重大海洋科研项目908专项档案进馆，征集到一批侨批档案；泉州市档案馆赴新加坡和台湾征集到一批档案资料。

（二）档案信息化工作得到提升。省档案局出台《福建省电子文件证照共享服务技术指南（试行）》，承担的数字福建建设项目“福建省证照数据电文（电子证照）共享服务系统（一期）项目”通过初步验收，承担的电子档案接收和长期保存项目福建省试点工作通过国家档案局验收。省档案馆数字档案馆完成公共档案馆综合管理平台等应用软件系统研发和公共档案信息共享平台网站升级改造。存量档案数字化步伐加快，省档案馆启动民国档案数字化项目，泉州市县区全面完成分布式档案基础数据库项目（二期）建设，马尾区档案馆重要档案数字化达100%。福建档案信息网站访问量62.5万人次。全省3项档案科研课题完成研究任务，2项科研项目分获2013年度国家档案局优秀科技成果奖二等奖和三等奖，1项档案科研课题获国家档案局立项。

（三）档案馆（室）工作得到规范。漳州、南安、晋江档案馆晋升为国家一级档案馆，翔安、武夷山、福鼎档案馆晋升为国家二级档案馆，截至目前，全省共有国家一级档案馆9个，国家二级档案馆31个，位居全国前列。出台《福建省中小学档案教育社会实践基地建设评审细则》，龙岩、翔安、长乐档案馆成为省级中小学档案教育社会实践基地。省档案馆与省委党校、省行政学院共建教学基地；与福州大学、福建师范大学等10多所高校共建教学实践基地，打造大学生“第二课堂”。

（四）档案文化交流合作得到深化。联合国教科文组织向省档案馆颁发“侨批档案”入选《世界记忆名录》证书；福建省在北京人民大会堂举办“中国侨批·世界记忆工程”国际研讨会，在泰国曼谷、印尼雅加达和泗水等地举办“百年跨国两地书——福建侨批档案展”。泉州市档案局在新加坡举办“家书抵万金：新加坡侨批文化展”巡回展。晋江市档案馆组团赴菲律宾开展档案文化交流活动。积极开展闽台档案文化交流合作。省档案学会与台湾政治大学图书资讯与档案学研究所、台湾中华公共事务管理学会在宁德成功举办首届海峡两岸档案交流合作研讨会；泉州市档案学会派员赴台湾开展两岸资讯应用及档案科技管理交流。

（五）档案安全管理得到强化。全省各级档案部门持之以恒抓档案安全管理，档案基础设施和安全保管条件得到改善，安全保障能力得到加强。省档案馆完成基于射频识别技术的档案实体安全认证管理系统建设一期项目。全省 67 家市县级国家档案馆数据集中备份至省档案馆。

四、加强执法，档案事业法治水平持续提升

各级档案部门认真贯彻落实《档案法》《福建省档案管理条例》《档案管理违法违纪行为处分规定》，依法履行行政执法职能。《福建省国家档案馆管理办法》列入省政府立法预备项目。省档案局出台《福建省非国家所有档案管理暂行办法》等，完成全省 29 家档案服务机构备案管理。省档案局继续开展乡镇档案管理执法检查活动，并对 65 个省直单位进行档案整理质量检查。建立全省档案法制宣传教育短信平台，组织开展“六五”档案法制知识网络测试活动，参与人员 5.6 万人次。泉州和湖里、惠安、漳浦、浦城等地人大常委会开展档案“一法一例”执法检查。

五、以人为本，档案干部队伍建设持续加强

福建省档案局、厦门市档案局深入开展了党的群众路线教育实践活动，为进一步推动档案事业科学发展提供坚强保障。配合《中国档案报》开展福建省“最美档案人”系列宣传报道，弘扬肖招鸿等 4 位档案工作者的奉献精神和务实作风，兴起学习先进、争当先进、赶超先进的热潮。漳州市档案系统举办“中国梦·档案梦·我的梦”演讲比赛，泉州和龙岩档案局分别开展“增强忧患意识、推动长远发展”和“解放思想、转变观念”为主题的大讨论活动。省档案局，厦门、漳州、泉州、莆田、三明、龙岩、宁德等档案部门举办“道德讲堂”。全省举办各类档案培训班 24 期，培训档案人员 4461 人。省档案局组织开展“档案业务讲座八闽边界行”活动，为 13 个边远县市区 1700 多名基层档案人员免费授课；援助挂钩扶贫县柘荣开办村级档案员业务培训班。

（福建省档案局　叶建强）

江西省

2013 年，在江西省委、省政府的正确领导和国家档案局的精心指导下，江西各级档案部门紧扣改革发展大局，大力实施“三大工程”，建立健全“三个体系”，不断提高依法行政的能力和水平，各项工作取得了可喜的成绩，为建设富裕和谐秀美江西作出了积极的贡献。

一、各级领导重视档案事业，工作环境进一步优化

江西省委、省政府对档案工作很重视，2013 年初，江西省省长鹿心社在《政府工作报告》中，明确提出“推进数字档案馆建设”；江西省副省长朱虹在省档案局呈报的文件上批示：“档案工作成效显著，要发挥优势，更好地为经济社会服务”；他还专门到宜春市档案馆考察指导工作。江西各地各部门加大了对档案工作的支持力度，萍乡市委常委会专题研究了档案工作，并在《政府工作报告》提出“切实加强档案文化建设，建立、完善和开发好具有萍乡地方特色的档案文化资源体系”；吉安市把“年内开放市档案馆文件查询中心”写进了《政府工作报告》；宜春市“两办”印发了《关于进一步加强档案工作的通知》，要求把档案事业发展经费列入财政预算，确保与国民经济发展同步增长。在江西省纪委、省发改委、省监察厅、省财政厅、省人力资源和社会保障厅、省编办等部门的有力支持下，江西全省档案事业经费逐年增加，基础建设明显改善，工作机制进一步理顺。中央对江西 9 个县级综合馆建设项目下达投资 3440 万元，江西省财政对 15 个新建和维修改造项目共补助 2000 万元。萍乡、吉安、修水、铜鼓、分宜、月湖等 25 个市、县（区）馆建成或在建，21 个已立项。

二、深入开展党的群众路线教育实践活动，转变作风取得新成效

按照中央精神和省委部署，江西省档案局扎实开展了以为民务实清廉为主要内容的党的群众路线教育实践活动。全局上下始终坚持把抓好学习教育、提高思想认识作为首要任务，把开门搞活动、广泛听取意见作为重要基础，把聚焦“四风”、找准突出问题作为关键环节，把较真碰硬、开展批评与自我批评作为有力武器，把狠抓整改落实、健全长效机制作为根本措施，扎实推动教育实践活动取得明显成效。党员干部思想认识进一步提高，宗旨意识和群众观点不断增强，群众关注的实际问题得到逐一解决；机关制度建设进一步完善，工作作风明显转变，改进作风长效机制初步形成。在科学民主决策、联系服务群众等 6 个方面，建立健全制度 37 项，废止不适用的制度 7 项，3 个专项治理和 21 条意见建议全部完成整改。

三、收集与保管并重，档案资源建设取得新成果

江西各级档案部门认真贯彻国家档案局第 8 号、第 9 号、第 10 号令，从源头上防止档案资源流失，采取接收、征集、代管等多种形式，扎实抓好档案资源的收集和保管。截至 2013 年底，江西全省综合档案馆馆藏档案资料 722 万余卷（册）、420 万件，新增 40 万卷（册）、177 万件，其中省档案馆馆藏档案资料 40 万余卷（册）、4.4 万件。江西已完成全部设区市和省直专业档案馆《档案馆收集档案范围实施细则》的审批工作；省档案馆接收24家省直单位移交的档案1.7万余卷，资料500余册，其中专业档案资料4225卷。坚持以征集珍贵历史和“三名”档案资料为抓手打造核心馆藏，抢救性地征集散存个人和社会组织的珍贵历史档案。江西省档案馆从俄罗斯社会政治档案馆征集复制503页珍贵革命历史电子档案进馆，接收江西省原省长邵式平亲属寄存的有关邵式平同志的档案资料431件，征集解放军第四野战军南下工作团的文献资料、《江西畲族百年实录》及有关名胜古迹、族谱等反映地方特色的档案资料。南昌收集了传统村落档案，吉安采集了地方方言，抚州开展了抗美援朝口述档案征集，新余征集了抗美援越和对越自卫反击资料，都较好地丰富了馆藏。各级综合档案馆加强了国家重点档案的抢救保护和安全管理，全省综合档案馆抢救重点档案20万余卷（册），新增1.6万余卷（册）。南昌、宜春市档案馆分别与河北省石家庄市、贵州省黔南州档案馆建立档案数据备份基地，双方都相互送交了目录数据。

四、重点推进数字档案馆建设，信息化工作迈出新步伐

江西按照《政府工作报告》“推进数字档案馆建设”的要求，加快了数字档案资源、管理平台和标准规范等建设。江西省档案馆启动省直单位电子档案接收进馆工作，首批26家省直单位向省档案馆移交了电子档案资料；完成第三期民国重点档案数字化任务，启动第四期民国重点档案数字化项目，已经完成全部7000余卷档案的整理、分件，总计形成159万页全文数据、58万条文件级元数据，新增全文数据84万页、文件级元数据39万条。全省综合档案馆共形成案卷级目录387万余条、全文数据1446万页、文件级元数据3514万条。江西省档案馆参与拍摄重大活动57次，形成照片电子档案1400余张、录像电子档案2264件10803分钟、声像文书材料282件，收录重要电视新闻等录像电子资料1079件17300分钟。南昌、新余、萍乡、赣州、宜春、抚州等市档案馆坚持收录市电视新闻，并派出人员参与全市重大活动档案的拍摄。全省档案资料查阅平台功能不断完善，有60个市、县档案局（馆）连通档案专网，上传1720万条非涉密档案目录数据。《基于云计算的全省档案资料共享利用研究》项目列入江西2013年社会发展领域科技支撑计划项目。在省直机关工委开展的全省群众工作典型案例评选活动中，省档案局“建设档案专网，服务百姓‘无盲区’”项目被评为群众工作优秀案例。省档案局编发《江西省文书类电子档案著录与数据格式规范》《江西省国家综合档案馆馆藏专业档案目录数据库结构规范（一）》等14项业务规范，并积极为各地数字档案馆建设提供技术保障和指导。南昌、新余、抚州市数字档案馆建设有序推进。

五、档案工作围绕中心服务大局成效明显

江西各级档案部门围绕全省改革发展大局，积极拓展服务领域，转变服务方式，提高服务水平，充分发挥档案工作资政惠民作用。一是围绕经济建设，抓好经科领域档案工作。江西省档案局通过项目档案管理登记、档案员培训、上门指导、专项验收等措施规范项目档案管理。57个项目进行了档案管理登记，5个项目通过档案专项验收。联合省中小企业局开展全省工业园区（开发区）档案工作调研，形成加强全省工业园区（开发区）档案工作规范管理的指导意见。南昌、新余、宜春、吉安、抚州等地档案部门对企业档案工作进行调查摸底、建立联系点、开展试点和上门指导推进企业档案工作。农村基层档案工作不断推进，新干县、青山湖区、都昌县的新农村档案示范创建工作通过国家专家组验收。二是围绕社会建设，抓好民生档案工作。江西省档案局联合省社保中心开展全省社保档案达标验收工作，联合省国土资源厅开展国土资源档案工作调研，提出全省国土资源档案工作规范化管理的工作目标。江西省档案馆编制了民生档案专题目录数据库，已建成人口普查、养老、涉外收养、移民、知青等民生档案专题库。各市县馆对涉及民生的档案实行优先收集、整理、编目、划控和数字化，及时向社会提供利用。档案利用收费取消，各地加强查阅场所设施建设，加大档案开放鉴定的力度，拓宽档案利用范围，修改完善档案利用制度。萍乡、新余市档案馆在档案信息网上开通了“开放档案查询系统”，到期应开放档案全部实现网上查询。江西省档案馆完成28万余条文件级档案的鉴定划控，开展了跨馆跨地档案检索指引服务，接待查档1719人次，查阅档案资料1.5万卷次。全省综合档案馆已开放档案资料238万卷（册）、新增22万卷（册），收集已公开现行文件35余万件、新增5万余件，接待查档者13万余人次，查阅档案资料近71万卷（册、件），解决各种民生需求6万余起。三是围绕重大活动和重大事件，抓好档案资源深度开发。江西省档案局编纂出版了《防尘扫埃 地净天蓝——回望中央苏区反腐倡廉岁月》。新干县档案局编纂《习仲勋祖籍史料汇编》纪念习仲勋同志诞辰100周年，举办“赤子情深、光耀千秋”主题展览，图文并茂地展示习仲勋同志光辉战斗的一生。四是围绕文化大省建设，抓好档案文化建设。江西省档案局联合省教育厅制发《江西省中小学档案教育社会实践基地建设管理细则》，开展创建中小学档案教育社会实践基地活动。抚州市档案馆成为江西首个通过考核验收的省级实践基地。南昌市青云谱区档案馆创立首批档案教育示范基地——梅汝璈故居，开展爱国主义教育。各级档案馆积极开展“档案征集日”、“档案爱护日”、“档案馆开放日”活动，组织市民近距离感受档案文化的独特魅力。江西省档案馆举办“档案在你身边”展览，制作“留住民间历史、记录城市发展”的档案宣传品，拓宽档案馆的教育功能。宜春市档案馆结合新馆开馆举办精品档案展。全省编纂出版档案史料127种1259万字，举办展览68个，接待参观者13万余人次。江西省档案局联合南昌市档案馆、南昌市城建档案馆等十余家单位，在《江西晨报》开辟“档案解密”专栏，社会反响较好。

六、努力推进依法治档，档案法制宣传教育取得新进步

江西以完善规章制度为切入点，以开展国际档案日宣传活动为契机，加强了档案法制宣传教育工作，提升了社会档案意识。一是积极推进档案依法行政。制定《江西省档案馆收集档案范围及档案移交接收工作规定》《江西省档案馆收集省重点建设项目档案范围的规定》等规章，制发《江西省档案局2013年推进依法行政与档案法制宣传工作要求》，明确了依法行政与档案法制宣传工作的要求和任务。编印《档案工作法律法规制度规范汇编》，重点抓好了《档案管理违法违纪行为处分规定》等新法规的宣贯工作，对以省“两办”名义发布的有关档案工作的规范性文件进行清理。各设区市档案局针对档案工作的薄弱环节，对市直机关、重点建设项目、专业等领域的档案工作开展了执法检查或调研，对存在问题的单位下发整改通知并督促整改落实，促进档案工作依法开展。二是档案宣传活动有声有色。各地档案部门利用新闻媒体、走上街头和借助“党建移动”平台等发送国际档案日宣传信息，宣讲档案法规，提供档案业务咨询，提高社会各界的档案意识。江西省档案局在省政府网站“在线访谈”栏目，与广大网友在线交流；组织媒体记者采访报道省档案馆及南昌、新余等地的档案工作重点和亮点。向国家档案局报送重要档案信息，档案“一报一刊”通联工作排在全国前列。三是档案教育培训针对性不断增强。举办全省档案局（馆）长培训班、档案师资培训班、宣传贯彻国家档案局10号令培训班、省直机关档案员上岗培训班、电子文件归档管理培训班，并在首批启动电子档案移交接收工作的单位现场教学，走出一条干部教育培训与破解工作难题有机结合的新路子。全省培训档案干部150期10015人次。

七、着力夯实规范化管理工作基础，档案馆（室）工作有了新提升

江西以档案工作规范化管理为抓手，加强了各级各类档案馆（室）工作的监督指导。立足机关单位档案工作管理实际，坚持统一部署与上门指导相结合、规范化评估与年度检查相结合，抓好机关单位档案工作规范管理。江西省档案局召开了省直机关档案工作协作组组长会和规范化管理推进会，对50个省直单位档案工作进行年度检查，对2012年度检查中要求整改的4家单位进行跟踪督查；全省新增291个单位档案工作达到规范化管理标准。综合档案馆工作全面推进。积极开展创建国家级综合档案馆活动，按照新修订的《市、县级国家综合档案馆测评办法》标准，重新聘任省内一批国家二、三级综合档案馆测评员，对宜春市馆创建国家一级档案馆工作进行现场指导，并对11个市、14个县（区）档案局（馆）年度工作目标进行考评。

（江西省档案局）

山东省

2013年，山东省档案工作在省委省政府的正确领导和关心支持下，在深入开展党的群众路线教育实践活动的背景下展开，在扎实的基础上又有新提高新发展。

以开展群众路线教育实践活动促工作作风转变。省档案局取消了档案利用和档案教育培训收费，取消了档案资源利用优秀成果奖评审收费并改由省档案学会组织开展。积极清理行政审批事项，取消或下放管理权限。积极推进档案技术下基层，安排档案保护技术专家帮助基层档案部门及时抢救修复雨水浸泡受损档案。

档案执法检查和业务指导工作进一步规范。省档案局与省发改委联合开展全省重点建设项目档案执法检查工作。济南市开展食品安全信用档案专项执法检查。淄博市两办印发《关于加强全市重大活动档案管理工作的实施意见的通知》，开展城建档案管理专项档案执法检查。继续配合国家档案局开展市县综合档案馆测评工作，广饶县档案馆晋升为国家一级档案馆，安丘市、泗水县、冠县档案馆晋升为国家二级档案馆，无棣县、高唐县档案馆晋升为国家三级档案馆。加强农业农村档案工作业务指导，宁阳、周村、临沭、垦利创建成为全国社会主义新农村建设档案工作示范县，寒亭、临朐、城阳、东营、博兴、五莲、沂水、博山、沂源创建成为省级社会主义新农村建设档案工作示范县。围绕推进农村产权制度改革，省档案局与省农业厅等6部门联合制发《关于开展农村土地承包经营权确权登记颁证工作的意见》，编制《山东省土地承包经营权确权登记颁证档案整理规则》。

积极推进民生档案工作。省档案局与省民政厅联合转发《农村五保供养档案管理办法》，与省司法厅联合制定《社区矫正人员档案管理办法》，与省社保局联合对枣庄、日照、菏泽的社保业务档案工作进行检查。淄博、东营等市各级档案馆积极开展民生档案接收进馆工作。

档案资源覆盖领域进一步拓展。认真贯彻落实国家档案局令第9号，全省各级档案馆全面修改制订收集档案范围细则。继续抓好国家档案局令第10号的贯彻落实，强化企业档案归档工作。积极开展档案征集工作，省档案馆组织赴台湾开展档案征集活动，枣庄、东营两市组织赴中央档案馆、中国第一历史档案馆、中国第二历史档案馆等复制档案资料。潍坊、济宁、泰安、菏泽等地开展地方历史、名人档案征集。省档案局和青岛、济南、德州等地派专人提前介入“十艺节”档案工作。枣庄市接收第二届全国非博会、大运河申遗等活动形成的档案资料。东营市接收黄河口马拉松赛等活动档案资料。聊城市开展“留住乡音为方言建档”活动。

档案信息化建设步伐加快。大力推进档案异质异地备份工作，省档案局启动全省电子档案容灾备份体系建设，山东省电子档案备份中心建设主体完工。省档案馆、枣庄市档案馆对全部电子档案数据进行备份。威海市与新疆克拉玛依市、潍坊市与无锡市签署互建重要档案数据异地备份协议并完成首批档案数据异地备份。省档案局承担的全国电子文件管理省级试点工程完成项目立项和资金落实工作。泰安市建成电子文件中心，临沂市积极推进电子文件中心建设。潍坊市“两办”下发《关于加强数字档案馆建设的意见》。

档案科研为档案事业发展提供重要技术支撑。省档案局承担的《纸质档案保护修复技术研究与专用设备研制》等项目获国家档案局优秀科技成果奖，1项科研成果获得国家专利，参与完成国家档案局科技计划项目《档案馆安全风险评估》等4个科研课题研究和《档案真空充氮密封包装》等行业标准起草编制，全省有6个研究项目列入国家档案局2013年度科技项目计划。

档案文化影响力增大。6月9日是“国际档案日”，全省各级档案部门通过召开媒体推介会、组织媒体和群众走进档案馆等形式让社会更多更好地了解档案和档案馆。各级档案部门开发档案资源，推出一批高质量的档案利用成果。省档案局与山东广播电视台联合组织拍摄《山东往事——档案背后的故事》大型系列专题片，完成编播212集。挖掘与齐鲁文化、民族文化、红色文化相关的档案资源，开展《齐鲁记忆——档案背后的故事》编辑工作。组织南下课题研究，编辑出版《南下干部历史贡献研讨会论文集》。《山东省志·档案志》续修稿通过评议，正在进一步修改完善。青岛、济宁、威海等市围绕党委政府中心工作专题编发《资政参考》。淄博市在《鲁中晨报》开辟“淄博旧影——寻迹”专栏。泰安市在《泰山晚报》开辟“品·读泰安档案”专栏，在泰安电视台开办“口述历史”节目，编辑出版《泰山国山议》丛书。烟台市打造胶东红色文化史料库，编辑出版《红色记忆》等档案史料丛书。潍坊市编辑出版《岁月如歌》《潍坊往事》等书。威海市开展老干部口述历史档案抢救项目，根据首批33名老干部口述历史编辑出版《威海足迹》第一期。莱芜市摄制系列档案纪录片《我的村庄我的家》。菏泽市牡丹区档案局郝远进创作戏剧《堵决惩贪》，被区纪委列入领导干部廉政教育工程，创作出版《档案戏剧》。

档案馆爱国主义教育基地功能得到进一步发挥。省档案馆被命名为“山东省关心下一代教育基地”，省档案馆、潍坊市档案馆被命名为“全国中小学档案教育社会实践基地”。青岛、淄博、枣庄、烟台、潍坊等市举办反映当地历史和当代建设成就的展览。各级档案馆通过档案展览等形式开展党的群众路线和党的优良传统教育。

档案人才队伍专业素养进一步提升。省档案局与省委组织部举办全省档案领导干部档案文化建设专题培训班，各市党委和政府分管档案工作的副秘书长、各市档案局馆长及相关企业档案馆馆长共55人参加培训。省档案局组织骨干人员赴欧洲进行档案保护技术专题考察。济南、淄博、济宁等市将档案干部培训纳入全市干部培训计划。滨州市联合浙江大学举办档案干部业务培训班。启动山东省档案专家库建设，专家库共分档案学术理论专家、档案业务应用专家、档案科学技术专家、档案行政管理专家四类，首批40名档案专业人才入选。

（山东省档案局　史志伟）

河南省

2013年，河南省各级档案部门围绕中心，服务大局，解放思想，开拓创新，大力推进基础设施建设，不断深化基础业务建设，全省档案事业取得了长足的发展。

一、档案事业发展环境不断改善

河南省委常委、省委秘书长刘春良多次听取档案工作汇报，十分关心河南省档案馆新馆建设和省档案局干部职工住房问题；河南省委常委、郑州市委书记吴天君亲临现场，协调省档案馆新馆建设相关事宜；河南省政府副省长张广智多次听取省档案局工作汇报，并帮助解决实际问题；河南省委办公厅、省政府办公厅、省发改委、省财政厅、省编办等省直单位，在档案馆舍建设、档案工作重点责任目标推进、档案馆事业单位分类改革、干部职工工作生活等方面给予大力支持和帮助，进一步激发了大家干事创业的工作热情。全省各地党政主要领导更加关注和重视档案工作。安阳市委书记丁巍、市长马林青，许昌市委书记王树山分别听取档案工作汇报并作出指示；新乡市委书记李庆贵亲自批示解决新乡市档案馆机构编制问题；焦作市委书记孙立坤、市长张文深明确要求市编委严格遵照《档案法》，将档案局列为行政类上报省编办，张文深还专门听取档案馆建设专项工作汇报，并要求市事管局为档案馆增加用房；周口市委书记徐光两次对档案工作作出专门批示，市长刘继标主动协调有关部门为档案局争取资源、解决经费；济源市委书记何雄先后7次考察济源市档案局愚公移山精神展览馆，市长王宇燕主动听取市档案局重点工作安排，并责成有关部门全力支持数字档案馆建设；驻马店市长武国定亲自协调，为市档案局解决专项经费190余万元。各级党政领导的重视和支持，为档案事业营造了良好的发展环境。

二、档案服务工作取得新成效

全省各级档案部门牢固树立为党和国家工作大局服务的指导思想，把服务中心工作与业务工作相结合，找准工作的结合点和着力点，创新服务机制，提高服务水平，做到“经济社会发展到哪里，档案工作服务就延伸到哪里”。

服务经济建设方面。一是指导各类企业深入贯彻落实《企业档案工作规范》，不断推进档案工作规范化管理，为企业生产经营提供积极有效的服务。新乡供电公司档案管理通过省级示范单位验收，固始县电业局等6个企业档案管理通过省特级认证，大唐河南分公司等16个企业档案管理通过省一级认证。二是依法开展重点建设项目档案登记，加强项目档案监管与指导，参与项目竣工验收。对2012年度、2013年度省发改委公布的重大建设项目进行跟踪指导，提供建档服务；组织对省委办公厅电子政务内网建设一期工程等3个省电子政务建设项目、大唐陕县风力发电有限责任公司燕山风电场工程等5个省重点建设项目进行档案专项验收；黄河小浪底水利枢纽配套工程——西霞院反调节水库项目、河南新郑煤电有限责任公司赵家寨煤矿、河南省信阳至南阳高速公路泌阳至南阳段工程3个项目列入全国建设项目档案管理示范工程。三是积极为民营企业建档提供指导和帮助。各地不断总结推广好经验、好做法，大力培育民营企业档案工作典型，使更多民营企业通过建立健全档案管理工作，促进企业经营管理，创造更大的经济效益和社会效益。

服务社会建设方面。河南各级档案部门围绕服务新农村建设和城镇化建设，切实做好新农村建设、城镇化建设和城市社区档案工作。固始县、永城市创建成全国社会主义新农村建设档案工作示范县（市）；信阳市平桥区、新乡县、长葛市、范县、武陟县、鲁山县等6个县市创建成全省社会主义新农村建设档案工作示范县（市）；全省社会主义新农村建设档案工作示范乡（镇）、示范村创建活动全面铺开；郑州市二七区郑大社区等5个社区创建为全省社区档案工作典型。各地积极探索农村档案信息资源共享平台建设，济源市、新郑市、新密市、荥阳市、沈丘县等地农村档案信息资源共享工程试点工作取得了良好成效。

服务文化建设方面。为提高全省档案部门编研工作水平，加大对档案文化内涵的深入发掘，河南省档案局组织召开全省档案编研工作会议，总结了全省10年来的编研工作情况，提出了今后一个时期全省档案编研工作意见。2013年度，全省各级档案部门编研成果硕果累累，服务文化建设成效显著。省档案馆利用馆藏档案资源举办“焦裕禄精神展”，为省直单位开展党的群众路线教育实践活动提供参观学习服务；编辑出版《省委、省政府重要文件汇编》3册。郑州市档案局馆举办“郑州记忆展”，成为郑州市委党校教学实践基地和郑州市中小学生社会教育实践基地，受到各大媒体和社会各界人士的好评；开封市档案局馆以开封地方特色、历史和文化为主题，出版了《古风宋韵·印象开封》，为推介、宣传开封取得了良好的社会效果；洛阳市档案局馆公开出版《消失的村庄》。

三、档案基础业务和基础设施建设扎实推进

继续以档案馆等级测评和档案室规范化管理认证活动为抓手，推动档案基础业务和基础设施建设全面健康发展。林州市、安阳市北关区、汤阴县、郏县、濮阳县、濮阳市华龙区、新安县等7个档案馆通过国家二级档案馆验收，鹤壁市鹤山区档案馆通过国家三级档案馆验收，一大批机关、企事业单位通过档案工作规范化管理认证。

档案资源建设。截至2013年底，全省各级国家综合档案馆馆藏档案总量为1948.61万卷（件），较2012年增长15.37%。各级国家综合档案馆“以民生需求为导向，以服务民生为重点”，积极采取有效措施，扩大档案收集范围，加大对不同门类、不同载体档案的接收、征集和整合力度，不断丰富馆藏资源，优化馆藏结构。在接收文书档案的同时，注重接收电子档案、民生档案和专门档案、声像档案及各种载体的档案；在依法接收档案的同时，面向社会和民间征集珍贵档案资料，努力实现档案资源在数量上有明显突破，内容上形成特色。继续做好重大活动档案收集工作，省档案局参与11场全省重大活动视频影像资料采集和档案资料的接收；与省援疆办联合发出通知，按照援疆档案每3年移交一次的要求，对首批对口支援新疆哈密地区和农十三师形成档案的移交工作作出安排。各级国家综合档案馆积极开展档案寄存、代管等业务。信阳、平顶山、濮阳市档案局档案资源建设得到了较快发展，特别是信阳市档案局2012年接收档案资料27.5万卷（件、册），较2012年馆藏总量增长3倍多。

档案馆舍建设。截至2013年底，全省各级国家综合档案馆馆舍总面积达到38.41万平方米，较2012年新增5.85万平方米，增长18%。南阳市和尉氏县、杞县、洛宁县、宜阳县、郏县、舞钢市、内黄县、清丰县、社旗县、项城市、上蔡县等12个新档案馆竣工并投入使用。省档案馆新馆已经完成规划方案设计、土地拆迁补偿，基本具备开工条件；原阳县、襄城县、许昌县、平舆县、遂平县等5个档案馆新馆主体工程完工，开始进行内外部装修；通许县、鲁山县、叶县、义马市、南召县、淮阳县、鹿邑县等7个档案馆新馆开工建设；汤阴县、鹤壁市淇滨区、郸城县等3个档案馆新馆完成规划设计，计划2014年开工建设；三门峡市、滑县、正阳县等一批档案馆新馆筹建工作加紧推进。焦作市借党政机关办公用房清理清退，调剂增加了市档案馆的实际用房面积。

档案信息化建设。截至2013年底，全省各级国家综合档案馆累计完成数字化扫描7797万页，占馆藏纸质档案总量的16.03%，较2012年有新的提升。其中，鹤壁市、济源市档案馆完成馆藏纸质档案数字化率达到40%以上。各地进一步加大档案信息化建设步伐，不少地方已取得了初步成效。郑州市数字档案馆项目高起点、高标准，已建成我国中西部地区规模最大的数字档案馆；安阳、驻马店、济源市数字档案馆建设项目已纳入当地政府信息化建设整体规划，正在启动项目、全力推进。各级机关、企事业单位进一步加快推进纸质、电子文件双载体归档步伐。郑州市、巩义市档案馆接收原生电子档案达到应接收单位60%以上。各级档案部门继续开展档案信息化建设示范单位创建活动，2013年，省事管局、郑州市水利局等12个档案室成功创建档案信息化建设示范单位。

机关、企事业单位档案工作。2013年，河南省档案局组织对72个省直单位、13个省属高校文件材料归档工作进行了检查、抽查，要求6个单位限期整改。各地进一步加强档案业务监督、检查和指导工作，机关档案规范化管理认证率增长8%以上，半数以上国有企业已完成管理类文件材料归档范围和保管期限表的修订、审核工作。省档案局与省民政厅联合印发了《行政区域界线档案管理办法》和《农村五保供养档案管理办法》；与省司法厅联合印发了《河南省社区服刑人员档案管理暂行办法》等业务规范；与省社保局、省医保中心联合对三门峡市社保局、安阳市医保中心、平顶山市医保中心业务档案进行了检查验收。禹州市、南阳市高新区积极开展文件（档案）管理中心试点，取得了良好的成效。为加强网络行政档案管理，进一步拓宽档案收集渠道，省局及时印发了《关于做好网络行政档案工作的意见》。

档案安全保障建设。全省各级档案部门始终紧抓档案安全不放松，强化档案安全保障能力建设，新建馆舍普遍安装了安全、消防、温湿度监控等现代化设备，老馆舍更新配备了一批先进的管理设备和必要的安全、消防设施，建立健全了各项规章制度，加强了日常管理和定期督查、自查，确保了档案的安全保管和有效利用。河南省档案局率先在全省各级综合档案馆开展安全风险评估工作，2013年在新乡市召开了全省档案安全风险评估现场会，济源市、新乡市等9个省辖市档案馆通过评估，对存在的问题进行了整改。国家档案局对此给予充分肯定。针对汛期档案安全保管，及时作出安排，并组织了督查和抽查。各级国家综合档案馆按要求完成了2013年度重点档案抢救任务，按时完成了2014年度国家重点档案抢救和保护补助费申报、立项工作。

档案法制和宣传工作。全省各级档案部门依法开展档案行政执法监督检查，进一步加大档案宣传工作力度。省档案局对88家省级金融、保险单位进行了档案行政执法监督检查，在部分市县开展了档案执法调研。省档案局继续办好“河南档案信息网”、“档案界”网站和《档案管理》杂志，并做好《中国档案报》《中国档案》通联工作。各地围绕6月9日“国际档案日”，开展了多种形式的档案宣传活动。省档案局在紫荆山公园开展了“档案在你身边”主题展览广场文化活动；组织全省档案系统参加了国家档案局举办的“档案在你身边”征文活动，省档案局杨宝章的《三爷的补助金》一文获一等奖。

档案科研和学会工作。档案科技成果丰硕。2013年，国家档案局批准河南省申报立项4项，省档案局批准立项70项；完成往年省档案局科技项目结题39项。省档案局组织评选2013年度河南省优秀档案科技成果奖40项，其中一等奖5项，二等奖17项，三等奖18项。档案学理论研究与学术交流活动活跃。省档案学会组织了2013年“档案学优秀成果”论文评审，200余篇论文获奖；与福建省、浙江省档案学会联合举办了“档案与文化建设”学术交流活动，全省交流论文36篇，有12篇被评为“档案学优秀成果一等奖”。

档案教育和人才建设。省档案局举办了档案业务人员第四十二期岗位培训班、全省档案通讯员培训班，培训档案工作者300余人。根据2012年度工作安排，在全省档案系统开展档案专业优秀人才选拔推荐工作，建立全省档案专业人才信息库。评出档案领军人才4名，档案拔尖人才25名，档案优秀人才85名。完成了2013年度全省档案系列职称评审工作。

（河南省档案局　高利娟）

湖北省

2013年以来，全省各级档案部门紧紧围绕建设“五个湖北”、实现“建成支点、走在前列”的战略目标，突出档案工作服务经济社会发展的主题，凝心聚力，改革创新，各项工作取得了新成绩，为全省经济社会发展作出了积极贡献。

一、积极争取，各级领导高度重视档案工作

全省各级党委、政府和社会各界对档案工作给予更多的关心与支持。省委、省政府两次召开专题会议，研究全省档案事业发展等问题，为档案事业发展提供政策和资金保障。省委、省政府在通山县召开中西部县级档案馆建设推进会。省档案局与省财政厅对通过功能验收的县级档案馆实行“以奖代补”。省发改委对中西部县级档案馆建设项目给予配套激励支持。武汉、恩施、黄石、荆州、仙桃、天门等地出台关于加强档案工作的政策新措施。黄冈、鄂州等地政府列出专项资金推进档案数字化建设和基础设施建设。潜江市政府将档案工作列入全市目标考核共性指标。

二、围绕中心，档案服务工作成效显著

“三农”档案工作再上新台阶。贯彻省委1号文件，深入开展新农村建设档案工作示范县创建活动。全年创建了3个国家级示范县、8个省级示范县。与省农业厅联合，积极推进4个农村土地承包经营权确权登记试点县档案管理工作。宜都市开展的“惠民档案乐万家”活动，国家档案局局长杨冬权作出批示充分肯定，全省在宜都市召开民生档案工作现场会予以推广。与省食品药品监管局、省卫生和计生委、省环保厅、省公共资源交易监管局等部门联合开展专业档案调研，促进了农村、民生及专业档案工作的健康发展。积极抓好三峡工程和南水北调中线工程移民档案工作。联合省移民局制定了《湖北省三峡移民档案进馆项目专项预检实施方案》，与省南水北调局联合召开了汉江中下游治理工程档案管理现场推进会，促进移民档案工作规范发展。机关档案管理工作深入推进。在省检察院召开省直机关档案工作现场会，省检察院、省法院、省地税局狠抓系统档案工作，三个系统通过省特级评审均达到100家以上。大力推进机关档案工作目标管理等级考评，对全省1100多个机关进行了档案工作目标管理业务指导和评审工作。全面加强经济科技档案工作。在中建三局和华中师大分别召开全省企事业档案工作交流推进会、全省高校档案工作现场会，组织对全省616个重点建设项目进行档案登记，对省直17个重点建设项目建档工作进行跟踪指导。完成了白莲河抽水蓄能电站、荆岳长江大桥等10个国家和省级重点建设项目档案专项验收。深入贯彻国家档案局令第10号，强化对企事业单位档案工作绩效管理，完成了20家单位AAA级评审工作。中建三局、中铁大桥局、省能源集团、长江航务管理局、武汉大学、湖北大学、江汉大学、华中科技大学认真开展了协作活动。宜昌、襄阳、孝感、咸宁等地主动介入，强化重点建设项目档案工作监督力度。档案开发利用取得新成绩。省档案局先后举办了湖北省档案馆征集档案成果展、“百年变迁——中国首家平民（袁裕校）家庭档案馆馆藏精品展”等7个展览活动，共接待观众2万多人次，产生了良好的社会效果。省委常委、秘书长傅德辉同志参观袁裕校家庭档案精品展并给予了高度评价。与湖北日报社合作开办“档案解密”专栏，社会反响良好。全省各地组织开展了“国际档案日”系列活动。武汉、十堰、孝感等地举办档案文化展览。宜昌在《三峡日报》上开设《触摸史迹》专栏。襄阳与《襄阳晚报》合办“解密档案”栏目。荆州与广播电台联合开办“荆州档案”专栏。荆门联合电视台精心打造档案精品《品旧闻》节目。黄石、黄冈、恩施等地利用档案资源撰写资政报告。围绕服务发展、服务民生，全省各级档案部门实行档案查询服务零收费，得到国家档案局充分肯定和社会好评。

三、开拓进取，档案业务建设不断深化

档案馆库建设稳步推进。省档案局印发《湖北省县级国家综合档案馆建设项目功能验收办法》，进一步推广红安、通山、松滋、建始等县市中西部县级档案馆建设经验。截至2012年底，中央下达的30个中西部县级档案馆建设项目中，建成并通过功能验收的有5个，开工建设的有20个，正在做开工前期准备的有5个。全省完成了2个国家一级档案馆、4个国家二级档案馆和1个国家级中小学档案教育社会实践基地的创建与验收工作。十堰市档案馆通过国家一级档案馆和国家级中小学档案教育社会实践基地验收。襄阳、孝感两地新档案馆已动工兴建，咸宁、荆州、黄冈等地正在做档案馆新馆建设前期准备工作。华中师范大学加强馆库建设，整体搬迁新馆。档案资源建设得到加强。坚持把“三重一特”和民生档案资源建设作为工作重点，出台《湖北省省级领导个人档案收集管理办法》，开展省级领导个人档案收集管理工作。全省各级国家综合档案馆收集进馆档案645712卷，其中，省档案馆全年接收档案20040卷，征集档案资料3016件。省档案馆向社会开放档案995卷、9564件。三峡大学、武汉东湖学院加强学生档案资源建设。咸宁接收了党和国家领导人视察咸宁档案。神农架接收15家破产企业档案3.8万卷。组织全省市州档案馆完成了档案开放鉴定实施细则编制工作。档案信息化建设步伐加快。全省各级国家综合档案馆完成数字化全文扫描4151.2万幅。组织59个县级档案馆开展了电子档案异地备份工作。省档案馆完成数字扫描191.2万幅，拍摄“数转模”胶卷，向异地进行档案容灾备份。对湖北档案信息网站进行了改版升级，网站访问总量887万人次。完成了40家省直机关电子文件归档管理和规范移交工作。武汉政府工作报告将数字档案馆建设列入2013年重点工作，十堰市在全国数字档案馆（室）建设推进会上介绍了经验。认真做好档案科研课题研究工作，6项课题有3项通过验收、3项荣获国家档案局优秀科技成果奖三等奖。

四、依法管理，档案法制宣传成效明显

认真贯彻执行《档案法》，组织实施《档案管理违法违纪行为处分规定》《法治湖北建设推进方案》和《全省档案系统“六五”法制宣传教育规划》，深入开展档案执法检查。全省共查处档案违法违纪行为为371起。省档案局组织对50个省直机关、大专院校、大型企事业单位开展了档案执法年检，对2起较严重的档案违法案件进行了跟踪督办。完成了3项国家档案行业标准申报立项工作。长江航务管理局对长江沿线各单位进行了档案安全检查。孝感建设联合档案室，在档案管理体制机制上取得新突破。档案宣传报道成果丰硕，省档案局全年在省级新闻媒体上刊（播）发各类信息170条，宜昌、襄阳、荆门、恩施、荆州等地充分利用媒体加大档案宣传力度，档案宣传的影响力进一步提升。

五、改进作风，档案队伍建设得到加强

深入开展党的群众路线教育实践活动。省档案局坚持把党的群众路线教育实践活动与学习贯彻党的十八大、十八届三中全会和省第十次党代会、省委十届四次全会精神结合起来，与“三抓一促”、“竞进提质”活动结合起来，做到两手抓两促进，坚持以整风精神开展批评和自我批评，结合机关实际全面加强“为民务实清廉”作风建设，达到了预期目标，受到省委活动督导组肯定。注重加强档案干部队伍建设。围绕实施“十百千人才工程”，加大岗位培训力度，不断加强档案高级专家、优秀管理者和专业技术能手三支队伍建设，打造政治坚定、业务精湛、作风过硬、充满活力的档案干部队伍。省档案局全年举办14期各类业务培训班，培训干部1400多人。宜昌创新激励机制，出台《全市“兰台贡献奖”评选活动》。荆州、恩施、十堰、黄冈、荆门、随州、咸宁、神农架等地强化档案业务培训，提高了干部综合素质和能力。举办全省档案系统乒乓球赛和全省档案系统书画摄影展，成立了湖北省档案系统摄影家协会，丰富了文化生活，推动了全省档案系统精神文明建设。

（湖北省档案局　宋刚 汪建先）

湖南省

2013年，湖南省各级档案部门围绕省委、省政府决策部署，埋头苦干、开拓创新，在建设“四化两型”、促进“三量齐升”的伟大实践中，做出积极贡献。

一、群众路线教育实践活动开创了作风建设的新局面

按照中央和省委的统一部署，湖南省档案局（馆）党组认真组织全体党员、干部开展了党的群众路线教育实践活动。局（馆）党组围绕为民务实清廉主题，紧密联系单位实际，加强组织领导，周密部署，扎实抓好各环节工作。围绕“入党为什么，为党干什么”、“群众路线与档案工作”、“做群众贴心人”和“我为档案事业发展做什么”等主题开展讨论，深入开展谈心交心活动，认真查摆“四风”问题，广泛征求各类意见建议230条，健全和完善重点工作制度37项。教育实践活动使局（馆）党员、干部得到了充分的党性锻炼，群众路线的观念和为人民服务的意识普遍增强，干部工作作风得到转变，有力推动了全省档案事业的发展，活动取得了扎扎实实的成效，得到了省教育实践活动领导小组办公室的充分肯定。

二、湖南省档案工作得到了各级领导的高度重视和大力支持，档案工作环境不断优化

省委常委、省委宣传部长许又声，副省长李友志到省档案馆参观“雷锋家乡学雷锋——湖南省学雷锋活动50周年档案展”，并对展览给予充分肯定；省委常委、省委秘书长韩永文，省人大副主任刘莲玉先后听取档案工作汇报，并对档案工作作出指示；副省长李友志多次听取档案工作汇报，并亲自与省财政厅协调，帮助落实了全省中西部县级档案馆建设专项补助经费4000万元；省委常委、省委组织部部长郭开朗对组织部机关档案室工作作出指示，提出明确要求。岳阳市委书记卿渐伟、市长盛荣华，湘潭市市长胡伟林，娄底市委书记龚武生、市长易鹏飞都对本市档案馆新馆建设作出过批示，亲自主持会议协调解决问题。永州市委书记陈文浩到任不久，就深入市档案局调研；郴州市市长瞿海主动帮助档案部门解决档案工作经费。

三、档案利用服务成效显著

一是服务中心有新成效。2013年，省档案馆为省委办公厅提供温家宝、李长春同志来湘考察档案62件，受到上级充分肯定；湖南省档案局加强了省援藏、援疆档案工作的服务指导；株洲市主动介入“湘商会”，现场跟踪采集档案；湘潭市积极搭建诚信资讯公共网络平台；张家界市围绕旅游经济强市发展战略，开展档案“四进”活动。二是服务民生有新成果。全省各级国家档案馆全面取消档案查阅利用收费，全年为利用者减负达500余万元。冷水江市和中方县通过国家档案局社会主义新农村档案工作示范县验收。省档案馆编辑《2012年湖南省委、省政府惠民政策汇编》，开通发布党和政府惠民政策信息的“湘档人”政务微博。衡阳市档案局出台《衡阳市机关养老保险档案管理办法》。湘潭市档案局出台5类民生档案质量规范和档案数据质量规范。邵阳市档案局开展“十佳民生档案建档单位”和“十佳家庭档案”评选。常德市档案局与行业主管部门联合出台了机关社保、工伤保险等业务档案管理规范。益阳市村级建档率达100%。怀化市档案局联合民政部门出台《怀化市婚姻登记档案规范化管理实施办法》。湘西自治州档案局利用档案帮助化解矛盾纠纷213起。三是服务文化发展有新成绩。省档案馆完成《湖湘档案图典·湖南省国家档案馆珍藏概览》的编辑出版，株洲市档案局续编《株洲历史上的今天》，邵阳市档案局编纂《邵阳档案镇馆之宝》，岳阳市档案局与电视台联合拍摄了纪念建市30周年电视专题片《我们走过30年——云与梦的交响》，常德市档案局编撰出版的《洞庭天下水》获常德市第七届社会科学成果优秀奖，益阳市档案局出版发行了《中国益阳——先进模范荣誉档案》，湘西自治州档案局举办了“民族记忆与守望”文化讲坛。

四、档案资源建设成果丰硕

截至2012年底，全省各级国家档案馆馆藏档案1687万余卷，资料189万余册，全年新增档案112万余卷。2013年省档案馆接收档案6万余卷，株洲市档案局接收公证档案3万余卷，岳阳市档案局接收第六次人口普查档案，郴州市档案局接收桂阳国际休闲旅游节等档案2000余盒、“郴州记忆”珍贵照片860余张，湘西自治州档案局收集习近平总书记来湘西视察的档案。省外事侨务办公室接收到耶鲁大学图书馆保存的20世纪20—30年代拍摄的反映当时湖南经济社会和人民生活的电影胶片数字化光盘59盒，时长11小时51分，已向省档案馆办理了移交手续。衡阳市档案局征集了非物质文化遗产皮影戏全套实物档案，常德市档案局征集到由原作者保存的诗墙档案。

五、档案基础设施建设突飞猛进

近3万平方米的省文档公共服务中心接近封顶。位于长沙县暮云镇的湖南红色档案馆，已办完240亩征地手续，规划建设总建筑面积达17万平方米湖南红色教育基地。市级综合档案馆建设态势良好。邵阳市档案馆新馆建筑面积10859.6平方米，总投资5000万元，已完成主体工程；岳阳市档案馆新馆建筑面积1.6万平方米，总投资8086万元，已于2013年11月开工建设；湘潭市档案馆新馆已完成土地报批等手续；娄底市档案馆新馆已落实了土地规划；益阳市档案馆新馆启用已列入议事日程。县级综合档案馆建设进入高潮。全省有100个县（市、区）档案馆列入国家支持计划，总投资达8.97亿元，其中争取中央支持5.85亿元。到2013年底，国家已下达湖南省档案馆建设项目38个，下拨资金19145万元。到目前为止，已有浏阳市等10个档案馆竣工投入使用，还有23个县级档案馆正在建设。

开工的30个规划内的县级档案馆，平均建筑面积达5852.3平方米，平均投资达1817万元。

六、档案信息化建设有序推进

《湖南数字档案中心建设项目建议书》已通过评审。长沙市档案局数字档案馆存储和备份空间达25T，已完成150万页档案数字化扫描。衡阳市档案局数字档案馆建设项目一期工程已扫描馆藏档案250万页。湘潭市档案局启动了市档案数据中心一期工程建设，机房建设容量达10TB，接收档案数据存量达4TB。常德市档案局投资150万元完成市档案馆首批重要全宗档案数字化加工项目。省档案局承办了全国档案信息系统安全等级保护工作会议。湘潭市档案局研究制定《数据资源质量评级办法》。省档案馆第三次接收江苏省档案馆备份档案，并成为新疆生产建设兵团档案异地备份基地。长沙市档案局与贵阳市、常德市档案局与西藏山南地区、怀化市档案局与贵州安顺市建立了档案异地备份合作关系。

七、档案事业管理日益加强

一是档案执法力度不断加大。省档案局查处1起利用者涂改档案的案件。邵阳市档案局查处4起、岳阳市档案局查处8起、益阳市档案局查处1起、怀化市档案局查处12起档案违法案件。邵阳市档案局查处1起工作人员失职丢失档案一案，并将案件移送纪检监察部门。二是档案宣传工作影响加大。全省档案部门利用“6·9国际档案日”，开展了以“让档案走进家庭”为主题的声势浩大的宣传咨询服务活动，全省有上万名档案工作者走上街头，开展街头宣传咨询服务，吸引数十万群众参与到活动中来，省市各媒体广泛报道。常德市档案局与市妇联联合召开“让档案走进家庭——家庭档案与民间收藏座谈会”。三是业务指导服务扎实到位。株洲市芦淞区和石峰区档案馆、华容县档案馆通过国家二级档案馆验收；全省有43家单位晋升为档案工作规范化管理省特级。有26家档案中介服务机构在省档案局和长沙市档案局备案登记。中联重科、湘投控股、湖南路桥等3家试点单位的文件材料归档范围和管理类档案保管期限表的制定基本完成。岳阳市档案局确定8家高新企业的档案工作为挂牌重点服务单位。永州市档案局对45家企业档案员宣贯国家档案局令第10号。湘西自治州档案局制发《关于进一步加强民营企业档案工作的意见》，对120家民营企业档案员进行培训。

八、档案干部队伍素质不断提升

一是档案培训工作力度加大。省市两级档案部门开展档案培训29次，培训档案人员3100人次。省档案局对全省县级以上档案局长进行培训，全面提升各级档案局长的履职能力。株洲市档案局开展“岗位练兵”活动；邵阳市档案局开展“十佳业务能手”评选；岳阳市档案局举办“业务讲堂”；常德市档案局每季度组织一次业务讲座；益阳市档案局开展“我为大家上一课”活动；湘西自治州档案局开展了业务大比武。二是档案科研取得新成绩。湖南琴海数码有限公司“纸质档案缩微数字一体化工作站研发”项目和省档案馆参与的《档案仿真复制技术与工作指南》分别获得2013年度国家档案局优秀科技成果奖二等奖。湘潭市档案局“现代化档案资源体系建设研究”项目获国家档案局批准立项。三是档案文化建设异彩纷呈。省档案局举办了“湖南省档案系统纪念毛泽东同志诞辰120周年书法摄影作品展”。各级档案部门开展了向档案系统新时代楷模朱志伟同志学习活动；长沙市档案局举办了首次全市档案系统演讲比赛；常德市档案局开展“青年文明号”创建和“我的兰台梦”演讲比赛；益阳市档案局成立“兰台义工队”；娄底市档案局开展“三联三转三提高”活动；湘西自治州档案局开展“湘西档案精神”大讨论。

（湖南省档案局　彭霞）

广东省

一、各级领导高度重视，档案工作迎来新的发展机遇

胡春华书记在汕头、江门调研时以及在广东省委会议上，多次对侨批档案工作作出指示，要求进一步加大力度保存好、利用好侨批档案，让优秀传统文化代代相传。朱小丹省长对省档案局积极承担省委省政府重大活动拍摄任务的做法表示赞赏，多次表扬声像档案工作。省委常委、常务副省长徐少华对档案信息化建设、侨批档案申遗等工作作出14次重要批示。省委常委、省纪委书记黄先耀先后3次到档案室视察，并对省纪委监察厅机关档案工作提出要求。许瑞生副省长出席侨批档案国际研讨会并作重要讲话，还以普通利用者身份到省档案馆利用档案、指导工作。欧初、钟阳胜、徐尚武等老领导也十分关心档案工作。中山大学郑德涛书记多次来档案馆调研馆校合作事宜。省人大常委会、省发改委、省财政厅、省国资委、省直机关工委、省监察厅等相关部门的领导对省档案局（馆）的多项工作给予大力支持。惠州市委书记陈奕威、汕头市委书记陈茂辉、河源市长彭建文等领导十分关心和支持当地档案工作。

二、档案服务经济社会发展能力显著提高

服务中心工作屡获赞誉。省档案馆承担省委省政府2000多项重要公务活动的拍摄任务，拍摄照片18万多张；完成胡耀邦、张德江、王岐山、张高丽等同志相关档案资料的查找任务；配合习仲勋同志百年诞辰纪念活动，提供大量档案和珍贵照片；主办或合作举办了“友邦·友好·友谊——馆藏公务礼品展”等多个展览；各地编印《档案资政参考》。农业部南海区渔政局编辑出版《南海维权纪实》；深圳进一步加强城建档案工作；惠州、揭阳、遂溪、高明等推动国家一级档案馆、二级档案馆创建。省档案局、广州、深圳、佛山、东莞派员赴喀什等地开展档案业务指导和调研，省档案局还举办“喀什风情图片展”。

服务和保障民生工作有序进行。省档案局联合有关部门出台民生档案管理办法6个，有序开展社会保障、社会诚信、政府公开信息等领域档案工作，率先完成国家水利普查档案验收。基本完成全省市县社保业务档案达标验收。进驻省网上办事大厅向公众提供3项行政许可的全程在线办理服务。省食药监局将食品药品安全监管档案纳入规范化管理；广州将已故干部职工档案纳入进馆范围；罗定出台进一步加强民生档案工作的意见。

服务文化强省建设再添新力。省档案局推动并促成国家档案局联合广东、福建两省政府，在北京人民大会堂举办“中国侨批·世界记忆工程”国际研讨会、“海邦剩馥——中国侨批档案展览”，并编辑出版《海邦剩馥——广东侨批档案》画册。推动侨批档案入选《世界记忆名录》，使广东率先成为全国同时拥有世界自然遗产、世界文化遗产、世界非物质文化遗产和世界记忆文献遗产的省份。广州开展民风民俗的拍摄；惠州举办网上非物质文化遗产图片展；清远将第三批市级非物质文化遗产档案资料接收进馆；梅州市梅江区、蕉岭县、丰顺县、五华县等依托馆藏档案资源，完成“中央苏区县”申报的有关工作。

服务新农村建设再添佳绩。顺德区、惠城区、始兴县3个县（区）通过全国社会主义新农村建设档案工作示范县验收，全面完成创建任务。茂名市全市596个村（居委）全面完成村级建档任务；2013年全省利用档案有效化解征地补偿、产权、林权等矛盾纠纷上万宗，为农村和谐稳定作出了贡献。

重点建设项目档案工作创新发展。省档案局首创重大建设项目巡查，对6个项目进行巡查。创新设立“广东省重大建设项目档案金册奖”，有32个项目获此殊荣；对9个档案项目进行专项验收，对20多个项目进行重点指导。

三、档案信息化建设取得重大进展

“广东省数字档案馆”项目成功立项，项目总投资3900多万元。“广东省档案馆馆藏档案数字化”项目列入省财政专项经费计划，投资估算4600多万元。制定《广东省档案馆馆藏档案数字化实施方案》。出台《广东省档案数字化工作安全管理指南》。珠海市、佛山市建成数字档案馆；清远市数字档案馆项目获批项目资金；番禺以区数字档案馆为中心，实现区直机关、镇（街）、村（社区）三级应用和数据互联。2013年全省数字化馆藏纸质档案1199万多页，照片档案2万多张。

四、档案安全保障能力明显增强

档案馆舍建设取得重大进展。省档案局联合省人大教科文卫委、省发改委、省财政厅等单位开展档案馆舍建设情况专项调研；检查湛江、茂名、潮州等多个在建市县级档案馆舍建设情况。汕头、河源、惠州、肇庆等加大馆舍建设投入力度。2013年，新建成投入使用的档案馆有清远、揭阳、始兴3个新馆，在建的有24个；广州市档案馆、惠州市档案馆启动二期工程。

档案安全和保密工作得到进一步强化。省档案局加强档案安全应对自然灾害应急处置。申请190万元财政资金抢救保护全省国家重点档案。加强计算机系统信息安全检查；重新审核政府公开信息文件和开放档案；制定全省档案异地异质联合备份中心可行性研究方案；联合省保密局开展专项保密检查，形成整改报告。各市县进行自查自纠工作。云浮、汕尾等地联合市保密局开展档案保密专项检查。省委办公厅新设保密档案处，强化保密管理。清远投入100万元财政资金抢救保护全市国家重点档案。

五、依法治档水平不断提高

省档案局积极宣贯国家档案局令第9号、10号，《广东省档案馆收集档案范围实施细则》以省政府行政规范性文件发布实施。完成各地档案收集范围实施细则修订的审核。制定省属企业《文件材料归档范围和管理类档案保管期限表》审查计划。联合省法制办开展档案行政执法检查。开展缩短档案移交时限和档案公开时限研究。全省利用“6·9国际档案日”开展档案普法宣传。茂名联合市人大开展档案行政执法检查；高州将执法检查制度化、常态化。惠州举办“档案法律法规知识有奖问答”活动；东莞参加《与法同行》节目；珠海、罗定、龙门等地开展档案法制宣传月活动。

六、科教兴档工作再上新台阶

省档案局组织成立广东省档案专家委员会，印发《关于充分发挥广东省档案专家委员会“智库”作用的实施意见》，出台《关于进一步加强全省档案科研工作的指导意见》，与中山大学签订《战略框架合作协议》，举办“2013年广东省档案管理人员高级研修班”。全省有20项申报科研项目在省档案局立项；有6个项目在国家档案局立项；有3个项目获得国家档案局优秀科技成果奖二等奖；有1个项目在省科技厅立项。省委办公厅与高校合作对“党政机构电子文件安全保密技术”等科研项目进行应用研究。广州与中国人民大学合作建设教学科研实践基地；珠海举办网上“档案人员岗位培训班”，并与中山、江门协同建设共享教育培训平台。全省全年共举办培训班294期，培训2.7万多人次。

七、档案工作社会影响力稳步提升

开发利用档案不断深入。省档案局开通12个档案馆的广东省跨馆档案查阅利用系统和政府信息公开文件手机上网查阅服务系统，开展“就地查询，跨馆出证”服务。组织“档案馆开放日”、“档案馆媒体日”等活动；开展“侨批故事”征文活动；把“名人名家讲堂”送进学校、社区；接待社会各界参观和学生社会实践活动1万多人次。广州与《广州日报》《信息时报》合作，分别推出“档案解密”、“羊城今日话当年”栏目；深圳与深圳特区报联合推出“鹏城风流”专栏。珠海市吸引500多名海外学生以及社会各行业党员干部和广大群众走进档案馆；广州、东莞、从化等打造中小学档案教育基地。广州、珠海等推出周末预约服务。

档案宣传不断拓展。省档案局与南方新闻网建立战略合作关系，开通“广东档案在线”栏目；在“广东省党员干部现代远程教育网”开设“档案园地”专栏。邀请南方日报社等主流媒体记者，开展“记者下乡活动”；配合中国档案报社记者开展“寻访最美档案人”采访活动；推荐5项案例参加第二届“全国档案管理与服务创新优秀案例”的评选。广东档案信息网点击率突破3000万，在省级网站中连续三年保持全国首位。各级档案部门开展国际档案日宣传活动。广州开通“广州记忆”网站。珠海开通政务微博。省档案局和珠海局的局长接受网络访谈。全省全年在《中国档案报》《中国档案》共发表文章124篇；《南方日报》《南方》杂志等主流报刊多次刊登有关档案工作的报道和专题文章。

（广东省档案局（馆） 张泽伟）

广西壮族自治区

2013年，广西各级档案部门以深入开展党的群众路线教育实践活动为动力，围绕中心，服务大局，依法履职，开拓创新，全区档案工作取得显著成绩。

一、领导重视、部门支持，档案事业发展环境进一步优化

自治区党委书记彭清华亲自为自治区档案馆与广西社会科学院合作编辑出版的《中越友谊的历史见证——阮文追学校资料选编》作序。自治区党委常委、自治区副主席黄道伟，时任自治区党委常委、秘书长余远辉分别就进一步做好档案工作作出重要批示。自治区党委常委、秘书长范晓莉深入自治区档案局（馆）调研，并就做好档案工作、关心档案干部等作出重要指示。自治区党委副秘书长蒋洪、林怀勇也十分关心支持档案工作，亲自协调解决项目资金、编制等问题。自治区人民政府副秘书长黄胜杰亲自宣布首届广西“国际档案日”主题宣传活动启动。自治区发改委、财政厅在档案馆项目建设、档案信息化、重点档案抢救和保护等方面给予项目支持和资金保障。各级党委、政府高度重视和支持档案工作，及时解决档案部门遇到的困难和问题，为档案事业创造了良好的发展环境。

二、围绕中心，服务大局，档案工作服务经济社会发展能力进一步提高

档案服务经济建设工作方面。首次举办全区重大项目建设档案人员业务培训班，近300人参加培训；在梧州召开全区重大项目建设档案工作现场会；对桂梧高速马江至梧州段工程、合山电厂扩建工程、防城港20万吨级进港航道工程等10个自治区级重大项目建设档案工作进行指导和专项验收。全区完成了13个市级、45个县级重大项目建设档案专项验收。

档案服务中心工作、重大活动工作方面。积极为自治区党委、政府及有关部门开展清理规范性文件、行政审批事项和举办展览提供档案资料服务；做好第十届中国—东盟博览会、中国—东盟商务与投资峰会等自治区重大活动和国家档案局领导到广西调研活动的档案收集和摄录工作；做好自治区主要领导公务活动音像资料的收集汇总、专辑制作，以及广西电视新闻采集、著录、刻盘等工作。各市档案部门也积极编撰各类专题汇编资料为当地党委、政府提供参考和服务。

民生档案工作方面。自治区档案局联合有关部门制定出台自治区工伤认定档案管理办法、自治区残疾人证档案管理暂行办法、自治区村级档案管理办法等6个民生专业档案规范。全区以开展“档案资源建设年活动”为契机，加大民生档案接收、征集力度，2013年全区民生档案进馆19212卷、

278160件。完成广西林业社保中心及南宁、柳州、钦州、贺州、河池市社保局社保业务档案的指导和达标验收工作。各级综合档案馆积极开发馆藏可开放利用的民生档案，建立民生档案专题目录或全文数据库。截至2013年底，全区馆藏社保、失就业、林改等民生档案达143.6万卷、243.6万件；市级档案馆全部建立了民生档案专题数据库，目录数据692.4万条，全文数据845.5万页，并向社会和群众提供利用。

农业农村档案工作方面。全区继续以创建“全国社会主义新农村建设档案工作示范县”活动为抓手，大力推进新农村建设档案工作。2013年8月，南宁市青秀区和贵港市港南区双双通过国家验收成为全国示范区。印发自治区社会主义新农村建设档案工作示范县实施办法，启动自治区示范县（市、区）创建工作，确定4个县（市、区）为首批创建全区社会主义新农村建设档案工作示范点。镇村档案室建设顺利推进，南宁、钦州、贵港等7市乡镇档案室建档合格率达100%；钦州市、来宾市基本实现行政村建档率100%；全区8个设区市村级建档全覆盖；全区档案工作示范村达到685个。

服务文化建设工作方面。自治区档案局（馆）编辑完成《民国时期边疆档案文献选编·广西卷》；编辑出版《中越友谊的历史见证——阮文追学校资料选编》，促进了中越友谊和文化交流。南宁、柳州、梧州、钦州、北海等市档案馆充分发挥馆藏档案优势，突出“本地化”，编辑出版《邕江档案》《沉钩浮影——档案与民国柳州》等一批具有较高史料价值的档案文化精品。

三、统筹兼顾、协调发展，档案业务工作迈上新台阶

档案馆建设持续推进。自治区档案业务技术楼项目建设进入收尾阶段；防城港、贵港、百色档案馆新馆主体工程完工，进入装修阶段。南宁完成项目用地预审和档案馆新馆设计方案修改。柳州落实城市档案中心项目预划地59亩。玉林落实市档案馆项目规划用地12亩。目前，全区38个“十二五”规划项目，启动建设23个，达60%。全区有6个市县综合档案馆通过测评晋升为国家级档案馆。自治区档案馆顺利通过评估验收，成为国家级中小学档案教育社会实践基地。扎实开展了市县级综合档案馆年度考核和抽查工作，有效地促进各级综合档案馆上水平。

档案资源建设成效明显。深入开展“档案资源建设年”活动，加大各类档案接收征集力度，扎实开展区档案征集工作，进一步完善了档案资源结构，丰富了档案内容。各市档案局积极主动开展传统节日档案、特色档案、礼品档案、民国时期档案等珍贵档案资料征集活动。截至2013年底，全区综合档案馆馆藏档案约431万卷、1107万件，其中2013年新增6.2万卷、79万件。

机关企事业单位档案工作有新突破。在自治区党委办公厅等70多个机关、企事业单位和行业系统开展档案业务指导工作；集中对214个区直、中直驻桂机关企事业单位档案工作进行年度检查；抓好机关企事业单位档案室定升级评审工作，促进了档案工作水平提升。柳州、贺州指导国税部门档案室晋升为特级档案室，实现本市自治区特级档案室零的突破。梧州、北海、百色分别对行政区划调整、破产改制企业、规模以上民营企业等进行档案业务指导，推动机关企事业档案工作顺利开展。

档案安全体系进一步完善。制定自治区档案数字化工作安全保密管理办法；开展档案安全管理工作检查；积极做好档案日常消毒杀虫和修复工作。2013年，自治区档案馆消毒处理进馆档案资料1万多卷（册、件），修复破损档案约2.8万页。各市档案局主动修订档案查阅制度，开展档案安全保密督查、教育和消防安全演练，完善档案安全设施设备，更新防盗监控设备，加强档案安全保密工作，确保了档案实体安全和信息安全。

档案信息化建设有效推进。自治区档案局完成数字档案馆二期工程的子系统开发，为全区数字档案馆（室）建设作出了示范。2013年，全区各级档案馆完成馆藏纸质档案数字化达1740万页。自治区档案局通过开展市级档案信息网站考核，下发县级档案信息网站建设意见，进一步加强各级档案信息网站建设，发挥网站服务作用。南宁开展网上业务指导，实时在线答复业务问题和提供相关档案业务文件材料。河池加大档案网站建设力度，新建3个县级档案信息网。此外，全区各级档案馆重新审核上报民国档案目录13.21万条、卷内文件目录100.39万条。

档案法制、宣传工作不断进步。自治区档案局主持召开了全区档案法律法规宣传工作座谈会；以开展“国际档案日”宣传活动为契机，采取多种形式，加大普法宣传，进一步提高全社会的档案意识和法制观念。积极开展全区地税系统档案工作执法检查，指导各市开展档案行政执法工作，有效地促进了依法治档。2013年，全区举办各类档案宣传活动224场，接受群众业务咨询4.5万人次，发放档案宣传资料18万多份（册）；广西在《中国档案报》《中国档案》杂志上的刊稿数量大幅增加，其中在

《中国档案报》刊用量排名首次进入全国省区市前十位；广西通联组荣获《中国档案》杂志第十三届优秀通联组称号；自治区档案局荣获《中国档案》杂志2011—2013年度宣传工作先进集体。

档案干部队伍素质不断提升。自治区档案局以整风的精神深入开展党的群众路线教育实践活动，重点解决“四风”“六病”存在的突出问题，作风建设有了新成效，服务能力有了新提升，促进发展有了新进步。在全区档案系统开展“广西档案干部精神”表述语征集评比，进一步提高档案干部的凝聚力、向心力。举办全区档案领导干部培训班和全区档案人员岗位培训班，分别对150多名档案领导干部和1300多名机关企事业单位、行业系统档案员进行培训，取得良好效果。各市、县也积极开展各类档案业务培训，提升档案人员综合素质。2013年，全区共举办各类培训班378期，培训13.5万人次。加强档案人才源头培养，继续与广西民族大学联合颁发第三届档案学“兰台奖学金”。广西档案学会积极组团参加全国档案工作者年会，获优秀组织奖。

（广西壮族自治区局）

海南省

一、档案馆库建设

2013年5月16日，海南省档案馆新馆开工建设，年底完成主体七层楼板混凝土浇筑，累计完成投资2350万元，占总投资的35%；海南省电子文件备份中心（省重要档案特藏库）《可行性研究报告》通过海南省发改委审核，9月5日，项目土地使用权登记手续于办理完成，获颁国有土地使用证，目前设计方案已报审，岩土工程勘察已完成。截至2013年底，文昌、琼海、白沙、琼中等档案馆新馆建设基本完工，准备投入使用；昌江、陵水改扩建工程也已完成；保亭和定安主体封顶；澄迈开工建设；儋州、五指山、万宁和临高正在抓紧准备前期工作，全年没有发生一起档案安全事故。

二、档案征集与接收

海南省档案馆先后组织多批同志赴中央档案馆、中国第一历史档案馆、国家图书馆、全国地质资料馆等利用和征集反映海南历史文化特色的明清进士档案、琼崖红色档案、南海地质勘查资料。从全国地质资料馆征集到78盒南海地质勘探资料，具有重要利用价值。从琼籍人士符先生处征集到明清至现代的书籍资料、票据、陶瓷、印章、侨批封等2000多件实物档案。采集到火山部落、海口中山路修复改造、新坡庙会、澄迈老城千年古志、红色娘子军、2013两岸妈祖佑南疆祈福活动暨第四届琼海市南海传统文化节、潭门南沙闯海人等海南非物质文化遗产音像资料一批。三亚市档案局与市旅游委、市文化广电出版体育局、市天涯国际文化产业发展公司等承办重大活动单位联系，组织整理重大活动档案20盒961件，照片62张，光盘1套。琼海市档案局向社会公告征集档案，共征集到杨善集档案58件、王文明档案39件，琼崖特委档案168件，共计28盒。乐东县档案局征集到黎族剪纸、黎族织锦、本土书画作品等特色档案65件。定安县档案局征集到张岳崧奏折35件，照片23张，抄录目录143条；征集到定安琼剧名家照片及演出剧照，获奖证书，如许冠花、许冠玉等到北京演出受到国家领导人的接见照片共245张，获奖证书20多件；海口市城建档案馆组织航模航拍，获取城市建设面貌的声像档案近千张。同时，各地制发了一系列档案收集的规范性文件：海口市制发了《海口市档案馆收集档案范围实施细则》；三亚市政府办印发《三亚市档案馆收集档案范围实施细则》，扩大征集范围，规范征集程序；文昌市档案局以两办名义转发了《关于加强全市各种门类和载体档案收集和管理的意见》。同时，海南省档案馆还利用征集到的民国档案，编辑出版了《民国海南档案史料选辑·第一辑》。

三、档案法制工作

2013年3月，海南省档案局制定了《省直机关企事业单位档案工作检查标准》，并向省直机关、企事业单位制发了《关于开展省直机关企事业单位档案工作检查的通知》。9—11月，海南省档案局组织由13个档案工作协作组组长、副组长以及局机关各处室同志组成的7个检查组，分别对168个省直机关、企事业单位的档案工作进行了全面检查。绝大多数单位明确了分管领导，建立了档案室，配备了专兼职档案员，购置了档案保管设备，海南省人民检察院、海南省气象局等单位还将档案工作规范化管理纳入单位（系统）考核内容。海南省民政厅积极推进地名管理、收养登记等专业档案的建立；海南省委办公厅建立领导批示档案专题归档等。多数单位使用“琼兰档案管理系统”进行档案日常管理，海南省国税局完成了全部室藏档案的数字化。

文昌、定安、白沙等市县同时开展了大规模的档案执法检查活动，其中：文昌市由人大牵头用3个月的时间对全市21个市直单位和5个乡镇进行执法检查；定安县档案发展评估委员会组织成员单位对全县各机关部门、人民团体、部分省驻县单位等120个单位进行档案评估工作；白沙县档案局对全县

80个机关单位进行了2013年档案执法检查。

四、档案宣传工作

开展“6·9国际档案日”宣传活动，海南省档案局举办了档案捐赠仪式和“档案精品实物展”；联合《南国都市报》连续刊发“档案揭秘”、“档案捐赠故事”专题报道；联合《海南日报》“海南周刊”版推出系列策划，报道海南历史时期的生活情况等。同时，《中国档案报》对海南省4名“最美档案人”作了大篇幅报道，他们分别是海口市档案局管理科科长陈李庆、东方市档案局局长吴清朗、海南医学院档案馆黄东霞和琼海市嘉积镇朝标社区居委会吴乾丰。

海口、文昌、琼海、五指山、儋州、澄迈、定安、临高、屯昌、白沙等市县也开展了形式多样的宣传活动，其中五指山市政府分管副市长甘鸣鹏做了题为《宣传普及档案知识 提高公民档案意识》的电视讲话；儋州市政府秘书长肖发宣在《今日儋州》报上发表了署名文章《让档案走进千家万户》；儋州市地税局符翰亓荣获《中国档案》“档案在你身边”征文比赛三等奖；屯昌县电视台对该县“国际档案日”宣传活动进行全程录播，并连续播放三天；海航集团面向全体干部员工举行了“档案在你身边”主题征文和优秀档案利用工作案例评选活动，获奖作品作者获得了机票、酒店住宿及带薪休假等奖励。

五、档案信息化建设

2013年12月1日，海南省工业和信息化厅组织专家组对海南省档案局组织研发的“电子公文归档管理系统”进行评审验收。专家组认为该系统达到了项目建设要求，达到了国内同类软件先进水平，同意通过验收。琼海、澄迈、五指山和陵水的“电子文件管理中心”正在筹建，东方的项目通过了评审，县财政投入130万元资金已到位。

海南省档案馆完成馆藏1360卷22万页纸质档案的数字化工作，同比增长近100%。对馆藏录音录像档案进行数字化抢救处理，已完成13盒录像带和319盒录音带的数字化处理工作，总数据481GB。海南省公安厅投入400多万元用于档案信息化建设，已完成了600多万页各门类纸质档案的数字化工作；海南省高级人民法院从2011到2013年累计投入了1200多万元，用于全省法院系统的诉讼档案和文书档案的纸质档案数字化工作。海口市2013年完成6.5万页馆藏档案的数字化加工处理，完成79%的工作量；三亚市完成44%；乐东县完成19%；琼海市完成28万页。至2013年底，各市县档案馆已累计完成了410万页的馆藏档案数字化工作。

海南省档案局制定了《海南省电子档案编码方案》和《海南省电子公文归档接口暂行规范》等地方行业标准。同时，结合“电子公文归档管理系统”研发工作，制定了《海南省基于XML的电子文件封装规范》和《海南省文书类电子文件元数据方案》工作标准。

海南省档案局根据国家档案局的要求，安装和部署了开放档案信息资源共享利用系统省级节点设备和网络环境，向国家档案局共享利用系统报送了包括宋庆龄、张云逸、周士第、陈策等海南名人档案以及三亚市委、市政府开放档案数据等。目前，相关的名人档案共2146条数据已共享到国家档案共享平台。

海南省档案局申报的“政府网站信息归档管理系统”和“海南省档案信息资源共享利用平台”项目，已获立项，建设资金已列入2014年部门预算。

六、各专业领域档案工作

2013年4月16日，海南省档案局与海南省民政厅联合转发《农村五保供养档案管理办法》，并深入澄迈等市县指导农村五保供养档案的整理归档工作。陵水县人民政府印发《陵水黎族自治县创建社会主义新农村建设档案工作示范县实施方案》，全面开展镇村两级档案整理工作，乡镇综合档案室100%达到省级机关档案管理规范要求，村委会60%以上达到县级以上机关档案管理规范要求。三亚市档案局配合做好农村土地确权工作，选定土地承包经营权登记档案先行示范村。定安县完成30个村委会建档工作。

2013年6月13日，海南省档案局印发了《关于做好重点建设项目档案管理登记工作的通知》，截至10月底，共有189个重点建设项目在海南省档案局进行了档案登记备案。8月，邀请国家档案局和天津市档案局的专家面向全省讲授建设项目档案管理、登记、收集、整理和验收等内容。对海南东方华能电厂二期档案工作进行专项预验收，对三亚半山半岛帆船港建设项目档案工作进行专项验收，派员参加海南省发改委、海南电网公司组织对农村电网改造项目竣工验收工作。12月，国家档案局组织专家对海南省重点建设项目档案工作进行检查。三亚市人民政府将重大建设项目档案验收列入行政审批目录，三亚市档案局还与三亚市住房和城乡建设局联合印发《三亚市城市地下管线工程档案管理办法实施细则》；万宁市举办了重点建设项目档案管理培训班，派员深入神州半岛、华润石梅湾等16家重点建设项目单位调研、指导档案工作；海口市城建档案馆加大对保障性住房建设工程档案指导及跟踪服务，2013年接收68卷保障性住房建设项目档案。

海南省档案局转发了《企业文件材料归档范围和档案保管期限规定》，并指导省属企业做好文件归档范围和保管期限表的审批备案工作。2013年，13家省属企业全部完成此项工作。

澄迈县档案馆和乐东县档案馆通过考评，晋升为国家二级综合档案馆，至此海南省已有三家国家二级综合档案馆；儋州市、屯昌县和陵水县人民检察院、秀英出入境边防检查站晋升为省一级综合档案室；海航集团档案馆被认定为特级档案管理单位。

（海南省档案局　秦家越）

重庆市

2013年，全市各级档案部门和广大档案工作者深入学习贯彻党的十八大精神，锐意进取，勤奋工作，强化管理，不断开创档案工作新局面，为助推“科学发展、富民兴渝”作出了积极贡献。

一、档案工作在全市经济社会发展中发挥了重要作用

第一，服务经济工作成效显著。市档案局印发了《10号令实施指南》《重庆市档案局关于贯彻〈企业文件材料归档范围和档案保管期限规定〉的通知》。北碚等5个区县出台了园区建设档案管理办法；万州等7个区县积极探索建立市场主体信用档案、科技企业“创新档案”；重钢环保搬迁、旗能电铝、神华集团万州港电等45个重点工程项目完成了档案验收。其中，重庆市轻轨交通2号线、国道主干线沪蓉重庆梁平至长寿段高速公路两个项目档案管理，荣获全国首批建设项目档案管理示范工程称号。

第二，服务“三农”扎实推进。涪陵区开展城乡统筹发展档案工作示范单位创建活动，为全市城乡统筹档案事业发展积累了好经验。以大坝脐橙种植专业合作社、苗香优质米专业合作社、白鹭生态专业合作社等为代表的又一批农民专业合作社完成建档工作。市农投集团、商投集团和粮食集团旗下10余家企业建立了农产品质量安全档案；南岸、长寿区印发了《建立健全农产品质量安全档案试行办法》；荣昌县依托档案工作完成了“生猪及其产品质量安全追溯系统”建设。

第三，服务三峡移民高效务实。市档案局与市移民局联合印发了《关于做好三峡移民档案专项验收准备工作的通知》《重庆市三峡后续工作档案管理办法（试行）》，得到了国家三建委和国家档案局领导的好评，为三峡后续工作档案的规范化管理提供了规范依据。移民档案进馆项目全面开展，稳步实施；移民档案数字化工作扎实推进，成效明显。

第四，服务文化强市建设精彩纷呈。市档案局和璧山县政府联合推出重庆中国抗战大后方历史档案系列展之“晏阳初乡村建设的重庆乐章——中华平民教育促进会华西实验区档案展”，并成功赴台湾巡展；与重庆钢铁集团联合举办的”抗建钢魂——钢铁厂迁建委员会档案史料展”引起学界广泛关注。万州区举办“深切缅怀·世纪守护”纪念苏联飞行员库里申科诞生110周年专题图片展，参观群众逾万人；梁平县举办了“血泪记忆 勿忘国耻——梁平县抗日战争档案图片展”；涪陵、九龙坡等区县成功创建爱国主义教育基地，全市爱国主义教育基地数量增至21个。《重庆大轰炸档案文献·财产损失》（同业公会等3个部分）以及《卢作孚走进北碚》《抗战英雄张自忠将军》《当代中国长篇小说大师老舍》等一批文献相继出版。

第五，服务民生便民利民。全市全面实现档案查阅利用免费服务，各级综合档案馆全年向社会提供档案利用超过27万人次。市档案局与市人社局联合印发《重庆市社会保险业务档案管理办法（试行）》，与市民政局联合转发了《农村五保供养档案管理办法》；大渡口区设立了民生档案数据库；北碚区集中接收9万余件婚姻档案。

第六，服务重大活动跟进及时。市档案局与中共重庆市委党的群众路线教育实践活动领导小组办公室联合印发了《关于做好党的群众路线教育实践活动文件材料收集归档工作的通知》，指导和规范教育实践活动文件材料归档工作；市档案馆以及渝中、南岸、合川、石柱等区县主动介入国家环保模范城市创建工作，派专人全程跟踪创模档案管理工作；奉节县出台了《奉节县重大活动档案管理办法》。

二、档案业务工作扎实推进

一是档案资源建设全面加强。全市各级综合档案馆全年接收档案58万余卷，馆藏档案总量达到730余万卷，与2012年相比，增幅为8.72%。其中，市档案馆接收档案16202卷，馆藏档案总量达到905178卷。城建、国土、规划等专业档案馆全年共接收各类专业档案16万余卷。市档案馆征集到珍贵的知青档案资料以及1977年恢复高考时的全套试卷、录取通知书等实物档案。北碚征集到一批关于汉藏教理院的珍贵历史档案和6000余张城区老照片；奉节县收集整理出民俗和歌舞文字资料15册，少数民族歌舞20余首。

二是档案信息化建设步伐加快。启动了国家电子档案移交与长期保存系统建设的试点工作，确定市财政局等3个单位为首批试点单位；江津、长寿区数字档案馆基本建成；巴南区投资726万元的数字档案馆建设方案获得通过，现已落实首批资金145.21万元；忠县投资73.5万元继续完善数字档案馆建设。2013年全市各级综合档案馆完成馆藏重点档案数字化35万余卷，2800余万页；完成了市档案馆和22个区县档案馆近20T电子档案数据的备份和更换。

三是档案安全保障能力明显增强。开展了全市综合档案馆安全工作专项督查；市档案馆投入100余万元对办公楼和库房进行了整修，配备、更新了一批库房保管设备；大渡口区投入20万元改善档案库房恒温恒湿系统；江北、巴南、大足等区县争取财政支持，将每年每卷2元的档案保护经费纳入部门常年预算。市档案馆《民国档案损毁情况典型调查研究》课题获得2013年度国家档案局优秀科技成果奖三等奖。

四是档案法制建设力度加强。市档案局与市监察局、市人社局联合印发《关于认真宣传贯彻〈档案管理违法违纪行为处分规定〉的通知》；在全市档案人员岗位培训中设置档案法制课程；对全市30个市级部门和企事业单位开展了档案行政执法检查，并对档案管理情况较差的2个单位发出了整改通知书，对群众举报的1件档案违法案件进行调查并依法向公安机关移送。各区县全年对709个部门和单位开展档案行政执法检查，依法查处档案违法案件5起。

三、档案事业发展环境不断优化

一是档案工作保障力度进一步加大。国家档案局多位局、司级领导来渝对重庆市工作开展调研；市政府分管领导多次就档案工作作出批示并协调解决工作中存在的困难和问题；市财政局为区县和市档案馆解决专项经费1300余万元。区县党委、政府对档案工作扶持力度进一步加大，开县2013年安全保管经费比2012年增加30%，大足区一次性补助档案保护费30万元，江北区新增项目经费40万元，石柱县补助20余万元用于档案馆修缮改造。部分区县对档案部门领导干部进行了调整，增加了人员编制，优化了年龄结构。

二是档案馆建设稳步推进。市档案馆新馆址选在两江新区中央公园核心地带，总用地面积40余亩；中西部地区县级综合档案馆建设项目推进有力，落实中西部县级国家综合档案馆建设项目补助资金1587万元。万州等4个区县完成档案馆新馆建设，南川等3个区县档案馆新馆主体工程完工，江津等3个区县档案馆新馆建设项目已开工建设。

三是档案宣传、教育工作和干部队伍建设得到加强。市档案馆围绕“6·9”国际档案日举办了档案馆开放日活动，市级各大媒体进行了专题报道，反响强烈；大渡口区举办了“传承女排拼搏精神、推进大渡口转型发展”珍贵档案资料专题展览。全市档案工作者踊跃参加《中国档案》举办的“档案在你身边”征文活动，市档案局荣获优秀组织奖；开展了“寻访最美档案人”活动及向朱志伟同志学习活动。2013年，全市共举办各类档案培训班40余期，培训学员达4530余人，其中，国家档案局专门为重庆市举办档案系统领导干部培训班1期，培训区县档案局（馆）长和部分专业（部门）档案馆馆长47人。

四、深入开展党的群众路线教育实践活动取得实效

市档案局（馆）作为全市第一批活动单位，严格按照市委部署，深入开展党的群众路线教育实践活动，落实为民务实清廉要求见实效。先后组织各类学习交流活动16次，归纳整理出155条意见建议，对照检查出16个方面的“四风”问题，并针对存在问题落实整改措施，扎实推进整改工作，在机关作风、队伍建设、档案工作服务人民群众等方面取得积极成效。通过深入开展党的群众路线教育实践活动，集思广益，形成重庆档案事业“12345”的总体思路和发展方向：“1”就是励精图治，用一届五年左右的时间努力建设成西部地区综合实力较强的档案局（馆）；“2”就是服务人民群众和档案法制建设两条主线齐头并进；“3”就是努力实现较强的档案资源配置、较强的档案管理水平、较强的档案服务利用能力；“4”就是全力实施档案理念提升、能力提升、队伍建设、综合保障四大系列工程；“5”就是全面筑牢体制机制、法规标准、信息科技、人才队伍、基础能力五大支撑。

（重庆市档案局　陈贵林）

四川省

一、深入贯彻中央和省委重大决策部署，进一步凝聚档案事业发展正能量

深入学习贯彻党的十八大、十八届三中全会和省委十届三次全会精神。全省各级档案部门坚持把学习好、宣传好、贯彻好党的十八大、十八届三中全会和省委十届三次全会精神作为一项重要的政治任务，采取中心组学习、专题讲座、座谈交流等多种形式深入宣传贯彻会议精神，坚持用中国特色社会主义理论体系武装头脑、指导实践和推动工作，确保档案事业发展始终坚持正确方向。

扎实开展“实现伟大中国梦、建设美丽繁荣和谐四川”主题教育活动。按照省委统一安排部署，突出档案部门特点，紧扣教育活动主题，组织召开动员会议，省档案局党组书记、局长带头讲党课作报告，采取开展专题讲座、举行“中国梦·兰台情”主题征文活动、组织交流讨论等形式深入开展主题教育活动。

深入开展党的群众路线教育实践活动。围绕“照镜子、正衣冠、洗洗澡、治治病”的总要求，深入开展调查研究，广泛征求意见建议，普遍开展谈心活动，严肃开展批评和自我批评，深刻查找剖析“四风”方面存在的突出问题，对查摆出的问题认真加以整改，对群众反映的突出问题开展专项整治，并结合“制度建设年”活动的开展，建章立制，大力推进作风建设长效化机制建设，教育实践活动取得了初步成效。

二、紧紧围绕全省工作大局，着力提升档案工作服务能力

紧紧围绕抗震救灾大局，全力投入抢险救灾确保档案安全。“4·20”芦山强烈地震发生后，中共中央政治局委员、中央书记处书记、中央办公厅主任栗战书，国家档案局局长杨冬权，省委常委、常务副省长钟勉分别对做好档案部门抗震救灾工作提出要求。国家档案局非常关心灾区抗震救灾工作，并给以了大力支持。省档案局第一时间投入抗震救灾，指导受灾地区档案部门、省档案学校抗震救灾工作。省抗震救灾指挥部印发了《关于做好受灾档案抢救保护和文件资料收集归档工作的通知》，及时对做好受灾档案的抢救保护作出安排部署。天全、芦山等8个档案馆项目纳入了全省灾后恢复重建总体规划，洪雅、丹棱等13个档案馆项目纳入了文化旅游业灾后恢复重建专项规划。

紧紧围绕“多点多极支撑发展”战略，积极做好经济领域档案工作。全面实施“企业档案工作推进行动”，大力深化重大建设项目档案服务，加强对交通、水利、生态工程项目档案的监管和指导。首次与省国资委联合召开全省国有企业档案工作会，开展省属国有骨干企业档案工作专项检查，深入企事业单位举办培训，开展产业园区档案调研。

紧紧围绕“两化互动、城乡统筹”战略，大力深化新农村建设档案工作。主动与涉农部门配合，加强对新农村建设档案工作的监管指导，配合农业厅开展农村土地承包经营权确权登记工作培训，做好国家档案局“农业农村档案建设系统规划与示范”项目有关实施工作，积极推进新农村建设档案工作示范县创建工作，3个国家级示范县、8个省级示范县和182个省级示范乡镇通过创建验收。

紧紧围绕“文化强省”建设，强力推进档案编研工作。创新档案编研工作机制，成立四川省档案编研出版指导委员会，出台《四川省档案编研项目管理办法》，进一步加大档案文化建设力度。《清代巴县档案整理初编·司法卷（乾隆朝）》列入省2013年度第一批图书出版重点规划项目，《抗战时期的四川》进入终审程序，组织完成四川省2013年度政务调研计划“四川档案文化建设研究”并形成调研报告上报省政府。在全省高校中开展档案文化建设主题活动，举办高校档案文化建设征文比赛、成果展示和论坛三项专题活动，新华网、《四川日报》等多家媒体聚焦。省档案局利用馆藏档案，编写了《从馆藏档案看四川疫情灾害及应对措施》等，积极为党委政府决策服务。

紧紧围绕“十大民生工程”，全面开展民生档案建设年活动。在全省范围内开展“民生档案建设年”活动，出台《关于加强全省民生档案管理工作的意见》，逐步建立和完善民生档案管理体系。与团省委联合印发《四川省留守学生（儿童）档案管理办法》，《人民日报》等媒体关注报道。深入开展社保业务档案检查和验收，开展农村五保供养档案、移民安置档案的指导与检查工作，天然林保护档案管理等工作得到国家档案局肯定。全省档案服务不断向民生密切相关领域延伸。

紧紧围绕“创新驱动”战略，不断提升档案教育科技服务水平。积极组织开展档案科学技术研究工作，4个项目在国家档案局立项，与国家档案局档案科学技术研究所合作项目《智能低温冷冻库在档案杀虫中的应用》获国家档案局优秀科技成果奖二等奖，与成都工业学院共同完成的科研成果《档案的数字化及基于图文识别的档案检索系统》顺利通过国家档案局鉴定，省档案学校招生人数破历史新高，办学能力得到提升，档案干部培训和档案服务工作稳步发展，档案教育科技服务水平不断提升。

成功协办国际档案理事会东亚地区分会第11次全体大会暨数字档案馆的规划和实践研讨会。10月16—18日，会议在成都召开。会议由国家档案局主办，四川省档案局协办。会议协办工作得到了省委省政府的高度重视，省委常委、常务副省长钟勉就会议筹备作了批示。省档案局多次召开局长办公会议、专题会议对协办工作进行研究，成立了协办工作领导小组，主动加强与省政府办公厅等部门和单位的联系沟通，确保了会议圆满召开。

三、着力加强档案业务建设，全面推进档案事业科学发展

大力推进档案资源体系建设。全省各级档案部门认真贯彻国家档案局令第9号要求，及时调整档案接收进馆范围和文件材料归档范围，依法加强和规范档案接收工作，确保应进馆档案依法接收进馆，档案接收主渠道建设得到强化。与此同时，积极开展重大活动档案收集和各种珍贵档案、特色档案的收集工作，突出档案馆藏地方特色，全省档案资源不断增长，门类更加齐全。

大力推进档案利用体系建设。2013年，全省各级档案馆共接待利用者51万余人次，提供档案97万余卷次，其中，省档案馆共接待利用者1983人次，提供档案资料53469卷次。

大力推进档案安全体系建设。建立健全档案安全管理制度，加强安全技术防范系统建设，组织开展经常性的档案安全保密教育和应急演练，落实安全管理措施，抓好库房管理、档案利用、数字化加工、网络应用等环节的安全监管。大力强化全省重点档案抢救和保护工作，开展特殊载体档案的修复性抢救和备份工作。深入开展档案数字化带动档案抢救和保护工作，全省国家重点档案抢救保护有序推进。

大力推进档案馆及功能建设。扎实开展“中西部地区县级综合档案馆建设规划”项目建设的监督、检查和指导工作。截至目前，全省已下达中央投资计划的40个县级综合档案馆中已建成并投入使用的19个，在建14个。深入推进国家级综合档案馆、国家级（省级）中小学档案教育社会实践基地创建活动，按照新的测评标准对申报的20个档案馆（其中国家一级档案馆2个，二级档案馆18个）开展实地指导和培训，完成汶川等3个国家二级档案馆测评。

大力推进档案法制建设。积极争取省人大、省政协对档案法制建设等工作的重视和支持。认真办理《关于进一步加强全省档案工作的建议》等2个主办提案，提案办理工作得到有关部门肯定并在《四川日报》刊载。与省法制办联合起草《四川省行政复议案件档案管理办法》，积极推进《四川省国家档案馆管理办法》立法进程，被列入省政府2013年度立法调研项目。召开全省档案法制建设研讨会，大力宣传贯彻《档案管理违法违纪行为处分规定》。深入开展全省档案安全、高校档案工作执法检查工作。

大力推进档案信息化建设。全面实施“数字化带动战略”，召开全省档案信息化建设工作座谈会，举办档案信息化专题讲座，加强对全省信息化建设和数字档案馆建设的指导；开展省级机关档案室信息化调研和全省数字档案馆建设统计调查；编印《档案信息化建设标准规范选编》《数字档案馆建设业务手册》等工具书。

大力推进档案宣传工作。以“6·9”国际档案日为契机，创新举办了省档案馆首次媒体开放日、省档案馆公众开放日、“最美档案人”评选等一系列活动。省档案馆爱教基地列为省委党校（省行政学院）现场教学点，“三项展览”共接待参观者80批次2000余人。开通了“四川档案”政务微博，设立了局新闻发言人。不断创新档案宣传方式，联合成都商报社推出《档案时空》专版，定期在《成都商报》刊发，与成都市档案局、成都市电视台联合制作《秘档》专题节目，收到良好社会反响。

（四川省档案局办公室）

贵州省

综合档案馆建设。六盘水市将市档案馆建设项目列为政府“十大工程”之一，在2013年完成了主体工程，建筑面积1万余平方米。贵阳市政府专题研究市档案馆新馆项目建设工作，确定新馆建筑面积1.6万平方米，并安排1000万元用于项目启动工作。安顺市政府分管领导专门听取档案馆新馆建设工作汇报，明确将新馆建设纳入北部新区建设规划，建筑面积1.5万平方米。

国家发改委、国家档案局按照《战略合作协议》，加大对贵州省县级综合档案馆建设项目资金投入。2013年下达中央预算内投资计划3882万元，比2012年增长27.7%，新增项目4个。纳入国家中西部地区县级综合档案馆建设规划“十二五”中央支持项目的37个县级综合档案馆已开工建设21个。省档案局于6月28日召开县级综合档案馆项目建设推进会，对下一步工作进行安排部署。2013年底，2010至2012年开工建设项目全部完成主体工程，进入装修和设施设备配备阶段，多数项目专项竣工验收工作完成，省档案局对全省在建县级综合档案馆项目进行了年度考核，并就考核情况进行了通报。

国家综合档案馆测评。经国家档案局审定，省档案局印发《2013年度市、县级国家综合档案馆测评工作计划》，并认真开展指导工作。三都、清镇、兴义、威宁、黔西、剑河、三穗、印江、惠水等9个县（市）按照“以评促建，以评促改，评建结合，重在建设”原则，围绕以人为本、服务先行、安全第一“三大战略”实施、档案资源、档案利用、档案安全“三大体系”建设、国家档案馆爱国主义教育基地、档案安全保管基地、档案利用服务中心、政府信息公开中心、电子文件管理中心“五位一体”功能发挥，积极开展创建工作，并通过了国家二级综合档案馆测评。

国家重点档案抢救和保护。财政部、国家档案局按照《战略合作协议》，加大对贵州省国家重点档案抢救和保护补助费项目资金投入。2013年，中央财政投入国家重点档案抢救和保护补助费360万元，比2012年增加8.7%，涉及34个项目单位的37个项目。省财政投入国家重点档案抢救和保护补助费430万元，比2012年增加50万元，涉及57个项目单位的59个项目。贵州清水江文书（锦屏文书）抢救保护专项补助费80万元，涉及9个项目单位的9个项目。各项目实施单位按照国家和省有关规定，认真组织项目实施。省档案局按照《贵州省国家重点档案抢救和保护项目验收暂行办法》，对贵阳市、遵义市、毕节市、铜仁市、黔东南州、黔西南州2012年度实施项目进行验收，以确保项目规范实施和项目资金合理使用。

档案资源建设。各地档案部门以实施国家档案局《各级各类档案馆收集档案范围的规定》为契机，积极推进档案馆收集档案范围细则报批工作，为档案资源建设提供政策支持。省档案局审批通过贵阳、安顺、毕节、黔东南等4个市（州）档案馆收集档案范围细则，对其余市（州）档案馆收集档案范围细则提出修改建议。省档案馆召开档案接收工作会议，对《贵州省档案馆收集档案范围细则》进行宣传贯彻。贵阳市、安顺市、黔东南州全面完成所辖县（区）档案馆收集档案范围细则审批工作。

各级国家综合档案馆加大档案收集力度。省档案馆全年共接收省直机关档案4525卷，照片1125张。为妥善处理省政府驻外办事处调整整合中档案归属与流向，省档案馆抽调16人，分别对省政府调整整合的11个驻外办事处档案工作进行调研和指导，共接收档案4648卷、5179件。全省共整理林改档案23万余卷、200万件，照片2.3万余张，有48个县（市、区、特区）林改档案移交同级国家综合档案馆保存。

机关和企事业单位档案监管。省档案局通过省质监局标准修订项目审批，启动《贵州省机关档案管理工作标准》修订工作；围绕实施国家档案局《机关文件材料归档范围和文书档案保管期限规定》，以档案管理制度建设、文件完整归档和规范鉴定、安全保管为重点，对省直机关和事业单位进行两次以上上门指导服务。省直机关档案工作协作组开展学习《档案管理违法违纪行为处分规定》和机关文件材料归档范围和文书档案保管期限准确界定、文书档案规范整理现场交流点评活动。黔南州档案局和所属部分县档案局开展机关档案规范整理竞赛。

省档案局开展计划生育档案管理、城乡居民社会养老保险档案管理等工作调研，为制定管理办法奠定基础；配合省社保局对贵阳市、安顺市社保档案进行达标验收。

省档案局与省委党的群众路线教育实践活动领导小组办公室联合印发了《关于做好党的群众路线教育实践活动文件材料收集整理归档工作的通知》，安排部署全省教育实践活动档案工作，专门派员到省委教育实践活动办公室，协助做好文件材料收集和整理归档工作。

省档案局印发文件，对贯彻国家档案局令第10号提出明确要求，并开展专门培训。安顺市档案局印发贯彻落实意见。省档案局完成对贵州瓮福集团、贵州高速公路建设集团、贵州茅台酒厂等企业管理类文件归档范围和保管期限表审核；通过贵州北盘江光照发电厂、松柏山水库管理处档案管理五星级评估，中烟贵州工业公司档案管理四星级评估；对中烟贵州工业公司贵阳卷烟厂、贵州财经大学等单位档案工作进行指导。贵阳市档案局通过贵阳市第一中学档案管理四星级评估。

重点建设项目档案监管。2013年3月24—30日，国家档案局副局长李和平率全国建设项目档案工作巡回检查组到贵州开展检查，听取省档案局、省交通运输厅全省及交通运输重点建设项目档案工作情况汇报，乌江水电开发有限责任公司、贵州开磷（集团）有限公司重点建设项目档案工作经验介绍，对“三凯”高速公路、荔波机场、平塘500米口径球面天文射电望远镜工程、贵州师范大学花溪新校区、黔西桂箐煤矿档案进行了检查。检查组贵州重点建设项目档案工作成绩给予肯定，提出加强监督指导和人才培训等建议。全省开展重点建设项目档案管理登记460项。遵义市档案局对辖区内12个工业园区和5个重大建设项目档案工作进行了指导。省档案局组织对高山煤矿等14家重点建设项目档案专项验收，参与交通运输部档案馆、中国铝业公司组织的“玉三”“三凯”“扎南”高速公路及遵义铝业环保节能技改项目档案专项验收，受国家档案局委托，组织贵州北盘江董箐水电站建设项目档案专项验收；六盘水、安顺和毕节等市档案局受省档案局委托，分别对织金欧华水电有限公司自强水电站等6个项目档案进行专项验收。省档案局与各市（州）档案局完成第一次全国水利普查档案专项验收工作。

社会主义新农村建设档案工作示范县创建。2013年，大方、黔西县创建全国社会主义新农村建设档案工作示范县通过国家验收。创建全省社会主义新农村建设档案工作示范县的钟山区、普安县、晴隆县、安龙县、平坝县、七星关区通过省级验收。遵义市开展社会主义新农村建设档案工作示范镇（乡）创建活动。六盘水市档案局在街道、社区等建立农户档案。省档案局对全省集体林权制度改革档案工作进行了监督检查。

政府公开信息利用服务。省档案馆举办省直机关报送政府公开信息培训，对报送信息及时、质量较好、数量较多的省政府办公厅、省农委等10家先进单位和先进个人进行了表彰；开展政府公开信息接收，共接收46家单位报送的政府信息2104件，经审核可以公开的政府信息1657件，对可以公开的政府信息进行整理和计算机条目录入；按季度通报政府公开信息报送情况。

国家综合档案馆档案利用。2013年，省档案馆接待利用者1856人次，利用档案9167卷（件）、资料226册。贵阳市档案馆接待利用者2200余人次，利用档案1.7万余卷（件），市档案馆政务服务窗口在全市“万人评议”活动中被授予“十佳优秀窗口”称号，保管利用处被授予“百家效能处室服务窗口”称号。毕节市档案馆共接待利用者1.1万人次，利用档案3.3万卷（件）。铜仁市档案馆共接待利用者1.8万人次，利用档案5万余卷（件）。

档案信息化建设。省档案局（省地方志办公室）印发《贵州省档案方志信息化建设实施意见（2013—2017年）》，提出未来5年全省档案方志信息化建设的总体目标、主要任务及具体要求。根据国家档案局《电子档案移交与接收办法》；开展贵州省综合电子文件档案管理系统平台二期项目建设，实现档案方志发布系统对电子文件、档案和多媒体统一管理和全文检索；开展机关电子文件档案归档管理工作，在21家省直单位推广归档电子文件档案管理系统；完成全省档案信息化建设试点单位金沙县档案馆验收工作，完成册亨、大方等4家县级档案馆档案资源数据库示范点建设的验收工作；新建三级网站17家；推进馆藏档案数字化工作。截至2013年底，省档案馆完成目录录入18万余条，全文数字化120万余幅；贵阳市档案馆完成数字档案馆二期建设，启动数字档案室创建工作，完成全文数字化62.9万幅。

档案法制建设。各级档案部门开展《档案管理违法违纪行为处分规定》宣传贯彻工作，开展档案行政执法检查工作。省档案局、省人大教科文卫委和省政府法制办，通过对9个市（州）、2个省直管县（市）档案行政执法检查和抽查18个县（区）档案行政执法情况，通报表彰19家工作成绩突出的单位，对4家问题较大单位下发责令限期整改通知书。贵阳市档案局制发学习宣传监察部、人社部、国家档案局令第30号动漫光盘。毕节市档案局选择涉及民生档案的部门开展依法治档示范单位创建活动。铜仁市利用手机宣传档案法律法规知识。黔东南州开展档案法律法规知识考试，印制档案法规宣传画册发给查档人员。

档案编研。省档案局组织开展由副省长何力任编委会主任的《贵州清水江文书》系列丛书编纂工作，组织协调贵州大学、天柱县档案局（馆）联合编纂出版《贵州清水江文书 天柱文书》22册。贵阳市档案馆出版《百年地图看贵阳》《贵阳抗战记忆》，《百年地图看贵阳》被省新闻出版局列为2013年度重点图书。安顺市档案局与西南民族大学联合编辑《民国安顺县法院司法文书选编》。黔西南州档案局编辑档案提供利用实例。

档案宣传。各地通过开展宣传咨询活动、举办知识竞赛、发放宣传资料等方式，开展“国际档案日”宣传活动。省档案局和贵阳市档案局联合在《贵阳晚报》推出“档案在身边”专栏，精选百姓关注的热点问题编辑成小故事连续刊载。省档案局配合中国档案报社，开展贵州“最美档案人”宣传报道活动，参加建省600年纪念活动，为《贵州画卷·历史人物卷》作品展提供展品近百件，协助贵阳电视台拍摄40集大型电视纪录片《贵州教育考试档案》。六盘水市钟山区档案局制作《服务三农 着眼未来》宣传画册和《社会主义新农村建设档案工作》纪录片。黔东南州档案局印发《档案信息宣传工作考核评比办法》。

档案科研。2013年，省档案局组织档案科研立项4项，并组织协调项目实施。省档案局“地县级档案馆数字化智能安全管理系统”科研项目（课题）经国家档案局批准结题；“档案智能物联管理系统”项目通过国家档案局鉴定验收。锦屏县档案局“县级档案馆纸质档案数字化前处理的高效方式方法研究”项目，列入《2013年国家档案局科技项目计划》。

档案教育培训。按照《战略合作协议》，国家档案局分别于3月和10月在北京免费为贵州举办“贵州省市县分管档案工作领导培训班”和“重点建设项目档案管理人员培训班”，培训贵州省部分分管档案工作县（市）长、各级档案部门主要负责人及业务骨干近100人。杨冬权局长、李明华副局长亲自讲课。省档案局采取单独举办培训班、联合办班、外出学习等形式，举办档案人员培训。举办档案人员持证上岗、国家重点档案抢救和保护、企业档案管理等培训班共9期，培训各类档案人员1000余人。全省各市（州）档案局均积极组织开展各种形式的档案培训。贵阳市档案局举办档案月讲坛活动。六盘水市档案局与市计生委联合免费培训县、乡计生档案人员，组织人员赴上海等地学习。黔南州档案局与州委组织部联合组织开展档案人员业务培训。黔西南州档案局举办电子档案业务培训，全省各级档案部门培训档案干部万余人。

（贵州省档案局　周端敏）

云南省

2013年，在各级党委、政府的领导下，云南省各级档案部门和档案工作者坚持以邓小平理论、“三个代表”重要思想和科学发展观为指导，深入学习习近平总书记一系列重要讲话精神和党的十八届三中全会、省委九届七次全会精神，紧紧围绕党委、政府中心工作，开拓奋进、真抓实干，全省档案事业科学发展、创新发展取得新成绩。

一、档案服务工作取得新成绩

全省各级档案部门围绕党委、政府中心工作，围绕经济建设，围绕改善和保障民生，积极提供档案服务，发挥档案在经济社会发展中的独特基础性作用。

云南省档案局与州市、县档案局强化重点建设项目档案的业务指导和跟踪服务，在建设项目主管部门和建设单位档案部门的共同努力下，小湾水电站、牛栏江—滇池补水工程、昆明绕城高速公路等一批重点建设项目档案工作规范、管理有序。青山嘴水库、多晶硅产业化工程、骑龙山风电场等一批重点建设项目通过档案专项验收；会同水利部门开展全国第一次水利普查档案建档及验收工作；参与向家坝水电站、溪洛渡水电站、糯扎渡水电站等水电项目移民档案验收；继续推进新农村建设档案工作试点工作，大理、德宏等地一批示范乡镇、示范村试点完成验收。

云南省档案局联合有关部门发文规范群众路线教育实践活动、首届中国南亚博览会和公证、公积金、社保、高校学籍、农产品质量安全、城市居民最低生活保障、农村五保供养和农村土地承包经营权登记试点等方面的档案管理；分别联发和制发关于滇中产业聚集区及各级工业园区、民营企业档案工作的文件，指导工业园区和民营企业建档工作；完成省委党内法规和规范性文件清理的相关工作；编印有关机构改革和烟草、蔗糖产业的档案信息参阅，供省委省政府领导和相关部门参考；利用档案展览搭建教育实践活动学习平台，增强各单位学习教育的实效性。

2013年，全省各级档案部门共接待档案和政府公开信息查阅利用12.7万人次，接待参观2.7万人次，开发档案文化产品45种。其中，省档案馆分别与中央电视台和云南电视台合拍《南侨机工》和《滇缅铁路》电视专题片；玉溪市档案局举办“回眸中的奋进”展览；保山市档案局出版《血染松山》等3种史料；昌宁县档案局为拍摄电影《苗岭霓裳》提供利用服务。

二、档案资源建设取得新成效

云南省档案馆和州市、县档案馆按照到2020年馆藏档案总量比2010年翻一番的目标，突出档案的凭证作用，注重档案的民族文化特色，大力推动档案资源建设。2013年，全省各级综合档案馆共收集档案40.1万卷，其中，特色档案4.6万卷。

云南省档案馆启动二级单位档案接收工作，新增5个档案接收单位，年内共接收档案7.2万卷，创历史新高；联合临沧、丽江、德宏、怒江等州市、县档案馆征集佤族、拉祜族、纳西族、景颇族、傈僳族档案，采集口述历史访谈38人；采编与云南有关新闻9000多分钟；征集反映滇军抗战等重要历史事件和反映美丽云南、中国企业家年会等重大活动的档案；征集9位名人的档案进馆。

昆明市档案馆接收中国南亚博览会档案；德宏州档案馆接收建州60周年活动档案；临沧市档案馆同步拍摄首届亚洲微电影节开幕式，接收反映佤山幸福工程建设的档案；玉溪市档案馆征集到青铜器铭刻和《洞经古乐》乐谱；保山市各级档案馆收集高原特色农业档案，市档案馆征集到滇缅抗战档案，镇康县档案馆赴缅甸开展境外档案征集，隆阳区档案馆征集到清朝乾隆五十七年分山图纸说明和田地契约，施甸县档案馆征集到清朝嘉庆二十一年的石碑；盈江县档案馆接收目瑙纵歌节等重大活动档案；广南县档案馆征集到书法作品27幅；马关县档案馆征集到阿峨壮族农民版画；盘龙区档案馆征集到昆明曲剧团的剧照、剧本、曲谱；盘龙区和安宁市档案馆拍摄反映城市变迁的照片1.4万余张。

机关、团体、企事业单位档案部门完善制度，建立机制，加强重大活动、重要会议档案特别是音像档案的归档收集。

三、县级档案馆建设进展顺利

2013年，云南省档案局和州市、县档案局强化请示汇报，加强沟通协作，群策群力，努力推动县级馆建设。巍山、陇川、永德等22个县级档案馆建设项目开工建设；争取中央补助资金8241万元，省级配套资金2000万元；楚雄、勐海、镇康等13个县级档案馆建设项目通过验收；官渡、富宁、思茅等14个项目和漾濞、南华、弥勒等16个项目分别通过可行性研究评审和功能安排审查。

2010—2013年，全省共有62个县级档案馆开工建设，建设规模28.7万平方米，概算投资7.8亿元，共获得中央补助资金2.6亿元，省级配套资金9760万元。据不完全统计，州市级配套资金2401万元，县级配套资金5717万元。其中，水富、凤庆、西盟等20个建设项目通过验收，新增档案馆舍面积9万平方米。同时，积极推进项目建设的前期工作，完成项目储备35个。

四、数字档案馆建设开端良好

云南省馆和州市、县馆着力推进数字档案馆建设，省档案馆完成档案数字化1148万页，在35个省级机关单位安装应用电子文件归档管理系统，接收电子档案65.5万页，建成“滇军抗战阵亡将士名录”、“云南陆军讲武堂名录”、“云南土司世系”、“南洋华侨机工名录”等4个专题数据库，上网发布数据2.5万条。

截至2013年底，云南省各级综合档案馆拥有数字化档案1.18亿页，目录数据5683万条，其中，省档案馆拥有数字化档案4148万页，目录数据637万条；州市、县档案馆拥有数字化档案7710万页，目录数据5046万条。

五、全省档案执法管理不断完善

云南省档案局会同省司法厅调研公证档案管理情况，完善公证档案管理机制；会商省招标局制定《公共资源交易业务档案管理办法》，促进档案科学管理；组织开展档案价值鉴定，规范档案征集工作；会同省保密局审定备案7家档案数字化服务机构，强化档案数字化的安全保密管理；制定数码照片档案管理规范，严格数码照片档案的收集归档；审定5家省属企业管理类文件材料归档范围和保管期限表，确保企业管理类档案归档齐全。昆明、曲靖、红河、昭通、临沧、德宏、迪庆等地开展不同形式的执法检查；昆明、文山、丽江等州市局共审定15家企业管理类文件材料归档范围和保管期限表；曲靖市推进乡镇档案馆建设，建成一批乡镇档案馆。

云南省档案局和州市、县局组织开展国家档案馆测评和档案规范化管理示范认定工作，年内有1个州市馆和8个县级档案馆分别晋升国家一级档案馆和二级档案馆，459个单位成为规范化管理示范单位；组织开展以“档案在你身边”征文、“走基层寻访最美档案人”和媒体开放日活动为主要内容的第一届“国际档案日”宣传月活动，让社会公众了解档案的价值，感受档案的魅力；以贯彻执行《档案管理违法违纪行为处分规定》为重点，开展不同形式的档案宣传活动，推行普法依法治理工作，昆明市现场解答档案咨询4000余人次。玉溪市在《玉溪日报》刊发宣传专版，并利用短信平台向20余万用户宣传档案工作。曲靖市在城市中心张贴档案宣传挂图、悬挂宣传标语。

六、干部队伍建设不断强化

2013年，云南省各级档案部门把提高从业人员履职能力作为一项重要工作来抓，共举办培训547个班次，培训人员1.7万人次。其中，云南省档案局举办培训17期，培训人员4316人次，创历史之最。云南省档案局选派4名州市局领导到中央党校和浦东干部学院学习；组织云南省档案局29名处级干部参加党校学习；组织全省档案系统14名业务骨干到美国接受电子档案管理培训；派员参加国际档案理事会东亚地区分会年会；派员参加国家档案局组织的赴英档案征集工作培训；组织开展《档案脱机载体应用规则研究》等3个国家局科研立项课题和省哲学社会科学规划项目《云南档案安全问题研究》的研究工作；《纸质档案数字化验收标准体系研究》《云南少数民族档案抢救与保护研究》研究课题分获国家档案局2013年度优秀科技成果奖二、三等奖；组织全省档案专业技术职称评审，131人分获初、中、高级专业职称。文山、楚雄等州市局选派人员赴先行地区学习先进理念和科学管理经验。

（云南省档案局办公室）

西藏自治区

2013年是学习深入贯彻落实党的十八大精神的开局之年，也是全面小康社会和中国特色社会主义建设的关键一年。一年来，在西藏自治区党委、政府的坚强领导下，在国家档案局、中央档案馆的关心指导下，西藏自治区档案局（馆）高举中国特色社会主义伟大旗帜，以邓小平理论、“三个代表”重要思想、科学发展观为指导，紧紧围绕“一个中心、两件大事、四个确保”，不断加强档案事业宏观管理，深化档案业务建设，提升档案工作社会服务能力，努力开创全区档案事业建设新局面，各项工作不断取得新的成绩。

一、档案事业宏观管理和业务指导工作进一步加强

西藏自治区档案局（馆）紧紧围绕自治区党委、政府工作大局，按照国家档案局的各项工作要求，加强对全区档案工作的宏观管理和业务指导，推动全区档案事业健康发展。2013年初，组织召开了全区档案工作电视电话会议，总结回顾2012年全区档案工作情况，安排部署2013年工作，明确了2013年度全区档案工作的目标任务。先后转发和印发了《国家档案局关于贯彻中办发〔2013〕17号文件精神进一步加强档案馆馆舍建设管理工作的通知》《国家档案局办公室〈关于印发市、县级国家综合档案馆测评办法的通知〉的通知》《国家档案局办公室关于填报专业档案进馆情况调查表的通知》《国家档案局办公室关于申报第四批中国档案文献遗产名录的通知》和《关于广播电视节目档案规定的通知》等文件，并结合全区档案工作实际，以实地指导、电话咨询服务等方式，对全区各区（中）直单位、地（市）档案部门进行业务指导170多次。为推进自治区重点建设项目和专业档案工作，分别与自治区发改委、自治区人社厅联合下发了《关于对全区部分重点建设项目档案进行检查评估的通知》《关于认真贯彻执行〈保险业务档案管理规定（试行）〉的通知》，并决定于2014年与人社厅联合对全区社保档案管理进行检查。2013年9月，将重点项目建设档案纳入档案行政执法检查范围，组织检查组到七地（市）进行了全区部分重点建设项目档案工作检查和评估，形成了《全区重点建设项目档案工作调研评估报告》。为贯彻落实国家档案局令第10号，加强对国有企业和重点民营企业的建档指导，推进企业档案工作规范化、科学化，经与自治区国资委协调，选择了天路股份有限公司和自治区汽车工业贸易总公司作为示范点，帮助指导这两家企业档案工作步入正轨。

二、档案法制建设和宣传工作取得新成绩

（一）档案法制工作。一是组织开展全区档案行政执法检查工作。根据2013年西藏自治区档案工作部署，以自查和抽查相结合，派出两个工作组于9月份对7个地（市）档案局（馆）、21个地（中）直单位、13个县级综合档案馆、26个县（中）直部门和相关重点建设项目单位进行了档案行政执法检查，并对全区档案行政执法检查情况进行了通报。二是本着简政放权，确定档案行政审批项目。根据国务院的决定和自治区审改办的通知要求，对自治区档案系统应列入《西藏自治区行政审批项目目录》的审批事项进行了认真反复论证，提出取消或保留意见。三是联合自治区民政厅、自治区林业厅下发了《农村五保供养档案管理办法的通知》和《集体林权制度改革档案管理办法》等一系列规范性文件。

（二）档案宣传工作。一是加大对《元代西藏官方档案》成功入选"世界记忆名录"的宣传力度。当获知《元代西藏官方档案》成功入选联合国教科文组织的《世界记忆名录》喜讯后，自治区档案局第一时间联系区内各大媒体进行宣传报道。二是积极开展推荐优秀档案员入选"最美档案人"参选活动。向各地区下发了推荐"最美档案人"的活动通知，对各地（市）选送的候选人进行了严格的审查和筛选，并组织寻访活动。最终有4名候选人入选，先进事迹刊登在《中国档案报》上。三是大力开展"国际档案日"宣传活动。6月9日是全国首个"国际档案日"，为了开展好这一重大活动，局（馆）及时作出了安排部署，制定详细活动计划和活动方案，组织全区各级档案部门成功举办了一系列主题鲜明、内容丰富、形式多样的宣传活动。四是认真开展"全国档案管理与服务创新优秀案例"评选活动。及时将优秀案例推荐申报到国家档案局参评。五是积极做好档案信息和通讯报道工作。全年编印《西藏档案工作信息》8期，另向《中国档案》杂志社和《中国档案报》及时报道自治区档案行业重大新闻及工作动态，全年共报送新闻稿件30篇，采用26条，改变了以往自治区新闻报道工作滞后的局面。此外，在第十四届《中国档案》宣传工作会议上荣获2011—2013年度"优秀省级单位"和"优秀通联组"荣誉称号。

三、档案馆基础建设全面加强

西藏自治区档案局（馆）新馆建设列入自治区"十二五"重点建设项目、全区74个县级综合档案馆建设项目被列入国家中西部地区县级国家综合档案馆建设投资补助资金项目以来，自治区档案局（馆）始终高度重视，积极协调，狠抓落实。

在档案馆新馆建设方面。一是在2012年工作的基础上，办理完成了扩建项目风险评估报告、选址意见书、环评批复、国家发改委节能审核批复及扩建项目涉密批复等项目审批前置手续，一并编入可研报告。二是完成可研报告的评审工作。按照自治区领导来自治区档案局（馆）调研考察工作时的一系列指示精神，多次对可研报告进行修改。经自治区发改委审核，同意上报国家发改委。三是受自治区发改委委托，中国国际工程咨询公司组织专家赴拉萨，对《西藏自治区档案馆新馆建设项目可行性研究报告》进行了咨询评估。经专家组严格测算，自治区档案局（馆）30年后馆藏量最少570万卷，相应馆库面积为5.4万平方米，投资额约3.95亿元。专家组对可研报告提出具体修改意见，同时将项目名称变更为《西藏自治区档案馆扩建项目》。修改后的可研报告于2013年11月通过中国国际工程咨询公司最终评估。

在县级综合档案馆建设方面。一是区发改委下达2013年县级综合档案馆建设投资计划的有定日县、定结县、洛扎县、隆子县、波密县、工布江达县、申扎县、普兰和措勤9个县。结合《档案馆建筑设计规范》和《档案馆建设标准》，对林芝地区工布江达县、那曲地区申扎县等9个县级综合档案馆建设方案出具了书面的行业审查意见，拟写《西藏自治区档案局2013年中央预算内投资计划执行情况自查报告》报区发改委。二是组织工作组对2012—2013年审批新建的16个县级综合档案馆建设项目进度和档案资源整合情况进行了专项督促检查和调研，针对检查情况对昌都地区八宿县和林芝地区察隅县、阿里地区普兰县新建档案馆业务用房提出书面整改意见。三是向自治区发改委提交《西藏自治区档案局关于新建第五批县级综合档案馆建设的请示》，按照总体平衡和择优选取原则，充分考虑地方积极性、地方支持资金、边境县馆藏档案数量及项目前期工作等情况，将尼木县、日喀则市、贡嘎县等34个县级综合档案馆作为第五批新建项目申报单位。

四、档案资源建设迈上新台阶

为适应现代社会对档案服务工作需求，更好地发挥档案馆社会服务功能，西藏自治区档案局（馆）着力加强档案资源建设，在开展机关文书档案接收进馆工作的同时，加强对历史档案、实物档案、电子档案、音像档案、胶片档案等各种门类和载体档案的收集工作，使馆藏内容不断得到充实，馆藏结构不断得以优化。全年共接收区党委办公厅、区住建厅等区直单位移交的文书档案3471卷，接收西藏自治区成立40周年大庆实物档案2件、照片档案120张。

五、档案整理和开发利用工作取得重大进展

随着计算机技术发展和“西藏历史档案管理系统”软件的成功开发利用，大大加快了馆藏档案特别是西藏历史档案的整理工作。据统计，全年完成噶厦全宗档案全文录入3116万字6万余件；完成“噶厦全宗”等6882件藏文历史档案数据审核校对任务；完成“噶厦全宗”等3121件档案的划控任务。对自治区党委办公厅移交的文书档案案卷重新进行分类、整理2267卷。

一年来，按照档案馆“档案安全保管基地、爱国主义教育基地、档案利用中心、政府信息查阅中心、电子文档备份中心”的五位一体功能要求，自治区档案局（馆）不断加强档案服务体系建设，拓展社会服务功能，积极为社会各界提供优质高效的档案信息资源服务。在现行档案利用方面，全年接80余家单位档案查阅人员共计110人次，查阅档案3301卷，复印47597页。在历史档案利用方面，为中国藏学研究中心、拉萨市档案馆、西北民族大学等单位和个人提供利用历史档案196件，陈列室接待参观281人次；根据中央统战部和自治区党委办公厅的批示精神，组织人力查找反映中央政府和西藏地方政府隶属关系档案14件，并制作仿真件提供给中国藏学研究中心西藏文化博物馆，用于在北京办展。

在编译研究方面，对照馆藏清册原档和噶厦抄件、译仓抄件和仔康抄件，对旧版《铁虎清册》进行重新编校，补充影印插图，编写前言和后记，并编校《铁虎清册》和《官员品级簿册》汉译本。完成了《西藏地震档案史料选编》补充部分的选材和编译，重新编写前言和后记。审定、交付录入《康卓益西措加传记集》，同时补充馆藏“康卓益西措加传”残缺内容。补充《水羊清册》后记，组织审阅出版社送交的清册最后的样本。校对《噶厦全宗》雪仲名录11万余字。编译《藏汉对照西藏历史档案词典》附录“历史档案中的谚语”部分。向上级主管领导汇报《西藏历史档案丛编》工作进展情况，多次联系区内外部分知名专家、学者，成立《西藏历史档案丛编》审读专家咨询委员会，向陈庆英先生等区内外专家呈送重修后的《西藏地震档案史料选编》《第五世达赖喇嘛自传·云裳》《水羊清册》40本书稿，广泛征求专家意见。此外，还完成了《西藏历史档案丛编》序的起草；国家社会科学基金重大项目《中国档案事业史》之《藏族历史档案研究》部分的初稿，约9万字；完成《西藏档案》总第十六期和十七期的编辑工作。

六、档案抢救和保护工作稳步推进

档案抢救和保护一直是全区档案工作的一项重点工作。西藏自治区档案局（馆）从实际出发，一方面认真组织全区“国家重点档案抢救和保护补助费”项目申报工作，加快区、地两级国家重点档案的抢救和保护工作进展。经财政部、国家档案局审批，批准项目11个（抢救项目10个、保护项目1个），划拨补助费450万元。另一方面按照“专款专用，濒危优先”原则，开展自治区档案馆国家重点档案抢救和保护工作。全年通过传统裱糊修复、纸浆补洞修复和展平去折去污等工作手段，修复破损档案99211件，档案仿真复制60件。

七、档案信息化建设迈出新步伐

一是加强局（馆）局域网络、计算机档案管理系统和档案信息数据库的管理维护工作。对计算机网络和档案数据库实行专人管理，安装防水墙管理系统，对网络和数据库进行定期检查维护。

二是加强门户网站建设。做好西藏档案信息网、西藏自治区档案局（馆）办公网的完善和信息更新工作，加强网站信息发布的保密审查和网络安全防范，充分发挥计算机信息网络优势，为社会和群众提供更加便捷的档案服务。

三是加强馆藏档案数字化工作。扫描历史档案72273件，133789个画幅。全年刻录现行电子档案光盘395张，并检查光盘675张。导入X010、X011、X012、X014四个全宗共33万多页现行档案画幅。接收TH106全宗电子档案数据4579.3GD，TH181全宗电子档案数据310GD。压缩并挂接到西藏历史档案管理系统全文档案约63000件。备份历史档案数据硬盘8盘。

八、档案安全建设步入常态化

一是把档案异地异质备份工作作为容灾减灾、保障档案安全的一项重要手段和重点工作来做。二是规范各项工作流程，做到用制度管人管事管安全。各地区（市）档案馆对已经复制或数字化处理的历史档案原件进行封存保管，对外以复制件或数字化产品提供利用，无特殊情况，不再提供原件。开展馆藏重要历史档案的仿真复制工作，除个别仿真难度较大的档案外，陈列展览中一律使用仿真复制件。三是强化档案提供利用审批制度，特别是对涉密或涉及敏感问题的档案，严格按照有关规定报批后方可提供利用。严格按照国家相关规定做开放档案的鉴定工作，凡不属开放范围的，一律不得开放，更不得上网提供利用。四是加强档案数字化外包环节的安全保密管理工作，数字化前必须做好密级档案的挑选和鉴定工作，严禁外包涉密档案，严禁外包公司留存、外泄数字化档案信息。对已完成的数字化档案要采取有效措施，加强安全保管。

九、档案干部队伍专业化水平有所提高

为贯彻落实2013年全区档案局（馆）长会议精神，针对各级档案部门工作人员业务素质参差不齐和基层档案工作人员调动频繁等问题，通过分类指导，差别管理的方法抓好教育培训工作。2013年在国家档案局和兄弟省区市档案部门的大力帮助和支持下，邀请国家档案局专家在拉萨举办《企业文件材料归档范围和档案保管期限规定》和《国家重大建设项目文件归档要求与档案整理工作》培训班，参训人员有260人；与四川省档案学校联合举办一期“西藏自治区基础档案业务培训班”，参训人员90人。此外还积极组织人员参加国家档案局和兄弟省市举办的培训班。2013年全区共有400余人参加培训，档案干部队伍的专业化水平得到较大的提高。

（西藏自治区档案局）

陕西省

2013年，陕西各级档案部门和广大档案工作者，充分发挥档案在“三个陕西”建设中的特殊作用，着力档案管理与服务，解放思想，埋头苦干，各项工作取得新成绩，全省档案事业再上新台阶。

档案服务经济社会发展成效显著。一是服务大局、服务重大活动和重点工作。各级档案部门围绕党委政府中心工作，通过专题编研、举办展览等形式，充分发挥档案资政育人作用。省档案局紧贴时政要事，编辑《资政参考》5期，为领导决策提供档案资料参阅；配合省委统战部为习仲勋百年诞辰纪念活动提供档案资料；积极做好党的群众路线教育实践活动文件材料收集归档工作。西安市档案局举办“西安小康社会建设图片展”，巡回展出20场次；咸阳市举办“纪念毛泽东诞辰120周年图片展”；榆林市制作16部《市级领导出席重大活动纪实》纪录片。二是服务重点建设项目。省档案局对14个重点建设项目档案工作开展全程指导，完成其中7个项目档案专项验收。各市县档案局也积极联合发改委等相关部门，对本级重大项目、重点工程档案工作跟踪指导，广覆盖，严验收。三是服务民生。省档案局配合省水利厅、省农业厅，分别开展了水利普查、农村土地承包经营权登记试点建档指导工作；联合省社保局制定《陕西省城乡居民社会养老保险业务档案管理实施办法》；与省医保管理中心一起，对部分市、区医保业务档案管理进行了检查验收；组织编印了《民生档案管理办法汇编》，指导事业单位加强涉及民生档案的建档和规范管理工作。认真贯彻落实政府信息公开条例，提升服务水平，全省全年共接待社会各界档案和政府信息利用服务近8万人次。四是服务新农村建设。积极推进档案工作示范县创建工作，户县顺利通过国家档案局、民政部、农业部组织的验收，荣获“社会主义新农村建设档案工作国家级示范县”称号；陇县、凤县、略阳县、富平县顺利通过省级示范县的验收。随着农村社保、新合疗、集体林权制度改革、水利普查等档案的建立和县、镇、村三级档案工作网络的完善，极大地促进了全省农业农村工作的发展。五是服务文化强省建设。省档案局编辑《陕甘宁边区政府文件选编》，收录了以陕甘宁边区政府名义正式发出的各种文件，为研究中国革命史特别是陕甘宁革命根据地的建立、发展提供了翔实的史料。西安市档案局与陕西电视台联合拍摄《揭秘》专题片。宝鸡、汉中、延安、杨凌、咸阳淳化等市县档案局先后编著出版了《历史的记忆——宝鸡馆藏精品档案》、《汉中旧影》《延安古今大事记》《习仲勋在淳化画册》等书刊。省档案局组织召开了编修第二轮《档案志》工作会议，第二轮修志工作在全省全面展开。

档案宏观管理水平不断提高。一是广泛开展档案法制宣传。各级档案部门普遍结合“国际档案日”、《档案法》颁布日和全国法制宣传日，组织人员通过设立咨询点、发放宣传资料、发送手机短信、开展档案知识竞赛等多种形式，积极开展档案法制宣传活动，不断增强社会档案意识，宣传依法治档。二是加强行政执法检查监督。认真贯彻《档案管理违法违纪行为处分规定》，省档案局与省监察厅、省人力资源和社会保障厅联合下发通知，加强对全省档案管理违法违纪行为的防范和管理。对全省档案工作“六五”普法工作进行了中期检查督导。各地普遍围绕“档案法制建设、档案规范管理、档案安全保管”等内容组织开展了档案专项执法检查。三是档案监督指导工作不断深化。省档案局对21家省级机关进行了年检，对8家机关企事业单位组织开展了档案工作目标管理认证，对11个市级档案局（馆）年度工作进行了考评。与此同时，配合文明城市创建，积极开展市、县（区）档案馆测评工作，韩城、旬邑、扶风、岚皋、横山等9家国家综合档案馆顺利通过测评。

档案基础业务建设全面加强。一是档案资源建设迈上新台阶。认真贯彻落实国家档案局令第9号，《陕西省档案馆收集档案范围实施细则》通过国家档案局审核；市级国家综合档案馆接收档案范围细则修订工作全部完成。着力于馆藏档案资源的结构调整，一批具有时代特征、地域特色、利用率高的档案被接收进馆。省档案馆征集清代档案114件；接收档案1.1万余卷、8732件；名人档案97卷；完成馆藏2.5万余卷档案的整理；抢救馆藏重点档案60余万页。西安完成世园会档案资料接收整理；征集《西安秦腔剧本精编》68册。宝鸡通过购买的方式，将岳飞前后出师表（拓片）及老版凤翔木版年画收入馆藏。渭南接收破产改制企业档案1万卷。延安接收反映延安抗战时期的珍贵影像资料《延安之旅》。安康建立数据库对安康1983年“7·31”洪灾档案资料进行了整合。杨凌81个建设工程项目档案接收进馆。商洛出台了重大活动资料收集办法。二是档案馆库建设力度加大。省档案局加大对“中西部地区县级综合档案馆建设项目”的监管力度，联合省发改委对正在实施的县区档案馆建设项目进行了专项督查，并下发了通报。截至2013年底，岚皋县已建成投入使用，宜君县、黄龙县、蒲城县等10个县（区）已完成主体工程封顶，长武县、商州区等4个县（区）已开工建设。铜川市档案馆新馆已建成投入使用，榆林市档案馆新馆已进入设备安装阶段。三是档案信息化建设持续推进。省档案馆全年录入档案目录数据37万条，扫描全文数据170万条；陕西省数字档案馆数据中心建设完工并通过验收；相继开发了馆藏资料著录系统、档案数据质量管理系统和档案编目系统。西安制定了数字照片归档与数字照片档案、音视频电子文件归档与音视频电子档案管理等多项规定，向全国开放档案信息资源共享平台上传了2万余件已开放档案。宝鸡全文扫描知青下乡、婚姻等涉民档案46万余幅。咸阳、安康、商洛对信息网进行升级改版。榆林建立了全市档案资料目录中心。汉中开放目录和公开的现行文件目录实现网上查阅。渭南投入118万元启动“智慧档案馆”项目。同时，各地还积极推进区域性档案电子目录中心建设，搭建资源共享平台。

档案安全进一步强化。各级档案部门始终坚持把档案安全放在档案工作的首要位置。省档案局对过去已鉴定开放的档案进行了重新鉴定划控，对档案数字化外包、开放档案情况及政府公开信息网上查询开展专项保密检查；为市县异质异地备份提供场所和设备；制定库房存放方案，编制档案资料存放索引及检索工具。各地普遍通过建立完善档案安全管理制度，落实安全责任制，建立预防档案灾害的应急机制，加大投入，改善保管条件等措施，确保档案实体和信息的安全。

档案宣传教育工作卓有成效。省市两级档案局馆在各类报刊、网站刊登文章和新闻报道超过500余篇，较好地宣传了档案工作。《陕西档案》《西安档案》《汉中档案》及各级档案信息网站编辑水平明显提高，档案工作宣传平台作用得到充分发挥。省档案局举办了4期培训班，838名档案干部得到培训。各市县档案部门也结合各自实际，加强档案干部培训以及新知识、新规范、新技能的学习，全面提升档案干部业务素质和创新能力。

档案科研、对外交流取得新突破。省档案局科研所“修复过程中档案文献易损毁预加固研究防损保护”等3个研究项目顺利通过鉴定；中央档案馆档案保护技术与研究基地在陕西挂牌。档案学会组织档案干部赴台湾进行档案业务学习交流活动，开眼界、拓思路，丰富了档案管理经验。

（陕西省档案局办公室）

甘肃省

2013年，甘肃各级档案部门坚持转思路、强内力、抓提升，在解放思想中求发展，在服务大局中提层次，各项工作都有了新的进步。

一、调整档案工作思路，强化档案开放资政为民意识

甘肃各级档案部门坚持把解放思想、转变思路作为重点，紧跟时代潮流，着力强化三种意识。一是资政意识。紧紧围绕改革发展大局，注重发挥档案的资政作用，甘肃省档案馆启动了《甘肃历任政要施政策略研究》《甘肃民族宗教档案史料选编》和《甘肃历史记忆展览》《甘肃档案文献博览》等文化项目，推动档案资源由尘封史料向服务决策的转变。二是开放意识。甘肃省档案局制定了《档案文化建设三年规划》，加强与社会文化单位的合作，推动档案文化产品从静态、固态向动态、多媒体发展，努力提高档案文化的发展力和影响力。三是为民意识。坚持以民为本，高效服务，全省档案系统为11.6万人次查档56.3万卷次。特别是嘉峪关市档案局将档案行政许可项目纳入政务大厅审批服务窗口，受到群众好评。

二、夯实事业发展内力，强化档案工作基础

甘肃各级档案部门坚持以增强自身发展活力为目标，抓支点、夯基础。一是开展了“档案资源体系建设年”活动，定西、甘南等各地开展“一县一特色”档案建设，建立特色档案100多件（组）。各地新增馆藏档案资料50余万件。实施档案抢救和保护项目63个，抢救国家重点档案2.3万件。二是电子文件中心、档案中心、数字化档案“三位一体”建设起步良好。甘肃省档案局编制的《甘肃省档案信息中心建设规划》正在审议。扫描档案1100万幅，录入目录303万条。三是甘肃各级档案馆建设稳步推进。立项的36个建馆项目，有32个建成或在建。武威、瓜州、崇信、甘州等市县自筹资金开工新建档案馆舍。四是档案经费保障更加有力。在全省一般性支出压缩5%的情况下，2013年全省档案事务支出达到1.83亿元，多数市县不同程度地落实了每卷每年3元的档案管护费。

三、提升工作效能，强化档案服务功能

一是加强了对党的群众路线教育实践活动文件材料收集归档工作的监督指导，甘肃省档案局馆承办“红星照耀中国——外国人眼中的中国共产党人”档案图片展览的巡展，据不完全统计，参观人数达3.5万人，为省市活动的开展奠定了一定的思想基础。二是强化了项目档案工作，全面开展了“3341”项目工程和“1236”扶贫攻坚行动的档案收集，推广了张掖市、交通系统和甘肃省电投、大唐、兰化等企业的先进经验。天水、兰州、金昌、武威等地的档案部门深入263个建设项目、新区和园区，指导建档6万余卷。三是积极开展了新农村建设和“联村联户行动”的建档工作，全省建立“双联”档案6.2万件。全省树立了119个档案工作示范乡镇、1032个档案工作示范村，华池县成功创建全国新农村建设档案工作示范县，实现乡乡有示范村、县县有示范镇、全省有示范县目标。四是开展了民生建档工作，指导全省145个社保机构建立业务档案21.2万卷、116个水利机构建立水利普查档案1.5万卷。五是围绕“华夏文明传承创新区”建设，依托馆藏优势，出版《甘肃省志·档案志》《庆阳建市十年大事记》《民国临夏契文汇编》《秦安县馆藏印信荟萃》《洮州厅志校注》等；酒泉市档案局编写出22集电视连续剧《王进喜》剧本。

四、狠抓能力建设，强化档案队伍素质

针对全省档案干部队伍突出矛盾，甘肃省坚持调结构、抓培养、提能力、激活力，加强档案人才培养。一是在规划上统筹，制定《甘肃省档案人才队伍建设三年规划》。二是从理论上提升，紧盯工作前沿和重点举办档案业务培训班128期，培训7360人次。三是向专业化迈进，甘肃省档案局积极协调西北师大设立档案专业，开展甘肃档案职业技术学院调研，争取建立全省档案教育基地。

五、规范事业发展，强化档案业务指导

坚持以规范化管理为抓手，强化档案业务指导。一是规范接收。甘肃各级档案部门认真贯彻国家档案局令第9号，积极修订完善档案馆收集档案办法，接收进馆工作进一步规范。二是检查指导。甘肃省档案局对省直和中央在兰152个单位的档案工作进行了检查，评选特优单位27个、优秀单位70个；各地指导1.1万个单位完成2012年度380万件（卷）文件材料的整理归档任务。三是典型引路。庆阳、临夏、酒泉、兰州、平凉、白银、陇南等市州档案规范化工作力度大、收效好；检察、移动、税务、烟草、法院、水利、人民银行等部门，指导下属单位档案工作措施有力、效果显著；两当县成功创建国家二级档案馆，甘肃省电力公司、甘肃省国税局等53个单位获档案管理规范化省特级称号。

六、营造舆论环境，强化档案社会影响力

嘉峪关、白银、定西等地档案部门配合文化、旅游、体育、节庆、救灾等重大活动收集档案资料，举办特色展览63场次，陈列档案2.8万件，接待观众13.5万人。各类媒体发布档案信息430条，临夏、金昌等地国际档案日活动形式多样、内容丰富，进一步增强社会档案意识。《档案》杂志理论性增强，有7篇文章在《人大复印资料》上转载，在全国的影响面逐步扩大。

（甘肃省档案局　王禄明）

青海省

2013年，青海省各级档案部门深入开展党的群众路线教育实践活动，加强组织领导，开展学习教育，广泛征求意见，狠抓落实，各项工作有了长足进展。

召开全省档案工作会议。传达学习全国档案局长馆长会议精神，总结全省2012年档案工作，安排2013年工作任务。青海省委副秘书长马文邦参加会议并讲话。省档案局局长龚国平作工作报告，副局长王清禄作会议总结。各州地市、县档案局（馆）长，省直机关、企事业单位档案人员，专业（部门）档案馆负责人共185人参加会议。会议确定了2013年全省档案部门10项重点工作，为全年各项工作顺利开展奠定基础。

档案法治。按照国家档案局和省政府法制办要求，青海省档案局对档案部门现行行政审批事项逐一进行梳理，共清理行政审批项目5项。参与《西宁市档案管理条例》的制订工作，先后提出意见和建议14条。省档案局会同省有关部门，组成档案行政执法检查组，先后对34个市州、县档案部门和省直机关单位进行了档案行政执法检查。省档案馆主动为省委党内法规和规范性文件清理工作提供办公场所，并抽调专人负责档案资料的调用和归还、现场监督、文件复印等服务工作，共调归档案8338卷，编辑发文汇集150册，梳理省委文件12036件，得到中央和省委党内法规和规范性文件清理工作领导小组的充分肯定。

档案宣传。按照国家档案局的统一部署，在“6·9国际档案日”期间，青海省档案局、青海省档案学会组织全省各级档案部门，广泛开展了以“档案在你身边”为主题的“八个一”系列活动，即：举办一次展览、设立一个咨询服务台、在《青海日报》刊发一篇理论文章、联合省电视台制作一部档案专题片、编辑一部档案资料、开展一次主题征文活动、在青海档案信息网站开设一个专栏、召开一次座谈会。与《西海都市报》联合开辟专栏，介绍馆藏重点、珍贵档案，与青海卫视联合制作专题片，在省电视台“江源扫描”专题栏目中播出。省、西宁市档案局（馆）和西宁市城建档案馆联合在中心广场举办“档案在你身边”大型图片展览，精选馆藏珍贵档案、照片，展出50个版面，发放宣传资1万余份。2013年，省档案局（馆）在《青海日报》《中国档案报》《中国档案》杂志等媒体刊发稿件24篇；编辑出版《青海档案》杂志4期，编发《青海档案工作信息》21期。

档案馆库建设。青海省档案局下发《关于切实做好2013年县级综合档案馆建设项目的通知》，联合省委督查室对县级档案馆项目实施及进展情况进行了专项督查。到2013年底，国家给青海省下达县级档案馆建设项目16个，资金达6826万元，已开工6个，竣工6个，正在做前期准备工作4个。青海省档案局对5个新建县级综合档案馆设计方案进行了审查，并参加了省发改委组织的可研论证会。在国家档案局的积极协调和大力支持下，青海省5个少数民族自治州档案馆建设项目列入中央支持藏区发展计划。2013年，国家发改委已下达海西、海北州档案馆建设项目，项目资金5100万元。

新农村建设档案工作。2013年，祁连、互助县和大柴旦行委申报创建全国社会主义新农村建设档案工作示范县，省、州市档案部门先后多次组织人员深入到3个县、行委进行业务指导和检查。在经费十分紧张的情况下，省档案局拨付5万元资金，帮助基层档案部门解决实际困难，并协调省有关部门，为3个县（行委）解决创建工作专项经费30万元。2013年8月，祁连县、大柴旦行委顺利通过国家级验收，并被评为全国新农村建设档案工作示范县。互助县将安排在2014年进行验收。为认真贯彻落实党的十八大和省十二次党代会精神，扎实推进青海省社会主义新农村建设档案工作深入发展，全面提高青海省新农村建设档案工作水平，更好地发挥档案工作为新农村建设服务的积极作用，省档案局与省民政厅、省农牧厅联合印发了《关于进一步推进全省社会主义新农村建设档案工作的意见》，明确了指导思想、主要目标和工作重点，为做好新农村建设档案工作提供依据。

档案信息化、数字化。省档案局（馆）完成了青海省档案信息管理系统开发工作，并在全省115个单位推广使用。同时，指导帮助各单位对原档案数据进行规范整理，将原录入电子文档数据导入档案管理信息系统，采取边安装、边培训的办法，共培训相关业务人员220人次。积极开展档案数字化加工，省档案馆数字化加工90多万个画幅，向国家档案局建立的全国档案信息资源共享平台上传数字化开放档案8400件。青海档案信息网站累计点击率达到163万（人次）。

档案编研。省档案馆充分挖掘馆藏档案资源，编辑出版《青海档案精品》，组织编写《历届省委领导名录》《青海历史上的少数民族人物》等档案编研资料5部134.7万字；组织编写《青海抗战历史文化档案史料汇编》，收集档案资料2350页133.95万字；编写《青海省志·文化艺术志（档案事业）部分》，完成资料收集、文字录入等工作，共16万余字。按时完成了《2012年青海档案（年鉴）》的编纂及上报工作。

档案接收。2013年，省档案馆接收省政协、省委统战部、省体育局、青海日报社、省三江源办等单位档案41399卷；接收政府公开信息光盘21张，征集省内书画界名人书画作品40余幅和“青海省人民政府成立赵寿山等宣誓就职”的《文汇报》1份，进一步丰富了馆藏。

档案整理。2013年，共整理省委统战部、省非公有制经济组织委员会、省创先争优领导小组等单位档案10318件（册）；整理原省重工业厅、原省商业厅文书、人事档案1285卷，录音带13盘，文件汇集99册，各类资料474册。

档案利用服务。省政府公开信息查阅服务中心组织人员接收、录入政府公开信息4341件，接待查档利用3334人（次），提供查阅利用2.6万余卷、件（册）；为省委党内法规和规范性文件清理工作提供服务，共调阅档案8338卷，编辑发文汇集150册，梳理省委文件12036件。

档案鉴定开放。按照开放档案的要求，省档案馆组织鉴定、划控、开放档案9866卷、35604件，拟开放档案25047件。

档案展览。多方筹措资金近70万元，对省档案馆爱国主义教育基地重新进行布展，进一步丰富了展览内容。展室共展出馆藏精品档案150余幅，珍贵实物档案37件，并建立了影视室和电子阅览室。该展室已于12月下旬正式对外开放，共接待参观人员600多人次。

开展业务指导。制定并印发《青海省天然林资源保护工程档案管理办法实施细则》《〈企业文件材料归档范围和档案保管期限规定〉实施细则》等10个业务规范和标准；组成评估组对西宁市档案事业发展“十二五”规划中期执行情况进行检查评估；组织对省民建、中电投西安太阳能电力有限公司、三江源生态保护和建设项目等42个单位、企业和重点建设项目档案工作进行业务指导和专项验收；下发《关于扎实做好玉树地震灾后重建项目档案验收工作的通知》，先后12人次到玉树地震灾区检查指导重建项目档案工作，并选取不同类型的项目档案进行示范验收，为灾区重建项目档案全面验收奠定基础；组织对西宁市和西宁市城北区、城中区以及刚察县、平安县档案馆达国家二级档案馆进行测评，5个档案馆均达到国家二级档案馆标准。

档案干部教育培训。青海省档案局（馆）积极争取省人力资源和社会保障厅、省人才办公室的支持，联合举办全省档案信息管理应用技术高级研修班，104人参加培训。同时，针对档案干部队伍的现状，采取分层级分批次培训的方式，培训各级各类档案人员1050人次。青海省档案局（馆）先后有3人分别参加中央党校、上海浦东干部学院档案领导干部培训和省直机关党校中青年干部培训。

职称评审。2013年10月，经青海省人力资源和社会保障厅批准，省档案局组建了青海省档案系列高级（副高）职称评委会，并建立了评委专家库。组织对全省申报档案系列高、中、初级职称人员材料进行初审、复审。组织省档案系列高级（副高）评委会，对全省68名申报副研究馆员、馆员、助理馆员专业技术职称资格进行了评审；5名符合申报研究馆员职称条件的，委托国家档案局档案系列高级职称评委会进行评审。

档案科研。省档案局（馆）组织完成《档案信息综合业务管理平台研究》和《档案文化在社会主义文化大发展大繁荣中发挥作用的途径研究》两个国家级科研项目，并通过国家档案局组织的专家组科研成果鉴定。其中《档案信息综合业务管理平台研究》课题，被评为2013年国家档案局优秀科技成果奖二等奖。申报《农牧区档案信息资源共享研究》科研项目，并获国家档案局批准立项。向国家档案局上报《创新档案管理模式实现数据集中管理》优秀案例。承担国家档案局科研所“核高基”课题研究标准的应用验证工作，参与《基于云计算的国家公共档案信息资源共享服务平台的研究及实践》课题研究。承担并完成青海省三产领导小组办公室下达的《在青海文化名省建设中发挥档案文化价值研究》的调研等课题。

档案统计。按照国家档案局和青海省统计局的要求，完成了《全省2012年度档案统计年报》工作，汇总了全省各州地市县档案局（馆），省直各机关、企事业单位档案室，各专业（部门）档案馆，州地市、县（区、市）直机关、人民团体、民主党派等共759家单位的有关数据。

国家重点档案抢救与保护。青海省各级国家综合档案馆共完成了2014年度33个国家重点档案抢救与保护项目申报工作；协调省财政下达2013年国家重点档案抢救与保护项目30个，资金210万元。对湖北省档案馆移交的200张重要电子档案数据光盘进行接收备份。

可移动文物普查。根据国家文物局、国家档案局的安排部署，青海省档案局（馆）被确定为青海省第一次全国可移动文物普查工作领导小组成员单位，参与了青海省第一次全国可移动文物普查工作。

（青海省档案局）

宁夏回族自治区

2013年，在各级党委政府的领导下，在国家档案局的指导下，全区各级档案部门紧紧围绕本地区、本部门的中心工作，不断夯实档案业务基础，改进工作作风，创新服务方式，提高服务水平，圆满完成了全年的工作任务。特别是在服务党的群众路线教育实践活动、重大活动档案资料的收集、建设项目档案工作等方面得到了自治区党委和国家档案局领导的肯定和表扬。

一、围绕中心和大局，档案服务工作成效显著

为党的群众路线教育实践活动服务取得良好效果。为配合党的群众路线教育实践活动，自治区档案局馆举办了“红星照耀中国——外国记者眼中的中国共产党人”档案展。展览用翔实的档案资料展示了20世纪30—40年代中国共产党人和党领导下的革命事业，宣传中国共产党人的理想、信念、责任、追求、使命和担当。自治区党委把参观此次展览列为省级领导干部群众路线教育实践活动的学习内容，组织自治区四套班子全体领导干部集体参观了展览。自治区党委书记李建华参观展览后说：“这个展览办得很好，配合了当前的中心工作。”自治区党委办公厅对参观展览专门作了安排。展览期间，有207个单位及社会公众7000多人次参观了展览，取得了良好的社会效果。

为全面、准确记录这次党的群众路线教育实践活动，保存完整的历史资料，自治区档案局与自治区党的群众路线教育实践活动领导小组办公室联合印发了《关于做好全区党的群众路线教育实践活动文件材料收集归档工作的通知》，对各单位立卷归档工作提出了明确要求，为教育实践活动各类文件材料及时、完整、准确归档提出了依据。配合自治区党委办公厅，开展了查阅清理党内法规和规范性文件工作。

农业农村档案工作有了新发展。一是创建全国社会主义新农村建设档案工作示范县。2013年，自治区档案局对平罗县“全国社会主义新农村建设档案工作示范县”的创建工作进行了重点指导，平罗县已经完成了各项创建工作，接受全国新农村建设档案工作示范县领导小组的正式验收。二是组织开展土地承包经营权确权登记档案工作。自治区档案局在总结二轮土地承包档案管理经验的基础上，联合农牧厅对利通区（试点）土地确权档案的形成情况进行了调研，联合印发了《关于加强农村土地承包经营权确权登记档案管理工作的通知》，为做好土地确权登记档案工作奠定了基础。彭阳县、原州区等档案局配合县（区）林改办，认真做好林权改革档案指导工作。

重大建设项目和企业档案工作为经济建设提供有效服务。一是完善重大建设项目档案管理机制。自治区档案局制定了《关于进一步规范建设项目档案验收的意见》。对太阳镁业等建设项目档案工作进行指导，并对金财一期工程等建设项目档案进行了专项验收，确保了建设项目档案资料的完整、准确。二是对宁夏电信公司等6家单位进行多次指导，建设项目档案工作顺利通过了全国建设项目档案工作巡回检查。国家检查组对自治区的建设项目档案工作给予了充分肯定，认为自治区规范推进建设项目档案工作，为宁夏的经济发展作出了应有的贡献。三是组织开展了水利普查和天然林保护工程档案工作。自治区档案局与自治区第一次水利普查办公室联合印发了《做好全区水利普查档案工作的通知》；与自治区林业厅制定了《宁夏天然林保护工程档案管理办法》，并组织对水利普查档案工作和天然林保护工程档案管理工作进行了多次指导，对项目档案工作进行了验收。四是组织开展了企业文件材料归档范围和档案保管期限的编制工作及企业档案工作规范化管理活动，加强指导、检查和验收，促进了企业档案工作的规范化管理。

民生档案管理工作进一步规范。近年来，自治区社会保险档案工作按照“落实制度措施，落实场地设施，落实专业人员，落实经费保障”的目标要求，积极做好各项工作的落实。社保系统所有经办机构实现了档案工作规范化，社保业务档案管理迈上新台阶。2013年，自治区档案局与自治区人社厅对全区社保系统和档案系统在开展社保档案工作中表现突出的40多名同志进行表彰。国家档案局对宁夏社保档案工作给予了充分肯定，认为宁夏社保、档案部门配合得力，规范管理，工作覆盖面广。自治区档案局加强对移民档案的管理，就生态移民工程档案工作开展了专题调研，起草了《加强移民档案工作的意见》，指导移民局对移民档案进行规范管

理。平罗、西吉、泾源等县档案局加强对全县各婚姻登记机关婚姻档案的指导，规范婚姻档案工作。海原县档案局与县民政局等涉民单位签订目标责任书，确保民生档案的齐全完整。

二、提升档案工作水平，推动档案事业科学发展

市县档案馆建设积极推进。一是档案馆库建设持续推进。隆德县、海原县档案馆新馆已经建成投入使用。兴庆区、中宁县、泾源县档案馆新馆已经建成，目前正在着手搬迁前的准备工作。固原市档案馆、彭阳县档案馆、红寺堡区档案史志馆已开工建设。二是为进一步规范综合档案馆工作，在全区开展了创建国家级综合档案馆活动。截至目前，全区已有3家国家一级综合档案馆，2家国家二级综合档案馆，2家国家三级综合档案馆。创建国家级档案馆工作的开展，极大地提升了自治区市县级档案馆基础业务建设的水平。三是继续开展市县档案事业发展评估工作，平罗县获得档案事业发展综合评估先进单位称号。

机关档案规范化管理水平不断提高。各级档案部门加强对机关单位档案工作规范化管理的指导、检查和验收。2013年，自治区高级人民法院、红寺堡区检察院、兴庆南区税务局等6家单位档案工作分别达到规范化管理自治区一级标准和规范化管理标准。银川市档案局按照市级标准，对全市72个市直机关单位进行检查。对银川市综合保税区等新组建和职能调整部门，要求做好《机关文件材料归档范围和文书档案保管期限表》的编制工作。石嘴山市档案局采取专业干部承包单位的方式，完成了76个单位2012年度文件归档工作。吴忠市档案局开展了机关（乡镇）档案规范化管理检查工作。

档案法制、宣传和教育培训工作持续开展。2013年，自治区档案局组织完成了规范性文件的清理和优化行政审批流程工作；以档案行政审批窗口为平台，积极推进档案行政审批工作的规范运行。截至2013年12月20日，办理的行政审批服务事项全部提前办结，对比法定办结时限节省了5568个工作日。

自治区各级档案部门开展了“6·9”国际档案日宣传活动、“12·4”全国法制宣传日宣传活动，通过开展档案馆开放、张贴挂图、发放档案知识宣传单、举办展览、档案捐赠、通过电视走进档案馆等各种活动宣传档案工作。自治区档案局馆继续开展了档案“六进”活动。银川市档案局馆与市电视台联合拍摄了3集电视专题片《走进档案馆》，在市电视台播出。石嘴山市档案局馆通过《石嘴山日报》，在全市开展《档案在你身边》主题征文活动。

自治区档案局组织区内档案人员参加国家档案局档案干部教育中心举办的“建设项目档案管理”专题培训班。承办了国家档案局教育中心组织的西部部分省区档案教育培训工作座谈会。举办了2013年度“全区档案人员继续教育培训班”、“区直机关电子公文综合管理应用系统培训班”和“县级档案馆建设软件培训班”、“分布式档案管理软件培训班”，从不同层次、不同领域、有针对性地对全区档案工作人员进行了培训。固原市档案局举办了市直机关、各县档案部门档案干部培训班。

档案资源建设成效显著。2013年，自治区各级档案部门采用多种形式，开展档案接收征集。一是继续开展重大活动档案的收集归档工作。自治区档案局馆参与了自治区“两会”和中阿博览会、洽谈会等重大活动档案资料的收集和照片拍摄。各市县（区）档案局馆积极开展本地重大活动、重点工作珍贵资料的收集，丰富馆藏。二是开展机关到期档案的接收工作。自治区档案馆接收了自治区纪检委、自治区党委组织部、自治区党委机关事务管理局等单位的到期档案。银川市档案馆接收了市委办公厅等11个单位、石嘴山市档案馆完成了30个单位、中卫市档案馆完成了市委办等6家单位、固原市档案馆完成了市审计局等5家单位、平罗县档案馆完成了市人大等19个单位、7个乡镇的档案接收工作。三是征集了地方特色档案。自治区档案馆征集到英藏西夏档案文献4000件（电子版）、历史上反映中国西部地区的美术作品300幅（电子版）、《宁夏，我的家乡》等四部历史影像档案资料、宁夏重大题材美术作品原件10件，印刷本200多件、征集了张怀武等同志个人保存的电视剧《贺兰雪》原始母带和剧本的历次修改稿等一批档案资料；征购了百年前的印花牛皮封面手写本《古兰经》，还赴台湾进行了宁夏民国和抗战历史档案资料的征购。银川市档案馆为著名作家张贤亮建立口述档案。固原市档案馆广泛征集了固原地区不同历史时期的档案资料。青铜峡市档案馆征集了个人保存的民族宗教档案并进行了数字化处理。原州区档案馆征集到了韩练成将军实物档案。

档案信息化工作进一步加强。自治区档案局出台了《宁夏回族自治区档案机读目录移交与接收办法（试行）》和《宁夏回族自治区纸质档案数字化操作规范（试行）》等规范性文件，为各立档单位规范数字档案工作提供了依据；为兴庆区、大武口区、盐池县、中宁县、隆德县等17家档案馆免费配置、安装了“分布式档案馆管理系统”，帮助吴忠市、同心县、贺兰县等档案馆进行了数据整理、迁移，共计140万条档案机读目录；完成了“宁夏回族自治区档案馆档案综合管理应用系统”研发，进一步拓展了应用系统的使用范围，提高了使用效率；为各市县（区）档案局馆免费建立了档案网站；开展了市县档案馆电子档案异地备份工作，将石嘴山、大武口、平罗县档案馆电子档案接收到自治区档案馆，由自治区档案馆统一进行异地备份。自治区档案馆自主完成了馆藏缩微胶片数字化转换工作、缩微拍照2.8万画幅。银川市档案馆对馆藏珍贵和利用频繁的档案实现全文数字化。石嘴山市档案馆开展了目录级数据库、照片档案数据库、音视频档案数据库的建设。吴忠市档案馆完成馆藏文书档案600多万页的全文数字化工作，占馆藏档案的92%。盐池县档案馆已数字化档案近200万页。同心县档案馆录入案卷级和文件级目录11.4万条。平罗县档案馆建立馆藏80%的档案资料目录数据库，录入量达51万条。大武口区档案馆完成全部馆藏档案资料目录数据库建设。

为了确保档案信息安全，自治区档案局在全区范围内组织开展了档案数字化、开放档案及政府公开信息网上查阅专项保密检查工作，各地、各单位、各部门进行了认真自查，进一步完善了管理制度，规范了管理流程，严格了保密规章制度，明确了责任，采取有效措施严防失泄密事件的发生。

档案提供利用服务水平有了新提高。2013年，全区各级综合档案馆共接待利用者37481人次，调阅各类档案、资料45584卷、件。自治区档案馆为《宁夏工作文献选编》编委会提供利用档案，编制了《中央领导来宁视察专题目录》，完成了《中央领导来宁视察讲话文件汇编》《中央领导来宁视察宁夏工作汇报文件汇编》初稿编辑工作；针对查档热潮，及时调整工作方式，采取“首接负责制，相关人协助”，仅半个月时间，为280名下岗职工查阅了750余卷工资等方面的档案，为企业职工解决社保、养老提供了有效的依据。银川市档案馆开展“局长接待日”查档活动。兴庆区档案馆的接待人次显著增加，达到1.1万人次。金凤区档案馆克服办公场所搬迁带来的不便，积极想办法为广大群众办理贷款、购房提供档案服务。吴忠市档案馆完善了《查档首问责任制度》，积极开展多种形式的档案服务。全区各级档案部门在民生档案的利用上下功夫，千方百计方便群众，获得了社会的认可，群众的好评。

档案编研取得新成绩。自治区档案馆、宁夏档案学会编纂的《中国二十世纪图鉴·宁夏卷》经中央文献研究室和国家出版总署审定，已交宁夏人民出版社出版；完成了《宁夏抗战历史文化档案史料汇编》初稿编辑工作。银川市档案馆编写了《银川知青——1965到1978》《宁夏移民开发史话》等编研专题。同心县档案馆完成《同心县革命遗址简介》资料汇编，其中部分内容被编入《宁夏回族自治区革命遗址简介》一书。灵武、平罗等档案馆利用馆藏档案，编辑了反映地方特色、服务党委政府工作的编研成果。

组织开展了宁夏档案学会工作。自治区档案局、宁夏档案学会赴台湾开展了学术交流活动，与台方有关档案文献机构建立了工作联系，进一步增进了宁台两地档案同行的了解，加强了档案学术交流与合作；参加了国际档案理事会东亚地区分会2013年年度大会暨数字档案馆的规划与实践研讨会；组织部分区内档案工作者参加了2013年全国青年档案工作者研讨会；承办了第25次全国档案期刊协作会；向自治区社科规划办申报《宁夏抗战历史文化史料抢救性研究》课题，获准立项。

（宁夏回族自治区档案局　夏先江）

新疆维吾尔自治区

2013年，在全区各级党委、政府的正确领导和大力支持下，新疆维吾尔自治区各级档案部门和广大档案工作者紧紧围绕党和政府中心工作，强化服务，开拓创新，扎实工作，为推动新疆社会稳定和长治久安发挥了积极和重要作用。

一、档案工作宏观管理不断深化

自治区档案局对各地档案事业发展“十二五”规划中期综合评估，对综合评估情况进行通报，并首次向各地、州、市分别进行了书面反馈。阿克苏地区下发《关于对各县（市）档案事业发展“十二五”规划完成情况中期综合评估存在的问题限期整改进行督办的通知》；阿勒泰地区档案局及时召开全体干部大会，通报“十二五”中期评估情况，明确整改目标、措施和时限，落实责任人和责任单位；克拉玛依市启动实施对各区档案工作年度考核机制和市区两级半年工作联系制度；克州档案局与各县（市）档案局、州直110个单位签订年度档案工作目标管理责任书。

二、档案工作服务领域不断拓宽，服务成效明显增强

（一）档案工作为经济发展服务取得新成绩。自治区档案局会同有关单位对电力等建设项目档案进行专项验收，建立了重大项目档案验收专家库，进一步规范和健全了建设项目档案管理制度。哈密地区档案局参与118个重点建设项目的指导和验收；

博州政府办公室下发《关于进一步加强重大建设项目档案专项验收的通知》；昌吉州做好100个重点建设项目的跟踪指导服务；伊犁州、阿勒泰地区、和田地区、吐鲁番地区配合有关部门开展第一次全国水利普查档案的指导和验收。

（二）档案工作为中心工作、重大活动和处置突发事件服务取得新进展。自治区档案局与自治区群教办联合出台了《关于做好党的群众路线教育实践活动文件材料收集归档工作的通知》，积极参与自治区群众路线教育实践活动的档案资料收集整理工作。及时出台了《关于做好全区反恐维稳工作文件材料收集归档工作的通知》。与自治区援疆办共同出台了《关于加强全区援疆工作档案管理的指导意见》。伊犁州、喀什地区通过召开现场会、向各县（市）推广援疆档案工作新模式、新经验；吐鲁番地区及时下发文件，要求相关部门对“6·26”暴力恐怖事件档案资料进行收集整理；伊犁州编辑完成了《伊犁重大历史事件史料辑录》。

（三）档案工作为民生服务取得新成果。全国社保业务档案达标领导小组确定了3个省级社保业务经办机构为全国社会保险业务档案管理示范单位，新疆榜上有名。自治区档案局会同有关部门联合出台了《新疆维吾尔自治区社区服刑人员档案管理办法》《新疆维吾尔自治区农村五保户供养档案管理办法》。自治区档案局整理编辑了《2010—2011年自治区各项政策文件目录汇编》，方便群众查阅。喀什地区档案局出台拆迁档案管理办法。哈密地区、阿勒泰地区档案部门积极开展安居富民、定居兴牧等民生项目档案的指导、验收。阿克苏地区完成全部县（市）民生档案情况摸底调查，建立馆藏民生档案数据库。

（四）档案工作为新农村建设服务取得新突破。自治区档案局会同自治区民政厅、农业厅联合印发了《新疆维吾尔自治区社会主义新农村建设档案工作示范县实施办法》，目前已有5个县市顺利通过全国社会主义新农村建设档案工作示范县验收。昌吉州积极指导农民专业合作社档案工作，84个农民专业合作社完成建档；阿勒泰地区下发《关于督促完成行政村文件材料归档范围和保管期限表修订工作的通知》。

三、档案事业各项业务建设全面推进

（一）档案法治建设进一步加强。自治区档案局会同主管部门对4个煤炭行业重点建设项目、5个水利工程重点建设项目档案工作进行了执法检查；昌吉州对水利系统18家单位开展执法检查；喀什地区对涉及民生档案较多的地区民政局、人力资源和社会保障局、财政局、住建局等单位档案工作进行执法检查；博州对全州安居富民、中小学校舍安全工程档案进行执法检查。

（二）档案基础业务建设不断巩固。自治区档案局开展地、县级国家综合档案馆测评工作，呼图壁县、独山子区档案馆通过国家一级档案馆测评，乌鲁木齐市沙依巴克区、米东区档案馆、焉耆县、博湖县档案馆通过国家二级档案馆测评，轮台县、羌县档案馆分别通过自治区一级、二级档案馆测评。7家机关、企事业单位档案工作晋升为自治区特级标准。积极开展新疆重要历史档案目录抢救性翻译工作，已完成6207卷的目录翻译工作，共计10818条，近40万字。自治区档案局开展了自治区珍贵档案文献名录申报工作。塔城地区完成了馆藏52个全宗1041卷档案的鉴定，并在档案信息网上公布了开放档案目录。阿克苏地区经保密部门审批后，开放了第八批837卷档案。

（三）档案宣传、教育工作成绩显著。自治区档案局组织开展“国际档案日”系列宣传活动。举办“新疆历史记忆展”，社会各界人士踊跃参观。特别邀请全国政协文史和学习委员会副主任、原国家档案局局长毛福民来疆作题为“档案工作社会功能和发展趋势”的专题讲座。在《新疆档案》杂志开辟“6·9国际档案日”专栏，积极报道全疆各地开展的宣传活动；伊犁州举办百场“百年伊犁历史再现”老照片展览；乌鲁木齐市开展“档案连着你我他”系列宣传活动；塔城地区向四县15万用户发送手机宣传短信，利用微博和政府网站播放宣传图片，在《塔城日报》刊登宣传档案工作专版；和田地区档案局（馆）举办珍贵档案史料展、档案史料陈列展。喀什地区档案局（馆）与广东省档案局（馆）联合举办喀什风情图片展览。档案教育培训工作继续加强，与中国第二历史档案馆联合举办了档案鉴定、保护与抢救培训班，全年共举办各类培训班5期7个班次，培训人员1000多人。

四、档案馆工作进一步加强

（一）档案馆库建设全面实施。对县级综合档案馆建设项目进行实地督查，全程跟踪指导。2013年，国家共下达县级综合档案馆建设项目42个，其中21家已竣工，14家主体完工。自治区档案馆新馆建设项目经自治区发改委批准正式立项，新馆建设面积3.76万平方米，总投资3.58亿元。塔城地区档案馆主体完工，克州档案馆开工建设，哈密地区档案馆完成招投标，伊犁州、乌鲁木齐市、昌吉州档案馆建设提上议事日程。

（二）档案资源建设继续加强。自治区档案局印发了《关于加强自治区区级单位文件材料整理归档工作的通知》，完成了对56个区级单位年度文件材料整理归档情况的督促检查工作。自治区档案馆接收档案25516卷，录制西路军新兵营老兵及遗孀口述历史资料28盘；昌吉州完成州直190个单位文件材料归档工作，共归档各门类档案16万多卷（件）；巴州各级综合档案馆全年接收档案42178卷；乌鲁木齐市档案馆对第三届亚博会、外环路改造等重大活动、重点项目跟踪拍摄采集照片3121张、录像1620分钟，复制市电视台近20年声像档案426盘进馆；喀什地区档案馆完成第九届喀交会档案材料的收集归档工作。

（三）档案信息化建设加快推进。自治区档案局开展数字档案馆示范单位创建和数字化管理认证工作，乌鲁木齐市、克拉玛依市档案馆通过数字档案馆示范单位验收，并制定了《新疆维吾尔自治区档案工作数字化管理认证办法》，“新疆档案系统协同办公应用平台”已上线试运行，14个地、州、市档案局（馆）免费接入自治区电子政务外网。自治区档案馆验收馆藏清代吐鲁番厅数字化档案52698卷。巴州完成200万页纸质档案全文扫描和85万条目的录入。阿克苏地区完成8371卷、150万页纸质档案及1.8万条目录的数字化工作。克州档案馆完成50万页档案的数字转化工作。吐鲁番地区档案馆馆藏文书档案数字化达到100%。昌吉州档案馆完成馆藏档案扫描全文查询库建设。乌鲁木齐市初步实现了主要市属单位电子档案的在线收集、整理、归档、移交和接收。

（新疆维吾尔自治区档案局（馆） 王建萍）

（四）档案法制、专项督查和标准化工作

档案法规和标准化工作综述

一、《档案管理违法违纪行为处分规定》正式发布

2013年2月22日，监察部、人力资源和社会保障部、国家档案局联合发布令第30号《档案管理违法违纪行为处分规定》。这是我国第一部专门规范档案管理违法违纪行为处分的部门规章，自2013年3月1日起施行。《规定》明确了立法目的和适用对象；规范了在文件材料归档、档案保管和档案开放利用等三个环节中所可能发生的主要违法违纪行为种类；设定了相应的处分档次；明确了对造成档案安全事故的责任追究方式；规定了行政救济手段和案件移送制度；整合和细化了《档案法》《档案法实施办法》《行政机关公务员处分条例》等法律法规中的相关条款，进一步完善了违法违纪行为责任追究制度。

《档案管理违纪违法行为处分规定》宣传贯彻工作。国家档案局先后组织召开了全国计划单列市以上档案局法规处长和部分中央单位档案部门负责人学习贯彻《档案管理违纪违法行为处分规定》座谈会；分别赴四川、南京市档案局和中国电影资料馆、国家国防科技工业局等地方和中央单位辅导学习《档案管理违法违纪行为处分规定》；编辑出版了《档案管理违纪违法行为处分规定释义》，免费发给全国县级以上档案部门学习。

二、《档案法》修改工作继续开展

根据《国务院2013年立法工作计划》和国家档案局《档案法》修改工作计划的安排，继续组织开展《档案法》修改工作，相继在北京和青岛召开了《档案法》修改工作座谈会，听取部分中央单位档案部门和全国省级档案部门法制机构负责人员对档案法相关法律责任条款修改工作的意见和建议。完成对草案草稿框架部分的确定任务，将《档案法》修改事项报为《国务院2014年立法工作计划》二档项目；与国务院法制办、全国人大法工委、教科文卫委协调沟通，起草了《国家档案局办公室关于拟将修改〈档案法〉列入十二届全国人大常委会五年立法计划项目的建议》，争取列入全国人大2014年年度立法计划。

三、开展档案行政审批制度改革工作

贯彻执行党中央、国务院关于深化行政审批制度改革的决定，开展行政审批制度改革工作中，国家档案局对档案行政许可事项进行了研究和梳理，向国务院审改办报送了国家档案局行政审批事项摸底核实表，增加了国家档案局目前正在实施但未列入汇总目录的行政审批事项，确定了国家档案局2013年至2015年取消或者下放行政审批事项的计划，提出国家档案局档案行政审批制度改革工作进度方案。

四、全国档案标准化建设管理工作

为加强对档案标准项目起草、修订工作的检查工作，国家档案局发出了《2013年度全国档案行业标准立项工作的通知》《全国档案工作标准化技术委员会第二十次年会会议纪要》，下达了第二十次年会通过的9项行业标准制订项目；组织完成《电子档案管理基本术语》《计算机输出缩微品（COM）和计算机输出光盘（COLD）双套保存数字档案的技术规范》两项档案行业标准送审稿的函审工作；根据国家电子文件管理部际联席会议2013年工作要求，完成《信息与文献 电子文件长期保存需求》及《数字文件保存指导白皮书》翻译工作；召开ISO 16175《信息与文献 电子办公环境中文件档案管理原则与功能要求》、ISO 26122《信息与文献 用于文件的工作过程分析》采标工作组会议；申报了《信息与文献 文件档案元数据管理 第3部分：自评估方法》《建设项目档案管理规范》《照片类电子档案元数据方案》三项国家标准项目立项；组织召开了国家标准《电子文件归档与管理规范》（修订）的专家审查会，并根据审查会专家意见进行多次修改并形成报批稿；对《照片类电子档案元数据方案》《档案信息系统运行维护规范》《数字档案关系型数据库转换为XML格式文档的技术规范》《特藏档案库基本要求》《信息与文献 用于文件的工作过程分析》在全国范围内征求意见。

五、积极参与国际标准化组织事务

国家档案局派员参加国际标准化组织/信息与文

献工作技术委员会/档案/文件管理分技术委员会(ISO/TC46/SC11)在巴黎召开的第29次工作会议。积极参加第8、第9、第10、第11和第13共5个工作组会议和协调组会议，参与讨论ISO 15489－1第一稿工作草案修改建议和解散文件转换和迁移工作组的决议，跟踪新成立的关系企业架构的文件管理和分布式平台及服务的文件管理两个特别工作组的工作事项，以及TC46的最新工作动向。在国际标准化组织投票系统中对有关档案的下列5个文件进行投票：1. TC 46/SC 11的第1332号文件ISO/PDTR 18800《信息与文献 文件处置实施规则》。2. TC 46/SC 11的第1337号文件ISO/DTR 18128. 2《信息与文献—文件流程及系统的风险评估》公布技术报告的决议。3. TC 46/SC 11的第1338号文件ISO/WD 30302《信息与文献 文件管理体系 实施指南》。4. TC 46/SC 11的第1341号文件ISO/DTR 18128. 2附录C内容、5. TC46 /SC8第429号文件 新工作项目提案《信息与文献 国际档案馆统计》。积极推荐中国档案专家参与国际标准化组织的项目工作。推荐专家参与ISO 11799《信息与文献 图书馆和档案馆的文献保存要求》的修订及ISO 30302《信息与文献 国际档案馆统计》的制定等工作项目。积极参与国际标准化组织建设工作。作为ISO成员参与2013年度客户满意度在线调查，并对ISO IT工具提出建议。

(国家档案局政策法规研究司)

《上海市数字档案室建设指南》(试行)颁布

2013年9月，市档案局制发了《上海市数字档案室建设指南》(试行)。《建设指南》旨在引导各级机关、团体、企事业单位档案部门在履行档案管理职能中，运用现代信息技术对本单位的各类档案资源进行采集、加工、存储、管理，并通过本单位的网络平台提供档案信息服务，建立本单位档案信息化管理体系，从而进一步提高档案部门工作效率，增强档案部门服务能力。

(柯颜)

江苏省档案局、江苏省教育厅联合印发《全省中小学档案教育社会实践基地建设管理暂行办法》

2013年6月5日，江苏省档案局、江苏省教育厅联合印发《全省中小学档案教育社会实践基地建设管理暂行办法》，指导全省中小学档案教育社会实践基地建设工作。

2011年以来，江苏档案部门积极响应国家教育部、国家档案局工作部署，大力开展中小学档案教育社会实践基地的建设，涌现了一大批硬件设施先进、教育活动普遍开展、影响不断扩大的中小学档案教育社会实践基地。常州市档案馆荣列全国首批国家级中小学档案教育社会实践基地，江阴、太仓、常熟、南通等市也正积极申报国家级中小学档案教育社会实践基地。《办法》的出台，将进一步推动江苏的中小学档案教育社会实践基地建设。

(江苏省档案局)

档案管理违法违纪行为处分规定

(监察部 人力资源社会保障部
国家档案局令第30号
2013年2月22日公布)

第一条 为了预防和惩处档案管理违法违纪行为，有效保护和利用档案，根据《中华人民共和国档案法》《中华人民共和国行政监察法》《中华人民共和国公务员法》《行政机关公务员处分条例》等有关法律、行政法规，制定本规定。

第二条 有档案管理违法违纪行为的单位，其负有责任的领导人员和直接责任人员，以及有档案管理违法违纪行为的个人，应当承担纪律责任。属于下列人员的(以下统称有关责任人员)，由任免机关或者监察机关按照管理权限依法给予处分：

(一)行政机关公务员；

(二)法律、法规授权的具有公共事务管理职能的组织中从事公务的人员；

(三)行政机关依法委托从事公共事务管理活动的组织中从事公务的人员；

(四)企业、社会团体中由行政机关任命的人员。

事业单位工作人员有档案管理违法违纪行为的，按照《事业单位工作人员处分暂行规定》执行。

法律、行政法规、国务院决定及国务院监察机关、国务院人力资源社会保障部门制定的规章对档案管理违法违纪行为的处分另有规定的，从其规定。

第三条 将公务活动中形成的应当归档的文件材料、资料据为己有，拒绝交档案机构、档案工作人员归档的，对有关责任人员，给予警告处分；情节较重的，给予记过或者记大过处分；情节严重的，给予降级或者撤职处分。

第四条 拒不按照国家规定向指定的国家档案馆移交档案的，对有关责任人员，给予警告或者记过处分；情节较重的，给予记大过或者降级处分；情节严重的，给予撤职处分。

第五条 出卖或者违反国家规定转让、交换以及赠送档案的，对有关责任人员，给予撤职或者开除处分。

第六条 利用职务之便，将所保管的档案据为己有的，对有关责任人员，给予记大过处分；情节较重的，给予降级或者撤职处分；情节严重的，给予开除处分。

第七条 因工作不负责任或者不遵守档案工作制度，导致档案损毁、丢失的，对有关责任人员，给予记过处分；情节较重的，给予记大过或者降级处分；情节严重的，给予撤职或者开除处分。

第八条 擅自销毁档案的，对有关责任人员，给予记过处分；情节较重的，给予记大过或者降级处分；情节严重的，给予撤职或者开除处分。

第九条 有下列行为之一的，对有关责任人员，给予记过或者记大过处分；情节较重的，给予降级或者撤职处分；情节严重的，给予开除处分：

（一）涂改、伪造档案的；

（二）擅自从档案中抽取、撤换、添加档案材料的。

第十条 携运、邮寄禁止出境的档案或者其复制件出境的，对有关责任人员，给予警告、记过或者记大过处分；情节较重的，给予降级或者撤职处分；情节严重的，给予开除处分。

第十一条 有下列行为之一的，对有关责任人员，给予警告、记过或者记大过处分；情节较重的，给予降级或者撤职处分；情节严重的，给予开除处分：

（一）擅自提供、抄录、复制档案的；

（二）擅自公布未开放档案的。

第十二条 有下列行为之一，导致档案安全事故发生的，对有关责任人员，给予记过或者记大过处分；情节较重的，给予降级或者撤职处分；情节严重的，给予开除处分：

（一）未配备安全保管档案的必要设施、设备的；

（二）未建立档案安全管理规章制度的；

（三）明知所保存的档案面临危险而不采取措施的。

第十三条 有下列行为之一的，对有关责任人员，给予记过或者记大过处分；情节较重的，给予降级或者撤职处分；情节严重的，给予开除处分：

（一）档案安全事故发生后，不及时组织抢救的；

（二）档案安全事故发生后，隐瞒不报、虚假报告或者不及时报告的；

（三）档案安全事故发生后，干扰阻挠有关部门调查的。

第十四条 在档案利用工作中违反国家规定收取费用的，对有关责任人员，给予记过或者记大过处分；情节较重的，给予降级或者撤职处分；情节严重的，给予开除处分。

第十五条 违反国家规定扩大或者缩小档案接收范围的，对有关责任人员，给予警告或者记过处分；情节较重的，给予记大过或者降级处分；情节严重的，给予撤职处分。

第十六条 拒不按照国家规定开放档案的，对有关责任人员，给予警告、记过或者记大过处分。

第十七条 因档案管理违法违纪行为受到处分的人员对处分决定不服的，依照《中华人民共和国行政监察法》《中华人民共和国公务员法》《行政机关公务员处分条例》等有关规定，可以申请复核或者申诉。

第十八条 任免机关、监察机关和档案行政管理部门建立案件移送制度。

任免机关、监察机关查处档案管理违法违纪案件，认为应当由档案行政管理部门给予行政处罚的，应当及时将有关案件材料移送档案行政管理部门。档案行政管理部门应当依法及时查处，并将处理结果书面告知任免机关、监察机关。

档案行政管理部门查处档案管理违法案件，认为应当由任免机关或者监察机关给予处分的，应当及时将有关案件材料移送任免机关或者监察机关。任免机关或者监察机关应当依法及时查处，并将处理结果书面告知档案行政管理部门。

第十九条 有档案管理违法违纪行为，应当给予党纪处分的，移送党的纪律检查机关处理。涉嫌犯罪的，移送司法机关依法追究刑事责任。

第二十条 本规定所称的档案，是指属于国家所有的档案和不属于国家所有但保存在各级国家档案馆的档案。

第二十一条 本规定由监察部、人力资源社会保障部、国家档案局负责解释。

第二十二条 本规定自2013年3月1日起施行。

农村五保供养档案管理办法

（民政部 国家档案局 2013年2月22日发布）

第一条 为了加强农村五保供养档案管理，维护档案真实、完整、安全，根据《中华人民共和国档案法》《中华人民共和国档案法实施办法》和《农村五保供养工作条例》等有关规定，制定本办法。

第二条 本办法所称农村五保供养档案（以下简称五保档案）是指在农村五保供养待遇审核审批和供养服务工作中形成的具有保存价值的文字、图表、声像、电子等不同形式和载体的文件材料，分为审核审批类和供养服务类。

五保档案是农村五保供养工作的真实记录，是国家民生档案的重要组成部分。

第三条 县级人民政府民政部门、乡（民族乡、镇）人民政府、农村五保供养服务机构（以下统称五保档案保管单位）应当依照本办法，分工负责五保档案保管工作。

五保档案保管单位应当明确档案保管人员，保证管理必需的设施、场所和经费，确保档案安全，并适应档案管理现代化的要求，配备相应的技术设备。

县级以上各级人民政府民政部门、档案行政管理部门应当在各自职责权限范围内依法指导、监督五保档案管理工作。

第四条 县级人民政府民政部门负责保管审核审批类五保档案，归档范围包括：

（一）农村五保供养待遇审批文件材料；

（二）农村五保供养待遇申请材料；

（三）农村五保供养待遇申请人的居民身份证、户口簿等身份证明材料复印件；

（四）农村五保供养待遇申请人的家庭状况和经济条件证明材料；

（五）村民委员会对农村五保供养待遇申请的民主评议材料；

（六）乡（民族乡、镇）人民政府调查审核文件材料；

（七）农村五保供养对象集中供养审批文件材料；

（八）农村五保供养待遇复审、调整和停止的文件材料；

（九）农村五保供养对象去世后的火化证明或者死亡证明材料；

（十）核销的《农村五保供养证书》；

（十一）其他需要归档的文件材料。

第五条 乡（民族乡、镇）人民政府应当保管五保供养对象供养服务协议、分散供养对象照料记录等供养服务类五保档案。

农村五保供养服务机构应当保管在院集中供养五保对象的供养服务协议以及供养待遇审批、调整和停止等文件材料的复本，并建立相关管理和服务工作档案。

第六条 属于归档范围的文件材料应当在办理完毕后30日内归档。

归档的文件材料应当真实完整、图文清晰。

电子数据、录音带、录像带、磁盘、照片等特殊载体材料，应当与纸质文件材料同时归档，确保可读可用。

第七条 整理归档文件材料应当遵守下列规定：

（一）以县级人民政府民政部门、乡（民族乡、镇）人民政府或者农村五保供养服务机构为立档单位；

（二）按照每名农村五保供养对象立卷；

（三）农村五保供养动态管理过程中形成的待遇复审、调整和停止等文件材料，随时整理归入相应案卷；

（四）按照乡（民族乡、镇）和行政村进行分类整理，并设置类别代码，类别代码以行政区划代码表示或者按照行政区划排列顺序编制；

（五）按照农村五保供养证书字号顺序排列案卷。

第八条 归档文件材料按照下列程序和方法进行立卷：

（一）每名五保供养对象的文件材料组成一卷；

（二）去掉文件材料上的金属物，过大或者过小的文件材料应当通过折叠或者粘贴使其整齐规范；

（三）卷内文件材料按照本办法第四条所列顺序排列，在有文字页面的正面右上角或者背面左上角用阿拉伯数字连续编写页号；

（四）填写卷内文件目录（见附件1：卷内文件目录式样），置于卷内首页之前；填写卷内备考表（见附件2：卷内备考表式样），置于卷末；

（五）不同类别的案卷按照农村五保供养证书字号的顺序排列，分别从“1”开始编制室编卷号；

（六）一份案卷装入一个五保档案袋，填写档案袋正面项目（见附件3：五保档案袋正面式样）；

（七）按照室编卷号顺序将五保档案装入五保档案盒，填写档案盒正面和盒脊项目（见附件4：五保档案盒正面和盒脊式样）；

（八）按照类别编制五保档案案卷目录（见附件

5：五保档案案卷目录式样），加装封面和封底并装订，填写封面项目（见附件6：五保档案案卷目录封面式样）。

第九条 五保档案的保管期限从五保档案的形成年度起，到农村五保供养待遇停止后满5年为止。

保管期限截止时间确定后，应当在五保档案袋封面和五保档案案卷目录中填写相应的时间。

第十条 五保档案保管期满后，县级国家综合档案馆可以将五保档案抽样接收进馆。

第十一条 五保档案应当使用符合保管要求的档案装具进行保管，具备防盗、防光、防火、防虫、防鼠、防潮、防尘、防高温等条件，保证档案的安全。

有条件的单位应当设置专用的档案库房。

第十二条 积极推进使用计算机管理五保档案，有条件的单位应当按照相关要求建立五保电子档案。

第十三条 五保档案保管单位应当依法提供档案信息查询服务，依据档案出具相关证明材料。

五保档案的利用应当遵守下列规定，并办理登记手续：

（一）五保档案的形成、移交单位以及上级业务主管单位可以利用五保档案；

（二）各级人民法院、人民检察院、公安机关、国家安全机关、纪检监察机关、审计机关因公务需要可以凭单位介绍信利用五保档案；

（三）农村五保供养对象可以凭身份证件利用本人的五保档案；

（四）律师凭律师执业证书和律师事务所证明，可以利用与承办法律事务有关的五保档案；

（五）其他需要利用五保档案的，应当经五保档案保管单位同意。

第十四条 五保档案仅限于当场查阅、摘抄和复印，严禁对五保档案进行涂改、抽换、圈划、批注或者造成污染、损毁。

五保档案保管单位应当对归还的五保档案进行清点核对，对档案摘抄件或复印件加盖标有“五保档案摘抄件”或者“五保档案复印件”的印章。

第十五条 县级人民政府民政部门应当会同同级档案行政管理部门对保管期满的五保档案进行价值鉴定。有继续保存价值的，可以延长其保管期限。无保存价值的，编制销毁清册，履行审批手续予以销毁。销毁清册永久保存。

第十六条 各省（自治区、直辖市）、新疆生产建设兵团民政厅（局）和档案局可以结合本地区实际情况，共同制定实施办法。

第十七条 本办法自2013年4月1日起施行。

附件：1. 卷内文件目录式样
2. 卷内备考表式样
3. 五保档案袋正面式样
4. 五保档案盒正面和盒脊式样
5. 五保档案案卷目录式样
6. 五保档案案卷目录封面式样

附件1：卷内文件目录

卷内文件目录

顺序号	题　　名	日期	页号	备注

填写说明：

1. 顺序号：填写卷内文件材料排列的顺序编号。

2. 题名：填写文件材料的标题，一般照实抄录。文件材料没有标题或者标题不规范的，可以自拟标题，外加“〔〕”号。

3. 日期：填写文件材料的形成时间，以8位阿拉伯数字标注年、月、日，如2007年6月19日标注为“20070619”。

4. 页号：填写文件材料在本卷内的起始页号，最后一份文件填写该件的起止页号。

5. 备注：对需要说明情况的文件材料在备注栏内标注“*”号，并将需要说明的情况填写在备考表中。

附件2：卷内备考表式样

卷内备考表

本卷情况说明： 立卷人： 立卷时间： 检查人： 检查时间：

填写说明：

1. 本卷情况说明：填写卷内文件缺损、修改、补充、移出、销毁等情况。立卷后发生上述情况的，相关人员应当填写说明并签名、标注时间。

2. 立卷人：由本案卷的整理者签名。

3. 立卷时间：填写本案卷的立卷完成日期。

4. 检查人：由本案卷质量审核者签名。

5. 检查时间：填写案卷质量审核的时间。

附件 3. 五保档案袋正面式样

<table>
<tr><td colspan="2">（全宗名称）</td></tr>
<tr><td colspan="2">农村五保供养档案</td></tr>
<tr><td colspan="2"></td></tr>
<tr><td colspan="2">农村五保供养证书字号：</td></tr>
<tr><td>姓　名：</td><td>本卷共：　件　页</td></tr>
<tr><td>类　别：</td><td>类别代码：</td></tr>
<tr><td colspan="2">保管期限：自　年　月至　年　月</td></tr>
</table>

全宗号	目录号	室编卷号	馆编卷号

填写说明：

1. 全宗名称：填写立档单位的全称或者通用简称。全宗名称可以直接印在封面上。

2. 农村五保供养证书字号：填写该案卷农村五保供养证书的字号。

3. 姓名：填写该案卷农村五保供养对象的姓名。

4. 件数、页数：填写该案卷立卷完成时卷内文件的总件数和总页数。立卷后发生变化的，在"卷内备考表"中说明。

5. 类别：填写该案卷所属的类别名称。一般是两种情况：乡镇名称＋行政村名称；行政村名称。

6. 类别代码：填写相应的类别代码。

7. 保管期限：填写该卷档案保管期限的起止时间。

8. 全宗号：填写国家综合档案馆给立档单位编制的代码。

9. 目录号：填写该案卷所属目录的编号。目录号一般可用类别代码代替。一个全宗内的目录号不得重复。

10. 室编卷号：填写立档单位编制的案卷排列顺序号。一个目录号内的室编卷号不得重复。

11. 馆编卷号：填写档案移交国家综合档案馆时按照进馆要求编制的案卷顺序号。

附件 4：五保档案盒正面和盒脊式样

<table>
<tr><td>（全宗名称）</td></tr>
<tr><td>农村五保供养档案</td></tr>
</table>

五保档案盒正面式样

填写说明：

按照五保档案袋的填写要求填写。

<table>
<tr><td colspan="2"></td></tr>
<tr><td colspan="2">全　宗　号</td></tr>
<tr><td colspan="2">目　录　号</td></tr>
<tr><td rowspan="2">起止卷号</td><td>室</td></tr>
<tr><td>馆</td></tr>
<tr><td colspan="2">类别</td></tr>
<tr><td colspan="2">类别代码</td></tr>
<tr><td colspan="2">盒号</td></tr>
<tr><td colspan="2"></td></tr>
</table>

五保档案盒盒脊式样

填写说明：

1. 按照五保档案袋的填写要求填写。

2. 起止卷号分别填写本盒内案卷的室编卷号和馆编卷号的起止卷号，中间用“—”连接。

3. 盒号：填写档案盒的排列顺序号，在档案移交国家综合档案馆时按照进馆要求编制。

附件5：五保档案案卷目录式样

案 卷 目 录

室编卷号	馆编卷号	农村五保供养证书字号	姓名	保管期限	备注

填写说明：

五保档案案卷目录按照整理完毕的案卷的相应项目填写。

附件6：五保档案案卷目录封面式样

农村五保供养档案案卷目录

全宗名称：
全 宗 号：
目 录 号：
类　　别：
类别代码：

编制单位：
编制日期：

填写说明：

1. 按照整理完毕的案卷的相应项目填写。

2. 编制单位：填写该目录的编制单位名称。

3. 编制日期：填写该目录的编制时间。

注：目录号用类别代码代替时，为避免一个目录号下的案卷过多，可以在目录号后面添加英文字母或数字，中间用“—”连接，以形成多个目录号。

市、县级国家综合档案馆测评办法

（国家档案局2013年4月18日发布）

第一条 为提高市、县级国家综合档案馆（以下简称市、县级档案馆）的整体工作水平，更好地为创建文明城市（区）活动服务，根据《中华人民共和国档案法》《中华人民共和国档案法实施办法》《全国文明城市测评体系》及国家有关规定，制定本办法。

第二条 本办法适用于参加全国文明城市创建活动的市、县级档案馆综合发展水平的测评。其他市、县级档案馆参照执行。

第三条 市、县级档案馆测评依据《市、县级国家综合档案馆测评细则》（以下简称《测评细则》，见附件1）进行。

测评采用百分制，结果分三个等级，测评结果为90分以上者为国家一级档案馆，测评结果为80—90分（不含）者为国家二级档案馆，测评结果为70—80分（不含）者为国家三级档案馆。

第四条 测评组织：由3名或5名测评员组成测评小组。

国家一级档案馆由国家档案局组织测评。国家二级、三级档案馆由国家档案局委托省级档案行政管理部门组织测评，国家档案局不定期组织抽查。

第五条 国家档案局负责国家一级、二级、三级档案馆测评结果的最终审定。日常工作由国家档案局档案馆（室）业务指导司负责。

第六条 测评原则：近3年档案馆发生重大安全责任事故（如火灾、失泄密、因保管不当档案实体严重损坏或被盗等），不得申请测评；档案馆面积不符合《档案馆建设标准》的要求，不得申请国家一级档案馆测评；具备国家一级档案馆条件的，可直接申请国家一级档案馆的测评；经测评为国家二级、三级档案馆的，一般应在取得相应等级1年以上方可申请更高等级档案馆的测评。

第七条 测评员：国家一级档案馆的测评员由各省（自治区、直辖市）、计划单列市和副省级市档案行政管理部门各推荐2名，国家档案局聘任。国家二级、三级档案馆的测评员由省级档案行政管理部门选定，报国家档案局备案。

因工作变动等原因不宜继续担任测评员的，由推荐单位提出，经批准后予以替换。

测评员不参加本地区国家一级档案馆的测评。

第八条 测评申报：每年1月31日前省级档案行政管理部门将本年度本地区测评计划报国家档案

局。参加测评的档案馆应根据《测评细则》进行自评，并准备相关证明材料。自评符合国家二级、三级档案馆条件的，向省级档案行政管理部门提出测评申请；自评符合国家一级档案馆条件的，由省级档案行政管理部门审核确认后统一向国家档案局提出测评申请。申报材料要求一式1份。

申报材料包括申请报告、自查报告（档案馆历史沿革、隶属关系、馆藏简介、条件保障、基础业务、开发利用、信息化建设）、测评申请表（见附件2）、测评评分表（见附件3）等，自查报告中需详细说明自评得分及扣分情况。

第九条 测评方式：包括听取汇报、审查申请材料及相关证明材料、实地查看、逐项审核自评分数、填写测评得分与测评说明等。在完成各项测评程序后，形成测评结论和等级意见，填写《市、县级国家综合档案馆测评审批表》（见附件4）。

第十条 测评审批：测评结束后，达到国家一级档案馆的测评材料由测评小组报送国家档案局；达到国家二级、三级档案馆的测评材料由省级档案行政管理部门报送国家档案局。经国家档案局审查批准后，颁发测评等级标牌和证书。

第十一条 市、县级档案馆测评等级证书有效期为5年，到期后国家档案局组织复查。对复查不符合标准者，限期整改，整改后仍不合格者，取消其相应等级资格并予以公布。

第十二条 经测评审定的国家一级、二级、三级档案馆，国家档案局将给予通报表扬，同时建议地方政府按照《中华人民共和国档案法》予以一定的奖励。

第十三条 本办法及附件由国家档案局负责解释。

第十四条 本办法自发布之日起施行。2008年2月发布的《市、县级国家综合档案馆测评办法》同时废止。

附件：1. 市、县级国家综合档案馆测评细则
2. 市、县级国家综合档案馆测评申请表
3. 市、县级国家综合档案馆测评评分表
4. 市、县级国家综合档案馆测评审批表
5.《市、县级国家综合档案馆测评办法》释解

附件1

市、县级国家综合档案馆测评细则

测评指标	测评内容	分值	测评细则	测评方式
一、条件保障（28分）	1. 政策保障	4	档案事业列入同级政府国民经济和社会发展规划计1分；档案馆为同级党委或政府直属机构计1分(一级机构计1分，二级机构计0.5分)；近3年同级党委或政府每年至少研究一次档案工作(含调研、现场办公等)并解决档案馆工作实际问题计1分；近3年以党委或政府名义出台加强档案工作的文件计1分。	查阅相关文件
	2. 档案馆馆舍建设	10	档案馆面积符合《档案馆建设标准》要求计5分(可按比例得分)；档案馆建筑符合《档案馆建筑设计规范》要求计5分(选址布局、建筑设计、档案防护、防火设计、建筑设备各计1分)。	查阅档案馆设计图纸或竣工图纸，实地查看
	3. 设施与设备	6	档案安全防护设施与设备符合要求计6分(视频监控与门禁设备、自动火灾报警和自动消防灭火设备、温湿度自动测量与调控设备、防有害生物设施、馆区周界电子巡查设施或防护装置、档案数字化场所设备安全保障各计1分)。	实地查看
	4. 经费	5	档案馆事业经费列入同级一般财政预算，经费数量随地方财政收入增长比例逐年递增计1分；档案保护经费列入财政预算，并达2元/卷/年计2分(可按比例得分，满2分为止)；地方财政安排的国家重点档案抢救和保护补助费数量不低于中央财政的拨付数量计2分(中央财政暂未拨付抢救费或无国家重点档案抢救任务的档案馆此项可得分)。	查阅相关文件

续表

测评指标	测评内容	分值	测评细则	测评方式
一、条件保障（28分）	5. 干部队伍和机关建设	3	领导班子健全，结构合理（年龄、学历、专业等）计0.5分；档案馆人员配备符合《地方各级档案馆人员编制标准》要求计1分（可按比例得分）；业务人员全部受过档案专业基本知识培训计0.5分（可按比例得分）；近3年因工作成绩突出获同级党委、政府及上级机关奖励或国家档案局表彰的计0.5分；近3年有机构和群众对档案馆业务工作提出表扬和感谢的计0.5分（每次0.1分，满0.5分为止）。	查阅档案馆工作人员名册、相关文件及证书
二、基础业务（33分）	6. 档案资源建设	12	按照国家档案局9号令的规定，编制有并经上级批准的本馆收集档案范围细则和工作方案计1分；接收了《接收名册》中所有应接收的档案计4分（可按比例得分）；馆藏档案中有涉及民生的专业档案计3分（一种0.5分，满3分为止）；有除纸质档案外的其他载体的档案计1分；在接收纸质档案的同时，开展了原生电子档案收集计2分（可按比例得分）；本地区党和政府重大活动及突发事件档案及时进馆计1分。	查阅收集档案范围和接收名册、全宗名册及相关文件，实地查看
	7. 档案资料的保管与保护	12	档案馆库房温湿度符合国家标准计1分（连续3个工作日不符合要求扣0.1分，扣完1分为止）；馆藏档案资料整理规范计1.5分（全宗区分清楚、档号编制规范、资料分类科学各计0.5分）；对破损、褪变的档案全部进行了抢救计2分（可按比例得分）；建立并严格执行档案的收集、保管、整理编目、保密、利用、统计、鉴定、安全保卫等各项工作的规章制度计1分（缺一项制度该项不得分）；制定并实行档案安全责任制，近3年库房内无鼠、无虫、无霉、无积尘计1分（有一种情况该项不得分）；开展馆藏重要档案异地备份工作计1分；制定有保障档案实体及信息安全的应急预案计0.5分；对国家重点档案以副本提供利用计2分（可按比例得分）；馆藏各全宗均建有全宗卷计2分（可按比例得分）。	查阅各项规章制度，检查相关记录台账，实地查看
	8. 检索工具编制	9	编制有《档案馆指南》且规范计1分；编制有《全宗指南》且规范计1分；编制有馆藏档案检索目录计4分（案卷级手检式目录计0.5分，机检式目录计0.5分；文件级手检式目录计1分，机检式目录计2分；以上各项可按比例得分）；编制有馆藏资料检索目录计1分（手检式目录计0.5分，机检式目录计0.5分，以上各项可按比例得分）；编制有档案资料专题目录计2分（一种0.5分，满2分为止）。	查阅相关目录，随机抽查，实地查看
三、开发利用（24分）	9. 档案开放	8	开馆时间不少于法定工作日数天及工作时间计1分；有公休日开馆公告，制度执行1年以上计1分；按照国家档案局2号令要求，对所有到开放期限的档案进行开放鉴定计5分（可按比例得分）；编制档案利用效果汇编计1分。	查阅相关文件、汇编、鉴定工作台账、公休日开馆公告、开放档案目录，随机抽查，实地查看
	10. 政府公开信息查阅场所建设	3	设立政府信息公开场所并配备了所需的设施、设备，能满足实际需要计1分；制定公开信息送交办法计1分；同级党委、政府工作部门及时向档案馆送交主动公开的信息计1分。	查阅相关文件，实地查看

续表

测评指标	测评内容	分值	测评细则	测评方式
三、开发利用（24分）	11. 档案资料编研	6	近3年来档案馆利用馆藏档案资料编辑专题汇编计3分（公开出版物1种计1分，内部出版物1种计0.5分，满3分为止）；开发档案文化产品计1分；近3年为领导决策或中心工作服务的档案资料专题材料有同级党委、人大、政府、政协领导评价性批示计2分（1种计1分，满2分为止）。	查阅相关材料
	12. 展览与社会教育	7	档案馆被同级党委、政府及其职能部门或上级机关命名为"爱国主义教育基地"计1分；按照《国家档案馆爱国主义教育基地工作规范》设有固定陈列展计2分，参观人数达1000人次计1分（可按比例得分）；最近3年每年举办一次专题展览计1分；最近3年每年开展一次其他社会教育活动计2分（每年未达到一次者，此项不得分）。	查阅相关材料，实地查看
四、信息化建设（15分）	13. 规划方案	3	档案信息化建设列入本地区信息化建设总体规划计1分；档案馆为本地区信息化建设领导小组成员单位计1分；编制有本馆档案信息化建设实施方案计1分。	查阅相关文件
	14. 馆藏档案数字化	8	完成馆藏全部纸质档案数字化并实现与目录挂接计6分（可按比例得分）；完成馆藏全部照片档案和音、视频档案数字化并实现与目录挂接计2分（可按比例得分）。	随机抽查，实地查看
	15. 管理平台与网络建设	4	建立档案管理应用平台计2分；建立互联网网站计0.5分，及时更新内容计0.5分；实现开放档案在互联网上查询计1分（目录查询计0.5分，全文查询计0. 5分）。	随机抽查

说明：凡按比例得分项，均以满分分值乘以达到的百分比计算，得分四舍五入精确到小数点后2位。

附件2

市、县级国家综合档案馆测评申请表

档案馆名称					
申请测评时间		申请测评等级		自评得分	
申请单位情况简介 （盖章） 年 月 日					
省级档案行政管理部门意见 （盖章） 年 月 日					

附件 3

市、县级国家综合档案馆测评评分表

档案馆名称：　　　　　　　　　　　　　　测评时间：　　年　　月　　日

编号	标准分	自评得分	测评得分	测评说明
一	**28**			
1	4			
2	10			
3	6			
4	5			
5	3			
二	**33**			
6	12			
7	12			
8	9			
三	**24**			
9	8			
10	3			
11	6			
12	7			
四	**15**			
13	3			
14	8			
15	4			
总得分				

测评小组
成员签字：

附件 4

市、县级国家综合档案馆测评审批表

<table>
<tr><td>档案馆名称</td><td colspan="5"></td></tr>
<tr><td>测评时间</td><td></td><td>测评等级</td><td></td><td>测评得分</td><td></td></tr>
<tr><td colspan="6">测评结论

测评组组长：
年 月 日</td></tr>
<tr><td colspan="6">省级档案行政管理部门意见

（盖章）
年 月 日</td></tr>
<tr><td colspan="6">国家档案局审批意见

（盖章）
年 月 日</td></tr>
</table>

附件 5

《市、县级国家综合档案馆测评办法》释解

一、关于《测评办法》有关条文的释解

第二条：不参加文明城市创建活动的市、县级档案馆自愿参加。

第四条：对抽查不符合标准的档案馆，不予审批或取消其相应等级资格。

第七条：国家二级档案馆和国家三级档案馆测评小组成员由省级档案行政管理部门从本地区从事档案馆工作的领导、档案馆工作业务指导和长期从事档案馆工作的人员中产生。

第十一条：省级档案行政管理部门列出本年度本地区到期应复查档案馆，每年 1 月 31 日前报国家档案局。国家一级档案馆复查由国家档案局负责组织，国家二级档案馆和国家三级档案馆复查由省级档案行政管理部门负责组织。

二、关于《测评细则》有关条文的释解

（一）条件保障

1. 出台的相关文件必须有涉及档案馆工作的

内容。

出示本地区《国民经济和社会发展规划》和机构设置等相关文件。

2. 档案馆面积未达《档案馆建设标准》(JB103—2008)要求的，不能评为国家一级档案馆。测评国家二级档案馆和国家三级档案馆可按比例得分（正在建设新馆的档案馆，档案馆面积以设计图纸标注面积为准）。

具体指标要求如下：

级别	类次	馆藏档案数量	面积指标(平方米)
市级	一类	40 万卷以上	10800—12800
	二类	30 万—40 万卷	8800—10800
	三类	30 万卷以下	6600—8800
县级	一类	20 万卷以上	4600—6800
	二类	10 万—20 万卷	2600—4600
	三类	10 万卷以下	1200—2600

3. “视频监控与门禁设备”指档案馆应在档案库房、阅览室、展览厅、计算机房（包括数字化场所）等重要业务工作区域，馆区电梯、出入口、楼道、馆区周边等部位合理安装监控探头。在档案库房出入口安装指纹或磁卡等门禁系统，门禁系统应当具备目标识别和授权功能，可记录出入人员身份和出入时间。

4. 按档案馆馆藏数量计算档案保护经费。

出示本地区近 3 年地方经济年度增长百分比数量的证明材料和近 3 年部门年度预算、决算表。

5. 政府购买服务人员可计入人员配备总数量。馆级领导成员中无低于 50 岁以下者（以考评当年年龄计），有大专以下学历者、无档案专业学历或未受过档案专业培训者，在得分中各扣 0.2 分。

（二）基础业务

6. “涉及民生的专业档案”指《国家基本专业档案目录》中所列涉及民生的专业档案。

出示上级档案行政管理部门对本馆收集档案范围细则和工作方案的批复文件。

7. 全宗卷编制须符合《全宗卷规范》(DA/T12—2012)要求。

8. 《档案馆指南》编制须符合《档案馆指南编制规范》(DA/T3—1992)要求，《全宗指南》编制须符合《全宗指南编制规范》(DA/T14—2012)要求。

（三）开发利用

9. 有预约服务制度并有公告也可视为公休日开馆。

出示自形成之日起满 30 年的档案目录及已划分为控制使用的档案目录和已开放的档案目录，按后两项之和占前一项的百分比得分；出示开放档案的有关凭证（如开放公告、批准开放的文件等）；延期开放须有报批手续。

10. 档案馆设立的政府信息公开场所须经同级政府批准，应有满足工作需求的设施、设备。

出示档案馆被同级政府确定为信息公开场所的相关文件，本级政府组成部门名册及近 3 年已公开信息目录。

11. 利用馆藏档案制作电视片、宣传品或开办媒体专栏等均可视为开发档案文化产品。

12. 流动展览可视作专题展览。“其他社会教育活动”指学术报告会、专题讲座、冬夏令营等。

（四）信息化建设

15. 档案管理应用平台应能够对档案接收、保管、利用、鉴定等工作进行有效管理。

集体林权制度改革档案管理办法

（国家林业局 国家档案局令第 33 号
2013 年 5 月 2 日公布）

第一条 为了加强和规范集体林权制度改革档案工作，有效保护和利用集体林权制度改革档案，根据《森林法》和《档案法》等有关法律法规，制定本办法。

第二条 本办法所称集体林权制度改革档案是指在集体林权制度改革（以下简称林改）中形成的对国家和社会有保存价值的文字、图表、声像、数据等各种形式或者载体文件材料的总称，是林改的重要成果和历史记录。

第三条 本办法所称林改档案工作是指林改档案的收集、整理、鉴定、保管、编研、利用等工作。

第四条 林改档案工作坚持统一领导、分级管理、集中保管、同步进行、规范运作的原则。

林改档案工作应当与林改工作同步进行和检查验收，并作为评价林改效果的重要依据。

第五条 县级以上林业行政主管部门和档案行政管理部门负责本级林改档案工作，并对本行政区域内的林改档案工作实行监督、指导、检查和验收。

县级以上林业行政主管部门应当设立或者明确林改档案管理机构，配备专职人员，按照《森林法》和《森林法实施条例》等有关规定管理林改档案。

第六条 林改档案管理机构应当履行下列工作职责：

（一）贯彻执行国家档案工作的有关法律、法规和方针、政策；

（二）按照有关规范和标准，制定林改档案管理制度和工作标准；

（三）指导林改文件材料的登记、积累和归档工作；

（四）负责林改档案的收集、整理、鉴定、编目、统计等工作；

（五）掌握所保管的林改档案情况，依法提供利用；

（六）负责组织林改档案工作人员培训；

（七）按照国家法律法规以及有关规定，做好林改档案的保管和移交工作。

第七条 县级以上林业行政主管部门应当建立、健全林改文件材料的收集、整理、归档制度，确保林改档案资料的齐全、完整、真实、有效。

县级林业行政主管部门、乡（镇）林业工作站和集体经济组织应当将林改文件材料的收集、整理、归档纳入工作计划。

第八条 林改档案作为文书档案进行管理，按照档案国家标准《文书档案案卷格式》（GB/T9705—88）和档案行业标准《归档文件整理规则》（DA/T22—2000）等有关标准的要求进行整理，并在次年的上半年完成立卷归档工作。

第九条 产生文件材料较多的机关、单位或者组织，应当将林改档案分为大类和属类进行管理。

林改档案大类和属类设定可以参照《集体林权制度改革文件材料归档范围及保管期限表》执行。

第十条 确权和林权登记类中有关确认森林、林木、林地权属、实地勘界、登记和林权证审核发放等文件材料，应当以农户或者宗地为单元，进行整理、归档和管理。

第十一条 林改工作人员应当及时收集在林改中形成的各类文件材料，并交由林改档案管理机构整理、保管和提供利用。

林改工作人员在工作调离前，应当将个人掌握的林改文件材料，按照相关要求整理后移交给林改档案管理机构，不得拒绝移交、销毁或者擅自带离。

第十二条 林改档案保管期限分为永久和定期。

林改档案具有重要查考利用保存价值的，应当永久保存；具有一般利用保存价值的，应当定期保存，期限为30年或者10年。

具体划分办法按照《集体林权制度改革文件材料归档范围及保管期限表》执行。

第十三条 归档的林改文件纸质材料应当字迹工整、数字准确、图样清晰、手续完备。

归档纸质材料应当使用碳素、蓝黑墨水等不易褪色的书写材料，因特殊情况容易产生字迹模糊或者褪变的文件材料应当附一份清晰的复印件。

纸张、装订材料等应当符合档案保护要求。

第十四条 归档的林改文件非纸质材料应当将每一件（盒、盘）作为一个保管单位，单独排列编号，按照内容和年度分类整理并编制档号。其中与纸质文件材料有直接联系的应当编写互见号或者互见卡。

录音、录像材料要保证载体的有效性，电子文件和使用信息系统采集、储存的专业性数据以及航空照片、遥感数据应当用可记录式光盘保存，重要的应制成纸质拷贝同时归档保存。

照片和图片应当配有文字说明，标明时间、地点、人物和事件。

电子文件产生的软硬件环境及参数须符合有关要求。

第十五条 各级林业行政主管部门应当建立林改档案保管制度，安排林改档案保管专用资金，配备档案用房、柜架，备有防火、防盗、防渍、防有害生物等安全设施，定期开展档案保管状况检查，确保档案安全。

第十六条 县级林业行政主管部门应当按照国家有关法律、行政法规和规章的规定，按时向县级国家档案馆移交林改档案。

经同级林业行政主管部门和档案行政管理部门协商同意，林改档案可以提前移交，并按规定办理移交手续。

第十七条 乡（镇）人民政府档案机构和集体经济组织应当加强林改档案的保管和移交工作。

集体经济组织不具备档案保管条件的可以将林改档案移交乡（镇）人民政府档案机构保管，经县级林业行政主管部门和档案行政管理部门验收后，依法及时移交县级国家档案馆统一保管。

第十八条 林改档案管理机构撤并时，应当将林改档案整理登记后，妥善移交给主管机关或者接收单位。

第十九条 县级林业行政主管部门、乡（镇）人民政府档案机构在移交档案之前，应当保留备份或者复印件。

森林、林木和林地权属登记、林权证发放等形成的文件资料原件一式两套，一套留县级林业行政主管部门、一套移交同级国家档案馆永久保存。

第二十条 县级国家档案馆应将林改档案纳入档案进馆接收范围，并将其统一归入林业行政主管部门单位全宗序列，对所保存的林改档案严格按照规定整理和保管。

第二十一条 各级林改档案管理机构和国家档案馆应当按照有关规定向社会开放林改档案，为社会提供利用林改档案服务，但涉及国家秘密、个人隐私和法律另有规定的除外。

单位和个人持有合法身份证明，可以依法利用已经开放的林改档案。向国家档案馆移交林改档案的林业行政主管部门和其他经济组织，对其档案享有优先利用的权利。

利用林改档案资料时，除依法收取的复制成本费外，不得收取其他费用。

第二十二条 县级以上林业行政主管部门和档案行政管理部门应当推进林改档案的信息化建设，加强林改电子文件归档和电子档案的规范化管理，提供网上信息查询服务。

第二十三条 对在林改档案的收集、整理、利用等各项工作中做出突出成绩的单位或个人，由各级人民政府及林业行政主管部门、档案行政管理部门给予奖励。

第二十四条 对于违反有关规定，造成林改档案失真、损毁或丢失的，依法追究相关人员的法律责任；情节严重的依法移送司法机关处理。

第二十五条 省、自治区、直辖市林业行政主管部门、档案行政管理部门可以根据有关法律、法规，结合本办法和本地实际，制定林改档案工作有关规定。

第二十六条 法律、行政法规、国务院决定对林改档案的管理另有规定的，从其规定。

第二十七条 本办法自 2013 年 6 月 22 日起施行。

附件：

《集体林权制度改革文件材料归档范围及保管期限表》

序号	归　档　范　围	保管期限
一、林改综合类		
（一）上级机关的有关材料		
1	上级机关召开的会议材料	
1.1	重要会议材料	
1.1.1	通知、名单、议程、报告、讲话、讨论通过的文件、决议、纪要等文件材料	永久
1.1.2	典型材料、代表发言	30 年
1.2	一般会议材料	
1.2.1	纪要、通知、总结、讲话、报告	30 年
1.2.2	典型材料、代表发言	10 年
2	上级机关颁发的文件材料	
2.1	属于林改政策并要执行的重要文件	永久
2.2	属于林改政策并要执行的一般文件	30 年
3	上级机关印发的出版物、简报、情况反映、工作动态等	10 年
（二）本机关的有关材料		
1	本机关召开会议材料	
1.1	重要会议	
1.1.1	通知、名单、议程、报告、讲话、讨论通过的文件、决议、纪要等文件材料	永久
1.1.2	典型材料、代表发言	30 年
1.1.3	小组会议记录、参考材料	10 年
1.2	一般会议材料	
1.2.1	纪要、通知、总结、讲话、报告	30 年
1.2.2	典型材料、代表发言	10 年

序号	归 档 范 围	保管期限
2	本机关党组（党委）和行政办公会的纪要、会议记录、讨论通过的文件	永久
3	本机关制发的文件材料	
3.1	本机关制发的职能业务文件材料	
3.1.1	方针、政策、法规性的、普发性的职能业务问题、长远规划、纲要	永久
3.1.2	专项业务问题的文件材料	30年
3.2	本机关的请示、上级机关的批复；下级机关的请示、本机关的批复	
3.2.1	方针政策性的重要问题	永久
3.2.2	具体业务问题的	30年
4	本机关形成的工作计划、总结、报告	
4.1	年度以上的、重要专题的	30年
4.2	半年的、季度的、一般专题的	10年
5	本机关检查下级机关工作、下级机关报送的整改情况、调查研究形成的文件材料	
5.1	重要的	30年
5.2	一般的	10年
6	本机关处理人民来信、来访的文件材料	
6.1	有省级以上领导人重要批示和处理结果的	永久
6.2	有上级机关或本机关领导人重要批示和处理结果的	30年
6.3	没有处理结果的	10年
7	本机关受到上级机关表彰和先进工作者的文件材料	
7.1	县（市、区）级和县级以上的	永久
7.2	县级以下的	30年
8	本机关对有关人员的处分材料	
8.1	警告（不含警告）以上的	永久
8.2	警告及警告以下的	30年
（三）集体经济组织有关材料		
1	集体经济组织召开的村民会议或村民代表会议通过的文件材料	
1.1	通过并签名的林改方案	永久
1.2	会议记录	永久
1.3	表决票	永久
1.4	签收通知、会议签到记录	永久
（四）非隶属机关制发的有关文件材料		
1	非隶属机关制发的要贯彻执行的文件材料	30年
2	非隶属机关联系一般事务的文件	10年
（五）下级机关的有关文件材料		
1	下级机关报送的总结、报告、统计报表、典型材料	
1.1	年度和年度以上的总结、重要的专题报告、典型材料	30年
1.2	年度以下的总结、一般专题的报告和备案的	10年

序号	归　档　范　围	保管期限
二、确权和林权登记类		
1	登记材料	
1.1	本机关登记管辖范围内的	
1.1.1	经县级以上人民政府批准生效的林权登记申请表及其附件，林权登记，地理信息系统及相关测量表，毗邻单位（个人）定界意见表，林地地形图或者平面图，本人身份证复印件，承包（流转）等确权合同书，林权登记公示材料等登记规定要求提交的其他有关文件	永久
1.1.2	申请登记的权属证明材料。即林源依据，包括林权证（自留山证）、土地证、农业合作化、“四固定”以及林业“三定”时期确定的权属证明，当时有权批准的机关的批准文件、协议、协约或赠予协议等，村民（村民代表）会议通过的明确集体林分配的林改方案；退耕还林工程中退耕地的农村土地承包经营权证；原权源依据遗失的，有逐级组织证明，并经县级以上林业行政主管部门核实认定的材料	永久
1.1.3	登记规定要求提交的其他有关文件	永久
1.2	非本机关登记管辖范围但林地所有权、使用权属于本辖区国有、集体单位的	
1.2.1	经县级以上人民政府批准生效的林权登记申请表及其附图（副本或经该登记机关存档的复印件）	永久
1.2.2	申请登记的权属证明材料（副本或经该登记机关存档的复印件）	永久
1.2.3	登记规定要求提交的其他有关文件（副本或经该登记机关存档的复印件）	永久
2	本机关登记管辖范围内的林权界线拼图	
2.1	各集体经济组织和相邻国有单位的林地所有权界线拼图	永久
2.2	集体所有林地，该集体所有林地单位内林地使用权界线拼图	永久
3	本机关登记管辖范围内的林权登记受理表、林权登记台账	永久
4	本机关登记管辖范围内的林权证发放登记表	永久
5	本机关登记管辖范围内的计算机数据资料（光盘）	永久
6	本机关登记发证前公示文本	永久
7	本机关组织的林权现场勘查材料及图册	永久
8	本机关登记管辖范围内的林权登记代码文件材料	永久
9	本机关购林权证数量及其编号材料	永久
10	本机关其他林权登记发证业务管理材料及图表	永久
11	本机关审核或审批林权流转的文件材料	
11.1	行政审批、管理工作制度、程序规定	永久
11.2	已经审核、审批的批准文件、流转合同副本及要求提交的申请材料	永久
11.3	未予审核、审批的申请材料	10年
三、纠纷调处类		
1	纠纷调解申请书，双方当事人之间依法达成的协议书，人民政府依法调解的意见、请示、批复、处理决定，人民法院判决书、裁定书、调解书，林权界线确认书等	永久
四、特殊载体类		
1	党和国家领导人、上级机关领导等视察、检查林权管理工作时形成的重要指示、讲话、题词和有特殊保存价值的照片、声像材料等	永久

序号	归　档　范　围	保管期限
2	林改过程中形成的会议、培训、领导讲话、领导题 词、操作现场等声像资料	
2.1	重要的	30 年
2.2	一般的	10 年

广播电视节目档案管理规定

（国家新闻出版广电总局　国家档案局
2013 年 5 月 9 日发布）

第一章　总　则

第一条　为了加强广播电视节目档案（以下简称“节目档案”）的科学管理，维护节目档案的完整与安全，促进节目档案信息资源开发与利用，更好地为广播电视宣传和社会各项事业服务，根据《中华人民共和国档案法》《中华人民共和国档案法实施办法》《中华人民共和国著作权法》《广播电视管理条例》等法律法规，制定本规定。

第二条　本规定所称节目档案，是指经国务院新闻出版广播电视行政部门批准设立的广播电视播出机构（以下简称“播出机构”）在采编、制作、播出等活动中直接形成的具有保存价值的不同形式的历史记录。

节目档案属于广播电视行业的专业档案，是国家档案的重要组成部分。

第三条　管理广播电视的行政部门、播出机构和广播电视从业人员都有依法保护节目档案的权利和义务。

第四条　节目档案工作实行统一领导、分级管理。

国家新闻出版广电总局负责全国广播电视系统节目档案工作。

县级以上管理广播电视的行政部门，负责本地区广播电视系统节目档案工作。

播出机构负责管理本机构的节目档案。

节目档案工作接受同级档案行政管理部门的监督指导。

第五条　县级以上管理广播电视的行政部门和播出机构应当加强对节目档案工作的领导，将节目档案工作列入事业发展规划和工作计划，建立健全节目档案工作机构，根据节目档案管理规模确定人员编制、经费等，保障节目档案工作开展。

第六条　节目档案管理人员的专业技术职称评聘，按照国家有关部门档案系列或相关序列的有关规定开展。

第二章　管理机构及职责

第七条　国家新闻出版广电总局档案工作机构在节目档案工作中的主要职责是：制定节目档案工作发展规划、管理制度和业务规范，对节目档案工作进行监督指导。

县级以上管理广播电视的行政部门档案工作机构在节目档案工作中的主要职责是：根据国家和上级主管部门有关节目档案工作的政策法规，结合本地实际情况组织实施并监督指导。

第八条　播出机构在节目档案工作中的主要职责是：

贯彻执行国家和上级主管部门有关节目档案工作的政策法规，制定本机构节目档案工作的各项规章制度，设立广播电视音像资料馆（室）等节目档案工作机构，集中统一管理本机构的节目档案。

第九条　节目档案工作机构的主要职责是：

（一）指导节目档案的形成、积累和归档工作；

（二）负责节目档案的收集、整理、保管、鉴定等工作；

（三）开展节目档案开发与提供利用工作；

（四）开展节目档案的统计与研究工作；

（五）负责节目档案的信息化管理工作；

（六）按照有关规定，向有关档案馆移交节目档案。

第三章　归档与收集

第十条　节目材料的归档范围是：

（一）本播出机构制作、播出的具有保存价值的节目及相关材料；

（二）本播出机构与其他机构联合制作的具有保存价值的节目及相关材料；

（三）本播出机构采编、制作节目过程中直接产生的具有保存价值的音视频素材；

（四）本播出机构重要频率、频道播出的完整记录；

（五）其他与播出节目，自制、自拍节目和合作制作节目相关的具有保存价值的材料。

第十一条　播出机构应当根据本规定制定本机构节目材料归档与收集工作实施细则，明确节目制作、播出、技术等部门及节目档案工作机构各自的归档、收集职责。

第十二条 播出机构应当做好数字节目及电子文件的归档工作，确保归档材料的真实、完整与安全。

第十三条 节目及相关材料的归档包括各种载体类型。

第十四条 数字节目材料及相关电子文件实施实时归档，其他类型的节目及相关材料实施定期归档。

第十五条 应归档节目及相关材料应当按照有关规定向节目档案工作机构归档，任何部门或者个人不得拒绝归档或将档案据为己有。

第十六条 节目档案工作机构应当积极开展节目及相关材料的收集工作，对归档和收集的节目及相关材料进行筛选和质量检查。

第四章 保存与管理

第十七条 节目档案工作机构应当按照统一分类标准对节目档案进行分类，并按照节目档案不同的保存价值，实行分级编目。

第十八条 节目档案工作机构应当通过分类、编目等整理工作，对不同载体、不同形式的节目档案建立统一的目录检索系统。

第十九条 节目档案工作机构应当有计划地将老旧节目档案转储为数字化形式，并做好节目档案的保护与修复工作。

第二十条 节目档案工作机构应当具备适宜长久保存、方便利用节目档案的场所、设备、设施等条件。节目档案库房和机房的温度、湿度等应当符合国家规定的标准，并配备防盗、防火、防渍、防有害生物、防强电磁场等必要设施。

第二十一条 节目档案工作机构应当建立节目档案风险防范机制，实行节目档案有效备份，对于珍贵节目档案采取异地备份等措施。

第二十二条 节目档案工作机构应当定期对节目档案保管情况和技术系统应用情况进行检查，发现问题及时采取措施解决。

第二十三条 节目档案工作机构应当定期对各种载体节目档案的收集、分类、编目、鉴定、保管、利用等工作情况进行记载、统计，并定期向相关部门呈报。

第二十四条 播出机构应当成立由分管领导和节目档案、编播、技术等部门组成的节目档案鉴定工作领导小组，负责节目档案归档入库质量检查规范、节目档案保管期限以及拟销毁节目档案的审核工作。

第二十五条 节目档案工作机构应当按照《广播电视节目档案保管期限表》（见附件）的规定，对本播出机构归档入库或保管期限已满的节目档案提出鉴定意见和建议。

第二十六条 节目档案的保管期限分为永久和定期两种，其中定期一般为十年以下。

永久保存的节目档案，是反映播出机构宣传活动基本历史面貌、对宣传活动和社会各方面具有长期利用价值的节目及相关材料。

定期保存的节目档案是反映播出机构一段时期的一般宣传活动面貌，对宣传活动和社会各方面具有较短时间利用价值的节目及相关材料。

第二十七条 节目档案的销毁应当按照类别编制清册，并经过鉴定工作领导小组审核同意后方能销毁。

任何单位或者个人不得擅自销毁节目档案，不得擅自将节目档案消磁或删除。

第五章 开发与利用

第二十八条 播出机构应当将节目档案的信息化建设与媒体资产管理系统同步规划，统一部署。

第二十九条 节目档案工作机构应当及时、主动地向播出机构的业务工作部门提供节目档案信息，保证广播电视宣传工作的需要。

第三十条 播出机构应当鼓励节目档案工作机构和相关部门积极开展节目档案的开发与利用工作，最大限度地发挥节目档案的社会效益和经济效益。

第三十一条 播出机构在节目档案的开发利用工作中，应当遵守国家有关法律法规，确定节目档案著作权状况，维护相关权利人的合法权益。

第三十二条 播出机构保存的节目档案，可以按照有关规定有偿利用。

第三十三条 涉及国家安全、重大利益以及不宜开放的节目档案，未经有关部门批准，任何单位和个人不得擅自使用。

第六章 奖励与处罚

第三十四条 对在节目档案工作中成绩显著的单位或个人，按照《中华人民共和国档案法》和《中华人民共和国档案法实施办法》，由相关单位给予表彰和奖励。

第三十五条 对违反本规定，损毁、丢失、伪造、篡改节目档案等违法行为，根据《中华人民共和国档案法》和《中华人民共和国档案法实施办法》，给予处罚或处分。

第七章 附 则

第三十六条 各相关单位可以依据本规定，结合实际情况制定实施细则。

第三十七条 广播电视节目资料的管理可参照本规定执行。

广播电视节目资料是指播出机构在采编、制作、播出等活动中，通过交换、征集、购买等途径收集来的具有保存价值的各种载体的材料。

第三十八条 本规定自发布之日起施行。1994年12月23日广播电影电视部、国家档案局发布的《广播电视宣传档案、资料管理办法》（广发办字〔1994〕718号）同时废止。

附件：广播电视节目档案保管期限表

附件

广播电视节目档案保管期限表

分　类	归档范围细目	保管期限
新闻类	本播出机构制作并作为独立单元进行首次播出的消息类、专题类及其他类型新闻节目、栏目的声像材料及其相关材料。	永久
	本播出机构制作、播出的一般性、概要新闻节目、栏目的声像材料及其相关材料。	定期
综合艺术类	本播出机构组织、制作、播出的大型文艺晚会的声像材料及其相关材料。	永久
	本播出机构制作、播出的著名艺术家、文艺团体、表演人员演出的音乐、舞蹈、文学、戏剧、曲艺、杂技、广播剧等文艺性节目、栏目的声像材料及其相关材料。	永久
	本播出机构制作、播出的具有本台或本地区特色的综艺专题节目、栏目的声像材料及其相关材料。	永久
	本播出机构利用已有节目进行再次编辑播出的综合文艺节目、栏目的声像材料及其相关材料。	定期
	本播出机构录制、播出的的群众性综合文艺节目、栏目的声像材料及其相关材料。	定期
	本播出机构制作、播出的以介绍性、传播性、知识性内容为主的综合性文艺节目、栏目的声像材料及其相关材料。	定期
	本播出机构制作的影视剧、动画片。	永久
体育类	本播出机构直播的国内、国际重大体育赛事的声像材料及其相关材料。	永久
	本播出机构制作、播出的重要体育宣传活动的专题节目、栏目的声像材料及其相关材料。	永久
	本播出机构制作、播出的体育界知名人物的访谈、专题性节目、栏目的声像材料及其相关材料。	永久
	本播出机构制作、播出的具有典型性和特色的体育节目、栏目的声像材料及其相关材料。	永久
	本播出机构制作、播出的区域性一般体育赛事的声像材料及其相关材料。	定期
	本播出机构制作、播出的以传播体育知识为目的的节目、栏目的声像材料及其相关材料。	定期
	本播出机构利用已有节目进行再次编辑播出的体育综合节目、栏目的声像材料及其相关材料。	定期
科学教育类	本播出机构制作、播出的著名学者、各界名人和著名国际友人的访谈、互动或专题类节目。	永久
	本播出机构制作、播出的反映社会、公众生活各个方面具有重要影响力和社会意义的节目、栏目的声像材料及其相关材料。	永久

分　类	归档范围细目	保管期限
科学教育类	本播出机构制作、播出围绕社会、教育、法律、经济、军事、国防等相关领域的重大事件、重要社会现象或热点问题的节目、栏目的声像材料及其相关材料。	永久
	本播出机构采访、拍摄、编辑、录制的法律、教育、经济以及相关领域知名人物的访谈、专题性的节目、栏目的声像材料及其相关材料。	永久
	本播出机构采访、拍摄、编辑、录制的反映工业、农业、国防等各行各业和反映本地区改革与经济建设主要面貌的专题节目、栏目的声像材料及其相关材料。	永久
	本播出机构制作、播出的以介绍、宣传和普及法制、科学知识为目的的专题性节目、栏目的声像材料及其相关材料。	定期
	本播出机构制作、播出的以社会不同人群为受众、以传播知识为目的的各类节目、栏目的声像材料及其相关材料。	定期
	本播出机构采访、拍摄、编辑、录制的法律、教育、经济、军事、国防的一般性节目、栏目的声像材料及其相关材料。	定期
生活资讯类	本播出机构制作、播出的以介绍、传播生活资讯为目的的综合性节目、栏目的声像材料及其相关材料。	永久
	本播出机构制作、播出的以反映一般社会生活现象及问题为目的的节目、栏目的声像材料及其相关材料。	定期
	本播出机构播出广告的声像材料及其相关材料。	定期
本播出机构重要频率、频道播出的完整记录。		永久

档案信息系统安全等级保护定级工作指南

（国家档案局办公室 2013年7月10日发布）

目　录

1. 工作背景

1994年国务院颁布的《中华人民共和国计算机信息系统安全保护条例》规定，计算机信息系统实行安全等级保护，公安部主管全国计算机信息系统安全保护工作。近年来，公安部会同有关部门组织制订了一系列有关计算机信息系统安全等级保护的规章和标准，加强了对重点行业信息系统安全等级保护工作的监督、检查和指导，并于2011年建立了54个行业主管部门参加的等级保护联络员制度，档案行业为其中之一。

随着档案信息化进程的不断加快，档案部门通过档案信息系统管理的数字档案资源越来越多，提高档案信息系统的安全防护能力和水平，已经成为加强档案信息安全管理、促进档案事业健康发展的一项重要内容。为做好档案信息系统安全等级保护工作，国家档案局编制《档案信息系统安全等级保护定级工作指南》（以下简称《指南》），以指导档案信息系统安全等级保护的定级工作。

2. 适用范围

本《指南》是档案信息系统安全等级保护定级工作的操作规范，适用于省级（含计划单列市、副省级市，下同）及以上档案行政管理部门及国家综合档案馆非涉密信息系统安全等级保护定级工作。地市级档案局馆和其他档案馆可参照执行。

3. 编制依据

本《指南》的编制主要依据以下标准、规范：

•《中华人民共和国计算机信息系统安全保护条例》(国务院147号令)

•《国家信息化领导小组关于加强信息安全保障工作的意见》(中办发〔2003〕27号)

•《关于信息安全等级保护工作的实施意见》(公通字〔2004〕66号)

•《信息安全等级保护管理办法》(公通字〔2007〕43号)

•《关于开展全国重要信息系统安全等级保护定级工作的通知》(公信安〔2007〕861号)

•《数字档案馆建设指南》(档办〔2010〕116号)

•《各级国家档案馆馆藏档案解密和划分控制使用范围的暂行规定》(国家档案局、国家保密局1992年)

•《计算机信息系统安全保护等级划分准则》(GB 17859—1999)

•《信息安全技术 信息安全事件分类分级指南》(GB/Z 20986—2007)

•《信息安全技术 信息系统安全等级保护定级指南》(GB/T 22240—2008)

•《信息安全技术 信息系统安全等级保护基本要求》(GB/T 22239—2008)

4. 档案信息系统类型的划分

档案信息系统是指开展档案业务所使用的档案信息管理系统、档案信息服务系统和档案办公系统等三类信息管理系统。

(1) 档案信息管理系统类包括档案目录管理系统、数字档案接收系统、数字档案管理系统、档案数字化加工系统等；

(2) 档案信息服务系统类包括档案利用服务系统、档案网站系统等；

(3) 档案办公系统类包括承担档案工作管理的档案局馆办公业务系统等。

档案信息系统的基本功能描述如表1。

表1 档案信息系统基本功能描述

系统类别	系统名称	管理对象	网络环境	基本功能
档案信息管理系统	档案目录管理系统	案卷级目录、文件级目录、专题目录等	局域网	目录数据采集、整理、检索、统计等
	数字档案接收系统	数字档案接收工作	局域网 政务外网	档案接收、业务指导，档案数量、质量检查，交接手续办理等
	数字档案管理系统	馆藏档案数字化成果、接收进馆的电子档案、采集接收的数字信息资源等	局域网 政务外网	数字档案资源的接收、导入、整理、鉴定、审计、统计和长期保存等，部分系统同时具有档案目录管理、利用服务等功能
	档案数字化加工系统	传统载体档案、档案数字化成果	局域网	对各类传统载体档案的数字化处理、数据质量控制和数据统计、备份、导出等
档案信息服务系统	档案利用服务系统	通过政务外网提供的目录及其数字档案信息	政务外网	数据导入、用户注册、权限管理、档案检索服务、数字档案阅览服务及利用档案审核、利用统计等
	档案网站系统	公开档案目录、全文，公开政务信息等	因特网	用户注册、权限管理、信息发布、统计等，部分系统同时具备政务信息公开的功能
档案办公系统	办公业务系统	档案局馆档案工作管理办公业务	局域网 政务外网	公文制发、文件处理、工作督查、事务管理、会务管理、内部邮件收发或其他辅助办公功能

5. 档案信息系统的定级

5.1 档案信息系统的定级原则

自主定级原则。档案信息系统使用单位按照国家相关法规、标准和本《指南》要求，自主确定档案信息系统的安全保护等级，自行组织实施安全保护。

重点保护原则。根据重要程度和业务特点，将档案信息系统划分为不同等级，实施不同强度的安全保护，集中资源，优先保护涉及重要数字档案资源的信息系统。

动态保护原则。根据档案信息系统管理对象、服务范围等方面的变化，重新确定安全保护等级，及时调整安全保护措施。

同步建设原则。档案信息系统在新建、改建、扩建时应当同步规划和设计安全方案，投入一定比例的资金建设信息安全设施，保障档案信息安全与档案信息化建设相适应。

5.2 档案信息系统安全保护等级的划分

5.2.1 受侵害客体

受侵害客体是指受法律保护对象受到破坏时所侵害的社会关系，主要包括国家安全；社会秩序、公共利益；公民、法人和其他社会组织的合法权益等三方面。

确定档案信息系统受到破坏后所侵害的客体时，应首先判断是否侵害国家安全，然后判断是否侵害社会秩序、公共利益，最后判断是否侵害公民、法人和其他社会组织的合法权益。

5.2.2 对客体侵害程度的划分

等级保护对象受到破坏后对客体造成侵害的程度有三种：

（1）造成一般损害

工作职能受到局部影响，业务能力有所降低但不影响主要功能的执行，出现较轻的法律问题、较小的财产损失、有限的社会不良影响，对其他组织和个人造成较低损害。

（2）造成严重损害

工作职能受到严重影响，业务能力显著下降且严重影响主要功能执行，出现较严重的法律问题、较大的财产损失、较大范围的社会不良影响，对其他组织和个人造成较严重损害。

（3）造成特别严重损害

工作职能受到特别严重影响或丧失行使能力，业务能力严重下降且或功能无法执行，出现极其严重的法律问题、极大的财产损失、大范围的社会不良影响，对其他组织和个人造成非常严重损害。

5.2.3 档案信息系统安全保护等级

根据国家有关信息系统安全保护等级的相关规定和标准，从低到高依次划分为自主保护级、指导保护级、监督保护级、强制保护级、专控保护级五个安全等级：

第一级，自主保护级。档案信息系统受到破坏后，会对公民、法人和其他组织的合法权益造成损害，但不损害国家安全、社会秩序和公共利益。

第二级，指导保护级。档案信息系统受到破坏后，会对公民、法人和其他组织的合法权益产生严重损害，或者对社会秩序和公共利益造成损害，但不损害国家安全。

第三级，监督保护级。档案信息系统受到破坏后，会对社会秩序和公共利益造成严重损害，或者对国家安全造成损害。

第四级，强制保护级。档案信息系统受到破坏后，会对社会秩序和公共利益造成特别严重损害，或者对国家安全造成严重损害。

第五级，专控保护级。档案信息系统受到破坏后，会对国家安全造成特别严重损害。

5.3 档案信息系统安全保护等级确定的方法

档案信息系统安全保护等级确定的步骤包括：确定定级对象，确定档案信息系统受到破坏时受侵害的客体，确定档案信息系统受到破坏时对客体的侵害程度，确定档案信息系统的安全保护等级，编制定级报告。

5.3.1 确定定级对象

根据本《指南》对档案信息系统的划分，档案部门对本单位档案信息系统进行梳理，确定本单位应定级的档案信息系统。

5.3.2 确定受侵害的客体

根据档案行业特点，分析档案信息系统受到破坏时所侵害的客体，侵害的事项主要包括以下三个方面：

（1）国家安全方面。档案信息系统受到破坏后影响到有关国家政治、经济、文化、外交、科技、民族、宗教、安全等档案信息保管、利用、发布、展示的正常进行，进而损害国家政权稳固、国防建设、国家统一、民族团结和社会安定。

（2）社会秩序、公共利益方面。档案信息系统受到破坏后影响数字档案资源的真实性、完整性和可用性，致使国家机关政务信息发布、档案业务开展、办公等工作无法正常进行，进而侵害社会正常生产、生活秩序和公众获取公开信息资源、使用公共设施、接受公共服务等方面的合法权益。

（3）公民、法人和其他组织的合法权益方面。

档案信息系统受到破坏后影响到档案的移交、接收、管理、保存、查阅、利用、获取、公布、展示、捐赠等工作的正常进行，进而侵害公民、法人和其他组织的隐私、知识产权、物权、信息获取等方面的合法权益。

5.3.3 确定对客体的侵害程度

档案信息系统受到破坏后，对客体的侵害程度与信息系统所属单位的行政级别、所管理信息的重要敏感程度以及信息系统的影响范围有关。分别描述如下：

国家级 “数字档案管理系统”所管理的档案记录了过去和现在的国家政权的历史真实面貌，对国家历史、现在与未来具有不可或缺的重要作用，社会影响极大。这些系统受到破坏，可能直接造成国家档案的损失，对国家安全造成一般损害或严重损害，对社会秩序和公共利益造成特别严重损害。

省级 “数字档案管理系统”所管理的档案记录了过去和现在的省级党政机构的历史真实面貌，对该地区历史、现在与未来具有不可或缺的重要作用，社会影响重大。这些系统受到破坏，可能直接造成该地区档案的损失，对国家安全造成一般损害，对社会秩序和公共利益造成一般损害或严重损害。

国家级 “档案目录管理系统”、“数字档案接收系统”、“档案利用服务系统”包含有国家较高级别的敏感信息，具有很大的社会影响力。这些系统受到破坏，可能导致敏感档案信息或政务信息的泄露或损失，档案管理和服务能力下降，对国家安全造成一般损害，对社会秩序和公共利益造成一般损害或严重损害，对公民、法人和其他组织的合法权益造成严重损害。

省级 “档案目录管理系统”、“数字档案接收系统”、“档案利用服务系统”包含的业务信息有一定的区域性和社会影响力。这些系统受到破坏，可能造成本地区敏感档案数字资源信息或政务信息泄露，档案管理和服务能力下降，对社会秩序和公共利益造成一般损害或严重损害，对公民、法人和其他组织的合法权益造成严重损害。

国家级、省级 “档案数字化加工系统”包含有较高级别的敏感信息，但存储档案数量较少，这些系统受到破坏，可能导致档案业务能力下降，给信息系统所属单位造成一定损失，对单位权益造成严重损害。

国家级、省级 “档案网站系统”、“档案办公系统”受到破坏，不直接影响档案管理业务，但可能造成公布信息的篡改、办公效率的下降，给信息系统所属单位造成一定的财产损失、经济纠纷、法律纠纷等，对单位权益或社会秩序造成一般损害或严重损害。

5.3.4 确定档案信息系统的安全保护等级

确定档案信息系统安全保护等级时需要考虑业务信息安全和系统服务安全两个方面，其中业务信息安全是指确保信息系统内信息的真实性、完整性和可用性等，系统服务安全是指确保信息系统可以及时、有效地提供服务。

根据业务信息安全被破坏时所侵害的客体以及对相应客体的侵害程度，可以形成业务信息安全保护等级矩阵表（表 2），并可据此得到业务信息安全保护等级。

表 2 业务信息安全保护等级矩阵表

业务信息安全被破坏时所侵害的客体	对相应客体的侵害程度		
	一般损害	严重损害	特别严重损害
公民、法人和其他组织的合法权益	第一级	第二级	第二级
社会秩序、公共利益	第二级	第三级	第四级
国家安全	第三级	第四级	第五级

根据系统服务安全被破坏时所侵害的客体以及对相应客体的侵害程度，可以形成系统服务安全保护等级矩阵表（表 3），并可据此得到系统服务安全保护等级。

表 3 系统服务安全保护等级矩阵表

系统服务安全被破坏时所侵害的客体	对相应客体的侵害程度		
	一般损害	严重损害	特别严重损害
公民、法人和其他组织的合法权益	第一级	第二级	第二级
社会秩序、公共利益	第二级	第三级	第四级
国家安全	第三级	第四级	第五级

在确定档案信息系统的安全保护等级时，应按业务信息安全保护等级和系统服务安全保护等级的较高者定级。

确定档案信息系统安全保护等级，应在综合分析档案信息系统业务信息安全保护等级和系统服务安全保护等级基础上，主要通过考察所管理档案信息的重要程度和敏感程度来确定。但是，重要和敏感信息的数量与档案信息系统所属单位的行政级别存在一定关系，一般来说，高行政级别单位的重要和敏感信息要多于低行政级别单位的重要和敏感信息。为便于操作执行，对档案目录管理系统、数字档案接收系统、数字档案管理系统、档案数字化加工系统、档案利用服务系统、档案网站系统、办公业务系统等七种常用档案信息系统安全保护等级建议如下：

表 4 档案信息系统安全保护等级定级建议表

系统类别	系统名称	行政级别	建议等级
档案信息管理系统	档案目录管理系统	国家级	3 或 2
		省级	3 或 2
	数字档案接收系统	国家级	3 或 2
		省级	3 或 2
	数字档案管理系统	国家级	4 或 3
		省级	3 或 2
	档案数字化加工系统	国家级	2
		省级	2
档案信息服务系统	档案利用服务系统	国家级	3 或 2
		省级	3 或 2
	档案网站系统	国家级	3 或 2
		省级	2
档案办公系统	办公业务系统	国家级	2
		省级	2

档案部门根据本单位档案信息系统业务功能，参照本《指南》进行定级。承载复杂业务和功能的档案信息系统安全等级可高于建议等级，承载多个业务功能的档案信息系统，应以其中最高安全等级进行定级。未在表 4 中列出的档案信息系统，可根据其承载的业务功能，参照本《指南》定级。

5.3.5 编制定级报告

初步确定定级对象的安全保护等级后，档案信息系统使用单位应编制定级报告（见附件 1）。

跨地区的档案信息系统由该系统的主管部门统一确定安全保护等级。

6. 评审

对档案信息系统拟确定为第二级的，由使用单位自行组织信息安全保护等级专家组进行评审；对档案信息系统拟确定为第三级的，由使用单位请上一级档案行政管理部门组织信息安全保护等级专家组进行评审；对档案信息系统拟确定为第四级及以上的，由使用单位或上一级档案行政管理部门请国家信息安全保护等级专家评审委员会评审。使用单位参照评审意见确定档案信息系统安全保护等级，完成定级报告。当专家评审意见与档案信息系统使用单位意见不一致时，由使用单位自主决定档案信息系统安全保护等级。

7. 备案与报备

第二级及以上档案信息系统在安全保护等级确定后 30 日内，由使用单位按规定到所在地的同级公安机关办理备案手续。

备案时应当提交《信息系统安全等级保护备案表》（一式两份，见附件 2）及其电子文档。第二级及以上档案信息系统备案时需提交《信息系统安全等级保护备案表》中的表一、二、三。

档案信息系统安全保护等级备案完成后，使用单位应该向上一级档案行政管理部门报备定级情况，并附《信息系统安全等级保护定级报告》副本及公安部门出具的《信息安全等级保护备案证明》副本。

8. 等级变更

在档案信息系统的运行过程中，信息系统安全保护等级应随着信息系统所处理的信息和业务状态的变化进行适当的变更。当状态变化可能导致业务信息安全或系统服务安全受到破坏，并且受侵害客体和对客体的侵害程度有较大的变化时，应由信息系统使用单位负责进行系统重新定级。重新定级后，应按要求向公安机关重新备案，并完成向上一级档案行政管理部门的报备工作。

附件 1

《信息系统安全等级保护定级报告》

一、×××信息系统描述

简述确定该系统为定级对象的理由。从三方面进行说明：一是描述承担信息系统安全责任的相关单位或部门，说明本单位或部门对信息系统具有信息安全保护责任，该信息系统为本单位或部门的定级对象；二是该定级对象是否具有信息系统的基本要素，描述基本要素、系统网络结构、系统边界和边界设备；三是该定级对象是否承载着单一或相对独立的业务，业务情况描述。

二、×××信息系统安全保护等级确定

（一）业务信息安全保护等级的确定

1. 业务信息描述

描述信息系统处理的主要业务信息等。

2. 业务信息受到破坏时所侵害客体的确定

说明信息受到破坏时侵害的客体是什么，即对三个客体（国家安全；社会秩序和公众利益；公民、法人和其他组织的合法权益）中的哪些客体造成侵害。

3. 信息受到破坏后对侵害客体的侵害程度的确定

说明信息受到破坏后，会对侵害客体造成什么程度的侵害，即说明是一般损害、严重损害还是特别严重损害。

4. 业务信息安全等级的确定

依据信息受到破坏时所侵害的客体以及侵害程度，确定业务信息安全等级。

（二）系统服务安全保护等级的确定

1. 系统服务描述

描述信息系统的服务范围、服务对象等。

2. 系统服务受到破坏时所侵害客体的确定

说明系统服务受到破坏时侵害的客体是什么，即对三个客体（国家安全；社会秩序和公众利益；公民、法人和其他组织的合法权益）中的哪些客体造成侵害。

3. 系统服务受到破坏后对侵害客体的侵害程度的确定

说明系统服务受到破坏后，会对侵害客体造成什么程度的侵害，即说明是一般损害、严重损害还是特别严重损害。

4. 系统服务安全等级的确定

依据系统服务受到破坏时所侵害的客体以及侵害程度确定系统服务安全等级。

（三）安全保护等级的确定

信息系统的安全保护等级由业务信息安全等级和系统服务安全等级较高者决定，最终确定×××系统安全保护等级为第几级。

信息系统名称	安全保护等级	业务信息安全等级	系统服务安全等级
×××信息系统	×	×	×

附件 2

备案表编号：□□□□□—□□□□□

信息系统安全等级保护备案表

备 案 单 位：________________

备 案 日 期：________________

受理备案单位：______（盖章）______

受 理 日 期：________________

中华人民共和国公安部监制

填 表 说 明

一、制表依据。根据《信息安全等级保护管理办法》（公通字〔2007〕43 号）之规定，制作本表；

二、填表范围。本表由第二级以上信息系统运营使用单位或主管部门（以下简称“备案单位”）填写；本表由四张表单构成，表一为单位信息，每个填表单位填写一张；表二为信息系统基本信息，表三为信息系统定级信息，表二、表三每个信息系统填写一张；表四为第三级以上信息系统需要同时提交的内容，由每个第三级以上信息系统填写一张，并在完成系统建设、整改、测评等工作，投入运行后三十日内向受理备案公安机关提交；表二、表三、表四可以复印使用；

三、保存方式。本表一式二份，一份由备案单位保存，一份由受理备案公安机关存档；

四、本表中有选择的地方请在选项左侧“□”划“√”，如选择“其他”，请在其后的横线中注明详细内容；

五、封面中备案表编号（由受理备案的公安机关填写并校验）：分两部分共 11 位，第一部分 6 位，为受理备案公安机关代码前六位（可参照行标 GA380—2002）。第二部分 5 位，为受理备案的公安机关给出的备案单位的顺序编号；

六、封面中备案单位：是指负责运营使用信息系统的法人单位全称；

七、封面中受理备案单位：是指受理备案的公安机关公共信息网络安全监察部门名称。此项由受理备案的公安机关负责填写并盖章；

八、表一 04 行政区划代码：是指备案单位所在的地（区、市、州、盟）行政区划代码；

九、表一 05 单位负责人：是指主管本单位信息安全工作的领导；

十、表一 06 责任部门：是指单位内负责信息系统安全工作的部门；

十一、表一 08 隶属关系：是指信息系统运营使用单位与上级行政机构的从属关系，须按照单位隶属关系代码（GB/T12404 — 1997）填写；

十二、表二 02 系统编号：是由运营使用单位给出的本单位备案信息系统的编号；

十三、表二 05 系统网络平台：是指系统所处的网络环境和网络构架情况；

十四、表二 07 关键产品使用情况：国产品是指系统中该类产品的研制、生产单位是由中国公民、法人投资或者国家投资或者控股，在中华人民共和国境内具有独立的法人资格，产品的核心技术、关键部件具有我国自主知识产权；

十五、表二 08 系统采用服务情况：国内服务商是指服务机构在中华人民共和国境内注册成立（港澳台地区除外），由中国公民、法人或国家投资的企事业单位；

十六、表三 01、02、03 项：填写上述三项内容，确定信息系统安全保护等级时可参考《信息系统安全等级保护定级指南》，信息系统安全保护等级由业务信息安全等级和系统服务安全等级较高者决定。01、02 项中每一个确定的级别所对应的损害客体及损害程度可多选；

十七、表三 06 主管部门：是指对备案单位信息系统负领导责任的行政或业务主管单位或部门。部级单位此项可不填；

十八、解释：本表由公安部公共信息网络安全监察局监制并负责解释，未经允许，任何单位和个人不得对本表进行改动。

表一　单位基本情况

<table>
<tr><td>01 单位名称</td><td colspan="4"></td></tr>
<tr><td>02 单位地址</td><td colspan="4"></td></tr>
<tr><td>03 邮政编码</td><td colspan="2">□□□□□□</td><td>04 行政区划代码</td><td>□□□□□□</td></tr>
<tr><td rowspan="2">05 单位
负责人</td><td>姓　名</td><td></td><td>职务/职称</td><td></td></tr>
<tr><td>办公电话</td><td></td><td>电子邮件</td><td></td></tr>
<tr><td>06 责任部门</td><td colspan="4"></td></tr>
<tr><td rowspan="3">07 责任部门
联系人</td><td>姓　名</td><td></td><td>职务/职称</td><td></td></tr>
<tr><td>办公电话</td><td></td><td rowspan="2">电子邮件</td><td rowspan="2"></td></tr>
<tr><td>移动电话</td><td></td></tr>
<tr><td>08 隶属关系</td><td colspan="4">□1 中央　□2 省（自治区、直辖市）　□3 地（区、市、州、盟）
□4 县（区、市、旗）　□9 其他________</td></tr>
<tr><td>09 单位类型</td><td colspan="4">□1 党委机关　□2 政府机关　□3 事业单位　□4 企业　□9 其他________</td></tr>
</table>

10 行业类别				
	□11 电信	□12 广电	□13 经营性公众因特网	
	□21 铁路	□22 银行	□23 海关	□24 税务
	□25 民航	□26 电力	□27 证券	□28 保险
	□31 国防科技工业	□32 公安	□33 人事劳动和社会保障	□34 财政
	□35 审计	□36 商业贸易	□37 国土资源	□38 能源
	□39 交通	□40 统计	□41 工商行政管理	□42 邮政
	□43 教育	□44 文化	□45 卫生	□46 农业
	□47 水利	□48 外交	□49 发展改革	□50 科技
	□51 宣传	□52 质量监督检验检疫		
	□99 其他________			

11 信息系统总数	个	12 第二级信息系统数	个	13 第三级信息系统数	个
		14 第四级信息系统数	个	15 第五级信息系统数	个

表二　信息系统情况

01 系统名称			02 系统编号	
03 系统承载业务情况	业务类型	□1 生产作业　□2 指挥调度　□3 管理控制　□4 内部办公 □5 公众服务　□9 其他________		
	业务描述			
04 系统服务情况	服务范围	□10 全国　□11 跨省（区、市）跨____个 □20 全省（区、市）　□21 跨地（市、区）跨____个 □30 地（市、区）内 □99 其他________		
	服务对象	□1 单位内部人员　□2 社会公众人员　□3 两者均包括　□9 其他________		
05 系统网络平台	覆盖范围	□1 局域网　□2 城域网　□3 广域网　□9 其他________		
	网络性质	□1 业务专网　□2 因特网　□9 其他______		
06 系统互联情况		□1 与其他行业系统连接　□2 与本行业其他单位系统连接 □3 与本单位其他系统连接　□9 其他________		

07 关键产品使用情况	序号	产品类型	数　量	使用国产品率		
				全部使用	全部未使用	部分使用及使用率
	1	安全专用产品		□	□	□　——%
	2	网络产品		□	□	□　——%
	3	操作系统		□	□	□　——%
	4	数据库		□	□	□　——%
	5	服务器		□	□	□　——%
	6	其他______		□	□	□　——%

<table>
<tr><td rowspan="10">08 系统采用服务情况</td><td rowspan="2">序号</td><td rowspan="2" colspan="2">服务类型</td><td colspan="3">服务责任方类型</td></tr>
<tr><td>本行业(单位)</td><td>国内其他服务商</td><td>国外服务商</td></tr>
<tr><td>1</td><td>等级测评</td><td>□有 □无</td><td>□</td><td>□</td><td>□</td></tr>
<tr><td>2</td><td>风险评估</td><td>□有 □无</td><td>□</td><td>□</td><td>□</td></tr>
<tr><td>3</td><td>灾难恢复</td><td>□有 □无</td><td>□</td><td>□</td><td>□</td></tr>
<tr><td>4</td><td>应急响应</td><td>□有 □无</td><td>□</td><td>□</td><td>□</td></tr>
<tr><td>5</td><td>系统集成</td><td>□有 □无</td><td>□</td><td>□</td><td>□</td></tr>
<tr><td>6</td><td>安全咨询</td><td>□有 □无</td><td>□</td><td>□</td><td>□</td></tr>
<tr><td>7</td><td>安全培训</td><td>□有 □无</td><td>□</td><td>□</td><td>□</td></tr>
<tr><td>8</td><td colspan="2">其他______</td><td>□</td><td>□</td><td>□</td></tr>
<tr><td>09 等级测评单位名称</td><td colspan="6"></td></tr>
<tr><td>10 何时投入运行使用</td><td colspan="6"></td></tr>
<tr><td>11 系统是否是分系统</td><td colspan="6">□是 □否(如选择是请填下两项)</td></tr>
<tr><td>12 上级系统名称</td><td colspan="6"></td></tr>
<tr><td>13 上级系统所属单位名称</td><td colspan="6"></td></tr>
</table>

表三　信息系统定级情况

<table>
<tr><td rowspan="6">01 确定业务信息安全保护等级</td><td>损害客体及损害程度</td><td>级别</td></tr>
<tr><td>□仅对公民、法人和其他组织的合法权益造成损害</td><td>□第一级</td></tr>
<tr><td>□对公民、法人和其他组织的合法权益造成严重损害
□对社会秩序和公共利益造成损害</td><td>□第二级</td></tr>
<tr><td>□对社会秩序和公共利益造成严重损害
□对国家安全造成损害</td><td>□第三级</td></tr>
<tr><td>□对社会秩序和公共利益造成特别严重损害
□对国家安全造成严重损害</td><td>□第四级</td></tr>
<tr><td>□对国家安全造成特别严重损害</td><td>□第五级</td></tr>
<tr><td rowspan="5">02 确定系统服务安全保护等级</td><td>□仅对公民、法人和其他组织的合法权益造成损害</td><td>□第一级</td></tr>
<tr><td>□对公民、法人和其他组织的合法权益造成严重损害
□对社会秩序和公共利益造成损害</td><td>□第二级</td></tr>
<tr><td>□对社会秩序和公共利益造成严重损害
□对国家安全造成损害</td><td>□第三级</td></tr>
<tr><td>□对社会秩序和公共利益造成特别严重损害
□对国家安全造成严重损害</td><td>□第四级</td></tr>
<tr><td>□对国家安全造成特别严重损害</td><td>□第五级</td></tr>
<tr><td>03 信息系统安全保护 等级</td><td colspan="2">□第一级 □第二级 □第三级 □第四级 □第五级</td></tr>
<tr><td>04 定级时间</td><td colspan="2"></td></tr>
<tr><td>05 专家评审情况</td><td colspan="2">□已评审 □未评审</td></tr>
<tr><td>06 是否有主管部门</td><td colspan="2">□有 □无(如选择有请填下两项)</td></tr>
</table>

07 主管部门名称		
08 主管部门审批定级情况	□已审批　　　　　□未审批	
09 系统定级报告	□有　　□无　　　附件名称	
填表人：		**填表日期：**　　年　　月　　日

备案审核民警：　　　　　　　　　　　　审核日期：　　　年

人民法院诉讼档案管理办法

（最高人民法院　国家档案局
2013 年 12 月 16 日发布）

第一章　总　则

第一条　为加强人民法院诉讼档案的管理，根据《中华人民共和国档案法》《中华人民共和国档案法实施办法》和《人民法院档案工作规定》等有关规定，结合人民法院诉讼档案的特点，制定本办法。

第二条　诉讼档案是国家重要的专门档案之一，是人民法院审判活动的真实记录，是对国家和社会具有保存价值的历史记载，是人民法院进行审判工作的重要依据和必要条件。

第三条　人民法院审判业务部门负责诉讼文书材料的收集、整理和立卷归档工作。

第四条　人民法院档案机构负责监督和指导本院各审判业务部门诉讼文书材料的收集、整理和立卷归档及诉讼档案的接收、保管和提供利用工作。

第二章　诉讼档案的接收与保管

第五条　人民法院在诉讼活动中形成的各种载体的诉讼档案，以及由于人民法院撤销、分立、合并等原因，由本院接管的诉讼档案，均属于本院诉讼档案接收范围，任何部门或者个人不得据为已有或者拒绝移交归档。

第六条　各级人民法院审判业务部门应当在案件办理完毕后三个月内，将全案诉讼文书材料、电子文件、庭审录音录像等移交归档。因特殊情况需要延期归档的，最迟不得超过六个月。

第七条　各级人民法院审判业务部门向档案机构移交档案时，应当编写归档清册一式二份。档案工作人员应当按照《人民法院诉讼文书材料立卷规范》（附件 1）的要求，逐卷检查验收，对不符合立卷规范要求的，退回审判业务部门重新整理。

第八条　各级人民法院档案机构应当根据诉讼档案的分类方案，对接收归档的诉讼档案进行分类编号，编制科学的检索工具。使用信息系统管理档案的人民法院，应当编制案卷级和卷内文件级目录索引；未使用信息系统管理档案的人民法院，应当编制案号、案由和当事人名称索引。

第九条　各级人民法院档案机构应当在接收归档的诉讼案卷封面上加盖“归档”章，同时区分不同案件类别，按照年度、一案（册）一号的原则进行编号、排架。

第十条　同一案件由于再审、执行等原因形成几个案号的档案，实行并卷保管的，应当在相关案卷封面和检索工具上注明移出、移入的案号；未实行并卷保管的，应当相互注明参见号。

第十一条　随案归档的录音带、录像带、光盘等其他载体的档案，应当按照有关规定保管，并与案卷相互标注有关档案信息。

第十二条　归档的物证，凡能附卷保存的，应当装订入卷或者装入卷底证物袋中，并作相应文字说明。不宜附卷保存的，应当另行存放，并与案卷相互标注有关档案信息。

第十三条　已经归档的案卷不得擅自增添或者抽取材料，确需增减材料的，应当经相关审判业务部门负责人审批，并征得档案工作人员同意后，按立卷要求办理，并在备考表中注明。

第三章　诉讼档案的利用

第十四条　各级人民法院档案机构应当建立诉讼档案的利用制度，根据不同的利用主体确定诉讼档案的利用范围和审批手续，同时做好诉讼档案的利用登记工作。

涉及国家秘密、商业秘密、个人隐私和可能造成不良社会影响、后果的诉讼档案，在提供利用前应当由相关审判业务部门进行审查，严格限制利用范围。

第十五条　各级人民法院工作人员因工作需要，可以查阅、借阅本院与其工作相关的诉讼档案。

上级人民法院可以查阅、调阅下级人民法院诉讼档案。经档案所在人民法院审查同意，同级人民法院之间可以查阅、复制诉讼档案正卷有关内容，下级人民法院可以查阅、复制上级人民法院诉讼档案正卷有关内容。

有关单位确因工作需要，持单位介绍信和经办人工作证，经档案所在人民法院审查同意，可以查阅、复制诉讼档案正卷有关内容。人民法院与有关单位已有相关借阅规定的，按照规定办理。

第十六条 案件当事人持身份证或者其他有效身份证明（当事人是法人的，应持法定代表人身份证明、工商登记证明复印件），可以查阅诉讼档案正卷有关内容。

律师持执业证、律师事务所介绍信、当事人授权委托书、当事人身份证明复印件，可以查阅诉讼档案正卷有关内容。

其他诉讼代理人持身份证或者其他有效身份证明、当事人授权委托书、当事人身份证明复印件，可以查阅诉讼档案正卷有关内容。

第十七条 当事人或者诉讼代理人可以申请复制所查阅的档案材料。经批准复制的材料，由档案工作人员核对无误后，加盖人民法院档案证明专用章，与档案原件具有同等的效力。

第十八条 借阅、调阅人民法院诉讼档案的有关部门和人员，应当在六个月内归还，确因工作需要继续使用的，应当办理续借手续，续借时间不得超过三个月。对逾期不还的，各级人民法院档案机构应当及时催还并通报。

第十九条 诉讼档案归还时，档案工作人员应当认真检查卷内材料，如发现卷内材料有短缺、涂改、污损等情况，应当及时报告并追查。

第四章 诉讼档案的鉴定、销毁与移交

第二十条 各级人民法院审判业务部门和档案机构应当根据《人民法院诉讼档案保管期限表》（附件2），准确划定诉讼档案的保管期限。

第二十一条 诉讼档案的保管期限分为永久和定期两种。定期分为60年和20年。

凡具有长远查考利用价值的，划定为永久保管。

凡在较长时间内具有查考利用价值的，划定为60年；凡在较短时间内具有查考利用价值的，划定为20年。

第二十二条 刑事诉讼档案保管期限，应当根据刑期、被告人身份、案件的影响程度和审理程序综合划定，取其中最长的保管期限。共同犯罪案件档案，全案的保管期限以刑期为划分标准时，以被告人中的最长刑期为准划定；根据案件的影响程度等其他因素划定的保管期限更长的，取最长的保管期限。

民事诉讼档案的保管期限，应当根据诉讼标的额、当事人身份、案件性质、案件的影响程度和审理程序综合划定，取其中最长的保管期限。

行政诉讼档案的保管期限，应当根据当事人身份、案件性质、案件的影响程度和审理程序综合划定，取其中最长的保管期限。

国家赔偿诉讼档案永久保管。

非诉执行档案的保管期限根据案件类型，参照民事、行政诉讼档案的保管期限划定。

第二十三条 减刑或假释案件档案、刑事附带民事及刑事财产刑执行案件档案、民事诉讼执行案件档案、行政诉讼执行案件档案的保管期限按照原诉讼案件档案的保管期限划定。

调解结案的民事案件档案的保管期限可以适当降低一个等级。

第二十四条 诉讼档案的保管期限从案件的判决书、裁定书或者调解书发生法律效力的下一年起算。

同一案件因不同审级、不同年代形成的案卷，其保管期限从终审结案的下一年起算。

第二十五条 各级人民法院应当对保管期限届满的诉讼档案进行鉴定，准确地判定诉讼档案的存毁。

第二十六条 诉讼档案的鉴定工作，应当按照《人民法院档案工作规定》的有关要求进行。

第二十七条 对保管期限届满，经鉴定仍有保存价值的诉讼档案，应当提升保管期限等级继续保存；经鉴定确定销毁的诉讼档案，应当对案卷进行数字化扫描备份，同时将判决书、裁定书、调解书或者其他结论性材料取出，按照年度、类别、案号的顺序整理立卷，永久保存。

第二十八条 为反映不同历史时期人民法院工作的面貌，应当根据案件的不同类型，选择一定比例的典型性案卷，永久保管。

第二十九条 对经鉴定确定销毁的刑事诉讼档案中的公安、检察卷，在销毁前应当书面通知公安、检察机关，由其确定存毁。如要求保存则移交其自行处理，如同意销毁则一并销毁。

第三十条 各级人民法院应当按照国家有关规定，定期向同级国家综合档案馆移交档案。

第五章 附 则

第三十一条 各省、自治区、直辖市高级人民法院，解放军军事法院，新疆维吾尔自治区高级人民法院生产建设兵团分院可以根据辖区的实际情况制定实施细则，并报最高人民法院备案。

第三十二条 本办法由最高人民法院负责解释。

第三十三条 本办法自2014年1月1日起实施。

附件：1. 人民法院诉讼文书材料立卷规范

2. 人民法院诉讼档案保管期限表

附件 1

人民法院诉讼文书材料立卷规范

第一条 人民法院诉讼文书材料，由审判业务部门书记员负责收集、整理、立卷，承办法官负责检查归档案卷质量。

人民法院审判业务部门书记员应当从立案开始着手收集案件的各种诉讼文书材料。案件办结后，应当认真检查核对材料，确保诉讼文书材料的齐全完整。

第二条 人民法院的诉讼文书材料，根据刑事、民事、行政、赔偿、执行等案件类别，按照年度、审级、一案一号的原则，单独立卷。

第三条 入卷的诉讼文书材料，一般只保留一份。判决书、裁定书、调解书正本应当保留三份，装入卷底证物袋内备用。

第四条 入卷诉讼文书材料应当保留原件，未能提供原件的可保存一份复制件，摘录、复制的材料应当注明来源、名称、日期，并写明经办人姓名，入卷备查。

第五条 下列诉讼文书材料不归档：

(1) 重份材料；(2) 无保存价值的来信、信封、转办单；(3) 常用法律、法规、规章、司法解释复制件；(4) 法律文书未定稿；(5) 与本案无关的材料；(6) 其他不归档的材料。

第六条 诉讼文书按照保密、方便利用的原则分立正卷和副卷。无不宜对外公开材料的，可以不立副卷。

第七条 诉讼文书正卷、副卷材料按照诉讼程序和文书材料形成时间，兼顾文书之间的有机联系进行排列。

第八条 诉讼文书正卷材料：

(1)立案审批表；(2)起诉状、上诉状、抗诉书、案件移送函等表明案件来源的材料；(3)原审人民法院裁判文书；(4)受理通知书、应诉通知书及送达回证或者其他送达凭证；(5)答辩状及送达回证或者其他送达凭证；(6)诉讼费收取手续；(7)送卷函、调卷函；(8)当事人身份证明、授权委托书；(9)调查、询问、讯问笔录、调查取证材料；(10)当事人提供的证据材料；(11)诉前保全、财产保全材料；(12)司法鉴定材料；(13)传票、提押票；(14)开庭通知、公告、庭审笔录；(15)代理词、辩护词、被告人陈述词；(16)延长审理期限审批表；(17)撤诉书；(18)判决书、裁定书、调解书、决定书、司法建议书和其他法律文书正本及送达回证或者其他送达凭证；(19)宣判公告、宣判笔录、委托宣判函；(20)死刑执行命令；(21)物证处理材料；(22)妨碍诉讼的强制措施材料；(23)民事、行政执行材料；(24)案件移送函存根、退卷函、退卷函存根、上级人民法院裁判文书正本；(25)其他诉讼文书材料。

第九条 诉讼文书副卷材料：

(1)阅卷笔录；(2)案件审理报告；(3)合议庭评议案件笔录；(4)审判委员会讨论案件记录；(5)延长审理期限的申请及批示材料；(6)判决书、裁定书、调解书、决定书、司法建议书和其他法律文书原本；(7)执行死刑照片和其他执行死刑材料；(8)其他不宜对外公开的材料。

第十条 死刑复核案件、执行案件的诉讼文书材料排列顺序按照有关规定执行。减刑、假释案件的有关材料，承办人民法院应当单独立卷，原审人民法院收到减刑、假释裁定后，可以将减刑、假释裁定装入原审卷宗的证物袋中。

第十一条 凡能附卷保存的物证均应入卷，无法装订的可以装入卷底证物袋内，同时在证物袋上标明证物的名称、数量、特征和来源。不能附卷的物证，应当另行存放，并与案卷相互标注相关档案信息。不宜保存的物证，应当拍照附卷，实物经主管院长批准后销毁，并在备考表中注明。

第十二条 随案归档的录音带、录像带、光盘等载体的档案，应当在相应的装具上标明案号、当事人姓名或者名称、承办人和书记员姓名、归档日期等信息。

第十三条 入卷的诉讼文书材料一般以 A4 办公纸为标准，纸张过大的要折叠，纸张过小、订口过窄或者有字迹的要粘贴衬纸。纸张破损的要进行修补。

第十四条 文件制成材料或者字迹材料等不利于档案保管的（如热敏纸传真件、不耐久材料书写的文件等），应当对文件进行复制。

第十五条 重要的外文及少数民族文字材料应当附上汉语译文。

第十六条 需要附卷保存的信封，要打开展平加贴衬纸，邮票不得取掉。

第十七条 票据加贴衬纸时要平铺粘贴，一页纸上粘贴多张票据时，应当防止重叠遮盖，并在空白处注明此页粘贴票据张数。

第十八条 文书材料上的金属物必须剔除。

第十九条 诉讼文书材料经过系统整理排列后，应当逐页编号。页号一律用阿拉伯数字编写在有文字纸张正面的右上角，背面的左上角。卷宗封面、卷内目录、备考表、证物袋、封底不编页号。

第二十条 卷内目录应当按照文书材料排列顺序逐件逐项填写。卷内目录除最后一件需填写起止页号外，其余只填起始页号。

第二十一条 案卷封面应当标明全宗名称。封面应当逐项填写齐全，字迹清晰、工整、规范。

第二十二条 备考表包括卷内诉讼文件情况说明、立卷人、检查人和立卷日期。

卷内诉讼文件情况说明记录卷内文件缺损、修改、补充、移出等情况以及其他需要说明的事项。

立卷人由负责整理归档文件的人员签名或者盖章。

检查人由负责检查归档案卷质量的人员签名或者盖章。

立卷日期填写归档案卷整理完毕的日期。

第二十三条 卷宗的装订必须牢固、整齐、美观。卷内材料右齐下齐，三孔一线进行装订，长度以 180 毫米左右为宜。

第二十四条 卷宗的厚度不能超过 15 毫米，同时不能超过 200 页；材料过多的，应当按顺序分册装订，且均从“1”开始编写页号。

第二十五条 卷宗装订后，应当在卷底装订线结扣处粘贴封志，由立卷人或者档案机构加盖骑缝章。

附件 2

人民法院诉讼档案保管期限表

一、刑事诉讼档案保管期限

(一)按刑期划定

1. 死刑、无期徒刑、十五年以上有期徒刑的案件 永久
2. 五年以上不满十五年有期徒刑的案件 60 年
3. 不满五年有期徒刑的案件 20 年

(二)按被告人身份划定

1. 省级及以上人大代表、政协委员犯罪的案件 永久
2. 县级及以上人大代表、政协委员犯罪的案件 60 年
3. 党、政、军、民主党派和人民团体中职务相当于厅级、师级以上干部犯罪的案件 永久
4. 高级工程师、高级会计师、教授、研究员或同等职称以上人员犯罪的案件 永久
5. 社会知名人士犯罪的案件 永久
6. 邪教、恐怖活动组织骨干分子犯罪的案件 永久
7. 单位犯罪的案件 永久
8. 外国人、港澳台居民、民族宗教人士犯罪的案件 永久

(三)按案件的影响程度和审理程序划定

1. 在本辖区内社会影响较大的案件 永久
2. 经再审改判的案件 永久
3. 宣告无罪的案件 永久
4. 犯罪嫌疑人、被告人逃匿、死亡的没收违法所得案件 永久
5. 对依法不负刑事责任的精神病人的强制医疗案件 永久
6. 撤诉、终止、移送的案件 20 年
7. 调解或者当事人和解的自诉案件 20 年
8. 当事人和解的公诉案件 20 年

(四)其他

1. 其他具有长远查考利用价值的刑事案件 永久
2. 其他在较长时间内具有查考利用价值的刑事案件 60 年
3. 其他在较短时间内具有查考利用价值的刑事案件 20 年

二、民事诉讼档案保管期限

(一)按本院依规定受理案件的诉讼标的额划定

1. 较大的 永久
2. 一般的 60 年
3. 较小的 20 年

(二)按当事人身份划定

1. 省级及以上人大代表、政协委员为当事人的案件 永久
2. 县级及以上人大代表、政协委员为当事人的案件 60 年
3. 党、政、军、民主党派和人民团体中职务相当于厅级、师级以上干部为当事人的案件 永久
4. 高级工程师、高级会计师、教授、研究员或同等职称以上人员为当事人的案件 永久
5. 社会知名人士为当事人的案件 永久

(三)按案件的影响程度和审理程序划定

1. 在本辖区内社会影响较大的案件 永久
2. 涉外、涉港澳台、涉民族宗教的案件 永久
3. 经再审改判的案件 永久
4. 判决、裁定或者调解后当事人反复申诉的案件 60 年
5. 撤诉、移送、终止的案件 20 年
6. 选民资格、宣告失踪或者死亡、认定公民无民事行为能力或者限制民事行为能力、认定财产无主案件 永久
7. 确认调解协议、实现担保物权案件 20 年
8. 依照督促程序、公示催告程序审理的案件 20 年

(四)按案件性质划定

1. 姓名权、肖像权、名誉权、荣誉权等人格权纠纷案件 永久
2. 不动产物权纠纷案件 永久
3. 著作权、专利、商标等知识产权纠纷案件 永久
4. 金融、保险、证券、期货、破产、融资租赁、公司股权等民商事纠纷案件 永久
5. 环境污染责任纠纷案件 永久
6. 抚养、扶养、赡养、收养、监护权、分家析产纠纷案件 60 年
7. 继承纠纷案件 60 年
8. 劳动争议、人事争议案件 60 年
9. 无因管理、不当得利案件 20 年

(五)其他

1. 其他具有长远查考利用价值的民事案件 永久
2. 其他在较长时间内具有查考利用价值的民事案件 60 年
3. 其他在较短时间内具有查考利用价值的民事案件 20 年

三、行政诉讼档案保管期限

(一)按当事人身份划定

1. 国务院各部门或者省、自治区、直辖市人民政府及所属工作部门为当事人的案件 永久
2. 自治州、设区的市的人民政府及所属工作部门

为当事人的案件 60年

3. 县、自治县、不设区的市、市辖区的人民政府及所属工作部门为当事人的案件 60年

4. 乡、镇人民政府为当事人的案件 20年

5. 省级及以上人大代表、政协委员为当事人的案件 永久

6. 县级及以上人大代表、政协委员为当事人的案件 60年

7. 党、政、军、民主党派和人民团体中职务相当于厅级、师级以上干部为当事人的案件 永久

8. 高级工程师、高级会计师、教授、研究员或同等职称以上人员为当事人的案件 永久

9. 社会知名人士为当事人的案件 永久

(二)按案件的影响程度和审理程序划定

1. 在本辖区内社会影响较大的案件 永久

2. 涉外、涉港澳台、涉民族宗教的案件 永久

3. 涉及行政相对人重大人身、财产权益的案件 永久

4. 经再审改判的案件 永久

5. 判决、裁定后当事人反复申诉的案件 60年

6. 撤诉、移送、终止的案件 20年

(三)按案件性质划定

1. 涉及房屋、土地、山林、水利等不动产权益的行政案件 永久

2. 确认发明专利权的案件 永久

3. 海关处理的案件 永久

(四)其他

1. 其他具有长远查考利用价值的行政案件 永久

2. 其他在较长时间内具有查考利用价值的行政案件 60年

3. 其他在较短时间内具有查考利用价值的行政案件 20年

人民法院电子诉讼档案管理暂行办法

(最高人民法院　国家档案局
2013年12月16日发布)

第一章　总　则

第一条　为规范人民法院电子诉讼档案管理,确保电子诉讼档案的真实、完整、有效与安全,促进档案信息资源开发利用,根据《中华人民共和国档案法》《中华人民共和国档案法实施办法》《人民法院档案工作规定》《电子文件归档与管理规范》等有关规定,结合人民法院电子诉讼档案的特点,制定本办法。

第二条　本办法所称电子诉讼档案,是指人民法院在诉讼活动中形成的、具有保存价值且应归档保存的电子诉讼文件,以及案卷归档后经数字化处理产生的纸质诉讼档案的电子版本。

第三条　电子诉讼档案的管理应当根据信息化条件下电子诉讼档案形成和利用的规律,遵循以下基本原则:

(一)统一管理。对电子诉讼档案实行统筹规划,统一管理,各级人民法院档案机构负责对电子诉讼档案进行集中保存和管理。

(二)全程管理。对电子诉讼档案的形成、传输、保存、利用、销毁等实行全过程管理,确保电子诉讼档案始终处于受控状态。

(三)规范标准。对电子诉讼档案制定统一标准,规范管理。

(四)便于利用。发挥电子诉讼档案高效、便捷的优势,提供分层次、分类别共享应用。

(五)安全保密。按照国家有关法律法规和规范标准的要求,采取有效技术手段和管理措施,确保电子诉讼档案信息安全。

第四条　各级人民法院应当对电子诉讼档案管理工作进行统筹规划,建立管理制度,明确管理职责,规范工作流程,落实保障措施。

各级人民法院审判部门负责案件办理过程中的电子诉讼文件的形成、整理、立卷、归档;档案机构负责电子诉讼档案的检查、接收、整合、保管、利用和监督指导,以及案卷归档后的数字化处理工作;技术部门负责提供技术支持。

各级人民法院应当配备一定数量事业心强、有信息化知识、与电子诉讼档案管理任务相适应的专职档案干部。

第五条　最高人民法院应当建立全国统一的人民法院电子诉讼档案查阅服务平台,逐步实现电子诉讼档案远程异地查阅。

第六条　各高级人民法院应当对辖区内法院电子诉讼档案管理实行统一软件平台,统一技术标准,统一操作规范。

第二章　电子诉讼文件的形成、接收与归档

第七条　电子诉讼文件是指在案件办理过程中,通过计算机等电子设备形成、办理、传输和存储的文字、图表、图像等电子文件,包括法律文书的电子文本、电子证据、电子庭审录音录像,以及同步数字化产生的纸质诉讼材料的电子版本等。

第八条　电子诉讼文件归档应当符合下列要求:

(一)在案件审结后按时将有保存价值的电子诉讼文件归档,归档期限与纸质诉讼材料的归档期限相同。

(二)电子诉讼文件以案件为单位进行整理,分立正、副卷。纸质诉讼材料经同步数字化处理形成的电子诉讼文件,应遵照第三章有关条款执行。

(三)建立案卷级和卷内文件级目录数据,并将目录数据与电子诉讼文件对应关联。目录数据与电子诉讼文件同步归档。

（四）采用符合国家规定的通用格式存储。原始格式是非通用格式的电子诉讼文件，一般应当转换成通用格式。如确实无法转换的，应当将相关软件及说明一并收集归档。

（五）电子诉讼文件元数据是描述电子诉讼文件的内容、结构、背景和管理过程的数据。电子诉讼文件元数据应当和电子诉讼文件一并归档。

（六）采用技术手段加密的电子诉讼文件应当解密后归档，压缩的电子诉讼文件应当解压缩后归档。

（七）准确划分密级。

第九条 电子诉讼文件在归档时，应当进行真实、完整、有效方面的鉴定、检测，并参照纸质诉讼文件立卷归档的规定，由归档部门相关责任人确认。

第十条 电子诉讼文件归档后，可采用在线或者离线方式存储。归档部门可以通过在线或者离线方式将电子诉讼档案数据及其管理权转移至档案机构。

第十一条 各级人民法院档案机构应当配备必要的软硬件设备，对接收的电子诉讼文件进行质量检查，检查结果形成记录保存备查。质量检查包括数据的准确性、完整性、可用性和安全性等。对检查不合格的，应当退回归档部门重新制作提交。

第十二条 各级人民法院有关部门在建立、完善与电子诉讼文件归档相关的信息系统时，应当征求档案机构的意见。

第三章 纸质诉讼档案的电子版本制作

第十三条 纸质诉讼档案的电子版本制作可以采用案卷归档后对卷内材料进行集中数字化的方式，也可以采用在案件办理过程中对纸质诉讼材料进行同步数字化的方式。

第十四条 纸质诉讼档案的电子版本制作应当符合下列要求：

（一）纸质诉讼档案的电子版本应当与原纸质诉讼档案保持一致。

（二）一般应当对纸质诉讼档案的正、副卷材料从封面至封底进行完整数字化；确实不宜数字化的材料可以不予数字化，但应当登记备查。

（三）对纸质诉讼档案数字化直接产生的图像文件应当采用未加密的 TIFF 或者 JPEG 格式，并且永久留存。提供查询应用时，可以转存为 PDF 等其他格式。

（四）纸质诉讼档案的数字化加工一般采用黑白二值模式进行扫描；对材料中有多色、红头、印章、插有照片图片、字迹清晰度较差、黑白扫描模式下无法辨识清晰的页面，以及年代较为久远的历史档案，应当采用彩色模式进行扫描。扫描分辨率不低于 200dpi。

（五）在纸质诉讼档案的电子版本制作过程中，一般应当建立案卷级和卷内文件级目录数据。目录数据应当真实、准确、完整。目录数据项目参见附件 1。

（六）库藏纸质诉讼档案没有完整电子目录数据的，一般应当在纸质诉讼档案的电子版本制作过程中，形成库藏纸质诉讼档案的完整电子目录数据。

（七）应当对纸质诉讼档案的电子版本进行质量检查，检查结果形成记录保存备查。质量检查的内容包括目录数据、图像文件以及数据挂接等。质量检查不合格的应当及时退回纠正。

（八）应当符合国家保密管理有关规定。

第十五条 采用集中数字化方式制作纸质诉讼档案的电子版本时，由档案机构牵头负责实施和管理。

采用同步数字化方式制作纸质诉讼档案的电子版本时，诉讼材料形成部门负责对纸质诉讼材料数字化形成的电子版本进行真实性、有效性和完整性的认定；归档部门负责电子案卷的整理合成，确保电子案卷与纸质案卷同步归档；档案机构负责电子案卷曲质量验收和归档接收。

第十六条 纸质诉讼档案的电子版本制作过程中，其目录数据已经存在于审判管理系统或者其他信息系统中的，可以从审判管理系统或者其他信息系统中获取。被获取方应当提供目录数据管理所要求的系统信息、交换数据、程序接口等。数据交换格式一般应当符合附件 1 要求。

第十七条 具备条件的法院在纸质诉讼档案的电子版本制作过程中，可以为原纸质诉讼档案逐册加贴与信息系统相关联的条形码、二维码、无线射频等机读标签。

第四章 电子诉讼档案的存储和保管

第十八条 各级人民法院档案机构保存电子诉讼档案可以采用在线或者离线方式。在线存储应当使用档案专用存储服务器；离线存储可以选择使用数据磁带、档案级光盘、固态硬盘、硬磁盘等耐久性好的载体。重要电子诉讼档案可以转换成纸质或者缩微胶片进行异质备份。

第十九条 使用数据磁带、档案级光盘、固态硬盘、硬磁盘等作为归档载体、电子诉讼档案离线存储或者异质备份载体时，应当符合下列要求：

（一）载体制作工作可以结合电子诉讼档案的形成过程开展，也可以通过服务器下载数据进行集中制作。制作载体一般不少于两份，一份用于保存，另一份用于利用。档案机构应当制定电子诉讼档案离线保存的数据操作、载体转移等方面的管理制度。

（二）在载体或者载体盒上应当标注反映其内容的标签。制作完毕的所有载体应当形成目录，记录载体内的文件信息等内容。

具备条件的法院可以在载体或者载体盒上设置与信息系统相关联的条形码、二维码、无线射频等机读标签。

（三）电子诉讼档案在载体上一般按照案号排列，按照案号排列的存储结构应当符合附件2要求，或者能够转换成附件2要求的存储结构。

第二十条 保管电子诉讼档案的离线存储载体，应当符合下列条件：

（一）载体一般应当作防写处理，避免擦、划、触摸记录涂层。

（二）单片载体应当单个装盒，竖立存放，且避免挤压。

（三）存放时应当远离强磁场、强热源，并与有害气体隔离。

（四）环境温度选定范围为17℃—20℃；相对湿度选定范围为35％—45％。

归档前离线存储载体在各部门的保管，应当参照上述条件。

第二十一条 各级人民法院信息技术部门负责为电子诉讼档案管理系统的有效安全管理提供技术支撑。档案机构会同信息技术部门做好电子诉讼档案的在线和离线备份工作，制定备份方案和恢复演练方案，并按照要求实施。

各级人民法院档案机构应当对离线存储的电子诉讼档案定期进行抽样机读检查或者转存，发现问题及时采取恢复措施。

第二十二条 未经各级人民法院档案机构批准，任何部门或者个人不得擅自获取、利用、迁移、修改、删除以各种形式存储的电子诉讼档案及其备份数据。

第二十三条 各级人民法院应当加强电子诉讼档案管理的基础设施建设，按照不同载体的保管要求配备相应的库房、设备。

第二十四条 最高人民法院应当建立人民法院重要电子诉讼档案备份中心，异地、异质保管全国法院重要电子诉讼档案。

有条件的高级人民法院应当集中保管辖区内法院重要电子诉讼档案的备份数据，并统筹考虑辖区内法院重要电子诉讼档案的远程异地备份工作。

有条件的高级人民法院之间开展重要电子诉讼档案远程异地备份工作，应当制定方案并签订协议，报最高人民法院备案。

第二十五条 诉讼档案销毁或者移交国家综合档案馆时，除按照有关规定不允许留存的以外，人民法院档案机构应当留存相应的电子副本。

第二十六条 涉密电子诉讼档案应当使用符合保密规定的载体存储，并按照保密要求进行管理使用。

第五章 电子诉讼档案的利用

第二十七条 各级人民法院档案机构应当遵循统一管理、分级审批、区别利用的原则，为利用主体提供真实可靠的电子诉讼档案。

各级人民法院档案机构应当充分利用信息技术手段，深入挖掘电子诉讼档案价值，积极开展电子诉讼档案的著录和检索工作，扩大电子诉讼档案资源的应用范围。

各级人民法院档案机构可以采取多种方式提供利用电子诉讼档案，包括在线阅览、数据传输与移转、打印输出等。

第二十八条 各级人民法院档案机构应当优先将电子诉讼档案提供利用。电子诉讼档案能够满足工作需要时，一般不再提供纸质原件。

第二十九条 各级人民法院档案机构提供的电子诉讼档案经打印输出的纸质副本，一般应当覆有表明其为复制件的水印，在加盖人民法院档案证明专用章后，具有与档案原件同等的效力。

人民法院之间按照有关规定移转的纸质诉讼档案的电子版本，可以视同为原件使用。

第三十条 各级人民法院档案机构提供电子诉讼档案在线使用时，应当满足下列要求：

（一）电子诉讼档案在呈现时应当有案卷、册次、卷内目录的分级列表，并能够按照案卷、册次、卷内目录等项目分别设置使用权限。

（二）电子诉讼档案上一般覆有表明其为复制件的水印。

（三）电子诉讼档案的展示界面一般使用不带专用插件的浏览器模式。界面基本要素符合附件3要求。

第三十一条 各级人民法院电子诉讼档案的利用范围参照纸质诉讼档案执行。各级人民法院应当根据电子诉讼档案的保密等级和不同查阅主体的实际需要，规定相应的审批程序。

各级人民法院及其工作人员利用电子诉讼档案时，档案机构应当根据利用主体的身份和职责，设置跨合议庭、跨部门、跨法院等利用权限。

当事人及其诉讼代理人查阅涉及国家秘密、商业秘密、个人隐私和可能造成不良影响、后果的电子诉讼档案，档案机构在提供利用前应当交相关审判业务部门进行审查，严格限制利用范围。

第三十二条 最高人民法院通过一级网调阅电子诉讼档案，按照以下要求执行：

（一）高级人民法院收到调阅要求后，一般应当在三个工作日内完成报送工作。因协调下级法院等原因需要延期的，最迟不超过十个工作日完成报送工作。

（二）最高人民法院调取电子诉讼档案时，各高级人民法院及其辖区法院尚未形成电子诉讼档案的，由高级人民法院负责电子诉讼档案的形成、制作。

（三）相关案件审结后，电子诉讼档案在线提供查阅的，提供方应当停止相应查阅权限；电子诉讼档案离线提供查阅的，使用方应当及时销毁。

第三十三条 各级人民法院档案机构应当做好电子诉讼档案的利用登记。使用信息系统提供电子诉讼档案查阅的，信息系统应当有利用登记、利用统计等功能。

第三十四条 各级人民法院应当提供必要的电子诉讼档案阅览场所，并配备相应设施设备。

第六章 奖励与惩处

第三十五条 人民法院应当建立电子诉讼档案管理工作考核制度，对在电子诉讼档案管理工作中取得突出成绩的单位和个人，给予表彰奖励。

第三十六条 人民法院电子诉讼档案管理工作中，有下列情形之一的，责令限期整改；情节严重的，对直接负责的主管人员或者其他直接责任人员按照有关规定给予相应处分：

（一）电子诉讼档案管理不符合真实、完整、有效和安全保密要求的；

（二）不按照规定归档或者接收电子诉讼文件的；

（三）不按照规定提供电子诉讼档案的；

（四）损毁、丢失、篡改、伪造电子诉讼档案的；

（五）擅自提供、复制、公布、销毁电子诉讼档案的；

（六）擅自出卖电子诉讼档案的；

（七）其他严重不负责任，造成电子诉讼档案损失的。

有前款（四）至（七）项情形构成犯罪的，依法追究刑事责任。

第七章 附 则

第三十七条 各省、自治区、直辖市高级人民法院，解放军军事法院，新疆维吾尔自治区高级人民法院生产建设兵团分院可以根据本辖区的实际情况制定实施细则，并报最高人民法院备案。

第三十八条 本办法由最高人民法院负责解释。

第三十九条 本办法自2014年1月1日起实施。

附件：1. 电子诉讼档案目录数据项目及交换格式
2. 电子诉讼档案按照案号排列时的存储结构
3. 电子诉讼档案阅览界面布局

附件1

电子诉讼档案目录数据项目及交换格式

电子诉讼档案目录数据是指在形成电子诉讼档案时，对电子诉讼档案的内容和形式特征进行分析、选择和记录而形成的描述性数据。其主要作用是对电子诉讼档案进行管理和检索。

（一）电子诉讼档案目录数据项目

电子诉讼档案目录数据主要包括以下六个方面的项目：

1. 案卷与责任者：案号、案由、当事人、审判程序、审理结果、审判法院、合议庭成员、承办人、书记员、鉴定者、归档者、接收者、著录者、迁移者。

2. 载体形态：总册数、正卷册数、副卷册数、证物袋数量、光盘数量、光盘编号。

3. 密级与保管期限：密级、保管期限。

4. 时间：立案日期、结案日期、归档日期、迁移日期、销毁日期。

5. 电子文件挂接：卷内文件（序号、标题、电子文件路径）。

6. 排检与编号：档号、相关案号、参见号、全宗名称、版权。

（二）电子诉讼档案目录数据交换格式

电子诉讼档案目录数据采用XML格式进行数据交换，数据交换文件格式如下，斜体部分填入实际内容。

```
〈? xml version="1.0" encoding="UTF-8"?〉
〈档案目录〉
  〈诉讼档案〉
  〈项目名称1〉项目1内容〈/项目名称1〉
  〈项目名称2〉项目2内容〈/项目名称2〉
  ……
  〈/诉讼档案〉
  ……
  〈诉讼档案〉
  ……
  〈/诉讼档案〉
  〈/档案目录〉
```

（三）各高级人民法院根据实际需要，可以统一增加辖区内适用的自定义项目和子项目。

附件 2

电子诉讼档案按照案号排列时的存储结构

电子诉讼档案在载体上按照案号排列时，其存储结构按照下图所示：

- xxxx人民法院　此文件夹表示全宗名称
  - 说明.xml　此文件包含对本级和下级文件夹的说明信息
  - 诉讼档案_案号　此文件夹表示类别，且按照案号排列
    - 2012　此文件夹表示立案年代
      - 民申字　此文件夹表示审判程序代字
        - 2012年民申字第00001号　此文件夹表示完整案号
          - 特征页　此文件夹存储纸质文件影像中的特征页
          - 目录　此文件夹存储目录数据
            - 目录.xml　此文件为案卷内容、对应文件等描述性信息
          - 案卷_tif　此文件夹存储纸质文件的tif格式影像
            - 001正卷　此文件夹表示册次
              - 封面.tif　封面文件
              - 卷内目录.tif　卷内目录文件
              - xxxxxx_01.tif　卷内文件
              - xxxxxx_02.tif　卷内文件
              - 备考表.tif　备考表文件
              - 证物袋.tif　证物袋文件
            - 002副卷
          - 案卷_pdf　此文件夹存储纸质文件转换生成的pdf格式
            - 001正卷　此文件夹为册次
              - 封面.pdf　封面文件
              - 卷内目录.pdf　卷内目录文件
              - xxxxxx_01.pdf　卷内文件
              - xxxxxx_02.pdf　卷内文件
              - 备考表.pdf　备考表文件
              - 证物袋.pdf　证物袋文件
            - 002副卷
          - 案卷_电子　此文件夹存储没有对应纸质文件的归档电子文件
            - 001正卷　此文件夹为册次
            - 001副卷　此文件夹为册次

说明：

（一）关于说明文件。说明文件命名为“说明. xml”，使用XML格式存储，存放当前文件夹及下级文件夹的说明信息。如果一个文件夹中没有说明文件，则此文件夹说明信息等同于其上级文件夹；下级文件夹中的说明文件优先于上级文件夹中的说明文件。说明文件的主要项目包括：载体参数（容量、类型）；载体编号；保管单位；制作单位；一致性检查单位；所需环境（操作系统、操作系统版本、显示软件）；元数据规范；数据封装规范；分类编号规则；文件命名规则。在使用中可以根据实际需要增加项目或者子项目。

（二）关于目录文件夹与目录文件。每个电子诉讼档案案号文件夹下，建有“目录”文件夹，存放相关影像和档案实体的目录文件。目录文件的数据项目及格式要求应当符合附件1要求。

（三）关于特征页文件夹。为方便电子诉讼档案快速查询利用，每个电子诉讼档案案号文件夹下，应当建有“特征页”文件夹，存放用于预览的影像文件。

（四）关于自定义文件夹。在满足上图所示各文件夹功能的基础上，各高级人民法院可以根据实际需要统一增加辖区内适用的自定义文件夹。

附件 3

电子诉讼档案阅览界面布局

电子诉讼档案阅览界面一般使用仿宋四号字体，其布局如下图所示：

<table>
<tr><td colspan="2">一、法院标识区</td></tr>
<tr><td>二、案号区</td><td>四、操作区</td></tr>
<tr><td>三、内容索引区</td><td>五、内容区</td></tr>
</table>

（一）法院标识区用于显示提供电子诉讼档案的法院信息，可为文字、图片或者网页支持的动画等。

（二）案号区用于显示当前电子诉讼档案的完整案号，使用粗体字号。

（三）内容索引区用于显示案卷内目录。采用树状结构时如下图所示，点击条目时内容区出现相应条目的内容。

```
⊟ (2005)京高民三字第1号
  ⊟ 正卷1
     封面
     卷内目录
     (1)二审案件立案审查、审判流程管理信息表
     (2)上诉移送函
     ………
     备考表
  ⊞ 副卷1
```

（四）操作区用于集中存放各类操作按钮，主要项目包括：翻页（首页、上页、下页、尾页、显示指定页码）、页面调整（放大、缩小、旋转）、打印（打印当前页、打印当前文件、打印当前卷册、打印指定页码范围）、输出（输出当前页、输出当前文件、输出当前卷册）等。操作区应当始终显示。

（五）内容区用于显示案卷内容页面。

西宁市档案管理条例

（2013 年 4 月 24 日西宁市第十五届人大常委会第十二次会议通过 2013 年 5 月 30 日青海省第十二届人民代表大会常务委员会第四次会议批准）

第一章　总　则

第一条　为了加强对档案的管理、保护和利用，为经济建设和社会发展服务，根据《中华人民共和国档案法》《中华人民共和国档案法实施办法》等法律、法规，结合本市实际，制定本条例。

第二条　本条例所称档案，是指过去和现在的国家机构、社会组织以及个人从事政治、军事、经济、科学、技术、文化、宗教等活动直接形成的对国家和社会有保存价值的各种文字、图表、声像、电子信息等不同形式的历史记录。

第三条　在本市行政区域内的所有机关、社会团体、企业事业单位、其他组织和公民，都有保护档案的义务。

第四条　市、区（县）人民政府应当加强对本行政区域内档案工作的领导，把档案事业列入国民经济和社会发展计划，加强档案基础设施建设，保障档案事业所需经费，实现档案管理工作现代化。

第五条　市、区（县）人民政府应当加强档案信息化建设，把档案信息化管理工作纳入本行政区域内电子政务和信息化总体规划。

第六条　档案工作实行统一领导、分级管理的原则，维护档案完整与安全，便于社会各方面的利用。

第二章　档案机构职责

第七条　市、区（县）档案行政管理部门，主管本行政区域内的档案事业，应当履行下列职责：

（一）贯彻执行档案工作的法律、法规和方针政策；

（二）制定本行政区域内档案事业发展计划和档案工作的管理制度，并组织实施；

（三）对本行政区域内的各类档案馆和单位的档案工作进行监督、检查和指导，依法查处档案违法行为；

（四）组织并指导对濒临消失的珍贵档案的征集、抢救和保护、宣传和教育及档案工作人员培训；

（五）组织并指导本行政区域内的档案理论和科学技术研究与推广应用；

（六）其他应当依法履行的职责。

第八条　乡（镇）人民政府和街道办事处的档案机构或档案工作人员负责管理本单位的档案工作，并对所属单位和村（居）民委员会的档案工作进行监督、指导。

村民委员会、社区居民委员会应当协助有关部门开展档案收集、整理、保管和利用工作。

第九条　机关、团体、企业事业单位和其他组织的档案机构或档案工作人员，负责统筹管理本单位的档案，并按规定向有关档案馆移交档案。

第十条　市、区（县）国家档案馆包括综合档案馆和专门档案馆，是集中保管和提供利用档案的文化事业机构，应当履行下列职责：

（一）市、区（县）综合档案馆负责收集、整

理、保管和提供利用分管范围内对国家和社会具有保存价值的各门类、各载体的档案，征集散存在社会上的档案史料。

（二）市城建档案馆负责监督、指导、收集、保管和提供利用本行政区域内城市规划、建设及与之相适应的各项管理活动中形成的对国家和社会以及城市发展具有保存价值的各门类、各载体的档案资料。

（三）其他部门档案馆，负责收集、管理本部门形成的对国家和社会发展具有保存价值的档案资料，并向社会提供利用服务。

第十一条 公民、法人或者其他组织可以依法设立档案中介服务机构。档案中介服务机构应当报县级以上档案行政管理部门备案，并在核定的范围内开展档案整理、鉴定、评估、咨询等工作。档案行政管理部门应当加强对中介服务机构的监督。

第十二条 档案工作人员应当忠于职守，遵纪守法，具备专业知识。

在档案的收集、整理、保护和提供利用等方面成绩显著的单位或者个人，由市、区（县）人民政府给予奖励。

第三章 档案管理

第十三条 机关、团体、企业事业单位和其他组织及其工作人员在工作中形成的档案，应当按照国家规定的归档范围整理立卷，定期移交本单位档案工作机构或档案工作人员，集中统一管理，不得据为己有或者拒绝归档。

国家规定不得归档的材料，禁止擅自归档。

第十四条 有关部门或者人员应当做好重大活动和突发事件档案的收集、整理工作，并移交市、区（县）国家档案馆集中统一管理。本行政区域内的重大活动（事件），由同级人民政府确定。

第十五条 建设工程、科学技术研究、技术改造等项目验收或者鉴定时，必须有本单位的档案工作机构或者档案工作人员参加，并按照规范要求进行档案资料验收工作。

重点建设工程竣工验收和重大科学技术研究项目鉴定时，应当由项目建设单位的档案工作机构或档案管理人员会同同级人民政府档案行政管理部门进行项目档案验收工作。

第十六条 机关、团体、企业事业单位和其他组织应当依照规定向有关档案馆移交档案：

（一）列入综合档案馆收集范围的档案，自形成之日起满10年，向市、区（县）国家档案馆移交；

（二）列入专门档案馆管理范围的档案，自形成之日起1年内，向专门档案馆移交，法律、法规另有规定的从其规定；

（三）列入机关、团体、企业事业单位和其他组织档案机构管理范围的档案，自形成之日起至次年6月30日前向本单位档案机构移交。

经同级档案行政管理部门检查和同意，专业性较强或需要保密的档案，可以延长向有关档案馆移交的期限；已撤销单位的档案或者由于保管条件恶劣可能导致不安全或者严重损毁的档案，可以提前向有关档案馆移交。

第十七条 市、区（县）国家档案馆和机关、团体、企事业单位以及其他组织的档案工作机构，必须按照年度或者规定的时间，向县级以上人民政府档案行政管理部门报送档案统计报表。

第十八条 市、区（县）人民政府及其工作部门应当按照国家有关政府信息公开的规定，及时向同级国家档案馆提供本部门主动公开的政府信息。

第十九条 市、区（县）国家档案馆应当建立科学的管理制度，加强档案安全体系建设，健全应急防范机制，配置必要的设备设施，实施重要档案异地和异质备份制度，确保档案实体安全和信息数据安全。

第二十条 市、区（县）国家档案馆应当加强对电子档案的接收和管理工作，加快传统载体档案的数字化建设，实现档案管理信息化。

电子档案管理实行备份制度，市、区（县）国家档案馆应当建立电子档案备份中心，电子档案管理的具体办法依据国家规定执行。

第二十一条 机关、团体、企业事业单位和其他组织向国家档案馆移交档案时，应当无偿移交下列材料和实物：

（一）编写的本单位全宗介绍、组织机构沿革、大事记等资料；

（二）编印出版的报刊、文集、地方志、专业志等；

（三）反映本地区政治、经济、文化、教育、卫生等方面的专著；

（四）荣获省（部）级以上的荣誉证书、奖牌；

（五）与国内外城市友好往来活动中赠与的有保存价值的纪念品。

第二十二条 市、区（县）国家档案馆向社会重点征集本行政区域的历史档案、少数民族档案、名人档案和重大活动（事件）档案，有关单位和公民应当支持和配合。

第二十三条 涉密档案的管理和利用，密级的变更和解密，按照国家有关保密的法律、法规的规定执行。

第二十四条 鉴定档案保存价值、期限以及销毁的程序，按照国家有关规定执行。

任何单位和个人不得擅自销毁档案。

第二十五条 非国家所有的档案，档案所有者应当妥善保管，其所有权受法律保护。

非国家所有的档案，档案所有者可以向国家档案馆寄存或者出卖；向国家档案馆以外的单位或者个人出卖对国家和社会具有保存价值或者应当保密的档案的，应当按规定由档案行政管理部门批准。严禁向外国人和外国组织出卖或者赠送。

第二十六条 禁止私自携带、运输出境或者以其他形式对外传播属于国家所有的档案和其他对国家和社会有保存价值的档案或者其复制件。

确需出境的档案，按有关规定执行。

第四章 档案的利用与公布

第二十七条 市、区（县）国家档案馆保管的档案，应当按照规定的期限向社会开放，并同时公布开放档案的目录。经济、科学、技术、文化等类档案，可以随时向社会开放。涉及国家安全或者重大利益以及其他到期不宜向社会开放的，可以依法延期向社会开放。

市综合档案馆应当建立全市档案资料目录信息中心，各类档案馆和其他档案机构应当逐步实现信息共享，为社会提供便捷服务。

区（县）综合档案馆应当定期向市档案资料目录信息中心报送档案资料目录，专门档案馆和其他档案机构应当定期向同级国家档案馆报送档案资料目录。

第二十八条 市、区（县）国家档案馆应当建立现行文件查阅服务中心，设置查阅场所，简化程序和手续，为公民、法人和其他组织利用档案和获得政府公开信息提供便利。

第二十九条 市、区（县）国家档案馆应当建立档案信息资源数据库，逐步通过网络向社会提供档案利用服务。

第三十条 单位和公民可以凭介绍信、居民身份证等有效证明，利用档案馆已开放的档案、政府公开信息及其他公开信息；利用未开放的档案和其他单位档案机构保存的档案，应当依照国家有关规定办理。

外国人或者外国组织利用已开放档案，须经相关主管部门介绍以及保存该档案的档案馆同意。

第三十一条 市、区（县）国家档案馆和其他档案机构提供利用的档案，应当逐步以缩微品和其他复制形式代替原件。缩微品和其他复制形式的，载有档案收藏单位法定代表人的签名或者盖有印章标记的，具有与档案原件同等的效力。

第三十二条 利用档案馆寄存档案的，应当经寄存者同意。

向档案馆移交、捐赠、寄存档案的单位或者个人，对该档案享有优先利用权，并可以对档案中不宜向社会开放的部分提出限制使用意见，档案馆应当维护其合法权益。

第三十三条 属于国家所有的档案，由国家授权的档案馆或者有关机关公布；未经档案馆或者有关机关同意，任何组织和个人无权公布。

非国家所有的档案，档案所有者公布时，应当遵守有关规定，不得损害国家安全和利益，不得侵犯他人的合法权益。

第三十四条 市、区（县）国家档案馆和其他档案机构应当加强对档案信息资源开发利用，编辑出版档案史料，举办档案陈列展览，开展社会宣传和爱国主义教育，提供各种形式的档案服务。

第五章 法律责任

第三十五条 有下列行为之一的，由市、区（县）档案行政管理部门或者其主管部门责令限期改正，逾期不改的，对主管领导或者直接责任人依法给予行政处分：

（一）对本单位档案不实行集中统一管理，档案管理混乱的；

（二）档案库房不符合规定，危及档案安全不采取措施的；

（三）不按时归档，不按期移交档案的，或者拒绝归档、移交档案的；

（四）档案出现破损、霉变、散失、字迹褪变等，不采取措施的；

（五）重点建设项目或者科学技术研究项目的档案，未经档案行政管理部门和有关主管部门验收的。

第三十六条 利用档案馆档案，有下列行为之一的，由市、区（县）人民政府档案行政管理部门根据有关档案的价值和数量，对直接负责人处以五百元以上三千元以下的罚款，对单位处以一万元以上五万元以下的罚款；造成损失的，责令赔偿损失；构成犯罪的，依法追究刑事责任：

（一）损毁、丢失属于国家所有的档案的；

（二）擅自提供、抄录、公布、销毁属于国家所有的档案的；

（三）涂改、伪造档案的。

第三十七条 企业事业单位或个人，有下列行为之一的，由市、区（县）档案行政管理部门对个人处以五百元以上三千元以下罚款，对单位处以一万元以上五万元以下罚款；造成损失的，责令赔偿损失；有违法所得的，没收违法所得；构成犯罪的，依法追究刑事责任：

（一）擅自出卖或者转让档案的；

（二）倒卖档案牟利或者将档案出卖、赠予外国人的。

第三十八条 档案行政管理工作人员滥用职权、徇私舞弊、玩忽职守造成损失的，由档案行政管理部门和主管部门给予行政处分；构成犯罪的，依法追究刑事责任。

第六章 附 则

第三十九条 本条例应用中的具体问题，由市人民政府档案行政管理部门负责解释。

第四十条 本条例自公布之日起施行。

（五）档案馆工作

全国档案馆工作发展综述

一、档案馆服务中心工作取得新成果

为纪念毛泽东诞辰120周年，中央档案馆举办毛泽东手书诗词展览、编辑出版毛泽东手迹系列丛书、制作专题网络视频、为有关部门编写毛泽东年谱等提供大量档案。

为纪念习仲勋诞辰100周年，中央档案馆为中央领导同志提供习仲勋档案和照片，为有关部门编写习仲勋年谱、文集、画册，拍摄电视片《习仲勋》等提供大量档案；广东等省档案馆也提供了大量档案和照片。

内蒙古、上海、贵州、青岛参加当地教育实践活动领导小组工作，指导文件材料收集归档；北京做好园博会等全市重大活动归档工作；辽宁编印全运会档案人员手册，确保各类档案及时归档；南京与青奥组委会共同开展实物档案征集工作。

中央档案馆出版《中共中央文件选集（1949.10—1966.5）》共50册；山西与晚报合办《档案揭秘》专刊；黑龙江出版《黑龙江档案春秋》；上海与媒体合办上海梦想档案主题活动，与《新闻晨报》合作开设“上海读本”专栏；湖北在《湖北日报》开辟档案文化专栏；广西与有关单位合编出版越南阮文追学校资料选编；四川在《成都商报》推出“档案时空”专版；云南与中央电视台合拍《南洋华侨机工》电视片。

二、档案馆功能建设又有新进步

档案资源建设不断加强。国家档案局继续抓好9号令的贯彻落实，审核批复14家省级档案馆收集档案范围细则。上海全面开展进馆单位档案资源普查；广西组织档案资源建设年活动；辽宁征集明清版东北方志等；山东组织赴台湾征集档案；湖北启动省级领导个人档案收集；湖南做好国外涉湘档案征集。

省级档案馆馆库建设有序开展。辽宁新馆建成开馆；浙江、南京、成都新馆年底将结构封顶；北京、安徽、河南完成新馆建设前期准备工作；河北、山西、重庆、新疆、厦门、长春、武汉新馆建设（扩建）工程已批准立项或列入规划；甘肃将省级档案馆建设补助纳入省级财政预算。

地县级档案馆馆库建设继续推进。2013年度中西部地区县级档案馆建设项目264个，共补助中央投资8亿元；北京市档案局与市发改委、财政局合发加强区县档案馆建设的意见；山西协调解决配套资金不足问题；江苏开展档案馆建设资金绩效评价；湖北设立以奖代补专项资金，对通过功能验收的县级档案馆进行奖励；云南已有62个县级档案馆开工建设；西藏、陕西、青海对档案馆建设项目进行专项督查。

中小学档案教育社会实践基地建设继续推进。2012—2013年度，国家档案局与教育部共同命名19家档案馆为国家级中小学档案教育社会实践基地；江苏、江西、广西联合教育厅下发省级中小学档案教育社会实践基地建设管理办法及实施细则。

数字档案馆建设不断深化。国家档案局组织召开数字档案馆（室）建设推进会，提出用15年左右的时间，建成以数字资源为基础、安全管理为保障、远程利用为目标的数字档案馆（室）体系的发展目标，要求各级档案馆（室）以实际行动开展数字化，实现数字转型。建成并开通全国开放档案信息资源共享平台门户网站，已有27个档案馆上传数据近50万条。

《市、县级国家综合档案馆测评办法》出台

市、县级国家综合档案馆测评工作从2008年初正式启动，截至2013年底，全国累计有854家档案馆被评为国家级档案馆。2013年度完成154家档案馆的测评，其中国家一级档案馆28家，国家二级档案馆108家，国家三级档案馆18家。

市、县级国家综合档案馆测评工作是为配合全国文明城市创建活动而开展的，极大地促进了市、县级档案馆工作和发挥了档案馆在文明城市建设中的作用，取得了很好的效果。为了进一步加强市、县级国家综合档案馆建设，根据全国档案馆事业发展需要，国家档案局决定对《市、县级国家综合档

案馆测评办法》（以下简称《办法》）进行修订。2012年上半年，国家档案局向全国副省级市以上档案馆发函征求对《办法》的修改意见，共收到反馈意见近200条，统一进行了梳理汇总并对《办法》作出相应修改。2013年3月，国家档案局在北京组织召开《办法》修改工作研讨会，邀请部分地方档案局的专家对初改后的《办法》逐条进行分析讨论、修改完善。2013年4月，经过多轮修改后的新版《办法》正式印发各地档案部门。

新版《办法》的实施，使市、县级国家综合档案馆更好地为本地区文明城市创建活动服务，对我国档案馆事业发展是一件具有深远意义的事情。借助文明城市测评的机遇，各地党委、政府加强了对档案馆的领导、加大了对档案馆的投入，解决了档案馆发展中的一些难题，市、县级国家综合档案馆整体工作水平迈上了一个新的台阶。

专业档案管理规章制度制定工作走入正常轨道

2013年，国家档案局继续加大专业档案管理力度，与各中央、国家相关部委积极开展合作，制定了一批与民生密切相关的专业档案规章制度或管理办法，以构建民生档案工作制度体系，为维护人民群众的合法权益提供有力的制度保障和政策依据。

国家档案局与民政部合发《农村五保供养档案管理办法》；国家档案局与国家新闻出版广电总局合发《广播电视节目档案管理规定》；国家档案局与最高法院合发《人民法院诉讼档案管理办法》。

国家档案局与民政部联合开展《生活无着流浪乞讨人员救助档案管理办法》制定工作，已完成调研、起草、征求意见等程序；国家档案局与民政部联合开展《城市社区档案管理办法》制定工作，已完成调研、起草、征求意见；国家档案局与国家地理信息测绘局共同调研、起草《测绘地理信息档案管理规定》，现已完成征求意见程序；国家档案局与国家工商总局联合调研、修订《企业登记档案管理办法》和《企业登记档案查询办法》。国家档案局克服人员少、经费短缺的问题，积极想方设法，借助社会力量，与国家食品药品监督局联合调研医疗器械生产企业档案工作情况，分析研究医疗器械生产专业档案的形成规律、整理保管与提供利用等现状，已制定出《医疗器械企业生产质量档案管理办法（初稿）》。国家档案局派人参加国土资源专业档案工作会议，对国土资源专业档案管理进行规划。

为贯彻落实全国民生档案工作经验交流会精神，进一步推动覆盖人民群众的档案资源体系和方便人民群众的档案利用体系建设，把民生档案工作提高到一个新的水平，国家档案局组织各省、自治区、直辖市档案局、馆就各地区专业档案接收进市、县级综合档案馆情况填报调查表。每地区选报5个市（地）级档案馆、10个县（区）级档案馆的进馆情况（直辖市选报5家区县档案馆即可），要求所选15家单位体现出本地区档案馆建设的基本情况和整体水平。填表时既包括专业主管机关和国家档案局联合确认的种类，也包括专业主管机关单独确认的种类，还包括至今尚未确认的种类。

2013年，国家档案局与人力资源和社会保障部一起对八家省级经办机构社保档案进行达标验收工作。社会保险业务档案规范化管理经验总结交流座谈会在天津召开，国家档案局组织全国档案系统业务指导处长参加。会议总结了省级经办机构社保业务档案规范化管理工作，通报了市、县业务档案规范化管理工作进展情况，进一步交流了工作经验，对下一步工作进行了部署。会后国家档案局与人力资源和社会保障部一起又对部分省市社保业务档案管理人员进行了培训。

（国家档案局档案馆（室）业务指导司）

全国档案馆测评与档案教育基地建设研讨会

2013年6月24—26日，国家档案局在江苏省苏州工业园区档案馆召开全国档案馆测评与档案教育基地建设研讨会。国家档案局副局长李明华出席会议并讲话，全国各省、自治区、直辖市和计划单列市、新疆建设兵团档案局国家级测评员参加会议。会议由国家档案局档案馆（室）业务指导司司长孙钢主持。江苏省档案局局长谢波到会致辞。

李明华在讲话中指出，全国文明城市创建工作将国家级档案馆纳入测评内容，为档案事业发展提供了良好机遇。各地要善于学习创新，积极策划，争创国家级档案馆。此次国家档案局根据新时期新要求，修订了《市、县级国家综合档案馆测评办法》（以下简称《办法》）及其标准，将更好地引导档案馆的全面发展。他强调，国家级馆测评工作是提升档案馆政治业务水平的抓手，各地要把握好文明城市创建的好时机，认真学习消化实施新《办法》。要正确认识标准条款的内涵要求，早谋划早动员早准备，不搞临时突击性创建，扎扎实实做好各等级的国家级档案馆测评工作，把市、县级档案馆创建成经得起历史检验的国家级馆，以测评工作推动档案馆建设，以测评工作促进解决档案馆事业发展中的实际问题，实现档案馆的科学发展和向现代化公共档案馆的战略转型。李明华还充分肯定了江苏国家级档案馆创建工作的成功经验和做法。

会议参观了上海闵行区档案馆、苏州工业园区档案馆，观摩了苏州地区6个国一级馆的迎检材料，听取了江苏省档案局关于国家级档案馆创建工作情况介绍。

（江苏省档案局）

中央档案馆保管工作综述

2013年，档案资料保管部积极开展党的群众路线教育实践活动，紧紧围绕馆局中心任务开展工作。

认真履行档案安全保管工作职能。坚持预防为主、从严管理、防患于未然的安全保密教育方式，进行经常性地安全教育；坚持档案安全例会制度，要求各级干部以高度的政治责任感和强烈的事业心，重视安全保密这个头等大事；严格执行各项规章制度，规范档案利用审批程序和手续；配合有关部门做好库房安全检查，保证档案实体安全；严禁涉密和非涉密计算机之间、公用移动存储介质交叉使用，保证档案信息安全。

做好档案利用服务工作。办理批件472个，其中外部利用259个，内部利用213个，急件41个，全年提供利用档案资料1584卷（本）19068件101094页，胶卷176张（盒），照片1326张，光盘11张285分钟，打印、复印档案17196页，扫描档案20743画幅，制作、刻录光盘1209张。为党中央决策提供档案利用服务，为党和国家的重要活动提供档案利用服务，为经济和民生档案利用需求和社会各界提供档案利用服务；主动开发档案信息资源。制作365集专题网络视频《档案天天看　毛泽东档案系列》；与新文化运动纪念馆合作举办的“风展红旗如画——120幅毛泽东藏画展”、“毛泽东120幅诗词手迹展”等展览；利用部分馆藏档案，编辑、出版了《毛泽东书法选》《毛泽东书法艺术精选》《毛泽东批注二十四史》《毛泽东藏阅资治通鉴》《中华人民共和国国旗国徽国歌档案》《毛泽东藏书——〈吕氏春秋集释〉〈新笑林一千种〉〈笑话新谈〉》、图片集《毛泽东关怀下的边区保育院》、漫画集《红色漫画》等书籍和文化礼品《要上天入地把握今朝——柳亚子纪念册》；与当代中国研究所合作编辑《中华人民共和国史编年1960—1973》；中国社会科学院合作编辑《中华人民共和国经济档案资料选编1966—1976》；监制、制作大型文献电视专题片《中国近现代影像史》。

加强档案资源体系建设。接收了发改委、全国政协、中共中央文献研究室、国家电网公司等9个单位的档案24590卷又1692件，现行图书资料4万余期，采购图书资料1500余册。从中国视协电视纪录片学术委员会、馆局内部有关单位或部门接收音像档案155盘，其中包括22部文献片；先后60次前往国家发改委、中央文献研究室、国务院法制办等33个中央和国家机关单位，检查指导拟移交档案整理工作；14个单位办理全宗号事宜；联合信息中心，分别在西宁、郑州举办了2期中央和国家机关档案移交培训班；征集到“文革”档案、照片、印章、视频母带、书法作品；继续在国家档案局网站上开设档案征集栏目，多方搜集征集线索；开展中央档案馆档案价值评定体系机制建设。

稳步推进非涉密档案数字化，完善档案保管基础工作。组织有关人员加班加点进行解密鉴定；建立健全各种档案交接登记手续，保证及时提供所需档案；提供现场指导服务，解答疑难问题；利用业余时间，进行档案清点、消毒，保证档案原件安全。坚持新接收档案及时消毒入库清点上架；对档案目录情况进行了全面的统计核查；安装库区柜子228组共计1140个；修裱破损文件152件391页；建设和开放中央档案馆图书资料中心；上载采集、导入数据，编目录音档案目录，抽查音像档案，打印制作光盘柜标识，购买影视资料和购买旧的音像设备。为馆局和事业单位提供了音像、视频服务保障工作。

做好建国后档案数据库建设工作。负责《馆藏建国后中央档案数据存储及管理系统》项目的推进实施，召开项目实施协调会，研究项目落实具体问题，派专人跟进屏蔽机房的基础设施建设，专人负责项目设备的登记管理，配合做好各项软硬件设备的安装调试。在项目实施过程中，始终严格监督，严格检查、仔细验货，确保数据库建设安全。

中央档案馆档案接收、征集工作情况

2013年，中央档案馆档案资料保管部坚持统筹安排、密切配合的工作思路和方法，切实抓好档案接收工作。

全年共接收了中央文献研究室、国务院法制办、全国政协、中国作协、科技部奖励办公室等9个单位的档案24590卷又1692件。接收现行图书资料40000余期，采购图书资料1500余册。从中国视协电视纪录片学术委员会、馆局内部有关单位或部门接收音像档案155盘，其中包括22部文献片。

档案整理检查指导工作的质量，制约和影响着进馆档案的整体质量。2013年保管部先后60次前往中央文献研究室、发改委、司法部、全国政协等33个中央和国家机关单位，检查指导拟移交档案整理工作，并对部分单位提出了书面整改意见。此外，还为国家邮政总局、人力资源和社会保障部、民革中央、农工民主党等14个单位办理全宗号事宜。

与信息中心联合，分别在西宁、郑州举办了2期中央和国家机关档案移交培训班，对43个单位60人进行了相关的业务培训，进一步保证了今后档案移交工作的顺利进行。

继续在国家档案局网站上开设档案征集栏目，多方搜集征集线索。结合馆局与其他单位合作举办“风展红旗如画——纪念毛泽东诞辰120周年书画展”、“纪念毛泽东诞辰120周年中国扇面书画展”等纪念活动，共征集到131幅书法作品、16件扇面和绘画作品。征集了中央新闻电影制片厂等7家单位的7部影视片视频母带，周恩来等照片392张，全国妇联编纂的《二十一世纪中国妇女运动史》（上、中、下卷）、《中国妇女运动历史资料·民国政府卷》（上、下）各两套。全年共制作中央档案馆收藏证书151件。

筹备召开了中央档案馆档案价值评定委员会第二次会议、《国家档案价值评定与档案等级研究》课题项目组第一次会议。修改《中央档案馆档案价值评定规则（修改稿）》《中央档案馆档案价值评定委员会管理规定》等制度性文件。

专题网络视频
《档案天天看——毛泽东档案系列》

为纪念毛泽东诞辰120周年，国家档案局网站上推出了365集专题网络视频《档案天天看——毛泽东档案系列》，从馆藏毛泽东档案中精选出365件档案，包括毛泽东亲笔起草、修改、书写、批注的文件、电报、书信、论著、诗词、题词，以及毛泽东的印章、重要讲话录音、藏书等多种类型，主要以日期为对照，每日公布一件档案，共制作目录2000余条，查阅毛泽东档案800余件，扫描档案近500件。透过这些珍贵的档案资料，让广大公众从不同角度了解毛泽东领导中国革命的伟大实践和丰功伟绩，学习他科学的战略思想和理论成果，领略他非凡的领袖风采和艺术才华。人民网络、新华网、中国共产党新闻网也在栏目同步分布视频内容，点击量达数百万，取得了很好的社会反响。

风展红旗如画
——纪念毛泽东诞辰120周年名家书画展

2013年7月30日，为了纪念毛泽东诞辰120周年，“风展红旗如画——纪念毛泽东诞辰120周年名家书画展”在北京新文化运动纪念馆开展。该展览由中央档案馆主办，中国书画收藏家协会、阳光国际商务有限公司协办，北京新文化运动纪念馆承办，为期一个月。

为庆贺毛泽东诞辰60周年，全国著名画家创作了统一尺寸，统一题材的一百余幅国画作品。60年后，全国120位著名书法家，又创作了统一尺寸和统一题材的120幅书法作品。此次展览精选了120幅60年前的领袖藏画和60年后的现代书法家的120幅书法作品，意义非凡。

展览收到很好的社会效果，参观人数达数万人。

（中央档案馆档案资料保管部）

中央档案馆档案利用工作情况

一、馆藏档案提供利用工作

2013年，中央档案馆共办理档案利用批件283个，接待档案利用者2194人次，检索档案目录2万余条，审核档案资料22021卷（件、册），提供利用档案资料18523卷（件、册）。

及时组织完成紧急查档件的办理。先后四次为中办秘书局工作查考急查有关档案，两次为中央纪委紧急提供有关档案。为中办法规局中央党内法规和规范性文件清理工作，及时提供中共中央及中央办公厅有关文件。

积极为党的群众路线教育实践活动提供查档服务。为做好党的群众路线教育实践活动的准备工作，中央党的群众路线教育实践活动领导小组多次要求查阅有关档案资料，中央档案馆先后为其提供了“三讲”教育、先进性教育活动、深入学习实践发展观活动期间中央政治局常委同志建立联系点及有关联络服务工作的档案复印件307件3393页、录音档案2件；提供深入学习实践科学发展观活动期间有关经费问题的档案复印件21件104页。

中央组织部为刻制“中央党的群众路线教育实践活动领导小组”印章，要求查阅“中央学习实践科学发展观活动领导小组”印章样式，中央档案馆急查急办，及时提供。

为老一辈革命家诞辰纪念活动提供利用档案。为纪念2013年毛泽东诞辰120周年，中央文献研究室编写《毛泽东年谱（1949—1976）》、编辑《毛泽东民族工作文选》，湖南韶山毛泽东同志纪念馆筹办《中国出了个毛泽东》主题展览；为纪念 2014 年邓小平、任弼时诞辰 110 周年，中央文献研究室编写《邓小平传（1904—1997）》、编辑《任弼时书信选》，湖南任弼时纪念馆筹办展览等；为纪念习仲勋诞辰 100 周年，中央党史研究室拍摄文献纪录片《习仲勋》、编辑《习仲勋文集》及《习仲勋》画册，中央文献研究室编辑《习仲勋论统一战线》，陕西省委办公厅编写《习仲勋年谱》提供有关档案等。

为有关单位编史修志、举办展览、拍摄专题片大批量提供利用档案。先后为有关单位编史修志、举办展览、拍摄专题片等提供了大量的档案资料。为国家审计署编写《中国共产党审计工作史》、当代中国研究所编辑《邓力群自述·六十年华（1915—1974）》提供有关档案；为全国政协办公厅制作电子版《全国政协委员名录》；中央新影集团拍摄反映毛泽东、周恩来、朱德 3 位伟人生平、友谊的影片《战友》、中央文献研究室创作纪录片《强国基业》；总装备部筹建钱学森同志展厅、总政档案馆筹建“军队政治工作历史档案陈列室”；中国伊斯兰教协会筹办成立 60 周年庆祝活动提供有关档案等。

二、中央国家机关政府公开信息查阅工作

2013 年，中央国家机关政府公开信息查阅中心共接待查阅者 632 人次，提供阅览文件资料信息 1788 件，打印、复印文件 17368 页。办理国家档案局依申请公开信息 5 件（次），邮寄、发送传真 5 件，电话答复查询 19 人次，电子邮件查询 13 人次。征集和接收全国人大、国务院、质检总局、环境保护部、国资委、民政部等十几个国家部委单位的公报或公告（文告）268 期。

查阅中心对查阅者热情接待，周到服务，得到广大查阅者的肯定，查阅者感谢留言 166 条。为进一步做好中央国家机关政府公开信息的查阅服务工作，《中央国家机关政府公开信息查阅管理系统》正式投入运行，可以实时将中央国家机关官方网站的政府公开信息，抓取到查阅中心的政府公开信息数据库，为查阅者检索所需信息提供了方便，有效地提高了服务效率。

（中央档案馆档案资料利用部）

中国第一历史档案馆档案整理数量再创新高

为筑牢明清档案事业的根基，认真解决制约明清档案事业发展的瓶颈问题，2013 年中国第一历史档案馆（以下简称“一史馆”）在总结前两年工作的基础上，创新思路、科学筹划，推动档案整理工作安全稳步发展，取得了前所未有的成绩。一是严格执行规范，保证整理质量。一史馆针对汉文档案不同全宗、类项档案，提前梳理整理要点，严格执行质量标准，加强现场指导，并对公司完成整理的档案严格进行不少于 20%的抽检，质检中发现的问题及时反馈。满文档案整理实行渐进式责任制，每个重要工作岗位都安排 2 人以上，依次替补，不因人员变动而出现岗位空缺，确保工作质量和秩序稳定。二是合理安排计划，切实保障进度。根据整理工区库容科学掌握档案提调节奏，确保档案按计划提调归还，同时主动向公司提出改进工序管理方式的建议，提醒和督促公司保持各工序合理衔接，避免阻滞或脱节。三是创新管理方式，提高管理水平。统一操作规范，全面采用分件翻拍后著录方法，减少档案实体操作环节，有利于保护原档、提高质量和效率。

2013 年全年共完成档案整理 187.5 万多件，其中汉文档案整理 170.8 万件，满文档案整理 16.7 万件，均超额完成年度计划，达到历史最高水平，经检查验收全部符合质量要求。

中国第一历史档案馆数字化工作成效显著

一史馆档案数字化工作加强现场监管，狠抓制度落实，认真履行职责，取得了显著成效，超额完成年度计划。一是严格监管质量。为确保数字化质量，一史馆加强质量验收，严格进行比对质检。通过改进软件质检程序，实现图像抽检综合案卷 100%全覆盖，有效提升了加工质量和监管水平。坚持公司员工考核合格上岗制度，对新入职员工和出错率较高人员进行重点抽查。二是合理掌控进度。首先，注重整体进度控制，务求同步开展，尤其在项目衔接这一关键环节上，要求做到提前计划、认真调研、周密安排、规范程序，有效缩短项目过渡周期。其次，重视计划性和预见性。根据数字化扫描工作经验和档案状况，提前制定预案，并采取行之有效的应对机制。再次，强调公司人员稳定。坚持外包公司人员备份机制，严格要求公司加工人员数量和业务能力保持稳定，确保数字化加工各环节有效运转。三是及时沟通协调。在与公司的沟通协调中，一史馆建立了层次分明、分工明确的沟通机制，建立了稳定、顺畅的沟通渠道，能够及时解决工作中遇到的各种问题。

2013 年全年共验收通过 4 个数字化加工项目，

完成档案扫描1030万画幅，大大超过了820万画幅的年度计划。

中国第一历史档案馆档案信息化平台平稳运行

构建档案信息化平台，建设现代化数字档案馆，是一史馆实现明清档案科学管理和充分利用的重要手段。2013年，一史馆的信息化平台在探索中不断发展。一是完善数据安全管理制度，提高工作标准。一史馆针对其软硬件平台特点，修订《馆藏档案电子数据安全管理规定》，优化了工作流程，增加了有关要求。为保证运维服务质量，该馆还遵照ISO 20000国际标准及IT服务管理的相关流程和规范制定了一整套运维管理体系文件，明确信息安全、信息系统建设及安全运行等工作，严格执行国家信息系统安全等级保护2级或3级标准。二是认真做好馆藏数字资源中心的安全运行管理。海量数据的安全管理和运维，对一史馆来说是一个全新的课题，没有现成的经验可资借鉴。为此，一史馆有关部门反复讨论研究数据存储规划，制定数据迁移实施方案和数据库备份实施方案，确保档案数据的安全性和数据备份的可操作性，馆藏数字资源中心保持平稳运行。

据统计，一史馆数字化平台2013年全年共接收数字化项目档案条目数据近90万条，接收TIFF、JP2、JPG三种格式图像各1100多万画幅，完成数据磁带备份1031TB，馆藏数字资源已由两年前的22TB飞速增加到2300TB。

中国第一历史档案馆新馆建设工作取得新进展

2013年是一史馆迁建工程具有重要意义的一年，面对新的形势和时间紧迫、情况复杂的局面，新馆建设工作不断推进，取得了突破性进展。一是完成新馆祈西用地的拆迁工作。二是编制完成新馆迁建工程可行性研究报告，并报经中央办公厅主任办公会议研究同意。三是积极推进新馆建设调整立项工作，向国家档案局报送了调整立项请示，中直管理局批复同意并已报送国家发改委审批。四是完成新馆建设社会稳定风险评估报告。五是完成新馆建设概念方案设计，待发改委批复新馆调整立项报告后，一史馆将进行新馆设计方案正式招标工作。六是完成新馆建设节能评估报告编制。七是完成新馆祈西地块岩土工程初步勘查工作，确定祈西地块区域范围内无影响场地稳定性的不良地质作用，可作为新馆的天然地基。

中国第一历史档案馆档案保护力度提升

一史馆明清档案修复工作任务繁重、难度很大，已经成为影响事业发展的“瓶颈”。针对这一现状，一史馆积极探索，大胆创新档案修复工作模式。在总结过去两期试验性修复外包的基础上，通过招标比选等程序，先后与两家公司签订了修复加工外包合同，使得修复外包工作正式进入规范轨道，并根据本馆实际制定了档案修复外包管理模式：一史馆以管理培训、咨询和质量检查为主，兼顾高难度精品档案修复，外包公司负责一般性、基础性的档案修复工作。修复外包进入正轨后，月均修复档案达到500多件1.2万多面，2013年全年修复档案5270件13.7万面，修复能力较之以前大大提高，初步缓解了档案整理及数字化工作的压力。

（中国第一历史档案馆）

中国第二历史档案馆着力加强档案资源建设和对外合作交流

2013年，为贯彻落实国家档案局局长、中央档案馆馆长杨冬权关于加强国家档案资源建设的指示精神，中国第二历史档案馆（以下简称“二史馆”）将征集民国档案作为主要工作之一。

2013年6月，以中国第二历史档案馆副馆长曹必宏为团长的6人代表团应邀赴美国、加拿大征集民国档案，收集以民国名人为主的档案总量近800画幅1300页。7月，以中国第二历史档案馆副馆长马振犊为团长的6人代表团应邀赴台湾参访，与台北国父纪念馆达成合办展览意向，并与多家台湾档案机构建立联系。9月，以中国第二历史档案馆馆长翟玉霞为团长的5人代表团应邀赴英国、瑞典征集民国档案，接收珍贵的傅秉常日记原件3册，探寻与国外开展档案文化合作交流的可能性。

通过海外档案征集工作，进一步完善了民国档案资源体系构成。同时，拓宽了档案工作的国际视野，对今后民国档案的保管保存和利用极具借鉴意义。

2013年，中国第二历史档案馆增强对外交流和宣传工作，进一步提升了民国档案在海内外的知名度和影响力。全年接待国（境）内外档案界、学术界和文化界等各界人士有：台湾“陈立夫医药研究文教基金会”董事长陈林颖曾女士，俄罗斯崔可夫元帅基金会董事长尼·崔可夫将军，新加坡晚晴园——孙中山南洋纪念馆馆长潘宣辉，中国宋庆龄基金会副主席、中国侨联顾问唐闻生、台湾中山学术文化基金会董事长许水德一行，台湾司法界代表团一行，韩国国家记录院李昌柱先生。客人们参观了特藏陈列库，了解二史馆基本馆情，并就进一步开展合作交流进行了探讨。

中国第二历史档案馆数字化大楼正式启用

2013年4月1日，经过前期紧张的筹备工作，中国第二历史档案馆数字化大楼正式投入使用，并举行了简朴的启用仪式。

2012年，在中共中央办公厅、国家档案局、中央档案馆和财政部领导的关心、支持下，二史馆研究制订了《馆藏档案数字化工程总体方案（2013—2017年）》，决定全面加快民国档案数字化步伐，全体职工克服了长期以来办公条件简陋的困难，将新落成的4000平方米办公楼全部用于数字化工程建设。该大楼启用后，数字化前整理、扫描、修裱、缩微和质检、数据处理等工作环节将全部搬迁至此，实行统一的流程化管理。

数字化大楼的启用，标志着二史馆档案数字化工作迈上新的台阶，在数字化档案馆建设的道路上具有十分重要的意义。

中国第二历史档案馆建立青年义工突击队和“悦读书屋”

为全面贯彻习近平总书记2013年5月4日同各界优秀青年代表座谈时的讲话精神，树立和践行社会主义核心价值观，带头倡导良好风气，5月中旬，由二史馆机关党委倡导，共青团组织成立了“义工突击队”，由24名青年志愿者组成，90%为三十岁左右的党员，共青团二史馆支部书记担任队长。队伍本着倡导新风气、带头学雷锋、积极做义工的宗旨，以关爱档案、关爱档案馆、关爱档案人为重点，坚持贴近实际、贴近生活、贴近群众创造性地开展志愿服务，并利用休息时间进行义务劳动。

与此同时，一个由二史馆青年人创办的“悦读书屋”也正式对本馆职工开放。意在充实全馆职工特别是青年干部中午休息时间的业余文化生活，引导和培养干部职工“爱读书、会读书、常读书、读好书”的学习习惯。目前，书屋的600余册档案业务类、政治类、史学类、文学类、少儿类、期刊杂志类书籍，全部由本馆干部捐赠，由青年义工队管理开放借阅。

全国民国档案目录工作研讨会

为探索全国民国档案目录有效利用的新模式，谋划民国档案信息资源由共建向共享方面的转型，中国第二历史档案馆于2013年5月9—10日在海南省海口市召开全国民国档案目录工作研讨会。国家档案局副局长、中央档案馆副馆长段东升，档案馆（室）业务指导司司长孙钢和来自全国档案局馆的会议代表74人参加。

会上，孙钢传达了中央政治局委员、国务院副总理刘延东“要采取有效措施，加强对文献的保护工作”的重要指示以及中央有关领导同志对档案馆警卫工作的重要批示。段东升要求与会代表把学习贯彻中央领导同志的重要指示贯穿会议始终，并就新形势下如何做好民国档案目录工作发表重要讲话。二史馆馆长翟玉霞作了主题发言，对全国民国档案资料目录中心二十一年来的工作进行了全面总结，并提出了目录中心今后的工作设想。

与会的15位代表先后交流了各自档案局馆在区域目录中心建设、目录数据采集、档案目录体系建设、数字档案馆建设、档案查询平台建设以及民国档案开放利用等方面的经验与做法，并就构建全国民国档案信息资源共享平台，加快实现民国档案信息资源建设由共建向共享转型提出了宝贵的建议。

中国第二历史档案馆积极参与国际档案日宣传活动

为纪念“国际档案日”，普及档案基础知识，提升社会档案意识，2013年6月9日，中国第二历史档案馆、江苏省档案局（馆）及南京市档案系统联合举办“档案在你身边——‘6·9’国际档案日广场宣传服务活动”。

活动现场，二史馆的档案骨干团队热情解答群众有关档案查阅利用等诸多问题，并向市民发放宣传图册和《民国档案》期刊。通过开展内容丰富、形式多样的档案宣传，吸引了众多市民参与，充分体现了档案工作面向基层、服务民生的宗旨，取得了良好的社会反响。

中国第二历史档案馆开展消防专题活动

2013年8月30日，为继续抓好人员密集场所消防安全工作，中国第二历史档案馆与南京市富贵山消防中队联合举办消防专题活动，邀请中队警官举办消防知识讲座，就人员密集场所火灾防范、如何报警和逃生、初起火灾扑救等消防安全常识进行讲解和现场演示，二史馆领导班子与数字化工作人员、义务消防队员、各外包公司员工、驻馆武警和物业保安一起认真听讲和观摩。课后，部分人员分组体验了模拟火灾现场的灭火过程。消防官兵还为大家展示了消防车载专用器材、消防战士服装配备以及消防水枪的使用方法等，给现场观摩人员留下了深刻印象。

通过开展消防专题活动，二史馆干部职工与外包公司人员对火灾的防范意识以及火灾发生时的处置能力得到了增强，档案安全管理意识进一步强化。

（中国第二历史档案馆　蔡斌）

中国兵器工业集团公司召开数字档案馆建设方案研讨会

2013 年 3 月 25 日，中国兵器工业档案馆在北京召开了中国兵器工业集团公司数字档案馆建设方案研讨及布置会，来自集团公司各子集团和直管单位档案部门的负责人参加了会议。

会议结合《兵器档案技术发展路线图》，对集团公司数字档案馆建设整体规划进行了全景描述，以“三项主攻技术方面”和“十项关键技术”为脉络，规划了集团公司全系统数字档案馆建设的宏伟蓝图，指明了兵器工业档案事业未来 10—20 年的发展方向。会议重点推出《中国兵器工业集团公司数字档案馆建设方案（框架）》，解析了数字档案的定义、特点，提出集团公司全系统数字档案馆建设的目标和原则，规划了数字档案馆的总体架构。同时出台了《集团公司数字档案馆考核与评价标准（框架）》，从基础网络设施建设、信息资源库建设、综合档案管理系统建设、规范标准制度建设和安全保障体系建设五个方面，对各单位建设数字档案馆提出了明确量化分值的指标要求，作为数字档案馆考评验收的依据。

会议还提出集团公司全系统数字档案馆建设进度表，组织了分组讨论，听取各单位对数字档案馆建设、档案工作评价和下一步档案工作的建议和意见，收集到许多富有建设性的意见。会议的召开统一了思想，明确了认识，使建设集团公司全系统数字档案馆的概念得到进一步加强，为下一步抓好第一批试点单位的实施工作奠定了基础。

（中国兵器工业档案馆　张培立）

招商局档案馆举办“招商局与中国企业史研究”国际学术研讨会

2013 年 10 月 23—25 日，为纪念“招商局史研究会”成立十周年，招商局档案馆在深圳蛇口举办“招商局与中国企业史研究”国际学术研讨会。来自中国大陆、中国香港、中国澳门、中国台湾、澳大利亚、日本等地的 26 位著名专家学者在中国企业制度、政企关系、战略管理、文化类型、治理结构、产权与资本结构，以及中国企业与社会公益事业、中国传统文化对企业发展的影响等诸多方面进行了深入的学术交流。这是国内首次将中国企业史作为主题进行学术研讨，填补了中国企业史研究的空白，具有历史意义和现实意义，更具学术价值和社会价值。

招商局史研究会成立于 2004 年，是一家专门从事招商局史研究的企业内部学术团体。招商局史研究会致力于丰富和繁荣招商局及相关历史的学术性研究，发展和壮大招商局事业、培育和建设招商局企业文化。会员由专业工作者和业余研究者自愿结成，建有“招商局史研究”网站（http：//1872.cmhk.com）。

招商局史研究会自成立以来，广泛吸收社会力量，邀请具有影响力的专家作为研究会的特邀顾问兼特约研究员，依靠专业力量进行学术咨询、课题规划、成果评价及开展成果交流活动。编著出版招商局历史研究系列丛书近 50 本（册），对招商局的历史乃至中国近代史的研究起到了深化、填补空白的作用。通过招商局史研究会有计划、有步骤地开展各项活动，使招商局史研究工作从自发、零散走向组织化、常规化，各类研究成果丰硕，研究层次不断加深，社会影响力显著增强。

与招商局史研究会同期成立的还有招商局历史博物馆，博物馆定位为展示招商局企业历史，宣传招商局企业文化，开展爱国主义教育，树立招商局品牌。自成立以来，利用招商局档案资源举办了《一八七二到今天》的常设展及《招商局港航》《招商局印谱》《招商局建筑》《春天的故事》《袁庚》图片展等专题展览；接待国内外各界人士近 10 万人次；被授予“深圳市红色旅游景区”、“广东省中共党史教育基地”、“深圳市中共党史教育基地”、“爱国主义教育基地”等称号，招商局集团的影响力和知名度大大提升。

招商局档案馆、招商局历史博物馆、招商局史研究会集档案管理、企业文化展示、企业历史研究功能于一体，形成了独具特色的管理模式。这种三位一体的管理模式，直接支持和参与了企业的经营，擦亮了招商局品牌，美化了招商局的产品和服务，促进了招商局企业文化的建设，推进了中国近现代化历史研究，丰富了社会历史财富。

（招商局档案馆　曲春燕）

一批珍贵档案入藏上海市档案馆

2013年3月“五国峰会”等重大外事活动档案入藏市档案馆。这批档案包括：一是上海合作组织峰会的重要组成部分“五国峰会”的档案，主要有上海合作组织成立宣言、新闻公报，江泽民同志在“上海合作组织”成立大会后对新闻界发表讲话、开幕词，中国、俄罗斯、哈萨克斯坦、吉尔吉斯斯坦、塔吉克斯坦和乌兹别克斯坦5国联合声明等。二是“’99《财富》全球论坛·上海（第五届）”的档案，主要有中央对外宣传办公室、国务院新闻办、时代华纳集团、上海市人民政府关于《财富》论坛的相关文件，美国前国务卿基辛格、新加坡资政李光耀等领导人访沪日程安排、接待计划等。

2013年10月29日，包括我国第一台“万吨水压机”手绘绢质底图在内的上海重型机器厂有限公司（简称上重厂）档案入藏市档案馆。此次进馆的档案反映了上重厂的发展历程，折射出新中国民族工业成长和发展的脉络。上重厂是市档案馆贯彻落实国家档案局《各级各类档案馆收集档案范围的规定》、制定并实施《上海市档案馆收集档案范围细则》后第一家向市档案馆移交档案的大型国有企业。

2013年12月上海市自来水公司档案入藏市档案馆。这批进馆档案共计1812卷，主要内容包括行政管理、生产技术、建设批文、基建决算、各类年报等。其中，陈毅、粟裕签署的上海市军事管制委员会接收英商上海自来水公司的命令和上海市自来水第一个五年计划等档案十分珍贵。这批档案与市档案馆此前接收的英商自来水公司、公私合营上海内地自来水公司、上海市人民政府公用局浦东水厂、上海市浦东沪西自来水联营公司的档案形成系列，全面系统地反映了本市自来水行业的沿革和发展。

（上海市档案馆　魏松岩）

上海市首批档案文献遗产与优秀档案文化传播项目揭晓

2013年6月7日，上海市首批档案文献遗产与优秀档案文化传播项目揭晓。市档案馆的先施、永安、新新、大新四大公司档案汇集，奉贤区档案馆的《鼎丰公记酱园合同议据》，杨浦区档案馆的《庄氏家族地契暨道契、赋税档案》，闵行区档案馆的《廷尉公像》和清人题跋，嘉定区档案馆的《黄天白所写之嘉定大事记》及上海海洋大学档案馆的《江苏省立水产学校第一刊》等9项珍贵档案入选本市首批档案文献遗产名录。市档案馆选送的《上海·红色记忆——纪念建党90周年展》，上海音像资料馆选送的《中共建党早期珍贵影像的首次发现与推广项目》，市文化艺术档案馆选送的《上海舞台艺术精华展》等12个文化传播项目荣获上海首批优秀档案文化传播项目。

（上海市档案馆　张新）

第十届长三角城市档案局长联席会议

2013年6月4—5日，第十届长三角城市档案局长联席会议在南京召开。长三角地区上海、苏州、扬州、泰州、镇江、南通、常州、无锡、杭州、舟山、湖州、嘉兴、绍兴、宁波、台州、温州及南京等17个城市档案局负责同志和有关人员参加会议。江苏省档案局局长谢波、南京市副市长陈刚出席会议并讲话，南京市政府副秘书长穆耕林等出席了会议。

各城市档案部门负责人围绕以党的十八大精神为统领，深入贯彻落实科学发展观，促进档案工作更好地服务“五位一体”工作大局以及新形势下档案工作服务改善民生和加强社会建设的思路、目标及举措进行了认真交流和研讨。本着“高效、务实、紧凑、节俭”的原则，代表们围绕主题，各抒己见，取得较好效果。

会议指出，进一步做好新形势下的民生档案工作，是档案部门服务中心工作的重要途径，也是改善保障民生、加强社会建设的内在要求。一要积极加强民生档案政策法规调研，密切与涉民部门协调合作，规范民生档案收集、归档、存储、利用制度，促进民生档案科学化、法制化管理；二要积极拓展民生档案工作领域，不断丰富民生档案信息资源，努力改善馆藏档案资源结构；三要积极改进民生档案服务方法，运用网络化、数字化手段，为城乡居民及社会团体提供便捷、准确、安全的档案利用服务。

（南京市档案局）

江苏省宗教事务局、江苏省档案局联合出台文件加强宗教界档案工作

2013年8月26日，江苏省宗教事务局、江苏省

档案局联合印发了《关于加强宗教团体、宗教院校和宗教活动场所档案工作的意见》，对加强全省宗教界的档案工作提出了明确的意见。《意见》要求全省宗教界充分认识加强档案工作的重要性，按照分类推进、重点提升，循序渐进、逐步规范，统一管理、安全至上，长期坚持、注重实效的原则，全面推进宗教界档案工作，促进宗教档案在服务地方经济与社会发展中发挥更大作用。

2013 年 11 月 12 日，江苏省宗教局和江苏省档案局在常州市联合召开了全省宗教档案工作会议，宣传贯彻《关于加强宗教团体、宗教院校和宗教活动场所档案工作的意见》，总结交流全省宗教档案工作的情况和经验，对全面推进宗教档案工作作出具体部署。

各省辖市宗教局、档案局主要领导、相关业务处室负责人和重点县（市、区）宗教局、档案局主要领导近 100 人参加了会议。江苏省宗教局局长莫宗通、副局长顾传勇，江苏省档案局局长谢波、副局长项瑞荃参加了会议，莫宗通、项瑞荃分别代表宗教和档案部门作了主旨讲话，谢波最后对会议精神的贯彻落实提出要求。

会议强调要准确把握推进宗教档案工作的方式方法，一是要在分类指导上下功夫，确保工作的针对性和有效性。二是要在典型引路中创特色，注重在引导服务中推进宗教档案工作健康发展。三是要在规范管理上做文章，确保各类档案齐全完整、真实有效、保密安全、利用高效。四是要在长期坚持中见成效，把宗教档案工作贯穿于宗教事务管理的始终。

会议明确提出了全面推进宗教档案工作的目标，到“十二五”期末，全省所有宗教团体、宗教院校和寺观教堂类场所，都要完成建档任务并达到“六有”要求；30%以上的二类场所要达到一星级以上标准，30%以上的一类场所要达到三星级以上标准。

会议要求切实加强对全面推进宗教档案工作的组织领导，各级宗教工作部门主要领导负总责，分管领导要亲自抓，机关业务处室要加强督查督办。要加强组织协调和服务指导。要围绕总体目标和实施计划，细化工作方案，明确工作要求，积极组织开展档案业务培训，建立档案工作协作组织，定期开展观摩交流。每年的“宗教政策法规学习宣传月”要安排国家档案法的相关内容，要把档案管理工作情况列入和谐寺观教堂创建活动的考评范畴。各级宗教工作部门要主动与档案管理部门沟通协调，争取他们的指导帮助，充分发挥他们的专业优势，利用多种形式，广泛宣传国家有关档案工作的法律、法规等各类信息，提供档案业务指导和咨询服务，开展专项督查，切实帮助宗教界提升档案工作的业务技能和管理水平。各级宗教团体、各宗教院校要明确分管领导，责任到人。各级宗教团体除做好本级档案管理工作外，还对本宗教重点场所档案管理工作负有督促、检查和指导责任。重点寺观教堂要把档案工作纳入自身管理和发展计划，明确档案工作分管负责人，设立档案工作机构，配备档案工作专职或兼职人员，建立档案工作制度，形成工作网络。

（江苏省档案局）

湖南省首家“红色档案馆”挂牌

2013 年 1 月 23 日，经湖南省政府同意，湖南首家“红色档案馆”在长沙县伯瑜万福源博物馆挂牌。

伯瑜万福源博物馆是民营企业家傅伯瑜创办的一个专门收藏红色档案及实物的民办博物馆，其收藏的红色档案非常珍贵。据统计，该馆珍藏各类革命历史文献、实物 500 余万件，其中有关毛泽东的著作、文献等 150 余万册（件），毛泽东像章 300 万枚，革命历史实物 20 余万件。该馆收藏的红色档案中有许多为国内罕见的珍品，如收藏的 1919 年由苏联制造的中国共产党第一枚党章（党印），1944 年 5 月由晋察冀日报社和晋察冀新华书店编印发行的第一部《毛泽东选集》等。伯瑜万福源博物馆馆藏的红色藏品大部分属于档案范畴，建立专门“红色档案馆”有利于更好地保护传承红色档案资源，为这些档案提供永久的归宿之地。

（湖南省档案局　易小青）

湖南省档案局推行档案工作重点任务项目管理

2013 年，为推进基础业务工作的快速发展，提高管理效率，湖南省档案局决定对《洞庭湖档案》系列编研、《湖南百年记忆》图鉴系列编研、湖南知名文艺家书画档案专库建设与管理、湖南海外档案收集等重点工作实施项目管理，并组织了局（馆）内部招标投标活动。上半年 4 个项目均已启动。《洞庭湖档案》系列编研项目已通过了专家论证，计划在两个五年计划期间编辑出版 50 个有关洞庭湖的专题档案资料汇编，建立洞庭湖档案专题数据库，开辟洞庭湖档案专题陈列展；《湖南百年记忆》图鉴系列编研项目以建立湖南省图片中心为目标，研发照片档案管理软件，要求省直各单位从 2014 年起报送照片档案；湖南知名文艺家书画档案专库建设与管理项目已制定《湖南省知名书法家档案收集管理规定》，并通过省书法家协会确定了第一批进馆知名书法家名单，专库建成后将全面启动书画档案接收工作；湖南海外档案收集项目已从法国征集到毛泽东与法国国务部长、驻华大使的谈话记录，从德国征集到何凤山先生有关的一批珍贵档案。

（湖南省档案局　彭霞）

贵州省政府、国家档案局战略合作协议签署一周年座谈会

2013年3月25日，贵州省政府、国家档案局在北京召开《关于共建服务贵州经济社会跨越发展档案事业战略合作协议》签署一周年座谈会。国家档案局局长杨冬权、贵州省副省长何力出席座谈会并讲话。国家档案局档案馆（室）业务指导司司长孙钢主持会议。国家档案局、贵州省档案局相关处室主要负责人参加座谈。双方就进一步贯彻落实《战略合作协议》进行座谈。

何力介绍了战略合作协议签署一年来贵州省档案工作取得的成绩，对国家档案局在县级综合档案馆建设项目、国家重点档案抢救和保护及人员培训等方面，给予贵州的帮助和支持表示衷心感谢，其执行效果和力度已超过协议本身。他希望国家档案局继续给予贵州更多、更大、更及时的帮助和支持。他表示，贵州将千方百计用好争取到的资源，实现效率最大化、效益最大化。

杨冬权在讲话中对黔东南民间档案、贵州省档案馆新馆（贵州省档案、方志、政府信息服务大楼）建设、锦屏文书特藏馆建设等具体项目给予特别关注，并提出建设性意见。

（贵州省档案局　周端敏）

提供档案和现行文件利用所产生的社会效益和经济效益典型事例

▲在全球船舶制造业遭遇签单危机的困境下，中船集团公司下属上海外高桥造船公司承接新船订单曾一度低迷，面临着严峻的挑战。为此上海外高桥造船公司决定自行设计开发新一代好望角型散货船，满足市场的需求。由于长期着力于各系列好望角型散货船的设计开发，档案室收集、归档了各型散货船的档案资料，翔实记录了开发设计、生产建造、经营管理的技术数据和历史记录。在设计开发后续的第三代、第四代散货船的过程中，档案室为设计开发人员提供了母型船的档案。通过对档案的利用查阅，在母型船档案的基础上进行了自主设计改进，如优化了船型主尺度，增加了装载量，增加了船东欢迎的中央冷却水系统等，自主设计为公司节省了巨额的设计费。同时参考了母型船的档案，第三代好望角的设计周期从十个月缩短到七个月，避免了重复劳动，缩短了设计周期。而第三代、第四代绿色环保、节能低耗好望角散货船的开发成功赢得了市场的青睐，船东签约订单接踵而来，一举扭转了公司承接订单的困局，档案起到了关键的助力作用，为公司设计创新开发、开拓新市场创造了条件。

▲在中船集团公司下属沪东中华造船（集团）有限公司应对荷兰船舶服务公司的诉讼中，档案发挥了巨大的作用，挽回了巨额的损失。

原中华造船厂建造17300吨船舶时曾与荷兰船舶服务公司签署了设计许可协议，2001年沪东造船厂与中华造船厂两厂合并成立沪东中华造船（集团）有限公司后，新建造的29条同型船未签订设计许可协议，故外方提出法律诉讼，索赔至少2250万美元。沪东中华造船（集团）有限公司档案管理部门为此全力配合公司法律顾问室，从最初的合同、协议，到后续29条船舶所有相关的来往信件、文件、图纸，均予以及时提供。由于归档的文件材料均为原件，且保存完好，具有法律效力，因此在该案件中予以采信，使最终的赔偿额降低为279万美元。

（中国船舶工业集团公司提供）

▲2013年，中国石油化工集团公司与中共中央文献研究室、中央档案馆等单位联合摄制的中国第一部全面反映石油石化发展历程的大型文献纪录片《强国基业》完成。该片于2011年下半年启动，2012年6月完成摄制脚本，2012年6月25日在上海石化开机拍摄。摄制组足迹遍布国内外石油石化及相关企业。采访了陈锦华、盛华仁、顾秀莲等原石油、石化、化工高层领导，国内外大公司及国际有关组织、国内行业人士等200多人次。在摄制中，采用了大量的影视、图片、文献及实物档案资料，是一部以档案史料为主再现我国石油石化工业发展历程的大型文献影视作品。该文献纪录片共八集，每集片长45分钟，总计360分钟。

（中国石油化工集团公司提供）

▲天津市宝坻区高家庄镇李三园村村民张某现年83岁，一直在家务农。老人多次和儿女们提起，自己1947年就加入了中国共产党。因历史原因，党组织关系没有延续下来，所以想让儿女找找线索。儿女们先后到区委组织部、所属镇政府、区档案馆查找相关信息，均无结果。随着时间的推移，老人

想找到党组织的心愿越来越强烈，督促儿女们再次为其寻找线索。2013年春节刚过，老人的儿女们抱着试试看的态度前来档案馆查阅相关资料。工作人员热情接待，仔细分析，通过谈话，得知老人的丈夫曾为离休干部，最终在区委组织部移交的死亡干部档案中查到张某丈夫的干部档案，里面详细记载着张某的入党时间是1947年7月，老人多年的夙愿最终得以实现。

▲2013年3月，家住北辰区的花甲老人冯先生来到市档案馆，要求查阅其爱人张女士20世纪80年代获得市妇联表彰的“五好家庭”荣誉称号的证明，目的是教育子女以后要好好孝敬父母老人。冯先生向接待人员介绍说，1975年与其爱人结婚后没两年，母亲即患病瘫痪在床，其爱人十几年来一直起早贪黑无微不至地照顾婆婆，为此先后获得村委会、宜兴埠镇和北辰区政府的表彰，并于1987年获得市级“五好家庭”荣誉称号。但由于搬家的原因，最为珍贵的市级“五好家庭”荣誉证书丢失了。拿着一摞奖状证书教育孩子，其子表示要像母亲那样孝敬老人，但不大相信其母获得过市级先进。工作人员经过电脑查询很快找到了张女士当时获奖的登记表，立即进行复制并为其出具证明。冯先生激动地说：“太感谢你们了，我一定要珍藏好，把它作为教育孩子的好素材，让孩子孝敬老人，弘扬家庭美德。”

（天津市档案馆提供）

▲2013年3月的一天，太原市档案局姚局长带领三个相关处室的同志到接待一线窗口了解群众的意愿，接待了一批太化焦化厂等改制企业的“老知青”，亲自帮助他们查找所需的档案资料。为了帮助这些“老知青”解决困难，让老同志心情愉快地安度晚年，市档案局服务窗口提出，只要有线索就帮助查找，为群众提供一切便利，开展了“一杯热水暖民心、一句问候显爱心、一声请坐讲文明、一脸微笑显真情、一查到底更细心”的温情服务，使来查档的工人在档案工作人员的贴心服务中，情绪平和，和谐有序。太化工人刘先生说：“感谢太原市档案局提供这么温暖的服务，原来档案对我们自己来说这么重要，真的为我们老百姓解决了实际问题，挽回了经济损失，非常感谢！”

▲2013年8月，山西省晋中市根据中央精神在全市开展党的群众路线教育实践活动前期专题调研工作，晋中市委书记张璞委托晋中市档案局查找1963年李荣槐、张子仪二位下乡干部在农村的工作日记，这些日记非常珍贵，是始终坚持党的群众路线的朴实案例。通过细致查找，终于在晋中行署的全宗中找到了晋中地委转发给各县委、各社党委要求认真学习李荣槐、张子仪二位同志的工作作风和方法的文件，同时还在《山西简讯》和《华北建设》上找到了刊登的李荣槐、张子仪数篇下乡日记。随后《晋中日报》将找到的日记资料配发评论员文章刊登在10月10日报纸上，让党员干部都能重温二位老同志的工作日记，学习他们的工作作风和精神，坚定信念、牢记宗旨、勇于担当、摒弃四风，让群众情结在心里扎根，更好地开展群众路线教育实践活动。

▲2013年9月6日，晋中市档案馆接待了一位来自沈阳市沈河区的查阅利用者薛女士，她原为山西省锦纶厂职工，到了退休年龄，办理退休手续时却遇到了难题，由于她调入的晋中市交通局劳动服务公司于1997年自行解散，个人档案丢失，无法证明其曾在山西锦纶厂的工作经历，不能连续计算工龄，晋中市档案馆急她所急，很快为她提供了1990年她调入山锦厂、1993年调出山锦厂的手续及1992年山锦厂的调资花名册，证明了1990年到1993年期间她在山锦厂工作。工龄续上了，她顺利办理了退休手续。

（山西省档案馆提供）

▲内蒙古包头市有关方面在棚改一开始就把档案部门列入棚改成员单位。包头市两级档案部门在棚改开始前就认识到，如果不采用信息化技术，仅向分散各处的棚改干部和10多万居民提供档案服务，就会占用大量人力，因此决定在棚改一开始就及时把纸质档案转为电子档案以提高利用效率。棚改前，包头市租用飞机对北梁地区进行航空拍摄，形成250G的航空拍摄数码照片，入户工作人员对每户人家进行现场拍照，东河区档案馆派专人拍摄北梁街道和小巷，形成300G的现场数码照片和视频。棚改开始后，包头市档案部门及时建立搬迁改造补偿安置档案数据库，涉及北梁棚改3个环节的14种门类的棚改档案，数字化扫描突破3万页，档案全文数据库形成规模，服务向各街道办事处、社区、行政村延伸，棚改干部和居民只需登录终端，经档案部门授权，即可获得网络查档服务，档案信息一目了然。

（内蒙古自治区档案馆提供）

▲辽宁省能源投资集团有限公司冯女士为办案需要来到辽宁省档案馆查找文件。该公司是辽宁省计经委全资国有公司，代政府履行职责。此次案件中该公司的举证责任重大，涉及金额近4000万元。了解到案件举证工作急迫，工作人员牺牲休息时间，全力以赴为其查阅到了辽宁省计经委关于“退还各市集资办电资金安排”的批复及“集资办电还款”

的相关会议精神，满足了其应诉举证的要求。

▲王镜寰曾任奉天官地清丈局总办、奉天政务厅厅长、奉天外交署署长等职，“九一八”事变后，跟随张学良到北平，任海陆空副司令部参议。其孙女王女士准备写一本关于祖父的回忆录，2013年6月21日她专程从美国赶来辽宁省档案馆查阅其祖父的相关历史档案材料。省档案馆利用处的同志为她提供了奉天省长公署档案等大量翔实的文献资料，其中详细记载了王镜寰当年的活动情况，为其写作提供了极大的帮助和启发。

（辽宁省档案馆　里蓉提供）

▲2013年6月，黑龙江省齐齐哈尔市史志办特聘研究员李先生、齐齐哈尔市政协文史学宣委员会主任张先生为编写齐齐哈尔市情资料和《清代黑龙江驻防研究》专著，先后来到黑龙江省档案馆查找清末黑龙江省城齐齐哈尔建置图样。

省档案馆分次为他们提供了几十幅廨宇、坛庙、教育类房图，以及坐落方位总图复制件，涉及衙府营房、寺祠坛庙、厅阁学堂、站房官屯等建筑图说，重要的有黑龙江将军衙署、将军府等标志性建筑房图，满足了利用者的愿望。这些图样均为铅笔绘制，从宏观和微观两个方面大体勾勒出清末民初黑龙江省城齐齐哈尔的原始概貌，有着重要的历史研究价值，查档者可谓收获颇丰。

查档者复制的这些珍贵图样很快发挥了积极作用：一是学者张先生和李先生回到齐齐哈尔后，将两份此次在省档案馆查阅到的民国六年（1917年）手绘“回回东寺”、“回回西寺”（卜奎清真寺）图样复印件交付给齐齐哈尔伊斯兰教协会和清真寺。这两份珍贵图样，小楷竖写，纸张虽然已经泛黄，但比较清晰；由于年代等原因，“回回东寺”、“回回西寺”图样上方有明显发霉痕迹，有的霉点甚至脱落，但双寺合璧，非常完整，是目前所见卜奎清真寺最早的手绘图样，为研究和保护清真寺提供了非常珍贵的史料，也为深入研究卜奎宗教历史文化提供了难得的佐证，《鹤城晚报》专门为此作了特别报道。二是省档案馆提供的珍贵档案，为利用者张先生编著的《清代黑龙江驻防研究》直观明确地揭示了清代黑龙江将军驻防情况及齐齐哈尔城的历史原貌。

曾经是黑龙江地区政治、军事、经济、文化中心的齐齐哈尔，已有300多年的历史。多年来，因黑龙江将军衙府原址复建问题一直争论不休，这些珍贵图集集中推出利用和展现，使齐齐哈尔100年前的建筑脉络格局有迹可寻，这对于齐齐哈尔建城史和城市发展史研究，申报国家级历史文化名城，提升知名度，开发旅游资源等，都具有十分重要的考证价值和深远的现实意义。

▲哈尔滨汇通电力设备有限公司武女士，于2013年7月3日来到黑龙江省档案馆，查找其单位应聘员工陈先生副高级专业技术职务任职资格批文。据她讲，陈先生原为哈尔滨钨钼材料厂专业技术人员，本应于2013年3月20日退休，可这家工厂已破产，退休前档案都找不到；他辗转到市里几家相关机构查找，几经周折，直到6月才找到自己的档案，得以办退，但终因没能找到1996年9月授予他工程系列有色重金属冶炼高级工程师职称的批文，只能按中级专业技术职称领取退休金。根据近两年国家和省人保、财政部门文件，对企业具有副高级专业技术职称人员在普遍调整养老金基础上做特殊调整，再增加500元/月。陈先生感到国家给的副高职工资待遇自己却不能正常享受，无奈之下，请应聘单位帮助查找相关批文。省馆接待人员依据线索，调阅了省轻工业厅相关档案，找到了陈先生的任职资格评审表；重要的是，还为其查阅到了黑人审〔96〕310号《关于批准刘××等2132名同志副高级专业技术职务任职资格的通知》，这份批文确认了陈先生的副高职身份，相应提高每月养老金500元的实际问题也终于得到解决。单位查档人员如释重负，当场给陈先生打电话报喜。

（黑龙江省档案馆　陈静升提供）

▲随着经济社会发展，人口流动加速以及各类民生政策不断出台，人民群众需要持档案证明跨地域办事的情况越来越多，这对档案利用工作提出了新的要求。为了进一步方便老百姓利用档案，上海市浦东新区档案馆创新档案利用服务模式，与浙江省杭州市档案馆、宁波市档案馆签署了《民生档案跨省异地利用服务工作协议》，确立了三地档案馆跨省利用服务的业务标准和工作机制。

2013年7月13日，邱女士在浦东档案馆拿到了她在浙江省宁波市登记结婚的档案材料。邱女士2008年在浙江省宁波市登记结婚，现居住在上海市浦东新区，因要办理相关房贴事项，需要登记结婚的原始档案证明材料，她抱着试试看的心理来到浦东档案馆咨询。窗口工作人员接待邱女士后，与浙江省宁波市档案馆积极沟通，得到了宁波市档案馆的大力支持，按照双方档案馆相关档案利用工作流程，为邱女士提供了利用服务。邱女士在5个工作日后拿到了所需的档案材料，省去了长途奔波的劳顿，也省下了车旅费，更节省了宝贵的时间和精力。邱女士对这一便民服务大加赞赏，连声称道：“真没想到！我是抱着试试看的想法，结果还真办成了。感谢浦东档案馆提供的这种以人为本、真正从老百姓需求出发的服务!”

▲上海新长宁（集团）有限公司是一家以房地产开发为主业的企业集团，是上海房地产业中国有企业的排头兵。公司具有全国房地产开发经营一级资质，连续二十次获得上海市重点工程实事立功竞赛“优秀公司”称号。集团曾于20世纪90年代向一家知名企业购置了大量的位于普陀区丰庄地区的使用权房源，用于解决长宁区周桥1#、2#等基地的动迁之用；这些房源均为使用权性质，在历经多个基地的动迁使用之后，截至2013年集团尚账存20多套。

根据沪房地资市［2000］42号《关于单位保留使用权的成套住房的处理办法》的精神，集团需要将遗留的使用权房源转产，方能继续使用，否则将永远无法使用。为加强企业管理，盘活存量资产，新长宁集团工作人员多次上门与该企业沟通协调，希望对方能配合办理转产手续。对方提出要查阅所有房源的原始调拨单据以及当初购置时的原始协议合同等。

为此，新长宁集团档案室的同志先从历年的合同档案开始查找起，从1992年开始，一直查找到1999年，逐笔逐条查阅，终于找到了990038号《购买合同》和《动拆迁结算补充协议》。为了查找每套房的来龙去脉，需要查找到每套房源的《单位空屋调用单》，档案室的同志又从财务凭证入手，看有无附在后面的房源清单等凭证，最后还在动迁基地资料里查找；在翻阅了成千上万页的调用单后，终于将21套房源的所有往来调拨单据一一找到；将每一套房源从该公司进入新长宁集团，再历经各个动迁基地周转，最后回到新长宁集团的每一个过程的龙头单都清晰无误地连接起来。对方公司的承办人员看到新长宁集团提供的厚厚一叠档案凭证，半晌才说，是这些档案资料帮了你们。并允诺立即将按照有关规定办理转产手续。

档案盘活了总建筑面积1054.72平方米，折合市价2100万元左右的21套房源。

▲桃浦工业区位于上海市普陀区西北角，是20世纪50年代起逐步形成的以生产化工原料、合成药、塑料、橡胶、染料、化纤、香料等产品为主的化学工业基地。从1987年起，上海市政府下决心将桃浦重污染地区“摘帽”。众多重污染企业关、停、并、转，进行了产品结构及部分生产工艺调整。污染企业虽然关掉，但是化工原料、重金属等有害物质给土壤遗留下的危害却不容忽视。

2013年，普陀区环保局将分析、修复污染土壤情况列为重点工作。为了更好地了解桃浦地区的土壤污染程度，必须对其土壤成分进行监测分析。通过召开会议，企业老环保干部回忆，确定了桃浦地区32家污染企业，筛选出污染因子，辨认污染源生产原址。但是其中8家企业已经完全关闭，原来的厂址生产分布图找不到了。在区档案局同志的帮助下，区环保局工作人员查阅了1997年以前桃浦地区的环保综合整治档案，在档案中了解到敦煌化工厂、天光化工厂、染化八厂、三维制药厂、试剂总厂等企业污染综合整治和项目治理情况。通过利用档案，区环保局很快掌握了桃浦地区污染源的分布，为有的放矢进行污染土壤的修复提供了科学依据。

（上海市档案馆提供）

▲2013年8月9日下午，江苏省盐城市民航站委托盐城市档案局代表盐城民航站，将印有“发挥档案价值，服务经济价值”字样的锦旗，郑重地赠送给江苏省档案馆。这面红彤彤的旗帜，饱含了盐城市民航站全体员工对省、市两级档案馆提供热情、周到服务的最高褒奖。

2013年2月、3月间，盐城市民航站在向国家民航局申请革命老区民航中小机场政策性财政补贴过程中，需要提供确认盐城为革命老区的证明文件。他们到盐城市档案局要求查找相关档案资料，市档案局同志查遍整个馆藏，未能找到上级确认盐城为革命老区的正式文件。为争取促成此事，盐城市档案局向省档案馆求助，得到了省档案馆的大力支持。省档案馆很快查到了能间接证明盐城市属革命老区的档案，为盐城市民航站申报工作提供了有价值的证明材料。目前盐城市民航站的申报已获得国家民航局和国家财政部的审核确认，争取到每年100万元的国家财政补贴。同时，该证明材料也为省内其他同样享受革命老区的市民航站争取到国家财政补贴，全省获得的国家财政补贴数额达到1000多万元。

▲2013年8月28日，镇江的一群人来到江苏省档案馆接待大厅，查阅关于旅日大阪华侨江苏同乡会于20世纪70年代末捐赠款物的事项。

为了编写关于旅日华侨江苏同乡会的书籍，他们希望能从馆藏档案中查询到当年几位父辈向江苏捐赠的款物。由于当事人大多去世或者年迈，无法亲自前来，同时缺少当年具体的人员名册和更多的查询信息及线索，查档接待的人员只能通过扩大检索范围，定位检索年代等方式来搜寻相关的华侨信息。省档案馆采用多种查询手段，最终确认了利用者查阅的范围。经过详细的查找和核对，终于从大量相关主题的档案中找寻到了利用者需要的内容。

旅日华侨捐赠的相关档案，不仅为旅日华侨同乡会编写相关宣传材料提供了充分的佐证，并且是鉴证旅日华侨与江苏友好交往的重要历史档案。

▲常州市文化馆正式成立于1949年9月，是我国成立时间较早的文化馆之一。其建档时间较晚，造成单位沿革历史空缺。为了明确单位成立时间，做好编史修志工作，文化馆的同志多处搜寻相关档案资料。但是他们所能找到的单位历史只能追溯到1953年，于是文化馆的同志通过电话和传真方式咨询了省档案馆的查档接待人员。了解其查档需求之后，接待人员通过系统平台、手工目录等多种方式定位相关案卷，并翻阅查找到常州市文化馆成立的档案。接到省馆保存有相关档案资料的消息后，常州市文化馆的同志来到查档大厅，阅览了相关案卷，确定了文化馆成立时间，并了解了当时的情况。接过档案资料的复印件，两位同志连声说：档案的利用效果太明显了，幸亏有这些档案，更正了我们以前的错误描述，让文化馆历史追本溯源。

（江苏省档案馆提供）

▲美国尼克松总统1972年访华是20世纪国际外交史上最重大的事件之一。2013年5月，在美国前总统尼克松诞辰100周年之际，应全国友协邀请，尼克松的家人和尼克松基金会代表团成员重走尼克松当年访华的线路。浙江省杭州市作为当年尼克松访华的重要一站，进行了精心准备。2013年4月，按省外事办查档要求，省档案馆提供了1972年尼克松及女儿和女婿访问杭州的相关档案资料12卷及照片2册，复印118张，为浙江省举行“中美文化交流图片展”及“中国的过去和现在”专题讲座提供了历史资料，用档案和老照片见证尼克松在杭州的工作生活情况，用档案和老照片见证中美隔绝状态的结束和关系正常化进程的开始，用档案和老照片见证中国经济社会的发展和腾飞，为增进中美了解，加深中美友谊，推动中美关系健康发展出了一份力。

▲江西省吉安市为弘扬“井冈山精神”，特来浙江省档案馆查阅闽浙赣抗日革命根据地、两省地方政治经济文化合作交流及江西籍在浙领导干部的档案材料。2013年4月10日，经过工作人员查找，调阅提供了民国档案中抗战时期浙大迁移至江西吉安、泰和的具体资料、谭启龙同志在浙江的相关任职和2006年习书记率浙江党政代表团赴江西学习考察等7卷材料，并提供了相关文件的复印件，为“井冈山精神”的塑造和传承、为两省人民的革命友谊提供了佐证。

（浙江省档案馆　李玉娥）

▲成本华，安徽省和县人。1938年初日本侵略者侵入和县，遭到和县人民的武装抵抗，成本华指挥战斗，被日军俘获，她英勇不屈，视死如归，被残酷杀害，牺牲时年仅24岁。安徽省档案馆积极发掘馆藏档案资源，提供《和县沦陷记》《支那事变画报》等大量珍贵的民国档案、侵华日军档案资料，与安徽广播电视台科教频道联合摄制了纪录片《寻找成本华》。2013年11月16日，该片在第十二届四川国际电视节“金熊猫奖”国际纪录片奖（国内最高级别、国际上有广泛影响的纪录片赛事）颁奖现场，从来自55个国家和地区的1000多部作品中脱颖而出，斩获“金熊猫奖”人文类“亚洲制作奖”和“纪录片大奖提名奖”两项大奖。美国波士顿WGBH公共电视台WORLD频道（美国国家组播公共电视频道，以播放全美国以及全世界的优质新闻纪录片和公共事件节目闻名）总监高度评价了《寻找成本华》节目的国际视野，决定将该片引入美国播出。

▲蚌埠市文化事业单位改制工作开展以来，为保证人员顺利移交，保障改制人员利益，各单位纷纷开展改制人员人事档案自查工作。正当不少改制单位人员为人事档案缺失犯愁时，蚌埠市档案馆伸出援手，为他们提供了帮助。

2013年7月4日，蚌埠日报社印刷厂工作人员邹女士带着列了16个人员名单的介绍信到市档案馆，要求查阅这些人员当年的招工档案。该厂在这次事业单位清理中要改制成企业，为了顺利安置好职工，需要把职工个人档案中缺失的材料补齐。蚌埠市档案馆工作人员根据邹女士提供的信息，很快在市劳动局永久档案1986年第49卷中找到他们的招工档案。邹女士拿着办好的档案证明感慨地说：“真没想到在市档案馆这么快就解决了我的大问题，也使得改制人员利益得到了保障，否则，我不知要跑多少单位呢！”

▲2013年10月9日上午，休宁县汉口中学校长手拿介绍信，急匆匆地来到县档案馆调阅林业“三定”档案，为解决学校山场与当地村民纠纷提供历史依据。

汉口中学坐落在休宁县东临溪镇境内，与该镇汉口村毗邻，是一所初级中学，现有在校学生200多人。20世纪80年代初，经过林业“三定”确定学校拥有国有山林250亩，但因长期以来管理不善，山场逐步被周边村民侵占种植油茶或改造为茶园，学校与村民山场纠纷时有发生，使学校周边环境安全管理难度加大，影响了学校正常的教学秩序和日常管理，因缺乏历史依据致使纠纷久拖未决。休宁县档案馆工作人员根据学校提供的信息仔细查找，终于在林业“三定”全宗1981年的案卷中找到了依据——登记表中规定学校周边山场共计250多亩为汉口中学所有，山场四至明晰，其山林受国家法律保护，任何单位或个人不得侵犯，特发给山林权所有证。校长拿着证明材料激动地说："多年来与当地村民纠纷不断，给学校管理带来了极大不便，现在好了，有了这份材料，我们说话就有底气了，档案的作用真大!"

（安徽省档案局提供）

▲2013 年 6 月 9 日，是左淑贞姐弟俩终身铭记的日子。"你们真的帮找到了?"一大早就赶到福建省档案馆的左女士、左先生姐弟俩一遍又一遍地问档案馆工作人员，"我们找了几十年，仅一个电话你们就帮找到了?"姐弟俩很激动，没想到真的找到亲人的消息了。看着照片中年轻英俊的脸，努力地将照片中这个人和儿时记忆中的父亲模糊的印象联系起来。手捧着父亲的照片，姐弟俩激动得泪流满面。

他们的父亲左琪是黄埔军校学员，曾在福建莆田和清流等地担任过国民政府的官员，1957 年被遣送异地改造后再无音信。半个多世纪以来，寻访父亲踪迹，成为全家人的牵挂。前年母亲去世，遗愿仍是要他俩寻父。父亲又名左光南，但却因无法证明左光南即左琪，左家人在办理房产公证时遭遇麻烦，省档案馆工作人员帮忙查找到的公务员任用审查表，除了左琪的照片外，还记载着"别号光南"的信息，"要是早点来档案馆就好了。"左女士说，"感谢省档案馆工作人员为我们找到父亲唯一的照片，给我们左家后辈留个念想。"

▲档案揭秘学科奠基人成长历程。2013 年 6 月，福建省档案馆查阅中心接到了一个来自东北师范大学的咨询电话。原来恰逢东北师范大学教育学奠基人陈元晖诞辰 100 周年，为了更好地了解和纪念这位教育英才，东北师大的老师特地向福建省档案馆电话咨询，想要查阅征集陈元晖的相关档案资料。

陈元晖，中国现代教育家、心理学家、哲学家，生于福建省福清县，毕业于南京中央大学。他在东北师范大学任教期间，特别注重教育学和心理学的发展，组织力量建设教育教材，为东北师大教育系的创立与发展做出了重要贡献，被誉为东北师大教育学科的奠基人。

福建省档案馆工作人员在馆藏档案中找到了陈元晖从 1920 年至 1958 年的成长任职历程以及他在省立福州师范学校的毕业纪念册等档案资料，为东北师范大学拍摄《陈元晖》专题片提供了重要的文献资料，填补了东北师大名人档案的空白。

（福建省档案馆提供）

▲从 2013 年元月 8 日起，一位身穿袈裟的佛门弟子率三位居士一行四人连续三天来到南昌市档案馆，为整理南昌佑民寺原方丈、南昌市佛教协会原会长心道法师的行踪，查找 1951 年至 1968 年心道法师在南昌市活动的档案资料，以便求证核实心道法师在南昌市生活与工作的轨迹。原来那名佛门弟子为陕西省户县草堂寺方丈释谛性系释心道法师大徒孙，为了给师祖心道法师立传修塔，率众从千里之遥的陕西省户县来到南昌。南昌市档案馆的工作人员热情接待，为其调阅了市委办公厅、市委统战部、市民政局等单位的档案材料共 27 卷，摘录复制档案 77 页，使其找到了所需的相关材料，为其编写心道法师个人传记求证材料提供了大量翔实、原始的档案凭证，得到了他们的高度评价。据悉，释心道法师俗姓李名安祥，1934 年至 1948 年在西北弘扬佛法长达 15 年之久，长年来往于西北的陕西、甘肃、青海、宁夏、内蒙古、新疆五省，使西北佛教得以振兴。1952 年出任南昌佑民寺方丈，1956 年当选为南昌市佛教协会会长，1968 年去世，终年 64 岁。

▲2013 年 4 月 17 日，如琴湖环湖路改造工程办以及杭州城市规划研究院一行 4 人来到庐山档案局，他们是因为要对如琴湖进行改造，包括对景区内的污水管网进行处理，所以前来查阅当年如琴湖污水处理站建设的档案资料。庐山档案局工作人员了解情况后，立即找出馆藏档案内有关污水处理的目录，确定其所需文件后，马上去库房调取《庐山水环境综合治理岩土工程勘察报告》《如琴湖污水处理站》等文件供其参考。这些档案资料为如琴湖环湖路改造工程提供了最原始的数据，确保此项工程的顺利进行，让庐山真正的做到"处处是景点"。

▲2013 年 5 月 28 日，萍乡市粮食储备库彭女士携同市国土局干部来萍乡市档案馆查找 1987 年北站粮库粮仓建设的有关档案资料。市档案馆工作人员积极为其查找，最终从市委、市革委及粮食系统文件中提取复制出了建粮库的报告、批复、建设征用土地书、工程资金概算、仓库地形图等一套齐全完整的档案资料。原来，因该单位需拆旧仓重建新仓，市国土部门在土地测量中，测出旧仓占地面积为 63 亩，超出发证面积 9 亩，引起国土部门的高度重视。于是市粮食储备库有关人员来到档案馆调取相关验证资料。从所查的档案资料中显示，北站粮库规划征地实际面积为 63 亩，与测量面积相符。档案为凭，证明了市粮食储备库未违规建设旧仓，新仓建设也得以顺利开展。

（江西省档案馆提供）

▲2013 年 10 月的一天，济南市纺织品进出口公司的张总经理一行人，来到济南市档案局办公室，由衷地递上了一份感谢信，感谢济南市档案局（馆）文档查阅中心的工作人员，通过提供利用档案为该

企业赢得了诉讼纠纷，维护了企业的利益，避免了国有资产的流失。

济南市纺织品进出口公司，是一家成立于 1959 年的国有外贸商业企业。在长达 50 多年的历程中，公司的名称和隶属关系几经变化。2011 年 8 月，济南市纺织品进出口公司被卷入一起民事诉讼案，资产被冻结和查封，给公司的正常经营带来严重影响。在为案件寻找证据的过程中，因涉及公司名称的由来和资产的归属问题，遇到很多困难。他们来到济南市档案馆寻求帮助，查找与案件有关的文件。

档案馆工作人员不辞辛苦，热情耐心，在众多卷宗文件中，及时、准确并多次为该公司提取出翔实的证明文件和资料，先后找出与案件相关的文件和资料达几十页。帮助他们理清了公司名称变更的全过程，清晰了资产所有权的归属，形成了完整的证据链，为公司赢得这起民事诉讼发挥了重要作用。

▲2013 年 7 月 29 日，一对中年夫妇风尘仆仆来到东营市档案馆，从他们不整的衣着、憔悴而疲倦的面容就感到是来自较远的乡镇或是做小买卖的商贩，果不其然，工作人员的猜测从他们气喘吁吁的谈话中得到了证实。工作人员从他们断断续续的话语中了解到他们是流动的商贩，特意从垦利县城赶来。由于在城里居住多年，根据政策今年有望领到政府建设的经济适用房，但必须提交相应的材料，结婚证就是必须提供的材料之一。由于他们居无定所，结婚证遗失，他们先后去过多个单位咨询，最后赶到了档案馆。明确来意后，工作人员询问他们的登记时间，他俩却无法确定。几经提示，终于想到是 2001 年。为确保查到所需资料，工作人员还是将 2001 年全部材料调出细查，终于在该年度 8 月份的资料中找到了他们的登记存根。当男子拿到复印件时，纸都被捏得有些变形，生怕有人从他手中抢走似的，仿佛拿着的是新居的钥匙。档案再一次将党的温暖传送到普通百姓心中。

（山东省档案馆提供）

▲2013 年初，一位老同志来查询当年武汉外校教职工和学生的名册等资料。这位老同志曾是武汉外校的一名教师，因武汉外校已撤销，他想通过相关资料追忆一下曾经校园里的美好回忆。但由于这所学校现已不存在，老人在许多地方搜寻资料都无功而返。老人说，他抱着试试的心态来到了湖北省档案馆阅档大厅。一经说明来由和查询内容，工作人员很快就查到了档案资料对应的案卷号。当老人捧着那一大本调出来的武汉外校学生名册，翻看着过去那些熟悉而亲切的名字，激动不已地说：“这么珍贵的东西，我去好多地方都没找到，还是这里最好，我都不知道该怎么感谢你们!”事后，这位老人送来一面锦旗，锦旗上印着“母校撤销四十多年，师生档案一应俱全”十六个大字，这正是对利用接待工作最高的肯定和赞誉。

（湖北省档案馆提供）

▲新年伊始，档案馆来了一位 80 多岁的利用者，名叫谭志坚，前来查询国立中山大学的一份学籍表和有关广东省儿童教养院课程安排的档案。工作人员在向老人了解情况后，得知原来他是 2012 年 5 月 15 日广州日报刊载的“八旬老人追忆吴妈妈，庇护两万多抗战难童”的报道对象。老人自小失去父亲，当时正值日军入侵广东，10 岁的他作为难童进入广东省儿童教养院，在那里成长并留下了一生最珍贵的回忆。时至今日他已经从广州中科院南海海洋研究所退休。此次来到省档案馆就是追寻儿时在儿童教养院的记忆。省档案馆馆藏有关于儿童教养院的档案，其中的“广东儿童教养院课程大纲草案、教材编辑计划”是老人寻找了好久的资料，老人诉说看到这些档案时仿佛又回到了那个年代，请求工作人员一定要好好保护这些珍贵的档案，这不仅是他一个人而是整个儿童教养院所有难童的集体回忆，更是对他们共同的母亲吴菊芳女士最珍贵的纪念。

▲梅州市农业局 1993 年把示范农场的经作站承包出去，之后由于承包户坚持说承包时除了种苗，农具折款外还有 1000 元的补偿款，所以一直拖欠上交的承包款。在他的影响下，其他承包户也拖着不交。由于当时双方没承包细项协议，拿不出有力的证据，事过境迁，事情久拖不决。最近，农业局派人到梅州市档案馆查到了农业局 1993 年的党组会议记录，该记录详细说明了承包示范农场经作站时的种苗、农具等折款为 1.8 万元整，没有另外 1000 元的补偿款，所有党组成员及示范农场的场长和经作站的站长也参加了会议并签了名。这份档案的详细记录使双方了解了当时的情况，承包户主动补交了拖欠款，还劝说其他承包户一并补交拖欠费，化解了一宗多年的矛盾纠纷。

▲2013 年初，佛山市禅城区公资办的罗小姐来到市档案馆服务大厅，急切地对工作人员说，近期禅城区政府在佛山市中山公园举办中山公园南片区升级改造项目动工仪式活动暨“中山公园旧貌图片展”，需要中山公园的历史档案及图片。罗小姐介绍说，中山公园将南侧的粮库、体校西校区和东侧部分用地进行改造，建设绿地公园。完成后，公园不但将新增 4.5 万平方米绿地和沿汾江河北岸的 900 米绿化带，还将向城市敞开怀抱，成为一座没有围墙

的公园。于是，工作人员当即为她检索中山公园的历史照片，经审批，为她提供了45张中山公园旧照片。罗小姐非常高兴，握着工作人员的手连声道谢！感谢档案馆为中山公园改造工程和图片展提供了重要的历史依据。

（广东省档案馆提供）

▲广西壮族自治区武鸣县太平镇凤阳村村民黄某的姐姐黄女士1989年嫁到广东时没办户口迁出手续，原辖区派出所又注销了她的户口，致使其成了两地都没有户口的“黑人黑户”。为使自己成为“正常公民”，她返回娘家欲办理户口迁出手续，但因户口已注销，没有原始凭证，无法办理。其弟弟黄先生经同乡指点，于2013年10月9日抱着一线希望来自治区档案馆查找。档案馆工作人员热情地接待了他，并根据他提供的线索，在馆藏的第三次全国人口普查档案（广西）中找到了黄女士的人口普查登记表，使黄女士回去后顺利地重新办理了户口登记。对自治区档案馆的热心服务她表示了由衷感谢。据统计，自治区档案馆第三次全国人口普查档案（广西）共有295641卷，每年为像黄女士这样众多的档案利用者提供大量的档案资料，解决了他们登记入户、户口迁移、办理养老保险、补办身份证、核实更改出生日期等问题，受到了群众的好评。

▲2013年，广西壮族自治区档案馆查阅中心接待了一批特殊的利用者，他们是来自广西各部门负责编纂《广西通志（1979—2005）》的编辑人员。地方志是全面记载某一时期某一地域的自然、社会、政治、经济、文化等方面情况的地情书、国情书。根据《自治区人民政府办公厅关于转发〈自治区地方志编撰委员会关于调整全区第二轮三级地方志书编纂计划的意见〉的通知》（桂政办法〔2012〕209号文）精神，此次自治区地方志办公室组织编纂的《广西通志（1979—2005）》包括综合、经济、政治、文化、社会、附录及索引共六卷，约600万字。为了全面、准确反映广西这26年间发展的历程，查阅中心的工作人员详细调阅了自治区党委、政府、人力资源和社会保障厅等几十个全宗350多卷档案，为《广西通志（1979—2005）》的编纂提供了丰富、全面、可靠的档案依据。

▲韦国清同志是广西河池市东兰县人，1929年参加百色起义，1955年被授予上将军衔，1955年至1977年先后任广西省长、省委书记、自治区人民政府主席、自治区党委第一书记、自治区政协主席、广西军区第一政委等重要职务。2013年是韦国清同志诞辰100周年，为深切缅怀他的光辉业绩和革命风范，自治区党委、自治区人民政府决定筹备举行《韦国清诞辰100周年纪念展》。为此，东兰县人民政府征集韦国清同志文物史料小组专程来到自治区档案馆查阅相关资料。自治区档案馆工作人员为其查阅并复制了《韦国清任免通知》《韦国清同志在广西区党委工业交通工作会议上的报告》《韦国清同志在全区教育工作会议上的讲话》等32份珍贵档案资料，这些资料较为完整地反映了韦国清同志在政治、工业、农业、教育等方面对广西的历史贡献，丰富了《韦国清诞辰100周年纪念展》的内容。

（广西壮族自治区档案馆　韦昭宇 提供）

▲海南省叉河水泥厂成立于1958年，后进行改制，海南省档案馆积极接收和保管了该厂改制前后的相关档案资料。近几年来，很多该厂原职工因找不到证明文件，无法办理退休。2013年，他们陆续来到海南省档案馆查找求助。工作人员在了解相关情况后，积极配合，从线上到线下，不厌其烦地查阅相关档案资料，为近20名该厂原职工找到了身份证明材料，帮助他们顺利办理了退休手续，解决了他们多年的烦恼和后顾之忧。

（海南省档案馆　秦家越 提供）

▲2013年5月中旬的一天，30多位中年妇女来到重庆市档案馆档案查阅室，在吵吵嚷嚷中，工作人员了解到她们都是原重庆市棉纺织一厂的下岗工人，目前即将退休，但是去办理退休手续的时候才知道，厂里没有把她们转为正式职工之前的工龄记录在内，算起来每个人都少了三四年的工龄，而工龄不仅影响着退休年龄同时也会影响退休后的待遇。如果找不到能证明她们工龄的依据，就意味着她们不仅要推迟退休而且还要多缴纳好几年的养老保险金。为帮助下岗工人找证明她们工龄的原始依据，3名工作人员用了2天时间查阅了100多卷档案，最终找到一本职工花名册，里面有她们的进厂时间和转正时间。最后，这一本花名册成为上面记载的930人证明工龄的有力凭证，为群众节约了上千万缴纳养老保险的费用。

▲2013年4月，三位老人来到市档案馆查阅室想要查找他们父亲的履历资料。据了解，他们的父亲刘栋臣是中国远征军第八十二师工兵连连长，曾经参加过著名的松山战役。但是作为子女他们基本上没有父亲当年参加抗日战争的资料，对父亲的生平履历也不甚了解，因此希望能在重庆找到他们父亲当年的一些历史档案，填补心中的空白，完成为父亲撰写传记的心愿。通过查阅人物卡片，工作人员最终在“中央训练团（重庆分团）交通管理训练班”的档案中找到他们父亲的戎装照片，以及当时其父所在的交通训练班三中队学员登记表，上面详细登

记了刘栋臣的履历，老人摸着档案中父亲的照片几度哽咽。临走时，三位老人拉着工作人员的手连声道谢。

▲中华职业教育社社史陈列馆于2012年10月11日建成开馆。这是继中国民主党派历史陈列馆之后，重庆第二个“中国统一战线传统教育基地”，为了进一步充实陈列馆的相关史料，重庆市委统战部于2013年11月到市档案馆查询中华职业教育社社史。为完成此项重要任务，市档案馆密切配合，对全馆馆藏民国档案进行检索，最终找到“中华职教社”、“中华职业学校”等单位、组织的档案资料，共涉及45个全宗，910卷，包括当时的毕业及修业证书、招生简章、社讯、学生档案、教务档案、学校与各方函件、毕业生名册、学生成长记录及学校略史等多方面史料。这批档案的发现，极大地丰富了中华职业教育社社史陈列馆馆藏史料，为进一步建设好“中国统一战线传统教育基地”提供了有力的档案史料支持。

（重庆市档案馆　杨漫 提供）

▲2月，四川省炉霍县启动大地震四十周年“寻亲·感恩·奋进”系列活动，根据活动需要，县政府工作人员致电四川省档案馆，请求查找1973年炉霍大地震的相关资料。

1973年2月6日，炉霍县发生7.9级特大地震，2000余名同胞不幸罹难，伤亡人数占全县总人口的百分之十。地震发生后，全国各地的武警官兵、医务人员千里驰援，无私救援，进驻炉霍，抢险救灾总人数达到11000余人。2013年，时逢炉霍地震四十周年，县委、县政府启动了炉霍大地震四十周年“寻亲·感恩·奋进”系列纪念活动，寻找当年地震救援和后期援建的部队、医生、援建地区干部，以表达对伟大祖国的无限热爱，对昔日恩人的深深感激，同时，以此次活动为契机，教育引导广大群众珍爱民族团结、感恩奋进，推动炉霍跨越发展。

四川省档案馆利用接待人员迅速查阅目录，调阅案卷，查到了大量当年抗震救灾的文件、简报等，复印200多页装订成册。当炉霍县工作人员来馆拿到查出的档案资料时，对省档案馆的高效优质服务赞不绝口，并留言：工作人员的敬业精神，让从炉霍小城到省城来办事的我们深感敬意，感谢省档案局对此活动开展的支持和配合。

▲3月中旬，四川大学历史文化学院两名学者来四川省档案馆查阅“二战”期间日军轰炸成都的档案史料。“二战”期间，日军曾对中国城市进行多次轰炸，成都也难逃其列。自1938年11月8日，日机首次袭扰成都开始，至1944年11月止，在长达六年的时间里，成都所受轰炸至少21次。其中，尤以1939年6月11日、1940年7月24日和1941年7月27日所受的三次轰炸最为惨烈。而根据国际法规定，在空战中，禁止对非军事目标进行轰击。但研究者通过史料调查得知，日军在对成都地区进行轰炸时，对学校、医院、教堂等非军事性设施进行了无差别轰炸，炸死炸伤了大量平民，公然践踏国际法。因此，自2006年12月份开始，民间自发组成一个对日索赔团队，自费进行“成都大轰炸”史实调研，调查受害者，查找档案，了解当时的空袭情况、受害程度，尤其是搜集日军对民众的无差别轰炸的证据，为索赔提供一手资料，这两位学者就是对日索赔团队的成员。

在档案馆工作人员的全力帮助下，经过为期两周的查阅，两位学者在四川省档案馆查到了1940年10月12日、1940年10月27日日军轰炸成都损害概略位置图，投弹区域用红色标注，及1939年6月11日，1940年10月4日、5日、12日，1941年7月27日日军轰炸成都的受害调查表，包括投弹地点、种类、人员伤亡数量，房屋损毁情况，部分经济损失等。这些档案真切翔实地记录了空袭过程，还原了历史真相，为随后的对日诉讼索赔提供了可靠依据。

（四川省档案局利用处提供）

▲2013年8月8日，云南省档案馆查阅利用大厅迎来了一位行色匆匆、满头银发的老人。老人姓徐，生于1936年，是云南省中安监狱的退休干部，现居住在云南省曲靖市富源矿干休所。老人此行的目的，是寻找其父亲在1938年台儿庄大战中阵亡的相关档案资料。30年来老人辗转各地，经历无数的困难，一直未能找到有价值的线索。

省档案馆查阅接待工作人员听完老人的叙述后，利用云南省档案馆数字档案馆应用平台，通过电子档案检索系统，很快就帮助老人在《滇军阵亡将士名录》中查到了其父亲的相关线索，同时还查到了一份1983年民政部发的《关于对辛亥革命、北伐战争、抗日战争中牺牲的国民党人和其他爱国人士追认为革命烈士问题的通知》，省档案馆查阅接待工作人员为老人耐心解读了文件，并将相关资料打印盖上云南省档案馆证明材料章交给老人，老人饱含热泪。有了省档案馆提供的这些证明材料，其父亲近半个世纪以来的革命烈士身份终于可以得到追认和落实，名字可以进烈士陵园，家属也可享受革命烈士的待遇，其父亲在天之灵得以告慰，更是了去了老人有生之年的人生夙愿。

（云南省档案局利用服务处提供）

▲张女士现在成都市一所中学任职，曾就读于

金城联合大学专科班，因学历升级需要以往学历认证，她先后多次到甘肃省教育厅进行查找，一直没有找到所需的材料。后经多方打听到金城联合大学1992年撤销后档案移交至省档案馆保存。经过省档案馆工作人员的认真查找，终于找到了刘女士需要的招生底册及所在专业毕业生名册，为张女士学历认证提供了凭据。

▲2013年7月20日，甘肃省档案馆查阅中心接待了一位来自华中师范大学的博士研究生王先生。为撰写博士论文，王先生不远千里来到兰州，查阅兰州市政建设、城市近代化、工业近代化、城乡关系、城市空间、地方意识、城市人口、社会民生、五族共和、国家构建等方面的资料。省档案馆查阅中心利用电子查阅和调卷，查到了大量翔实的档案资料，为他博士论文的撰写提供了厚重的素材。他高兴地说："一篇好的博士论文，必须要有足够分量的档案资料，档案作证，才能写出一篇好论文。"

（甘肃省档案馆提供）

▲2012年12月6日，犯罪嫌疑人王某伙同30余人在新疆鄯善县内非法利用邪教组织了近百人进行邪教传播。七名犯罪嫌疑人全部在逃，为严厉打击利用邪教破坏法律的行为，鄯善县公安局刘警官和买尔旦警官通过多种渠道查找嫌疑人线索，终于查到犯罪嫌疑人王某曾在沙区法院被判处过。故两名警官2013年1月30日到沙区法院档案室调取了2005年刑事长期77号案卷，查找到王某因利用邪教组织破坏法律实施罪被沙区法院判处有期徒刑五年的证据，为公安机关严厉打击此种违法行为和准确定罪量刑提供了依据。

▲2013年9月9日，原新疆制药厂职工杨女士的哥哥杨先生来到乌鲁木齐市档案馆，希望帮助查找杨女士1996年收养弃婴的收养手续。原来，1996年8月19日，杨女士在二道桥公交车站等车，一名妇女把一个七个月大女婴交给她帮忙照看后，不知去向，在寻找弃婴父母无果的情况下，杨女士收养了这个孩子。时隔十七年后，孩子的亲生父母找到这个孩子，但不承认是遗弃，却说是拐卖，孩子也要跟着亲生父母走。经过市档案馆同志的查找，在馆藏12—4—675中卷中找到了杨女士在民政局办理的收养手续，并出具了证明。杨先生十分高兴，激动地说："这份证明太重要了，终于为妹妹讨回了公道。"

▲玛纳斯县乐土驿镇物流园征用了包家店镇和乐土驿镇交界的一块土地，牵扯到土地赔付问题，由于没有明显的界限，两个乡镇都希望给本乡镇多赔偿一些，导致了两个乡镇矛盾纠纷。玛纳斯县包家店镇人大主席王同志为缓解两个乡镇矛盾纠纷来到玛纳斯县档案馆，要求查阅包家店镇和乐土驿镇土地界线，希望能查找到包家店镇和乐土驿镇土地界线图纸，以档案为凭据解决两个乡镇矛盾纠纷。经过档案馆工作人员认真细致的查询，终于在玛纳斯县人民政府全宗查到了包家店镇和乐土驿镇交界图纸，这份图纸明确划分土地界线，同时查阅到了1990年玛纳斯县政府会议纪要，进一步明确了包家店镇和乐土驿镇土地界线，档案图纸和会议纪要为解决包家店镇和乐土驿镇交界土地界线的划分提供了第一手原始资料，档案为化解两个乡镇矛盾纠纷提供了有效的证据，圆满地解决了两个乡镇土地赔付问题，玛纳斯县包家店镇人大主席王同志深深感到档案的凭据作用实在是太重要了！

（新疆维吾尔自治区档案馆提供）

（六）机关档案工作

全国机关档案工作综述

根据国家档案局局长杨冬权关于加强机关数字档案室建设，做好原生字符电子档案管理的指示，以及在国家档案局档案馆（室）业务指导司机关档案业务指导处《关于机关数字档案室建设的现状、存在的问题和我们的打算》上的批示精神，国家档案局于2013年启动了《数字档案室建设指南》编制工作，国家档案局档案馆（室）业务指导司具体承担。在对辽宁省、吉林省、江西省、青岛市等省市直机关及海关总署、安监总局、中国气象局、国家统计局等中央和国家机关进行调研的基础上，编制完成了《数字档案室建设指南》（征求意见稿），并于2013年8月印发全国各省级档案行政管理部门、中央和国家机关广泛征求意见，经过认真研究、梳理，对《数字档案室建设指南》（征求意见稿）又进行了反复修改、完善。《数字档案室建设指南》的出台，将对机关数字档案室建设起到积极的推动和促进作用。

按照党的十八大的统一部署，从2013年开始，在全党深入开展以为民务实清廉为主要内容的党的群众路线教育实践活动。活动中形成的大量文件材料，是全面加强党的作风建设的真实记录，对于工作查考、经验借鉴、探寻规律及研究历史都具有非常重要的参考价值。为做好党的群众路线教育实践活动文件材料的收集归档工作，国家档案局与中央党的群众路线教育实践活动领导小组办公室联合印发《关于做好党的群众路线教育实践活动文件材料收集归档工作的通知》（以下简称《通知》）。《通知》明确界定了教育实践活动中形成的文件材料的归档范围，并对如何做好教育实践活动文件材料的收集归档工作提出了明确具体的要求，务必做到应归尽归，确保党的群众路线教育实践活动档案资料完整、系统。

2013年11月国家档案局档案馆（室）业务指导司在郑州组织召开了全国机关档案业务工作座谈会。会议传达贯彻了数字档案馆（室）建设推进会精神，交流了各地区机关档案工作的做法和经验，研讨了当前机关档案工作面临的问题及解决对策，对如何做好今后一个时期的机关档案工作作出了安排和部署。

国家档案局档案馆（室）业务指导司机关档案业务指导处组织协作组成员单位对中国气象局、全国侨联、国家邮政局等单位贯彻落实国家档案令第8号工作情况进行实地检查，及时发现和纠正各单位编制的机关文件材料归档范围和文书档案保管期限表与实际工作不相符合的地方，做到应归尽归，期限划分准确，确保国家档案资源不流失。

全国机关档案业务建设座谈会

2013年11月22日，全国机关档案业务建设座谈会在河南郑州召开，来自各省、自治区、直辖市、计划单列市档案局机关档案业务指导处的近40位负责同志参加了会议，河南省委副秘书长兼河南省档案局局长王国振主持会议并致辞，国家档案局档案馆（室）业务指导司司长孙钢出席会议并做重要讲话，与会代表分别介绍了相关工作情况。

会上王国振副秘书长指出，机关档案工作是我国档案事业的前沿阵地，是档案资源的核心内容，要进一步采取有效措施推动机关档案工作的开展。

孙钢以机关档案工作为主题讲了三个问题：

一是贯彻十八届三中全会精神，机关档案工作要为全面深化改革服务。指出档案工作是行政工作的内在需求，档案工作要更直接地为深化改革服务，围绕《决定》的各项任务进行梳理，研究档案工作自身改革问题。强调要确定档案工作是国家行政的组成部分、成立类似“文件与档案管理局”机构、建立“大档案”观念、建设国家重要专项档案专库等问题。

二是关于数字档案馆（室）推进会的要求。指出这项工作由档案馆（室）司主要负责，用十五年左右的时间完成归档由双轨制向单轨制转型，重要档案留存纸质备份。强调四个关系，即文档关系——档案是重点，馆室关系——档案室是重点，存量增量的关系——增量是重点，文书档案与专业档案的关系——专业档案是重点。提出六个要求，即按存量档案数字化要求两个五年完成80%，按增量档案电子化要求做好电子档案管理工作，按两个建设指南（即《数字档案馆建设指南》和《数字档案室建设指南》）的要求创建系统，按安全第一要求加强抗风险能力建设，按服务为先要求建设开放档案数据共享平台，按保障有力要求搞好管理体制建设。

三是国家档案局的下一步工作，即出台《数字档案室建设指南》，编辑《数字档案馆（室）文件汇编》，每年对存量档案数字化和增量档案电子化进程进行通报，加大推进力度，介入民生档案主战场，如食品安全、医疗、住房、学籍等方面，从档案管理的角度提出建议，强化民生档案制度建设。

会上代表们踊跃发言，介绍了本地区、本部门的工作情况，交流了工作经验。河南省在全省开展了“机关档案规范化认证”活动，目前已有102个特级和1700多个一级；北京市将指导新成立机构建档工作、重大活动归档工作和制定北京市专业档案目录体系等作为今后的重点任务；辽宁省印发《辽宁省会议记录管理办法》，对规范核心档案建立起到重要作用；浙江省将利用五年时间实现省直机关100%数字档案室，并进一步完善文书档案和专业档案集中统一管理制度；广东省针对省直机关进行年度评估，保证标准动态化、机制长效化；贵州省采取“四有一推”措施，有计划、有考核、有服务、有检查，逐步推进档案工作；青岛市机关信息化建设通过“共享工程”，实现档案统一管理平台；深圳市成立文档服务中心，先接收后鉴定再数字化，全程免费。与会代表对今后工作提出的相关意见和建议值得借鉴。

《数字档案室建设指南》（征求意见稿）编制完成

近年来，随着档案信息化工作的逐步深入，依托传统档案室进行的机关档案工作与机关办公自动化应用、数字档案馆建设以及用户多样化需求之间的矛盾日益突出。为应对这一严峻挑战，推动机关档案工作及时转型和升级，2013年，国家档案局启动了《数字档案室建设指南》的编制工作。

《数字档案室建设指南》编制工作由国家档案局档案馆（室）业务指导司具体承担，成立了由国家档案局档案馆（室）业务指导司机关档案业务指导处人员和江西省档案局有关专家组成的起草组。按照编制计划，起草组先后到江西、青岛、辽宁、吉林和海关总署、国家统计局、中国气象局、安监总局等省市和中央、国家机关进行调研，了解数字档案室建设的基本情况、工作经验，取得了第一手资料。同时，起草组对现有电子文件管理的相关标准、规范进行全面梳理，研究确定数字档案室建设的基本要求和技术指标，编制完成《数字档案室建设指南》（征求意见稿）。2013年8月2日，《数字档案室建设指南》（征求意见稿）下发各地各部门征求意见。

《数字档案室建设指南》（征求意见稿）分为概念与基本特征、建设原则与内容、基础设施建设、应用系统建设、数字档案资源建设、保障体系建设六章。其中，基础设施建设是基础，包括网络基础设施、系统硬件、基础软件、安全保障系统四方面内容；应用系统建设是关键，要求系统既能与办公自动化系统相衔接，能够实现电子文件归档与有效管理，为电子文件的真实、完整、可靠与可用提供首要保障；数字资源建设是核心，基础设施建设、应用系统建设和保障体系建设都是围绕档案信息资源建设展开，并以最大限度保证信息资源建设质量为目标；保障体系建设是保证，它既是开展其他建设的重要条件，又与其他建设内容相辅相成、相互促进。基础设施建设、应用系统建设、数字资源建设、保障体系建设分别解决数字档案室硬件、系统、资源和保障问题，构成了数字档案室建设体系框架。

《数字档案室建设指南》（征求意见稿）提出了新形势下机关档案工作的全新要求，为机关档案信息化工作提供了指引。建设符合国家和社会信息化发展要求的数字档案室，有利于提高机关档案工作水平，维护机关档案信息的真实、完整、可用和安全，提升机关行政效率和公共服务能力；有利于促进国家核心信息资源建设，实现信息资源总量增加、质量提高和结构优化，为数字档案馆的最终实现奠定基础，推动全国档案信息化工作全面、健康、均衡发展。

《人民法院诉讼档案管理办法》和《人民法院电子诉讼档案管理暂行办法》颁布实施

为进一步加强和规范人民法院档案工作，加强人民法院诉讼档案管理，2013年12月，最高人民法院和国家档案局联合印发了《人民法院诉讼档案管理办法》和《人民法院电子诉讼档案管理暂行办法》（以下简称《管理办法》和《暂行办法》）。《管理办法》和《暂行办法》是在总结我国诉讼档案工作多年实践经验基础上，应对长期以来人民法院在管理诉讼档案过程中面临的实际问题，适应信息化和规范化管理要求、融合传统档案管理和电子档案管理标准而制定的诉讼档案管理规定。

人民法院诉讼档案作为重要的专门档案，是人民法院审判活动的真实记录，是对国家和社会具有保存价值的历史记载，是人民法院进行审判工作的重要依据和必要条件。《管理办法》根据国家档案局制定的《机关档案工作条例》的精神，结合诉讼档案的实际情况，从总则、档案的接收和整理、档案的调借和查阅、档案的鉴定和移交、档案的保管和防护五个方面，将涉及人民法院诉讼档案管理的组织建设、管理标准、工作流程等内容进行了规定，对于加强人民法院诉讼档案工作，推动我国专门档案管理水平提升，完善国家档案资源体系具有重要意义。

《暂行办法》在《电子文件归档和管理规范》等有关规定基础之上，结合人民法院电子诉讼档案的特点，对电子诉讼档案形成、接收、存储、保管等档案管理工作各环节做出了规定，对于促进人民法院诉讼档案工作转型升级，档案工作向信息化迈进提供了重要依据。《暂行办法》分为七章，主要内容有：总则，明确了电子诉讼档案概念，确立了电子诉讼档案管理基本原则，规定了各级人民法院电子诉讼档案管理工作职责；电子诉讼文件的形成、接收与归档，提出了电子诉讼文件归档格式、元数据等要求；纸质诉讼档案的电子版本制作，就纸质诉讼档案电子版本制作时间、要求、部门职责等方面做出了规定；电子诉讼档案的存储和保管，指明了电子诉讼档案存储方式，提出了载体制作及异质异地保管等要求；电子诉讼档案的利用，明确了电子诉讼档案利用原则、在线使用、调阅、登记等基本要求；奖励与惩处，通过电子诉讼档案管理工作考核制度、责令整改规定等规范电子诉讼档案的接收、归档和利用等工作。

海关系统档案数字化工作情况

中国海关实行集中统一的垂直管理领导体制，海关总署作为国务院下属的正部级直属机构，管理着全国47个直属海关单位及614个隶属海关单位。海关总署在办公厅成立档案处，负责总署机关各部门和各直（隶）属海关单位档案工作的督导检查和职能管理。各直（隶）属海关均成立相应档案工作机构，并配备专（兼）职档案管理人员。

海关总署是中央国家机关中最早在系统内推广和普及政务信息化管理的单位之一，目前总署机关已实现文档一体化。为推动海关档案数字化建设，海关总署通过建立档案综合管理达标升级和复查评估工作体系为抓手，指导各直（隶）属海关单位全面开展档案数字化工作。

一是完整建立归档文件目录数据库。目前各海关单位已将室藏非涉密归档文件目录全部录入档案管理系统，可通过“标题、发文字号、归档部门、保管期限”等信息进行计算机检索。为确保提供高质量查询利用服务，各海关单位按照规定和著录规则及时对被修改、废止的文件和相关联的其他文件信息、限制访问的文件进行维护。

二是规范建设档案全文数据库。从2005年起，海关总署率先垂范，充分应用文书档案管理系统，对档案室库存全部档案资料进行系统整理、扫描和著录，共计2.6万余卷534万余页。各直（隶）属海关单位紧紧抓住总署统一开发文书档案管理系统的契机，建设搭建档案管理信息化平台，实现了本单位文档一体化的文书档案全文数字化管理。同时，在领导的高度重视下，各级海关单位平均投入20余万元经费，购买专业设备，合理调配人手，扎实开展历史档案的整理、扫描和著录工作，2013年初统计：海关系统数字化完成了电子文件将近226万件，1280GB（千兆字节）。47个直属海关单位基本实现了数字档案管理，为中心工作和档案资源开发利用，起到了积极服务作用。

三是不断拓展档案数字化范围。部分直属海关单位自主开发使用专业档案管理系统，对室藏重要照片、声像、基建等专业档案进行数字化，实现了专业档案门类案卷级管理，音像档案实现图像级管理，为更好地发挥档案价值，服务于海关各项工作提供了便利条件。

四是安全管理利用档案数据。海关档案数字化工作的开展直接促进了档案利用量的增长和档案信息资源深度挖掘，并且档案人员通过档案借阅数据分析，进一步了解各部门在业务改单、编史修志、巡视、审计、调研、专项督察等工作中的档案信息需求，有针对性地做好档案服务工作。2012年总署机关电子档案网上借阅文件1万余件，资料213件，人工网上授权905份文件；2012年海关系统电子档案网上借阅文件2.3万余件，资料8754件，人工网上授权3905份文件。部分直属海关单位利用海关业务网平台，发布档案工作信息，共享档案管理研究成果，并及时交流和研讨解决档案发展问题，均取得良好效果。

水利部采取措施推进水利档案工作

为加强水利档案的管理，水利部办公厅采取各项有力措施，积极推进水利系统各项档案工作。

一、颁布实施《全国水利档案工作统计年报制度》

2013年2月，经国家统计局核准，水利部正式印发了《水利档案工作统计年报制度》，该制度有效期为3年。通过该制度的实施，水利部已获得全国5000多个县级以上水利单位的档案工作统计数据，基本摸清了全国水利档案工作的基本情况。其中包含14大类，97项内容。

二、完成对第一次全国水利普查档案的验收工作

2013年10月14日，水利部办公厅会同国家档案局组成档案专项验收组，依据水利部和国家档案局印发的《第一次全国水利普查档案验收办法》，在北京对国务院第一次全国水利普查领导小组办公室产生的水利普查档案进行了专项验收。验收组认为其水利普查档案收集齐全，分类科学，整理规范，满足了完整、准确、系统与安全性的要求，并建立了全部档案的案卷级和文件级数据库，为今后水利普查档案的利用创造了很好条件，一致同意国务院第一次全国水利普查领导小组办公室的水利普查档案通过专项验收。至此，第一次全国水利普查档案验收工作已按自下而上的部署，逐级完成了县级、省级和国家层面的档案验收。第一次全国水利普查所获得的技术、经验和数据等成果得以及时、完整、准确、系统、安全地保存了下来。

三、启动水利档案规范化管理综合评估工作

2013年1月水利部印发了《水利档案工作规范化管理综合评估办法》，在此基础上，2013年11月下旬，水利部办公厅会同国家档案局等单位组成水利档案工作规范化管理综合评估组，在安徽蚌埠依据《办法》对水利部淮河水利委员会的档案工作进行了综合评估，确认其达到特级标准，使其成为全国水利系统第一家获此殊荣的单位。有关水利单位的相关人员60多人，现场观摩了综合评估过程，并参观了淮河水利委员会治淮档案馆。

国务院侨务办公室积极探索电子档案前端管理模式

随着各机关信息化环境日益成熟，电子档案的管理逐渐成为了机关档案工作关注的焦点，如何将电子文件及时、正确、有效地归档成为了档案管理者亟待解决的问题。国务院侨务办公室顺应电子档案管理的发展趋势，在做好传统载体档案工作的基础上，积极对电子档案管理进行了探索，提出了以“档先于文”为理念的电子档案前端管理模式，以从源头上提高档案管理质量。

国务院侨务办公室以自身的档案工作为基础，针对实际工作中出现的前期文件制作质量低、文件办结后归档不及时、电子文件完整性存在问题等难点，把“档先于文”作为问题解决的突破口，加强电子档案的前端管理。所谓“档先于文”的管理理念，即以办公系统流程控制为基础，以电子印章技术和板式文件技术为支撑，在确保电子档案真实、完整、有效、可靠的基础上，使电子档案先于纸质文件产生的电子文件管理方式。具体说来，就是对其原有的拟稿、审核、会签、复核、签发、缮印、用印、发出、电子文件归档、纸质文件归档的档案形成流程进行改造，将“电子文件归档”环节置于“缮印”环节之前，然后在“签发”与“电子文件归档”之间加入“文件格式转换”和“加盖电子印章”两个环节，通过此举可从文件产生的源头保证归档文件的规范完整，同时实现文件管理系统与档案管理系统的有机融合，对于机关电子档案管理具有积极的借鉴意义。

（档案馆（室）业务指导司）

河北省档案局（馆）全面导入ISO9001质量管理体系

用程序规范行为，用制度培养习惯，用第三方评价改进工作，实现档案管理工作科学化、精细化、规范化、程序化。2013年12月8日，河北省档案局正式通过北京方圆标志认证集团ISO9001国际质量管理体系认证，标志着河北省在全国档案系统首家成功引入ISO9001国际质量管理体系，实施机关标准化管理。从2013年1月份开始，按省政府统一安排，正式启动标准化管理，经流程再造、固化端口、无缝衔接，实现以制度管人、管事、管物，进一步转变作风，规范行政行为，提高工作效能，优化业务流程，提升服务水平，建立了科学规范、全程可控的质量管理体系，达到了工作提速、服务提质、运行高效的良好效果，为河北档案服务大局、服务群众、服务中心打下了坚实基础。

建立完善质量管理体系。开展机关标准化管理是今年省政府部署的一项重要任务，也是省档案局提升管理水平、深化行政管理体制改革、加快政府职能转变的一项重要举措。在机关标准化管理工作中，省档案局把ISO9001质量管理体系引入机关行政管理工作的每一个环节，在实施过程控制、规范业务流程、细化工作标准、推进持续改进等方面，建立起一整套符合 GB/T19001—2008 标准的完善的科学行政管理体系。在方圆认证公司的专家指导下，历经修改、完善，再修改、再完善，多次“写我所做”的重复过程，共梳理整合项规章制度 104 项、搜集法律法规 300 条、编制记录表单 165 项，设置工作岗位 107 个，编写程序文件 31 项，形成了包括《质量管理手册》《质量管理目标》《程序文件》《规章制度汇编》《岗位说明书》《记录表单》等六部分在内的质量管理体系文件，并把质量管理体系中行政服务对象和管理对象的要求、行政服务和管理提供过程、以文件和记录控制、管理职责、资源管理为核心，进行监督检查分析与改进，保证输出服务达到行政服务和管理对象满意，建立了基于过程的河北省档案局（馆）质量管理体系模式图。

PDCA 以过程为基础，质量体系运行显绩效。在机关标准化管理体系文件发布后，进入实施与运行阶段，制定持续开展标准化培训，切实做到全员普及、干部职工积极参与，态度认真、严谨，以标准化贯标达到了提高开展机关标准化的意识，增强了积极性、主动性、自觉性。加强衔接与沟通工作，从岗位职责、工作要求、工作目标、工作依据、过程记录、廉政责任与风险点，逐步并落实各项规定。在工作各层级、各节点，既体现设职授权，又强调责任约束，形成了“凡事有人负责、凡事有章可循、凡事有据可查、凡事有人监督”的运行机制，从而既防止缺位、漏管，又防止越位、擅权。

梳理归纳，规范优化档案业务流程。为深化机关标准化管理，确保质量体系顺利运行，从三方面着手对主要档案业务流程进行了再梳理。各处室根据省政府办公厅下发河北省档案局（馆）的主要职责、内设机构和人员编制规定“三定”方案对全局馆主要业务流程进行了全面梳理，对过去部分处室单位运行中存在职能界定不清晰、“三定”职责与实际履行不符、局职能没有落实到具体处室等进行协调解决，明晰责任，落实处室。如全省新农村建设档案工作，在“三定”中明确规定档案馆建设指导处“负责对乡镇、农村档案工作的指导与检查”，但此项工作一直由其他处室分管，职能上出现了交叉，在设置各处室工作岗位中及时进行调整，划回档案馆建设指导处负责。

顺利通过第三方认证。在 9 月成立了审核组，集中开展了机关标准化管理内部审核工作。通过询问、现场审核、抽查质量体系文件及体系运行产生的记录等方法，进行了认真细致的内部审核（模拟外审），对各处室列出的问题清单和不符合项进行了确认；下发内审检查表和不符合项整改，对内审资料进行了汇总、分析和总结，撰写了《内部审核报告》，由标准化办公室安排审核小组全程跟踪、验证整改情况，全部限时整改，做到举一反三，加强自查和抽查工作，确保全部问题整到位，取得了显著的效果，真正从根本上解决了档案业务流程中存在的问题，促进了质量体系的不断完善，进而推动各项工作更加规范与高效的运行。

（河北省档案局　孙国俊）

浦东新区与宁波、杭州实现民生档案跨省异地利用服务

2013 年 10 月 12 日、12 月 6 日，浦东新区档案局（馆）分别与浙江省宁波市、杭州市档案局（馆）签署了民生档案跨省异地利用服务工作协议。居住在浦东的市民可就近申请利用保存在宁波市和杭州市档案馆内的婚姻档案，宁波和杭州的市民也可就近申请利用保存在浦东新区档案馆内的婚姻档案，而不必往返原登记地，从而突破了档案利用的属地限制，极大地方便了市民。今后，受理的民生档案门类还将逐渐增加。

（浦东）

上海市社会保险事业基金结算管理中心被评为全国社会保险业务档案管理示范单位

2013 年 12 月，经全国社会保险业务档案达标验收领导小组研究决定，上海市社保中心被评为“全国社会保险业务档案管理示范单位”。《社会保险业务档案管理规定（试行）》颁布实施后，市社保中心认真贯彻落实《规定》精神，以开展社会保险业务档案管理达标验收为抓手，全力推进本市社会保险业务档案规范化管理，全面实现“制度措施、场地设施、专业人员、保障经费”四落实的要求，在社会保险业务档案专业化、规范化、信息化建设等方面迈上新台阶，并获得“社会保险业务档案管理优秀单位”称号。

（忻思佳）

（七）经济科技档案工作

全国经济科技档案工作发展综述

2013年，在国家档案局的领导下，紧紧围绕党的十八大战略部署，深入开展党的群众路线教育实践活动，坚持服务中心、服务大局、服务群众，创新工作思路、拓展服务领域，在加强企业档案工作水平、强化项目档案监督指导、创新农业农村档案工作机制方面取得了新的突破，经济科技档案工作科学化水平有了新的提高。

全面学习、宣传、贯彻实施国家档案局令第10号是当前和今后一段时期企业档案工作的一项重要任务和提升企业档案管理水平的主要抓手。为做好宣贯培训及试点工作，国家档案局发出了《关于做好国家档案局令第10号宣传贯彻工作的通知》《关于企业文件材料归档范围和档案保管期限表编制试点工作安排的通知》和《关于报送文件材料归档范围和管理档案保管期限表编制计划的通知》，编写了10号令实施指南，组织召开了宣贯会和试点工作座谈会，完成了试点企业文件归档范围和保管期限表的编制业务指导与预审，为企业文件材料归档范围和档案保管期限表编制审核工作的全面开展奠定了基础。各地区、各中央企业也认真抓好10号令宣贯工作，北京、山西、内蒙古、江苏、广东、河南、重庆、四川、云南、青海等地通过召开会议、下发文件、制定实施细则、开展试点等多种方式对本省市10号令宣贯工作做了安排部署，明确提出工作目标，中石油、国家电网、南方航空、中信集团、中国农业发展集团认真制定本单位文件归档范围和保管期限表。

为了加强会计档案管理，统一会计档案管理制度，更好地为发展社会主义市场经济服务，国家档案局与财政部联合开展了《会计档案管理办法》修订工作。针对会计档案电子化发展趋势，国家档案局与财政部联合检查中国电信广东分公司会计电子档案管理试点工作；与财政部和工信部联合对涉及电子会计档案可信保障的电子签名问题进行了调研。

在项目档案工作方面，国家档案局发出了《加强2013年建设项目档案工作通知》，就2013年建设项目档案工作进行了部署；召开了全国建设项目档案管理示范工程经验交流会，颁发全国建设项目档案管理示范工程（第一批）证书，天津市档案局等2个单位代表和苏通长江公路大桥等4个项目单位代表进行了经验交流；继续开展建设项目档案工作巡回检查，组织完成了贵州省、宁夏回族自治区、海南省区域内建设项目档案工作巡回检查，结合检查情况，为贵州省举办了建设项目档案工作宣贯会；继续强化国防科技工业固定资产投资项目档案工作，与国防科工局联合召开了国防科技工业固定资产投资项目档案工作协作组会，并继续开展了国防科技工业固定资产投资项目档案工作联合检查；继续开展水利水电工作移民档案工作，与水利部、国家能源局、国务院南水北调办联合到湖北省调研和检查《水利水电工程移民档案管理办法》贯彻落实情况和南水北调中线工程丹江口水库移民档案管理工作情况；继续做好建设项目档案验收工作，全年组织了青海省三江源生态保护和建设工程、长江三峡水利枢纽地下电站工程等项目档案验收；继续加强南水北调工程档案工作。参加了南水北调工作年度会议，参与了南水北调工程设计单元工程档案检查和验收。各地方档案行政管理部门根据国家档案局要求切实加强本地区项目档案工作，北京重点指导市南水北调工程档案工作；天津实现对全部政府投资建设项目档案专项验收全覆盖；安徽加强招标采购项目档案收集管理；江西、海南、贵州重点抓项目档案管理登记；山东、四川省局与省发改委联合开展重点建设项目档案执法检查；湖北抓好移民档案工作；广东对全省重大建设项目档案工作实行年度巡查；广西召开重大建设项目档案工作现场培训会；西藏检查部分重点建设项目档案工作；甘肃树立建设项目管理样板；青海做好玉树震后重建项目档案验收；宁夏出台建设项目档案验收实施细则。

三峡工程已进入终验阶段，国家档案局与国务院三峡办联系沟通长江三峡工程移民档案专项验收事宜并对重庆市三峡工程库区移民档案工作情况进行了调研与检查；与交通部、国土部、文物局沟通长江三峡移民工程港口、航道设施建设、地灾防治、监测预警系统建设项目和文物保护项目档案管理和验收事宜；组织编制《长江三峡工程移民档案专项验收大纲》并召开审定会，做好三峡工程移民档案专项验收各项准备工作。

2013年，国家档案局进一步加大农业农村档案工作力度，农业农村档案工作取得新的突破。按照中央“稳步扩大农村土地承包经营权登记试点”的总体要求，在连续三年联合工作的基础上，2013年3月国家档案局与农业部、财政部、国土资源部、中农办、国务院法制局共同确定了北京市平谷区等105个县（市、区）为2013年全国农村土地承包经营权登记试点地区。通过连续5年的努力和推动，5月，国家档案局和国家林业局以联合令的形式发布了《集体林权制度改革档案管理办法》，对2008年以来全面开展的集体林权制度改革档案进行了强化管理，有效巩固了十七大以来改革开放的成果，维护了广大农民的切身利益。今年3月第一次全国水利普查工作正式完成，在对各地水利普查档案进行检查验收的基础上，国家档案局联合水利部于10月对国务院第一次全国水利普查领导小组办公室的档案进行了专项验收，使档案在水利普查工作中发挥了服务功能，体现了成果功能。为进一步加强农业农村档案工作，推广先进做法和经验，国家档案局联合民政部、农业部持续推动全国社会主义新农村建设档案工作示范县活动的开展，全面组织创建示范县30余家。国家档案局还启动了“农业农村档案建设系统规划与示范”项目，推进农业农村档案的规范化和标准化。通过对农业农村档案资源建设、农业农村档案规范化管理和农村档案信息资源共享的研究，在河南新密、四川双流、浙江萧山等9个县（市、区）的45个单位开展，使农业农村档案工作的典型和示范转化为技术规范和成果，奠定了农业农村档案工作科学发展的基础，同时在“农业农村档案建设系统规划与示范”项目当中完成了《乡镇档案工作试行办法》的修改和《村级档案管理办法（征求意见稿）》的制定工作。

国家档案局对《企业文件材料归档范围和档案保管期限规定》进行宣贯

为扎实推进《企业文件材料归档范围和档案保管期限规定》（以下简称10号令）的宣传、贯彻与实施，2013年4月21日和2013年6月6日，国家档案局分别在江西和北京召开了10号令的宣贯会议，对10号令的有关内容进行解读，就10号令的宣传、贯彻和实施工作进行布置。

全国各省市、自治区档案局经济科技档案业务指导部门负责人和来自中央企业、中央企融企业总部档案部门有关负责人共200多人分别参加了会议。

在针对中央管理企业的宣贯会议上，国家档案局副局长、中央档案馆副馆长李和平到会并做重要讲话。李和平指出，10号令是为适应在改革开放和企业的发展过程中，企业产生的文件材料不断发生变化的形势而制定的一份重要文件。中央企业集中了我国国有资产的精华，是巩固我党执政地位的重要经济基础。中央企业档案反映我国国民经济发展轨迹，记录我国重大项目建设全过程，反映我国重大事件的始末。中央企业档案不仅是企业档案，更是国家档案资源的重要组成部分，属国家所有。中央企业档案是否完整准确，影响国家整体的档案事业，事关国家记忆是否系统、全面。做好10号令的贯彻、实施，对中央企业档案资源的完整、准确具有重要的作用和意义。中央企业在10号令贯彻实施过程中要准确把握重点，立足企业档案资源体系建设，强调档案信息全面覆盖企业各项业务活动，达到档案信息与企业活动相对称。

在会上，国家档案局经济科技档案业务指导司有关负责人对10号令的条款和附表进行了详细解读，就贯彻实施10号令的方法和企业文件材料归档范围与档案保管期限表的编制步骤进行了系统讲解，并对各省市、自治区、计划单列市以及中央企业宣传、贯彻、实施10号令的工作提出了具体的要求。兵器工业集团公司作为10号令贯彻试点单位，介绍了前期开展本集团总部文件材料归档范围和档案保管期限表编制工作经验和体会。

与会代表普遍感受到通过会议得到一次深入的业务指导，会议对规范企业文件材料归档范围和档案保管期限表的编制，优化档案资源结构，真实、准确、全面、系统地维护国家记忆具有深远的影响意义。

随后，国家档案局选择了7家企业开展贯彻10号令的试点工作；根据试点经验，发出《关于做好国家档案局令第10号宣传贯彻工作的通知》；同时，编写了《企业文件材料归档范围和档案保管期限规定实施指南》的宣贯教材，免费发放各省和中央企业，受到普遍欢迎。

各省档案行政管理部门和中央管理企业组织对国家档案局令第10号进行宣贯

国家档案局令第10号发布以后，各地档案行政管理部门和中央管理企业积极组织进行宣贯。北京市档案局马上研究贯彻落实意见，在“10号令”正式实施的一个月内，就组织召开“10号令”宣贯会；并紧密结合全市国有企业特点，迅速发出贯彻落实的通知。山西省档案局召开宣贯10号令会议，转发国家档案局《关于贯彻实施〈企业文件材料归档范围和档案保管期限规定〉的通知》，并与省国资委联合发出《关于深入学习贯彻国家档案局10号令的通知》。辽宁省档案局和省国资委发出《关于辽宁省省属国有企业文件归档范围和保管期限表修订审批备案情况的通报》。安徽省档案局印发《贯彻实施〈企业文件材料归档范围和档案保管期限规定〉工作方案》。山东省档案局转发国家档案局《企业文件材料归档范围和档案保管期限规定》，并召开宣贯培训会。湖北省档案局召开全省经济科技档案工作暨贯彻国家档案局10号令会议。湖南省档案局发出“关于贯彻实施《企业文件材料归档范围和档案保管期限规定》的意见”。广东省转发国家档案局《企业文件材料归档范围和档案保管期限规定》。四川省档案局印发《四川省〈企业文件材料归档范围和档案保管期限规定〉实施方案》《宣传贯彻〈企业文件材料归档范围和档案保管期限规定〉的通知》和《企业档案工作推进行动实施方案》。云南省档案局转发《国家档案局关于贯彻实施〈企业文件材料归档范围和档案保管期限规定〉的通知》。陕西省档案局与省国资委联合转发国家档案局令第10号。大连市档案局和市国资委联合下发《关于贯彻落实〈企业文件材料归档范围和档案保管期限规定〉的通知》。其他省市也分别快速地做出响应。

中交集团、国网集团、国电集团、中船重工集团、中粮集团、华能集团等中央级企业分别在本集团组织召开了宣贯会。

企业档案工作座谈会

为加强对企业档案工作的指导，2013年11月19—20日，国家档案局在安徽省合肥市召开全国企业档案工作座谈会。来自各省、自治区、直辖市、计划单列市档案局和新疆生产建设兵团档案局企业档案业务指导部门负责人共42名代表参加了会议。

会上各代表详细介绍了本地区2013年企业档案工作情况和2014年企业档案工作要点，对国家档案局2014年企业档案业务指导工作要点进行了讨论，北京市档案局详细介绍了宣传贯彻国家档案局令第10号的经验和做法。

2013年，各地区企业档案工作以贯彻实施国家档案局10号令和《企业档案工作规范》为重点，开展企业档案规范化管理评价工作，加强企业档案信息化和数字档案馆建设、开发区档案工作的指导和开展非公企业档案工作服务，实现了本地区企业档案工作的规范化管理和快速发展。与会代表建议国家档案局加强企业档案工作的顶层设计，创新开展企业档案评价工作，以适应企业发展需要；顺应企业档案工作发展趋势，加强企业档案信息化和电子文件归档、电子档案管理工作，建立对全国企业档案工作的定期检查机制。

座谈会不仅使国家档案局对各地区企业档案工作情况全面深入了解，也为各地区档案行政管理部门提供了一次面对面交流企业档案工作经验的机会。

国家档案局局长杨冬权调研档案外包服务企业

2013年4月9日，国家档案局局长杨冬权赴天津就中信集团档案信息管理服务外包业务进行考察调研。天津市委常委、常务副市长崔津渡、中信股份有限公司副总经理、天津公司董事长赵景文等一行陪同考察调研。杨局长听取了中信档案外包服务公司关于开展外包服务的业务内容、管理理念和服务方式等方面的介绍，并对外包的管理理念和模式表示了充分肯定。同时，三方就档案信息管理服务外包业务的创新模式、发展前景以及进一步合作等事宜进行了详细讨论。杨局长表示国家档案局可以对档案外包服务工作进行专题研究。

国家档案局经济科技档案业务指导司司长李晓明、天津市政府金融办主任杜强、天津市档案局局长荣华、中信集团办公厅副主任张慧敏、天津公司总经理李桦等参与了调研活动。

国家档案局协调解决撤销企业档案进馆

为贯彻落实中央八项规定，深入开展党的群众路线教育实践活动，2013年中央档案馆国家档案局实行馆局领导班子基层联系点制度，馆局领导班子每位成员每年至少联系一个基层单位，深入所联系的基层单位调研，解决实际问题并取得明显实效，解决了若干基层单位存在的问题，得到基层单位的好评。

2013年8月16日，国家档案局副局长、中央档案馆副馆长杨继波根据中国船舶重工集团公司和中国船舶工业集团公司反映的有关问题，分别到两公司进行了调研。杨继波深入到保存原中国船舶工业总公司时期档案的库房，调研了解档案保管的安全情况，召开座谈会听取两公司对原中国船舶工业总公司档案管理问题的意见，初步提出解决意见。

2013年9月23日，中央档案馆国家档案局发出《关于接收原中国船舶工业总公司档案的通知》，要求中国船舶重工集团公司、中国船舶工业集团公司将原中国船舶工业总公司1982—1999年形成的文书档案8000卷、财务档案5000卷作为撤销机构档案全部原样移交中央档案馆。为方便利用，档案移交前须对总公司全部档案原样进行数字化处理扫描，制成光盘一式3套，中国船舶重工集团公司和中国船舶工业集团公司各1套，中央档案馆1套。数字化处理工作由中国船舶重工集团公司和中国船舶工业集团公司协商确定，费用两家共担。数字化处理过程须符合国家有关档案和保密法律、法规和管理规定。在通知下发之日起的24个月内完成档案数字化处理工作，并在数字化处理工作完成后的6个月内完成档案移交工作。中央档案馆保管部负责档案移交工作的业务指导。

中国核工业集团公司召开档案工作会议

2013年9月26日，中国核工业集团公司在北京召开第九次档案工作会议。国家档案局局长、中央档案馆馆长杨冬权，国防科工局有关领导及中核工业集团公司党组成员、副总经理吕华祥出席会议并讲话。核工业集团公司总部各部门领导及各成员单位代表120余人参加了会议。

杨冬权在讲话中指出，中核集团是国家战略核力量的核心和国家核能发展与核电建设的主力军。半个世纪以来参与创造了“两弹一艇”和中国大陆核电“零突破”的辉煌业绩。为我国的现代化建设做出了重要贡献。

他在强调档案信息资源建设时指出，核工业的重要性决定了核工业档案及档案工作在我国档案事业发展中所处的重要位置。核工业档案记录着我国核工业发展的辉煌业绩，是国家重要的历史记录和宝贵财富。中核集团在引进国外核电技术的同时，引入了新的档案工作理念和方法，如文档一体化管理，将档案工作纳入主营业务环节，档案信息的知识管理等等，这些理念和方法对推动我国企业档案工作的发展起着重要的作用。

核工业企业在加强档案信息资源建设中需要树立两个意识：一是档案信息资源的资产意识。尤其在核工业行业，档案有时比人才、技术等其他资源更重要，档案的资产价值更为突出。二是协作意识。当前产品研究和生产正走向大联合、大协作，国防科技工业的产品尤其如此。要严格按照国家档案局10号令的要求，认真制定并执行好文件材料归档范围和档案保管期限表，把涉及企业管理、生产、研发、基建和涉及国家安全，以及涉及企业职工等各方面权益的相关文件材料，全部归档保存好，切实管理好，开发利用好。

在强调加大档案工作创新力度时，他要求：一要重点关注电子文件的管理，采取切实措施，把产生的应归档电子文件及时归档，把已归档的电子档案进行科学管理。二要积极推进数字档案馆的建设。把传统载体的档案尽快数字化，并进入公司的档案信息系统和信息共享利用平台，提高档案工作为企业服务的效率。三要广泛开展知识管理技术在档案工作的应用。

创新还包括企业档案工作体制机制上的创新。在企业档案部门的体制创新中，以下这些原则必须坚持：一是集团总部档案部门具有集中统一管理集团档案的职责和地位不变；二是集团总部档案部门对全集团档案工作进行监督、指导的职能不变。三是坚持集团档案部门在人员、经费的配备上与总部其他职能部门相一致。

他对核工业做好新形势下的档案信息安全工作也提出要求。

他指出，核工业集团公司档案关系国家和民众安全甚于其他档案，而且数量庞大，载体形态多样，保密要求高，分布在全国，点多面广，因此档案信息安全工作尤为重要。要对档案信息安全工作体制进行系统的梳理，加强薄弱环节，从技术、人员和管理上筑牢档案信息安全防线。制定切实可行的档案信息全安应急预案；合理规划重要档案信息异地备份，确保档案在各种复杂的情况下都能管得好、用得上，不外泄。

国家档案局联合有关部门开展电子发票归档和电子会计档案管理试点

国家档案局联合有关部门开展电子发票归档和电子会计档案管理试点，试点期间有关业务司和财政部会计司一起检查了中国电信广东分公司会计电子档案管理试点工作；调研了人保集团财保公司申请试点工作准备情况；考察了西门子公司申请进行电子会计档案试点工作的条件；并就电子签章的问题走访了有关服务公司。

2013年12月16日，按照国务院关于促进信息消息扩大内需的工作部署，发改委会同财政部、税务总局和国家档案局发出通知，在北京、上海、重庆、青岛、深圳、南京、成都、杭州等国家电子商务示范城市，组织开展电子发票及会计档案电子化管理政策试点工作，旨在通过改革现有发票和会计档案管理规制，释放政策红利；加快会计档案电子化，深化电子发票应用，降低电子商务企业经营成本，推进可信交易环境建设，方便网络消费者维权。

试点工作主要包括：京东、海尔、苏宁等电子商务企业针对网购开具电子发票；中国电信、中国联通、中国人保财险等企业对接收、记账、归档保存电子商务企业开具的电子发票，保存为电子会计档案；有关部门将完善电子发票管理的相关制度规定和管理办法。

国家档案局对中央管理企业电子文件归档状况进行问卷调研

2013年，国家档案局为了解和研究中央管理企业电子文件归档和管理情况，发出《关于开展企业电子文件归档和会计档案利用情况调查的通知》。80家中央及金融企业为本调查提供数据来源，其中16家还分别提供1家所属企业的相关数据。

从调查中可以看出，虽然企业已经开始关注各类信息系统所产生的电子文件的归档问题，电子档案管理工作也有一定的发展，但不规范、不合理的现象仍然较为突出，还未建成科学、完整、严密的电子文件归档和电子档案管理体系。

一、电子文件形成及归档情况。办公自动化系统以在线归档为主，大部分都配备了与档案系统的接口；核心业务系统能够归档的只有将近一半实现在线归档，归档方式有待改善。存在的主要问题：一是电子文件归档率整体上较低，较多信息系统未进行电子文件归档；二是电子文件归档不够规范，文件归档后存储格式不统一。

二、档案管理信息系统实施情况。档案管理信息系统覆盖率较高，但部分功能不够完善，如与信息系统的归档接口较少。

三、电子文件归档管理制度制定情况。电子文件归档管理制度不够完善，并且具体内容缺乏可操作性。在已经制定电子文件归档制度的企业中，较多企业未能进行完整、详细的规定，制度的具体内容存在较多问题。一是简单套用传统纸质档案归档制度，未充分考虑电子文件的管理规律；二是简单照搬国家相关制度规范，只是提出了原则性要求，未能进行细化，不切合实际，可操作性差，与企业发展战略、企业其他制度以及具体业务不一致，影响制度在企业内部的实际执行。

四、电子文件归档管理职责分工。企业电子文件归档管理职责分工存在问题：一是职责分工不明确；二是职责分工不合理。在电子档案的保管上，除25％的企业没有明确分工外，只有25％的企业由档案部门负责，29.17％的企业由办公厅或办公室负责，10.42％的企业由信息部门负责，7.29％的企业由两个或两个以上部门共同负责。

五、档案部门参与业务信息系统开发情况。在各类信息系统中，企业档案部门较多参与开发的是OA系统，能够参与业务信息系统开发较少。只有20.24％的单位较多的参与了业务信息系统的开发；42.86％的企业参与少数业务信息系统的开发；约有36.90％的企业完全未参与业务信息系统开发。可以说，企业所使用的大部分信息系统没有考虑档案人员参与其电子文件归档管理。

六、电子档案管理情况。企业对电子档案的管理普遍存在着设备不全和保障性措施不充分的问题。对于备份工作，有73.96％的企业采用了本地备份，30.21％的企业采用了异地备份。

这次问卷调查，为国家档案局有关业务部门研究制订企业电子文件归档管理和电子档案管理政策打下基础。

各省广泛开展企业档案工作考核评价

自2009年底，国家档案局颁布了行业标准《企业档案工作规范》以后，各地广泛组织了向企业的宣贯工作，其中有29个省（区、市）按照该《规范》的业务要求，结合本地的具体情况开展了对本行政区内企业档案工作的相关考核评价工作，深受企业欢迎。

评价等级一般设置在2到6级之间，其中有将近一半设置了三个等级。在已经评价的企业数量上，各省市的差别较大，少则有几十，多则数百家企业。开展较早的省市评价的企业数量相对较多，如湖北省2004年起开始的“企业科技事业单位档案工作规范管理评审”活动，已经过5次修订，截至2012年底有923家参加评审。浙江省2005年起开始的“企业档案工作等级评定”工作，2010年根据《企业档案工作规范》重新进行修订，至今已有643家企业参加。已开展考核评价的省、区、市，企业普遍反映较好，参与积极性较高，推动了企业档案工作整体水平新一轮的提升。

北京市和天津市非公企业档案工作成效显著

2013年7月15日，北京市档案局依托首都非公经济金融产品推介会，为民营企业提供档案工作现场业务咨询服务。推介会由市工商联和市私营个体经济协会合作举办，旨在为银行与民营企业间搭建对接服务平台，优化融资环境，促进民营企业的发展。得知此消息后，北京市档案局主动与市工商联有关部门协调，得到在推介会宣传档案工作的机会。会前北京市档案局编写了宣传材料、展板宣传内容。会中，北京市档案局在现场设置展位，发放档案法律法规汇编和《北京市非公有制企业档案管理手册》，耐心细致地解答了档案工作相关业务问题，介绍了可提供的指导服务项目，与提出业务指导需求的民营企业建立了联系。这种做法得到参会民营企业的好评，立即产生了效果，推介会第二天就有民营企业要求档案局给予培训指导。

天津市积极开展对非公企业档案业务的指导工作，到2010年，已有1125家规模以上民营企业建立档案工作，部分企业达到规范化管理；2011年4月出台《关于档案工作为科技型中小企业成长服务的意见》，截至2012年底，全市各级档案部门共联系科技型中小企业5211家，走访服务1400家，举办培训班60余次，2000多人参加培训，重点帮扶688家小巨人企业建档。2013年又下发了《关于为全市科技小巨人领军企业档案工作开展服务的通知》，对市科委确定的200个（212个）科技小巨人领军企业提出"一企一策"帮扶方案。到目前为止，已对199个科技小巨人企业进行了上门服务或培训。这些省、市、区通过主动介入、加大宣传、主动服务等方式推动非公企业档案工作发展。

国家档案局发出《关于做好2013年建设项目档案工作的通知》

为做好2013年建设项目档案工作，保障建设项目顺利进行，国家档案局于2013年3月1日发出了《关于做好2013年建设项目档案工作的通知》（以下简称《通知》）。

《通知》提出，各地区、各部门应在国家档案局2012年开展的创建"全国建设项目档案管理示范工程"（以下简称"示范工程"）活动基础上，采取多种形式推广"示范工程"的管理经验，发挥"示范工程"的引领作用，进一步宣传和引导在建项目创先争优，全面提升本地区、本部门建设项目档案管理水平。

《通知》要求，各地区、各部门要继续强化建设项目档案工作的全过程监管。要根据建设项目隶属关系，继续做好建设项目档案管理登记工作，及时掌握建设项目基本情况，有针对性地开展工作；要认真履行职责，根据工作需要及时开展建设项目档案工作业务指导和培训，不断提高对建设项目档案工作的监督指导水平；要根据建设项目竣工验收时间制定建设项目档案验收计划，按照《重大建设项目档案验收办法》的要求，认真组织档案专项验收工作，规范验收程序，保证查验时间，加大验收组成员中相关行业档案专家和技术专家的比例，严格验收标准，确保验收质量；要根据建设项目档案工作情况，开展项目档案工作检查。

《通知》还要求，各地区、各部门要依据《水利水电工程移民档案管理办法》，结合实际，认真梳理，及时研究，加强和规范移民档案工作。国家档案局将会同有关部门适时督查该办法的落实情况。

《通知》指出，国家档案局2013年将启动《国家重大建设项目文件归档要求与档案整理规范》修订工作。请各地区、各部门注意收集、汇总修改意见并及时报国家档案局经科司。

《通知》要求，各地区、各部门应结合项目建设情况，及时研究新领域、新类型建设项目档案工作，研究解决出现的新情况、新问题。请将工作中的主要做法、典型事例、存在问题等情况及时报送国家档案局经科司。

国家档案局、国防科工局联合召开军工固定资产投资项目档案工作座谈暨协作组会

2013年3月1日，国家档案局、国防科工局在北京联合组织召开军工固定资产投资项目档案工作座谈暨协作组会。会议由协作组组长单位中国航天科工集团承办。国家档案局、国防科工局、中国科学院、中国工程物理研究、各军工集团公司等15个单位30多位代表参加了会议。会上，各单位汇报了本单位2012年军工固定资产投资项目档案工作开展情况及项目档案验收情况，交流了工作经验，并推荐了下一届协作组组长单位。

国家档案局经济科技档案业务指导司副司长王燕民、国防科工局发展计划司副司长宋宝丽在会上

作了讲话。肯定了各单位 2012 年取得的工作成绩和协作取得的活动成果，并对 2013 年军工固定资产投资项目档案工作提出了要求。他们要求：各军工单位要重视项目档案工作，确保项目档案工作的同计划、同开展、同检查、同验收；要加强项目档案工作的规章制度建设，完善军工项目档案工作的标准规范；要加强项目档案工作的组织领导、监督检查，做好过程管控与规范管理；要进一步完善军工项目档案验收工作流程，提高项目档案验收工作质量与水平；要发挥协作组平台作用，加强项目档案工作培训交流和人员队伍建设，提高军工项目档案管理水平。

国家档案局与国务院三峡办联合对重庆三峡库区移民档案工作进行检查和调研

2013 年 3 月 13—16 日，国家档案局经济科技档案业务指导司与国务院三峡办综合司、规划司联合对重庆市三峡工程库区移民档案工作情况进行了调研与检查。调研、检查主要内容是库区移民档案验收准备情况、《长江三峡工程库区移民档案进馆项目实施方案》进展情况。调研检查组现场察看了重庆市文物局三峡工程文物保护项目档案情况和涪陵区、丰都县、忠县、万州区移民局、档案局三峡工程库区移民档案情况及移交进馆项目进展情况，分别召开了重庆市、涪陵区、丰都县、忠县、万州区和部分库区等六次移民档案工作座谈会。

通过实际检查和座谈，调研检查组认为重庆市三峡工程移民档案验收准备基本就绪，《长江三峡工程库区移民档案进馆项目实施方案》进展滞后于《方案》进度要求，主要存在移民档案实体不能按期移交进馆；一些区县档案数字化进展滞后；部分三峡移民档案专库建设没有完成等问题，对检查中发现的问题多数提出应对方法。如复印件问题，通过乡镇或有关部门查找原件置换，无法置换注明原件指向，或采用说明等补救方法。

调研检查组还研究探讨了三峡工程移民档案专项验收范围，表示尽快完成《三峡工程移民档案专项验收大纲》编写和发布，进一步研究三峡后续工作总体规划，提出后续工作档案管理要求。同时要求重庆市各区县移民局、档案局通力合作，认真梳理和整改移民安置一、二、三、四期验收中档案检查发现的问题，做好四期以后移民档案收集整理工作，加快移民档案数字化进展。

全国建设项目档案管理示范工程经验交流会

2013 年 6 月 14 日，国家档案局在北京召开了全国建设项目档案管理示范工程经验交流会。大会为 91 个第一批全国建设项目档案管理示范工程颁发了证书，国家档案局局长杨冬权出席会议并作了重要讲话。

会议由国家档案局副局长李和平主持，国家档案局副局长段东升宣读了第一批全国建设项目档案管理示范工程名单，国家档案局副局长李明华、杨继波出席会议。天津市档案局、国家电网公司、江苏苏通长江公路大桥建设指挥部、江苏核电有限公司、上海东浩国际服务贸易有限公司、昆明新机场建设指挥部的代表分别介绍了开展项目档案工作的做法和经验。来自各省、自治区、直辖市档案局，新疆生产建设兵团档案局，中央和国家机关中央企业有关部委，获得第一批全国建设项目档案管理示范工程的项目单位近 200 名代表参加了会议。

会议总结了近几年建设项目档案工作，探索了科学化、规范化管理的有效途径，部署了建设项目档案工作深化发展的任务，对宣传推广示范工程的先进经验，引导项目建设单位积极向示范工程学习，推动建设项目档案工作创新发展，全面提高建设项目档案管理水平具有重要意义。

杨冬权在讲话中对实施《重大建设项目档案验收办法》以来全国建设项目档案工作情况进行了高度总结和概括，给予了充分肯定，从深化认识，全面部署、配合监管，形成合力、把握过程，全程服务、突出管理，实现融合、与时俱进，扩大归档、重视利用，边建边用、充实力量，培养队伍等方面提出了明确要求，并就深入开展创建全国建设项目档案管理示范工程活动作出了具体部署，为今后一个时期全面深化和推进建设项目档案工作指明了方向。

国家档案局组织制定《长江三峡工程移民档案专项验收大纲》

为贯彻落实国务院三峡工程建设委员会第十八次全体会议关于三峡工程整体竣工验收的部署和三峡工程移民工程竣工验收工作安排，切实做好三峡工程移民档案专项验收工作，国家档案局在深入调研和广泛征求各方意见的基础上，结合三峡工程移民档案工作实际，组织制定了《长江三峡工程移民档案专项验收大纲》（以下简称《大纲》）。

三峡工程移民档案专项验收工作是对三峡工程库底清理、农村移民安置、城集镇搬迁、工矿企业迁建、专业项目复建、文物保护、地质灾害治理等各方面形成的档案进行全面的检查和验收，是三峡移民工程竣工验收中四个专题（专项）之一，是三峡移民工程竣工验收的重要组成部分。

《大纲》共分七个章节，提出了验收指导思想和依据，确定了验收原则和要求，明确了验收范围和分类，并对验收时间、内容、组织、程序、方法和评定标准等做出了详细规定，具有较强的指导性和操作性，是三峡工程移民档案专项验收工作的基础。

国家档案局对贵州省、宁夏回族自治区、海南省区域内建设项目档案工作进行巡回检查

为加强对建设项目档案工作的监督、指导，推动建设项目档案工作发展，2013年国家档案局组织检查组对贵州省、宁夏回族自治区、海南省区域内不同行业、不同类型建设项目档案工作进行了检查。检查组由国家档案局、地方省级档案行政管理部门、相关的项目主管部门档案负责人组成。

检查组采取听汇报和现场检查两种形式。共听取了12个单位的档案工作汇报，其中贵州省4个单位分别是贵州省档案局、贵州省交通运输厅、贵州乌江水电开发有限责任公司、贵州开磷（集团）有限责任公司；宁夏回族自治区4个单位分别是宁夏回族自治区档案局、宁夏回族自治区水利厅、宁夏回族自治区公路建设管理局、国电英力特能源化工集团股份有限公司；海南省4个单位分别是海南省档案局、海南省交通运输厅、海航集团有限公司、华能海南发电股份有限公司。现场检查了12个项目的档案工作，其中贵州省5个项目分别是三穗至凯里公路、荔波机场建设工程、500米口径球面射电望远镜（FAST）项目、贵州师范大学花溪校区建设项目、黔西桂箐煤矿；宁夏回族自治区6个项目分别是宁夏电信公司新农村信息化项目、宁夏中南部城乡饮水安全水源工程、青岛至兰州公路东山坡至毛家沟段项目、宁夏电投集团太阳山风电项目、神华宁煤集团金凤煤矿项目、国电英力特煤基化工项目。海南省5个项目分别是60万吨/年聚酯原料项目、海南洋浦港洋浦港区小铲滩作业区起步工程、海南昌江核电项目、海南精细化工项目、海南省宁远河大隆水利枢纽工程。检查组按照档案专项验收的程序对每一个现场检查项目进行检查，并分别对3个省项目档案检查情况发出检查意见。检查达到了预期的效果。

对贵州省、宁夏回族自治区、海南省区域内建设项目档案工作开展情况有了一定了解。检查组认为贵州省、宁夏回族自治区、海南省档案局重视建设项目档案工作，贵州省档案局与相关部门制定《贵州省重点建设项目档案管理登记实施意见》《贵州省〈重大建设项目档案验收办法〉实施细则》；与省人大、政府法制办多次联合开展建设项目档案工作执法检查；将档案行政管理部门对建设项目档案工作履职情况纳入目标管理考核内容；积极开展建设项目档案登记工作并进行通报。宁夏回族自治区将项目档案工作纳入市县档案事业发展综合评估标准，与行业主管部门联合制定《宁夏回族自治区重大建设项目档案验收办法实施细则》，印发《进一步加强建设项目档案工作的通知》等文件，积极开展项目档案培训，深入项目一线对各行业、各类型项目档案工作进行监督指导。海南省档案局将建设项目档案登记与验收工作纳入《海南省档案管理办法》；与省发改委联合制定《海南省重点建设项目档案验收实施细则》；积极开展建设项目档案登记工作，发出了《关于做好重点建设项目档案管理登记工作的通知》，项目档案登记由2007年的零登记发展到2013年的189个项目；与省发展改革委联合召开全省建设项目档案工作现场会，与省交通厅、水务局等单位共同对项目档案工作监督指导；开展各种形式的建设项目档案培训工作。这一系列工作有力地促进了建设项目档案的完整、准确和规范化管理。

巡回检查对建设项目档案工作起到了一定的推动作用。通过听汇报和现场检查形式，引导项目建设单位再一次梳理档案工作。特别是现场检查项目，检查组专家的质询和点评反馈了检查组的检查意见和建议，对项目档案工作具有一定的指导与借鉴作用。

巡回检查为各级档案工作者搭建了相互学习、相互交流共同探讨问题，统一认识的平台。通过这一平台达到了一举多得提高工作效能的作用。来自不同地区、不同项目主管部门档案检查组的成员在短时间内对项目检查、点评、反馈，既是对检查组成员档案业务技能的检验，也是对在建项目和面临验收项目的现场业务指导，更是对项目参建单位的领导和档案人员一次建设项目档案工作知识和观念的培训。

国家档案局与水利部、能源局、南水北调办联合对湖北移民档案工作进行检查和调研

2013年9月9—12日，国家档案局、水利部、

国家能源局、国务院南水北调办组成联合调研组到湖北省检查和调研移民档案工作情况。湖北省移民局、省档案局派员参加了这次调研活动。

检查与调研主要内容：《水利水电工程移民档案管理办法》贯彻落实情况；南水北调中线工程丹江口水库移民档案管理工作情况，主要包括移民档案的收集、整理、归档、信息化、移民档案库房建设等情况；移民档案管理制度建设情况，对水利水电工程移民档案工作的意见和建议。

检查与调研组召开了丹江口市、枣阳市、襄州区、南水北调中线水源公司四次工作会，主要听取湖北省移民局和档案局、十堰市档案局、丹江口市移民局、枣阳市移民局、襄州区移民局、南水北调中线水源公司（项目法人）有关移民工作及移民档案工作情况汇报，就有关情况和问题进行了座谈和探讨；实地抽查了丹江口市移民局、南水北调中线水源公司、枣阳市移民局移民档案收集、整理和保管情况，观看了湖北省移民局委托长江水利委员会网信中心编制的移民档案管理系统演示和丹江口市移民分户档案数字化现场。

检查与调研组充分肯定了湖北省档案局和移民局所取得的成绩，在总结三峡工程移民档案工作经验和体会的基础上，不断推进移民档案工作，克服困难，严格标准，重点抓住迁出地及迁入地移民分户档案建立，不断改善档案保管条件，积极开展档案信息化工作。检查与调研组同时要求各级移民、档案部门要理清思路，突出重点，把下一步南水北调移民档案验收和贯彻落实《水利水电工程移民档案管理办法》做好做实。

一批重大建设项目通过档案验收

2006年《重大建设项目档案验收办法》发布后，各级档案行政管理部门、中央主管部门（含中央企业）按照各自职责分工，认真组织项目档案验收工作，档案验收已成为项目竣工验收必备条件之一。

2013年国家档案局组织档案验收的项目有：青海三江源生态保护和建设工程、长江三峡水利枢纽地下电站、秦山核电二期扩建工程、川气东送工程管道建设项目、川气东送工程项目（普光气田勘探开发建设部分）、河南宝泉抽水蓄能电站、广东惠州抽水蓄能电站工程、金沙江溪洛渡水电站蓄水阶段工程、青海格尔木至西藏拉萨±400千伏直流联网工程、青藏直流工程、葛沪直流综合改造工程、福建LNG站线项目一期工程新增3、4号储罐、广西石化1000万吨/年炼油工程、山西王家岭煤矿项目、神华北电胜利能源有限公司胜利一号露天煤矿项目二期工程、京沪高速铁路建设项目、兰州国家石油储备基地工程。这些项目符合《重大建设项目档案验收办法》的验收要求，已通过档案专项验收。

国家档案局委托相关省市档案行政管理部门会同有关行业主管部门组织档案验收的项目6个：贵州北盘江董箐水电站、李家豪煤矿、四川大渡河瀑布沟水电站、深溪沟水电站、湖北白莲河抽水蓄能电站工程、山西西龙池抽水蓄能电站工程。这些项目档案已通过档案专项验收，并报国家档案局备案。

国家重大建设项目竣工档案验收工作介绍

秦山核电二期扩建工程

根据中国核工业集团公司《关于对秦山核电二期扩建工程进行档案专项验收的请示》，国家档案局于2013年1月18—20日组织有关专家组成验收组，对秦山核电二期扩建工程项目档案进行了验收。

验收组听取了建设单位核电秦山联营有限公司关于项目建设和档案工作情况的汇报、北京四达贝克斯工程监理有限公司关于项目监理档案和项目档案质量审核情况的汇报。验收组观看了项目建设专题片，查看了现场，查验了有关佐证材料，抽查了项目档案，并针对有关问题进行了质询。

秦山核电二期扩建工程（即3、4号机组，以下简称扩建工程）位于浙江省海盐县境内，以秦山核电二期1、2号机组为参考电站，采用“翻版加改进”的技术路线，实施了包括“十大技术改进”的上千项技术改进、装机容量为两台65万千瓦级的商用压水堆核电站。

扩建工程于2005年经国家发展和改革委员会核准，2006年4月正式开工建设，3号机组于2010年10月投入商业运行，4号机组于2011年12月投入商业运行。工程概算总投资157.97亿元。

扩建工程设计单位为中国核电工程有限公司、中国核动力研究设计院、华东电力设计院，主要施工单位有中国核工业二二建设有限公司、中国核工业二三建设有限公司、中国核工业二四建设有限公司、中国核工业第五建设有限公司、浙江火电建设有限公司，监理单位为北京四达贝克斯工程监理有限公司。

该项目创新管理体制，强化专业化管理，扩建工程按照“统一领导、归口管理”的原则，整合档案信息资源，强化专业化管理，工程建设初期成立了文档管理委员会负责文档管理的重大决策，信息文档处负责具体实施，建立了由文档部门牵头，业主相关职能部门和参建单位文档人员组成的文档管理网络和工作联络组，明确相关职责，配备了适应文档工作需要的结构合理、业务素质较高的专业人员，为扩建工程项目文档工作开展提供了组织保障；采用先进理念，建立科学管理体系，扩建工程借鉴1、2号机组档案管理经验，明确“管理即服务”的工作理念，严格遵循《秦山第二核电厂3、4号机组质量保证大纲》，深入推行“文档管理一体化、文档工作程序化、档案保管规范化、文档资源信息化、档案服务网络化”，完善项目档案管理制度、规范，奠定了项目文档规范化管理的基础；采取有效措施，实施全过程管理，扩建工程将文档工作要求纳入工程管理计划和质量保证体系，实施合同管理，建立项目档案协调机制，组织开展培训、对参建单位文档管理情况定期量化考核评价。文档管理部门通过参与重大合同的谈判及合同支付会签、工程协调会、内外部质保监查等活动，实现了文档工作与工程建设同步管理；融入项目信息化建设，不断提升文档信息化管理水平，开发了扩建工程管理信息系统和文档一体化信息系统，使文件从产生、流转、归档以及利用等环节得到有效控制，实现了数字化全文管理和网络化服务。扩建工程管理信息系统为各类业务系统提供了统一的文档数据收集与管理平台，与主要业务系统形成无缝对接；注重特种载体档案的收集、归档，建设单位明确施工单位、监理单位声像档案拍摄、归档要求及实施计划，并对岩芯、焊接试块见证件进行了收集，全方位记录了工程建设过程；竣工图编制符合国家规范要求，制定了竣工图编制大纲，建安竣工图由设计单位负责编制，监理单位审核签字，逐张加盖竣工图章，图面整洁、字迹清晰、签章手续完备；注重档案编研和信息开发工作，建立了22个专题数据库，编写了《全宗介绍》《公司组织机构沿革》《公司大事记》《公司荣誉档案》《生产文档树枝图》《工程文档树枝图》及《核电信息汇编》等材料，为项目建设、生产运营提供了有效服务；档案管理设施完备，性能优良，档案用房实现了办公、阅览、库房“三分开”，实施“九防”管理，配备相应的档案保管设施设备，加强档案实体与信息安全保护，对重要档案实行了异质异地备份，满足档案安全保管与有效利用要求。

扩建工程共形成：文书档案1250件，合同档案9807件，基本建设档案10362卷、193143件，设备档案8177卷、2531件，会计档案306卷，数码照片11019张，纸质照片997张，录像带104盘，射线胶片42046袋，岩芯578箱，焊接试块见证件297箱。

验收组认为：秦山核电二期扩建工程项目档案收集较为齐全，分类合理、案卷编制规范，符合项目档案完整性、准确性、系统性要求。项目档案记录了项目建设的全过程，能够满足工程建设管理和生产运行的需求，达到国家重大建设项目档案验收要求。验收组同意秦山核电二期扩建工程项目档案通过验收。

验收组建议：进一步完善案卷整理，提高案卷的规范化程度；坚持“谁形成，谁立卷”的原则，加强职能部门立卷的执行力度和及时性，有效提高归档文件的完整性和准确性。

川气东送工程管道建设项目

根据中国石油化工集团公司办公厅《关于川气东送工程管道建设项目档案专业验收的请示》，国家档案局召集有关专家组成验收组，于2013年7月22—24日对川气东送工程管道建设项目（以下简称管道建设项目）档案进行了验收。验收组观看了项目建设情况的宣传片，听取了建设单位中国石油化工股份有限公司天然气分公司关于工程建设及档案工作情况汇报、监理单位代表新乡方圆工程管理有限公司关于工程监理档案和竣工文件审核情况的汇报，针对有关问题进行了质询，察看了项目现场，查验了有关材料，抽查了工程档案。

管道建设项目是中国石化川气东送工程的重要组成部分，于2007年4月获国家发展改革委核准，2007年8月开工建设，2009年12月全线贯通，2010年8月全面投入商业运行，总投资235.75亿元。该项目主要建设内容有一条干线、一条专线、三条支线管道（其中干线管道全线1635公里，管径1016毫米，设计压力10兆帕，设计年输气量120亿方），29座输气站场，94座阀室，1座调控中心。该项目建设单位是中国石油化工股份有限公司天然气分公司（以下简称天然气分公司），由川气东送管道工程项目部（以下简称项目部）负责项目的工程准备、工程建设、生产准备、竣工验收，由川气东送管道分公司（以下简称管道分公司）负责项目的生产与运营。设计单位主要有胜利油田胜利工程设计咨询有限责任公司、中原石油勘探局设计研究院等，施工单位主要有胜利油田石油化工建设有限责任公司、中原石油勘探局工程建设总公司等，监理单位主要有新乡方圆工程管理有限公司、胜利油田胜利建设监理有限责任公司等。

天然气分公司和项目部在项目初期设置档案管理组织机构，明确了档案管理职责，建立了职能部门、项目分部和参建单位专兼职档案人员构成的档案管理网络，制定了《川气东送管道工程交工技术文件规定》《川气东送管道工程档案管理办法》《项目管理手册》《交工技术文件整理细则》《信息系统档案资料管理体系》等管理制度，并编制了《建设工程项目档案管理法规、标准、规范、文件汇编》。将档案工作纳入项目管理程序，对部门和有关人员提出了文件收集、整理、归档职责；将档案管理要求纳入合同或协议条款，明确参建单位项目档案的责任；注重档案交底，项目初期对内部和监理、施工单位有关人员进行档案管理培训，建设过程中宣贯《交工技术文件整理细则》，组织经验交流会，开展交工技术文件质量集中审查活动；交工技术文件实行施工单位总工、监理单位总监、项目分部兼职档案员、项目资料管理部四级审核制度。

该项目共编制竣工图1170卷，竣工图签章手续完备，变更修改基本到位。该项目实行纸质档案和电子档案同步归档，并运用中国石化档案管理信息系统，建立了案卷级、文件级目录数据库，实现了部分全文挂接。现有库房100平方米，办公、阅览、库房三分开，设施、设备配备符合档案“八防”要求，满足档案保管和利用需要。

截至2013年6月，该项目共有纸质档案16308卷，其中勘察文件295卷，设计文件368卷，项目立项及管理文件1311卷，交工技术文件10120卷，监理文件1870卷，设备文件751卷，试生产文件15卷，财务结算文件1545卷，竣工验收文件33卷；照片464册28399张，光盘1768张。另有3套交工技术档案副本。

验收组认为川气东送工程管道建设项目档案收集较齐全，案卷整理规范，该项目档案的完整、准确、系统情况符合规范要求，能够反映项目建设的实际，可以满足项目建设和生产运行管理的需求，符合国家重大建设项目档案验收要求。验收组同意川气东送工程管道建设项目档案通过验收。

建设单位对验收组提出的部分文件尚未归档，如投产方案、工艺卡片、安全操作规程、72小时连续运转记录等生产准备文件，SCADA系统测试和验收文件，悬索桥监理平行检查记录，悬索桥焊接工艺规程；少数文件签章手续不完备，如悬索桥工程技术交底记录责任人员无签名，首站土建设计变更单无接收人签名等问题进行了整改。

青海三江源生态保护和建设工程

根据青海省人民政府办公厅《关于呈请验收青海三江源生态保护和建设工程档案的函》，国家档案局于2013年7月31日—8月2日组织有关专家组成验收组，对青海三江源生态保护和建设工程档案进行了验收。

验收组听取了青海省三江源办公室关于项目建设和档案工作总体情况的汇报，省农牧厅、省环保厅、玉树州关于档案工作的汇报，以及监理单位代表北京政泰隆工程管理有限公司关于项目监理档案和项目档案质量审核情况的汇报。验收组观看了项目建设和档案管理专题片，查验了有关佐证材料，抽查了项目档案，并针对有关问题进行了质询。

青海三江源生态保护和建设工程（以下简称三江源项目）涉及青海玉树、果洛、海南、黄南4州16县和格尔木市代管的唐古拉山镇，共70个乡（镇），三江源自然保护区总面积15.23万平方公里。建设内容主要包括生态保护与建设、农牧民生产生活基础设施建设和生态保护支撑3大类、22个子项目，总投资75亿元。

2005年1月，国务院第79次常务会议批准实施《青海三江源自然保护区生态保护和建设总体规划》，2005年2月国家发展和改革委员会下发《关于印发青海三江源自然保护区生态保护和建设工程总体规划的通知》，2005年8月工程正式启动实施，截至目前已基本完成总体规划确定的主要保护和建设任务。

该项目明确档案工作原则，建立档案管理体系，三江源项目是国家重大生态项目，青海省委、省政府将档案工作作为项目管理的重要组成部分，多次召开专题会议部署工作。省政府办公厅专门印发文件，对规范项目档案管理提出具体要求。确定“统一领导、分级负责”的档案工作原则，成立青海三江源生态保护和建设工程档案组，建立了省、州、县三级为一体的三江源工程档案管理体系。制定了《青海三江源生态保护和建设工程档案验收工作大纲》，明确档案验收程序和标准，为项目档案工作顺利开展提供保障；制定档案管理规范，做好档案培训工作，省政府办公厅印发了《青海三江源自然保护区生态保护和建设工程档案管理办法》《青海三江源生态保护和建设工程档案资料管理规范》等档案管理制度。省三江源办与省档案局等单位举办了12期档案管理培训班，累计培训1433人（次），提高了档案管理人员的业务素质和操作技能；明确相关单位职责，加强档案业务指导，省三江源项目档案组负责三江源项目档案的组织协调和业务指导工作；省行业主管部门负责对本行业档案工作的组织协调和监督管理，并保管本单位项目档案。州、县（市）发改、农牧等项目法人单位为项目档案管理的第一责任人，负责做好本单位和参建单位档案的归档、整理工作。档案组多次深入项目实施地区进行业务指导和检查，有效提高了项目档案管理的规范化水平；注重档案编研工作，服务项目建设，省三江源办公室利用档案资料编写了《希望三江源》《青海三江源生态保护和建设工程必读》《青海三江源生态保护和建设工程档案管理工作专刊》等几十本资料，省科技厅、环保厅分别编写了《三江源生态保护与建设科研成果技术汇编》《2005—2010年三江源工程生态监测成效评估报告》和各年度的《三江源工程生态监测报告》等编研成果，为总结、宣传、服务三江源生态保护和建设工程发挥了参考和借鉴作用；配备档案保管设施设备，开发档案管理信息系统，项目实施单位配备了相应的档案保管设施设备，基本满足档案安全保管要求。省三江源办公室成立青海三江源生态保护与建设工程信息管理中心，建立项目档案管理信息系统和信息服务平台，对部分项目档案进行了数字化，为档案信息化管理提供支撑。

各项目实施单位依据《青海三江源生态保护和建设工程档案验收工作大纲》，分别完成自检、自验并通过预验收，按照预验收的意见完成了整改工作。截至2012年底，该工程归档项目887个，形成纸质档案7054卷，照片档案252卷。

验收组认为：青海三江源生态保护和建设工程档案基本达到完整、准确、系统要求，能够反映项目实施过程，符合国家重大建设项目档案验收要求。验收组同意青海三江源生态保护和建设工程档案通过验收。

验收组建议，对于该项目部分案卷存在复印件归档、组卷不规范等现象，加强项目管理文件及声像材料的归档工作。做好二期项目档案管理规划，完善档案管理规章制度，明确项目档案的归属与流向，落实档案管理经费，加强档案保管基础条件建设，提升档案信息化水平。在二期项目管理中，进一步健全档案管理体系，充分发挥各级档案行政管理部门的监督指导职能。

长江三峡水利枢纽地下电站工程

根据中国长江三峡集团公司《关于长江三峡水利枢纽地下电站工程档案验收的请示》，国家档案局组织有关专家组成验收组，于2013年11月27—29日对长江三峡水利枢纽地下电站工程档案进行了验收。验收组听取了中国长江三峡集团公司关于工程建设和档案工作情况的汇报，长江三峡技术经济发展有限公司关于工程监理档案工作和施工档案质量审核情况的汇报，中国葛洲坝集团公司关于土建及金结安装和机电设备安装施工档案工作情况的汇报。验收组察看了项目现场，查验了有关材料，抽查了档案，并针对有关问题进行了质询。

长江三峡水利枢纽地下电站工程是三峡枢纽的组成部分，位于三峡枢纽右岸山体内，与右岸电站相毗邻。工程总体由上游引水、下游尾水、地下主厂房三部分组成，总装机容量4200MW（6×700MW），年均发电量35.11亿kw·h。项目静态总投资73.75亿元。该项目2008年经国家发展改革委核准，土建工程1999年8月随三峡枢纽工程开工建设，2010年4月机组开始安装，2011年5月首批2台机组投产发电，2012年7月6台机组全部投产。目前已完成消防、水保工程专项验收。项目法人单位为中国长江三峡集团公司，设计单位为长江水利委员会长江勘测规划设计研究院，施工单位主要是中国葛洲坝集团公司，监理单位主要是长江三峡技术经济发展有限公司。

集团公司建立了统一领导、分工负责的档案管理体制。集团公司办公厅统一领导该工程档案工作，统筹规划、统一管理，工程现场管理机构——三峡枢纽建设运行管理局负责土建部分文件归档工作，机电工程局负责机电安装部分文件归档工作，集团公司档案馆负责全程业务监督指导；建立了以档案馆为中心，集团公司相关部门与参建单位参与的档案管理网络。制定了《档案管理办法》《水电工程档案管理办法》等10项管理制度和《三峡工程文件材料归档范围》《建设项目文件整理规则》《档号编制规则》等13项业务标准。集团公司将档案工作纳入了合同管理，纳入年度考核；将文件归档纳入文件处理程序和部门工作程序；档案馆开展了不定期档案专项检查和合同完工档案质量核查工作，参与了合同项目初步验收和完工验收，参与项目进度款及质保金支付会签；文件归档质量实行施工单位自查，监理单位核查，集团公司相关部门审查，档案馆验收的四级审核制度。该工程竣工图由施工单位编制，监理单位审核，项目管理部门审查，档案馆负责最终验收，共形成竣工图27586张，竣工图签章手续完备，变更修改基本到位。档案库房面积满足工作需要。该工程已完成了除涉密档案外的全部档案数字化工作，并全部挂接到公司档案管理系统，已实现全文检索。

该工程档案有4067卷，其中项目前期225卷，工程竣工3537卷，安全监测113卷，科研9卷，项目管理161卷，工程验收22卷，另有763件工程档案。

验收组认为：长江三峡水利枢纽地下电站工程档案收集较齐全，整理基本规范。项目档案记录了项目建设过程，能够反映项目建设的真实情况，档案完整、准确、系统情况符合国家重大建设项目档案验收要求。验收组同意长江三峡水利枢纽地下电站工程档案通过验收。

针对验收组提出的问题：部分重要文件未归档，

如桥机钢轨质量证明书和制造监督检验证书，接地电阻检测细则，无损检测人员资质报审文件，设备缺陷处理的闭环文件；工程声像档案归档不全；未编写竣工图编制说明，个别竣工图修改不到位；少数文件签字盖章手续不全等，中国长江三峡集团公司进行了整改。

农村土地承包经营权确权登记颁证档案工作持续推进

随着农村土地承包经营权确权登记颁证试点工作的稳步推进，相应的档案工作也逐步建立和完善。2013年3月29日全国农村土地承包经营权确权登记颁证工作领导小组第四次会议在北京召开，农业部副部长陈晓华作了讲话。他在讲话中对前期确权登记颁证工作进行了总结，强调档案局在确权登记颁证的基础保障方面做了大量工作，发挥了重要作用。国家档案局提出在此次确权登记工作经费中，档案的收集整理等费用要明确列入预算。

9月22—23日农业部在北京召开农村土地承包经营权确权登记颁证工作座谈会，农业部部长韩长赋参加会议并作了重要讲话。山东、四川、黑龙江、安徽、福建、海南、宁夏等省区的代表也在会上介绍了本地开展土地确权登记试点工作的情况。各地试点的总体情况中，都反映出档案发挥作用的两个方面：一是二轮土地承包档案在这次试点中发挥了基础保障作用；二是此次试点形成的确权登记档案要做到齐全完整，为今后第三轮承包和土地的流转、抵押等奠定基础。

国家档案局提出，应将此次确权登记颁证工作中形成的档案作为工作成果，档案的收集整理应该达到规范和标准，并应列入日后工作验收的内容之中。

全国社会主义新农村建设档案工作示范县活动领导小组召开第三次会议

2013年4月19日，国家档案局、民政部、农业部在北京召开了全国社会主义新农村建设档案工作示范县（以下简称示范县）活动领导小组第三次会议。5月20日国家档案局办公室、民政部办公厅、农业部办公厅联合印发了会议纪要。

示范县活动领导小组成员国家档案局副局长李和平、国家档案局经济科技档案业务指导司司长李晓明、民政部档案馆馆长闫志壮、农业部经管司副司长贾广东参加了会议。示范县活动领导小组办公室成员及相关人员列席了会议。

会议认为，两年来通过创建示范县活动，全国农业农村档案工作取得了一定成效，档案在推动城乡一体化发展、完善农村基层自治制度、维护农业农村基本经营体制、推进农村社会建设等方面发挥着越来越重要的作用。

会议总结了示范县活动的三点主要经验：一是推动各级党委、政府把农业农村档案工作纳入新农村建设整体规划和专项计划，使档案工作与新农村建设各项事业同步发展。二是相关部门齐抓共管、协调联动，使农业农村档案资源体系建设得到全面加强。三是档案部门精心组织、深入指导，使农村基层档案意识普遍增强。

会议通报了2011年度、2012年度全国示范县的总体情况和2013年度各地申报示范县创建单位的情况，对于已经通过验收的示范县单位给予了充分肯定，对2013年度申报单位的材料进行了认真审核。根据各地申报的实际情况，统筹协调，适当调整各地的申报名额，确定了64家创建单位。

会议还通报了国家档案局“农业农村档案建设系统规划与示范”项目启动情况。将通过“农村档案信息资源共享”、“农业农村档案资源建设”和“农业农村档案规范化管理”三个子项目的实施，拟形成农业农村档案工作的系列规范和标准，并将示范县的好做法及经验在更大范围推广。

会议决定，国家档案局、民政部、农业部将在2014年第四季度召开全国社会主义新农村建设档案工作示范县活动总结表彰会，对示范县活动进行总结，对在活动中表现突出的集体和个人进行表彰，对大力支持这一活动的相关单位予以通报表扬，并为在2013年度和2014年度通过正式验收的单位发证颁牌。

会议提出下一步示范县活动的两个任务：一是巩固成果。各地要把创建工作转化为日常和持久的工作，使示范县活动不滑坡不松懈；要依靠机制化、常态化的工作方法，把示范县活动中的好方法、好思路变成长效机制。二是持续推进。各地要采取多种方式推广取得的成果，通过示范县的示范作用，推动本地区新农村建设档案工作广泛深入开展。2013年下半年，将开展“回头看”检查行动。各地主管部门要重点检查在验收中未检查的乡镇、村，同时检查已经验收的示范县对整改意见的落实情况，并将检查结果报送示范县活动领导小组办公室。

会议纪要公布了《2013年度社会主义新农村建设档案工作示范县创建单位名单》。

国家档案局与国家林业局联合发布《集体林权制度改革档案管理办法》

农村集体林权制度改革是党中央确定的重大改革之一，促进了中国农村土地制度的现代化。集体林权制度改革档案不仅是集体林权制度改革的基础，同时也是这项改革的重要成果。档案中的权属、登记和颁证等材料成为维护农民合法权益、促进林业产业发展的保障。

为保障集体林权制度改革，国家档案局和国家林业局在2007年联合发布了《关于加强集体林权制度改革档案工作的意见》，2009年12月两部门在成都召开了全国集体林权制度改革档案工作会议，2010年4月又共同制定了《集体林权制度改革档案档案管理办法（征求意见稿）》，在档案、林业及其他部门地区广泛征求意见。

2013年5月2日国家档案局与国家林业局以联合令的形式正式发布了《集体林权制度改革档案管理办法》（以下简称《办法》）。

《办法》共27条，同时附有《集体林权制度改革文件材料归档范围及保管期限表》。

《办法》明确指出集体林权制度改革档案是指在集体林权制度改革（以下简称林改）中形成的对国家和社会有保存价值的文字、图表、声像、数据等各种形式或者载体文件材料的总称，是林改的重要成果和历史记录。

《办法》强调林改档案工作坚持统一领导、分级管理、集中保管、同步进行、规范运作的原则。林改档案工作应当与林改工作同步进行和检查验收，并作为评价林改效果的重要依据。

《办法》指出县级以上林业行政主管部门和档案行政管理部门负责本级林改档案工作，并对本行政区域内的林改档案工作实行监督、指导、检查和验收。《办法》中规定林改档案管理机构应当履行的工作职责有：贯彻执行国家档案工作的有关法律、法规和方针、政策；按照有关规范和标准，制定林改档案管理制度和工作标准；指导林改文件材料的登记、积累和归档工作；负责林改档案的收集、整理、鉴定、编目、统计等工作；掌握所保管的林改档案情况，依法提供利用；负责组织林改档案工作人员培训；按照国家法律法规以及有关规定，做好林改档案的保管和移交工作。

《办法》同时还规定县级以上林业行政主管部门应当建立、健全林改文件材料的收集、整理、归档制度，确保林改档案资料的齐全、完整、真实、有效。县级林业行政主管部门、乡（镇）林业工作站和集体经济组织应当将林改文件材料的收集、整理、归档纳入工作计划。

在档案的具体管理工作和环节上《办法》规定，林改档案作为文书档案进行管理，按照档案国家标准《文书档案案卷格式》（GB/T 9705—88）和档案行业标准《归档文件整理规则》（DA/T 22—2000）等有关标准的要求进行整理，并在次年的上半年完成立卷归档工作。确权和林权登记类中有关确认森林、林木、林地权属、实地勘界、登记和林权证审核发放等文件材料，应当以农户或者宗地为单元，进行整理、归档和管理。

《办法》要求归档的林改文件纸质材料应当字迹工整、数字准确、图样清晰、手续完备。归档纸质材料应当使用碳素、蓝黑墨水等不易褪色的书写材料，因特殊情况容易产生字迹模糊或者褪变的文件材料应当附一份清晰的复印件。纸张、装订材料等应当符合档案保护要求。归档的林改文件非纸质材料应当将每一件（盒、盘）作为一个保管单位，单独排列编号，按照内容和年度分类整理并编制档号。其中与纸质文件材料有直接联系的应当编写互见号或者互见卡。录音、录像材料要保证载体的有效性，电子文件和使用信息系统采集、贮存的专业性数据以及航空照片、遥感数据应当用可记录式光盘保存，重要的应制成纸质拷贝同时归档保存。照片和图片应当配有文字说明，标明时间、地点、人物和事件。

《办法》强调各级林业行政主管部门应当建立林改档案保管制度，安排林改档案保管专用资金，配备档案用房、柜架，备有防火、防盗、防渍、防有害生物等安全设施，定期开展档案保管状况检查，确保档案安全。县级林业行政主管部门应当按照国家有关法律、行政法规和规章的规定，按时向县级国家档案馆移交林改档案。森林、林木和林地权属登记、林权证发放等形成的文件资料原件一式两套，一套留县级林业行政主管部门、一套移交同级国家档案馆永久保存。

《办法》同时也要求县级国家档案馆应将林改档案纳入档案进馆接收范围，并将其统一归入林业行政主管部门单位全宗序列，对所保存的林改档案严格按照规定整理和保管。

《办法》明确指出对于违反有关规定，造成林改档案失真、损毁或丢失的，依法追究相关人员的法律责任；情节严重的依法移送司法机关处理。

“农业农村档案建设系统规划与示范”项目通过验收

根据“农业农村档案建设系统规划与示范”项

目工作总体进度和安排，国家档案局于2013年10月29—30日在浙江省杭州市萧山区组织召开了项目验收会。项目验收组认为，该项目通过调研分析，研究了农业农村档案资源建设、规范化管理和资源共享的方式方法，形成了农业农村档案工作系统建设的思路、方法和步骤。项目成果丰富、内容翔实，验收组专家一致同意通过验收。

“农业农村档案建设系统规划与示范”项目是由国家档案局立项，9个省市的县级档案部门参加的工作项目。项目的主要目的是在新形势下，为农村县乡村三级档案建设和管理提供工作规划蓝本，用一揽子方案解决不同行业部门和行政层级涉农档案工作的系统规划问题。项目将工作内容分解为“农村档案信息资源共享”、“农业农村档案资源建设”和“农业农村档案规范化管理”三个子项目具体实施。浙江省杭州市萧山区、河南省新密市、四川省双流县分别作为三个子项目组的组长单位和执笔人。北京市平谷区、广东省中山市参加浙江萧山小组并作为试点单位；黑龙江省宁安市、安徽省南陵县参加河南新密小组并作为试点单位；辽宁省东港市、江苏省常熟市参加四川双流小组并作为试点单位。相关省级档案局的业务骨干各一人作为子项目组成员参与工作。经过8个多月的努力，三个子项目组除按照项目实施方案完成了实地试点外，都提交了子项目组的课题研究报告和工作报告。

《乡镇档案工作管理办法（征求意见稿）》和《村级档案管理办法（征求意见稿）》作为“农业农村档案规范化管理”子项目的工作成果，在原有文字稿本和调研材料的基础上，进行了完善和修改，特别是通过在规范化管理的过程中进行补充修改，进一步贴近基层，提高了可操作性。这一成果一并提交验收组审阅。

验收组认为，该项目为档案行政管理部门规划、指导农业农村档案工作提供了依据，为各级涉农部门以及基层单位开展农业农村档案工作提供了规范，为农村档案资源共享提供了方案。项目成果可操作性强，具有广泛的推广应用价值。建议完善相关内容，尽快组织在全国推广。

国务院第一次水利普查领导小组办公室专项普查档案通过验收

根据《水利部办公厅关于对你办及其技术支撑单位产生的水利普查档案进行专项验收的通知》，水利部和国家档案局组织档案专项验收组（以下简称验收组），于2013年10月14日在北京对国务院第一次全国水利普查领导小组办公室（以下简称国普办）的水利普查档案进行了专项验收。验收组按照水利部、国家档案局《第一次全国水利普查档案验收办法》的要求，听取了国普办关于水利普查工作概况及普查档案自检工作情况汇报，检查了档案的收集、整理和管理情况，并抽查了普查档案整理质量与归档情况，针对相关问题进行了现场质询。

第一次全国水利普查项目从2010年到2012年，普查标准时点为2011年12月31日。此次普查清查了9900多万个对象，采集了550多万个普查目标的空间数据，获取了4亿多笔普查基础数据。2013年3月26日国务院批准正式发布水利普查公报。各个省（自治区、直辖市）及其市县水利普查机构的档案均已经按要求通过了专项验收。

国普办在水利普查机构成立之初，即将档案工作纳入水利普查工作管理程序和部门经费预算中，明确人员和工作职责，制定各项档案工作制度；履行管理职责，多次组织召开水利普查档案工作座谈会、研讨会和培训班，开展同步检查，促进全系统档案工作规范运行；严格按照《第一次全国水利普查档案验收办法》的要求，结合实际制定普查档案验收工作方案，对各个流域机构和省级普查档案验收工作进行部署，同时组织了对七个流域机构普查档案的检查验收工作。

在国普办档案的管理中，及时编制水利普查档案分类说明，依此开展相关文件材料的收集和归档工作。已归档各类文件材料收集比较齐全，分类清晰合理，整理标准统一，著录内容准确格式规范，签字手续完备。国普办本级共形成水利普查档案3942卷，其中纸质档案3919卷、光盘17卷（307张）、照片4卷（176张）、实物2卷（6件），并按照要求建立了电子档案数据库，主要数据已经录入水利部档案管理系统，实现了档案查询的及时、方便和准确。

验收组认为，国普办水利普查档案分类标准统一，组卷合理，排列有序，可以满足案卷和文件材料的系统性要求；案卷题名准确反映文件材料的主要内容；审核手续完备，装订牢固整齐；案卷内容相对完整，可以集中反映水利普查工作的主要过程与结果；文件材料的著录内容翔实、准确、完整，可以满足利用需求；档案保存于水利部档案专用库房中，符合档案安全保管规范要求。验收组同意国普办水利普查档案通过专项验收，同时建议，进一步规范个别案卷与文件的整理，补齐有关文件与相关审核手续。

一批社会主义新农村建设档案工作示范县通过验收

自2010年国家档案局、民政部、农业部联合开展社会主义新农村建设档案工作示范县活动以来，各地积极响应。通过2011年和2012年的努力，全国已经涌现出75个国家级的示范县（市、区），以及一大批省级示范单位，新农村建设档案工作迈上了新的台阶。

2013年度全国共有25个省（自治区、直辖市）的64县（市、区）通过了创建单位审批，进入创建示范县的行列。在实地考察、听取汇报和查阅佐证的基础上，全国社会主义新农村建设档案工作示范县活动领导小组组织验收组，按照《社会主义新农村建设档案工作示范县验收标准》的要求，对相关创建单位进行了正式验收。截至2013年12月，共有北京市平谷区，天津市宁河县，河北省衡水市桃城区，山西省柳林县，内蒙古自治区五原县，辽宁省庄河市、大连市金州新区、昌图县、新宾满族自治县，上海市嘉定区、金山区，江苏省泗洪县、南京市江宁区、江阴市，浙江省玉环县、诸暨市、安吉县，安徽省怀宁县、黄山市屯溪区、长丰县、太和县，福建省仙游县、长泰县、连城县、柘荣县，江西省新干县、都昌县、南昌市青山湖区，山东省宁阳县、临沭县、淄博市周村区、垦利县，河南省固始县、永城市，湖北省公安县、襄阳市襄州区、通山县，湖南省冷水江市、中方县，广东省佛山市顺德区、始兴县、惠州市惠城区，广西壮族自治区贵港市港南区、南宁市青秀区，四川省大竹县、平昌县、成都市温江区，贵州省大方县、黔西县，云南省双柏县，陕西省户县，甘肃省华池县，青海省祁连县、海西蒙古族藏族自治州大柴旦行委，新疆维吾尔自治区乌苏市、克拉玛依市克拉玛依区等25个省（自治区、直辖市）的56个县（市、区）通过正式验收成为全国社会主义新农村建设档案工作示范县（市、区）。

（经济科技档案业务指导司）

航天科技集团公司成立科技委档案技术专业组

为推动航天科技集团公司（以下简称集团公司）档案工作的科学持续发展，发挥档案技术专家在集团公司档案工作发展战略、发展方向、政策措施、学术研究、人才培养等方面的技术支撑及决策咨询作用，集团公司于2013年10月8日成立了集团公司科学技术委员会航天档案技术专业组（以下简称专业组）。专业组隶属于集团公司科学技术委员会，主要职责是开展档案专业领域发展战略研究、提出档案工作发展方向、专业建设的建议；组织或参与集团公司航天型号、固定资产投资、重大产业化项目档案管理、档案信息化建设、档案资源开发利用等档案工作重大课题、项目、规章制度、管理标准的研究、论证、审议工作，为集团公司领导提供档案工作专业咨询和建议；利用专业技术平台，开展学术交流活动等。专业组的成立，是集团公司进一步强化档案工作管理，全面提升集团公司档案工作水平的重要举措。

2013年12月20日，专业组召开了第一次会议，集团公司科技委副秘书长霍明儒出席了会议，宣读了集团公司人力资源部印发的专业组成立的文件。专业组对《航天科技集团档案工作规章制度、管理标准体系》《关于进一步加强集团公司电子文件归档与档案管理的意见》进行了讨论、审议，举办了《企业改革发展与档案管理价值的塑造》专题报告会。

（航天档案馆）

国家档案局调研中船集团公司档案工作

2013年8月16日，国家档案局副局长、中央档案馆副馆长杨继波一行到中国船舶工业集团公司调研档案工作，听取中船集团公司档案工作情况的汇报，并到档案库房实地查看了原中国船舶工业总公司时期档案的存放、管理和使用情况。中船集团公司副总经理吴永杰代表集团公司，对杨继波一行前来检查指导工作表示欢迎。

杨继波对中船集团公司多年来在档案工作方面做出的努力和取得的成绩表示肯定。他表示，中船集团公司历来对档案工作十分重视，中船集团公司及旗下企事业单位多年来在各项生产、经营活动中形成了大量对国家、对行业极具保存价值的文字、实物等多种类型的档案。这些档案记载着中船集团公司以及中国船舶工业发展史上的优秀成果，为研究企业和行业科学发展提供了珍贵的第一手资料，希望中船集团公司能够通过科学有效的档案管理，实现对档案资源，特别是对科技档案的合理利用，使档案工作更好地为企业的经营工作服务，为行业的发展服务。

对于原中国船舶工业总公司时期档案的管理与流向问题，杨继波表示，两大船舶集团应尽快组织开展数字化工作，并按要求向中央档案馆移交。

吴永杰副总经理指出，档案工作是企业的一项重要基础性工作，做好档案管理工作是企业健康发展的保障。中船集团公司作为大型国有造船集团公司，做好档案工作更是对国家和行业义不容辞的责任。他认为，科学规范地管理档案，是提高企业工作质量和工作效率的必要条件，是衡量一个企业管理水平的重要尺度。从知识管理的角度来看，档案工作的发展趋势将是更加注重档案形成的过程管理，从关注结果转而关注其产生的机理和过程，这将对于企业实现经营战略、不断提高管理效率具有深远的影响。

中船集团公司狠抓项目档案管理

2013年，中船集团公司从完善制度、建立人才库、举办培训等方面狠抓项目档案管理，取得了良好的效果。

3月，修订《中国船舶工业集团公司固定资产投资项目档案验收办法》，进一步完善了项目档案验收的内容和程序，有助于提升项目档案检查和验收水平，确保项目档案的完整、准确、系统和安全，充分发挥项目档案的经济效益和社会效益。

5月，建立项目档案验收专家库，面向全系统选取档案人员进入项目档案验收专家库，通过凝聚系统内档案专家和吸收中青年档案工作者，充实项目档案管理队伍。在加强项目档案检查和验收工作的同时，集团公司将加强档案专家带头人及中青年项目档案管理人才的培养，助推集团公司项目档案管理水平的提升。

6月，举办固定资产投资项目档案管理培训班，针对各单位项目管理人员和项目档案管理人员，邀请档案专家讲授固定资产投资项目档案管理知识，宣贯集团公司项目档案验收办法。通过培训，进一步提高系统内项目管理者的档案意识，同时提高项目档案工作者的业务水平。

（中国船舶工业集团公司）

江苏省民政厅、江苏省档案局提出做好农村五保供养档案管理工作的意见

2013年4月，江苏省民政厅、江苏省档案局联合转发了民政部、国家档案局印发的《农村五保供养档案管理办法》，并结合江苏实际，提出了做好江苏农村五保供养档案管理工作的意见。

《农村五保供养档案管理办法》对农村五保供养档案工作提出了明确要求，省民政厅、省档案局要求全省各地民政、档案行政管理部门要认真组织学习，领会基本精神，全面掌握归档范围、整理方法和查询利用方面的各项规定；要积极开展档案的收集、整理、保管、利用等各项工作，强化制度建设，规范各环节的工作方法、手段、程序和条件，对归档材料不齐全或手续不完备的，有关责任部门和责任人应予迅速补充或完善；要加强档案管理的硬件建设，加快信息化、数字化进程，配备相应设备，实现农村五保供养纸质档案和电子档案的“双套制”保管，确保安全，方便利用。同时要求各级民政、档案行政管理部门加强协调配合和分类指导，以规范管理为目标，以业务培训为手段，抓好典型，带动工作全面开展，促进农村五保供养档案工作与农村五保供养保障工作的协调发展。

（江苏省档案局）

（八）档案专业教育工作

国家档案局在中央党校举办第5期档案领导干部培训班

2013年5月13—24日国家档案局在中央党校举办第5期档案领导干部培训班，来自全国各地方档案局、部队系统和国家机关的档案部门或相关部门的80余名学员参加培训。全体学员珍惜机会、认真学习、遵规守纪，圆满完成了为期两周的学习培训。

这次培训主题突出、目的明确，教学内容丰富，组织保障有力。集中体现在“三个好”：

一是课程设置好。培训班定位准确，课程设置合理。针对学员普遍存在的平时忙于工作，干得多，学得少，注重专业实践层面问题多，思考理论层面问题少的实际情况，开设了具有鲜明时代性、深刻理论性和鲜活实践性的系列课程。培训课程内容丰富，既有政治理论问题的梳理分析，又有面对现实管理问题的应对措施；既有依法行政和建设法治国家的专题，又有加强社会建设、促进经济发展、传承优秀文化的内容；既有档案行政管理高层对国家档案事业发展战略的构建，又有档案学科带头人对档案社会化时代理论与战略问题的探讨。这些课程不仅内容新颖、信息量大、针对性强，而且抓住了学员最关心、最关注或最困惑的问题，使大家听课后耳目一新，进一步坚定了信念、开阔了视野、学到了知识、提高了素质。

二是培训形式好。培训班从当下实际出发，采取了以集中授课为主，综合运用课堂讲授、讨论交流及参观考察等形式。从专业学习角度来讲，不仅有档案事业发展战略的全面系统分析，也有如何当好档案局（馆）长的经验传授，还有到中央档案馆的现场教学。这种理论与实践相结合的培训方式提高了教学效果，有助于学习成果的转化；从活动安排来讲，以班或组为单位利用业余时间组织参观了学校校史馆、解放军档案馆以及集体散步圆明园等，将课上学习与课下活动相结合，使大家既受到了教育，又增进了友谊。

三是组织保障好。为办好这期培训班，国家档案局和中央党校的各级领导十分重视，亲临指导。国家档案局政策法规司和党校进修部的领导、老师在课程设置、师资配备、教学形式、班级管理、食宿安排及活动组织等方面，做了大量细致的工作。

这次学习培训，虽然时间短，但大家一致表示，获益匪浅。归纳起来，主要收获有：提高了理论水平，进一步坚定了走中国特色社会主义道路的信心和决心；拓展了视野，进一步增强了推动档案事业发展的紧迫感和责任感；启发了思考，进一步明确了解决问题的思路和方向。

（刘振华）

教育部高等学校档案学专业教学指导委员会年会暨第22届全国档案学专业系主任联席会议

2013年8月25—27日，教育部高等学校档案学专业教学指导委员会年会暨第22届全国档案学专业系主任联席会议在广西南宁召开，会议由广西民族大学承办。教育部高教司副司长刘贵芹、广西壮族自治区党委副秘书长林怀勇等领导和2013—2017年教育部高等学校档案学专业教学指导委员会（以下简称档案学教指委）全体委员及来自全国31所高校的档案学专业系主任共75名代表出席会议。

开幕式上，广西民族大学校长谢尚果教授、广西壮族自治区党委副秘书长林怀勇研究馆员分别致辞。档案学教指委主任、中国人民大学常务副校长冯惠玲教授介绍了新一届档案学教指委的成员构成、工作职责和工作计划。刘贵芹代表教育部为新一届档案学教指委全体委员颁发了聘书。

开幕式之后，刘贵芹作了专门报告。他说明了教育部新一届教指委的组建原则和过程，分析了当前档案学专业本科教育教学面临的新形势、新情况、新问题。提出了高等教育实施内涵式发展的主要方向：以全面实施素质教育为重，以提高人才培养质量为核心，以教学质量标准为基础，以教学方法改革为重点，以创新人才培养为突破口，以提高教师教学能力为保证。对档案学教指委提出了五个方面要求：做好定位、做好调研、做好统筹、做好计划、做好自律。

档案学教指委秘书长、中国人民大学信息资源管理学院院长张斌教授首先就教指委五年工作计划向全体委员征求意见，并说明了档案学本科专业教学质量国家标准研制的背景和工作计划。随后，与会代表对《档案学本科专业教学质量国家标准（征求意见稿）》展开了广泛而深入的研讨，重点讨论了以下问题：（1）对档案、档案管理、档案学专业的描述；（2）档案学专业的学科基础、主干学科、学科方法；（3）档案学本科专业人才的培养目标、培养规格；（4）档案学本科专业的课程体系内容与结构；（5）档案学本科专业的师资队伍、教学条件。与会代表一致认为：制定档案学本科专业教学质量国家标准具有十分重要的意义，可有效规范和指导各高校的档案学本科专业人才培养；制定本标准过程中，要遵循档案学本科专业教育教学发展的客观规律和教育部的相关规范，正确处理好原则性和灵活性的关系；建议在广泛征求各高校的意见的基础上，对文稿进行修改、完善。

最后，冯惠玲教授作了会议总结发言。她指出，在档案学本科专业教育教学发展以及教学质量国家标准研制过程中，要正确处理好稳定与创新、通和专、共性和个性、宽和严（高和低）等四个方面的关系。

会议决定，2014 年教育部高等学校档案学专业教学指导委员会年会暨第二十三届全国档案学专业系主任联席会议由武汉大学承办，会议的主题为："档案学人才培养模式创新"。

国家档案局在中国浦东干部学院举办第 5 期档案领导干部培训班

2013 年 10 月，在国家档案局和中国浦东干部学院的高度重视和精心安排下，来自全国的档案领导干部和分管档案工作的领导同志共 80 人，在中国浦东干部学院参加了第 5 期档案领导干部培训班为期 22 天的学习。全体学员以党的十八大和十八届一中、二中全会精神为指导，紧紧围绕"我国档案事业发展新战略和群众路线在档案工作中的实践"这一主题，学习理论、研究工作、交流体会、提升本领，圆满地完成了学习任务。

中国浦东干部学院按照"专题讲座、现场教学、互动研讨"的教学方式，围绕档案工作新思路和能力培养、党性修养、政治经济制度比较研究、国际热点、改革开放、经济文化、社会生态发展等内容，精心筹划、科学安排了 8 场专题讲座、3 场中浦讲坛、3 次案例教学、2 次情景模拟行为训练和 3 场学员论坛，并专门设计 6 次现场教学，分别到中共一大会址、上海市档案馆、杭州钱江新城、无锡物联网产业基地、无锡市档案馆、浦东群众文化艺术指导服务中心等地进行观摩学习。

全体学员一致认为，本次培训领导重视、组织有力，主体课程重点突出，党性修养课程选材精良，知识拓展课程内涵丰富，学习气氛浓厚、互动效果好。各位授课老师知识渊博、治学严谨、功底深厚，通过深入浅出的讲解，从《圆中国梦走中国路》开始，到《时空之旅》《中华民族的文化认同》《中西文明与当代政治制度根源》《欧洲文明》《王安石和他的时代》《经济社会转型》《当前国际热点透析》等课程，悉心传授他们在长期理论研究、实践探索等方面总结出来的蕴涵丰富思想和智慧的成果，使学员们享受了高水平的知识和智慧大餐，启迪了学员的心智和思考，普遍反映受益匪浅，深受全体学员的欢迎。

全体学员严格按照培训要求和学院规定，认真学习、深入思考、积极研讨，从课堂上汲取精华、从书籍中采集知识、从交流中开阔视野，从案例分析中启迪思想，从论坛中交流心得，思想上理论上都有了新的提高，思维方式和方法明显得到改善，处理问题的能力得到提升，增强了做好新形势下档案工作的本领和应对复杂问题的信心。特别是培训期间，学员们学以致用，紧紧围绕档案工作的新思路，信息时代档案管理的新模式和档案法制建设新任务这些主题，结合国家档案局全面推进全国档案事业发展新的战略目标和要求，进行了深入的研讨，提出了很多推动档案事业发展的新思路、新方法和新建议，对今后的工作很有启发和借鉴作用。

通过培训，学员们坚定了理想信念，业务能力、创新能力和领导能力得到提升，党性修养得到锻炼，共享了工作经验。

（刘剑波）

全国档案信息化高级研修班

按照《人力资源和社会保障部办公厅关于印发专业技术人员知识更新工程 2013 高级研修项目计划的通知》要求，国家档案局办公室和技术部提交了举办全国档案信息化建设高级研修班的项目申请，获得批准。国家档案局成立了培训工作领导小组，制定了培训班规章，强化教学制度管理。

为力求使学员在有限的时间内多学习新知识和管用的知识，培训工作领导小组针对档案信息化工作实际设置课程，通过精心挑选，聘请了行业、领域或某一具体业务方面的专家宁家骏、刘越男、付华、潘积仁、蔡学美、杨安荣授课。

课程一：国家电子政务建设的发展战略和基本情况。以国家"十二五"电子政务工程建设规划为切入点，重点介绍我国电子政务起源、发展，国家电子政务战略制定的背景、内容、过程以及我国电子政务建设的发展方向。通过国家电子政务发展对档案信息化建设影响的分析，提出了在国家信息化发展战略框架下档案信息化的应对策略。

课程二：国外档案信息化建设的成功经验和先进理念。以国外档案信息化建设实例为切入点，重点介绍美国、加拿大、澳大利亚、英国等国家档案信息化建设的经验，详细介绍了美国 ERA 项目的技术方法、遇到的技术难题、制定的规范文件等，对比了美、澳信息化标准体系的异同，提出了我们推动档案信息化建设可以借鉴的经验。

课程三：国家档案信息化建设的顶层设计和总体要求。以宏观管理工作应坚持标准规范先行为切入点，重点介绍了档案信息化建设的标准、法规，对档案信息化建设的国家标准、行业标准进行了梳理，并按照业务对象对现在标准进行了归类，对部分档案标准的内容进行了解读，归纳出了目前阶段档案信息化标准体系建设中存在的问题，提出了具体解决办法。

课程四：数字档案馆建设的经验和关键技术。从青岛市数字档案馆建设的实践出发，介绍了青岛数字档案馆建设的经验，如建设思路、建设架构、技术路线、收管存用业务比重调整等内容，同时对数字档案馆建设中需要注意的问题进行了分析。

课程五：电子档案移交接收基本要求和关键技术。从国家档案局承担国家电子文件管理部际联席会议办公室“电子档案接收和长期保存”项目实施情况为切入点，介绍了电子档案移交接收基本要求和关键技术，解读了《电子档案移交接收办法》的主要内容，对电子档案移交接收的工作流程、相关手续以及试点项目应用推广的前景进行了分析。

课程六：电子档案长期保存的基本要求。以承担国家档案局“电子档案接收和长期保存”项目为切入点，从技术角度介绍了当前电子档案移交接收和长期保存业务中常用的技术和产品，并对每种技术的优势、劣势进行了剖析。

研修班采用互动式学习方式，把专家课堂讲授与互动答疑相结合、课堂学习与现场考察相结合，课程紧扣档案信息化建设脉搏，从不同角度全面系统地讲解了国家信息化建设和国内外档案信息化建设的基本情况和关键技术，对档案信息化建设的战略和发展方向进行了清晰讲述，回答了如何使档案工作更好地适应国家和社会信息化发展的要求，留存信息时代的国家和社会记忆，促进信息资源共享，发挥档案资源的重要作用等问题。

全国档案信息化高级研修班于2013年9月2—6日在青岛举办，来自国家档案局及全国31个省级档案部门、部分副省级市档案部门，具有中高级以上职称或本单位档案信息化工作的业务骨干共计50名代表报名参加高级研修班的学习。培训班深得学员好评，共收到学习报告50余篇，培训班结业时发国家人力资源和社会保障部结业证书。国家档案局办公室主任李勤出席毕业典礼并讲话。

（冯剑波）

中央和国家机关档案移交工作培训班

为确保接收进馆档案整理质量，在档案接收工作中，强化服务理念，创新服务方式，积极主动为中央、国家机关档案部门服务。中央档案馆分别于6月24—28日和11月25—28日，在西宁和郑州举办了2期中央和国家机关档案移交培训班。培训班重点解读《中央档案馆案卷级档案接收质量检查办法》《中央档案馆电子版档案数据接收规范》和《中央档案馆关于含有绝密级电子版档案数据接收进馆的规定》，对文件外材料归档范围的划分及案卷级档案整理提出基本要求，解答机关档案移交工作中经常遇到的问题，明确移交工作流程。培训班对中央和国家机关43个单位的60名档案人员进行了相关的业务培训，进一步保证了档案移交工作的顺利进行。

（中央档案馆档案资料保管部）

中国第二历史档案馆举办西藏自治区档案干部业务培训班

2013年6月17—22日，中国第二历史档案馆（以下简称“二史馆”）在苏州举办西藏自治区档案干部业务培训班，翟玉霞馆长出席开班仪式并讲话，来自西藏自治区地、市、县三级档案局业务骨干共20人参加了培训。

培训班采取课堂教学和现场考察相结合的方式。课堂教学由二史馆业务骨干和苏州大学教授进行，主要围绕档案价值鉴定、档案数字化的实践与服务外包、企业档案工作规范以及国家重大建设项目文件归档要求与档案整理规范等主题。此外，学员们还通过对苏州工业园区档案馆等地的现场考察学习，拓宽了眼界、增长了见闻，对在新形势下如何继续发挥好档案工作职能作用的具体实践有了更深刻的认识。

培训班不仅搭建了一个学员相互学习借鉴的重要平台，还加强了二史馆和西藏自治区档案局之间的良好互动和沟通协作。

中国第二历史档案馆在新疆举办档案业务培训班

2013年6月20—25日，中国第二历史档案馆应新疆维吾尔自治区局（馆）邀请，赴乌鲁木齐协助举办全疆档案鉴定、保护与抢救培训班。

二史馆副馆长马振犊研究馆员、研究室主任郭必强研究馆员、利用处副处长张开森研究馆员、史料编辑处副处长孙武副研究馆员，分别就《民国档案的历史背景与基础知识》《民国档案的安全管理与开放管控》《民国档案的真伪鉴定》《民国档案的编纂与研究》等内容进行了专题讲座。来自自治区档案局（馆）和全疆保存有民国档案的各地市州县档案馆的业务人员，共100余人参加了培训。

（中国第二历史档案馆　蔡 斌）

中国档案报社举办特约记者和特邀撰稿人培训班

2013年5月22—24日，中国档案报社在海口对来自全国各地近190名记者站站长、特约记者、特邀撰稿人进行了“做好档案新闻和档案文化宣传工作”的专题培训。此次培训时间安排紧凑，为参训人员提供了良好的学习交流平台，有效提高了参训人员档案新闻的写作能力和档案文化作品的创作能力。此次培训是中国档案报社成立以来首次组织的授课教师水平最高、参训人数最多的学习培训活动。

培训期间，国家档案局原局长、中央档案馆原馆长、第十一届全国政协文史与学习委员会副主任毛福民作了题为《档案工作社会功能、发展趋势及媒体宣传》的讲座，中国人民大学新闻学院新闻系主任、博士生导师张征教授作了题为《消息写作的理念和方法》的讲座，中国第一历史档案馆编研部主任、清史专家、研究馆员李国荣作了题为《档案文化建设与档案文化创作》的讲座。

中国档案报社副总编辑王国武全程参与培训并作开班动员。他表示，此次培训是中国档案报社全面贯彻落实“三项学习教育”活动，严格采编队伍管理，组织开展新闻战线全员培训等有关精神的具体举措，同时也是贯彻国家档案局2013年全国档案宣传工作要点要求，提高各地记者站站长、特约记者、特邀撰稿人档案新闻和档案文化宣传能力的有力措施。从2013年开始，报社将对各地记者站站长、特约记者和特邀撰稿人进行轮训，从而促使全国档案新闻和档案文化宣传呈现出蒸蒸日上的局面。

培训期间，中国档案报社编辑部负责同志分别介绍了报纸各版面栏目设置和投稿注意事项等，有8位同志进行了经验发言，全体参训人员进行了讨论交流。报社副总编刘安作了培训总结。培训结束后，报社向参训人员颁发了结业证书。

（中国档案报社）

（九）档案科技工作

档案科技工作综述

2013年，全国档案科技工作贯彻落实全国档案局长馆长会议精神，以习总书记一系列讲话精神为指导，深入学习贯彻落实党的十八大和中央经济工作会议精神，大力实施“三大战略”，进一步健全“三个体系”，服务于建设中国特色社会主义五位一体总布局，凝聚共识，为实现与全面建成小康社会相适应的档案工作主要目标、建设档案强国而共同奋斗。结合档案科技工作实际进一步抓好档案科技工作，加强科技项目管理，推动档案科技创新，组织对重大科研项目进行攻关，加大科技成果推广转化力度，充分利用科技创新驱动档案事业发展。

2013年全国档案科技工作取得了一定成绩。完成了科技立项工作，2012年底组织召开了部分省市档案科技处长参加的科技项目立项指南研讨会，在此基础上确定了2013年度国家档案局科技项目立项指南的内容，经馆局领导批准，于2013年1月向各省市印发了《关于组织推荐2013年度国家档案局科技项目的通知》，收到了27个省、自治区、直辖市档案局，22个中央国家机关、中央企事业单位，国家档案局内部机构及所属单位，以及中国人民解放军总参办公厅保密档案局226个申报项目。4月23—25日在广东省珠海市召开了2013年度国家档案局科技项目立项评议会议，会议经专家委员会评议建议98个项目列入了2013年度国家档案局科技项目计划。5月24日，印发了《2013年度国家档案局科技项目计划》。

完成了优秀科技成果奖项目评审工作。7月10日印发了《关于推荐2013年度国家档案局优秀科技成果奖励项目的通知》，共收到各地推荐项目80项。10月9—11日，在贵州黔东南州组织召开了2013年度优秀科技成果奖评审会议，经评审委员会投票表决，有《国家电子文件支撑平台系统建设》等37个项目被评为2013年度国家档案局优秀科技成果奖，其中一等奖4项；二等奖16项；三等奖17项，2013年12月19日下发《2013年度国家档案局优秀科技成果奖励的通知》。

9月10—12日在陕西西安召开2013年度全国档案科技管理暨科技成果推广会议，参加会议的有各省、自治区、直辖市档案局，各计划单列市档案局和新疆生产建设兵团档案局，各副省级市档案局，总参办公厅保密档案局和武警部队司令部办公室，各单位档案科技管理部门负责人和保护技术人员参加会议，共计90余人。会议以档案保护为主题，对创新程度高，技术难度大，实用性强的优秀档案保护技术成果进行了推广。会上有6名同志就“多种载体档案保护”、“新型档案保护设备”、“钢丝录音带档案抢救修复”、“天然脱酸剂的实际应用”、“铁盐墨水”字迹档案抢救修复、“档案馆档案防治灾害对策”等10余项成果分别进行了典型发言，并参观了陕西省师范大学保护技术研究室。

2013年度国家档案局科技项目立项评议工作

2013年度档案科技立项指导思想是按照《全国档案事业发展“十二五”规划》和全国档案局长馆长会议提出的要求，根据档案事业发展的需要和档案工作实际，围绕覆盖人民群众的档案资源体系、方便人民群众的档案利用体系和确保档案安全保密的档案安全体系建设，开展前瞻性、创新性、实用性的档案科技研究。

研究内容围绕三个方面：

一是围绕档案资源建设研究，主要进行电子档案资源建设方面的研究，三维电子文件归档与管理办法，电子文件在线与离线归档平台技术，电子档案接收与管理策略，网络信息归档、管理与开发的技术方法，纸质档案数字化前处理的方式方法，档案资源整合的方案与模式等。

二是围绕档案利用，主要进行档案信息网络利用方面的研究，档案信息资源共享平台和相关法规制度建设，通过局域网、党政内网和互联网利用档案的管理机制、标准规范，信息系统的运维服务、云档案服务的方法、策略，档案利用服务评估指标研究等。

三是围绕档案安全保障，主要进行档案馆安全、档案实体保护和档案信息安全的研究。着重研究档案库建设及其运行的安全风险因素，现代档案馆的总体设计、功能分区和设施设备配置，档案安全人防、物防、技防的规范标准；在档案实体保护方面着重研究各类档案的安全管理策略、抢救修复流程及其设备，数字化后档案封存的方式方法；在档案信息安全方面，着重研究电子档案异质异地备份策略、方法，档案数字化安全管理策略、评估方法、档案信息系统安全保护等。

1月22日，国家档案局办公室印发了《关于组织申报2013年国家档案局科技项目的通知》，要求各单位按照《立项指南》的研究范围和方向进行选题，认真组织2013年国家档案局科技项目的推荐工作。

截至4月20日共收到各地科技项目226项，这些项目来自全国27个省、自治区、直辖市和计划单列市档案局，22个中央国家机关、中央企事业单位，国家档案局内部机构及所属单位，以及中国人民解放军总参办公厅保密档案局。2013年申报项目有三大特点：总量多、单位申报项目多、覆盖面广。

经馆局领导批准成立了由20位委员组成的2013年度国家档案局科技项目评议委员会。立项评议会议于4月23—25日在广东省珠海市召开，会议由国家档案局技术部主任、评议委员会副主任委员付华主持，国家档案局副局长、评议委员会主任委员李和平出席会议并讲话，对立项评议工作提出了具体要求，她要求在立项评议工作中要贯彻全国科技创新工作会议精神，以“自主创新、重点跨越、支撑发展、引领未来”的方针为指导，努力把前瞻性、创新性、实用性和可行性的项目遴选出来；要继续坚持档案科技工作向中西部地区倾斜的政策，在档案科技项目的创新性、实用性、引领性方面大体相同的情况下，可以向中西部地区进行适当的倾斜；要在坚持原则的情况下，保护首次申报项目单位的积极性，适当考虑各类科技项目之间的平衡。

付华介绍了今年立项指南的确定、项目申报和审查情况，并对评议标准把握、评议方式提出了要求。

评议会上，评委对226个申报项目进行了认真审查，逐项阐述是否给予立项的理由。经过严格评议和认真讨论，会议建议将98个项目列入2013年度国家档案局科技项目计划。

2013年5月24日，国家档案局中央档案馆下达《2013年度国家档案局科技项目计划》，这些科技项目是：

1. 河北联合大学、河北省唐山市档案局承担的“重大自然灾害中档案安全保护研究”

2. 重庆市档案局承担的“国家综合档案馆设施设备配置选择研究”

3. 中国人民大学信息资源管理学院承担的“档案馆突发事件应急资源配置研究”

4. 山东省青岛市档案局承担的“综合档案馆功能结构和设施设备配置研究”

5. 国家档案局档案科学技术研究所、海南省档案局、中国建筑科学院建筑环境与节能研究院承担的“热带海洋性气候地区绿色档案馆建设研究”

6. 山东省档案馆承担的“档案库房技术管理工作规范化研究”

7. 中国第一历史档案馆承担的“明清特藏档案抢救保护研究”

8. 湖北省档案局（馆）、湖北大学、湖北省武汉市城市建设档案馆承担的“微环境控制技术在濒危档案抢救及保护中的应用研究”

9. 四川省档案局、四川省档案局档案科学技术研究所承担的“档案抢救修复数字化流程及其质量安全管理策略研究”

10. 珠海市档案局、珠海市利高斯发展有限公司承担的“雾化杀虫灭菌消毒机的研制”

11. 国家档案局档案科学技术研究所、中山市太力家庭用品制造有限公司承担的“数字化后纸质档案封存技术研究”

12. 陕西师范大学历史文化遗产保护教育部工程研究中心、陕西省档案保护科学技术研究所承担的“纸质档案现有封护材料与性能系统评价及耐久环保防灾封护关键技术研究”

13. 中国电影资料馆承担的“电影声音修复技术研究”

14. 天津市档案馆承担的“光盘档案信息安全研究”

15. 中央档案馆保管部承担的“国家档案价值评定与档案等级研究”

16. 中国第一历史档案馆承担的“档案社会化整理项目管理模型构建”

17. 中国兵器工业档案馆承担的“兵器档案技术发展路线图研究”

18. 大亚湾核电运营管理有限责任公司承担的“核电站档案保护体系建设研究与实践”

19. 河北省藁城市档案局承担的“县级档案馆安

全保障体系调查与对策”

20. 扬州大学承担的“风险管理视域下档案安全保障体系的构建与实践”

21. 江苏省苏州市档案局、江苏仁通档案管理咨询服务有限公司承担的“档案社会化管理规范研究”

22. 中航工业成都飞机工业（集团）公司承担的“基于过程管理方法构建大型航空制造业档案‘三个体系’的应用研究”

23. 四川省档案局承担的“‘档案业务人员’职业资格鉴定工作体系研究”

24. 河南省濮阳市档案局承担的“依法行政下的档案行政管理研究”

25. 华南理工大学档案馆承担的“大数据时代档案馆公共服务绩效的研究”

26. 中国船舶工业集团公司承担的“档案利用服务评估指标体系建设”

27. 河南省开封市档案局承担的“基本公共服务评估指标体系建设中的档案服务体系建设研究”

28. 广东省佛山市顺德区档案局、广东省档案局、广东省佛山市顺德区行政服务中心、上海中信信息发展股份有限公司承担的“大部制背景下的‘大档案’系统信息化与利用体系建设研究”

29. 大亚湾核电运营管理有限责任公司承担的“核电站档案利用服务评估指标体系的建立”

30. 开封大学承担的“档案利用服务评估指标研究”

31. 山东省青岛市档案局承担的“信息化环境下机关档案工作流程再造策略研究”

32. 北京市档案局承担的“北京市市属机关档案工作规范研究”

33. 浙江省档案局承担的“电子档案集中式灾备恢复系统研究”

34. 江苏省档案局承担的“省、市、县三级档案馆档案异地备份工作实行捆绑集中管理的探索与实践”

35. 山东省档案馆承担的“山东省电子档案容灾备份管理系统建设研究”

36. 贵州省锦屏县档案馆承担的“县级档案馆纸质档案数字化前处理的高效方式方法研究”

37. 中国第二历史档案馆承担的“民国档案数字化前整理方式方法研究”

38. 中国第一历史档案馆承担的“明清历史档案图像数字化加工质量管理体系研究”

39. 湖北省档案局、武汉纺织大学承担的“基于lambert光照模型的档案图像拼接鉴别方法研究”

40. 浙江省杭州市档案局承担的“电子档案真实性、完整性、可用性及安全性成熟度模型研究”

41. 中国电子科技集团公司第三研究生所承担的“电子档案安全管理与防泄密技术研究”

42. 吉林省档案局（馆）承担的“基于省级电子政务网的电子文件在线归档和电子档案远程利用的实证研究”

43. 国务院侨办秘书局行政司承担的“电子文件全程监管模式的探索与实践研究”

44. 国家中医药管理局、国家档案局科学技术研究所承担的“基于大数据时代下中医药项目执行监控平台的电子文档三级管理系统”

45. 湖北省档案局、湖北省宜昌市档案局、湖北宜昌市电子政务办公室、方正国际软件有限公司承担的“市、县、乡、村四级电子文件与电子档案全程管理研究与实践”

46. 北京市档案局承担的“电子文件归档范围和保管期限表编制研究”

47. 辽宁省档案局承担的“电子档案规范化过程管理的实战研究”

48. 中北大学承担的“电子档案信息安全评价体系的研究与实践”

49. 航空工业档案馆承担的“航空工业三维数据归档研究”

50. 中国电子科技集团公司第十四研究所承担的“基于MBD的三维电子文件归档与管理办法研究”

51. 江苏省太仓市档案局承担的“县级电子文件（档案）一体化管理的探索与实践”

52. 中海石油炼化有限责任公司承担的“在建石油化工工程项目文档一体化研究”

53. 江苏省南通市档案局（馆）承担的“依托云平台电子文件一体化管理研究”

54. 四川省广安市档案局承担的“广安市数字档案馆（室）建设整体项目研究与推广”

55. 湖北省武汉市国土资源和规划信息中心承担的“城乡一体化国土规划数字档案馆构建和应用模式研究”

56. 江西省新余市档案局承担的“数字档案馆项目建设与研究”

57. 山东省青岛市档案局承担的“智慧档案馆建设关键技术研究与应用”

58. 清华大学档案馆、北京市档案局承担的“智慧档案馆的关键要素研究”

59. 南京大学档案馆承担的“高校数字档案馆建设风险管理策略研究”

60. 陕西省档案管馆、西安宝葫芦信息科技有限公司承担的“数字档案馆数字资源防篡改监测预警系统”

61. 新疆维吾尔自治区库车县档案局承担的“乡镇档案管理模式研究”

62. 上海大学图书馆情报档案系承担的“面向智慧城市的数字档案资源建设研究”

63. 欢声湘潭市档案局、湘潭市大学公共管理学院、湖南省湘潭市档案学会承担的“现代化环境下档案资源体系建设研究”

64. 中国中元国家工程公司承担的“基于知识管理的数字档案资源建设与利用模式研究”

65. 山东省工商行政管理局承担的“山东省工商系统影像多媒体档案数据库建设与利用研究”

66. 广州军区档案馆承担的中国领海维权档案信息整合研究与实践（第一期：南海）

67. 黑龙江省哈尔滨市档案局承担的“机关数字档案集约化管理研究”

68. 湖北省档案局、湖北省十堰市档案局、武当山旅游经济特区博物馆承担的“世界文化遗产武当山石刻碑文档案资源整合及公共服务利用课题研究”

69. 内蒙古自治区包头市档案馆承担的“档案信息资源整合方案模式研究”

70. 南京政治学院上海校区承担的“基于大数据分析平台的档案资源整合方案与模式研究”

71. 广西壮族自治区档案局（馆）、上海中信信息发展有限公司承担的“面向公众服务的档案信息资源共享平台的建设与应用”

72. 华南理工大学档案馆承担的“广东客家文化档案信息资源数字化共享平台建设”

73. 青海省档案局承担的“农牧区档案信息资源共享研究”

74. 吉林省档案局、吉林省社会保险事业管理局承担的“吉林省社会保险业务与档案管理服务一体化研究”

75. 辽宁省档案局、辽宁省本溪市档案局承担的“国家记忆工程中档案资源建设与服务模式的创新研究与实践”

76. 辽宁省档案局、中国移动通信集团辽宁有限公司承担的“‘大数据时代’环境下数字档案信息挖掘与传播的研究与实践”

77. 国家档案局档案科学技术研究所、深圳市档案局、深圳市腾达汉龙信息技术有限公司承担的“二维码在档案信息永久保存中的应用研究”

78. 中广核工程有限公司承担的“物联网技术在文档管理中的智慧化应用”

79. 四川省档案局科学技术研究所承担的“负载均衡技术在档案信息化中的运用和研究”

80. 中国石油化工集团公司办公厅、石化盈科信息技术有限责任公司承担的“基于ITIL的档案管理信息化建设运维体系的研究”

81. 福建省档案局承担的“各级国家综合档案馆四位一体的数码照片档案管理机制及其技术实现研究”

82. 中国第一历史档案馆承担的“明清档案海量数据安全管理策略研究”

83. 中国人民大学信息资源学院承担的“基于长期保存的档案数字资源可信认证研究”

84. 河南省郑州市档案局承担的“面向智慧城市的智能化档案信息服务研究”

85. 中国电影资料馆承担的“数字电影档案影片的鉴定和管理”

86. 广东省佛山市档案局承担的“数字档案信息服务基层的实施策略研究”

87. 上海市浦东区档案局（上海市浦东新区城建档案信息管理中心）承担的“基于信息化平台的建设项目档案工作全程监管与有效服务研究”

88. 江苏激扬软件公司、江苏省南京市国土资源局承担的“行业内云档案应用管理研究”

89. 国家电网公司办公厅承担的“国家电网数字档案云平台”

90. 湖北省档案局、武汉大学、武汉市劲捷电子信息有限公司承担的“互联网档案信息获取与归档模式及其实现研究”

91. 海南省档案局、海南新境界软件公司承担的“政府网站信息归档管理研究”

92. 陕西省西安市档案局、珠海市泰坦软件系统有限公司承担的“西安市数字档案资源利用服务平台建设研究”

93. 浙江省绍兴市档案局承担的“区域涉民档案集成管理与服务平台研究”

94. 山西省档案局、国家档案局科学技术研究所、上海中信信息发展股份有限公司承担的“面向移动终端发布的档案编研平台的研究与应用”

95. 云南省档案局、中国水电顾问集团昆明勘测设计研究院承担的“以档案为核心的多源信息知识管理平台研究”

96. 广东省档案局承担的“归档质量监控和评价网络系统研究”

97. 国家安全生产监督管理总局档案馆 、国家档案局馆室司承担的“机关文书档案保管期限智能识别系统”

98. 国家档案局档案科学技术研究所、浙江省档案局（馆）、北京汉龙思琪数码科技有限公司承担的

“海量数据离线存储系统研究”

2013 年度国家档案局优秀科技成果奖励评审工作

2013 年 7 月 10 日，国家档案局办公室下发了《关于推荐 2013 年度国家档案局优秀科技成果奖励项目的通知》，各地根据通知要求，积极组织本地区优秀科技成果的申报和推荐工作。截至 2013 年 7 月中旬，共收到各单位推荐的科技成果 80 项，其中省、自治区、直辖市和计划单列市档案局、馆推荐 46 项，推荐项目较多的有山东 4 项、浙江 4 项、上海 4 项、广东 4 项、中央国家机关和中央企业 6 项、院校 2 项、国家档案局 2 项、国家档案局直属事业单位 9 项。各单位推荐的 80 项科技成果经国家档案局技术部形式审查 65 项合格。

按照《国家档案局优秀科技成果奖励办法》中获奖范围的规定和推荐项目的具体情况，65 项推荐成果分为 4 个类别，其中软科学 14 项，现代化技术 38 项，保护技术 12 项，科技著作 1 项。

经国家档案局领导批准，2013 年度国家档案局优秀科技成果奖励评审委员由 17 位专家组成（缺席一名）。国家档案局副局长李和平任主任委员，技术部主任付华任副主任委员，委员有（以姓氏笔画为序）：丁志隆、马淑桂、王良城、王传福、仓大放、吕和顺、许桂清、张新、张文芝、张平安、杨来青、耿树伟、黄丽华、韩李敏、解华波。

2013 年 10 月 9—10 日，国家档案局优秀科技成果奖励评审会在贵州黔东南州召开，会议由副主任委员付华主持，主任委员李和平在评审会上作了重要讲话，她强调三点：一是要准确把握评审标准。要按照《奖励办法》的规定，对申报项目的创新性、先进性、重要性以及实用性进行认真的评估。要继续坚持国家档案局提出的档案科技工作支持中西部地区政策，在档案科技成果水平大体相同的情况下，可以向中西部地区倾斜；二是要控制获奖数量。在对申报项目的创新性、先进性、积极性以及实用性进行认真评估的基础上，在保证质量的情况下，争取各奖项的数量不超过往年。三是要在评审中严格遵守评审纪律，一定要站在促进全国档案事业发展的高度，严格按照国家档案局的有关评审标准，对申报的各项成果进行客观公正的评价。要坚决杜绝请托现象，任何评委都不得进行游说，为本地区、本单位争取奖项。

2013 年的评审会议依然采取主审员制，即主审员首先对所评项目的特点、是否评奖、评奖等级及其理由等情况逐一进行介绍和说明，然后全体评委对相关成果集中进行评议，最后进行无记名投票。

在评审过程中，评委们按照公平、公正、公开的原则，对于一些项目，尤其是对拟评高等级奖励的项目进行了激烈争论。最后，由 16 位评委对拟获奖项目进行无记名投票。按照《奖励办法》的规定，获得特等奖和一等奖的项目得票不得少于评委总数的 2/3，即 16 票中的 11 票；获得二等奖和三等奖的项目不得少于评委总数的半数，即 16 票中的 8 票。经投票表决，有 37 项成果为 2013 年度国家档案局优秀科技成果拟授奖项目。

为鼓励在推动档案科学技术发展中做出重要贡献的集体和个人，促进档案管理现代化水平的提高，根据《国家档案局优秀科技成果奖励办法》的规定，经 2013 年度国家档案局优秀科技成果奖励评审委员会的严格评审和国家档案局批准，37 项拟授奖成果在《中国档案报》《中国档案》杂志及国家档案局网站上公布，一个月争议期结束后，没有异议。2013 年 12 月 19 日，国家档案局下发《关于 2013 年度国家档案局优秀科技成果奖励的通知》，并公布 2013 年度国家档案局优秀科技成果奖励项目。

（纪秀英）

2013 年度国家档案局优秀科技成果奖获奖成果介绍

特等奖空缺

一等奖 4 项

国家电子文件支撑平台系统建设

完成单位：国家档案局档案科学技术研究所、国家档案局技术部、国家档案局馆室司、国家档案局信息中心、东软集团股份有限公司

主要完成人：李和平、马淑桂、冯丽伟、刘晓光、周萌、郝晨辉、黄静涛、徐亮

“国家电子文件支撑平台系统建设”是针对我国各级党政机关、国家综合档案馆、专业档案馆、部门档案馆（处室）、企业档案馆的需求所研发的内、外网电子文件办公管理系统、电子档案管理系统、行政审批与电子监察系统、信息发布利用一体化管理平台解决方案及具体技术实现。项目根据国家对电子文件管理的要求，通过梳理、归纳、整合和优化电子文件全过程的业务需求，研究不同类型电子文件格式，设计电子文件全程管理业务需求模型，形成课题所需电子文件技术标准与规范体系，以此

为基础研发了系列软件产品，提出我国流式文档和版式文档标准的一体化解决方案和关系型数据库长期保存整体解决方案，所有软件在国产 CPU/OS 装机服务器、客户端环境下稳定运行。

国家电网公司档案馆数据挖掘智能化管理平台的研究与应用

完成单位：国家电网公司档案馆、国网中兴有限公司

主要完成人：曹世强、张立军、魏森、施永利、廖菲菲、马唯唯、姬广鹏、季学岗、张凯

该课题实现了多项技术在档案领域的首次使用。首次将数据挖掘技术、多媒体处理技术集成于一体，并综合应用于档案领域。项目所采用的基于语义及内容特征的搜索技术、非结构化数据处理及分析技术、语音识别技术等在档案信息化领域应用具有较好的创新性；实现了各类档案资源间、档案资源与外部相关资源的有效整合。通过对多媒体中语音数据的识别，自动建立文本索引，从而实现了视频之间、视频与文字类档案的关联，即实现了档案内部资源的整合。通过对重要相关网站的网页素材进行自动收集和整理，实现了与内部档案资源的整合；系统采用了插件式技术架构，为后续系统功能的扩展建好了框架。

纸质档案保护修复技术研究与专用设备研制

完成单位：山东省档案馆

主要完成人：孙洪鲁、黄丽华、王宪东、孙英、纪红、刘虎、杨福运、刘治

该课题从灾后受损最严重、受损情况最复杂的档案抢救与修复工作入手，对档案抢救工作的流程、档案抢救修复的方法、工艺以及专用设备进行了一种新角度研究，设计了受损纸质档案抢救修复技术流程，提出了受损档案抢救修复系统解决方案，设计制造了“灾后受损纸质档案修复技术流程”、“档案冷冻杀虫灭菌柜”、“档案真空干燥柜”等 12 台（套）档案修复设备，丰富和发展了纸质档案抢救修复的理论和方法。

该课题研制的部分技术设备在北川、舟曲等重大自然灾难受损档案的抢救中发挥了重要作用，并在中央档案馆、一史馆、辽宁省馆等档案馆的日常档案修复工作中得到广泛应用，还被中国人民大学等档案学院实验室定制为档案保护修复专用教学设备。

电子文件管理国家战略

完成单位：中国人民大学信息资源管理学院

主要完成人：冯惠玲、刘越男、钱毅、张宁、章燕华、徐拥军

《电子文件管理国家战略》一书提出并论证了电子文件管理对我国社会发展的战略意义，按照“电子文件管理为什么需要国家战略、我国需要什么样的电子文件管理国家战略、我国电子文件管理国家战略是什么”的研究思路，对我国电子文件管理总体情况和战略需求做出了基本判断，充分吸纳国内外有益经验，构建了由战略目标、范畴框架和内容框架构成的电子文件管理国家战略框架模型，形成了具有中国特色的“统揽全国、政策引导、融合发展、制度引擎、综合治理”的电子文件管理战略发展路线，从发挥制度、规范、技术、智力、管理等战略要素的效力出发，勾画了我国战略路径。在该研究成果的支撑下，我国电子文件管理国家战略已从理论建构走向实践应用。

二等奖 16 项

天然脱酸剂在档案文件脱酸中的应用

完成单位：国家档案局档案科学技术研究所、广东省档案局、广东工业大学、广州市余平文史典籍保护实业有限公司

主要完成人：马淑桂、张平安、方岩雄、陶建强、谭伟、王建库、陶伟成

研究了天然脱酸剂配方、脱酸条件、脱酸效果。结果表明 TS3、TS4 效果较好，脱酸最优条件：温度 60 ℃，时间 40 min，TS3、TS4 原液。应用配方均匀设计方法确定最佳配方为 TS1 和 TS4 混合配制的脱酸剂，两者比例为 0.2456∶0.7544。最佳配比脱酸剂对线装古籍和民国档案都有很好的脱酸效果，同时提高了纸张机械强度。

研究发现天然脱酸剂含有有机碱、碱性无机盐等碱性物质。用红外、紫外和质谱对天然脱酸剂经分离纯化后得到的主要成分进行了表征。

研究确定了 250L 规模天然脱酸剂生产工艺条件。设计了一套加压雾化脱酸装置，以提高脱酸效果。申请专利 3 项，其中 1 项已获得专利权。成果应用于部分档案局档案和部分图书馆古籍的脱酸处理，效果良好。

纸浆修复档案操作规程研究

完成单位：上海市档案馆

主要完成人：刘志成、张建明、陆敏、金兰、张喆、严晓鸣、朱春玲

该课题经国家档案局批准立项，主要目标是总结上海市档案馆长期运用纸浆补洞修复档案的实际

经验，分析汇总在实际操作过程中的难点问题，通过实验的方法研究出一套适应我国档案纸张修复的操作规程，借此逐步推进和完善中国档案修裱技术，实现档案修复现代化管理的目标。

课题组在多年来使用纸浆补洞机修复档案的基础上，梳理了国内外使用纸浆修复档案的历史和现状，摸清了纸浆补洞机的结构、修复原理，分析了操作过程中各项技术的指标，以及国内外同行在操作过程中各种技法的相似性和差异性，在确定修复纸浆用量的方法、调配混合纸浆的具体原则、解决了光滑断面的粘结问题、纸浆纤维形态和破损纸张纤维形态分析等几个关键环节进行了技术说明，提出了一套适合我国档案纸张的修复原则、修复机理、操作方法、配套设备材料以及注意事项等修复方法、措施和流程。该研究成果借鉴了国内外的相关技术，涵盖了纸浆修复档案的各个技术环节，总结了长期的工作实践经验，解决了纸浆修复档案的应用难题，形成了比较系统的理论阐述和实践总结，具有较强的创新性、指导性、科学性、实用性、系统性等特点，对加快推进档案修复进程，提高档案修复水平具有积极作用。

档案仿真复制技术应用与工作指南研究

完成单位：国家档案局档案科学技术研究所、湖南省档案局（馆）、江苏省档案局（馆）

主要完成人：马淑桂、李玉民、刘歌宁、郝晨辉、曹燕、马跃福、栾宁丽

该课题围绕基于数字影像技术的档案仿真复制工作，针对不同年代、不同载体（各种纸张、丝绢等）、不同字迹类型的档案原件，根据复制件的不同用途，分别进行档案仿真复制实验，从仿真复制系统建设、工作流程、操作规程、管理制度、关键技术应用等方面开展研究，进行档案仿真复制资源库系统和仿真复制工作知识库的建设，提出了基于数字影像技术的档案复制工作整体解决方案。以研究成果为基础，编制《档案仿真复制工作指南》，该书全面、系统地提出了档案复制工作的流程、操作规程、技术方法、管理制度等，可指导档案仿真复制工作科学开展。出版学术专著《档案仿真复制》，该书深入细致地介绍了档案仿真复制工作的每个环节的基础理论、技术方法、操作步骤、技巧及示范，为档案仿真复制工作的科学开展提供指导。

智能低温冷冻库在档案杀虫中的应用研究

完成单位：国家档案局档案科学技术研究所、四川省档案局档案科学技术研究所、福建省档案局

主要完成人：马淑桂、方秋生、冯丽伟、陶琴、荆秀昆、陈菲、方志华

该课题中智能低温冷冻库是采用可编程逻辑控制器（PLC）控制制冷设备，使冷库内温度缓慢降低，可有效控制降温速度及时间，确保杀虫效果；同时将冷库容积扩大，填补了缓慢曲线降温在大型冷冻库档案杀虫应用研究方面的空白。智能低温冷冻库很好地解决了档案发生大面积虫害时快速杀虫的问题，符合绿色环保和可持续发展的要求，可以在全国档案部门推广应用。该课题以福建省档案局（馆）建立的智能低温冷冻库作为实验基地，结合实验室模拟实验，以花斑皮蠹、黑毛皮蠹等为主要研究对象。摸索出整个冷冻杀虫实验过程需要约120小时，实验试虫致死率为100%，通过检测发现低温冷冻杀虫实验对档案纸张含水量没有明显影响。

原始地质资料管理技术研究及示范

完成单位：全国地质资料馆

主要完成人：王黔驹、单昌昊、茹湘兰、章浩、赵小平、张翠光、颜世强

原始地质资料是地质工作形成的原本档案，属于专业档案。国土资源部为了解决原始地质资料管理工作难题，决定设定原始地质资料管理技术研究及示范项目，形成多项创新性成果。一是首次研究了适用于地矿、煤炭、石油、冶金、有色等行业，全国统一的《原始地质资料立卷归档规则》（DA/T 41—2008）。二是研制了《原始地质资料数字化技术指南》，提出了扫描（照相）和矢量数字化技术流程及要求。三是首次研发了原始地质资料清理管理系统。满足新形成的资料管理和已形成的老资料清理工作需要，示范采集原始地质资料目录数据20余万条。四是系统研究建立了原始地质资料清理技术方法。研究成果在全国推广应用，应用效果与评价反馈良好。

企业档案信息化战略研究

完成单位：广东省档案局、广东省韶关钢铁集团公司、中国南方电网广东电网公司、广东省高速公路有限公司

主要完成人：钟伦清、彭万里、聂伟、陈析、周慧、李安英、王彩虹

该课题是对企业档案信息化战略问题的研究，其主要研究成果——《知识管理：企业档案信息化战略之选》一书，首次从战略规划角度全面、系统地进行了企业档案信息化建设研究，提出了企业档案信息化知识管理定位、企业档案信息化资源集成

管理、企业档案信息化知识服务等企业档案信息化发展战略。

课题立足国民经济和社会信息化大环境，对信息化、企业信息化、档案信息化、企业档案信息化等内容进行了系统的研究。认为在信息化高度发展的企业，档案信息化不是要不要搞的问题，而是快点还是慢点的问题，是主动适应还是被动应付的问题。

从战略规划角度全面、系统地对企业档案信息化的战略定位进行了研究。认为当前企业档案信息化建设中出现的系列问题，根本原因是企业缺乏档案信息化战略规划，对企业档案信息化建设缺乏整体性、长远性、基本性考虑。并提出了“企业档案信息化与企业档案知识管理在战略上是一种双向选择的关系，即：企业档案信息化应以知识管理作为发展战略，企业档案知识管理要通过企业档案信息化来实现”的重要观点。

全面分析了资源建设在企业档案信息化中的地位以及企业档案信息资源构成及管理现状，对企业档案信息化资源的集成管理进行了研究。认为资源建设是档案信息化建设的基础和核心，并在综合国内相关研究成果的基础上，赋予档案信息资源“集成管理”新的内涵。

论证了档案知识服务在企业档案信息化建设中的适用性，对企业档案信息化服务体系构建进行了系统研究。认为企业应从思想观念上把档案信息服务与知识管理和先进的信息技术有机结合起来，以新的理念、新的技术和新的思维来增强和提高档案工作服务水平，实行档案知识服务。

对企业档案信息化测评体系进行了研究。建立了企业档案信息化测评体系，并提出了企业档案信息化测评体系的组织和应用方法。

各级国家综合档案馆电子文件接收流程设计及接收数据检验策略研究

完成单位：福建省档案局

主要完成人：丁志隆、黄建峰、黄旭明、周琴、林明东、戴敏、陈义群

课题组在福建省档案信息化建设的基础上，结合国内外电子文件管理的理论与实践的优秀成果，针对电子文件接收特点，在对大量相关资料进行调查研究、分析总结之后，系统规划设计了电子文件的接收流程，研究确定了电子文件接收数据的检验策略，并探讨了电子文件接收流程设计及接收数据检验策略的技术实现，为各级国家综合档案馆提供了一个成本节约、业务规范、流程顺畅、安全保证的电子文件移交与接收系统建设方案体系，包括规范的流程、技术要求和策略指导，并为各级国家综合档案馆建设电子文件接收系统提供一个安全、规范、可行、易操作的工作方案和建设方案，为各级国家综合档案馆开展电子文件接收工作以及“数字档案馆”建设提供指导。

纸质档案缩微数字一体化工作站研发

完成单位：国家档案局档案科学技术研究所、湖南琴海数码有限公司

主要完成人：马淑桂、付涛、郝晨辉、程春雨、杜琳琳、夏跃黎、张岭

该课题纸质档案缩微数字一体化工作模式，一次操作，同时完成纸质档案缩微拍摄和数字化，可有效保护档案原件，提高工作效率。

一体化工作站硬件系统研制，形成纸质档案缩微数字一体化工作站，经专家鉴定，制作的缩微影像和数字图像质量符合相关标准要求，技术先进，达到国内首创、国际领先水平。配套软件系统研发，形成工作站控制系统和档案数字化管理系统两套配套支撑软件。标准规范体系建设，形成从设备生产，到技术、管理、设备操作等全方位的标准、规范体系。试点应用，成功在病案档案领域进行了试点应用，制作影像超过1.5亿画幅。成功在大学创建我国第一个档案缩微数字化专业。

纸质档案数字化验收标准体系研究

完成单位：云南省档案局（馆）

主要完成人：黄风平、张文芝、孙立徽、陈虹、罗备针、邵海燕、史家菊

该课题从数字化加工安全保密验收、档案图像扫描验收、图像处理验收、图像存储验收、目录建库验收、数据挂接验收、档案文件级目录及题名验收、档案整理验收、数据备份验收等方面全面对档案数字化验收标准体系进行研究，确保数字化数据成果的质量真实、准确、安全、可靠、实用，使数字化后的目录数据与扫描图像数据质量达到相关要求和标准，以提供查询利用，并及时封存扫描完结后的档案原件。形成一整套行之有效的档案数字化加工质量管理的标准、规范和管理制度和表单管理工具。

该课题研究具有较强的实用性，对目前各级档案部门有效地保证档案数字化加工质量有较好的应用价值，对目前全国档案系统数字化成果质量检验的技术指标和具体工作流程规范具有一定指导意义，对全国各级档案馆的数字化成果测试评价及验收工

作具有较大的参考价值。

网络信息资源归档与利用平台建设的研究

完成单位：辽宁省档案局（馆）

主要完成人：许桂清、刘乃蓬、李映天、张伟、袁晓智、吴薇、殷楠

该课题提出建立网上信息资源归档体系的研究，其研究成果为我省网络信息资源辅助领导决策，方便公众利用提供了有效的信息平台，可以对历史网络中反映我国政治、经济、文化等诸方面的重大事件的信息进行长期保存，使中华民族的网络文化遗产得到应有的妥善保存和保护。同时也为相关行业探索科学系统的解决方法提供理论借鉴和现实依据。

课题研究立足于档案业务工作实际，全面深入研究了档案管理模式下，网络信息资源归档与利用的基本原理、基本理论与基本方法，包括网络信息资源管理对档案管理理论的借鉴、网络信息归档原则、网络信息资源组织机制构成、网络信息资源归档方式的研究、网络信息资源保存的系统模型、网络信息资源归档与利用等。

基于公有云的新型档案信息化服务应用研究

完成单位：中国移动通信集团广东有限公司

主要完成人：王志忠、兰祝刚、周艳华、李刚、惠英、肖建明、薛佟佟

该课题主要基于中国移动大云平台，采用JAVA语言，开发一套基于大云平台的云档案管理平台。云档案管理平台为一套自定义、模块化、SOA（面向对象服务）的档案软件产品，用户可以自定义档案管理模块、参数，使之满足不同用户档案管理的需要。用户可以在Internet上直接使用，无需购买服务器、操作系统等软件。该平台管理的档案全宗数、档案数据可以无限拓展。应用服务设计主要包括：为中小企业提供云档案管理软件即SAAS服务、提供档案数据备份恢复即IAAS服务，为大型企业提供档案数据备份等IAAS云服务，为软件开发商提供对象存储、弹性计算等IAAS服务。开发手机客户端，在手机上查阅、下载电子档案。

民生档案信息资源馆际共享实现方式的研究

完成单位：吉林省长春市档案馆、长春市平宇电子科技有限公司

主要完成人：李学广、韩东、何淼、常颖、焦明宇、冯克红、刘德文

该课题研发了《电子档案远程利用系统》，出台了《长春市电子档案远程利用管理办法》，搭建了全市档案信息远程共享平台，实现了11个档案馆之间资源共享，互查互用，最大限度地降低了利用者的查档成本，社会效益明显。

该课题与国家“核高基”重大科技专项《基于国产CPU/OS的数字档案信息系统应用研究及示范工程》研究同步进行，并在《国家电子文件支撑平台》下创造性地完成了国产CPU/OS环境下档案远程利用系统的功能移植，成功上线运行，实现了系统应用研究和示范工程的创新突破，具有重大的推广价值。

上海市民生档案远程服务机制的研究与应用

完成单位：上海市档案馆

主要完成人：朱纪华、孙兆伟、赵嘉庆、金克家、陶碧云、杨安荣、宗琳

该课题在各单位实践基础上，深入探索建立全市范围民生档案跨地区、跨部门远程服务和信息共享的机制、体制，推动建设覆盖全市的民生档案信息远程服务的网络平台和应用系统，建立了横接全市18家国家综合档案馆，纵联全市200多家街道、乡镇社区事务受理服务中心的立体式档案便民服务技术平台，形成了市、区县、街镇社区三级互联的民生档案“就地查询、跨馆出证、馆社联动、全市通办”的强大服务功能：利用者在本市任何社区事务受理服务中心，可依法查询到本市任何一个国家综合档案馆保存的婚姻登记、独生子女、知青上山下乡、知青返城、知青子女入户等5类民生档案，并当场通过信息化网络系统免费获取档案全文信息和档案证明；各区县档案馆还结合本地实际和需要，依托民生档案远程服务机制和网络平台，实现了共计30多类民生档案数据的远程便民服务。

该课题探索并建成了特大型城市广域范围内既实现各级国家综合档案馆馆际互联又直接延伸基层社区的民生档案信息化远程便民服务系统，取得了明显的社会效益。项目建设运行以来，已提供档案利用远程出证服务52000余人次。实践证明，该课题研究具有先进性、实用型、前瞻性、规范性和示范性。

档案信息综合业务管理平台的研究

完成单位：青海省档案局

主要完成人：申发展、张少伟、司锦军、邢建、汤伟荣

该课题研究按照“统一建设、数据集中、资源共享、互联互通、标准统一”的原则，通过对软件硬件资源、档案信息资源的科学合理整合，实行集

约化管理，最大限度地降低建设和管理成本，实现省级档案信息综合业务管理大集中平台，在理论和实践层面均对各级各类档案馆有推广应用价值。

该课题有四个创新点：一是首次覆盖全省各级党政机关，对档案信息集中统一管理进行了研究；二是从技术上实现了对省、州市、区县三级档案信息资源的共享；三是通过档案信息综合业务管理平台，对全省党政机关进行全覆盖，制定了电子公文移交的数据存储结构标准，提出了一整套电子公文归档的文档一体化解决方案；四是通过对档案信息综合业务管理平台的应用功能进行系统研究，分析了青海省档案馆馆藏档案资源类型，建立了档案馆应用系统建设的功能模块和业务模块。

国家电网公司电子文件管理系统

完成单位：国家电网公司

主要完成人：王敏、吴玉生、余卫国、李向荣、王昕伟、王继业、张立军

该课题主要成果包括：编制了《电子文件管理“十二五”发展规划》；制定了《电子文件管理办法》《电子文件保管与利用管理办法》等5项规章制度；形成了《电子文件分类方案》《电子文件安全管理指南》等6项标准规范；梳理了包含868种电子文件、囊括所有应归必归业务数据的电子文件管控范围；建成了一套覆盖电子文件全生命周期管理、贯通公司人财物管理、电网运行等8个核心业务系统的电子文件管理系统；建立了公司集中统一的、能够对全公司电子文件进行实时管理和在线监测的电子文件管控中心。

基于“云计算”的区域性数字档案馆建设研究

完成单位：北京市档案局

主要完成人：陶水龙、薛四新、徐华、侯彦华、王海燕、田雷、王贞

该课题重点研究利用“云计算”技术集约化建设具有“区域性”理念的数字档案馆的总体思路和电子档案长期保存过程中的凭证价值保护技术的基础性理论，通过科学的论证，进一步加强档案信息化改造和功能升级、推动档案资源的数字化、网络化，不断提高具有首都特色的档案数字资源库的建设水平，该课题的研究成果包括《北京数字档案馆建设方案》和《基于电子档案身份证技术的电子档案凭证价值保护理论体系研究报告》两部分，其中《北京数字档案馆建设方案》包括了运行管理机制、信息系统建设、制度标准化体系建立、档案数字资源库建设的综合性规划方案，内容涵盖数字档案馆的建设目标、设计原则、技术架构、建设内容、组织机构设置、运维形式、标准制度建设、人才队伍培养等，在基于“云计算”技术的“区域性”的数字档案馆总体架构设计、数字档案馆各组成系统的功能需求分析、数字档案馆的建设运行模式、数字档案馆的管理机制以及“云计算”条件下的实现“区域性”的数字档案馆建设目标所需的关键技术选型等方面具有独创性和实践意义；《基于电子档案身份证技术的电子档案价值保护理论体系研究报告》全面阐述了基于异构系统环境下的电子档案从产生到长期保存的凭证价值保护体系。在充分调研的基础上，提出了通过建立电子档案身份证确保电子档案凭证价值的重要的指导思想，对电子档案的管理工作具有重要的指导作用，对其他地方开展相关工作具有参考价值。

三等奖　17项

“老字号”企业档案资源分布、管理和开发利用研究

完成单位：上海市静安区档案局、上海市档案局

主要完成人：张海根、孙兆伟、马燕佩、朱建中、郭红解

该课题对“老字号”企业的概念、分布和发展现状进行了概述；阐述了“老字号”企业档案资源的基本理论问题，对“老字号”企业档案资源的概念、作用和分布进行了论述；分析了“老字号”企业档案资源管理和开发利用的现状，剖析了“老字号”企业档案资源管理中的主要问题，设计了“老字号”企业档案资源开发利用的技术，研究了“老字号”企业档案资源开发利用的模式；提出了加强老字号企业档案资源建设的对策；设计了“老字号”企业档案管理规范；研制了“老字号”企业档案管理软件。

课题成果对“老字号”企业加强档案资源建设具有重要的理论价值和指导意义，对“老字号”企业档案资源管理和开发利用的理论研究和实践操作都具有开创性。

实现企业文档一体化的理论与实践

完成单位：开滦集团公司档案馆

主要完成人：马金平、赵伯亚、孙会华、郎秀伟、刘秀娟

该课题是在企业局域网基础上，建立OA办公自动化系统和档案综合信息管理系统，通过OA接口程序使OA系统与档案系统无缝链接，实现智能

归档分类，并保证电子文件齐全完整归档到档案综合信息管理系统中，实行电子文档一体化与纸质档案一体化的同步对应，通过反复的理论研究与实践印证，实现了企业文档一体化管理高效运转。特别是其通过关键词组配与赋值实现保管期限的自动划分；电子档案首页自动生成档号章并自动填充全宗号、年度、机构、保管期限、件号、页数等数据；实现电子阅处签档案保持全貌打印成纸质档案等特点。

我国档案信息资源共享的政策法规保障机制研究

完成单位：湖北省档案局、武汉大学信息管理学院

主要完成人：刘晓春、周耀林、童雁、涂英霞、黄川川

该课题在我国档案信息资源共享已经在上海、广东等地开始了起步。如何从政策法规角度切入，建立这种档案信息资源共享的保障机制，是一个学界尚未研究的问题。

该课题从相关概念界定的基础上，系统地总结了我国档案信息资源共享政策法规建设的历史与现状。然后，在借鉴国外档案信息资源共享的政策法规、我国图书馆文献信息资源共享的经验的基础上，探讨了我国档案信息资源共享的模式，提出了“合作制档案信息资源共享模式”，以此为基点探讨了合作制档案信息资源共享模式的政策法规保障的实施，形成了创新性的观点。不仅对于推进当前档案数字化成果的共享具有重要的实践指导意义，而且对于未来具有一定的指导作用。

档案安全保障体系的架构与评价指标研究

完成单位：上海市档案局、中国人民解放军南京政治学院上海校区

主要完成人：孙兆伟、彭远明、张建明、朱强、涂昊云

课题组在大量调研基础上，结合档案工作重点，以及我国安全工作新情况，进行研究取得以下主要成果。

形成一套有序的多层次档案安全方法，以应对档案安全风险和防范档案事故的发生；架构了完整的档案安全保障体系。依据现阶段国家和地方相关的法规和标准，遵循国家档案战略目标和工作计划，整合相应技术方法、安全设施和管理规章，将国家重点档案抢救、档案利用风险防范及减灾处突与备份等纳入体系之中通盘考虑，全面构建，使体系的针对性、时效性和现实意义更加突出；制定基于档案安全体系的安全指标，充分评估指标的可行性、有效性、科学性，并对风险指标、评价点和评定标准等不断实施调整和完善。

档案安全保障体系建设情况调查研究

完成单位：河南省档案局

主要完成人：方婷、王书继、李宝玲、吴雁平、刘东斌

该课题对档案安全保障体系建设的相关概念、研究对象、研究现状、主要内容、范围进行梳理，在对河南省档案安全保障体系建设现状进行调查研究基础上，制定出档案安全保障体系建设测评指标体系，提出河南省档案安全保障体系建设思考和建议。课题把理论研究与实践研究相结合，理论研究部分在档案安全保障体系建设的概念及内容研究的基础上，对档案安全风险因素及其成因和档案安全保障评估内容和指标体系进行了研究。实践层面上，对档案安全保障体系建设情况进行了调查研究，对档案安全保障评估指标体系进行调研与论证，确定不同层次、不同条件的档案馆进行试点。形成了《河南省各级档案馆档案安全评估办法》和《河南省各级档案馆档案安全评估标准》。

区域档案与电子文件登记备份策略研究

完成单位：浙江省丽水市档案局

主要完成人：陈鸿斌、雷月伟、朱悦华、丁建萍、毛清英

丽水市将下辖9个县所有机关档案室进行区域整合，形成1＋9＋N模式的档案协同管理系统。其中：1. 机关数字档案室与业务监管系统，解决了全市OA系统与档案室的数据接口问题，实现文档一体化管理，电子公文及元数据的在线封装符合国家XML封装规范；2. 档案登记备份系统，实现电子档案、涉民电子业务数据等的在线备份。3. “云档案”共享系统，以市本级为中心、9县为节点分布式部署，各县节点不需要把档案目录和原文上传到市中心，只需各自建立本区域的档案目录和原文索引，即可跨区域跨部门检索。4. 推出“掌中档”，用户可以利用手机检索“云档案”系统中的档案。

档案信息共享中的隐私保护策略及新技术研究

完成单位：中国人民解放军南京政治学院上海校区

主要完成人：王兰成、蒋丹、刘晓亮、宋容、严峻

该课题研究了档案敏感信息的安全保护及其需

求分析。明确档案信息资源共享与档案敏感信息及隐私信息保护的关系，分析档案敏感信息的安全威胁及其防护需求，提出将隐私保护技术和知识技术应用于档案信息安全领域是保护档案敏感信息的有效途径。

构建了基于知识技术的档案敏感信息保护策略及框架体系。在宏观层面提出基于档案敏感信息访问控制的隐私保护技术策略，在微观层面提出基于档案信息匿名保护和隐私推理防范的隐私保护技术策略，从而构建了基于知识技术的档案信息隐私保护框架体系结构，并实现其中的关键技术。

课题将本体方法及技术引入档案信息共享的隐私保护中，实现了一种技术方法的创新。运用以本体为核心的知识技术，整合档案信息语义从而实现传统方法难以实现的基于语义的信息匿名化计算；检测档案信息共享过程中攻击者背景知识的改变，实现将隐私信息的量化计算转化为知识增量的计算。

提出以保护档案数据库敏感元组及属性为核心的隐私信息匿名化保护方案。阐述以保护敏感元组及属性为核心的档案数据库敏感信息保护思路，构建档案数据库中的敏感信息保护基本框架，提出对敏感元组赋予属性权值的加权等保护方法，并给出了多种隐私信息匿名化保护方案的实证研究。

在档案信息服务网站系统上运用隐私保护技术，实现了一种系统优化的创新。通过数据保护、概念泛化、敏感数据识别等实现限制发布、数据加密、数据失真、敏感数据标引、概念查询、主题关联等功能；基于 SQL Server 数据库平台改进档案信息服务网站系统，使用 Asp. Net4. 0 MVC2 设计模式和开源 ExtJS 创建浏览页面与数据交换，实证研究个人条目、奖惩类型、疾病类型、健康情况及同近义词、概念词表、敏感词表等数据关联操作。

基于内容的数字档案图像检索技术的应用研究

完成单位：湖北省档案局、武汉纺织大学

主要完成人：刘晓春、李敏、姬凤英、张旭冰

该课题以数字档案建设中的档案图像为研究对象，运用数字图像处理技术、数据库管理技术及图像理解等技术，以湖北省档案局（馆）数字档案查询服务系统为研究平台，探讨如何使用基于内容的图像检索技术来实现图像档案的精确查询及检索。最终做出的成果有：设计出一种高效的档案图像增强与修复算法；分析各种基于颜色、纹理、形状等特征的图像检索算法，并提出一种适用于档案图像检索的图像检索算法；建立一套完整的适用于数字档案特点的数字档案图像检索系统。成果将在湖北省各级国家综合档案馆推广应用，可为我国其他档案馆的信息化建设提供经验。

军队档案信息发布平台研究

完成单位：中国人民解放军南京政治学院上海校区

主要完成人：赵屹、陈晓辉、郭晓云、朱建华、陈雪强

军队档案网站建设规划。在宏观战略上对全军档案网站建设进行全盘谋略与策划。以中国人民解放军总参谋部办公厅保密档案局的视角从全军档案网站建设事业的整体出发研究制定军队档案网站建设的宏观管理层次规划。规划内容涉及军队档案网站建设的指导思想、宏观架构、建设目标、基本定位、主要功能，实现军队档案网站建设的顶层设计和统筹规划。

军队档案网站建设指标。在微观战术上说明军队档案网站应该具有什么内容，应该怎么建。军队档案网站建设指标包括 5 个方面：内容指标，功能指标，设计指标，技术指标，安全指标。内容指标说明军队档案网站内容体系包括哪些部分，各部分栏目应如何设立，哪些内容应该在纵向上形成独立体系；功能指标说明军队档案网站应具有的功能；设计指标说明军队档案网站在设计上应达到的要求；技术指标包括技术方案、网站开发、页面制作、网站测试发布；安全指标包括安全制度、平台安全和信息安全。

军队档案网站评价体系。对建立评价体系的必要性和原则进行了分析，在此基础上构建了一个基于层次分析法的评价体系，从体系结构、评价表、评价指标说明、权重的分配和确定、评价分值计算方法等角度对该评价体系进行了阐述和说明，给出分值计算的实例，并说明军队档案网站评价的组织与实现。

城市地理信息数字档案馆建设研究

完成单位：湖北省武汉市测绘研究院、湖北省武汉市档案局

主要完成人：肖建华、王厚之、李黎、刘芳、黄雁

该课题以武汉市为例，结合工作实际，首次提出“城市地理信息数字档案馆”管理模式，是以城市地理信息档案的“存量档案数字化、增量档案电子化”为基础，以全数字化与深度利用为目标，建立的以地理信息档案网络化和分布式地理信息档案资源管理、共享与服务机制，对城市地理信息档案

馆建设有借鉴性和示范性。

课题结合行业特点，自主研制开发了具有自主知识产权的“数字档案盒”软件，创造性地融数字证书、电子签名、身份认证、全数字化归档等技术于一体，确保测绘地理信息工程档案的制作简单、保密性强、可信度高、规范性好；实现了地理信息档案的收集、管理、利用和保存等全过程的规范化管理，有实践性和创新性。课题基于“一张图”理念，自主研发了网络版的“地理信息档案阅览室”和“单点登录和统一权限管理”软件，实现了多源、多时序地理信息档案的集成调度和匹配联动，实现了地理信息的高效检索、智能查询、远程借阅、授权下载、快速统计等分发服务。

该课题实现了地理信息档案从档案产生、档案制作、档案流转到档案分发的全过程防护，实现了离线DWG格式的档案信息数据的防扩散保护，有效地解决了涉密地理信息档案的安全管理和应用；研发的“地理信息档案阅览室”等系列软件，实现了地理信息档案数字化及在线查询和借阅，有效提升了地图档案利用效果。

企业数字档案馆建设研究

完成单位：航空工业档案馆

主要完成人：计红胜、戴先明、张立雷、张珂、赵斌

该课题从技术和管理两个方面对企业数字档案馆建设问题进行了深入的研究，并在中国航空工业集团公司所属企业进行了大量实践，取得了大量的研究成果和实践经验。对企业数字档案馆建设的档案信息系统、标准规范体系、OA电子公文归档、实物档案数字化、产品数字管理系统电子文件在线归档、ERP系统电子文件在线归档、BPM系统电子文件在线归档、传统声像档案数字化技术、数字档案的数模转换技术和安全保密体系等多项关键技术进行了攻关，并分别形成了研究报告。从管理角度对企业集团数字档案馆建设进行了充分地实践与总结，形成了企业数字档案馆建设实务指南、企业数字档案馆评定验收指标体系和方案评审、业务指导和验收管理等若干流程及方法。

各级国家综合档案馆数字档案集中管理的安全策略与技术方法研究

完成单位：福建省档案局

主要完成人：林真、黄建峰、李运启、周琴、王艳玲

该课题以各级国家综合档案馆数字档案集中管理为对象，具体分析其存在的风险和安全的需求，提出针对性的数字档案集中管理安全策略和安全模式，从而提出实现数字档案集中安全管理的技术实现和保障方案。

针对数字档案集中管理安全的目标，参考国家有关数字档案管理的技术标准，研究其安全策略的制定原则、内容、流程等，构建数字档案集中管理的安全策略与模式体系，为数字档案集中管理建立安全保障。

以数字档案集中管理的安全为主线，结合国内外先进理论与实践成果，结合各级档案部门建设实际情况，探索建立随需应变、便于管理和落实的安全策略与模式，突出了理论与实践相结合、可持续的原则。

面向用户的区域数字档案馆资源集成共享模式研究与平台设计

完成单位：浙江省绍兴市档案局、华东师范大学档案学理论与实践研究中心、北京量子伟业时代信息技术有限公司

主要完成人：车炼钢、朱小怡、赵立、严青云、倪永春

该课题对数字档案馆资源集成共享的内涵、特点、用户需求和发展趋势进行了全面深入研究，对所采集的调研数据采用SPSS17.0统计软件进行科学统计和分析，形成了具有指导意义的研究报告和具有示范作用的建设方案。

制定了各馆协同工作的制度、规范和用户指南；完成了面向不同用户的平台应用系统开发并投入使用；促进了绍兴各级档案馆民生档案资源库建设均衡发展；实现了民生档案远程查询、跨馆出证的联动服务；开通了面向领导的档案信息推送、订阅服务和面向机关工作人员的档案信息远程浏览服务；开设了绍兴地区各级档案馆网站“一站式”检索窗口和可在个人移动终端上使用的掌上档案馆。全面提升了绍兴各级档案馆档案管理和服务水平。

钢丝录音档案抢救平台研究

完成单位：国家档案局档案科学技术研究所

主要完成人：马淑桂、李玉民、聂曼影、魏伶俐、晏杰

该课题按照国际音频遗产保护规范要求，在对钢丝录音技术的发展历史、在我国的应用及全国钢丝录音档案保存现状进行调研的基础上，提出了钢丝录音档案的抢救策略，解决了钢丝录音档案抢救的关键技术环节，构建了钢丝录音档案抢救平台，

提出了钢丝录音档案数字化流程，为规模化抢救钢丝录音档案提供了可行性方案。并对湖北省档案局（馆）、江苏省档案局（馆）、中央人民广播电台音像资料馆的部分钢丝录音档案进行了抢救。应用单位一致认为课题成果技术路线先进，工作流程规范，信息采集完整，转换效果良好，并建议尽快向全国推广该应用。创新点：构建的钢丝录音档案抢救平台解决了钢丝录音档案抢救的关键技术问题，采用数字签名技术，为转换后的原始数字信号声像档案的真实性提供了安全保障，可广泛应用于钢丝录音档案的抢救工作。

民国档案损毁情况典型调查研究

完成单位： 重庆市档案馆

主要完成人： 郑永明、刘泽利、秦飞、王晓梅、邱卫祥

通过本课题研究，掌握了重庆市内各综合档案馆民国档案保存现状以及受损情况。结合十一五、十二五期间国家重点档案的抢救修复工作，对受损民国档案的抢救修复进行了等级划分，并制定修复计划，分步安排修复工作。为规范重庆地区民国档案的抢救修复工作，制定和修改完善了重庆市档案馆馆藏民国档案抢救修裱件的选择实施办法、重庆市档案馆馆藏国家重点档案抢救修复前处理工作规范、重庆市档案馆馆藏民国档案抢救修复操作规范。根据制定的标准规范开展专项培训。重庆市各区县档案馆在参加档案修裱培训后，依照以上相关规范进行民国档案的抢救修复工作，截至2011年底，全重庆市各综合档案馆已抢救民国档案总量的49.6%。

云南少数民族档案抢救与保护方法研究

完成单位： 云南省档案局（馆）

主要完成人： 黄风平、张文芝、杨建生、梁雪花、曹燕

该课题清晰界定和分析了少数民族档案的概念、形态及规律特点，提出关于少数民族档案抢救保护的构建全社会少数民族档案管理体系、档案馆建立少数民族档案核心资源、散存民间少数民族档案征集及口述历史档案采集、建立少数民族档案抢救与保护合作机制、保管等方法，制定《云南少数民族档案整理规范》，为各类档案部门开展少数民族档案抢救保护工作提供可行的方法，提供明确的理论指导、操作规程和工作指导，能有效解决实际工作中存在的问题，据此可研究建立云南省少数民族档案抢救保护工作模式，形成比较完备的少数民族档案抢救保护体系。该成果可在云南省乃至全国开展少数民族档案抢救保护工作中广泛应用，成为少数民族的档案抢救保护的行动指南。

档案真空充氮密封包装机研究

完成单位： 山东省档案局、山东齐元档案技术有限公司、山东德州学院

主要完成人： 苏东亮、孙洪鲁、王宪东、孙玉红、刘虎

该课题根据档案永久保存的需要，进行了档案无氧封存理论研究，设计了“批量档案保护性包装”的技术方案，研制了档案真空充氮密封包装机和密封袋，达到产业化推广的水平。

档案真空充氮密封包装是一种保护档案文件、延长档案寿命的实用技术。将档案装入密封袋，放到密封包装机上，抽出袋内空气，充入氮气，最后将其热熔封口。

档案真空充氮密封包装，具有防尘、防虫、防霉、防水、防潮、防光、防火阻燃、防有害气体的作用，能有效减缓档案老化速度，避免档案意外受损。研制的新型档案真空充氮密封包装设备自动化程度高，操作简便易行；配套密封装具，材料无毒环保、安全可靠。

（纪秀英）

发布《档案信息系统安全等级保护定级工作指南》

2013年7月份，《档案信息系统安全等级保护定级工作指南》（以下简称《指南》）正式发布，对推动档案行业信息系统安全等级保护工作意义重大。《指南》全文分为工作背景、适用范围、编制依据、档案信息系统类型划分、档案信息系统的定级、评审、备案与报备、等级变更等内容，涵盖了信息系统等级保护定级工作的全流程，指导性、操作性强。《指南》把档案信息系统分为3类7种：1. 档案信息管理系统类：包括档案目录管理系统、数字档案接收系统、数字档案管理系统、档案数字化加工系统等；2. 档案信息服务系统类：包括档案利用服务系统、档案网站系统等；3. 档案办公系统类：包括承担档案工作管理的档案局馆办公业务系统等。《指南》归纳了各类信息系统的主要特点，便于各级档案部门开展等级保护工作时，区分不同类型档案信息系统，摸清系统底数和真实情况。《指南》将7种档案信息系统遭受破坏时可能对国家利益、公共利益和社会秩序、公民、法人和其他社会组织的合法权益的侵害进行了梳理，便于各级档案部门开展等

级保护工作时，从系统数据安全和系统服务安全两个方面来判定档案信息系统等级。《指南》进一步明确了在档案信息系统安全等级保护定级、测评、整改工作中，各级档案部门、同级公安部门的工作职责，便于各项工作的开展。《档案信息系统安全等级保护定级工作指南》的发布将在提高档案信息系统的安全防护能力，推进确保档案安全保密的档案安全体系建设方面发挥巨大作用。

（冯剑波）

2013年度全国档案科技管理暨科技成果推广会议

为进一步加强档案科技管理，提高档案科技成果推广应用水平，2013年9月11—12日，在陕西西安组织召开了2013年度全国档案科技管理暨科技成果推广会议，参加会议的有各省、自治区、直辖市档案局，各计划单列市档案局和新疆生产建设兵团档案局，各副省级市档案局，总参办公厅保密档案局和武警部队司令部办公室，各单位档案科技管理部门负责人和保护技术人员参加会议，共计90余人。

2013年度全国档案科技管理暨科技成果推广会得到国家档案局领导和当地政府、档案部门的关注和支持。陕西省有关领导到会并致辞，为进一步促进档案科技工作的开展，提高档案科技成果应用水平，国家档案局技术部主任付华对此次会议提出了具体要求。

会议以档案保护为主题，对创新程度高，技术难度大，实用性强的优秀档案保护技术成果进行了推广，会上有6名同志就“多种载体档案保护”、“新型档案保护设备”、“钢丝录音带档案抢救修复”、“天然脱酸剂的实际应用”、“铁盐墨水”字迹档案抢救修复、“档案馆档案防治灾害对策”等10余项成果分别进行了典型发言，会上还参观了陕西省师范大学保护技术研究室，这次会议受到与会同志的一致好评。

（纪秀英）

电子档案接收和长期保存系统建设试点工作取得阶段性成果

2012年国家电子文件管理部际联席会议办公室和国家发展和改革委员会下达“国家电子档案移交接收和长期保存管理系统试点建设项目”工作，国家档案局技术部负责此项工作。项目方案要求，推进国家电子文件管理规范化，建设一个示范系统，试点试用一批规章和标准，研究制订一批规章和标准，在上海、福建、重庆、青岛、杭州、广州等6省市档案馆及其对应的电子档案移交单位推广应用。

国家档案局技术部按照项目工作要求，完成了项目招投标工作，并同北京中百信监理公司签订项目监理合同，与上海中信信息股份有限公司签订项目开发合同。

2013年1月份，对项目需求开展专项调研，2月份在上海召开系统功能需求确认会，形成“国家电子档案接收和长期保存系统试点建设项目需求规格说明书”，指导项目系统开发工作。

2013年4月份，开展项目系统风险测评工作，研究制定《档案信息系统安全管理基本要求》《电子档案接收和长期保存试点工程系统安全风险测评要求》文件，经上报审批，同北京美络克思科技有限公司签订工作合同，9月份相关文件通过专家验收。

2013年5月份，电子档案接收和长期保存系统已完成开发，国家档案局在杭州组织召开系统软件演示及征求意见会，组织专家及6家试点单位人员对照项目需求报告，从系统界面、功能实现、操作便利、流程设计等方面提出了修改和改进意见。7月份，在北京召开系统单项验收会议，通过项目软件成果单项验收。

2013年5月份，召开项目标准规范制订工作会议，研究制定《电子档案长期保存办法》《重大建设项目电子文件和电子档案管理办法》《电子档案数据组织与存储方案》《电子文件长期保存需求规范》《电子档案元数据实施方案》《电子档案检测方案》等6个标准规范。7月份，在北京召开项目标准规范研讨会，对标准规范的内容进行进一步研讨。11月份，国家档案局组织专家验收会议，通过项目标准规范单项验收。

2013年6月份，国家档案局委托国家档案局科研所对项目系统功能进行第三方测试工作，形成《国家电子档案接收和长期保存系统测试报告（功能测试）（测试结果）》报告。7月份，在上海、福建、重庆、青岛、杭州、广州等6家试点单位开展项目系统试点部署工作，12月份对试点部署工作进行验收。

2013年12月份，委托杭州市基础信息安全测评认证中心开展系统等级保护测评及风险评估工作，形成《电子档案移交接收与长期保存系统信息安全风险评估报告》《电子档案移交接收与长期保存系统信息安全风险评估整改建议》《电子档案移交接收与长期保存系统信息安全风险评估整改确认报告》《信息系统安全等级测评报告》。

2013年12月26日，国家档案局组织专家，召开项目财务及档案验收会议，通过项目财务、项目档案单项验收。2014年1月9日，项目初步验收会议召开，专家组审阅了项目工作报告、项目软件成果单项验收材料、项目标准规范单项验收材料、项目财务及档案单项验收材料、项目风险测评材料等，经质询和讨论，一致同意项目通过初步验收。

全国档案信息系统安全等级保护工作会议

2013年11月7—8日，国家档案局技术部在湖南省长沙市召开全国档案信息系统安全等级保护工作会议，全国副省级以上档案部门共计80余人参加会议。湖南省副省长李友志出席会议并致辞，国家档案局副局长李和平做重要讲话。公安部网络安全局副处长祝国邦做“国内网络安全形势与信息系统安全等级保护的任务”发言，会议由国家档案局技术部主任付华主持。

会议以“档案安全”为主题，贯彻国家等级保护政策，学习等级保护法规标准，宣贯《档案信息系统安全等级保护定级工作指南》，交流档案信息系统安全等级保护工作经验，介绍信息系统安全等级保护关键技术、信息系统安全检查工具箱，开展档案信息系统安全等级保护辅助测评工具操作培训、电子档案接收和长期保存系统应用培训及试点部署工作经验交流。

全国档案信息系统安全等级保护工作会议是国家档案局召开的一次重要会议。近年来，在国民经济信息化建设迅速发展的大背景下，各地档案部门加大了档案信息化建设的力度，陆续建立了各种形式、各种内容的档案信息系统。档案工作中的许多内容，如档案的移交与接收、档案的管理与鉴定、档案的开放与利用等，都依赖这些系统来进行。档案信息系统在档案工作中的作用越来越大，在某些情况下，离开了这些系统，档案工作就寸步难行。

由于计算机系统防护能力的极其脆弱，电子档案和档案信息系统的安全形势日趋严峻，许多信息系统面临着遭受攻击和破坏的危险。因此，提高计算机信息系统的防护能力、应对来自网络内外的各种威胁、确保档案信息安全保密已经成为我们必须认真研究、亟待解决的一个重要问题。

对信息系统实行安全等级保护是我国加强信息安全保障的一个重要制度。党中央、国务院非常重视这项工作。国务院授权公安部主管全国计算机信息系统安全保护工作。公安部把档案行业列为全国开展信息系统安全等级保护的54个重点行业之一，在过去3年里，先后3次对国家档案局中央档案馆和档案行业的等级保护工作进行检查，并提出整改建议。

国家档案局对档案信息系统安全等级保护工作也非常重视。多次召开协调会议，正式决定由国家档案局技术部负责档案信息系统安全等级保护工作，下发了《关于开展档案信息系统安全等级保护工作的通知》，建立了等级保护工作联络员制度，起草了《档案信息系统安全等级保护定级指南》。

此次会议，通过提高各地档案部门对档案信息系统安全等级保护工作的认识，各地档案部门应加强领导，落实责任，强化教育，扩大宣传，提高技术，增强防范，通过采取多方面切实有效的措施，不断提高档案信息系统的安全防护能力，推进确保档案安全保密的档案安全体系建设，确保档案信息的绝对安全。

（冯剑波）

国家档案局档案科学技术研究所科研工作综述

2013年，国家档案局档案科学技术研究所（以下简称科研所）在馆局领导的关心支持下，在全体职工的共同努力下，进一步学习贯彻党的十八大和十八届三中全会精神，紧密围绕中办和馆局工作中心，深化改革，努力创新，扎实工作，在档案载体保护技术研究、档案信息管理技术研究、档案有害生物防治技术研究、档案科技情报及标准研究、档案馆建筑及环境控制技术研究方面都取得了新的科研成果。

一、加大档案科技项目研究，科研成果成绩突出

2013年科研所积极承担了财政部、工信部、国家档案局、财政部基本科研业务费专项等科研项目共48项，完成18项。

主要有：国家重大科技专项“核高基”项目《基于国产CPU/OS的数字档案信息系统应用研究及示范工程》。

财政部专项为“国家开放档案信息资源管理与共享利用综合系统建设项目”。

国家档案局科技计划项目4项：“热带海洋性气候地区绿色档案馆建设研究”、“数字化后纸质档案封存技术研究”、“二维码在档案信息永久保存中的应用”、“海量数据离线存储系统研究”。

财政部基本科研业务费专项4项：“纳米微雕技术在档案管理中的应用研究”、“计算机输出彩色缩微品质量评价方法研究”、“数字档案馆项目建设风险管理研究”、“政府网络信息资源归档策略研究”。

行业标准2项：《特藏档案库基本要求》《电子档案管理基本术语》。

完成了《新档案保护技术实用手册》的编写工作，交出版社印刷。全书共计110余万字。完成与技术部合作项目“国家档案信息系统等级保护自测评系统建设”、“数字档案馆测评管理系统建设”。

编制出版多媒体教材《数据档案信息缩微品输出》；编辑出版论文集《自主可控的数字信息系统建设实践》《档案管理与利用——方法 技术 实践》。

2013年科研工作成绩突出，有六项档案科技成果荣获国家档案局优秀科技成果奖：“国家电子文件支撑平台系统建设”项目获一等奖，“天然脱酸剂在档案文件脱酸中的应用”、“档案仿真复制技术应用与工作指南研究”、“智能低温冷冻库在档案杀虫中的应用研究”、“纸质档案缩微数字一体化工作站研发”项目获二等奖。“钢丝录音档案抢救平台研究”获三等奖。公开发表科技论文21篇。申请并获得国家专利6项：“档案杀虫系统”（ZL 2013 2 0174961.5）、“可驱虫的档案密集架”（ZL 2013 2 0176126.2）、“档案封存柜”（ZL 2013 2 0173760.3）、“档案修复检查板”（ZL 2013 2 0276378.5）、“便携式档案保护工作箱”（ZL 2013 2 0276309.4）、“档案馆数字化智能监控系统”（ZL 2013 2 0088951.X），2项正在受理中。

二、积极参与学术交流与技术合作，增强科研成果推广力度

2013年科研所进一步加强了档案科研工作对外交流与合作，积极组织学术交流会和成果推广活动。

在6月9日首个“国际档案日”组织开展了《最新档案科技成果交流、展望档案科技技术发展》技术交流会，同时档案科技成果展示厅正式对外开放，展示共分为6个部分，通过多媒体设备滚动展示了所各类档案科研成果。全国档案界100多人参加了交流推介活动，《中国档案报》《中国档案》对此次活动进行了报道，收到了很好的效果。档案科技成果展示平台的搭建，使档案科技成果转化推广工作真正走向了良性轨道。

组织参加了“济南军区档案业务比武竞赛观摩活动”，展示了档案科研所近年来一些重大科研成果，包括“光盘检测仪及档案级光盘”、“纸质档案缩微数字化一体机”、“钢丝录音机抢救平台”、“卷盒打印机”、“智能密集架及管理系统”等，收到良好效果。

三、完善技术保障，增进技术服务能力

本着服务档案事业发展为宗旨，针对档案部门关注的技术热点问题，科研所为全国档案部门大力提供技术支持和服务，取得了较好的影响力。

2013年，研究所先后对10家单位的46种试样进行了字迹耐久性检测；对1家单位的2种纸样进行了pH值检测。对外开展珍贵档案仿真复制服务，为中央档案馆、宁夏回族自治区档案馆、山东省日照市档案馆、北京市城建档案馆、中国建筑设计研究院等单位提供了档案仿真复制技术服务。承担国家档案局委托的“国家电子档案接收和长期保存系统”功能测试服务。为海南省档案馆进行录音带的数字化服务工作。为宁夏回族自治区档案馆进行缩微胶片数字化技术服务。为商务部进行杀虫技术服务，并提供生霉档案除霉技术服务。为国务院办公厅档案处进行新接收档案的除霉指导。为中央军委办公厅机要保密和信息化局档案组、中央档案馆1、2号楼等单位进行空气质量和微生物污染的检测服务。为唐山市档案馆建馆提供技术咨询服务。为广电总局电影科学研究所库房改造项目提供咨询工作等。档案数字化加工中心完成了四项加工项目，加工周期和产品质量受到用户好评，取得较好的社会经济效益。

《基于国产CPU/OS的数字档案信息系统应用研究及示范工程》项目成果在天津、吉林、辽宁、江西、青海、长春等地档案馆进行应用试验和验证。

进一步加强档案信息化管理技术应用研究

2013年，科研所档案信息化管理技术应用研究进一步加强，创新科研理念、转变科研方式、拓宽科研内容，开展相关课题研究，取得多项研究成果，在档案信息化建设中发挥了积极作用。

承担了国家核高基重大专项“基于国产CPU/OS的数字档案信息系统应用研究及示范工程”、“国家开放档案信息资源管理与共享利用综合系统建设”等项目研究，尝试用新技术、新手段解决难点问题。积极开展了电子文件管理、档案信息系统和数字档案馆测评等理论和技术应用研究，通过开展“三维技术环境中电子文件归档管理研究”、“基于云存储的电子文件安全保障体系研究”、“海量数据离线存储系统研究”、“国家档案信息系统等级保护自测评系统建设”、“数字档案馆测评管理系统建设”等课题，努力发挥科研工作在科学决策和指导档案工作实践方面的作用。

进一步开展数字化技术、缩微影像技术等在档案信息长期保存中的应用研究，通过开展“声像档案数字化抢救中关键技术应用与科学管理研究”、“数字化档案信息长期存取的关键——元数据设计与管理机制研究”、“二维码在档案信息永久保存中的应用研究”、“计算机输出彩色缩微品质量评价研究”等课题，为档案部门开展档案信息长期安全保存工作提供了大量切实可行的解决方案。

制定档案工作行业标准。《档案信息系统运行维护规范》《数字档案关系型数据库转换为XML格式文档的技术规范》《纸质档案数字化技术规范》《声像档案数字化技术规范》《数字档案COM和COLD技术规范》《数字声像档案著录规则》等标准取得阶段性成果，以满足相关工作对标准的需求，规范档案工作的科学有序开展。

国家开放档案信息资源共享利用系统初步建成

“国家开放档案信息资源共享利用系统”建设项目（以下简称“项目”）由馆局相关部门负责人组成领导小组，馆局领导任组长，下设工作组开展项目研究工作。

“项目”通过利用云计算等先进信息技术和管理模式，整合全国范围的国家综合档案馆馆藏开放档案信息资源，建设标准统一的共享服务平台和互联互通的网络服务体系，实现开放档案信息服务渠道和服务方式多元化，为全社会提供不受时间、空间限制的社会化、专业化的开放档案信息资源共享利用服务，提高档案服务民生的能力。

“项目”采取自主建设，自主运维的模式，计划分三期建设（2013—2015年），每期建设周期为1年。“项目”一期主要开展中央云中心建设和50个副省级市以上综合档案馆的接入工作，包括云计算基础设施建设、应用系统开发、标准规范的研制，以及开放档案信息资源整合和技术人员的培训等方面的内容。

通过项目研究与建设，探索实践了云计算等先进技术在档案信息资源共享利用方面的应用，为社会公众提供了全国开放档案信息查询阅览的统一门户和专业服务平台，有利于促进我国开放档案信息资源建设与服务，有利于推动实现新时期档案管理工作的机制创新。

“钢丝录音档案抢救平台研究”成果得到有效推广

“钢丝录音档案抢救平台研究”课题，获2013年国家档案局优秀科技成果三等奖。在国家档案局技术部组织的《2013年度全国档案科技管理暨科技成果推广会议》和科研所组织的最新档案科技成果交流及档案科技发展展望会上做了专项介绍。由于项目组从立项起就以解决钢丝录音档案的抢救这一实际需求为出发点，研究方向贴近市场，注重实用，成果一经推广便获得了一致的好评，引起了广泛的关注。目前，项目组利用该成果已对3家省级档案馆和一个广播电台的20余盘钢丝录音档案进行了抢救，成功完成了钢丝录音档案音频信息还原和数字化转换，实现了对早期音频信息的挖掘，从根本上解决了这一宝贵资源的可读和长期保存问题，让馆藏文化遗产焕发了新活力。

行业标准《电子档案管理基本术语（报批稿）》制定完成

《电子档案管理基本术语》于2011年6月在国家档案局批准立项，2013年8月完成标准报批稿。该标准是我国电子文件、电子档案管理领域的基础性标准，对电子档案管理领域涌现的名词及概念进行了术语命名和准确定义，规范了称谓，统一了表达，维护了电子档案管理领域术语的一致性和逻辑上的完整性。

标准既吸收了国际档案界关于电子档案管理的先进理论和实践经验，又充分考虑了我国电子档案管理的现状和档案界理论探讨的成就。通过全国性及个别征求意见、专家咨询、实地考察、研读专家相关论文等直接或间接的方式，对国内外档案学者的理论精华进行了消化、吸收、鉴别、取舍，对中外档案管理体制不同而导致的固有差异进行了平衡，协调了各方意见，形成了融先进性、实用性、科学性和合理性于一体的标准文本。

该标准（报批稿）共6章，涵盖了电子档案管理涉及的基本概念和各个工作环节，构成一个内在关联的整体，适用于档案工作、文件工作及相关领域。标准有助于促进电子档案管理领域学术的正常交流、规范电子档案的科学管理、推动档案事业的长远发展。

绿色档案馆建筑研究及相关标准制定工作逐步展开

2013年科研所在绿色档案馆建设研究进一步深化，开展了《绿色档案馆建筑设计标准》和《热带海洋性气候绿色档案馆建设研究》两项项目。

《绿色档案馆建筑设计标准》项目结合档案馆建筑设计特点，遵循高效、节能、节材、环保、智能化的要求，对档案建筑绿色节能设计提供科学规范的技术指导，弥补档案馆建设在绿色、节能、环保方面的标准空缺，积极推进档案馆建筑的可持续发展。项目研究内容主要是从我国的国情出发，因地制宜，明确档案馆在全生命周期内，节能、节地、节水、节材环保的建筑设计要求，适用各级档案馆的新建、扩建、改建工程项目。项目成果将针对绿色档案馆建设工作提出档案馆在建筑设计、结构设计、暖通空调设计、给排水设计、电气设计等方面的技术要求，制定符合档案馆绿色建设可参考可操作的设计标准。

《热带海洋性气候绿色档案馆建设研究》项目是第一次对热带海洋气候特征的档案馆开展全面的研究工作。项目针对热带海洋性气候地区常年受到太阳高强度辐射、气温高且持续时间长、潮湿、闷热、多雨以及冬夏季温差小，多台风等气候对档案馆建筑的影响，档案的安全保护工作面临严峻的挑战。项目通过学习借鉴当地传统的建筑经验，先进的技术和材料的应用，研究热带季风海洋性气候特点对档案馆的建筑设计方案的影响和对策；研究热带季风海洋性气候地区档案安全保护要求和措施；研究热带季风海洋性气候地区对档案馆信息基础设施以及环境控制系统的影响及对策；通过设计实践探索适合热带季风海洋气候地区的绿色档案馆设计要求；研究当前国家标准对热带海洋气候区档案馆的适用性，并给出评价建议，为获得国家绿色建筑认证提供研究基础。通过本项目的研究找到一个符合热带海洋气候特征档案馆建设可参考可操作的设计依据，实现档案馆建筑研究内容的不断完善，及时为全国档案馆建设，为档案的安全保存，提供有力的技术支持和成果保障。

（国家档案局档案科学技术研究所）

上海市档案局“城市数字记忆工程”项目通过专项验收

2013年9月17日，市经济和信息化委员会组织召开“城市数字记忆工程”项目专项验收会。专家组认为，项目建设完成了馆藏档案数字化系统、电子文件移交接收管理系统、档案信息资源总库应用系统、一站式综合检索系统、电子文件归档管理通用软件等业务应用系统的开发和改造，有效支撑了市档案馆有关部门工作，全面提升了档案信息收集、管理、利用的工作效能，推进了电子文件归档和电子档案管理，增强了对档案馆立档单位的服务功能；依托市政务外网，建成档案远程服务专网，为开展面向全市的民生档案“就地查询、跨馆出证、馆社联动、全市通办”业务应用奠定了基础。验收组一致同意项目通过验收，并建议进一步拓展民生档案公共服务的种类和网点，提高档案信息整合共享水平和利用率。

（柯颜）

江苏省档案局编制《电子文件管理工作指南》指导全省电子文件管理试点工作

根据江苏省电子文件联席会议有关国家电子文件管理试点工作的部署和要求，江苏省档案局精心组织力量，经多次讨论、沟通、审核，于2013年3月中旬完成《电子文件管理工作指南》的编写。经江苏省联席会议研究确定，《电子文件管理工作指南》作为全省国家电子文件管理试点工作的业务指导性文件。

《电子文件管理工作指南》研究总结了电子文件形成、办理的规律，结合电子档案和传统档案管理的研究和实践成果，科学地应用电子文件（档案）生命运动周期理论，以电子文件形成办理、电子文件管理和长期保存全程一体化架构设计，突出系统中前端控制、全程配置、安全防护技术、程序节点控制、全方位兼容接口、权限角色分配、流程衔接等，涵盖了电子文件形成办理、归档整理、移交接收和长期保存等各环节，从技术上解决了电子（文件）档案的原始性、真实性、可靠性和有效性问题，提出了档案长期保存数据库的新概念，具有很强的科学性、规范性、实用性和可操作性，为试点单位实行电子文件科学管理和电子文件形成办理系统、ERMS、长期保存系统研发、改造和应用提供了明确、统一、规范和科学的需求，保障了试点工作顺利开展。

江苏省电子档案中心建设项目通过验收

2013年4月18日，江苏省财政投资970万元的江苏省基础性、公益性、标志性信息化工程——江苏省电子档案中心建设项目在南京通过专家验收。国家档案局副局长李和平、技术部主任付华，江苏省委办公厅、省发改委、省财政厅、省经信委、省质监局、省信息中心、常州市档案局有关方面专家参加验收会。省政府办公厅电子政务办公室主任胥家鸣担任专家组长。省档案局局长谢波出席会议并致欢迎辞，省档案局副局长顾祖根主持会议。

专家组听取了江苏省档案局所作的项目工作报告、技术报告，以及用户报告、测试报告，审查了项目文档，察看了项目应用现场，观看了功能演示。经讨论、质询，形成三点验收意见：1. 项目建设单位依据《省政府关于进一步加强国民经济和社会信息化的意见》以及打造基础性、公益性、标志性信息化工程的要求，完成了“一库三平台四中心”的建设任务，基本实现了电子档案“收、管、存、用”的预期目标。项目在全国档案系统达到先进水平。2. 项目采用统一内容管理平台、可视化数据采集、Silverlight 技术等先进手段，框架合理，安全可靠，易于扩展，使用方便。3. 项目资金使用合理，文档齐全。一致同意项目通过验收，并希望进一步加大项目建设成果的应用推广力度，适时推进二期工程建设，为国家电子文件管理工作和江苏省档案信息社会化应用作出新的贡献。

（江苏省档案局）

2013 年度获地方各级科委、档案行政管理部门科技成果奖介绍

基于“云计算”的区域性数字档案馆建设研究

北京市档案科技优秀成果奖特等奖

完成单位：北京市档案局（馆）

主要完成人：陶水龙、薛四新、徐华、侯彦华、王海燕、田雷、王贞、宋红、崔伟、陈伟、王立

该项目内容详见 2013 年度国家档案的优秀科技成果获奖成果介绍。

区县档案馆档案分级管理研究

北京市档案科技优秀成果奖一等奖

完成单位：北京市东城区档案馆

主要完成人：胡家文、蒋伟强、田翠萍、黄峰 、李雪芳、李永托

该成果对档案分级概念进行了详细地比较与阐述，同时对档案分级管理的特点进行了归纳和细化。阐述了分级管理的必要性。分析了区县档案实行档案分级管理的可行性。论述了区县档案馆档案分级管理所面临的难点，并针对难点，提出了切实可行的对策。

农村档案信息资源整合与利用问题研究

北京市档案科技优秀成果奖二等奖

完成单位：北京市平谷区档案局

主要完成人：马魁、李革新、唐冬梅、付永革、卢东清、李永亮、见雪冬

该成果研究了农村档案信息资源整合的内容，包含已开放档案目录及内容、馆藏档案目录和镇、村级档案室藏目录和村档案室保管档案等。档案资源共享的方式包括整合馆藏民生档案资源，建立档案信息专题数据库；整合区域内涉民单位档案信息资源等。农村档案资源整合后利用服务：一是建立“虚拟”的档案查询室；二是构建“档案直通车”；三是建设新型农村档案利用网络；四是构建网络“档案文件超市”；五是开展档案编研、展览等。

政府信息公开环境下档案开放工作研究

北京市档案科技优秀成果奖二等奖

完成单位：北京市朝阳区档案局

主要完成人：李军、张连星、吴振泉、关志雪、刘勇、陈宝媛、戚柏兴

该成果以《中华人民共和国政府信息公开条例》的实施为背景，分析了目前档案开放工作中存在的问题，并在问卷调研和实证研究的基础上，提出了当前和今后档案开放工作的指导思想。对档案开放的概念进行了重新界定，提出实行档案开放分级审查标准备案制。

区（县）乡（镇）村三级档案信息资源共享问题研究

北京市档案科技优秀成果奖二等奖

完成单位：北京市丰台区档案局

主要完成人：董化斌、杨建伟、康哲、况兴芬、孟晓华

该成果在分析了区、乡、村三级档案信息共享的必要性和可行性的基础上，提出了农村档案信息资源共享的原则、范围、程序及形式，并对建立农村档案信息资源共享的策略进行了探讨。从理论框架的角度提出了一个比较完整和可行的三级共享的思路和模式。

现代工业企业档案馆馆藏优化策略研究

北京市档案科技优秀成果奖三等奖

完成单位：中国石化北京燕山分公司档案管理中心

主要完成人：焦新亭、李鑫、陈宝霞、郝传胜、刘峻

该成果以中石化北京燕山分公司为例，研究了现代工业企业档案馆藏存在的问题，有针对性地提出了现代工业企业档案馆馆藏优化的指导思想、原则及具体措施。根据燕山石化公司档案工作实际情况，该成果提出并且实施了“一个体制、两个新建设、一个新系统”等措施，从“收、管、用”三个环节出发分别优化馆藏档案，取得了良好的实际应

用效果。

区县社区卫生服务中心档案管理研究

北京市档案科技优秀成果奖三等奖

完成单位：北京市延庆县档案局延庆县社区卫生服务管理中心

主要完成人：姬书玉、张春艳、朱明珠、刘建军、敖立莉

该成果分析了社区卫生服务中心形成的档案的类别及特点，结合延庆县社区卫生服务中心档案的管理现状，提出了社区卫生服务中心档案管理存在的问题及产生原因，并提出了做好社区卫生服务中心档案管理的原则和对策。

新时期公共管理视域下档案事业的定位与创新研究

北京市档案科技优秀成果奖三等奖

完成单位：北京市昌平区档案局

主要完成人：赵丽君、魏颖、王甲鹏、汤路、贺爱军

该成果基于对新形势下公共管理的主要特征、发展趋势及其对当前档案工作产生影响的分析，结合北京市昌平区档案工作的实际，探讨区县档案事业在新时期公共管理中的定位，并据此提出区县档案事业应在档案观念、档案宣传模式、档案管理手段方面作出相应的改变和创新。

（宗文萍）

档案管理模式下网络信息资源长期保存的研究

辽宁省自然科学学术成果奖论文类一等奖

完成单位：辽宁省档案局

主要完成人：刘乃蓬、张伟

该项目阐述网络信息资源的社会价值，档案部门进行长期保存的重要意义，探讨档案部门担负此项工作所面临的主要困难，并立足于档案业务工作实际，探讨档案管理模式下，网络信息资源长期保存的基本方法和解决策略。

沈阳地区卫生系统医德档案建设与管理研究

辽宁省自然科学学术成果奖论文类一等奖

完成单位：中国医科大学

主要完成人：赵丽清

医德档案作为卫生系统加强行业作风建设的有效载体已越来越得到卫生管理部门和档案管理部门的高度重视，它是推进医德医风教育和纠正行业不正之风工作制度化、规范化建设的有形载体。为促进卫生系统行业作风建设深入开展，课题组深入沈阳地区卫生系统开展医德档案建设与管理情况调研，对存在的问题进行分析，提出加强卫生系统医德档案建设与管理对策建议。

立足山水特色，建设本溪山水文化名城

辽宁省自然科学学术成果奖论文类二等奖

完成单位：本溪市档案局

主要完成人：赵喜红

本溪是一个以山水文化为内涵为特征的旅游城市。山水文化历史悠久，内涵丰富，本溪地域文化中占有重要地位。本溪的山水文化，是先人在长期实践中与山水形成各种对象性关系的产物，其中凝聚着一代代本溪儿女的意向、智慧、力量和情感，展示出本溪儿女对于真、善、美的不断追求，这宝贵的财富是自然和历史对本溪人民的厚赐。该项目结合本溪山水文化形成特点和表现形态，提出打造本溪山水文化名城的具体策略，形成例证分析。文章思路开阔，立意深远，为领导决策提供了可资借鉴的参考和依据。

浅论拆迁档案信息化管理

辽宁省自然科学学术成果奖论文类三等奖

完成单位：沈阳棋盘山开发区管委会

主要完成人：金丽艳

档案事业发展正处在一个数字化和网络化的时代，拆迁档案也同样如此。网络技术成果的应用，推动了无纸化办公的发展，也加快了拆迁档案信息化的步伐。计算机技术的快速发展使我们步入了一个信息化的时代，信息技术不断显示其独特的魅力，成为现代社会和现代生活不可缺少的工具。这就体现出拆迁档案信息化管理的必要性。拆迁档案信息化既不能盲目从新、脱离实际，也不能墨守成规、固步不前；既要着眼于本身，也要关注相关事物，需要慎重选择，在具体实施的定位中，应该多做调查、分析、研究。

电子文件迁移是数字档案信息长期保存和有效利用的重要保障

辽宁省自然科学学术成果奖论文类三等奖

完成单位：沈阳市档案局

主要完成人：杨达

该项目从当前档案工作由传统管理模式向数字化、网络化方向转变的发展趋势着手，着重分析了电子文件迁移对于保障数字档案信息安全的重要性及国内外的研究现状。

从存储载体、技术、计算机操作系统软件等方面对数字档案信息对于迁移的需求进行了详细的分类归纳。提出了建立统一、规范的电子文件迁移指南（策略）、急需开发功能全面的电子文件迁移系统等电子文件迁移过程中亟待解决的问题。

该项目针对电子文件迁移的操作模式进行了详细的研究和总结。将电子文件的迁移方式分为离线迁移与在线迁移；对于FTP、P2P、映射网络驱动器等传输技术在电子文件迁移中的应用进行了详细的分析；并提出应用断点续传、加密封装、杀毒检测和物理保护等措施相结合的方法来保障电子文件迁移的安全。

浅析房产档案登记信息公开查询问题及对策

辽宁省自然科学学术成果奖论文类三等奖

完成单位：沈阳市苏家屯区房产局

主要完成人：姚帅

现阶段，房地产业迅速发展，作为界定和保护房地产权属的房产档案登记信息，与房地产的健康稳定发展、社会公众的财产安全乃至全社会的和谐安定密切相关。如何在保管好房产档案的同时，尽可能满足社会公众对房产档案登记信息日益增长的利用需求，既是房产档案管理部门面临的挑战，也是规范自身行为、顺应政府从管理型到服务型转变应作出的回应，该项目结合多年的工作经验，粗浅地谈了房产档案登记信息公开查询问题及对策。

高校档案文化建设探析

辽宁省自然科学学术成果奖论文类三等奖

完成单位：辽东学院

主要完成人：于鲲

该项目以高校档案文化为中心，就如何在新时期实现高校档案文化功能方面提出了系统、全面的对策。该项目分四个主要部分，第一部分从高校档案文化性质、内涵、功能等方面对高校档案文化进行全面解读；第二部分从高校档案文化与社会主义先进文化的关系、高校档案部门文化职能建设、高校核心价值体系建设方面研究高校档案文化建设的意义；第三部分分析高校档案文化功能实现的影响因素，从文化环境、文化价值认识以及高校档案馆自身建设等方面进行探讨；第四部分提出新时期进一步实现高校档案文化功能的途径，分别从高校档案制度建设；高校档案文化产品建设；史馆和文化环境建设；提高档案馆文化地位以及更新服务方式等方面，探析高校档案文化建设。

沈阳城市地下空间建设

辽宁省自然科学学术成果奖著作类三等奖

完成单位：沈阳市城市建设档案馆

主要完成人：苏鹏蛟、郭丽英、姜荔、刘绍和

该项目以珍藏的城建档案和实地调查数据为基础，结合众多专家和学者的论述，从地下空间基本理论知识入手，集中展示了沈阳城市地下空间的特点、类别、实际应用等方面权威素材，突出展现了近百个城市地下空间典型实例的真实面貌。

该项目主要有以下几个特点：一是著述种类的创新。《沈阳城市地下空间建设》弥补了沈阳市地下空间领域缺乏专著的空白。二是著述形式的创新。城市地下建筑一般缺乏公众关注，且多涉及人防，资料不便公开，本著述附大量珍贵图片和实物，为地下空间资料的集中呈现。著述图文并茂、突出实例，展现了实际应用的价值。三是工作方式的创新。城市建设变化日新月异，该书编写过程协调众多部门，使资料更翔实、权威、新颖和具有较强的可读性。

（王志）

工程档案信息资源的整合和网络化管理研究

辽宁省档案局优秀科技成果奖三等奖

完成单位：中国建筑东北设计研究院有限公司

主要完成人：于信涛、蒋学军、代璐、汤丽丽、金艳丽、刘思远、杨科、李玲、李光花、张忠年、程海洲、陈苏龙、张玉莲、徐浩

该项目研究如何借助信息化和网络技术来实现工程档案信息资源的整合，通过对大型集团化设计企业机构的调研，试图建立一种分级、可扩展的网络构架来整合异地的档案资源，建立功能高度适用性、灵活性、兼容性的图文管理系统实现异质档案统一管理，采用条码控制技术、自动识别技术、云底层数据处理技术辅助工程档案管理，提供智能、快捷、便利的工作平台。通过建立分布式结构以及B/S、C/S多种访问模式，开发工程档案的科技价值，实现工程档案网络化的管理和利用。

新时期档案法律法规体系建设研究

辽宁省档案局优秀科技成果奖三等奖

完成单位：大连市档案局

主要完成人：宋平、赵明英、王倩、王玲、徐国际、王云杰、付玲、张正军、宋欣玉、刘瑛、刘放鸣、张兴星

该项目深入分析当前我国档案法律法规体系的现状、开展档案法律法规体系研究的原则及主要内

容，重点阐述了大连市档案法规体系建设研究的实践与社会效应以及大连市档案法律法规体系建设的特点、原则和工作思路，对如何开展新时期档案法律法规体系建设提出了具体要求，并及时总结工作经验，为全面提高新时期档案法律法规体系建设整体水平提供借鉴。

专业档案规范化管理的研究与实践

辽宁省档案局优秀科技成果奖一等奖

完成单位：大连市档案局

主要完成人：宋平、张秀楷、刘瑛、肖英、徐国际、赵明英、葛成全、宋世叶、张正军、王云杰、金晓莉、张雪梅、宁霜、李晓莉、李娥、周寒松、张彦华、牟桂云、刘放鸣、白晓红、杨晨岑、尹洪旭、包晓海

该项目对大连市专业档案工作情况进行全面调查，针对目前存在问题提出解决思路，即研究各种专业档案的共性和个性，制定具有广泛适用性的专业档案管理模板，以确保目前多种、大量尚未出台权威性管理标准规范的专业档案能够收集齐全，管理规范，利用方便。将专业档案分为动态管理的专业档案、静态管理的专业档案两大类，提出了不同类别专业档案的管理方式模板，根据实际情况确定档案的归档时间、保管期限等，经同级档案行政管理部门同意后执行。还对涵盖多种门类和载体的专业档案单独提出要求，选择了市仲裁委、市信访局等单位进行试点。

新时期构建高校档案文化服务功能的实践路径研究

辽宁省档案局优秀科技成果奖三等奖

完成单位：大连交通大学、大连市档案局

主要完成人：王倩、郭爽、赵红雨、刘放鸣、宋欣玉、赵明英、宋平、朱宝春

该项目从高校档案文化的内涵和定义、实践档案文化的特点和服务功能、高校档案文化服务功能的路径构建、发挥高校档案文化服务功能的方法与机制四个角度，详细阐述了高校档案文化服务功能理论，并从传播学等交叉学科的角度来构建高校档案文化服务功能的实践路径。通过利用档案、发行校友期刊、举办高校档案专业讲座、举办校园档案展览、建立档案网站、制度建设六方面，发挥高校档案文化的积淀、传播、教育及净化功能，构建高校档案文化服务体系，对新时期构建高校档案文化服务功能路径进行了具体实践。揭示了高校档案文化服务功能的应用前景和发展方向。

数字城建档案馆建设管理研究与实践

辽宁省档案局优秀科技成果奖二等奖

完成单位：大连市城市建设档案馆

主要完成人：王策、王文江、楚好伟、孔德馨、阎妮、张晶、王倩、邹心欣、邵明丽

该项目在国内外数字档案馆研究成果的基础上，系统地阐述了城建档案馆应用系统建设与管理的基础理论、基本原则和主要问题的分析及对策，结合大连市数字城建档案馆建设的探索与实践，提出了具备操作性的实际工作步骤，并将研究内容拓展到数据信息资源的采集管理领域，通过对地面建筑、地下管线、库房档案等数据资源管理方案的深入分析，鲜明地提出现阶段适合大中型城市城建档案管理的整体方案。

科技档案信息管理平台的研究与建设

辽宁省档案局优秀科技成果奖二等奖

完成单位：大连大学

主要完成人：王玲、顾成昕、宋平、李龙凤、李娥、何彩云、康平

该项目研发了“科技档案信息管理系统”，其设计目标是代替当前的档案管理的手工操作。主要应用于大连大学的辽宁省智能信息处理重点实验室的科技档案信息管理，使重点实验室的科研成果信息管理工作系统化、规范化、自动化，减少由于人为管理不当使档案信息缺失等情况的发生。同时，为科研成果信息建立数据库管理，实现更为有效的查询统计，有效提高工作效率。其主要用途包括科研信息管理、科研人员管理以及科研信息的统计查询，主要有对包括论文、项目、奖励、专著、专利和成果鉴定等科研成果进行增加、删除、修改等管理操作以及对科研成果信息进行查询和统计，以及对科研人员进行管理及统计查询。

实现档案编研“三维联动”新模式的应用研究

辽宁省档案局优秀科技成果奖三等奖

完成单位：鞍山市档案局、鞍山市光荣院、鞍山市双山医院

主要完成人：朱雪音、王红、唐丽凤、白久红、周文红、欧阳宏生、孔玲、李丹、王晓晨

该项目以创建档案编研新平台，以打造档案编研新模式，以魅力编研登上社会大舞台为抓手，通过深刻剖析与研究，塑造档案部门在全社会的崭新形象，不仅对于开发档案信息资源，推动档案事业发展具有不可低估的作用。而且对于推动地域文化建设及经济社会发展也具有重要意义。在这样一种

背景下，课题组研究探索出了档案编研工作要努力实现新闻媒体平台、网络空间平台、中心热点工作平台“三维联动”的档案编研新模式的应用理论，且该理论已经过工作实践的检验。

馆藏民国档案资源整合与利用模式的研究

辽宁省档案局优秀科技成果奖一等奖

完成单位：抚顺市档案局

主要完成人：于清永、刘宝山、罗敏、史莉、王媛、黄慧颖、刘华、张润、李昕

近年来，资源共享、资源整合已成为社会的热门话题，档案史料的开发利用成为档案部门创新服务的重点项目。该项目是抚顺市档案局针对抚顺市馆藏民国档案工作管理情况，以及民国档案资源整合的实际情况，对馆藏民国档案资源整合的方式与方法进行明晰，对馆藏民国档案资源整合情况，利用不同的研究方法进行分析和研究，发现存在问题，总结有益做法。通过课题研究，对下一步民国档案工作发展的方向进行了阐述，充分发挥民国档案作为一种文化资源所发挥的文化作用。

档案信息化存在风险及对策的研究

辽宁省档案局优秀科技成果奖二等奖

完成单位：抚顺市档案局

主要完成人：于清永、高群、苏小丽、陈莹、白力宏、史晋宇、闫松、孙绪奇、侯春爽

该项目以信息化理论和档案学基本理论为基础，以党的十八大关于信息化建设的方针政策为统领，以研究档案信息化过程中存在的风险为重点，以提出建立和完善档案信息化风险评估为目标，旨在通过档案在信息化过程中存在风险及合理避险进行调查研究，掌握档案信息化建设过程中存在风险点及避险对策，发现存在的问题，总结有益的做法。为档案行政管理部门在档案信息化风险评估提供真实可靠的依据，为基层档案信息化建设提供指导原则和方法。

城市记忆视角下的近代工业遗产的保护与再利用——以本溪市为例

辽宁省档案局优秀科技成果奖二等奖

完成单位：本溪市档案局

主要完成人：孙诚、隋续业、赵喜红、于胜连、冯华、李孟女、王昕、于翠华、李琦、包国文、史勇

随着我国经济的发展，各地对产业结构和调整要求日渐明显，许多老企业停产或搬离了市区中心地带，而位于城市中心地带的工业遗产却记录着城市成长发展的轨迹。该项目以工业时代的遗留物——工业遗产为研究对象，利用历史文献资料、国内外研究成果，并结合城市记忆工程中的实地调查、现场采集，分析研究工业遗产对城市发展的重要意义，探讨如何正确认识工业遗产的宝贵价值，保护工业时代的历史痕迹。并以辽宁重工业城市本溪为例，探讨如何借“建立中国近代工业遗产园”的战略规划及入选全国第七批文物保护单位的东风，推进本溪的工业遗产保护及利用工作，为下一步申报世界工业文化遗产奠定基础。

朝阳工业建筑遗存档案研究

辽宁省档案局优秀科技成果奖三等奖

完成单位：朝阳县住房和城乡规划建设局

主要完成人：杨杰、郝艳华、赵浩然、卢冶、任兵、魏晓英、褚丽娜、燕军、陈宝萍、史群、齐宗元、房磊、李辉

工业建筑遗存档案一直是众多学者关注的焦点。该项目围绕工业建筑遗存档案开展研究，对朝阳地区工业建筑遗存档案进行探讨和研究。与以往对策分析不同的是，该研究从档案整合、共建平台等层面说开去，最终以档案服务功能为落脚点。朝阳工业建筑遗存并没有受到很多学者关注，对其研究尚处于空白阶段。课题组通过实地调查走访，获得第一手资料，并对相关数据进行统计，试图在档案资源层面进行管理、保护、利用等方面有进一步的系统化评价，从而制定出适合朝阳地区的工业建筑遗存档案管理的可行性对策。

葫芦岛市农民专业合作社档案管理问题的研究

辽宁省档案局优秀科技成果奖三等奖

完成单位：葫芦岛市档案局

主要完成人：陈利众、刘洪波、韩贵林、马卫东、何政厉、隋野、陈月

该项目以农民专业合作社档案管理工作存在问题及解决办法为切入点，就如何坚持以人为本、立足本职、创新工作方式，正确引导农民专业合作社增强档案意识，强化农民专业合作社档案收集工作，创新农民专业合作社档案管理机制体制，健全农民专业合作社档案工作制度，维护农民专业合作社档案原始性、真实性，依法规范农民专业合作社档案管理工作等方面进行积极探索，并全面推广应用，有效调动了农民专业合作社法人及其成员档案工作的积极性、主动性，促进了农民专业合作社档案日常管理规范化、标准化、制度化。对推动社会主义新农村建设档案工作的全面开展，具有普遍的指导

意义和广泛的工作需求。

政府信息公开资源开发利用模式研究

辽宁省档案局优秀科技成果奖一等奖

完成单位：辽宁省档案局

主要完成人：于在海、孙杰、刘乃蓬、李全新、王刚、张延风、修玉玲、张伟、许淑丽、许萍

该项目包括四部分：一是名词解释。阐述政府信息资源、信息资源整合、政府信息资源开发利用模式等概念；二是国内情况调查分析。从全国综合档案馆政府信息查阅工作建设情况和政府信息公开资源整合与开发利用现状两方面进行调查，了解政府信息公开资源整合与开发利用的现状；三是政府信息公开资源开发利用工作中存在的主要问题及面临的挑战，提出应对办法；四是政府信息公开资源开发利用模式建设。从政府信息公开资源开发利用策略研究、政府信息公开资源开发利用模式构想、政府信息公开资源开发利用模式建设等三方面研究科学、统一、规范的政府信息公开资源开发利用体系。

关于加快辽宁城乡社会保障一体化建设的研究

辽宁省档案局优秀科技成果奖二等奖

完成单位：辽宁省档案局

主要完成人：赵景祥、杨智慧、姜义、徐新、孙秀芹、刘薇薇

该项目是辽宁省档案局结合业务工作实际，以如何进一步加强社会保险业务档案规范化管理为主题开展了深入调研，总结了近年来社会保险业务档案管理工作取得的成绩和成功经验，找出了存在的主要问题，对进一步加强社会保险业务档案管理提出了具体措施。一是明确目标，找准定位，增强做好社会保险业务档案工作的责任感和紧迫感；二是齐抓共管，紧密合作，逐步健全社会保险业务档案考核制度；三是改善基础设施，推进社会保险业务档案管理信息化建设进程；四是以人为本，做好社会保险业务档案利用服务工作；五是以提高素质为目标，加强档案队伍建设。

尾崎秀实对世界反法西斯斗争胜利的贡献研究

辽宁省档案局优秀科技成果奖三等奖

完成单位：辽宁省档案馆

主要完成人：权芳敏、姚帅、余剑、李萧萧、李云涛、许萍

外籍军团（指帮助中国取得抗日战争胜利的外籍人士）在中国抗日战争中的作用，一直是抗战史研究的一个重要组成部分。尾崎秀实就是外籍兵团中的一名战士，他没有出现在刀光剑影的战场，但是他对战争胜利所做的贡献是巨大的。该项目从尾崎秀实个人角度出发，通过对尾崎秀实在中国抗日战争和世界反法西斯战争中活动的描述和记录，阐述其反对战争，热爱和平，为中国人民的抗日战争、为世界反法西斯战争战斗的生命历程。用历史事实，展示了他本人在看不到硝烟的战场上的特殊战斗。

以鞍钢为例的异地档案管理实证研究

辽宁省档案局优秀科技成果奖三等奖

完成单位：鞍山钢铁办公室档案处

主要完成人：孙坚毅、刘贺、孙素华、赵秀丽、张黎、唐丽凤、杨艳娜、李静、张文彦

该项目为解决2006年鞍钢经国家发改委核准建设营口鲅鱼圈港钢铁项目中异地档案管理遇到的实际问题而展开的研究。由于鞍钢鲅鱼圈港钢铁项目异地建设投资大、工期长、工程量大等特点，衍生出异地特大项目档案管理的新问题和新挑战。为此，鞍钢以文件、会议为引领，确保项目档案异地管理标准统一的研究与实施；依托工程管理和档案管理两条线，确保档案管理标准贯彻落实的研究与实施；方便档案提供利用，调整集中统一管理方式的研究与实施；保证档案完整准确，调整验收方式的研究与实施；档案人员在验收工作中的定位研究等多方面提出解决对策。

农业科研档案规范化管理的研究与实践

辽宁省档案局优秀科技成果奖二等奖

完成单位：辽宁省农科院、辽宁省林科院、丹东市农科院

主要完成人：徐艳、崔淑贤、白凌燕、张志娟、马鑫、穆青、李玉娟、张玉鑫、李茉莉、杜欣、梁美萍

该项目结合辽宁省农科院农业科研档案在规范化管理中遇到的问题，以及在对省内外近20个农业科研院所调查研究的基础上，采用研究与实践相结合的技术路线，针对长期以来农业科研档案归档难、分类难等问题进行了研究。主要成果包括：研究制定并实施了《辽宁省农业科研档案规范化管理办法》等管理制度和办法；通过对农业科研档案的分析研究，明确了科研档案形成、积累、立卷、归档、移交、保管和利用等程序，对农业科研档案实行集中统一管理。根据农业科研档案特点，研究编制了“辽宁省农业科学院农业科研课题档案分类表”；建立健全了科研档案工作领导管理网络体系。

医疗档案信息资源共享过程中隐私权保护相关问题研究

辽宁省档案局优秀科技成果奖二等奖

完成单位：中国医科大学、中国医科大学附属盛京医院、辽宁申扬律师事务所

主要完成人：赵丽清、张成普、李志勇、李宗胜、赵凯、贾宝萍、高兴、韩铭红

该项目通过中国医科大学附属盛京医院与区域73家医院建立医疗联盟，实现医疗档案信息共享的实践，针对存在患者隐私保护问题进行现场蹲点研究，采取措施，保护隐私，促进居民医疗档案信息共享健康发展。通过建立医疗档案信息共享专用“隧道”、建立医疗档案信息共享内部虚拟专用网、建立医疗档案信息共享二级监控平台及建立医疗档案信息共享加密技术手段等多项措施，实现医疗档案信息资源共享过程中隐私权保护，防止网络黑客攻击和非法盗用，在实现医疗档案信息有效共享的同时，有效地保护了居民隐私。

基于就业需求的高校学生档案管理研究

辽宁省档案局优秀科技成果奖三等奖

完成单位：辽宁石油化工大学

主要完成人：白丽、张敏、张广柱、任丽静、刘薇薇、李影、唐莹、张恕一、王烁、陈丹营、朱静、祝彩凤

该项目对当前我国高校学生档案工作的现状及学生档案如何促进大学生就业的问题进行了思考。着重分析了高校学生档案与大学生就业之间存在的内在关系，继而阐述了学生档案在大学生就业过程中——就业前、就业中和就业后等三个阶段所起的作用。着重探讨了当前我国高校学生档案管理促进大学生就业的途径和措施，指出应从创新学生档案就业服务新模式、拓展学生档案就业服务新功能、建立高校学生就业信息档案和加强诚信档案建设等四方面加强对学生档案的全面管理。一系列具体措施的研究，既结合现阶段大学生就业的实际情况，同时又深入剖析本质。

中国古代科技档案遗存及其科技文化价值研究

辽宁省档案局优秀科技成果奖一等奖

完成单位：辽宁大学历史学院

主要完成人：丁海斌、赵彦昌、王兆平、肖英、王辉、陈响、李君、冷静、刘维贵、刘凤华、宋宁、蔡金蓉

该项目以事实描述为主，同时进行了理论分析。通过较广泛的调查研究，充分利用了第一手的可靠资料，有效地实现了图书资料、档案馆馆藏历史档案、地下出土资料等的有机结合，整体上论述了中国古代科技档案遗存的属性与特点，并从八个专题角度论述了中国古代科技档案遗存的内容、数量、具体分布、科技文化价值等。

辽宁省档案中介服务机构发展对策研究

辽宁省档案局优秀科技成果奖三等奖

完成单位：辽宁大学历史学院

主要完成人：王毅、孟宪秋、田露、赵淑媛、叔丽霞、丁扬、于振宽

该项目通过分析当前辽宁省档案中介服务机构的发展现状，深入研究档案中介服务机构管理模式以及这种机构在经济社会生存发展的对策。以我国所处的经济体制、档案信息服务模式为背景，针对这种背景下档案中介服务机构的建立、运营与发展加以分析，明确档案中介服务机构的地位、发展方向、经营模式、相关法规等制约档案信息服务机构发展的各种因素，促使档案中介服务机构的健康、稳定发展。

经济转型期高校毕业生人事档案流失问题研究

辽宁省档案局优秀科技成果奖二等奖

完成单位：辽宁大学

主要完成人：王玲、王百胜、杨宗鸣、孙海燕、雷智中、姚迪、崔畅、邓磊、刘树强、刘洋、李晨阳、董精雷

该项目从研究高校毕业生人事档案的流失问题入手，深层次剖析了造成高校毕业生人事档案流失的原因。通过统计，对近年来高校毕业生就业结构变化与高校毕业生人事档案的“弃档”、“死档”和“口袋档案”问题进行对比分析，探求两者之间的关系和变化规律，总结出经济转型期高校毕业生人事档案流失的症结所在，进而探讨制度、政策上的改革和完善，通过强化毕业生人事档案管理工作来促进大学毕业生就业。从丰富档案内容、普及档案知识、推进高校毕业生人事档案信息化和网络化管理、建立毕业生人事档案服务利用体系、创新人事档案利用方式、加强立法保护、完善法律保障体系等方面来强化毕业生人事档案的管理工作。

热敏记录技术对档案信息资源长期保存的影响研究

辽宁省档案局优秀科技成果奖三等奖

完成单位：辽宁科技学院、建平县房屋产权监督管理处档案室

主要完成人：李焕军、王庆玲、李孟女、冯华、李华、张立红、冷静、刘凤华、富饶、张树楠

该项目研究热敏记录技术对档案信息资源长期保存的影响问题。论述了热敏记录技术的定义、发展历程、特点及其形成档案信息资源的范围，分析了影响热敏记录技术形成的档案信息资源长期保存的因素，阐述了影响热敏记录技术形成的档案信息资源长期保存的根本原因。包括热敏记录纸的发色原理、热敏记录纸的结构及其成分、热敏记录纸的性能、档案字迹耐久性、档案载体耐久性。重点论述了从“以防为主，防治结合”两个方面来解决影响热敏记录技术形成的档案信息资源长期保存的因素，使其危害力度降低到最小。最后阐述了热敏记录技术的发展趋势。

地下管网工程档案与GPS数据融合技术研究

辽宁省档案局优秀科技成果奖二等奖

完成单位：沈阳航空航天大学、沈阳宇科科技有限公司

主要完成人：周政坤、张述杰、徐娜、顾恒胜

该项目是档案资源开发利用领域的一项技术创新。分析档案利用者的需求，探索满足用户需求的途径；研究完善档案管理硬件设施的措施，寻找提高档案利用效果的方法；开发一种档案专用计算机应用软件，实现对档案资源的深度加工。该研发软件是一种将地下管网工程档案与GPS位置信息融合的计算机软件，并自动生成标注有“管网位置数据”的档案副本，施工或维护人员将标注有“管网位置数据”的图纸与具有GPS定位功能的手机配合使用，及时、准确、迅速地确定地下管网及其相关设备的实际位置。该成果可为管网建设施工、日常维护、应急抢修等提供技术决策支持。目前软件已经转化成软件产品并投入市场。

基于铁岭非物质文化遗产档案的资源整合研究

辽宁省档案局优秀科技成果奖二等奖

完成单位：铁岭市城建档案馆、铁岭市档案局

主要完成人：王兆平、金艳丽、李博敏、白凌、陈响、李丽华、刘凤鸣、张秀楷、陈桂贤、宁文丽、王洪庆、黄丽香、胡琳琳、葛成全、李君、张艳华

该项目从保存地区文化记忆的角度，深入非物质文化遗产保护前沿，充分运用现代化记录手段和先进档案管理经验，对本地区各类非物质文化遗产进行抢救式的记录和档案式的保护，并根据实际情况确定数据库建设和管理模式，加快非物质文化遗产档案资料整合步伐。参与非物质文化遗产数据库的建设的具体方法包括：一是加强对当地文化主管部门、非物质文化遗产保护中心等保护工作具体实施部门非物质文化遗产档案及数据库管理的指导力度；二是以合作形式共同建设非物质文化遗产数据库；三是备份非物质文化遗产数据库；四是自建非物质文化遗产数据库软件，参考非物质文化遗产项目编目分类方法，建设数据库目录体系。

（吴薇）

上海市民生档案远程服务机制的研究与应用

上海市档案科技研究成果奖特等奖

完成单位：上海市档案馆

主要完成人：朱纪华、孙兆伟、赵嘉庆、金克家、陶碧云、杨安荣、宗琳、杨孟坤、王玮

项目内容详见2013年度国家档案局优秀科技成果奖获奖成果介绍。

纸浆修复档案操作规程研究

上海市档案科技研究成果奖一等奖

完成单位：上海市档案馆

主要完成人：刘志成、张建明、陆敏、金兰、张喆、严晓鸣、朱春玲、郑荣、杜文洁

项目内容详见2013年度国家档案局优秀科技成果奖获奖成果介绍。

“老字号”企业档案资源分布、管理和开发利用研究

上海市档案科技研究成果奖二等奖

完成单位：上海市静安区档案局、上海市档案局业务指导处

主要完成人：张海根、孙兆伟、马燕佩、朱建中、郭红解、杭军、侯巍青

项目内容详见2013年度国家档案局优秀科技成果奖获奖成果介绍。

档案安全保障体系的架构与评价指标研究

上海市档案科技研究成果奖二等奖

完成单位：上海市档案局科教处、南京政治学院上海校区

主要完成人：孙兆伟 、彭远明、张建明、朱强、涂昊云、张大伟

项目内容详见2013年度国家档案局优秀科技成果奖获奖成果介绍。

浦东新区档案区域协同分级管理系统——档案异地服务机制与方式研究

上海市档案科技研究成果奖三等奖

完成单位：上海市浦东新区档案局

主要完成人：沈建军、黄国华、殷毅芳、夏晓平、施晓峰

浦东新区档案异地服务解决方案——浦东新区档案区域协同分级管理系统是在浦东新区现有档案信息化管理的基础上，适应新区电子政务发展的区域管理的规划要求，整合原有的信息化系统功能，加速构建浦东新区统一的档案目录体系和分层管理体系，建立新型的基于政务外网的档案区域协同、分级管理和信息共享的管理机制，以适应新区行政体制改革的需要，支持新区各基层档案事业的综合配套改革和发展，实现新区档案的分级授权、定期维护、异地检索、全网共享。

太保寿险综合档案管理共享一体化平台

上海市档案科技研究成果奖三等奖

完成单位：中国太平洋人寿保险股份有限公司、北京量子伟业时代信息技术有限公司

主要完成人：路遯、崔静、柴利群、黄怡静、唐瑛

作为一家全国性金融企业，中国太平洋人寿保险股份有限公司在业务、管理领域逐步推进的集约化管理，信息化建设对公司发展起着强大的支撑和推动作用。伴随公司业务规模的持续扩大，保险服务领域的日益拓展，在公司管理和运营过程中积累了大量以档案实体为载体的信息数据，急需进行科学管理。该课题在已覆盖全国的OA办公系统的基础上建立了集中统一的档案数据共享中心，统一规范档案管理流程、实现对档案业务的实时督导和监控、推进公司档案信息化进程，适应太平洋寿险精确化管理的需要，适应公司集中管控、合规检查的需要，更好地集中、统一、安全、规范地管理太保寿险在企业活动中形成的档案信息资源，更好地开发利用档案信息资源为企业的发展服务。

国家档案馆档案信息保密与共享平衡机制研究

上海市档案科技研究成果奖三等奖

完成单位：上海市嘉定区档案局、上海大学图书情报档案系

主要完成人：夏峰、高加明、丁华东、牛洪义、金波

该课题从实际调研、理论分析、系统设计三方面对我国国家档案馆档案信息保密与共享平衡的有效实现机制进行了全面的分析和系统的建构，强调操作性、应用性和系统性，对推动我国国家档案馆扩大信息开放利用力度、满足广大人民群众日益增长的档案信息需求、提高档案馆服务民生能力和社会满意度具有现实价值。

基于XML的中国电子文件著录与检索研究

上海市档案科技研究成果奖三等奖

完成单位：南京政治学院上海校区

主要完成人：张正强、王大青、崔屏、段荣婷、程妍妍

研究成果包括：1. 理论成果：研究分析了电子文件与电子档案的关系，阐明了档案检索与存储、档案著录的基本理论，研究了电子文件著录的地位与作用，电子文件著录标准化的发展进程，国际档案著录规则，当前我国电子文件著录中存在的局限性。2. 设计并制定了《中国电子文件著录规则》；3. 对各类电子文件进行了著录实例分析，并以XML实现对著录信息的表述；4. 研发了《基于XML的中国电子文件著录与检索系统》，主要功能有：信息录入、格式转换、文件检索、多级著录信息树形结构显示和卡片显示。

（徐志红）

智慧物联档案管理信息系统

江苏省档案优秀科技成果奖一等奖

完成单位：南京市国土局，溧水、六合、江宁分国土局，江苏激扬软件有限公司

主要完成人：潘文辉、杨闳伟、黄忠山、韩明忠、卞盛、戚荣建、刘镕畅、邱义波、徐从庆、陆家山、薛军、董明景、刘步江、黄晓芹、邱义芝、巫乃友、刘钧、王强、张伟明、张燕

该系统运用了物联传感控制技术、RFID射频识别技术和Zigbee短距离无线通讯技术，成功研制开发了档案库房精确定位、档案上架、取归档及盘库、实体著录影像抽检、档案温湿度动态监测和自动控制、多触点手写借阅、站立式无死角门禁、档案电子标签预处理等系统。解决了档案管理工作中长期困扰的人工倒架、盘库、出入库安全控制、档案增量变化及温湿度人工测控等问题，实现了档案的智慧物联实时安全管理。通过节能微排物联管理，可以实现对档案管理环境中所有用电单元的精确计量和控制。

该项目不但满足了综合档案管理系统的全部功能，还创造性地将物联传感控制技术，RFID射频识别技术，Zigbee短距离无线通讯技术和楼宇节能微排控制等技术用于档案管理，从而达到档案整理规范化、档案原件数字化、档案利用网络化、档案保

管智能化、档案管理智慧化的“智慧档案”管理水平。系统已经过一年多的实际应用，在十余个单位全面应用，成功管理了15个库房、近百万卷档案，近3000万页纸质档案。

丝绸样本档案纳米技术保护研究及应用

江苏省档案优秀科技成果奖一等奖

完成单位：苏州工商档案管理中心，苏州大学，苏州中景信息技术有限公司

主要完成人：卜鉴民、孙旭辉、王晓峰、马艳芸、方玉群、彭聚营、朱亚鹏、皇甫元、甘戈、王雯昕、吴芳、陈鑫

该项目对丝绸样本档案的防微生物腐蚀和抗光氧化等问题进行研究并形成纳米制剂产品，目前国内尚属空白，产品具有良好的安全性，绿色无毒材料，经过复合能够得到最优的配置组合和性能结果，可拓展到更多的应用领域，如纸制品、棉制品、皮制品、木制品等的成品保护。该项目已获国家专利。

《淮海战役史料汇编》出版工程

江苏省档案优秀科技成果奖二等奖

完成单位：淮海战役烈士纪念塔管理局

主要完成人：史孝国、程伟、陆江、张五可、郑维、张明莉、孙景、贾平、桑世波、张成君、陈家辉、王瑶

《淮海战役史料汇编》为“2013年度国家出版基金项目”军事类项目、“十二五”国家重点图书出版规划项目。丛书由原中央军委副主席、国防部长迟浩田上将作序，国家图书馆出版社发行，获2013年江苏省档案文化精品评选活动一等奖。

丛书立足于2万余件原始档案史料，按主题分类。包括《战役卷》（上、中、下）、《支前卷》（上、下）、《将领卷》《英烈卷》《追忆卷》（上、下），共五卷九册，总计400余万字、近3000幅珍贵馆藏图片，全面、系统、多视角展示了淮海战役的全貌，将淮海战役史料第一次全面系统地编研、汇集成册。

档案社会化管理现状和政策建议研究

江苏省档案优秀科技成果奖二等奖

完成单位：江苏仁通档案管理咨询服务有限公司

主要完成人：朱胜良、陈兴南、郭景新、钱唐根、陈忠金

1. 根据档案保管期限的不同，将社会化存管机构分为甲乙两级，来保管不同属性的档案。甲级保管长期和永久档案，乙级保管短期档案。并对两种类型的档案机构的保管条件提出了明确要求。2. 提出了将档案保管期限10年作为区别档案长期存放和临时存放的临界点。3. 对两级档案社会化存管机构的主体资格提出了明确的要求，即甲级档案存管机构注册资本金应在2000万元以上，拥有独立产权的库房；乙级档案存管机构注册资本金应在500万元以上，拥有自主产权或长期租赁的保管场所。4. 政府民生档案列入档案社会化存管的范围。5. 提出档案社会化存管行业协会作为档案社会化存管机构的监管机构，在行业协会成立之前由当地档案局行使监管职能。

实体档案馆与数字档案馆档案安全立体防范一体化研究

江苏省档案优秀科技成果奖二等奖

完成单位：太仓市档案局

主要完成人：顾建新、张海华、廖丽娜、陆坚、芮振、陈亮

该项目以县域档案资源安全体系建设为研究对象，研究完善实体档案馆档案资源和数字档案馆档案资源的安全体系建设，通过无线射频识别、即时通讯、多媒体技术、视频监控、温湿度控制等技术手段应用到实体档案馆与数字档案馆档案安全建设领域，实现实体档案和数字档案在形成、移交、接收、保存、利用等各个环节的安全监管。

高校数字化校园环境下学籍电子档案的建立与集成管理

江苏省档案优秀科技成果奖二等奖

完成单位：东南大学档案馆

主要完成人：苏卫平、柳萍、纪晓群、张魁、俞燕、杨东、江媛媛、崔亚玲

1. 制定《东南大学学籍档案管理制度》，厘清高校学籍档案概念，详列归档范围，界定各有关部门工作责任。2. 依托数字化校园，建立基于集成思想的学籍档案管理与服务平台。该平台包括：数据采集、实时归档、数据集成管理和网上发布等功能模块，完成以下工作：A. 以现代档案管理理念和技术方法，实现学籍管理数据自动采集。B. 将跨部门采集的业务数据整合，对每位学生的学籍信息动态集成。C. 将“基于角色的权限管理”技术应用于学籍档案的管理及网上发布。D. 与学校信息门户对接，实现单点登录。

古字画高仿真复制技术研究

江苏省档案优秀科技成果奖三等奖

完成单位：江苏省档案局技术部

主要完成人：栾宁丽、孙冀宁、刘敏华

该项目创建了基于数字影像的古字画仿真复制工作的体系架构，从仿真复制系统建设、工作流程和操作规程、关键技术应用、输出介质等方面开展了研究，提出基于数字影像技术的古字画高仿真复制工作的整体解决方案，规范了古字画高仿真复制工作流程，为档案部门开展古字画高仿真复制工作提供科学有效的技术方法和相关指导，解决了工作中的具体问题和难点问题，为促进档案仿真复制工作的科学开展提供了理论和技术支持。

同时该课题围绕基于数字影像技术的仿真复制工作，针对不同年代、不同载体（各种纸张、丝绢等）、不同字迹类型的书画作品，根据不同用途，分别进行仿真复制实验，在工作中运用和研发了新材料、新工艺，具有较强的科学性和实用性。

数字档案馆业务软件中对数字档案利用的功能鉴定与探讨

江苏省档案优秀科技成果奖三等奖

完成单位：宜兴市档案局

主要完成人：贺黎欣、史云青、叶青

该项目主要是围绕数字档案馆业务软件中对数字档案利用的功能鉴定与探讨。在构建数字档案馆系统管理平台时，不仅要着眼于党政机关、社会公众在线利用数字档案信息资源的需求，还要充分考虑建立信息需求用户跟踪、反馈机制，通过双向互动，更好发挥数字档案馆信息服务功能，建立基于数字档案信息服务集成“用户中心”模式。“用户中心”服务模式是指档案馆的一切信息服务工作以档案用户为中心，并以满足档案用户需求为目标的信息服务模式，它强调了档案用户的作用和档案馆信息服务的目的。联合数字档案馆通过信息门户构建档案信息服务平台，打破了馆际界限和信息分割，集成各类档案信息资源，协同各数字档案馆间的业务处理，实行统一认证、统一浏览和统一检索，为用户提供一体化的档案信息服务。服务方式除了信息浏览、搜索引擎、在线借阅、文档检索和在线视频外，还要加强新型的个性化定制、信息推送、网上参考咨询等服务。

政府信息公开环境下档案救济研究

江苏省档案优秀科技成果奖三等奖

完成单位：徐州市档案局

主要完成人：陆江、王晓露、李俐

该项目是对政府信息公开环境下档案救济问题和工作的研究，以法学为视角，以现实案例为口径将档案工作和现代档案管理与现代公共管理学理论有机联系，属于跨学科课题，涉及到档案学、法学、公共管理、信息科学等多个学科领域。本项目具体论述包括：概述目前我国档案开放利用现状提出问题，用具体案例说明档案救济在现实中的尴尬情况；分析出现问题的原因即我国档案管理制度的局限性；介绍我国目前在档案救济中做出探索的省、市地区现状模式、工作经验以及对国外档案救济理论发展和制度建设进行借鉴；以知情权为基础从公民权利、正义出发用法律角度分析档案救济的本质，运用法学理论构建档案救济体系；找准档案服务顾客对象，从档案救济出发回归档案开发利用管理，重新构建档案管理制度，重塑档案公共部门。

课题成果对处理涉档纠纷案件、档案权利救济具有一定的现实指导作用，能有力地推动档案工作的开展，协调政府信息公开和档案开放，维护公民合法权益和社会秩序。

档案信息安全防护三加一模式研究

江苏省档案优秀科技成果奖三等奖

完成单位：河海大学档案馆

主要完成人：张鸿业、王玲、胡以高、王清、样井泉、叶毅、任浙东

该项目从介绍信息安全的背景、概念、特点以及我国档案信息安全的发展现状和存在问题，分析了档案信息安全的特征、现状和所面临的威胁，对当前我国档案信息安全方面存在的问题进行了探究并提出了防护对策，从组织体系、管理体系和技术体系三个方面进行了深入的全方位的阐述，试图对档案信息化进程中的信息安全防护进行多视角研究，找到相应的解决方法，达到档案信息安全防护的目的。串口线指令系统的开发与研究，是在技术层面解决档案安全防护的基本选项，此外在技术和设备防护不能达到和实现防护目标的状况下，在管理方法、管理过程、工作流程、制度标准设计上嵌入安全防护的实际约束状态，达到档案信息安全防护目标。该项目的技术体系，主要从物理安全、网络安全、操作系统安全、数据库安全、数据加密、数据备份、病毒防护、应急响应、安全审计和系统开发等方面进行了研究并提出了防护策略。

高校档案信息资源保障体系研究

江苏省档案优秀科技成果奖三等奖

完成单位：南京理工大学档案馆

主要完成人：何振才、李广都、刘彤昕

该项目主要在研究高校档案信息资源体系的基础上，深入分析如何构建高校档案信息资源保障体系。本项目分为四部分，高校档案信息资源体系的构成、高校档案信息资源保障体系的构建方式、高校档案信息资源保障体系的建设前提、高校档案信息资源保障体系的推进步骤，研究还对于云计算和智慧校园建设背景下高校档案信息资源保障的发展趋势也进行了必要的分析。

现代档案管理创新模式——档案知识管理研究

江苏省档案优秀科技成果奖三等奖

完成单位：中国矿业大学档案馆、徐州市档案局

主要完成人：周晓林、贾玲、陆江、巨珺、李真、陈东

该项目综合使用了多种研究方法，对当前档案知识管理研究的一些热点和难点问题进行了研究和探讨，进一步丰富和发展了档案知识管理的理论内涵，拓展了传统档案管理理论和实践内容，对档案管理由传统模式向知识管理模式转变提供了一定的理论依据和实践成果。研究内容主要包括档案知识管理的概念内涵、档案管理的发展阶段及各阶段的特点、档案管理与知识管理的相通相近之处及深刻的不同之处、档案知识管理的主要内容及实施措施、档案知识管理的实证研究等。

该项目研究创新性地提出了档案知识管理“层次性”内涵；提出了“知识管理不能取代档案管理”、“档案知识管理是档案管理的阶段性特征”的观点；系统论证了档案知识管理的内容和实施措施，及档案知识管理流程；通过实证研究有力验证了知识管理理念和方法对于档案管理的适用性，弥补了学界缺乏知识管理实证研究的不足。

（江苏省档案局）

档案局馆基础数据管理和统计分析研究

浙江省档案局优秀科技成果奖一等奖

完成单位：杭州市萧山区档案局

主要完成人：杨朝华、陈金官、于卓伟、胡晓光、傅荣校、宋华、梁绍红、梁凯、张志、莫维平、邱丽霞、傅琦

该课题通过萧山区档案局馆基础数据管理系统的个案分析，对基础数据的内涵与外延，管理模型，管理的需求设计分析、功能模块分析和元数据设计，基础数据管理系统的研制，基础数据管理的影响力进行了理论研究，设计开发了数据管理应用平台，形成了一系列研究成果，具有良好的实际应用推广价值和工作指导意义。通过对基础数据的科学、规范采集、整理、统计分析，为档案局馆业务管理和决策提供依据。

现代传媒技术在档案抢救与开发中的应用研究

浙江省档案局优秀科技成果奖一等奖

完成单位：浙江省档案馆、浙江传媒学院

主要完成人：吕红、尹敬媛、胡晓阳、邢千里、占晖

该课题主要解决了两个方面的问题：一是在我国大陆地区首次系统、全面地提出将现代传媒技术应用于档案抢救与开发，深入讨论了现代传媒技术与档案的关系、应用途径和方式等。二是通过《寻找浙江红军》专题片的拍摄，实践和验证了所提出理论的可行性和示范性，利用影视“视听结合”这一特征，通过画面语言、有声语言、造型语言、光效语言、色彩语言、影调语言、音乐音响、电子特技等手段的有机组合，使档案信息的真实性与电视节目的直观性有机结合进行了有益的尝试与探索，在开发利用档案信息、实现档案信息传播效率最大化、丰富档案记忆等方面具有一定的创新性、示范性。

档案地下后备库温湿内循环系统控制研究

浙江省档案局优秀科技成果奖二等奖

完成单位：浙江省档案局

主要完成人：吕红、占晖、吴建兴、朱建荣、赵晶

该课题对档案后备库温湿度控制问题进行了研究，为解决如何在高温高湿季节有效控制湿温度，同时隔绝库房与外界的接触难题，该课题对不同策略的选择和对比进行了探讨，完成了浙江省档案馆后备库改造案例，有效实践档案地下后备库改造策略解决方案。在提出《档案地下后备库除湿、空气内循环散热及库房密闭改造解决方案》的基础上，又结合省档案馆后备库改造工程，运用理论研究成果有效支持了实际工作，为后备库改造提供了理论支撑。结合档案后备库硬件改造，课题组制订并实施了后备库管理维护制度，实现科学化规范化管理。

该课题成果已成为南方档案馆地下后备库建设、改造和维护的成功典范，是档案安全建设取得的一大成果，具有极大的推广意义。

温州数字档案馆建设面临的问题及对策

浙江省档案局优秀科技成果奖二等奖

完成单位：温州市档案局

主要完成人：程惠荣、陈高校、张健敏、钱青、

张元利、韩卫峰

该课题以数字档案馆项目建设为抓手，对数字档案馆基础模型、电子文件收集管理和利用、数字档案共享机制及档案标准体系、利用信息技术加强实体档案安全保障体系、数字档案馆建设资源规划进行了实践研究，并提出了解决思路与建设方案，建立了“温州市数字档案馆”应用系统。为实体项目建设把握方向，为档案界同行建设数字档案馆提供了借鉴。

县级电子业务数据在线备份安全性需求对策研究

浙江省档案局优秀科技成果奖二等奖

完成单位：海盐县档案局

主要完成人：夏红平、王惠华、汪肖华、黄传毅、邱土荣、庄里剑、张海浩

根据国家和省信息化建设相关标准与规范，贯彻电子文件和数字档案登记备份精神，保障民生业务数据的安全，课题组积极构建规范化县级数字档案和电子文件登记备份中心，确立县级电子业务数据在线登记备份安全模式，有效提高县级业务数据、系统安全及数据容灾备灾能力，有效规范县级电子业务数据在线登记备份工作，为海盐社会经济的发展提供了强有力的信息保障，对县级电子业务数据在线登记备份工作起到重要的借鉴和指导作用。

台州市档案馆数字环境下库房集群管理研究和实践

浙江省档案局优秀科技成果奖二等奖

完成单位：台州市档案局

主要完成人：王小军、毛楚云、楼亦斗、徐维、李雪玲

为了确保档案的安全，最大限度延长档案的使用寿命，课题组从库房硬件总线集群、库房软件总线集群、库房为利用提供保证三方面加强对档案库房的科学管理。通过库房集群技术对库房资源进行了有效的整合、利用，建立一个安全、有效、及时的库房预警机制，提高库房管理水平和档案利用效率。

高校教学档案系统开发集成管理模式研究

浙江省档案局优秀科技成果奖二等奖

完成单位：中国计量学院、外国语学院

主要完成人：连红、李元江、王鉴棋、高松俊、陈传华、张坚君、胡琴琴、邬雪军、季碧月、马丽华、王婉萍

该课题针对国内高校二级学院教学档案管理问题，对课题进行了实质性的深入研究，创建的统一管理模式，使无序变为规范，促进了教学管理和教学质量的提高。并取得了一系列理论与实践成果。特别是以档案学原理为理论基础而研究的三部曲十步法——基层档案集成管理模式，具有创新性、实用性和易记易操作的特点，课题成果已在省内外15所高校试点推广，获得学者专家的一致好评。

火电企业档案登记备份创新管理实践研究

浙江省档案局优秀科技成果奖二等奖

完成单位：萧山发电厂

主要完成人：颜磷、梁绍红、应骏、冯萍萍、王瑾、陈金官、沈红昌、夏亚平、李峰、许颖、朱永琴

该课题在浙江省档案局、萧山区档案局参与和指导下由萧山发电厂完成，项目立足全局，研究与实施火电企业档案登记备份，通过多种技术手段与备份策略，全面实现科档（以重点工程为主体）、文档、照档、视频、实物等各类档案的传统纸质、电子文件、企业信息系统业务数据（包括数据库）的档案登记备份。在保障企业档案安全与证据保全的同时，探索出了一整套适应火电企业档案登记备工作的制度与规范，为实施全省乃至全国的能源企业档案登记备份提供了借鉴与经验，为兄弟单位和档案研究者提供参考，同时对一般企业具有重要的参考价值。

登记备份中心机房建设研究与实践

浙江省档案局优秀科技成果奖三等奖

完成单位：温州市档案局

主要完成人：章剑青、程惠荣、陈高校、张健敏、汪振亮、陈辉

根据《浙江省电子文件和数字档案登记备份中心建设规范的要求》，课题组采用技术研究与工程实践相结合的方法，对登记备份中心机房场地及环境设计、登记备份中心结构及网络基础建设、登记备份中心存储建设、登记备份中心管理平台建设进行了研究，实现了对原机房的升级改造，并形成了一套机房设备操作规范和管理制度，从而提高了机房设备设施运行管理水平，保障了档案登记备份信息安全。该课题研究成果将对全省各级档案馆建设登记备份中心机房提供指导和借鉴。

城建档案文化建设研究

浙江省档案局优秀科技成果奖三等奖

完成单位：温州市城建档案馆、平阳县城建档案馆

主要完成人： 陈梅、潘尚上、黄姗来、孔雪洁

该课题从城建档案资源建设、城建档案资源保护和城建档案资源开发利用三个方面对城建档案文化建设进行了研究，把城建档案文化建设研究的重点对象从传统的纸质档案转移到新型的电子档案上来，适应新形势下档案载体形式的新变化，提高城建档案事业的可持续发展能力。实现了城建档案的记忆储存和城建档案的文化传播，发挥城建档案的作用与价值，更好地为社会服务。

基于 Flash 技术的档案信息资源在线管理研究

浙江省档案局优秀科技成果奖三等奖

完成单位： 宁波市鄞州区档案局

主要完成人： 李明阳、马志军、冯琦峰、沈英桓、罗付军、单巧卫

为解决档案信息化条件下电子档案的管理和利用难题，鄞州区档案局于 2011 年启动该项目。该项目对相关理论基础和实践应用进行了探索研究。其中，对 Flash 技术的原理、电子档案利用的安全控制以及 Flash 技术在档案领域的应用开展了一系列的学术研究，取得了丰硕的研究成果，并在《浙江档案》和《网络与信息》杂志上公开发表《Flash 技术在档案资源管理中的应用》《电子档案利用安全控制研究》和《基于 Flash 技术的文档浏览和音视频播放的设计原理及实现》等 3 篇研究学术论文。该项目的理论研究成果通过合作单位的程序研发，已成功应用于鄞州区电子文件中心平台的升级改造，实现对平台内不同格式的档案数字资源的安全管理和便捷利用，并达到预期的应用效果。

绍兴市电子档案目录中心建设需求研究

浙江省档案局优秀科技成果奖三等奖

完成单位： 绍兴市档案局

主要完成人： 车炼钢、赵立、倪永春、严青云、王琳、沈立

通过该项目研究，旨在拓展档案馆对全市机关单位、事业单位、重点企业信息的收集途径，实现对电子目录进行存储处理，采取多途径多方式对利用者提供，并形成一套行之有效的电子目录档案信息中心的管理制度、流程及标准，实现网络技术与数字化档案馆建设的有机结合，档案利用工作与现代服务业的有机接轨，自主知识产权保护与丰富的电子目录档案资源的双赢，促进档案事业可持续发展。

茅盾档案抢救保护研究

浙江省档案局优秀科技成果奖三等奖

完成单位： 桐乡市档案局

主要完成人： 潘亚萍、张荣泉、陶小萍、王佶、许贵平、朱丽萍

该课题通过对茅盾档案进行全面调查，了解茅盾档案的现状，对造成档案破损的机理和过程进行了深入研究，为破损档案的修复保护提供了依据。此外，课题组还对茅盾档案的保存方法以及纸质档案和录音带的数字化展开了研究，采取科学方法改善茅盾档案的保管条件，提高了对珍贵档案的管理水平。并对茅盾档案的开发利用进行探索，出版了茅盾珍档手迹系列丛书。

数字声像档案管理与应用研究

浙江省档案局优秀科技成果奖三等奖

完成单位： 桐乡市档案局

主要完成人： 潘亚萍、许贵平、朱丽萍

通过对数字声像档案管理的探索与研究，对数字音频、视频档案的管理方面确立一套完整、详细的管理规范，其中包括数字音频、视频档案的采集与积累，馆藏现有的声像档案的数字化转换，数字声像档案的存储与维护，电子目录著录规范的确立等内容，并探索一条数字声像档案社会利用的新路。新的规范一旦确立，将立即在档案馆开始实行与应用，并在实践中不断完善和改进，最终在更大范围内得到推广应用，推动档案工作的不断向前发展。

医院病案登记备份工作研究

浙江省档案局优秀科技成果奖三等奖

完成单位： 杭州市第一人民医院

主要完成人： 朱尚然、冯晓莉、谢健

该课题采用发放调查表的方式，对全省医院病历档案管理的现状、条件及开展医院病案登记备份工作的必要性、可行性等方面进行深入分析和论证。又以杭州市第一人民医院工作为例实践，对医院如何开展病案登记备份工作进行了探讨，结合工作实践论证了开展医院病案登记备份工作的具体工作机制、业务流程和技术路线，该项工作在全省具有一定的先行示范作用和创新意义。

医院电子文件归档管理工作的研究

浙江省档案局优秀科技成果奖三等奖

完成单位： 浙江省舟山医院

主要完成人： 徐淑异、朱红英、王玮萍、杨光、吴盛、王磊

该课题通过对电子文件归档工作管理的有效研究，确保电子文件的安全性、原始性和可靠性，有效

延长电子文件的利用寿命，提高电子文件的法律效用，使医院信息管理系统逐步走向“以病人为中心”的临床信息管理系统，进一步服务大众、服务民生。

数字档案馆建设对档案管理体制的影响和对策研究

浙江省档案局优秀科技成果奖三等奖

完成单位：浙江师范大学档案馆

主要完成人：蒋国勇、金更达、易涛、黄宝春

数字档案馆建设与传统档案管理体制研究两个问题都是档案学界较为宏观和持久研究的话题，对于这两个问题的研究一直以来方兴未艾，研究成果也汗牛充栋。该项目将两者结合起来研究，力争探求二者相互影响的原因及改进措施。

该项目的研究内容主要包括项目相关的基础概念、数字档案馆与传统档案馆比较研究、我国档案管理体制变革发展史、数字档案馆建设对传统档案管理体制的影响和数字档案馆建设背景下档案管理体制的适应性变革措施等5个方面。

该项目的研究将数字档案馆建设与传统档案管理体制研究相结合，丰富了数字档案馆建设问题研究的非技术内容，同时注重对比性和实证性研究，使研究成果更具广泛性和可行性。

（陈卓君）

影像多媒体档案数据库建设

山东省档案局优秀科技成果奖一等奖

完成单位：山东省工商行政管理局

主要完成人：牛启忠、郭际水、徐云洛、张振木、陈斌

“省工商局影像多媒体档案数据库”是利用影视非线性编辑技术、多媒体技术、计算机网络技术把全省工商系统历年累积的、具有较高的存史和使用价值且能充分反映全省工商系统发展历史的各种大量珍贵的录像、录音、照片及文稿资料等数字化，编目归类、有效保存，便于管理、查询、利用而建立的。其主要目的，一是存史；二是应用。在有效保存可视影像档案史料之外，对系统内宣传阵地建设，系统外报纸、杂志、广播电台、电视台、互联网等众多媒体提供查询利用服务，不但降低了宣传成本，而且使宣传内容厚重，富有历史感，也充分体现了影像档案资料的重构、再生和延伸，大大提高了宣传效果。

山东省医疗事故技术鉴定档案管理现状及发展对策研究

山东省档案局优秀科技成果奖一等奖

完成单位：山东省医药卫生科技信息研究所

主要完成人：刘岩、张苏、成学燕、赵芳、程艳敏、何有琴、李怀斌、崔春、王家君、郭全胜

该项目主要通过文献回顾和现场调查的方法，了解了医疗事故技术鉴定档案（医鉴档案）管理的基本情况，以及山东省内医疗事故技术鉴定机构医鉴档案管理的现状，主要包括医鉴档案存储保管情况、借阅情况、管理人员情况及意向调查情况。结果表明：山东省内医鉴办领导对医鉴档案管理工作的重视程度普遍提高，医鉴档案管理综合状况已有明显改善；医鉴档案管理人员配备基本到位，医鉴档案管理队伍的人力结构特点鲜明。但也存在缺乏规章制度、设施不全、内容各异等问题。提出了改善医疗事故技术鉴定档案管理的对策建议，制定了《山东省医疗事故技术鉴定档案管理办法（建议稿）》。

转变档案行政管理职能研究

河南省档案局优秀科技成果奖一等奖

完成单位：濮阳市档案局、开封市档案局

主要完成人：刘东斌、张晓玲、盖丙兰、张予宏、孙秀丽、吴雁平

该项目着重对下面三个方面的问题进行了研究：一是转变档案行政管理职能研究。对1994年来有关转变档案行政管理职能研究的文献进行了梳理。从文献的年度分布、期刊分布、研究层次、作者、单位、中文关键词六个方面进行定量分析；对转变档案行政管理职能研究进行综述。二是转变档案行政管理职能若干问题研究。转变职能应明确档案行政管理的范围、对象，档案行政管理职能研究，各级档案行政管理部门的立法责任等。三是转变职能的档案依法行政研究。如何认识行政法视角下的《档案法》，如何认识《档案法》对档案行政管理权力的约束，如何正确认识档案行政管理依法行政，《档案法》的“软”与“硬”，档案行政执法如何做到“有法必依”、“违法必究”等。

档案转化为文化精品的实践与思考

河南省档案局优秀科技成果奖一等奖

完成单位：安阳市档案局

主要完成人：牛建芳、郝悟昌、郭颖甫、元科兰、李军、尹修峰、李红、魏英霞、撖玉

该项目以安阳市档案局与安阳日报社联办栏目《赏阅珍档——揭开安阳尘封的历史》；安阳市档案局与安阳市电视台联办栏目《档案》；由安阳市档案

局独立编撰出版的正规出版物《赏阅珍档——回望安阳历史瞬间》等一系列档案转化为文化产品的活动为例。对档案转化为文化精品过程中的相关问题进行了研究。一是对档案转化为文化精品的必要性进行了研究，指出档案作为社会各种文化资源的“母资源”对于转变经济发展方式，促进社会和谐稳定，增强城市文化软实力具有重大的现实意义。二是对档案的文化属性从法律、功能和文化传承等方面进行了准确的定位。三是对档案转化为文化精品面临的相关问题进行了分析并提出了解决的办法。

地质测绘档案图示检索法编制与应用

河南省档案局优秀科技成果奖一等奖

完成单位：河南省地质矿产勘查开发局第二地质勘查院、许昌市档案局

主要完成人：程永平、訾志远、程书乐、占素环、秦爱华、王露莹

该项目以省地勘二院档案室所存放的各种比例尺地形图23413张、各种三角点成果13818个点、各种技术总结及说明书58本、航片5332张测绘档案为研究对象，对河南省1：10万地形图接图表及1：100万行政区划图进行了扫描并矢量化，以MAPGIS地理信息系统处理系统为技术平台，利用各比例尺接图表及行政区划图作为基本底图，有效整合地质测绘档案信息内容，利用不同的颜色、线条、形状、字母、数字、图形、符号等予以标注，形成由基础地理信息和档案信息组合的电子图，使利用者能够从地质、矿产、工程地质、水文地质、国家重大项目建设、地质灾害预警（滑坡、泥石流、崩塌）、防治及测绘单位、测绘质量、测绘时间各种途径进行查阅检索。

档案信息资源共享及应用平台研究

河南省档案局优秀科技成果奖一等奖

完成单位：国家电网河南省电力公司

主要完成人：孙金泉、于笑飞、丁杰、安静、刘惠兰、李艳君、丁巧真、刘星宇、毕永峰

该系统平台以网络为基础，以档案信息资源为核心，运用先进的网络技术和存储技术进行档案信息的收集、整理、存储和开发利用，实现公司各类档案资料信息化、标准化、规范化管理，实现省、市、县三级供电企业全覆盖。平台涵盖档案检索、个人待办事项、档案业务、业务设置、权限管理等功能，实现了档案检索、收集整编、归档、移交、借阅及开发利用等全过程管理。采用基于J2EE的“WEB/中间件/服务器”技术架构，使用开放总线，确保系统的扩展、维护和升级方便可行。平台设计既适应“大集中”的模式，又适应“区域中心适度集中或分布”模式，同时提供了方便高效的C/S辅助工具，为单点个人用户提供了对平台最大方便和高效的使用。

基于Flex的数字档案管理系统

河南省档案局优秀科技成果奖一等奖

完成单位：郑州简博信息技术有限公司

主要完成人：杨朝钦、李洛丽、李溪源、乔丹丹、范璟玉、王前方、王明宇、陈伟、孙继平

该系统以全新开发的基于Java＋Flex研发技术的基本产品为依据，并注重研究了Flex技术在档案信息资源管理基本业务的实现。确保了档案信息资源网络管理与服务的安全性能。系统体现档案业务的基本工作需求及流程，涵盖了“收、管、存、用”的基本业务范畴，包括文件管理、档案管理、档案应用、电子文件管理、综合管理、系统管理等六大基本模块，从技术层面对档案业务流程进行重组，操作简便、功能完善，适应广大基层档案工作者的需求。系统运行稳定、性能可靠、界面友好。

第七届全国农运会档案管理与应用研究

河南省档案局优秀科技成果奖二等奖

完成单位：南阳市档案局、南阳理工学院

主要完成人：金鹏、陈明英、白丽霞、陈健、李冬霞、惠全海、陈明洁

该项目是南阳市档案局以第七届全国农村运动会档案管理为对象展开研究，分两部分，第一部分为第七届全国农运会档案管理，详细介绍了第七届全国农民运动会档案管理工作的整体思路、创新的理念与做法、取得的成就、存在的问题。第二部分结合此次农运会档案管理工作的实践经验，说明了对如何做好市级及以下重大活动档案工作的几点体会。该项目研究针对性强且具有现实的实践基础，项目研究成果已在部分县区和南阳市其他大型活动和重大项目中进行了推广应用，取得了良好的社会效益和经济效益。

档案编研工作资政研究

河南省档案局优秀科技成果奖二等奖

完成单位：焦作市档案局

主要完成人：张瑞杰、韩金昌、王雪萍、黄岩臣、刘静、李兴利、王聪

该项目从焦作市档案局创新档案编研理念，尝试档案编研工作资政新途径而创办的《档案参阅》

实践出发，研究焦作市的档案工作如何更加贴近党委、政府中心工作，服务全市社会、经济、文化等各项事业的发展，实现档案编研工作资政参考的作用。项目对《档案参阅》的创办理念、刊物定位、受众对象，文章的筛选、定稿和语言特点，以每期中心选题、刊发形式等方面进行研究，从而有效发挥档案编研工作资政参考作用，使档案工作更全面的为各项事业服务。

基于信息资源共享的高校档案管理模式研究

河南省档案局优秀科技成果奖二等奖

完成单位：郑州大学档案馆

主要完成人：张晓培、刘敏华、刘培霞、张予宏、沈姣、何丽萍、李彩丽

该项目主要研究了信息化背景下高校档案信息资源共享问题，通过在档案信息资源共享方面的进一步研究，拓展档案管理理论的视野；分析高校档案信息资源共享所涉及的一些理论问题，尝试执行一种新的档案管理思想及管理方式，促进高校档案工作方式甚至思维方式的有益转变，最大限度地开发、利用和共享高校档案信息资源；关注高校档案信息化建设的现实，按照档案信息资源共享的内在要求，研究综合性的对策措施，推动高校档案信息资源共享实践的发展。课题的调研数据、调研报告、结题报告等研究成果供各级档案管理部门和档案界研究人员使用或参考，为各级档案利用服务工作、档案科研工作提供必要的借鉴。

合并院校档案信息资源整合、开发、利用研究

河南省档案局优秀科技成果奖二等奖

完成单位：驻马店职业技术学院

主要完成人：张瑜、周静平、刘若慧、乔青、万玲玲

该课题立足现实与实践，对合并院校档案信息资源整合、开发、利用的内涵进行了解读，分析合并院校档案信息资源整合、开发、利用研究的必要性；提出课题研究的目标、研究内容及理论依据，该课题研究成果对合并后院校档案信息资源整合、开发及利用具有一定的理论指导及推广价值。课题研究具有较高的实用价值。课题通过合并院校档案信息资源整合的探索为今后工作提出了积极的建议。该课题研究方法科学，技术资料完整，课题方案设计合理，论证数据可靠，论证的结论科学合理。

高校中外合作办学项目评估试点档案的形成与管理研究

河南省档案局优秀科技成果奖二等奖

完成单位：中原工学院

主要完成人：黄晓丹、韩红磊、朱佳慧、刘斌、牛晓山、高岩、胡洛燕

该项目探索了高校中外合作办学项目评估试点档案的形成原因、具体内容与管理方式，对中外合作办学项目评估试点档案进行了深入研究。同时，与中原工学院综合档案室、学校评估中心、对外交流与合作办公室密切协作，在中原工学院国际教育学院、中原工学院亚太国际学院这两个需要开展相应评估的单位进行了为期两年的具体实践工作，取得了较好的应用成果。该课题被应用到中原工学院的中外合作办学评估试点的材料整理和后期的管理中，指导中原工学院中外合作办学项目评估中实体档案的收集、整理、编目、归档及管理。事实证明，课题组提供的档案资料的收集、整理、日常管理等方法，实用性强。

企业档案信息资源开发利用策略研究

河南省档案局优秀科技成果奖二等奖

完成单位：郑州航空工业管理学院

主要完成人：朱兰兰、王伟英、崔红伟、王会粉、祝洁、高大伟

该项目在调查的基础上，从企业档案信息资源入手，分析了企业档案信息资源开发利用主体的构成和特点，以及企业档案信息资源利用需求；同时剖析当前企业档案信息资源开发利用存在的问题，进而从思想认识、资源建设、技术、人才、服务体系构建等方面全方位提出企业档案信息资源开发利用策略。最后，进一步分析了企业档案信息资源开发利用应处理好的两大问题，即企业档案信息资源开发利用中的控制利用问题和知识产权保护问题。项目研究成果不仅对档案开发利用理论作了有益的补充，而且对企业档案工作也具有一定的指导意义。

图书标准化成果对档案标准化进程的影响研究

河南省档案局优秀科技成果奖二等奖

完成单位：开封大学

主要完成人：徐莹、师琴、张宇霞、梁惠霞、张军、张帆、苏瑞

该课题运用对既有文献的非接触性定量与定性研究的方法，对改革开放以来全国档案、图书标准化的发展情况进行比较与互鉴研究。主要研究了五个方面的内容：一是档案、图书标准化情况综述，二是档案、图书标准化研究的主要内容、方法与成果，三是档案、图书标准化进程与现状，四是档案、

图书标准化比较研究的成果，五是图书标准化成果对档案标准化进程的影响与借鉴研究。课题研究力图从比较与互鉴研究分析中发现一些共性问题，汲取图书标准化过程中的教训，借鉴经验，学习方法，为档案事业建设发展提供参考性建议，具有较强的现实意义和参考价值。

档案开放中的公民隐私权保护研究

河南省档案局优秀科技成果奖二等奖

完成单位：黄河科技学院

主要完成人：刘晨、齐玉萍、韩捷、孙广坤、袁大帅、尹沛东

档案记录着人类生活的方方面面，其内容也包括公民的隐私。档案开放利用的过程涉及到隐私的保密和公开。档案开放既要维护每一个社会利用者的利用权，又要保护档案形成者和隐私关联人的隐私权。在档案的开放利用中如何协调两者之间的关系，成为一个迫切需要解决的现实问题。课题组通过研究我国档案开放利用工作中针对隐私权保护相关的法律法规，同时分析了现实中存在侵权现象的原因，剖析我国在此方面存在的不足，并对国外的相关立法进行研究，借鉴国外经验，提出了相应的法律对策。以期对于促进我国档案法制建设，维护公民合法权益，保障我国档案开放利用工作的健康顺利进行，起到应有的重要借鉴意义和参考价值。

石油企业档案信息传播服务体系建设研究

河南省档案局优秀科技成果奖二等奖

完成单位：河南油田第二采油厂

主要完成人：崔连训、李国奇、任文清、倪玉红、李玉峰、琚晓亣、卢胜慧

该项目将现代传播学和现代营销学引进、应用到档案信息传播领域，通过加强传播服务基础设施建设、资源体系建设、传播服务平台建设、利用体系建设，满足全厂职工家属信息服务需求，该体系以资源体系建设为基础，以职工家属为传播对象，以厂信息网等为主要传播载体，以档案法规制度、档案专业知识、档案信息发布等为主要传播内容，创造性地构建了以档案室为中心、以机关各职能科室和三级单位档案员为基础、覆盖全厂的档案信息传播服务体系。该体系在河南油田推广后，使档案信息传播和利用服务与油田的科研生产业务高度融合，与油田服务型机关建设目标高度融合，使油田档案信息的利用率比前一年提高了31%，大大提高了档案系统在油田的影响力。

企业档案信息资源共享机制的实践与应用

河南省档案局优秀科技成果奖二等奖

完成单位：平煤股份运销公司

主要完成人：刘丽平、张伟、胡代英、高朝霞、孙莹莹、张喜英、张玉敏

该项目从信息时代对档案工作新理念的要求和企业档案工作自身发展的需要出发，对企业档案信息资源共享机制的实践与应用进行深入研究。课题通过梳理企业档案信息资源开发的几个阶段，研究了企业档案信息资源共享的时代背景和已具备的基础条件，分析企业档案信息资源共享的意义，并对运销公司近20年档案信息化探索和实现信息资源共享的道路进行分析和梳理，对众多单位提供有益的借鉴；通过对企业档案信息资源共享的现状及问题进行分析，研究制定出解决企业档案信息资源共享需采取的措施和建议，建立企业档案信息资源共享的几种模式及运行机制，并对企业集团档案信息资源共享模式的应用提出设想。

河南计划生育系统数字档案信息安全现状研究

河南省档案局优秀科技成果奖二等奖

完成单位：河南省人口和计划生育科学技术研究院

主要完成人：冯艳、夏冰、罗大琦、郑晓岚、秦爱华、冯向阳、蒋丽芳

项目研究结合河南省实际情况，在全省随机选取省级计生部门（省计生科研院、省药具管理站和省计生协会、省计生干部学院）4个、市级计生部门（包括市计生委、市药具站、市协会、市技术指导站）26个、县区级计生部门（包括县计生委、县计生指导站、县药具站）40个和部分工作人员展开基础调研，发放调查表，并组织现场实地查看和个人访谈。完成对项目数据汇总、分析、总结、撰写调查报告等，通过定向研究、定量研究和现场观察对省、市、县三级计生部门数字档案信息安全现状有基本了解，并针对计生系统数字档案信息安全存在的问题提出了建议和对策。

豫北档案信息化建设现状与发展对策研究

河南省档案局优秀科技成果奖二等奖

完成单位：鹤壁职业技术学院、河南天海电器有限公司

主要完成人：巩淑芳、王玉红、王伟英、王佳、于桂馥、张武、高建民

该课题通过对豫北地区焦作、新乡、安阳、濮阳、鹤壁五个省辖市中的市级国家档案馆、县（县

级市）区级国家档案馆、高校档案馆（室）、市属企事业单位档案馆（室）的档案信息化建设情况进行调查，了解豫北地区不同市区、不同级别、不同类型档案馆档案信息化建设的实际状况。分别从档案信息化基础设施建设、档案资源信息化建设、档案信息网站建设、档案信息安全保障体系建设、档案信息人才队伍建设等五个方面进行研究剖析，分析查找了当前豫北档案信息化建设中存在的问题，研究探讨解决问题的方法，提出切实可行的发展对策。课题调查深入，数字准确，内容翔实，对豫北各省辖市档案信息化建设具有一定借鉴意义。

政校企三方合作规范企业电子文件和电子档案管理程序的研究与应用

河南省档案局优秀科技成果奖二等奖

完成单位：郑州牧业工程高等专科学校

主要完成人：雷鸣、刘晓玲、罗大琦、朱萍、王燕、李景云、王前方

该课题在对河南省企业电子文件和电子档案管理现状调查统计的基础上，提出充分发挥政府档案管理部门和高职院校的作用，发掘企业自身潜力，政、校、企三方合作，规范全省企业电子文件和电子档案管理的程序，提高全省企业电子文件和电子档案管理水平。项目提出新的思路：政府档案管理部门依据国家已经出台的电子文件和电子档案的相关法规，结合全省实际，出台并完善企业电子文件和电子档案管理的相关法规、制度，制定企业电子文件和电子档案管理的标准。高职院校和企业产、学、研结合，共同培养档案管理人才，特别是电子文件和电子档案管理的人才。企业转变观念，创新体制，切实提高电子文件和电子档案管理水平，加强电子档案利用，全面提高企业档案管理水平。

云计算在档案信息化建设中的现状与对策研究

河南省档案局优秀科技成果奖二等奖

完成单位：河南财政税务高等专科学校档案室

主要完成人：魏红、项孟君、江霞、杜百安、李小环、张灵

该项目主要研究四个方面的问题，一是对与该项目研究相关的理论进行了综述，论述了云计算的概念、云环境的特点、云计算的体系结构、云计算与其他运算的关系和其实现机制等。二是介绍了国内外云计算相关研究的现状。三是分析云计算对档案信息化的影响。阐述云计算在数字档案系统中的价值；分析当前我国档案信息化发展所面临的问题；云计算应用于档案信息化的功能优势；云计算在档案信息化建设中存在的主要问题。四是讨论基于云计算的档案信息化建设实现的方法与策略。从逻辑层面上分析其实现的可行性，然后具体研究基于云计算技术数字档案系统的体系架构；进而阐述了数字档案系统云服务的内容和特点；最后提出建设云计算数字档案系统的策略。

基于网站集群的公共档案信息资源共享平台管理研究

河南省档案局优秀科技成果奖二等奖

完成单位：开封灵通技术研究所

主要完成人：梁惠卿、盖丙兰、王莉华、杨凯、王晶、张帆、茹爽英

网站集群管理系统是为网站集群构建与管理提供技术支撑的平台，解决了门户网站集群的独立权限下的数据共享，提供了大型同构门户网站集群分布式部署解决方案和异构网站信息聚合解决方案。该项目以河南档案信息网为研究对象，实施边运行、边研究、边应用、边完善的模式。着重对网站管理方面如：网站集群管理的现状、网站集群基层管理员管理、多级全省远程公务通信、省市县 3 级网站集群管理等问题进行了研究。并在河南档案信息网站集群的具体管理工作实践中加以应用，形成了行之有效的理论观点和工作方法，取得了良好的效果。该研究为档案学信息化管理和档案网络应用方面提供一些有意义的探索。

档案网站信息资源组织与服务

河南省档案局优秀科技成果奖二等奖

完成单位：郑州航空工业管理学院

主要完成人：郝伟斌、刘晓玲、郎斌、安静、祝洁、朱兰兰

该项目从信息服务对象、内容、方式、技术和服务规范等方面对国内外档案网站进行比较分析，在此基础上，提出了我国档案网站顶层设计方案、档案网站信息组织与服务中存在的问题及对策、Web2.0 技术在档案网站中的应用策略，以及档案微门户的设计思路和技术路线等。为弥补当前档案网站的漏洞和不足，提出了档案网站信息组织与服务体系框架，同时为档案工作实践及后续的研究提供参考。项目研究人员与《档案管理》杂志社联合创办了“档案界”网站，与郑州市档案局、郑州市二七区档案局等档案部门合作开发了档案信息网，在网站信息资源的开发与服务方面进行了实证研究，并将研究成果应用于以上开发活动中，取得了较好的运用效果。

档案技术装备评价指标体系与评价方法研究

河南省档案局优秀科技成果奖二等奖

完成单位：开封市档案局

主要完成人：吴雁平、张淑芳、鲁德武、翟海燕、陈艳、刘娟、梁惠霞

档案技术装备种类与数量快速增长给我们提供多种选择与便捷服务的同时，各装备间的质量、性能差异，也给我们选择与使用造成了一些困难。该项目研究旨在通过对档案技术装备的性能、质量、性价比进行研究，拟定一个相对科学可靠的评价指标体系和公正有效的评价方法。该课题通过收集相关档案技术装备资料，分析档案技术装备使用质量、档案技术装备保障实力、档案技术装备生产企业综合实力三个不同层面，对档案技术装备评价指标与评价方法进行了研究。从学术上讲，为档案学服务方面提供一些有意义的探索。从经济上看，有助于提高有限经费的效益。其社会价值是可为档案技术装备采购提供第三方中立性评价与评估。

新乡市（县）档案馆安全保障体系建设问题研究

河南省档案局优秀科技成果奖三等奖

完成单位：新乡市档案局、新乡医学院

主要完成人：贾兆全、张静、瞿静、张艳芳、苏甦

该项目在《新乡市（县）档案馆安全保障体系现状调查》的基础上，重点对新乡市（县）13个档案馆基本建设情况，以及档案馆环境状况、管理水平、技术力量展开了调研。在项目研究中注重理论与实际结合，“摸清档案馆安全状况，开展安全评估先行试点，掌握风险隐患，构建安全保障体系，实现档案馆安全保障有力”。此项目研究对市（县）档案馆安全保障体系建设和发展具有重要的现实意义。项目组成员参与了《河南省各级档案馆档案安全风险评估办法（试行）》《河南省各级档案馆档案安全风险评估标准》研讨修订及安全评估试点工作。项目相关研究成果在各地市（县）20多个档案馆推广应用，为提高档案馆安全保障能力建设起到了参考和借鉴作用。

焦作市企业档案编研工作的现状与思考

河南省档案局优秀科技成果奖三等奖

完成单位：焦作市档案局

主要完成人：王雪萍、张瑞杰、郑艳玲、程媛媛、唐敏

该项目立足于档案编研学，以焦作市企业档案编研工作为研究对象，对企业档案编研情况的现状进行分析，找出存在的问题，分析原因，并提出切实可行的解决对策。分为四个部分：一是对焦作市企业档案编研工作的具体情况和存在的主要问题进行阐述，指出焦作市企业档案编研工作相对滞后的现状；二是通过现状分析，从五个方面找出造成这种现状的原因；三是改进企业档案编研工作的对策。提出企业档案编研人员应该从更新观念、提高认识，立足实际、科学选题出发；四是对企业档案编研工作的新思考，即在档案编研工作中要树立由“小”到“大”的渐进意识、求真求精的质量意识以及与时俱进的网络意识。

台前县农村档案工作机制创新研究

河南省档案局优秀科技成果奖三等奖

完成单位：台前县档案局

主要完成人：王凤珍、兰坤、王慧

该项目结合农村档案工作的迫切性，以及应该引起重视的问题，提出了具体工作方案，并进行了实践。重点从下面四个方面问题进行了研究：一是做好新农村档案工作的重要意义。二是目前农村档案工作的现状。三是农村档案工作存在的问题及形成原因分析。四是创新农村建设档案工作管理机制、方法的具体措施。项目分析问题切合农村当前实际，提出措施可行性强，为农村档案工作开展提供了一定的依据。

利用档案保护国家非物质文化遗产——宛梆剧种

河南省档案局优秀科技成果奖三等奖

完成单位：内乡县档案局

主要完成人：张国俊、袁月丽、张艳辉、冯晓

内乡宛梆剧种档案具有强烈的地方特色，内容丰富，载体多样，真实直接地反映了该剧种的基本面貌、传承情况等，不仅能为其申请国家级非物质文化遗产项目提供凭证，更能为抢救保护宛梆艺术档案和传承社会文明起到重要的现实意义和不可估量的价值。一是馆藏档案《中国戏曲音乐·集成河南卷·宛梆音乐》对宛梆剧种的抢救工作起了极其重要的作用。二是宛梆剧种档案为申报宛梆剧种成为首批国家非物质文化遗产提供了重要依据。三是利用馆藏档案资料编辑《艺苑奇葩——内乡宛梆》《宛梆音乐研究》等出版刊物，拍摄成宛梆资料片、专题片、宛梆剧团录像片等在全国进行广泛宣传并取得了一定的社会效应。

政府信息公开成效评估研究

河南省档案局优秀科技成果奖三等奖

完成单位：郑州大学图书馆

主要完成人：杨俊丽、吴志红、马志杰、曹燕、王利

该课题从界定政府信息公开成效评估的内涵、范畴、特征以及价值取向等基本问题入手，明确政府信息公开成效评估体系构建必要性和可行性，阐述评估体系构建的基本思路，分析政府信息公开成效评估体系的主体要素、客体要素、指标要素等的基本构成及其相互关系，进而初步构建政府信息公开成效评估体系，选择可行的政府信息公开成效评估体系的工具方法，并针对性地提出推进政府信息公开成效评估的策略与路径。

档案、图书、情报管理互鉴研究

河南省档案局优秀科技成果奖三等奖

完成单位：开封大学、开封市档案局

主要完成人：刘秀花、吴雁平、刘娟、师琴、陈凯

档案、图书和情报一体化管理，建立“三位一体”的文献、信息中心，实现部门之间的横向联系和协作，最大范围地发挥信息资源的作用，是档案、图书、情报事业发展的必然趋势。三者在管理上亦有许多可以相互借鉴的方式、方法、经验、模式。该项目通过改革开放以来档案管理和图书情报工作的管理情况综述、三者在管理研究方面的主要内容和方式方法、改革开放以来三者管理进程与现状、管理方面比较研究的成果以及对档案管理进程的影响和借鉴等的研究，汲取对档案管理有益的成分，促进档案事业的建设和发展。

高校档案在校园文化建设中的作用研究

河南省档案局优秀科技成果奖三等奖

完成单位：开封大学

主要完成人：王茜、成芳、范明姬、王永生、阮秀玲

该项目在分析文献掌握理论的基础上，设计合理有效的调查表，选取河南省内高校郑州大学、河南大学、开封大学等5所院校进行调研，通过问卷调查、访谈和实地调查等形式，调研分析档案工作在本科、专科不同层次，综合、专门不同院校，文科、理工不同学科校园文化建设中的作用，在具体的论述中与理论相结合，将抽象问题具体化、理论问题实践化。一是对国内外相关研究成果进行综述；二是对相关概念的阐释；三是分析高校档案在校园文化建设中的作用；四是调研的具体情况；五是当前高校档案在校园文化建设中作用的发挥及存在的问题；六是解决问题的对策。

民办高校教学档案分类体系研究

河南省档案局优秀科技成果奖三等奖

完成单位：黄河科技学院

主要完成人：刘晨、齐玉萍、张舰、孙常辉、尹沛东

高校档案是文化教育事业的档案之一，是一个相对独立的档案门类，是体现学校教育质量和管理水平的重要标志。是高校在履行其职能过程中产生的具有保存价值的业务材料，是高校工作总结的重要内容和制定工作计划的重要依据。该项目组针对民办高校教学档案的利用情况进行了详细的分析，并且针对它的利用现状提出民办高校教学档案科学分类需要坚持三个原则，即借鉴《分类法与规范》与创新管理模式相结合的原则，借鉴高校教学工作水平评估指标等级标准进行分类的原则，结合档案产生的实体来源及功能原则。在此基础上拟定教学档案科学分类统一标准，以满足在教学过程中所产生的实体归档需求，促进教学档案信息化、网络化。

以校验规则为基础的全面提升档案数据库质量机制研究

河南省档案局优秀科技成果奖三等奖

完成单位：郑州市档案局

主要完成人：徐宏杰、李永强、杨红燕、石华、张玉敏

该课题主要研究全面提升档案数据质量控制机制，包括质量控制标准和质量控制策略。课题提出了“分层次规则校验”和“校验规则动态可定制”的思路，采用校验规则，自动挑出数据库中不符合规则的数据，展示给用户，供其修改。档案数据涉及各档案室、档案馆、文书形成部门，到档案入馆阶段才发现错误未免为时过晚，需要对数据形成过程进行全面质量管理，而当地校验、移交校验和入馆校验三层校验是保证档案数据准确性、有效性的重要途径。课题以建立和维护数据校验规则为基础，从组织、管理、沟通、验证、流程等方面出发，档案行政部门、各级档案部门档案人员、软件开发商各司其责，协同配合，将档案数据的全面质量管理作为一项长期的工程进行实施。

电子文件异质备份策略研究

河南省档案局优秀科技成果奖三等奖

完成单位：郑州市档案局

主要完成人：冀艳春、杨柳、裴楠萌、焦丹阳

该项目概略阐述了电子文件异质备份工作的概念、现状及问题。电子文件异质备份是一门涉及学

科及技术门类众多的技术工作，是一项复杂的系统，也是一项基础性、战略性、经常性实践活动，需要进行全方位的论证、规划、实施和评估，才能保证电子文件异质备份的有效进行。该项目分别从论证、规划、实施、评估、管理、法律制度、技术、人才、经济和安全等方面提出一些相关的可行策略。从宏观到微观，构建电子文件异质备份的整合策略模型。

地市级档案信息资源共享平台建设

河南省档案局优秀科技成果奖三等奖

完成单位：焦作市档案局

主要完成人：杨满玲、刘国安

该项目主要研究了在地市级政务平台和互联网平台上如何建立健全档案信息资源共享机制，实现档案信息资源整合和有效共享。系统建设的最终目标是成为全市档案信息资源的数据中心和数据交换站，成为集全市政务、历史、教科文卫等各类档案数字信息为一体的数据最丰富的数据库管理系统。就功能而言，它包括各类数字信息采集系统、数据管理系统、发布利用系统、安全防范系统。就数据内容而言，它包括目录数据中心、全文数据库、多媒体数据库、图纸图像数据库等。实现电子文件和档案信息的规范管理，减少重复劳动及降低数据处理成本，实现政务文件、档案信息资源共享，统一标准、统一规范，保障数据的安全性。

区域性电子文件备份中心建设研究

河南省档案局优秀科技成果奖三等奖

完成单位：郑州大学

主要完成人：刘亮、伏琰、白广思、崔彬、张文娜

该项目从宏观的角度论述区域性电子文件备份中心建设的必要性和可行性，对区域性电子文件备份中心建设的一系列问题进行了理论与实践上的探讨，并对电子文件中心、区域性电子文件备份中心和电子政务灾难备份中心进行了较为详细的分析和比较。立足于区域性电子文件备份中心建设应遵循的原则，提出了区域性电子文件备份中心的环境建设和运行管理机制建设及区域性电子文件备份中心建设的具体要求，并对区域性电子文件备份中心的建设策略及相关技术进行了一定的分析。探讨了区域性电子文件备份中心与之不同的构建模式。并从宏观到微观，分析了区域性电子文件备份中心的实施过程。最后分析了区域性电子文件备份中心的管理和运营。

网络环境下在线专题编研研究

河南省档案局优秀科技成果奖三等奖

完成单位：中石化河南石油勘探局档案馆

主要完成人：李国奇、张迎九、李玉峰、张东晓、任文清

该项目研究在线专题编研档案资源数据库，以实用、快捷、高效为目标，利用信息技术手段，对档案信息进行集成管理，实现档案信息资源的存储数字化、管理自动化、利用网络化。制定了标准规范的可操作的制度和流程体系，各项控制实现了程序化、规范化，使档案信息在油田内部自上而下、横向之间进行有效的控制与传递；准确的动态档案信息数据；实现分级管理，提高了全局档案工作管理水平；提供便捷的利用方式，网站上开设档案流媒体在线播放，利用者可浏览关注油田动态和时事新闻影像资料；提供管理经验和模板，对油田档案业务部门实施档案管理，为完善及推动中石化企业档案的规范化和科学化管理提供了借鉴。

档案库房温湿度调控安全防护技术研究

河南省档案局优秀科技成果奖三等奖

完成单位：河南石油勘探局房地产管理处

主要完成人：李瑞林、薛华敏、王俊青、张东晓、李玉峰

该项目实施过程中，项目组成员收集查阅了大量南阳地区气象资料，通过重点分析近几年数据，总结出室内外温湿度变化规律，同时结合本地区地理特征，找出适合本单位档案库房温湿度调控的关键。并以土地档案室为例，进行了档案库房密闭实验和温湿度波动实验。实验结果证明库房密闭和温湿度相对稳定对于保护档案和节约能源有着极其重要的作用，并将实验结果应用于房地产管理处档案室改造工程中。在安全防护技术研究中，重点加强了安全设施和安全制度建设。进行了烟雾报警系统、红外线安全检测系统实验，同时建立健全了档案管理各项规章制度，并把档案管理纳入单位 HSE 管理体系。

中石化华北石油局地质资料管理信息系统推广应用

河南省档案局优秀科技成果奖三等奖

完成单位：华北石油局综合档案馆

主要完成人：唐泉、顾勤勤、罗晓晶、段保慧、王荣荣

该项目研究共分三个阶段实施，第一阶段完善华北石油局综合档案馆以往的历史资料电子目录数据，第二阶段对已接收的 2008 年股份公司调整由华

北石油局负责勘查的新区块所有资料进行全文扫描，第三个阶段对与华北石油局勘探开发紧密相关的地质资料进行全文扫描，初步建立健全华北石油局地质资料馆藏目录数据库、全文数据库，全面建设华北石油局地质资料管理数据库。重点研究了以下内容：一是对馆藏地质资料进行科学分类整理。二是对传统档号结构进行改革。三是规范标签形式。四是制定资料案卷与文件的异构导入模板。五是建立地质资料目录及全文数据库。

多媒体档案信息管理系统研究与实现

河南省档案局优秀科技成果奖三等奖

完成单位：开封大学、开封市档案局

主要完成人：杨桦、梁惠卿、张新成、张才千、李林

该课题从多媒体档案信息管理系统的应用，以及促进档案管理水平提高着手。在多媒体档案管理中，从档案数据的采集、到多媒体的档案信息的组织、管理需要进行详细的设计规划，从各个层面来满足档案管理的实际需求。项目研究从开封市档案局多媒体档案信息管理的实际情况出发，通过对多媒体档案信息管理中各个环节的深入分析，发现多媒体档案信息管理系统需要对各种载体形式的多媒体档案数据进行数据采集，将多媒体档案数据形式进行规范化、通用化处理，提供给多媒体档案信息管理系统进行归档，以便最大限度地提高档案数据的利用率，同时在多媒体档案数据利用、管理中还要进行严格的权限控制，以保证档案数据的完整性、保密性等要求。

电子文件信息安全保障体系建设研究

河南省档案局优秀科技成果奖三等奖

完成单位：开封大学

主要完成人：李军、牛艳丽、饶兰、刘俊华、赵书锋

该项目在介绍国内外这一领域的相关研究成果的基础之上，从分析电子档案信息特点、电子档案信息安全需求以及影响电子档案信息安全的因素入手，从法律、标准、管理、人才和技术五个方面论述了电子档案信息安全保障的各种宏观策略。项目通过广泛的文献调研和实地考察，采用定性与定量分析研究相结合的方法，依据国内外相关理论，结合档案工作实际，借鉴前人所取得的研究成果，综合运用档案学，计算机科学以及档案保护技术，信息网络技术等多学科理论、知识、技术和方法，对电子档案信息安全保障问题进行系统性、综合性研究，结合我国的国情，综合运用多学科知识，提出并认证了电子档案信息安全策略。

重点档案抢救和保护策略研究

河南省档案局优秀科技成果奖三等奖

完成单位：郑州大学、郑州航空工业管理学院

主要完成人：张文娜、狄冬梅、王明娥、王会粉、白广思

该项目围绕重点档案抢救和保护的目的和意义、现状分析、重点档案的划分、重点档案抢救和保护的策略研究及实施工程化管理展开研究。该项目从理论研究到现状分析，分析了重点档案濒危的原因、抢救的必要性，并且在此基础上对重点档案提出了划分、抢救和保护的原则及内容。然后提出对重点档案抢救保护实施工程化管理，并对一些案例进行分析，从管理层面、工作人才、设备配置、技术安全等方面提出了工程化管理的一些具体内容。最后提出，对重点档案的抢救和保护是多层面的，从技术层面进行预防保护；从管理层面提供标准规范、政策支持、法律保护；从社会层面提供档案保护的社会环境，促进档案保护协调有序、良性发展。

抗战时期大后方经济开发文献资料选编

重庆市档案局优秀科技成果奖特等奖

完成单位：重庆市档案局（馆）

主要完成人：唐润明、胡懿、冯丽霞、罗永华、高阳

抗战时期大后方经济的开发，对中国抗战和中国历史都产生了巨大作用和影响：一方面，依托大后方的开发特别是经济开发，支撑了八年抗战，为最终胜利作出了巨大贡献；另一方面，因抗战而带来的西南西北大后方的经济开发，缩小了东西部的发展差异，并为西南西北地区的进一步发展奠定了坚实的基础。作为拥有40余万卷抗战历史档案的重庆市档案馆，为借鉴抗战时期大后方经济开发的经验教训，深化抗战时期中国抗战大后方的研究，于数千万字的档案资料中精选了抗战时期有关专家学者、政府官员关于大后方经济开发理论与实践结果的文章90余篇，编辑成《抗战时期大后方经济开发文献资料选编》，公开出版，供学者研究利用和现实借鉴。

行业特色院校校史馆建设及其育人功能的发挥

重庆市档案局优秀科技成果奖一等奖

完成单位：重庆邮电大学

主要完成人：高永青、黄秋实、吴朝文、王月、

杨婵、何郑涛、胡丹

该项目以重庆邮电大学建成的重庆高校行业特色鲜明的校史展览馆为实践对象，创新校史馆工作机制，联动档案工作新发展，推进校园历史文化育人工作，协调教育教学相关工作，注重运用档案研究和教育管理相关理论，打造以校史资源建设为主线、校史展览为平台、校史育人功能发挥为一体的校园文化建设精品。项目重点解决行业特色院校校史馆建设经验、行业特色院校校史馆育人举措、学校校史和档案资源整体建设等关键问题。目前，学校校史展览馆已成为记录学校历史、弘扬学校传统、展示办学成就的重要载体，宣传学校工作和反映科技进步的重要窗口，爱校荣校和科普教育的重要基地。

数字档案馆建设模式研究

重庆市档案局优秀科技成果奖一等奖

完成单位：重庆大学、重庆长安汽车股份有限公司

主要完成人：杨艳、喻玲、王艳晖、张诚民、王敏、肖杨、肖红霞

该课题在理论研究和考察调研的基础上，完成了“国内外数字档案馆建设模式理论研究”、“兵装集团档案信息化建设建议方案”、“兵装集团总部数字档案馆建设规划方案”、“重庆长安汽车股份有限公司数字档案馆建设规划方案”、“重庆长安汽车股份有限公司下属企业数字档案馆建设思路”。

课题研究从宏观上基本解答了兵装集团及总部、重庆长安股份有限公司及下属中小企业档案信息化及数字档案馆建设背景、建设意义及怎样建设的问题。

抗战时期国民政府在渝纪实

重庆市档案局优秀科技成果奖一等奖

完成单位：重庆市档案局（馆）

主要完成人：唐润明、高阳、胡懿、冯丽霞、罗永华

《中国抗战大后方历史文化丛书》是国家出版基金项目，由档案文献、学术著作、普及读物组成。《抗战时期国民在渝纪实》正是该丛书档案文献部分中的一册，由重庆市档案局（馆）编研处负责编辑。该书秉着尊重史实、尊重档案的原则，全面展现了抗战时期国民政府各个机构迁都重庆的背景、经过、在渝工作的创新发展及抗战结束后陆续迁返原址的过程，既是研究抗战大后方历史珍贵的史料，也是通俗简明的抗战读本。

新形势下高校档案工作创新研究

重庆市档案局优秀科技成果奖二等奖

完成单位：重庆交通大学、重庆市教委

主要完成人：陈国容、王静、谢鹏、陈晨、张俊、魏童龄

随着高等教育与信息技术的快速发展，高校档案工作出现了与之不相适应的困境局面。比如，合并高校档案资源如何整合、特色资源如何保存与开发建设、历史档案资源如何整理保存、档案资源如何确保及时收集和归档、档案资源如何开放利用、档案意识与档案管理水平如何提高等等。通过对高校档案管理在工作观念的创新、工作机制的创新、工作内容的创新、工作环境的创新、工作人员继续教育的创新等方面进行探索，提出有价值的、切实可行的对策建议，变被动为主动，破解一些亟待解决的问题。

中外档案利用比较分析

重庆市档案局优秀科技成果奖二等奖

完成单位：重庆交通大学

主要完成人：徐蔚

利用档案是当今各国档案部门存在以及发展的关键，是档案管理工作中相当重要的一个环节。目前世界各国在档案的利用方面既有共性又存在差异。我国档案部门在利用档案服务社会、服务群众、服务科研，推动社会经济发展方面发挥重要作用的同时，也存在一些诸如利用档案手段有限、后劲不足等弊端，因此，借鉴国外利用档案的先进理念与方法就显得尤为重要。该项目就中外利用档案方面的不同及互通性进行探讨，充分借鉴国外利用档案的做法、经验，对提高我国利用档案服务社会、服务人民群众的水平具有重要意义。

重庆大轰炸档案文献·财产损失(文教卫生部分)

重庆市档案局优秀科技成果奖二等奖

完成单位：重庆市档案局（馆）

主要完成人：唐润明、罗永华、胡懿、冯丽霞、高阳

《重庆大轰炸档案文献》是《中国抗战大后方历史文化丛书》的重要组成部分，是在中共重庆市委抗战工程办公室指导下，由重庆市档案馆负责编辑，重庆市档案馆编研处具体实施的一个重要项目。《重庆大轰炸档案文献·财产损失（文教卫生部分）》是该丛书的一部，主要以原始档案的形式，全面展示重庆大轰炸期间，在日机轰炸下文教卫生系统财产损失情形，既是生动的爱国主义教育题材，又是重

庆大轰炸专题研究珍贵的史料。

重庆市巴南区档案馆指南

重庆市档案局优秀科技成果奖二等奖

完成单位：重庆市巴南区档案局

主要完成人：黄平、文平忠、白志斌、刘国富、赵明伟、田忠政

新编《重庆市巴南区档案馆指南》按照国家档案局颁布的《档案馆指南编制规范》，结合档案馆馆藏特色进行编写，全面介绍了巴南区档案馆的基本情况、业务工作程序、馆藏档案资料内容，力求档案资料介绍全面、语言文字通俗易懂，使其成为档案利用者利用档案资料的指南、社会各界了解巴南区档案馆的指南。该书共分档案馆概况、民国档案全宗介绍、建国后档案全宗介绍和附录等四个部分，可使档案利用者了解档案馆的基本情况，了解档案的基本规章制度，了解利用档案的相关手续，掌握馆藏档案资料的有关情况，为利用者提供更多的服务信息。

重庆新华书店集团公司档案信息管理平台

重庆市档案局优秀科技成果奖三等奖

完成单位：重庆新华书店集团公司

主要完成人：郑全、邓新、庞亚利、谭欣

重庆新华书店集团公司档案信息管理平台（以下简称“平台”）是集团公司信息化建设工程重点项目之一。该项目是以计算机网络为基础，充分利用网络集群等先进技术，采用C/S架构，建立传输高效、查询方便、运行可靠的信息体系，实现档案信息即时录入、查询接收、利用分析等多项网络服务功能，促进了集团公司档案工作的信息化水平。该平台根据集团公司档案管理实际情况，将集团公司档案业务划分为五大类：文书档案、职工档案、会计档案、科技档案、特殊载体档案。档案工作人员在信息系统中分类管理、相互保密、信息独立，及时记录日常档案工作内容，建立档案接收、查阅、借阅、审批、利用、报废等台账。

档案信息化建设的理论构架及实践探索

重庆市档案局优秀科技成果奖三等奖

完成单位：重庆工商大学档案馆

主要完成人：翟红、钟增胜、李启卿、林丹、谭必芳

该项目为重庆市教委人文社会科学研究项目，是在国家信息化的战略大背景下，结合重庆市高校档案信息化的实际提出了高校档案信息化建设的一些思路，对重庆市高校档案信息化工作具有指导意义。该课题充分采用调查研究的方法和文献检索的方法，对重庆市高校的档案信息化现状进行了充分的调查研究，在充分论证开展档案信息化工作的必要性、紧迫性的基础上，详细分析了重庆市各大高校档案信息化工作的现状，对档案信息化的基本内容、规范、标准、制度建设以及档案信息化的基础设施建设、档案管理应用系统建设、档案信息安全保障体系建设、对各子系统包括学籍档案进行链接等方面进行了系统、翔实的研究，并提出了目前高校档案信息化的相关对策。

民国巴县档案史料汇编（二）——禁烟

重庆市档案局优秀科技成果奖三等奖

完成单位：重庆市巴南区档案局

主要完成人：陈国频

该项目收录了民国中央政府、民国四川省政府、民国重庆市政府、民国巴县政府以及民国国防部、军警等禁烟毒的相关规定，全书分为民国中央政府禁毒法规、民国四川省政府禁烟毒办法、计划及规程、民国重庆市政府禁烟毒办法及计划、民国巴县政府禁烟毒办法及计划以及民国国防部、军警等禁烟毒的相关规定五个部分，全面展示了民国时期各级政府对禁烟毒的管理办法和措施。

档案“三个体系”建立探析

重庆市档案局优秀科技成果奖三等奖

完成单位：重庆市丰都县档案局

主要完成人：王尔欢、陶一康、陈博

该项目是关于“三个体系”建立的理论研讨文章，包括它们各自的定义、内涵、如何建立、彼此关系等等，旨在让广大兰台人对“三个体系”有所了解、引起重视，更是抛砖引玉，让更多的档案专家学者对“三个体系”加以解读，指导今后的具体工作。

（黄海）

（十）档案宣传工作

《中国档案报》改版

在宣传报道方面，一是忠实履行报纸宣传职能，为档案事业发展大局发挥好舆论宣传引导作用。一年来，报纸一二版紧紧围绕党和国家工作大局，围绕全国档案事业发展大局做好宣传工作。报纸开设了《局馆长论坛·群众路线》《群众路线大家谈》《学习贯彻十八届三中全会精神》等栏目，重点报道了档案系统模范人物代表朱志伟的先进事迹；认真做好栗战书同志关于向四川芦山“4·20”地震灾区档案工作者及其家属表示慰问、要求档案部门认真做好抗震救灾工作的宣传报道，全国“两会”报道，纪念毛泽东同志诞辰120周年报道，全国档案局馆长会议的报道，重大事件、重要纪念日的宣传报道等。二是弘扬档案文化，为繁荣发展社会主义文化服务。一年来，报纸三四版在深挖馆藏、弘扬档案文化为繁荣发展社会主义文化服务方面做了大量的宣传工作。开设了《珍档阅览·毛泽东论群众路线》《红色记忆·领袖与群众》《学党章 学理论 学历史》《珍档阅览·毛泽东书信解读》《档案揭秘·外国记者眼中的中国共产党人》《人物访谈·开国将帅子女访谈录》等栏目。此外在《档案公布》栏目刊登了有关证明钓鱼岛自古就是中国领土的大量档案资料地图等，起到了很好的宣传作用。三是加强版面策划，做到有计划有针对性的宣传报道。2013年中国档案报社着重抓了重大宣传报道的策划、抓了内容和版面的策划。把围绕档案工作重点、社会热点和百姓民生焦点，准确把握档案工作与社会的结合点，寻找档案工作融入社会的切入点，突出档案工作服务党和国家大局、服务社会、服务民生的亮点，弘扬档案文化作为策划的重点。在重大宣传报道策划方面，围绕重大宣传报道的任务不同，提出了不同的策划报道方案，如对全国“两会”报道、深入开展走转改活动、寻访最美档案人等重要宣传活动进行了精心策划，提出了切实可行的策划方案，从而有效保证了重要宣传报道的顺利进行。与此同时报社加强了评报工作，制定了评报制度，并每周在编前会上进行评报，全年评报151期，有效提高了编辑质量，减少了报纸的错情率。四是中国档案资讯网影响不断扩大，采编现代化程度不断提高。在做好报纸152期重要内容信息上网的同时，报社网站还加强了自编信息上网工作，做到了栏目内容的每天更新，全年编辑上网新闻稿件约100万字，更新信息6725条，处理上传图片2000余张，资讯网全年点击量达到300多万次。此外，网站还围绕党和国家工作中心、服务社会和服务民生的需求，围绕重大宣传在中国档案资讯网上策划开辟了82个专题栏目，起到了很好的宣传作用。

档案工作者摄影研究会第二届会员代表大会暨换届大会

2013年11月5—7日，档案工作者摄影研究会第二届会员代表大会在福建省召开。130多名代表齐聚福州，选举产生新一届研究会主席、副主席、常务理事、理事，审议并通过了新修订的《档案工作者摄影研究会章程》《团体会员入会细则》和《研究会经费使用管理规定》等，研究并拟定今后工作计划。中国摄影家协会发来贺信。研究会名誉主席、国家档案局副局长段东升到会祝贺，并对研究会今后工作提出要求。首届摄影研究会主席、国家档案局行财司司长郭海缨作研究会2006年至2013年工作总结。

大会选举中国档案报社副总编辑王国武为第二届研究会主席，丁志隆、魏四海、赵焕林、张金锋、杨文杰、杨智敏、贲道红、史火金、王书继、康凌云（女）、郑永明、于晓南（女）、张玉宪、李开华、宣明东为研究会副主席，柴丽为秘书长，杨来青、张杰民、郭韬、张小宁、曹群、徐春阳为副秘书长。大会还选举产生了56位常务理事，92位理事。截至会议召开前，会员总数已达530名。

段东升在讲话中充分肯定了研究会首届理事会所做的工作，并对今后的工作提出了5点希望：一是要坚持研究会的办会宗旨。始终把团结、凝聚、服务档案工作者，提高档案专业人员的综合素质，促进档案事业更好地服务经济社会发展作为总目标，组织开展活动。二是在继承和发扬以往工作中好经验、好做法的基础上，不断研究、探索摄影技术，以及影像电子档案管理的新方法、新手段。要加强交流，促进和提高影像档案管理的水平。三是要体现档案摄影特色，传播档案文化，服务文化强国建设，面向一线，面向档案工作者，捕捉鲜活事例，传播正能量。四是有所为有所不为。在组织开展活动方面，精心安排每次活动，做到量力而行，适度而为，提高活动质量和效果，不断扩大影响力。五是严格内部管理，加强财务监督。公开办会程序，提高管理水平，健康顺利开展工作。

王国武代表研究会新一届领导班子向郭海缨颁发了顾问聘书，并作了研究会工作规划报告。王国武表示，今后一个时期，研究会将大力发展团体会员，分区域开展档案摄影实践和培训活动；加强档案摄影摄像方面的研究能力，组织开展研讨交流等活动；积极参与重大活动摄影，扩大档案工作社会影响力；中国档案报社将继续支持摄影研究会工作，利用报纸、网络为会员搭建交流平台、宣传展示会员作品、丰富会员文化生活。

档案工作者摄影研究会自2006年成立以来，在各地档案部门的大力支持下，紧紧依靠广大会员，积极培养档案界新闻摄影人才，及时交流各地档案部门重大活动摄影存档经验，提高档案工作者保护和利用图片档案的业务能力。围绕党和国家重大活动，举办了纪念改革开放30周年“深圳杯”全国档案人摄影大赛和优秀摄影作品展；开展了以“档案记录世博精彩瞬间”为主题的摄影活动等，讴歌祖国的发展成就；举办了沙龙、摄影实践等活动和摄影技法等讲座；依托《中国档案报》、中国档案资讯网，开辟专版专栏，刊载会员作品，交流摄影经验，提高广大会员的摄影水平；协助其他单位举办展览、出版画册等，扩大了档案工作者摄影研究会的社会影响力。

配合各级档案部门开展“国际档案日”宣传活动

根据全国档案局馆长会议精神，从2013年起，每年的6月9日即“国际档案日”作为各级档案部门集中开展档案宣传的活动日。为配合各级档案部门在6月9日“国际档案日”开展宣传活动，提高全社会档案意识，经馆局批准，中国档案报社向全国档案部门发行由国家档案局监制的《开放的档案馆欢迎您》宣传挂图。此挂图的设计者是中国档案报社美编李聪，她设计的挂图以简明、直观、新颖在几幅设计挂图小样中脱颖而出，得到广泛认可和称赞。报社设计制作的挂图受到了人们的喜爱，成为档案日宣传的一大亮点，赢得了很好的社会效益。

举办首届中国“徐霞客游线”历史记忆文化作品征集大赛

为弘扬中华民族优秀传统文化，推进社会主义精神文明建设，充分利用档案历史资料，挖掘“徐霞客游线”历史记忆文化内涵，助推“徐霞客游线”进入世界线性文化遗产名录，2013年4月，由中国档案报社主办、浙江省宁海县人民政府承办的“徐霞客游线”历史记忆文化作品征集大赛活动正式启动。活动在全国得到了积极响应，全国各地档案系统，机关企业事业、部队及大专院校等档案部门积极参与、踊跃来稿。中国档案报社为扩大活动宣传影响，经与有关部门协商，将入围参赛作品在《中国档案报》和中国档案资讯网上筛选刊登。由大赛组委会和有关档案、历史专业的专家组成的征文评选委员会经过初评及定评，最终从2300多个参赛作品中，评选出32个作品获奖，其中，文章类：一等奖1名、二等奖2名、三等奖4名、优秀奖6名；图片类：一等奖空缺、二等奖2名、三等奖4名、优秀奖6名；视频类：一等奖1名、二等奖2名、三等奖4名。

（中国档案报社）

组织“档案在你身边征文”活动

配合“国际档案日”宣传，组织了量子伟业杯“档案在你身边”征文。征文活动引起了全国档案部门的重视，积极组织，规模空前，反响热烈，广大基层档案工作者积极参与，共收到8700多篇稿件，数量大，范围广，作者来自政府机关、企业、部队、街道、医院等各行各业。征文丰富了刊物的内容，也扩大了杂志的宣传影响力。2013年9月13日，在中央档案馆召开了“档案在你身边”征文评审会，国家档案局局长、中央档案馆馆长杨冬权，国家档案局副局长、中央档案馆副馆长杨继波，中国人民大学信息资源管理学院院长张斌，北京社会主义学院副院长姜之茂，中国档案杂志社总编辑赵秀贞等出席评审会。此次征文评出一等奖3名，二等奖6名，三等奖9名，优秀奖100名，组织奖32个单位。

把握档案事业发展大势，引领行业发展

2013年杂志新增加了“领导看档案”栏目，刊登了上海、湖北、甘肃、长春、合肥、辽宁、青岛等地领导谈档案工作，这一栏目以领导的角度谈档案工作，为各地重视档案工作提供独特的视角。在报道栏目中，我们组织了反映各地创新工作的文章，如档案服务民生，民生档案远程服务，档案文化建设，构建区域性大档案格局，新馆建设，数字档案馆（室）建设，“申遗”等内容。第5期刊登的两篇“重庆移民档案”文章系统报道了三峡工程验收工作中重要组成部分的移民档案验收的重要作用和成果，以及它对其他重大水利工程的借鉴意义。第8期组织的“档案人才建设”专题反映了天津、重庆、山东在人才建设中的新做法。第9期的专题通过采访，报道了湖北强化档案强省建设，服务社会服务民生的新鲜经验。第11期“‘一史馆’档案整理社会化”

专题为目前大家比较关心的档案整理社会化提供了参考。其他如“机关”、“档案馆”、“企业”、“档案科技”等业务栏目，也都围绕当前档案工作中的热点、档案工作者关心的焦点问题刊发文章，把各地的最新做法介绍给读者，起到了引领行业发展的作用。

第十四届《中国档案》宣传工作会议

2013年7月在长沙召开了第十四届《中国档案》宣传工作会议，国家档案局副局长、中央档案馆副馆长杨继波，中共湖南省委办公厅副主任、湖南省档案局党组书记黄赤青到会并讲话。中国档案杂志社总编赵秀贞对两年来杂志社的工作进行了总结回顾。杨继波在讲话中说：一直以来，《中国档案》杂志都承担着档案行业宣传和舆论引导的职能，在巩固档案宣传阵地、扩大档案工作影响、推动档案事业发展方面持续发挥了重要作用。近两年来，《中国档案》杂志紧紧围绕国家档案局局长杨冬权提出的“喉舌、耳目、基地、名片”的四个定位，分别在政策宣传、业务交流、学术研究、史料公布等方面加大了创新力度，办刊水准得到了进一步提升，杂志的影响力和美誉度也进一步得到扩大和提高。希望《中国档案》杂志能够继续保持这一良好的态势，坚持把杂志的指导性作为办刊的宗旨，把杂志的专业性作为办刊的特色，把杂志的可读性作为办刊的追求。希望各地档案部门要继续支持《中国档案》杂志的发展，从而把《中国档案》杂志办得更好、更有特色，更好地服务于档案事业和档案工作者。会上评选出优秀省级单位、优秀通联组和优秀通讯员，并分别给予表彰。这次会议进一步提升了杂志的影响力。会后及时组建新一届通联组队伍，全国各省市地市一级基本上都有杂志社的通讯员，为今后开展宣传报道和发行创造了有利条件。

中国档案杂志社

“档案里的故事——档案法制宣传与档案文化传播”活动

2013年4月3日，中共上海市委宣传部、市档案局、市法制宣传教育联席会议办公室、市文学艺术界联合会下发《关于开展“档案里的故事——档案法制宣传与档案文化传播”征稿活动的通知》，向全市各单位征集融真实性、可读性和文化性于一体的档案法治文化作品，为改编成适合巡讲的故事提供创作素材。10月11日，在征稿活动基础上策划、举办的“历史的回声——档案里的故事”社区巡讲活动在杨浦区五角场街道社区文化中心开讲，随后在全市14个社区文化中心、青少年活动中心、文化广场、区图书馆等地展开巡讲，内容涉及文化传承、家庭伦理、重大市政工程、婚姻登记档案、独生子女档案、知青返城档案等题材，受到社区居民的欢迎。12月初，“档案里的故事”全市社区巡讲汇演在上海市群众艺术馆举行。

（倪政华）

“城市记忆·经典上海”——上海市第七届档案馆日宣传月

2013年5月9日—6月9日，上海45家各级各类档案馆共同举办了“城市记忆·经典上海”——第七届上海市档案馆日宣传月系列活动。活动将展览、讲座、档案捐赠、档案文献遗产与优秀档案文化传播项目揭晓、档案开放等活动结合起来，共开展丰富多彩的活动100多场。5月9日上午，“城市记忆·经典上海”——第七届上海市档案馆日宣传月活动在上海市档案馆外滩馆启动。改版后的市档案馆常设展览“城市记忆——上海近现代历史发展档案陈列”向公众开放。市民刘培儒向市档案馆捐赠了800余帧老上海照片。市档案局馆与市旅游局联手开发的“外滩记忆之旅”特色文化旅游正式启动。市档案馆、市邮政博物馆、市电信博物馆与外滩美术馆签约，成为“外滩记忆之旅”的成员单位，市档案局（馆）长朱纪华与市旅游局领导共同启动了这条颇具档案文化特色的旅游线路。“城市记忆·经典上海”影像征集活动也在当日启动。同日下午，市历史学会会长、上海社科院研究员熊月之主讲的“档案与上海城市记忆”讲座在东方讲坛市档案馆举办点举行。5月8日，第七届上海市档案馆日宣传月虹口分会场启动暨档案资料捐赠仪式在朱屺瞻艺术馆举行。“虹口历史风貌保护建筑图片展”开幕。5月9日，崇明“生态之岛、美丽崇明”主题摄影图片展在县图书馆开放。5月20日—6月9日，“交大故事 经典回忆——上海交通大学档案馆馆藏精品历史档案图片展”在该校闵行校区进行巡展。5月21日，杨浦区档案局携手复旦大学、同济大学、上海财经大学等区域内10所高校档案馆（室、系）共同主办“城市记忆·经典上海·百年杨浦——档案在你身边”活动，内容包括反映杨浦百年工业、百年教育、百年市政的图片展览和10所高校的档案实物展览、李敏杰高校明信片专题展、孙茂兴城市留足迹徽章展，区档案馆联合区公安分局、区法院等8家单位开展档案便民咨询服务。5月27日，在沪两院院士档案捐赠仪式在市档案馆外滩馆举行，市委组织部向市档案馆捐赠了吴孟超、钱伟长、谈家桢、吴自良、张香桐等五位院士的视频风采片，吴孟超院士捐赠了14张个人工作和生活照片。6月7日，上海首批档案文献遗产与优秀档案文化传播项目揭晓。由国家档案局副局长、中央档案馆副馆长李明华及上海知名专家学者与文化人士组成的评委会经初审、复审、终审三轮遴选出9项珍贵档案入选首批档案文献遗产名录，12个文化传播项目荣获上海首批优秀档案文化传播项目。6月7日，复旦大学档案馆举行档案资料捐赠仪式。杨玉良校长亲自为8位捐赠者代表颁发了“复旦大学捐赠证书”。现场展示了古文献文字学家裘锡圭的论文手稿，经济学家蒋学模的阅读摘录卡卡片箱等珍贵档案史料和实物。6月7日，“洪嘉振教授文献实物捐赠展”在上海交通大学老图书馆开展。展览展出了洪嘉振教授在30余年教育生涯中积累的50余件文献实物，包括首届国家级教学名师奖在内的各类证书、奖章、教材等。6月8日，闵行区举行“文化瑰宝·档案传承”活动。区档案馆现场接收了沪谚、上海民族乐器制作技艺、马桥手狮舞3项国家级非物质文化遗产档案。由区档案馆、区非物质文化遗产保护中心办公室和区图书馆联合举办的“城市记忆·经典闵行——闵行区非物质文化遗产档案特展”吸引观众驻足观看。非物质文化遗产传承者们还现场表演了钩针编结、剪纸、马桥手狮舞、江南丝竹等技艺。6月9日，上海市国家综合档案馆集中向社会开放档案。市档案馆向社会开放第25批档案，内容涉及解放前一批“老字号”企业与医疗卫生机构和解放后人民团体等档案共53个全宗，总计16457卷。6月9日，嘉定区档案馆举行“嘉定撤县建区20周年”图片展。

（张新）

“上海梦想档案”大型主题活动

2013年8月19日，上海《新闻晨报》在头版以整版篇幅登载了上海市档案馆与该报，上海市文明办、共青团上海市委、上海电影集团联合举办的“上海梦想档案”大型主题活动的形象广告。8月20—22日，《新闻晨报》刊登了上海迪士尼乐园的“梦想工程师团队”、上海纽约大学校长俞立中教授、中国第一高楼上海中心的普通建设者的梦想，并有20万人次通过微博、微信等新媒体浏览、转发、评论了晨报有关话题。活动中，普通上海市民还可以录制一分钟的音频，说出他们的梦想，通过微信发送给《新闻晨报》。其中遴选出的50段梦想音频，将成为上海这座城市的“声音档案”，与声音主人的照片、文字等一起，在上海市档案馆即将改版完成的“城市记忆——上海近现代历史发展档案陈列”主题展中展出。上海电影集团还将为这一主题活动拍摄形象宣传片。5年后，上海市档案馆还将联手《新闻晨报》，回访梦想主人逐梦的奋斗历程、看看他们幸福的变化。

（张新）

江苏省档案馆与《老年周报》共创档案文化宣传新平台

2013年初，江苏省档案馆和《老年周报》合作开发利用馆藏档案资源，拓展档案文化宣传领域，新辟专题栏目“走进档案馆”。2月19日，为纪念吴贻芳诞辰120周年，首篇《“一代名师”吴贻芳》与读者见面。

《老年周报》是江苏省老龄工作委员会主管主办的全国公开发行的报纸，目前拥有固定订户近20万，是颇受老年群体欢迎的固定读物和社会宣传平台。省档案馆保存的丰富档案资源，对于充实老年人精神文化生活、弘扬先进文化具有重要开发价值。这次合作，旨在发挥双方各自优势，联合打造江苏档案历史文化传播新平台，用故事的形式讲述历史、勾连现实、引导当下，与老年同志开展互动，让档案更好地服务社会、服务人民群众。

江苏省档案局组织开展全省档案文化建设精品评选活动

2013年11月12—13日，江苏省档案局在南京市溧水区举行全省档案文化建设精品成果评选活动。来自各市档案局的业务分管领导、省档案局部分业务处室负责人和特邀文史专家等共23位评委，经投票选出了特等奖2件，一等奖15件，二等奖30件，三等奖65件，优胜奖和入围奖若干。

此次参评成果的范围是2011年以来，全省档案工作者利用档案资源而形成的各种档案文化成果。共收到参评作品347件。题材和形式丰富多彩，除了传统的依托馆藏档案编研著述、档案史料汇编之外，档案展览陈列、档案文学影视作品、档案画册等成果都明显增多，反映了各地按照省档案局倡导的，服务党委政府工作中心，服务经济社会各项事业，服务人民群众的工作方向，在档案利用中创新工作思路，创新举措，取得了丰硕成果。

（江苏省档案局）

山东省档案局和山东广播电视台联合主办大型纪实类栏目《山东往事——档案背后的故事》

2012年12月28日，山东省档案局和山东广播电视台联合主办的大型纪实类电视栏目《山东往事——档案背后的故事》在济南举行了盛大的开机仪式。国家档案局副局长、中央档案馆副馆长李明华，中共山东省委宣传部副部长李建军，中共山东省委宣传部原副部长兼省文联主席、省政协常委兼文史委主任、省华夏文化促进会副会长兼秘书长王凤胜，省档案局局长唐传喜、省广播电视台党组书记魏绍水等出席开机仪式。

《山东往事——档案背后的故事》以档案为基础，将发生在山东的重大事件、著名人物、著名品牌、战争战役以及重大科研课题等进行系统的梳理，力求凸显典型性、价值性、趣味性和故事性。节目通过档案资料、实物、声像，配以现场还原、主持人采访、专题研究人员点评等，运用电视手段对历史进行再现，展现不同历史时期山东人民特有的精神风貌和伟大贡献。

山东省档案局局长唐传喜指出：《山东往事——档案背后的故事》是宣传推介山东的良好平台，将会进一步提高山东的知名度；对进一步提升山东人民文化品位、促进山东文化精品创作和文化产业发展，将会产生积极而深远的影响；对深入贯彻落实党的十八大精神，更好地服务于山东文化强省建设，具有重要的历史意义和现实意义。

山东广播电视台党组书记魏绍水指出，山东是文化大省，为中华文明甚至人类文明作出过突出贡献。从齐鲁之邦到文化大省、经济强省，山东谱写了一段段跌宕起伏、波澜壮阔的历史。作为省级电视台，有义务也有责任记录山东的历史，普及山东的历史，保存山东的历史。

他还指出，创办这样一档栏目，对山东的历史事件、历史人物做详尽的记录，将填补山东影像历史的空白，是向电视观众普及山东历史的最好形式，同时也为发展中的山东留一份备忘录，为今人和后代提供成长的借鉴。

2013年3月18日，《山东往事——档案背后的故事》在山东卫视公共频道播出。第一集名为《大刀向鬼子头上砍去》，用纪实的手法、生动的影像资料和详尽的记述，再现了抗日爱国将领赵登禹率部众与敌人肉搏相拼的英勇气概。该栏目每集30分钟，每天黄金时间播出。开辟了山东电视历史文化类节目的先河。

山东省档案局举办2013年“国际档案日”媒体汇报会

为进一步加强与宣传主管部门和媒体的交流与合作，更好地宣传推介档案工作，发挥档案工作服务经济社会发展的功能作用，2013年6月6日，山东省档案局举办2013年“国际档案日”媒体汇报会。

此次汇报会邀请了山东省新闻出版局、大众报业集团、山东广播电视台等14家新闻主管部门和媒体机构的负责人前来参会。与会嘉宾先后到档案利用接待大厅、档案库房、档案修复实验室等地，近距离了解档案工作的性质与内容，并参观了“光辉历程——中共党史档案资料展”、“山东馆藏档案精品展”、“中国档案珍品展”、“山东省公务外事礼品展”等展览。汇报会上，与会嘉宾听取了省档案馆（局）关于机构设置、馆藏情况、依法行政、开放利用、展览、编研成果等最新情况和成果介绍，并进行了座谈。

与会嘉宾表示，档案蕴含着丰富生动的文化元素，是传承民族记忆与文明的宝贵载体，档案馆作为“史料之馆、记忆之宫、育人之所”散发着独特的文化魅力，通过此次汇报会，不仅对档案工作的内涵和重要价值有了更深入的了解、更直观的认识，同时也感受到作为媒体工作者做好档案宣传工作、挖掘档案价值、发挥档案工作功能作用的责任感和使命感。与会嘉宾结合各自媒体机构的特点，分别提出了如何与档案馆互通有无、资源共享、创新选题、加强合作的思路和想法，并就如何进一步提高档案宣传工作的效率和效果、提升档案工作服务社会的能力和水平提出了中肯的意见和建议。

（山东省档案局）

湖南省档案局联合长沙市档案局开展“国际档案日”街头宣传活动

2013年6月9日，为了提高社会的档案意识，普及档案知识，庆祝第六届“国际档案日”，湖南省档案局联合长沙市档案局，约300名档案工作者，齐聚湖南烈士公园，开展以“让档案走进家庭”为主题的“国际档案日”街头宣传活动。当天共有4000余市民参与了活动。

在活动现场，档案专业人员向广大市民详细讲解并示范了如何对家庭档案进行整理、分类、归档和保管等知识。宣传展板重点介绍了长沙市天心区、长沙县家庭档案建档试点情况，长沙县家庭建档示范户李学坤、章庭杰等的优秀经验，以及一些运用家庭档案维护合法权益、解决矛盾纠纷、促进邻里和谐的典型事例。活动中，农民书法爱好者谭正坤、作曲家李春和向省档案馆捐赠了照片、歌词本、唱片等珍贵档案，许多热心的市民主动捐赠了毕业证、结婚证等家庭档案。

活动现场还设置了知识抢答、签名墙、留言本、发放档案文化纪念品等活动，发放《家庭建档手册》等宣传资料2000余份，约1000余市民参与了问卷调查。活动拉近了档案与普通老百姓之间的距离，许多市民表示，日常生活中今后一定要重视，用学到的知识收集并管理好家庭档案。

（陈铁炬）

各省、自治区、直辖市档案机构举办的专题展览

天　津　市

▲2013年7—12月，“知青岁月——天津市档案馆征集知青档案史料图片展”在天津市档案馆开展。该展览是天津市首个以知青为主题的文史资料图片展，共展出图片350余幅，出版物、书信、文稿及实物300余件，主要取材于2006年以来市档案馆面向社会征集的知青档案资料，其中多件是首次向社会公布，弥足珍贵。展览包括踏上知青道路、奔赴祖国四方和难忘知青情结三个部分。“踏上知青道路”叙说天津知青概况、先进典型，展现出知青们当年告别家乡的情景。“奔赴祖国四方”讲述天津知青奔赴白山黑水、内蒙草原、高原戈壁、晋冀大地和津郊场队，在那里戍守边疆、垦荒耕种，走与工农相结合的道路，建设社会主义新农村的难忘往事。“难忘知青情结”展示了知青回报第二故乡，不辍学习紧跟时代步伐，开展有益身心活动，追求健康幸福的生活场景。在这里，可以看到东北林区的知青们抬着刚伐下的原木在皑皑的雪地里行进；内蒙草原的知青小伙儿英姿飒爽地骑在马背上，挥舞着马杆放牧；河北林场的知青们在初春时节奋力用锄头破开土地，栽上一棵棵树苗。在实景还原的“知青小屋”中，有知青们日用的搪瓷茶缸、脸盆和如今难得一见的劳动工具，有远方母亲为帮儿子御寒一针一线缝制的棉袜子，有为了能听到北京的声音手工制作的收音机……一幕幕真切动人的画面，将人们带回那段激情燃烧的岁月。展览经多家媒体宣传报道后，引起社会广泛关注，在天津知青中更是反响强烈，有的得知展览消息后便一路从河北省驱车前来，有的结伴从郊县坐几个小时的长途车赶来，有的行动不便，由亲属推着轮椅护送前来。展览现场，看着一张张写满青春故事的照片，一件件镌刻青春记忆的实物，许多人流下了激动的泪水。大家纷纷留言，表达心中的感慨：“此生难忘的知青岁月，挥之不去的知青情结，一言难尽的知青历史”，“青春万岁，知青精神永存”，“艰苦岁月，历练人生”……

展览接受捐赠档案资料512件。

（天津市档案馆）

山　西　省

▲为展示太原历史文化、昭示太原美好明天，太原市档案馆从馆藏档案中精选出367张珍贵图片，举办了“美丽太原·幸福之路”爱国主义教育展览，2013年6月6日正式开展。展览从“千古龙城”、“龙潜之地”，到“唐风晋韵”、“晋商之都”，到“辛亥首义”、“血染战旗”，再到“改革之春”，直至“长风新歌”……共25个主题，通过367幅珍贵图片展现了太原在五千年华夏文明史中的独特地位，在2500多年城市发展史中的鲜明品格，以及人民群众建设太原、发展太原的智慧和光辉业绩。为市民品读太原历史，进行爱国教育提供了学习窗口。截至2013年底，已有60批1000余人次的中小学生和群众参观了展览，受到了极高的社会赞誉。

▲走进太原市档案馆书画展厅，立刻就会被一种优雅的艺术氛围所氤氲。循着淡淡的墨香，移步寻看，《清明上河图》《步辇图》《浴马图》《王蜀宫妓图》《荷花鸳鸯图》……张择端、阎立本、赵孟頫、唐寅、陈洪绶……着实让人一惊，这些可都是国宝级的名家大作；细细酌鉴，意境高远，技法精湛，一丝一毫，栩栩如生，一触一笔，惟妙惟肖，不禁令人陶醉折服，啧啧称叹，周身焕发出艺术的热情——这就是太原市档案馆“中国历代名人书画品鉴”展览带给人们的精神震撼！

中国传统书画蕴含着深厚的历史文化内涵，是民族文化最精髓的部分，是中华文化丰富而深厚的视觉遗产。习近平总书记指出：要从优秀传统文化中汲取实现中国梦的精神力量。市档案馆正是承载着城市核心价值和优秀传统文化的神圣殿堂。2013年6月，市档案局与社会组织合作举办了中国历代名人书画高仿真作品展览，展出的画作自唐至今50余幅，涉及唐、宋、元、明、清和近、现、当代各个时期，画家画作均为各时期的优秀代表，其中的历史画作原本存于故宫、台北等各大文博机构，为

稀世珍宝。展览以独特的方式向寻常百姓开启通向中华艺术殿堂的大门，让更多的人有机会了解和认识中国最优秀的书画作品，了解辉煌灿烂的中华历史和文化，增强做中国人的骨气和底气，增强建设文化强市和一流省会城市的信心和决心。

▲为开展好第一个“国际档案日”宣传活动，阳泉市档案局围绕“档案在你身边”主题，整合全市档案信息资源，精心制作了32块宣传展板，详细介绍全市六个综合档案馆库基本情况、各档案馆馆藏珍品、档案利用事例以及档案工作亮点，图文并茂、生动形象的宣传档案工作，用档案向社会公众见证阳泉的古老文明和社会发展历程，展示档案事业所取得的成绩。2013年6月9日，阳泉市“档案在你身边”巡回展览在市文化中心广场开展，并于6月13—15日分别在盂县人民广场、郊区新政府广场和平定县七一广场进行巡回展出。

▲2013年，长治市档案局认真贯彻落实国家档案局和山西省档案局“关于做好全省‘国际档案日’宣传工作”的文件精神要求，在全市上下认真组织、周密安排、紧锣密鼓、扎实有效地开展了全国首个“国际档案日”宣传活动。根据宣传活动确定的主题，结合全市档案工作实际，举办了为期一个月的档案宣传版面巡回展览，通过巡展，有力地推动了全市档案工作依法管档、服务社会和创优环境等各项工作的开展，受到了社会各界和广大人民群众的一致好评。

在举办巡回展览之前，市档案局积极组织各县、市、区档案局，广泛收集既能反映本地档案工作发展现状，又能提现档案工作特色，既有文字、又有图片的档案资料，制作了一套集档案管理、服务、宣传、创优和依法行政为一体的图文并茂、通俗易懂、富有特色的可移动性宣传展板，开始了巡回展览。此次巡回展览，参观群众数万人，发放宣传资料15000余份，解答群众提出的相关问题余万条。称得上是一次“全方位、多层次、多角度、立体化”的档案工作宣传活动。

▲为进一步扩大档案工作的社会影响，增强全社会档案意识，临汾市档案局紧紧围绕“国际档案日”活动主题，积极周密筹划，成立了“国际档案日”宣传活动领导组，制定实施方案，提出具体要求，举办了“国际档案日”专题展览，开展了一系列宣传活动。

6月9日当天，临汾市档案局联合10余个市直单位近百名同志，身披绶带冒着大雨在临汾市鼓楼广场集中开展“国际档案日”宣传，共展出宣传版面18块，设立咨询台10个，发放宣传材料20余种2000余份。同时，还充分利用多种媒体进行广泛宣传，在市电视台晚间黄金时间段播出宣传标语；利用临汾档案网宣传“国际档案日”主题。通过一系列活动的开展，进一步扩大了档案和档案工作的社会影响力，增强了社会档案意识。

活动期间，市委常委、常务副市长赵建民观看展览，并亲自向过往市民散发宣传材料。临汾市电视台进行了专题报道。

▲2013年9月8—14日，晋城市档案局和所属各县（市、区）档案部门联合举办的“晋城市档案事业科学发展图片展”在晋城市委、市政府办公楼前面的人行道两侧开展，展出了近百件反映全市档案事业科学发展的亮点，展出板面10块。这些照片选自市、县（市、区）档案馆馆藏的声像档案。宣传了全市档案事业发展实况，近万人次参观了展览，增强了社会的档案意识。

（山西省档案馆）

内蒙古自治区

▲为纪念首个“国际档案日”，内蒙古档案局（馆）联合呼和浩特市、市属4个旗县区档案局（馆）及城建、艺术、产权产籍专业档案馆等9个部门，在呼和浩特市赛罕区政府广场举行了大型宣传咨询服务活动。活动以“档案在你身边”专题展览为核心，设展板32幅，涉及法制建设、档案珍品、服务创新、家庭档案、文化艺术、城市建设等内容。展览将《档案法律法规》《档案馆指南》《国际档案日》《查档流程》《家庭建档常识》等资料免费发放市民，同时开展媒体宣传，为广大群众了解档案、利用档案提供服务。

（内蒙古自治区档案局　张家槐）

辽　宁　省

▲2013年5月15—16日，辽宁省档案馆举办“辽宁老工业基地辉煌历史回眸”图片展。该展览利用丰富的档案馆藏以及各市征集的照片，以图文结合的形式集中反映了新中国成立后，特别是国务院东北老工业基地振兴战略实施以来，按照党中央战略部署，在辽宁省委、省政府领导下，辽宁全省人民艰苦奋斗的辉煌历史，展示了辽宁老工业基地建设和振兴取得的巨大成就。该展览分为“恢复发展生产 率先建成工业基地”、“全面实施调整 开展技术革新协作”、“遭遇十年文革 曲折中徘徊与发展”、“实施改革发展 踏上新的发展征程”、“实施振兴战略步入腾飞的快车道”等五个部分，依托省档案馆丰富的馆藏并从各市征集了大量照片档案，在精挑细

选的基础上，按照“抓大放小，优中精选”的原则，从2000多张反映辽宁工业发展足迹照片中选定了130幅图片，配以文字说明。由档案专家在现场对展板进行讲解，解答问题。

▲8月30日，“清代皇室档案展”开展，此展览为常设展。共分为谕旨篇、典藏篇、东巡篇、贡品篇、文化篇五部分。谕旨篇展出清代皇帝或以皇帝名义颁发的告诫臣民、敕封官员以及处理国家政务的诏令文书，包括誊黄、敕书、诰命、册命、上谕、廷寄、电旨等。典藏篇展出由北京被移送尊藏在盛京的清代皇室秘籍，包括《满洲实录》《满文老档》《清实录》《清圣训》《清玉牒》等。东巡篇展出康熙、乾隆、嘉庆、道光4位皇帝10次前来盛京东巡过程中形成的珍贵文书档案。贡品篇展出记录盛京贡纳土特产品的盛京总管内务衙门文书档案。文化篇展出清代皇室档案中所反映的统治思想、宗教政策，并简短介绍满语满文。

▲8月30日，“辽宁记忆展”开展，此展览为常设展。共分为龙起辽河、开埠通商、奉张治奉、野蛮入侵、峥嵘岁月、宏业开基、改革途观、振兴新篇、美丽辽宁九部分。将辽宁历史记忆追溯至远古时代，一亿多年前的花鸟化石，八千年前的玉龙，五千年前的女神头像，共同构成了中华民族最初的文明之光。明清易代，辽宁见证了清王朝的兴起与明王朝的没落。《天津条约》签订，牛庄开埠，掀开辽宁近代史上屈辱的一页。张氏父子在风雨飘摇中巩固政权，几次问鼎中原，不断推进东北近代化进程。甲午战争以来，日本、俄国对东北虎视眈眈，觊觎已久，狼子野心，屡生事端，对东北蚕食鲸吞。辽宁人民在中国共产党领导下，不屈不挠，与侵略者进行了艰苦卓绝的斗争。新中国成立后，恢复生产建设，辽宁老工业基地发挥重要作用，在经历改革的阵痛后，谱写振兴新篇，将辽宁这片沃土变得更加美丽富饶。

▲9—12月，辽宁省档案馆举办“中国档案珍品展”。为向市民介绍中华文明的历史见证——丰富珍贵的档案资源，展示历史传承人类记忆及社会发展的价值和魅力，满足人们了解档案、利用档案的需要特办此展。该展览展出的珍贵档案、照片和实物，上起唐代，下迄民国，时间跨度达1200多年。它或记载某一重大历史事件，或印证某一重要史实，或记录鲜为人知的秘闻轶事，从各个侧面反映了中华民族在所涉及的各个历史时期的政治、经济和文化的生活。

▲9月27—29日，“毛泽东与辽宁——纪念毛泽东同志诞辰120周年图片展”在辽宁省档案馆开展。该展览是从辽宁省档案馆馆藏及征集的档案资料中精选了百余件毛泽东与辽宁的图片资料，包括毛泽东同志亲笔起草、修改、书写或批注的文件、电报、书信、题词及照片，以图文结合的形式，再现了毛泽东同志为辽宁的解放与建设倾注大量心血的历史瞬间，以及毛泽东深入基层访贫问苦的珍贵镜头，旨在学习和发扬老一辈革命家为国家、为民族、为人民矢志奋斗的崇高精神和高尚品德，激励人们建设富庶文明幸福新辽宁的决心和信心，为实现“中国梦”凝聚力量。展览分为“毛泽东与辽沈战役”、“毛泽东与抗美援朝”、“毛泽东与共和国长子的成长”及“毛泽东与人民在一起”等四个部分。现场由档案专家对展览内容进行讲解，提供咨询服务，解答问题，免费发放《辽海讲坛》系列丛书、政府信息公开条例解读手册、家庭建档指南、省档案馆征集指南、省档案馆馆藏介绍等宣传资料。

（辽宁省档案馆）

黑龙江省

▲2013年8月15日，为配合开展党的群众路线教育实践活动，黑龙江省档案局馆利用馆藏档案资源举办了“党在黑龙江贯彻群众路线档案专题展览”。

黑龙江是东北最早的解放区，解放战争时期黑龙江的历史，是整个中国革命历史的一个重要组成部分，对全国解放战争的胜利起到至关重要的作用。此次档案专题展览取材于解放战争时期，党在黑龙江地区发动群众，清剿土匪，实行土地改革，建立了巩固的根据地，黑龙江人民踊跃参军参战，积极支援前线，为东北解放战争胜利做出的重大贡献。展览分“清剿土匪”、“土地改革”、“支援前线”三部分，精选出档案原件和历史资料100多件进行展出，真实地再现了1945年11月—1949年9月期间党在黑龙江贯彻群众路线，发动群众，依靠群众，取得革命胜利的历史。群众路线是党的生命线，是我们党从胜利走向胜利的根本法宝。在当前全国正在深入开展以“为民务实清廉”为主要内容的群众路线教育实践活动中，通过举办党在黑龙江贯彻群众路线档案专题展览档案，聚焦作风建设，对于在新形势下坚决贯彻党的群众路线，摒弃形式主义、官僚主义、享乐主义和奢靡之风，发扬密切联系群众，全心全意为人民服务的优良传统，着力做好新形势下档案工作，具有积极的现实意义。

（黑龙江省档案馆　王丹菊）

上　海　市

▲2013年5月15日，著名印度诗人泰戈尔故居

中国展厅落成仪式在印度西孟加拉邦首府加尔各答的泰戈尔大学礼堂举行。中国驻加尔各答总领事张利忠、印度西孟加拉邦教育部长巴苏和印度各界友好人士以及上海市档案馆赴印度布展组成员150余人出席落成仪式。上海市档案馆承办的“泰戈尔的中国之旅展”作为泰戈尔故居中国展厅的一个永久性展室同时向公众开放。

（张新）

▲6月20日，由同济大学档案馆承办的“悬索桥李：中德友谊之桥——纪念李国豪博士诞辰100周年图片展”在德国达姆施塔特工业大学图书馆暨州图书馆展出。这也是达姆施塔特工业大学“同济日”的一项重要活动。达姆施塔特工业大学校长和同济大学校长裴钢为展览揭幕。中国驻法兰克福总领事温振顺、中国驻德国大使馆教育处一等秘书李国强及两校师生代表近200人参加了揭幕仪式。展览精选近200张图片，制作了30块展板，以中德两种文字追忆李国豪先生的人生历程和他在中德科技、教育及文化交流方面作出的贡献。与图片展同时展出的还有达姆施塔特工业大学档案馆提供的李国豪在德国留学期间的珍贵档案和实物。

（同济）

▲9月20日，由上海市档案局、新西兰中国友好协会、上海市人民对外友好协会共同主办的“路易·艾黎在中国”档案展在新西兰基督城坎特伯雷博物馆揭幕。路易·艾黎是伟大的国际主义战士。他于1897年12月2日生于新西兰坎特伯里的斯普林菲尔德，曾获惠灵顿维多利亚大学名誉文学博士学位，1927年4月21日来到中国，此后长期居住在中国，为中国人民的解放和建设事业奋斗了整整60年。展览精选了有关路易·艾黎在中国的55张照片和13件珍贵档案文献，以70块展板，分“艾黎在上海”、“工合之父”、“创办培黎学校”、“在新中国的岁月”四部分，再现了路易·艾黎为中国人民奉献一生所留下的难忘足迹，其中首次公布了路易·艾黎应聘公共租界工部局职员的推荐信和他亲手填写的应聘申请表，以及他于1929年所写的去绥远救灾的工作报告等5件档案，还展示了路易·艾黎有关“工合”运动的文章及著作。

（邹伟农）

▲为配合上海国际金融中心和中国（上海）自由贸易试验区的建设，10月4日，由上海市档案局（馆）、上海市金融服务办公室联合主办的“上海金融百年”档案展在市档案馆外滩馆对公众开放。展览分为“‘东方华尔街’——解放前上海金融业的萌生与变迁”、“辉煌谱新篇——解放后上海金融业的革新与发展”两部分，通过300余件档案文献、照片、视频和实物，反映了近代上海金融中心的初创、发展和形成，以及经历了计划经济时代、改革开放重建时期以后上海国际金融中心建设的发展脉络，其中不少系首次对外展出的馆藏精品。展览还得到了中国银行上海市分行、上海市银行博物馆和上海证券交易所等单位大力协助。

（郑泽青）

江苏省

▲2013年6月9日，作为江苏省档案局主办的纪念国际档案周系列活动之一——“江苏档案文化精品出版物汇展”在南京图书馆开展，展览共持续一周时间。展览以省馆和各省辖市为序，共45块展板，展示了2005年以来，全省各级档案部门深入挖掘和研究馆藏、结合党委、政府中心工作和社会需求而编辑出版的部分主要档案文化精品成果，图文并茂、内容充实、制作精美。展览吸引了数千记者和市民参观。

（江苏省档案局）

浙江省

▲2013年12月30日，浙江省档案馆与钱江晚报社联合举办的“文脉——浙江文化老人档案展”在杭州市唐云艺术馆开展。浙江省委常委、秘书长赵一德，以及省委宣传部、省档案馆、浙江日报报业集团的领导参观了展览。

《文脉》是钱江晚报社从2012年4月13日起在人文版面上推出的“《文脉》——浙江文化名人访谈录”系列报道，开启了浙江文化寻脉之旅。作为《钱江晚报》的重点打造新闻项目，已推出70期。这些文化名人都是浙江省内或浙江籍的文化老人，年龄在70周岁以上，有突出艺术成就、全国知名度，在某一文化艺术领域成为专家，或是在某领域的元老级人物等，领域涵盖了文学、戏剧、音乐、美术、历史、考古、非遗等几乎人文的全部方面。

此次展览所有的档案都是从这些文化老人手里征集的，有些是借展的，开创了档案馆全部用外来资源举办展览的先河。展览共展出44位文化老人的1200多件藏品，展品包括大量宝贵的书籍、手稿、作品、老照片和实物等档案材料，其中手稿213份、书画23幅、著作278卷、老照片354张，还有文化老人们的采访视频，长达140分钟。

为期7天的展览，观众达5600多人，先后有十多位《文脉》报道过的老人来现场观展。展览不仅让更多的人了解了这些在浙江乃至全国都有重要影响力的文化老人，也成了文脉老人与现场的观众进行互动交流、言传身教的平台，为延续、传承浙江文脉的精神做了一件实事。从事唐宋诗词研究数十年的浙江大学人文学院教授陆坚，提笔写下了“艺韵书香展异才，鬓霜眉雪畅幽怀。寻常百姓欣相近，醒眼新风扑面来。”这首《文脉档案展感赋》，道尽了展览的深意。

（浙江省档案馆　柴培林）

安　徽　省

▲2013年6月，泾县档案馆正式对外开放县爱国主义教育基地——“泾川记忆”档案展厅。

该展览内容分江左名邑、春华秋实、往事回首、兰台宝典、人物述林等五部分，图片共计308张。展览以时间为经，以重大事件、重点专题、重要人物为纬，多角度、多侧面地展示了泾县的历史。展览的内容体现了档案的特色，反映馆藏内容的图片229张，占全部图片的十分之六，尤其是馆藏部分的清代档案和名人字画，是展览中的精华，在主题众多的图片中意蕴浓厚，独树一帜。同时，展览在反映形式上，以图片为主，以文字为辅，图文结合，立体表意；在展品载体上，图片与实物互为补充；在色彩选择上，以泾川山水为背景，以虚补实，互为表里。参观展览的观众纷纷表示，通过观看展厅里丰富的图片、文字和实物，零距离接触了泾县历史文化，感受到泾县的历史沉淀和文化底蕴，了解了近年来泾县日新月异的变化，不仅增长了见识，更激发了爱党、爱国、爱家乡的热情。

▲9月16日，淮北市“中国好人”档案展览室正式建成并对外开放。档案展览室收录了近百名“淮北好人”的生平简介、工作笔记、文艺作品、获奖证书等档案资料，力求向社会各界全面宣传解读好人的成长历程和精神内涵。

自2008年5月中央文明委开展“我推荐、我评议身边好人”以来，截至2013年5月，淮北市先后有100人入选中国好人榜，上榜人数位居安徽省第一，名列全国地市级城市第二，形成了“中国好人安徽多、安徽好人淮北多”的淮北好人现象，彰显了“小城大爱、文明淮北”的城市品格。“中国好人”档案展成为淮北市进行爱国主义教育的重要平台。

▲12月16日，由合肥市委办公厅、合肥市政府办公厅、合肥市外办、合肥市档案局主办的“合肥——大湖名城开放城”大型图片展在市政务中心阳光大厅开展。安徽省委常委、合肥市委书记吴存荣与合肥市委副书记、市长张庆军，市人大常委会主任熊建辉，市委副书记凌云，市委常委、秘书长杨思松，市委常委、常务副市长韩冰，市人大常委会副主任陈葆华，市政协副主席李晓梅等一同参观了展览。

合肥的发展离不开世界，合肥的开放吸引着世界。自1980年以来，合肥已与全球五大洲11个国家的14个城市建立了友好关系，在国际舞台上展现了开放之城、发展之城、友谊之城、大湖名城的魅力和风采。结好以来，友城高层民间互动频繁，经济领域合作成果丰硕，文化、教育、体育、卫生等事业交流活跃，加深了友谊，开阔了视野，给合肥带来了勃勃商机，有力地促进了合肥经济社会事业发展，扩大了合肥对外影响力和知名度，使改革开放的成果惠及人民群众。据不完全统计，友城与合肥市互访达数百批几千人次，在肥正常开展经营活动的外商投资企业达千余家。

此次展览采用39块展板，分13组以交流合作、友城风光、城市记忆为线，串起200余幅真实而又生动的照片，并配以简洁而又清晰的中英文介绍。一幅幅展板，全面回顾了友城间结好交往的历程，清晰展示，只要架起大开放的桥梁，无论千山万水，还是远隔重洋，都隔不断合作发展的潮流。一张张照片，忠实记录了合肥经济社会发展的蝶变，告诉人们，从一个相对封闭的状态日益融入世界，合肥建设与发展的一条基本经验，就是不断解放思想、改革开放。展览图文并茂，形象直观，催人奋进，为打造“大湖名城、创新高地”传递了好声音、凝聚了正能量。

▲12月23日，歙县档案馆“徽州文书珍品馆”建成并正式对外开放。

“徽州文书珍品馆”设在歙县档案馆内，展馆面积300多平方米，展品涉及从南宋到新中国成立后各种门类且有代表性的档案文物共300余件，时间跨度800多年。为了充分展示古徽州悠久的历史和灿烂文化，“徽州文书珍品馆”全部采用原件真迹展示，其中不乏珍品、孤品。绝大部分展品是第一次和公众见面，令人震撼，夺人心魄，很有看点。展出的文书和文物，紧扣歙县乃至古徽州历史上的重要人物、重大事件、重要成就及名胜古迹，史料记载的历史片段在这里能找到实物的见证和定位。

“徽州文书珍品馆”从筹划设计到竣工开放，历时二年多，是目前全国唯一一个徽州文书类专馆。徽州文书被誉为20世纪继殷墟甲骨、秦汉简牍、敦煌藏书和明清档册之后，中国文化历史上的第五大发现，是研究徽学的重要文献，具有很高的史料价值和学术价值。歙县档案馆馆藏的徽州文书有5000

余卷，馆藏的数量和质量在全国县级档案馆中名列前茅。歙县档案馆将对馆藏的徽州文书，定期在“徽州文书珍品馆”内轮流展出，以满足广大观众文化需求。

（安徽省档案局　汪海峰）

福　建　省

▲2013年初，由福建省档案局联合台江区苍霞街道举办的“中央苏区廉政建设档案展”在河下社区汀洲会馆展出，展期3天。此次廉政档案展览，是从福建省档案馆馆藏中精选百余件珍贵革命历史档案文献，分别从政权建设、廉政教育、财政制度、监督机制、严惩腐败等方面，以图文并茂的形式，真实回放中央苏区廉政建设的有效探索和成功实践，旨在弘扬苏区廉政思想，让广大党员干部和群众从中接受教育、受到启迪、汲取力量，让清正廉洁、勤政为民的廉政理念成为自觉行为，为全面建成小康社会营造风清气正的良好氛围。

▲4月19日，为配合在北京人民大会堂由国家档案局、福建省人民政府和广东省人民政府共同主办，福建省档案局和广东省档案局具体承办的“中国侨批·世界记忆工程”国际研讨会，福建省档案局（馆）和广东省档案局（馆）联合举办“海邦剩馥——中国侨批档案展”，展览分为“特定的背景”、“特别的运作”、“特殊的纽带”、“特色的遗产”四个部分，展出的300余组（张）侨批档案，是从全国已发现的20万余件侨批档案中精心挑选出来的，全面反映了侨批产生、发展、繁荣、衰落的历史过程以及所蕴藏的珍贵的文化价值和世界意义。

▲福建大学生“美丽校园·美丽心灵”主题摄影展6月9日在福建省档案馆开展，作为“6月9日国际档案日暨首届福建省档案馆日”系列活动之一。展览分美丽校园、人文历史、师生风尚、多彩生活4个主题，展出福建省内50余所高校师生近200幅摄影作品。

▲为声援中国侨批申报世界记忆遗产，见证华侨爱国爱乡历史，6月9日，由省档案馆、泰国中华会馆、泰国福建会馆、泰国潮州会馆、泰国华侨崇圣大学联合举办的第十八次中山讲座论坛暨“百年跨国两地书——侨批档案展”在泰国曼谷隆重开幕。中国驻泰国大使馆首席馆员张益明公使、泰国枢密院大臣陈国光、联合国教科文组织世界记忆工程国际咨询委员会委员茹佳亚亲王、泰国中华会馆理事长许茂春、福建省档案局馆副局馆长林真等在开幕式上致辞，福建省档案局馆副局馆长马俊凡出席开幕式。来自中国、泰国、新加坡的专家学者以及泰国华人社团、华文学校学生共600多人参加活动。

张益明在致辞中指出，在两岸关系和平发展不断深入，政治互信不断增强，文化交流不断密切的新阶段，在中山先生亲自创办的中华会馆举办这次活动，具有非常重要的现实意义。这次侨批申遗声援大会，是中国侨批申列世界文化遗产系列活动的重要组成部分，对于宣传中华文化，见证历史变迁，凝聚侨胞心力，推动申遗成功具有十分深远的影响，是一件利国利侨的大事好事。他感谢福建省档案馆为此次活动所提供的大力支持。

茹佳亚在致辞中指出，中国侨批在2012年已成功入选《世界记忆亚太地区名录》。侨批是重要的历史文献，是与世界历史相连在一起的。通过侨批，不仅反映了华侨与其国内家人的关系，还显示当时的联系机制，其间包含了人际之间、各个组织机构之间以及各种财务往来之间的关系等等，是为每个人所肯定且接受的文献。他支持中国侨批申报《世界记忆名录》。茹佳亚在讲话中还回顾了他本人及其家族与中国及泰国华侨华人的历史渊源，表示乐于促进中泰友好关系，同时祈望泰国各侨团继续促进中泰友好。

许茂春表示，透过侨批，让大家了解华侨移民奋斗史，让大家知道中国人忠孝为本，华侨漂洋过海，艰苦创业，事业有成更不忘祖国的传统美德。此次与中国福建省档案馆等联合办展及开展侨批文化交流，是泰国中华会馆的一种新尝试，它将对于加深泰国华侨华人对祖国乡土的认同感，增进泰中人民友谊，促进两国的友好交往，有着积极的意义。

林真表示，中国政府历来重视侨批档案的保护、抢救与开发。近年来，在政策、资金、技术等层面上加大了对侨批档案的征集、整理、保护、宣传、研究的支持力度，并取得显著成效。作为珍贵的国际移民文献，侨批档案已列入《中国档案文献遗产名录》和《世界记忆亚太地区名录》，并于2013年6月申报《世界记忆名录》。在侨批的申遗进程中，始终得到包括泰国在内的广大海外华人华侨的热心关注和积极支持。相信通过这次讲座和展览宣传，必将有力地推动侨批档案的申遗成功。

此次展览以图文并茂的形式展示侨批的产生、发展、繁荣与衰亡的历程，以及东南亚、美洲、非洲等地华人华侨与家乡眷属往来的侨批和早期华人华侨在侨居地生活的老照片。展览将在泰国相关华人社团与学校展出3个月，这是福建省档案馆首次与海外华人社团联合举办展览，是福建省档案馆发挥档案文化特色、服务福建华侨文化建设的创新之举，对于增进与海外华人华侨的情感、文化纽带联系，推动侨批成功申遗，具有积极的作用。

在中山讲座论坛中，来自福建省档案馆、泰国中华会馆、新加坡宗乡会馆联合总会等机构的专家学者围绕着侨批的作用和价值主题先后发表演讲。

据悉，泰国当地主流的华文媒体先后对活动进行了大量的报道，许多上了年纪的侨领看了侨批后，谈及移民奋斗史，以及通过侨批与家人的联系，不禁感慨侨批作为海外赤子支援祖国亲人而产生的事物，是中华忠孝文化的反映，要汲取侨批文化中的养分，在年青一代华侨华人中开展中华传统文化教育。

▲7 月 30 日，由省档案局（馆）和省直机关工委联合举办的“党的生命线——中央苏区群众路线档案图片展”在福建省档案馆开幕。福建省档案局局长丁志隆致辞，福建省直党工委副书记夏善国主持开幕活动。福建省直各单位机关党委专职副书记等近 300 人参观了展览。

丁志隆在致辞中指出，在全省深入开展以为民务实清廉为主要内容的党的群众路线教育实践活动之际，省档案局充分利用丰富的红色教育资源，发挥省档案馆的馆藏优势，举办中央苏区群众路线档案图片展，为省直机关单位开展教育实践活动提供学习教育的基地。历史是最好的教科书，通过回顾和重温红军和苏区时期党的群众路线孕育产生的历程，认真学习党的光辉历史和优良传统，使我们更加深刻地认识和把握群众路线的丰富思想、重要内涵和精神实质，从而更加深刻认识到当前开展群众路线教育实践活动的必要性和重要性，更加坚定贯彻执行实践教育活动的自觉性和积极性。

该展览分“群众路线的孕育产生”、“创造苏维埃新的工作作风”、“真心实意为群众谋利益”、“建设真正的廉洁政府”、“人民是革命的力量源泉”五个部分，展出全省各级国家综合档案馆精选出来的有关中央苏区群众路线珍贵档案文献图片 270 余张，图文并茂地展示了中央苏区群众路线理论与实践产生、发展的过程，将成为全省各单位开展党的群众路线教育实践活动参观学习和社会公众了解党的群众路线的一个崭新平台。展览展出时间为 2013 年 7 月 30 日—8 月 30 日，为期一个月，工作日期间免费向社会公众开放。

▲为进一步推动世界文献遗产的保护、宣传、利用和传承，促进中国印尼文化交流，应印尼东方音乐基金会的邀请，2013 年 10 月 31 日—11 月 5 日，在第二届世界南音联谊会大会唱暨印尼东方音乐基金会成立 30 周年庆典期间，省档案馆赴印尼雅加达和泗水，分别与印尼东方音乐基金会、泗水东爪哇安溪公会等华侨社团联合举办“百年跨国两地书——福建侨批档案展”巡回展。中国驻印尼大使馆参赞兼总领事刘玉飞、印尼东方音乐基金会主席陈锡石、印尼福建社团联谊会总主席俞雨龄、印尼闽南同乡联谊会总主席许世经、世界福州三亚十邑同乡总会总主席张锦雄和东爪哇泉属会馆主席郑硕顶、东爪哇漳属同乡会主席陈平泉、东爪哇安溪公会主席廖其鑫等分别出席了雅加达和泗水活动开幕式。来自中国大陆、香港、澳门、台湾地区、菲律宾、马来西亚、新加坡、越南、缅甸等地的福建华侨华人及乡亲共 2000 多人参观了展览，产生了良好的社会反响。

▲12 月 26 日，“毛泽东手迹展”在福建省档案馆开幕，共展出毛泽东主席从 1912 年到 1965 年各年代的诗词、题词、书信、文电等珍贵手迹 90 件，此次展览是我省史上最全面展示毛泽东手迹的一次展览，共中多件展品与福建有着极深渊源，真实记录了毛泽东与福建的故事。

（福建省档案馆）

江 西 省

▲2013 年 6 月 7 日，江西省档案局、江西省档案学会在省档案馆新馆联合举办了主题为“档案在你身边”的国际档案日宣传展览，展览制作展板 14 块，内容包括省档案局（馆）介绍、档案征集接收范围及程序、档案利用程序、档案法规、家庭建档等，近 200 多名学生参观了展览。6 月 9 日，省档案局、省档案学会分别在南昌市东湖区洪城社区和青山湖区湖坊乡开展主题为“档案在你身边”的国际档案日宣传活动，活动进行了展板宣传。

（江西省档案馆）

山 东 省

▲2013 年 5 月 15—21 日，山东老年书画研究会在山东省档案馆举办“庆五一·迎十艺节省直老年书画展”，共展出书画作品 597 幅。这些作品以歌颂马列主义、毛泽东思想、邓小平理论、“三个代表”重要思想、科学发展观、实现中华民族伟大复兴中国梦，歌颂改革开放，弘扬优秀传统文化艺术，表现当代先进文化，颂扬人民群众过上的幸福美好生活为主题，全面彰显了广大老年书画家和书画爱好者深厚的文化底蕴和娴熟的传统书画艺术功力，展示了广大老年朋友“老有所学，老有所乐”的夕阳风采。

（山东省档案局）

湖 北 省

▲2013年4月22日，“湖北省档案馆征集档案成果展”在湖北省档案馆开展。此次展览集中展示了近年来省档案馆从社会各界征集进馆的文书、书信、日记、证书、照片和实物等珍贵档案史料500余件，其中包括从国外和境外征集进馆的部分档案珍品。展览将使社会各界人士和广大市民零距离观赏档案，感受档案文化，提高对档案征集工作的认知，加深对捐赠档案的理解。展览分为六个部分，第一部分为报纸、画册，主要展示文革小报、清末民初的江汉日报和日本侵华画册。第二部分为名人档案，主要展示省领导李尔重、郭述申及其他文化艺术界名人的个人档案。第三部分为名人字画，主要展示政界名人及文化艺术界名人的书法绘画作品。第四部分为图书资料，主要展示族谱、古医书、抗美援朝时期的旧剪报、战地日记等珍贵资料。第五部分为老照片，主要展示民国时期、日军侵华和抗美援朝等老照片。第六部分为实物档案。

▲为了深入推进党的群众路线教育实践活动，以务实的作风发挥档案工作为民服务的作用，湖北省档案馆与袁裕校家庭档案馆在武汉联合举办为期一个月的“百年变迁——中国首家平民（袁裕校）家庭档案馆馆藏精品展”。2013年8月20日，开展仪式在省档案馆隆重举行。展览展示了袁裕校祖孙四代历经清末、民国和中华人民共和国成立后各个不同历史时期形成的家庭档案，反映了一个普通家庭通过自强不息、艰苦创业走上幸福美好生活的变化历程，折射出中国近现代社会如何由内忧外患、积贫积弱阔步迈上繁荣富强的康庄大道的百年变迁。展览旨在展现家庭档案独特的文化魅力，充分发挥家庭档案记录历史、传承文明的特有功效。

▲10月10日，由湖北省委统战部、湖北省档案局、湖北省炎黄文化研究会主办，湖北省民主党派团体机关离退休干部活动中心、湖北省首义书画家协会协办为期一周的“旗帜与道路——学习宣传贯彻党的‘十八大’书画展”，在湖北省档案馆隆重开幕。书画展以宣扬“十八大精神”，描绘“中国梦”蓝图为主题，弘扬时代主旋律，传播社会正能量。展出作品100余幅，这些作品内容丰富、思想性强、艺术水平高、时代主题突出，既有工整隽秀的楷书，又有似水流云的行草，既有展现时代风貌的人物肖像，又有讴歌祖国建设的感人画面，集中体现了时代精神，抒发了书画家们热爱祖国、热爱党、热爱生活的美好情怀，展示了机关干部和离退休老干部们的艺术风采和精神风貌，为党的群众路线教育实践活动的深入开展营造了良好的文化氛围。

▲为了纪念伟大领袖毛泽东同志诞辰120周年，深切缅怀毛泽东等老一辈无产阶级革命家的丰功伟绩，10月25日，湖北省档案馆、湖北省收藏家协会红色藏品分会联合举办的“纪念毛泽东诞辰120周年红色藏品精品展”在湖北省档案馆隆重开幕。展览展出了1000余件纪念毛泽东同志的珍贵红色藏品，展览分为三个部分：第一部分“伟人形象”，展示毛泽东在不同历史时期的照片和书法作品；第二部分“像章艺术”，展示精品、特色毛泽东像章及部分外地毛泽东精品像章；第三部分“文献史料”，展示各地出版发行的毛泽东书籍和各种期刊、杂志、邮品等红色文献史料。这些展品大部分都是省收藏家协会红色藏品分会的会员们精心收藏的，具有很强的历史纵深感、很高的艺术观赏性和很强的心灵感染力，很多都是平时难得一见的精品。这些珍贵的红色藏品，既是收藏家们心血的凝聚，也是人民群众真情实感的流露，真切体现了对毛泽东同志的崇敬之心和爱戴之情。

▲11月16日，由湖北省书法家协会主办、湖北省档案系统书法家协会承办的湖北省第四届新人新作书法展暨2013年新会员创作培训班，在湖北省档案馆举行开幕仪式。展览共收到各市区县书法篆刻作品1400余件，经过评选共选出优秀作品28件，入展作品159件，入选作品116件。入展的书法作品五体齐全，形式多样，小到蝇头小楷，大到六尺榜书，充分展示了我省书法作者的书法创作实力；作品内容有自作诗词联，古贤人的书画评论语句，创作风格时代特征鲜明，不拘泥、不呆板、无做作、不流于形式，观后给人以巨大震撼。入展的作者中王耀卿和李祖勋的年龄高达86和82岁，是四届新人新作展以来投稿年龄最大的作者，参赛作者中最小的年仅18岁。同时，在展览期间举办为期2天的书法创作培训班，由徐本一主席，葛昌永、张天弓、周德聪副主席主要讲授书法的临帖与创作和书法审美与欣赏，也为明年的湖北省第三届艺术节的开展，奠定了良好的组织基础。

▲12月7日，“极目楚天舒——纪念湖北省书协成立30周年暨省直分会成立5周年书法篆刻作品展”在湖北省档案馆开幕。展览共展出作品200余幅，书体丰富，风格迥异，流派纷呈，精神向上，展览不仅是一次书法机构的纪念活动，而以书法展的生动形式，弘扬了中国国粹文化艺术，激发了人们对中国文化的学习、传承和热爱之情，促进了档案事业与书法艺术事业的合作交流、共同发展，得到了各界群众的喜爱和赞扬。

▲12月21日，全省档案系统“纪念毛泽东诞辰120周年书画摄影展”在湖北省档案馆开展。为了隆重纪念伟大领袖毛泽东同志诞辰120周年，深切缅怀毛泽东等老一辈无产阶级革命家的丰功伟绩，湖北省档案馆特举办“纪念毛泽东诞辰120周年书画摄影展”，旨在充分展示和大力弘扬全省档案系统干部职工良好的精神风貌和精神文明建设的丰硕成果，进一步丰富档案系统干部职工文化生活，在更高层次上促进全省档案事业上新水平。全省档案干部在以满腔热情记录书画摄影艺术发展史的过程中，继承和发扬党的优良传统，进一步解放思想、改革创新，凝心聚力、艰苦奋斗，为建设文化强省，推动湖北实现“建成支点、走在前列”的奋斗目标作出新的更大的贡献。

（湖北省档案馆）

湖南省

▲为纪念毛泽东同志“向雷锋同志学习”题词发表50周年，回顾总结50年来湖南学雷锋活动历程，宣传雷锋精神，推动学雷锋活动的进一步开展，由湖南省档案局（馆）主办的“雷锋家乡学雷锋——湖南省学雷锋活动50周年档案展”于2013年2月25日在湖南省档案馆开展。

展览由前导篇“雷锋精神出潇湘”、回顾篇“湖湘处处学雷锋”与展望篇“构建道德新高地”三部分组成。前导篇主要展示雷锋精神产生的时代背景以及学雷锋活动的由来；回顾篇主要展示50年来省委、省政府发动、引导全社会开展学雷锋的核心作用，以及全省各行各业学雷锋活动的基本情况，并分市（州）择要介绍湖南省50年来各种雷锋式先进集体与先进个人；展望篇主要展示学雷锋活动常态化后，湖南省学雷锋活动全年抓、抓全年的良好势态与美好愿景。

（湖南省档案馆　颜文展）

广东省

▲2013年2月28日，广东省档案馆与天河区委组织部共同举办的“宣讲身边党史 高举伟大旗帜——天河区学习党史、贯彻十八大精神图片展”在广东省档案馆正式开展。展览在广东省档案馆主办的“南粤丰碑——中共广东党组织档案史料展”基础上，增加中共三大、中共十八大、天河区贯彻落实十八大精神、天河区组织部落实“1+15”文件要求等四个部分内容，详细回顾了中共广东党组织与中共三大的光辉历史，着重宣传中共十八大的伟大精神，展示了近年来天河区争当广州走新型城市化发展道路排头兵、实施人才集聚工程和党建创新工程的最新成果。该展览与“南粤丰碑——中共广东党组织档案史料展”在配合全省开展党的群众路线教育实践活动，发挥了重要宣传教育功能和积极作用，省档案馆展厅成为多家单位开展主题教育活动的重要课堂和窗口。

▲4月19日，由广东省档案局、福建省档案局联合举办的“海邦剩馥——中国侨批档案展”在人民大会堂拉开帷幕，展览展出了300余组侨批档案图片，介绍了侨批产生的背景、运行模式、历史作用、保管保护及开发利用等情况。该展览是档案部门首次在人民大会堂举办的展览，国家档案局局长杨冬权、广东省政府副省长许瑞生、福建省政府副省长李红全程参观了展览，对展览的筹办与布展工作给予了充分的肯定与高度评价，称赞展览是对“中国侨批·世界记忆工程”国际研讨会主题的完美补充，是对国际研讨会的最好烘托。

展览于4月19日晚从人民大会堂撤出后，即移师中华世纪坛展出18天，受到首都观众的热捧。结合“6·9”国际档案日宣传活动需要，该展览再次移师广东省档案馆展出近4个月，成为国际档案日当天活动的一大亮点，省委常委、常务副省长徐少华和各位档案专家认真观看了展览。

▲12月2日，由广东省档案局、广东省对口支援新疆工作前方指挥部、喀什地区档案局与喀什地区文联共同主办的“喀什风情图片展”在广东省档案馆正式开展。

展览分为独特的民俗风情、迷人的名胜古迹、绮丽的自然风光和深厚的粤喀友谊四部分，展出反映喀什地区的风光、民俗以及援建成果的图片共计230幅。展览以宣传广东援建、展示喀什风情为主题，全面真实地记录了新疆喀什各族人民独具特色的风俗习惯，构成了绚丽多姿的新疆喀什民俗风情画卷，展示了广东援建喀什三年来的初步成果，反映了广东与喀什人民的友谊，推介展示了喀什地区的民族风情、自然风景、名胜古迹。

（广东省档案馆　黄秀华）

海南省

▲2013年4月9日，为纪念著名抗日将领陈策将军诞辰120周年，海南省档案馆与广州孙中山大元帅府纪念馆，在广州联合举办“陈策将军文物图片展”，展出陈策将军二等宝鼎勋章、三等云麾勋章、《香港站突围记实》手稿、《香港之役英倭两军作战经过记略》手稿以及各类证书等珍贵档案130件套，其中首次向观众展出了陈策将军因香港保卫

战而获得英国皇家颁发的 K. B. E 勋章、在虎门海战中受伤的子弹等，展览全面展示了陈策将军英雄而又充满传奇色彩的一生。

▲6月9日，为开展“国际档案日”宣传活动，海南省档案局在海南省档案馆大厅和十楼，举办了档案精品实物专题展览，向社会大众展出皇帝敕命、侨批等馆藏珍贵档案近千份。当天，有500多名各界人士参观了展览。

（海南省档案馆　秦家越）

重庆市

▲2013年11月26日—12月3日，由重庆市档案馆和璧山县档案馆联合主办的“晏阳初乡村建设的重庆乐章——中华平民教育促进会华西实验区历史档案展”分别在台北市华山文创园区和新竹县美术馆巡展。

此次展览，是继2012年赴台举办“中国抗战大后方名人手迹展”之后，重庆档案界向台湾民众推出的又一重要展览。其目的在于通过珍贵历史档案这一特殊载体，加强海峡两岸文化交流，促进渝台合作。

此次展览分为“晏阳初的重庆岁月”、“华西实验区的沿革”、“华西实验区四大建设”、“华西实验区与中国农复会”、“华西实验区的土改实验”、“晏阳初华西实验区的影响”六个部分，真实、直观地再现了华西实验区的活动情况及乡村建设经验，共计展出历史档案134件213页、图片70幅。其中，包含晏阳初、蒋梦麟、沈宗翰、钱天鹤、瞿菊农、亨德、黄季陆、周开庆等重要人士的书信手迹。这些档案史料，绝大部分为第一次面世的珍藏档案，弥足珍贵。

通过此次展览，增强了两岸民众的文化认同感，融洽了渝台档案文化交流合作，延续了渝台两地合作的形式，彰显了文化服务渝台经贸发展的功能。

（重庆市档案馆　姚旭）

四川省

▲四川省档案馆爱国主义教育基地《百年四川》《四川名人》《四川馆藏精品档案》三项展览长年对外开放，吸引了众多观众前来参观。2013年3月8日，全省各地慕名而来的观众在江竹筠、赵一曼、张露萍、丁佑君、胡兰畦、秦良玉等巾帼英雄的档案展板前，不时停足议论，不停地向工作人员询问档案背后的故事，了解四川妇女在各个历史时期为民族独立和国家建设立下的丰功伟绩。一位操普通话的老妈妈看到修建成昆铁路的有关档案时，非常激动和骄傲，她的父母就是成昆铁路的建设者，她和兄弟姐妹随建设大军从北方家乡来到四川，最后在四川扎根。她不无遗憾地说，可惜不知道档案馆有这么多的“宝贝”，父母没能亲眼看到他们为之奉献一生的这些传世档案。

饶有兴致的观众还不时拿起手机，催促自己的亲友前来观展。参观结束后，他们深感时间仓促，意犹未尽，纷纷记下来馆参观的联系电话，表示有机会一定带上更多的亲朋好友前来档案馆参观展览。

▲5月30日，新华社四川分社、《中国青年报》《四川日报》、四川人民广播电台、四川电视台、《四川政协报》《华西都市报》《人民权力报》、四川新闻网、四川在线、《成都日报》《成都商报》《成都晚报》《天府早报》、成都人民广播电台、成都电视台等媒体记者，以及《中国档案》《中国档案报》特约通讯员应邀参观省档案馆爱国主义教育基地展厅。记者们通过听取对近百年四川重大历史事件的详细讲解，观看声光电等形式多样的档案展陈，参与各种历史和档案知识的趣味互动，对四川的昨天和今天有了更深的了解，体验历史与文化的结合、传统与现代的结合、档案与社会的结合。

▲6月9日，由四川省档案局、四川省教育厅联合举办的“高校档案文化建设成果展示”在四川大学校史展厅展出。该展览由高校档案文化建设发展展示和档案文化建设实物展示组成。从全省高校遴选出的反映30所高校档案文化建设成就的33块展板，以图文并茂、生动活泼的形式展现了档案在“存凭、留史、资政、育人”等方面发挥的独特作用，展示了党政对高校档案文化建设的重视支持情况，展出了高校档案部门在高校档案文化建设的历程、思路、举措、亮点和成效，展现了开发档案资源取得的丰硕成果。全省100余名高校档案工作者观看了展览，在展示档案编研、档案文化产品开发、档案文化宣传、校史文化研究、档案网站建设等成果的展板前驻足观看，交流思想，启迪智慧。通过此次展览，高校档案工作者感受了高校厚重的历史沉淀、浓郁的文化气息、丰富的档案文化资源，感知了档案作为文化“母资源”的宝贵价值，体验了历史与文化、档案与文化、档案与历史、档案与社会、历史与现实的结合。

▲11月7日，四川省优秀年轻干部递进培养计划首期培训班200余名学员来到省档案馆进行“以档案见证四川历史与省情”为主题的现场教学，学员们认真地参观了爱国主义教育基地《百年四川》《四川名人》《四川馆藏精品档案》三项展览。不少学员对一份1956年8月印有《贯彻群众路线，进一

步改进党的领导作风》的《四川日报》《百年四川大事记》的电子翻书、四川建设沙盘等都很感兴趣，纷纷驻足，仔细了解。

学员们对展览精巧的设计、丰富的内容赞不绝口。省政府研究室副主任高鹏凌说，省档案馆爱国主义教育基地利用现代技术手段展示了多彩的档案元素，让他们感受了档案的独特价值和档案文化的独特魅力。资阳市委常委、秘书长李丹说，省档案馆的爱国主义教育基地布局合理、脉络清晰，让参观者在很短的时间内就能了解四川发展的历史变迁。成都市锦江区委常委、宣传部长刘晓博说，省档案馆爱国主义展览档案文化特色明显，历史厚重感强，在这里进行"以档案见证四川历史与省情"的现场教学，使自己更加坚定了建设美丽繁荣和谐四川，谱写"中国梦"四川篇章努力奋斗的信心和决心。

四川省档案馆爱教基地三项展览 2013 年共接待社会各届参观者 80 余批次 2000 余人，其中接待省委党校、省级机关党校学员来馆参观 10 批次，503 人。

（四川省档案馆）

云南省

▲"金飞豹个人探险档案"展览为个人专题展，由云南省档案局主办，2013 年制作，在云南省档案馆展出。内容包括著名探险家金飞豹先生数次探险活动中的 350 余张珍贵图片，记录了其全球九大极点探险、寻访百年滇越铁路等探险历程，展现了一个平凡的云南人，在梦想的引领下，用坚韧不拔的行动实现了人生的高度与速度，彰显了云南人的大山品质和高原情怀。展览在云南省档案馆展出，供市民免费参观。

（云南省档案局法规宣传教育处）

甘肃省

▲2013 年 12 月甘肃省档案局馆承办了"红心照耀中国——外国人眼中的中国共产党人"档案图片展览，该展览由国家档案局、中央档案馆主办。展览内容分为"探寻红色中国"、"镜头里的中国革命"两大部分，分两个展厅布展。第一展厅"探寻红色中国"展示了斯诺、史沫特莱、爱泼斯坦、贝特兰、卡尔曼等 13 位外国记者的生平以及在中国采访的手稿、拍摄的照片、撰写的报道、著作等；第二展厅"镜头里的中国革命"分为革命根据地、伟人风采、人民军队、群众武装、延安生活等 5 个板块，通过外国记者的镜头，展示了中国共产党人在革命根据地和抗日前线艰苦奋斗的动人情景。展览共展出历史图片、档案史料、图书文献等 350 多件，其中有中央档案馆珍藏的毛泽东与斯诺、史沫特莱、贝特兰等人关于时局问题的谈话记录，《救国时报》《解放日报》等刊登的斯诺、爱泼斯坦等采访的报道。甘肃省档案局馆还利用高清显示屏在大厅播放由外国记者拍摄的《延安使命》等革命历史纪录片视频，真实再现了毛泽东、朱德、周恩来、林伯渠、邓小平等老一辈无产阶级革命家的质朴形象，令人倍感亲切。展览累计接待参观人数达到 42000 多人次，在社会各界中引起强烈反响，取得良好效果。

（甘肃省档案局）

青海省

▲在第一个"6·9 国际档案日"期间，青海省档案局（馆）以"档案在你身边"为主题，在西宁市中心广场举办大型图片展览，并开展档案知识咨询服务。展览活动通过多种形式广泛开展档案法制、档案知识、珍藏档案、档案利用等宣传。展板分为 30 个版面，包括前言、法律法规篇、亲切关怀篇、珍贵档案篇、服务利用篇、编研篇、开放的档案馆欢迎您及结束语八个部分，再现了档案"存凭、留史、资政、育人"的特殊价值。还在部队、学校、企业、社区等单位进行巡回展出，参观人数达 3.8 万人次。

（青海省档案局）

新疆维吾尔自治区

▲2013 年 6 月 9 日，新疆维吾尔自治区档案馆举办的《新疆历史记忆档案图片展》正式开展。此次展览通过档案和图片相结合的形式反映了新疆历史发展的脉络。展览通过真实的档案和生动的图片全面展现了新疆自古以来就是伟大祖国神圣不可分割的一部分，新疆与内地在经济和文化上的联系紧密而久远，新疆各民族人民团结一致，为共同开发、建设、保卫新疆作出的重要贡献。展览开展以来，吸引了社会各界的关注，各机关团体、企业、学校等纷纷组织前来参观。展览激发了各族干部群众的斗志，增强携手共建美好家园、努力实现新疆长治久安的信心和决心，对于开展爱国主义、民族团结教育起到了积极作用。

（新疆维吾尔自治区档案局（馆） 宁燕）

（十一）档案编研工作

《中共中央文件选集(1949.10—1966.5)》公开出版

由中央档案馆与中共中央文献研究室合作编辑、人民出版社出版发行的大型档案汇编——《中共中央文件选集（1949.10—1966.5）》（以下简称《选集》）于2013年6月正式出版发行。

全书共50册，1600万字，选收了1949年10月—1966年5月期间，以中共中央名义发出的重要文件4569件。这是我党第一次全面系统地向社会公布这一时期的中共中央文件，展示了新中国成立以来党对重大问题的决策、处理和对中国社会主义建设道路的探索。

《选集》中收录的文件大部分依据馆藏档案刊印，一部分依据当时的报刊或后来编辑出版的党和国家领导人选集、文集或党的文献汇编本刊印。在编选时本着存真求实的精神，严格保持所依据版本的原貌，只对明显错漏或不妥之处进行必要的订正和规范。

中华人民共和国成立至“文化大革命”之前，是我国基本完成社会主义改造并开始全面建设社会主义的重要时期。公开出版这一时期具有权威性的档案文献选集，将推动党的思想理论建设，使广大党员和人民群众了解党领导全国各族人民进行社会主义革命和建设的历史，从中吸取经验教训，坚定社会主义信念，为不断夺取中国特色社会主义建设新胜利而努力奋斗。

（中央档案馆政策法规研究司）

编辑出版《毛泽东手迹》

2013年，适逢毛泽东诞辰120周年。为了缅怀这位中国共产党、中国人民解放军和中华人民共和国的主要缔造者和领导者，中央档案馆从馆藏中精选了毛泽东在不同时期亲笔起草和书写的电报、书信、论著、诗词、题词、批注等，编辑出版了《毛泽东手迹》丛书。

该丛书共分“自作诗词”、“题词题字”、“文电书稿”、“书简信函”、“批注札记”、“古人诗词”六卷，每卷分上、下两册。其中，“自作诗词”卷收入诗词49首共119件，“题词题字”卷收入文件282件，“文电书稿”卷收入文件158件，“书简信函”卷收入文件243件，“批注札记”卷收入毛泽东批注的史书、马列、哲学、文学书籍50多种，“古人诗词”卷收入文件299件。

全书收入文件多、涉及范围广，不仅具有很高的文献研究价值，还具有很高的艺术鉴赏价值，许多手迹还是书法艺术的瑰宝。为了真实地再现其书法艺术，该丛书全部采用彩色印刷，并根据鉴赏的需要，适当对某些手迹进行放大重现，以尽显原作之神采。

（中央档案馆保管部）

中国档案报社与深圳市档案局联合编辑出版档案系列丛书《民国档案揭秘》

2013年8月，中国档案报社与深圳市档案局合作编辑出版的档案系列丛书《民国档案揭秘》（上、下册）出版发行，这是报社与深圳市档案局第四次成功合作的项目。为做好编辑工作，报社的同志详细收集整理了在《中国档案报》上刊登过的有关民国时期的文章1000余篇和几百张图片，经严格筛选，最终确定将125篇文章、100余张图片编入《民国档案揭秘》一书，为此采编部门的有关同志对文章进行了再次编辑加工，保质保量地按时完成了出版任务。

（中国档案报社）

《交流与分享——上海市档案局（馆）近年外事工作纪实》出版发行

该书分综述、创作手记、业界经典、新视野、海外访档录五个篇章，并附录了上海市档案局（馆）近年来出访过的16个国家、城市或企业档案馆的简介，列出了有关外事工作大事记。特别是汇集了出访团组的“金点子”，有益于提升档案外事工作的能力和水平。国际档案理事会秘书长大卫·里奇、国际档案理事会城市与地区档案馆处执委会主席德波尔·詹金斯、印度驻沪总领事史耐恩、瑞士驻沪副总领事孟思凯等多位外国档案专家和外交官员为此书撰写的寄语和参观市档案馆展览后的感言也被收入其中。该书2013年2月出版发行。

（上海市档案局　邹伟农）

江苏省档案局与新华日报社共推《美丽江苏·2012》

《美丽江苏》由江苏省档案局、新华日报社合作编写，图片及文字素材主要来源于《新华日报》，每年编写出版一册，以弘扬江苏精神、延续江苏记忆为主旨，从档案人的视角，以图文并茂的形式，真实客观地记录当下江苏经济社会发展轨迹。《美丽江苏·2012》全面系统地对2012年全省重点工作、重大活动和主要成就进行梳理，记录了全省人民在省委省政府的正确领导下，紧紧围绕迎接党的十八大召开、学习宣传贯彻十八大精神，坚持以科学发展观为统领，大力实施“八项工程”，全面落实“六个注重”，在新的起点上开创科学发展新局面，全面建成更高水平小康社会，奋力开启基本实现现代化新征程中取得的新业绩。该书的编写出版，为江苏经济社会发展留下了鲜活的历史风貌，也是档案部门由历史的被动保管者转变为主动记录者的有益尝试。

（江苏省档案局）

开发档案资源　弘扬湖湘文化
——《湖湘档案图典》第一卷出版发行

2013年4月，为深入贯彻落实中共中央关于推动社会主义文化大发展大繁荣的号召以及中共湖南省委提出的文化强省战略，湖南省档案局（馆）正式推出了大型系列丛书《湖湘档案图典》第一卷《湖南省国家档案馆珍藏概览》。该书由湖南人民出版社正式出版。

《湖湘档案图典》以档案图文的形式，全面系统展示了湖湘档案文化的独特魅力，也为湖南全省各市县的档案资源开发提供了一个出版平台。时任中共湖南省委书记的周强为丛书作总序。

该书收录档案图片近500幅，按文电、公告、手稿、书刊、契约、票券、志谱、图册、音像、证书、印章、字画、实物等分类编排。收录标准注重“精”与“真”，“精”乃就其价值与品相而言；“真”即原则上非原件不取。入选档案从载体、文种、形制、内容、地域等多角度考虑与权衡，以求馆藏档案的代表性与典型性得到全面的体现。

该书具有三个显著特点。一是直观性，紧抓读者的阅读习惯与阅读心理，以精致的图片全面展示了湖南各级国家档案馆馆藏内容与档案形态；二是广告性，本书以其大气的设计与精美的装帧给读者以强烈的视觉冲击，使读者对湖南省各级国家档案馆馆藏基本情况有一个大致与直观的了解，一方面引起读者对档案工作的关注，另一方面激发了读者对档案利用的欲求；三是实用性，本书收录的档案图片，不单只是档案形态的反映，每一件档案的内容也能全部或局部反映出来，且所录档案大多都是重大历史题材，具有较高的史料价值。

（湖南省档案局　禹丁华）

《贵州清水江文书系列 天柱文书》(第一辑)在贵州首发

2013年10月21—23日，“第一届国际清水江学高峰论坛·清水江文书与中国地方社会国际学术研讨会”分别在贵州大学和贵州省天柱县举行。10月21日举行了《贵州清水江文书系列 天柱文书》（第一辑）的首发式。《贵州清水江文书》系列丛书编纂委员会主任、贵州省副省长何力参加首发式。

《天柱文书》由贵州大学、天柱县档案馆、贵州省档案馆、江苏宏德文化出版基金会编纂，由贵州大学国家社科基金“清水江文书整理与研究”课题组首席专家张新民主编，江苏人民出版社出版。全书首辑22册68卷，共收录天柱县档案馆藏7000余件清水江文书，全书共9800千字。是国家重大社科招标课题“清水江文书整理与研究”的重要学术成果，是自20世纪初叶以来对研究清水江文书的一大总结。全书公布了大量珍稀的原始文献资料，对乡土中国社会政治、经济、法律、文化、宗教等诸多领域的研究将起到极大的推动作用，并将为国际性显学、清水江学的研究提供丰富的学术资料。该书的出版，标志着清水江文书的整理工作进入大规模、系统化结集出版的阶段，可称为中国文书学整理与研究的重大标志性学术成果。

（贵州省档案局　周端敏）

中央和国家机关档案部门编辑出版图书简目

中琉历史关系档案 嘉庆朝(三)(四)(五)

编著者：中国第一历史档案馆

人民出版社　　**字　数：**30万

《中琉历史关系档案》是以中国第一历史档案馆编纂出版的《清代中琉关系档案选编》《清代中琉关系档案续编》《清代中琉关系档案三编》《清代中琉关系档案四编》《清代琉球国王表奏文书选录》《清代中琉关系档案五编》《清代中琉关系档案六编》及

《清代中琉关系档案七编》为基础，采用编年体例，大32开本，重新整理编纂而成。全书在原有基础上，逐件摘写内容提要，注明原书出处，一体单栏影印，以方便读者的查阅使用。

该系列图书从2006年起每年出版三册，2013年出版嘉庆朝（三）（四）（五），时间自清嘉庆五年九月至嘉庆十一年十二月。本书档案选自中国第一历史档案馆馆藏内阁、军机处、宫中、内务府等全宗，收入了清政府办理琉球国事务过程中形成的各类文书档案，记载了清代中琉两国在经济贸易、文化交流、册封朝贡、相互救助等方面的密切交往，反映了清政府与琉球的友好往来，史料翔实丰富，具有十分重要的研究价值。

（伍媛媛）

清宫天坛档案（1—10册）

编著者：中国第一历史档案馆、天坛公园管理处

中华书局　**字　数：**90万

该书是中国第一历史档案馆与天坛公园管理处共同编纂清宫天坛档案的汇集，全书总计20册，现已出版1—10册。

全书汇辑了清代内阁、军机处、内务府、礼部、乐部、太常寺、銮仪卫、巡警部、溥仪档等诸多机构不同文种的档案，所选档案3000余件。时间始自清入关后顺治（1644年），至清末溥仪被废，1912年拟改天坛为公园止。内容记载了清帝的祭天礼仪活动和皇家机构的日常管理详情，系统地反映了礼仪规制、建筑修缮、园囿管理、祭器造办等方面清廷对于祭天礼制的重视。这些原始秘档，属首次全面整理并系统公布，对于天坛历史文化遗产的精心保护及深度研究，具有重要的史料价值。

该书一至十册，收录了顺治朝至乾隆朝所载清宫天坛档案，采用编年体例，16开本，单栏影印，在保持历史档案原貌的同时，为读者提供了清晰的时间线索，便于查阅。

（张小锐）

清代军机处随手登记档

编著者：中国第一历史档案馆

国家图书馆出版社　**字　数：**1800万

《清代军机处随手登记档》是中国第一历史档案馆所藏专项档案的汇集，是国家清史编修工程出版项目。2014年9月荣获中国出版协会古籍出版工作委员会颁发的全国优秀古籍图书一等奖。

军机处随手登记档是清代军机处每日处理文档的原始登记簿，逐日登记，按年月装订成册。该书收录了自嘉庆元年（1796年）到宣统三年（1911年）军机处随手登记档，其所载内容是军机处每日处理谕旨、奏折等各项事件的摘由总目和索引，同时也是清代乾隆朝以后枢要朝政的总汇，具有很高的史料价值和特殊的检索功用。

该书总计180册，是清代军机处随手登记档的全面系统公布。采用编年体例，书首开列全书检索总目，各册分别编制本册目录，对每日登记的谕旨、奏折、奏片、清单等进行简明著录。采用原档翻拍胶片进行影印，大32开，单栏排版，最大限度地保持了档案原貌。

（哈恩忠）

上海船舶工业档案管理工作手册

编著者：上海船舶工业公司

上海科学技术文献出版社　**字　数：**57万

该书共分六辑，前三辑收集了国家、地方关于档案管理工作的主要法律法规、标准，是大家学习档案法律知识、掌握档案专业标准、开展档案管理工作必不可缺的业务指导资料，有较强的实用性；后三辑主要包括中国船舶工业集团公司档案管理工作的有关制度，上海船舶工业公司系统企事业单位档案机构简介，以及近年来上海船舶工业各企事业单位开展档案管理工作好的做法、成功经验和认识体会的选编，能给相关企事业单位提高档案管理工作水平提供参考，具有一定的借鉴性。

（中国船舶工业集团公司）

广播电视艺术学学科建设论纲

编著者：赵正阳、郭晓

吉林人民出版社　**字　数：**33万

该书是对广播电视艺术学学科建设问题进行的专题性、集中性和系统性研究的创新之作。论述了广播电视学学科的基本问题、基本概念、逻辑架构等核心内容。从学科结构体系、学科组织、学科制度、学科文化等层面，对广播电视艺术学的建设与发展进行较为系统的理论和实证研究，对推进我国广播电视艺术学学科健康可持续发展具有重要意义。

口述历史门径（实务手册）

编著者：陈墨

人民出版社　**字　数：**32.5万

该书是国内第一部系统讲述口述历史实务的著作，可作为入门指南。该书不仅总结了作者多年从事口述历史采访、编纂和研究工作的实务经验，且对口述史学的本性及研究方法有深入思考和讨论。

该书分口述历史的基本问题、常规模式、行业口述历史、社区居民口述历史、专题型口述历史、家族口述历史、学校师生口述历史、怎样做好采访人、了解你的受访人、如何准备采访、正式采访的相关问题、不真实信息及对策、实验性或研究性采访、收藏与整理及编辑与传播、口述历史研究的路径与想法等专章。本书通俗易懂，富有中国特色，适合于国内口述历史培训及初入门者自修。

（中国电影资料馆）

地方档案部门编辑出版图书简目

《北京档案史料》2013年第1辑、第2辑、第4辑

编著者：北京市档案馆

新华出版社 **字 数：**95.3万

该书在史料公布上，重点发掘与人民生活密切相关的内容，公布了二三十年代北平市监督管理慈善团体、1944—1948年间梨园公会史料；五六十年代北京市私营工业重点行业调查、文物管理和普查、森林资源调查、园林工作、失业救济，首次集中供热规划、水利建设成就、城市及公共交通规划、农业科技、工农业余教育等史料；70年代立交桥工程施工、地下水污染调查、大堡台汉墓发掘史料等，计20组，近70万字。在文章编发上，更加注重体现北京特色，刊登了元明清时期北京城的营建、清代京师的官营手工业、“丁戊奇荒”中的京师、民国鼓楼社会教育空间的构建与社会变迁、巴沟养年别墅考、欧阳山尊年表等一些质量较高的文章，更加切合《北京档案史料》定位和特色。

《北京的名园名山》——《北京档案史料》2013年第3辑

编著者：北京市档案馆

新华出版社 **字 数：**49.5万

为响应党的十八大报告提出的经济、政治、文化、社会、生态文明“五位一体”的总体建设布局，和北京作为首都城市提出的“全面实施人文北京、科技北京、绿色北京战略”，市档案馆策划、编辑《北京的名园名山》专辑，作为《北京档案史料》2013年第3辑出版。该书共公布14组档案史料，其中1922—1926年及抗战胜利后北海公园、1928—1933年及战后颐和园、20—40年代圆明园史料、民国时期玉泉山水源整理史料及1956—1963年中央和北京市领导视察各公园指示等7组为首次公布。刊登民国知识界对于圆明园的三重印记、万柳堂与玉渊潭及龙潭公园的历史因缘及其文化活动、民国年间静明园遗址的损坏修缮和保护、北海公园的牌楼和桥、大房山与大金古刹灵峰寺等10篇文章，兼具学术性、资料性和可读性。

（梅佳）

中南银行档案史料选编

编著者：天津市档案馆、天津财经大学

天津人民出版社 **字 数：**105万

该书是近代天津金融档案系列丛书的最后一部。该书客观全面地反映了中南银行的发展历程，主要辑录了中南银行1921—1952年的档案史料，全书分为两篇十三章，第一篇为管理篇共六章，第一章为中南银行创建于资本来源，第二章为组织机构与人事管理，第三章至第五章为经营管理，主要包括中南银行的会计管理、营业报告、行务会议等内容，第六章为货币发行与管理；第二篇为业务篇共七章，第七章至第十三章主要为中南银行的债券、储存、借贷、中间、同业往来等具体业务。全书比较全面地反映中南银行经营管理特点与发展历史，是研究民国时期普通银行重要对象之一。

天津市档案馆藏珍品档案图录（1655—1949）

编著者：天津市档案馆

天津古籍出版社 **页 数：**470页

该书将天津市档案馆藏珍品档案以图录的形式公之于众。图册共分15章节，以时间为脉络，以专题为主线，通过图片的形式全景展示了我馆收藏的从清王朝早期到天津解放这一历史时期的历史档案面貌。收录了近代天津重要历史人物、重大历史事件和经济社会生活方面的各类档案，囊括了天津商会、天津海关和天津邮政等镇馆之宝中最具有代表性的珍器重宝。其中，中国近代邮政起源档案、中国北方地区早期商会档案（天津部分）、李鸿章在天津筹办洋务档案已被列入《中国档案文献遗产名录》，成为国家记忆的重要组成部分。

天津土地资源管理利用档案选编（1928—1949）

编著者：天津市档案馆、天津商业大学

天津人民出版社　**字　数：**86万

该书汇集了1928年至天津解放各个时期土地资源管理利用的系统档案，所涉及的天津土地资源管理基本上分为三大阶段，一是1928年天津特别市成立之后至1937年被日军占领之前；二是1937—1945年日伪政府时期；三是1945年抗战胜利之后至1949年解放之前。内容涵盖土地的征用、登记、使用以及税收等各个方面，以天津土地资源的管理与利用为研究着眼点，系统整理土地资源的管理机构与职能、土地资源的立法与所有形式、土地资源的经营方式与管理方式、土地资源的保护以及鼓励经验与教训等，为研究天津土地资源的管理利用提供了丰富的材料依据。

天津老商标

编著者：天津市档案馆

天津古籍出版社　　图片712张

该书所选天津市档案馆藏的商标档案年代跨度由光绪三十年（1904年）至1953年，《商标注册试办章程》是中国历史上第一部商标法规。该书收录清末民国时期商标712枚，包括烟草烟具、化工产品、化妆品及清洁用品、酒、饮料、食品、纺织品、五金产品、文具、服装鞋帽及其他日用品的商标及图样。商标色彩鲜艳，图案丰富多彩，使人近距离感受这些历史时期的商标魅力。

天津老南市

编著者：天津市档案馆、天津市和平区档案馆、天津市和平区政协、天津市和平区南市街道党工委、办事处

天津人民出版社　**字　数：**48万

该书是百年中国看天津系列丛书中的一部，该书从南市的形成、发展与繁荣说起，内容包括：革命史迹，名人与南市，饭馆、小吃、糕点店，学校、医院，报馆，影戏院、澡堂，戏曲人物及团体，曲艺人物小传，老南市口述史料等内容。书中所记录的人和事虽都限定在一个时代社会生活的自然层面上，但毫无那种难以割舍、充满惆怅的怀旧，而是注重历史细节并从中找回已经消逝的昨天。

天津档案与历史（第四辑）

编著者：大津市档案馆

天津人民出版社　**字　数：**28万

该书共分七个专题，分别是：名流人生、盐史钩沉、商标旧事、民俗史话、百姓视角、事非轶事和治病赈灾，反映了天津地区独特的人文风貌。无论是张伯苓与柳亚子一家的情谊，还是末代皇帝后宫之争的启示，无不反映出那些在天津近代历史舞台上走出的名人们，为天津历史文化增色的痕迹。书中“盐史钩沉”专题，反映了天津盐业发展的历史概貌以及盐商们为天津城市文明发展做出的贡献。“治病赈灾”专题选取了悬壶济世的肺科医生古今人、天津卫南洼闹水时的赈灾义举等故事，让这座城市慈善文化的发展轨迹跃然于眼前。

天津海关档案

编著者：天津市档案馆

天津古籍出版社　**页　数：**36册，2万余页

该书主要选取了天津海关全宗档案中，中文部分的精华档案，分为机构沿革、人员管理、法规制度、通令通告、业务往来、贸易报告、海关税收、外交活动、近代军事、近代教育、海河工程局、中国邮政、九国租界、调查统计等14个部分。较全面地记录了津海关的建立、发展与主要业务，从一个侧面反映了近代中国的政治、军事、经济、外交等方面的概貌。对天津及周边的政治局势变化、财经状况、工农业生产、港口航道建设、铁路交通、学校教育乃至气象灾害等自然现象都有详细记载，是研究中国近现代社会发展的重要史料。

档案吉林·省档案馆卷（上、下册）

主编：房俐　**副主编：**尹怀、穆占一

吉林出版集团　**字　数：**50.7万

吉林省各级综合档案馆珍藏着自雍正三年以来的1300余万卷（件）档案，涉及政治、经济、文化、军事等各方面的内容。坚持“以史为经、以档为纬、以文记史、以史佐义、以史合一”的编撰思路。选取有价值的档案进行深入研究，挖掘档案背后的历史背景、历史事件，承载的风土人情、历史脉络，借鉴相关史料和文史界研究的最新成果，考证档案背后发生的故事。要求立意高远、短小精悍、文字清新、言之有物、感人亲切，既尊重档案史实，体现源于档案的真实性、权威性、唯一性，又不拘泥于档案本身，广泛借鉴对照、旁征博引、海纳百川。每一篇文章都能独立成章，成为新的研究成果，令人读之有味、赏之成趣、品之深思。使人掩卷之后仿佛吉林大地白山松水间的历史变迁、风土人情扑面而来，甚至“眼前浮现出一个个鲜活的面容”。

苏联专家在一汽

主　编：荆胜波　**副主编：**柳晓燕、于志勇

长春市档案馆　**字　数：**16万

解放初期的长春，在经历了日本帝国主义的压榨、掠夺和国民党反动派的三年破坏后，面临着尽快恢复与建设的考验，如何能在较短的时间内恢复国民经济，建立起自己的工业、农业、国防和教科文卫等体系，是当时亟待解决的问题。而这时苏联等社会主义国家及时向我们伸出了援助之手，使包括长春在内的全国一些重点建设事业得以顺利恢复和健康发展。据档案记载，从1950年下半年开始至1960年，援建"一汽"的苏联专家有近200人。本书就是帮助人们回忆那个令人难忘的火热的建设年代，回忆"一汽"人与苏联专家在当年结成的兄弟般的情谊，并谨以此书作为向"一汽"建厂60周年献礼，亦以此纪念苏联专家来"一汽"60周年。

通化市档案局馆志

主　编：高峰

吉林省通化市档案局馆　**字　数：**10万

《通化市档案局馆志》（1959—2012）分为机构、档案馆工作、档案事业的行政管理、学术研究与交流、馆藏档案简介、大事要事精选、附录七个部分，记叙了通化市档案局馆从1959年成立以来50多年的发展历程。内容翔实、图文并茂、装帧精美。从中可以领略到通化市档案局馆从无到有、从小到大，并逐步发展成为通化市档案保管基地、爱国主义教育基地、档案利用中心、现行文件利用中心和政府公开信息查阅场所的巨大变化。再现了通化市委、市政府对档案工作的重视和支持；再现了档案工作者对档案事业倾注的忠诚和奉献。

《通化市档案局馆志》上起1959年，下讫2012年。采用史志体例，章、节体结构，设篇、章、节、目四个层次，运用语体文笔法，文风严谨、朴实、准确、流畅。全书以时为经，以事为纬，所用资料来源于通化市档案馆，还参考了《通化市志》及省市有关部门的专业志书。

黑龙江历史档案通览

编著者：黑龙江省档案馆

黑龙江人民出版社　**字　数：**30万

该书内容为清代、民国、日伪时期以及解放战争初期国民党接收松江、嫩江省政权等各个历史档案全宗档案指南。黑龙江将军衙门档案内容包括军事、边务、旗务、矿务、商业、贸易、官报、驿站、铁路、民政、司法和对外交涉等各个方面，真实记载了清代黑龙江的历史风情。随着民国时期省、道、府、县各级政权的建立、更迭以及施政，形成了数量浩繁的档案，内容非常丰富，具有明显的地方特色。黑龙江省所藏日伪档案真实记载了日本帝国主义侵略东北实行殖民统治的大量史实。内容包括政治压迫、经济掠夺、移民侵略、奴化教育等各个方面，是揭露日本帝国主义侵华罪行最真实、最可靠、最原始的资料。

（黑龙江省档案馆　管东成）

上海珍档——上海市档案馆馆藏珍品选萃

编著者：上海市档案馆编

中西书局　**字　数：**8万、图片500余幅

该书是从上海市档案馆馆藏350余万卷件档案中精选而成，浓缩了上海历史发展的精粹，反映了上海城市发展的前世今生，充分展现了"上海是理解近现代中国的一把钥匙"。该书中大量档案文献为首次公布，时间跨度自晚清至1949年，内容分为上海溯往、租界始末、海上风云、城市发展、万商云集、多元文化六大板块，系统梳理并反映了近代上海历史发展的源流和概貌。

《上海档案史料研究》第十四辑

编著者：上海市档案馆编

上海三联书店　**字　数：**35万

该书系上海市档案馆编《上海档案史料研究》丛刊之十四。分专题研究、文化新语、读档随笔、档案指南、档案架、学术动态、书讯等七个栏目，刊载《生态、市政、地产商：近代上海公共租界的河道卫生问题》《1864—1870年间上海公共租界苦役制考察》《近代上海与江南城乡的轧花、碾米、机器灌溉业》等专题文章，以及公布《英国外交文书选译：英国对〈费唐报告〉的反应》《乐振葆1926年赴日〈东游日记〉》等档案史料。

《上海档案史料研究》第十五辑

编著者：上海市档案馆编

上海三联书店　**字　数：**36.5万

该书系上海市档案馆编《上海档案史料研究》丛刊之十五。分专题研究、回忆录、读档札记、译林、档案指南、档案架、学术动态等七个栏目，刊载《近代"兵事"与上海城市变迁——以太平军之役为中心》《新政的生意：清末科举改制与上海出版市场》《船王董浩云与宋子文的交往》等专题文章，以及公布《天厨味精制造厂股份有限公司调查报告书（1923—1949）》《1928—1951年立达学社会议记

录》等档案史料。

（董婷婷）

江苏省明清以来档案精品选

编著者：江苏省档案局

江苏人民出版社　**字　数：**180 万

该套丛书由江苏省档案局牵头组织编纂，江苏档案系统合力近三年时间打造，是江苏档案文化建设史上规模最大的一项精品工程。以省辖市为单位，加上江苏省档案馆，共分 14 卷（至 2013 年底，该套丛书共出版了《省馆卷》《徐州卷》《苏州卷》《连云港卷》《淮安卷》《盐城卷》《扬州卷》《镇江卷》等 8 卷），收录了近千件档案精品，绝大部分取材于江苏各级国家综合档案馆的馆藏档案。时间跨越清代、民国和中华人民共和国成立以来三个历史时期，内容涵盖了明清宫廷档案、民国官府文书、革命历史档案和新中国成立后江苏各级党委政府形成的政务档案，以及珍贵文献、志谱、契据、报刊、书画等，以档案原件呈现历史的真实面貌，配以必要的文字说明，通俗易懂地解释档案背后的事件背景，使档案工作的专业性和内容的趣味性有机结合，从不同侧面反映明清以来江苏各个重要历史节点上的政治、经济、社会、文化等各方面的发展状况，构建出一幅幅纵横交错、绚丽多彩的历史画卷。该丛书是江苏档案资源建设丰硕成果的一次集中公布，江苏历史、人文丰厚底蕴的一个全面展示，是深入了解和研究明清以来江苏历史的第一手资料。

（江苏省档案局）

民国时期江苏高等法院（审判厅）裁判文书实录

编著者：江苏省高级人民法院、江苏省档案局馆、南京师范大学法学院

法律出版社　**字　数：**423 万

清宣统元年（1909 年）清政府颁行《法院编制法》，次年十一月，江苏高等审判厅于苏州成立。在中华民国时期（1912—1949），经北洋政府、南京国民政府、汪伪政府等不同时期，司法制度不断修改演变，最终废于 1949 年。

该书共 10 卷，其中民事卷 6 卷，刑事卷 4 卷。从江苏省档案馆馆藏江苏高等法院（审判厅）大量裁判文书档案中，以审判文书典型性、时代性、代表性、逻辑性、条理性及字迹清晰为标准，选取刑事案件文书 600 篇、民事案件 900 篇，按 1935 年民国法律进行编排影印出版，以反映原貌。从这些裁判文书中，可以体察社会变革时期的中国司法制度和法律体系的时代特点，对民国司法制度乃至民国经济社会生活的研究，具有重要价值。

《江苏历代方志全书·宝应图经》（全四册）

编著者：（清）刘宝楠撰；江苏省档案局馆、江苏省地方志办公室编

中国扬州广陵书社　**字　数：**14.3 万

该书由江苏省档案局馆、江苏省地方志编纂委员会办公室联合选编。《宝应图经》六卷首二卷，清刘宝楠撰。此次影印以清光绪九年（1883 年）淮南书局刻本为底本，由江苏省档案局馆提供。《宝应图经》绘制了宝应县境地形地貌图，记载了宝应历代沿革情况、县地方志等史料。

江苏历代方志全书·江苏名胜志三种

编著者：（清）赵之璧等撰；江苏省档案局馆、江苏省地方志办公室编

中国扬州广陵书社　**字　数：**19.9 万

该书由江苏省档案局馆、江苏省地方志编纂委员会办公室联合选编。包括《平山堂图志》《慧山记》及《续编》《金陵古今图考》三种。

《平山堂图志》十卷首一卷图一卷，清赵之璧撰，乾隆三十年（1765 年）刻本。《慧山记》四卷，明邵宝编，《续编》三卷，清邵涵初续编，清同治七年（1868 年）刻本。《金陵古今图考》不分卷，明陈沂撰，民国十八年（1929 年）石印本。此次影印，底本均由江苏省档案局馆提供。

（江苏省档案局）

记忆浙江 2013

编著者：浙江省档案局

红旗出版社　**字　数：**12 万

该书以秉笔直书的记录方式，将点点滴滴、不应忘怀的记忆之珠缀之成串，以收聚沙成塔、集腋成裘之效。从档案记史的角度、以图文并茂的方式来解读 2013 年全省的政务大事、民生要事，力求使珍贵的 2013 浙江记忆得以传世、传承，彰显记忆文化的独特魅力。

浙江省档案馆藏票券币章选

编著者：浙江省档案馆

浙江人民出版社　**字　数：**52 万

该书将珍贵的馆藏收藏品，经过仔细整理、精心挑选、考查验证、鉴别区分，根据类别、时间、内在关联等因素，归纳为票、券、币、章四大类，含粮票、布票、印花税票、邮票、证券、钱币、徽章，计七个品类，跨越晚清、民国，直至新中国各

个历史时期。近千幅（枚）的数量、不同的质地、各异的形状、广泛的涉及面、丰富的内涵，传递了不同时期、领域中的政治风云、经济民生、军事变迁、社会事件、文化教育等信息，使人们触摸到丰富的历史场景。

余姚市档案馆馆藏清代档案全集

编著者：余姚市档案局

中国文化出版社　**字　数：**10 万

该书是余姚市档案局（馆）推出的“余姚市档案馆珍藏系列”的第一本，全书收录了该馆收藏的除谱牒之外的全部 151 件清代档案，分字画信札、地契、房契、租契典契、纳户执照、户则清册及其他七个部分，书中对每件档案都有名称、生成年代、原始尺寸、档案编号、进馆路径等的详细说明，每一部分开头有释读，重点阐释各类档案的特点特色和各自的历史人文价值，使读者在领略原汁原味的档案原件风貌同时，感受到档案特具的历史价值和文化魅力。

一百个民间说唱

编著者：嘉兴市南湖区档案局、嘉兴市南湖区文化馆

吴越电子音像出版社　**字　数：**15 万

2008 年南湖区政府开展了保护和利用非物质文化遗产普查工作，发掘了一大批具有历史、科学价值的非物质文化遗产，其中包含了劳动人民在长期生活中口口相传积累而成的说唱艺术，这些富有音乐节奏感的口语反映了不同时代、不同地区劳动人民的愿望和精神寄托。以这些普查成果为基础，经多方征集、补充完善，编纂成《一百个民间说唱》成果，选录了百余篇民间说唱，按表演形式分为：歌谣篇、戏曲篇、演唱篇和小品篇，内容涉及劳动人民生活中的方方面面，洋溢着熟悉的乡土气息和生活情趣。

台州古村落

编著者：台州市档案局

中国文史出版社　**字　数：**15 万、照片 520 张

该书编辑出版是台州市档案局响应省委、省政府关于加强历史文化村落保护利用意见的具体行动。它对于全面记录展示台州历史文化村落历史演变、建筑风貌、自然生态、民俗风情，保护和传承这些珍贵的历史文化遗产，建设美丽乡村具有很好的推动作用。全书收录了 60 个古村落，分故乡记忆、梦里老家、故土拾遗三个部分。文章的标题用概括性和文艺性的语句勾显该村落的特点。文章的开头以地理档案的形式介绍村落的基本情况，包括地理位置、人口 、历史文化主要特点等。正文用文字和照片对村落历史文化进行翔实介绍，娓娓道来，结构清晰，文字清新，照片优美，图文并茂。可读性很强。

《舟山记忆》丛书（第一套）

编著者：舟山市档案局

中国文史出版社　**字　数：**63 万

《丛书》之一，为《二十世纪七八十年代舟山渔业——叶文清摄影专集》，是从舟山市知名摄影家叶文清先生在 20 世纪所拍摄的近万张有关舟山渔业的图片中，选取 313 幅精品的专题影集。这是一册很有历史价值和收藏价值的有关舟山渔业发展史的照片档案。

《丛书》之二，为《〈四库全书〉舟山史料汇辑》，是浙江海洋学院程继红教授历时多年精心编研的档案史料，系国内第一本对《四库全书》中有关舟山史料系统整理的文献，特具史料研究价值。

《丛书》之三之四，分别为《舟山史踪》《普陀山秘史》，是舟山日报原副调研员王自夫先生花了十余年时间写就的。不少文章均为首次披露，纠正了一些在史学界似已成定论的错误观点。这两册书极具舟山海洋历史文化及档案史料特色，考证严谨，观点鲜明，可信性与可读性强。

《丛书》之五，为《定海老屋文化》，是浙江国际海运职业学院翁源昌副教授历时多年的心血之作。全书配有 191 幅定海老屋的照片，图文并茂，形象地体现了定海古城之魂。

（浙江省档案局　阮发俊）

百年跨国两地书——福建侨批档案图志

编著者：福建省档案馆

海峡出版发行集团鹭江出版社　**字　数：**3.4 万、图片 350 幅

侨批是海外寄给国内侨眷的书信与汇款的合称（“批”是福建方言对书信的称呼）。它不仅数量庞大，类别丰富，而且时间跨度长，涉及国家地区广，记录了侨乡和侨居地政治、经济、文化、社会生活、风土人情等各个方面情况，反映了从清末到中华人民共和国改革开放近一个半世纪的社会变迁，见证了中外文化的交流与融合，彰显了“爱国爱乡、海纳百川、乐善好施、敢拼会赢”的福建精神，内容丰富，系统完整，是弥足珍贵的世界记忆遗产。该书分为“侨批产生”、“侨批运营”、“侨批价值”、

“珍贵记忆”四个部分，系统展示了侨批的产生、发展、繁荣、衰落的历史过程以及所蕴藏的珍贵的文化价值和世界意义。

八闽大爱铸金彭——福建省对口支援彭州市灾后恢复重建纪实

编著者：福建省档案馆、福建省对口支援彭州市灾后恢复重建前方指挥部

海峡出版发行集团鹭江出版社　**字　数：**3万、图片550幅

画册分“山崩地裂　举国同悲”、“情系灾区　亲赴一线”、“千里驰援　责无旁贷”、“对口援建　共渡难关”、“不辱使命　大爱无疆”五个部分，通过数百幅照片向人们展示福建援建者与彭州人民共同书写的气壮山河的感人画卷和荡气回肠的豪迈之歌。

防尘扫埃 地净天蓝——回望中央苏区反腐倡廉岁月

编著者：汪晓勇、方维华、史火金、方华清、刘平原、郑海滨

江西人民出版社　**字　数：**112万

该书主要由中国共产党建党初期特别是中央苏区时期，各级党组织和苏维埃政府制定并颁布的有关加强党的思想作风建设、反腐倡廉、执政为民、开展节省运动、巩固苏维埃政权、粉碎国民党“围剿”等方面的宣言、法律、法令、条例、命令、规定、办法、通知等革命历史档案和同期出版的各种报纸、刊物、图书中与此相关的史料编辑而成。此外，还选用了在苏维埃中央政府的领导下，与中央苏区紧密相连的湘赣、闽浙赣、湘鄂赣等苏区同时期的部分史料作为补充，使读者能在更加广阔的视角范围和更大的历史背景下认识、了解中央苏区反腐倡廉斗争的整个历史过程及其重要意义。该书充分利用和挖掘江西红色资源，除利用省档案馆的档案史料外，还搜寻省内外其他综合档案馆、革命历史纪念馆、革命历史博物馆、革命旧址等有关的史料、图片，梳理、回放和再现中华苏维埃时期这个我党历史上“最廉洁的政府”的光辉，勾勒出中央苏区党的反腐倡廉建设的特点、规律和运行轨迹，有利于人们从中汲取丰富的营养，更好地发挥以史资政的作用。该书史料翔实、记录客观、脉络清晰、信息量大，具有较强的可读性，是深入开展反腐倡廉工作、当前抓好党的群众路线教育实践活动的生动教材。

（江西省档案局）

山东档案年鉴（2012）

编著者：山东省档案局

中国文史出版社　**字　数：**53万

该书是一部全面反映2011年山东省档案事业发展基本情况的综合性、资料性的大型文献与工具书。包括山东省档案事业发展概况、档案法规与标准化工作、档案馆工作等13个部分，所采用的资料由山东省档案局馆、各市档案局馆、省直有关部门、省属各大企业等有关单位提供，内容翔实准确。

山东档案年鉴（2013）

编著者：山东省档案局

中国文史出版社　**字　数：**58万

该书是一部全面反映2012年山东省档案事业发展基本情况的综合性、资料性的大型文献与工具书。包括山东省档案事业发展概况、档案法规与标准化工作、档案馆工作等13个部分，所采用的资料由山东省档案局馆、各市档案局馆、省直有关部门、省属各大企业等有关单位提供，内容翔实准确。

小清河记忆（画册）

编著者：济南市档案馆、济南市滨河集团

中国文史出版社　**字　数：**30余万，图片280幅

该书主要记载小清河自公元1130年开挖至今800多年的历史发展变迁、文化风貌，重点反映新世纪以来小清河综合治理的过程及效果，以文字为主，同时配以相关图片。

小清河映像（画册）

编著者：济南市档案馆、济南市滨河集团

中国文史出版社　**字　数：**照片150余幅

该书着重反映治理后的新貌，以图片为主。在编纂过程中，档案馆征集到近千幅小清河照片及珍贵历史影像资料和文献，填补了馆藏空白，也为今后的开发利用打下了坚实的资料基础。

胶澳商埠档案史料选编（一）

编著者：青岛市档案馆

青岛出版社　**字　数：**50万

该书是青岛市档案馆立足馆藏1922－1929年胶澳商埠档案编辑的档案史料汇编，是首部反映20世纪20年代青岛历史的档案史料汇编。20年代为青岛历经德国、日本殖民统治后，首次由中国人进行城市治理，历史曲折复杂，档案丰富浩繁，青岛市档案馆拟按政治、经济、社会文化等分卷出版档案史

料，该书为第一卷政治类档案史料汇编。该书按照档案史料内容分为行政体制、行政机构与管理制度、警察行政、土地管理、公用事业、医疗卫生、社会救济、军阀祸青、历史事件9个部分，全面反映了该时期的政治和城市发展状况，为研究这一时期的青岛历史提供了基础史料。

青岛城市历史读本

编著者：青岛市档案馆

青岛出版社　**字　数：**26万

该书是青岛市首部面向大众读者系统介绍青岛城市历史的知识读本，主要由概览篇和要事篇两大部分构成，起讫时间为1891年青岛建置至1949年青岛解放。概览篇分专题记述，系统介绍青岛政治、军事、经济、社会、文化、城建、教育、卫生等各方面的历史发展概况；要事篇主要选取影响青岛城市历史发展和在国内外产生重要影响的事件、人物等，按历史阶段分条目予以概要记述。该书以简略的语言和精选的档案图片，全面反映了青岛城市历史发展的方方面面，对于读者了解青岛历史和城市特色具有重要参考价值，对促进青岛地方历史研究、传承青岛城市文明具有重要意义。

青岛制造之路（画册）

编著者：青岛市档案馆

青岛出版社　**字　数：**20万

该书是青岛市档案馆立足馆藏档案史料，尤其是相关图片汇编而成的，首部反映百年青岛制造业历史进程的画册。青岛，是中国重要的工业城市，也是中国工业化历史上独具特色的城市之一。百年青岛城市历史进程中，制造业支撑和带动着城市经济社会发展，形塑着城市生产生活方式，影响着城市布局，决定着城市性质和地位。该画册从综述及纺织工业、轻工业、机械工业、化学橡胶工业、家电电子工业和产业布局等7部分，回溯青岛制造业历史，探寻青岛制造的历史特点与发展规律。该书对青岛未来与制造业内在关系的深刻认识，有利于为青岛率先科学发展、实现蓝色跨越打下坚实基础。

《市南年鉴》(2013)

编著者：青岛市市南区档案局（史志办）

中国海洋大学出版社　**字　数：**49.6万

该书共设特载、区情综述、大事纪要、政治·政务、经济、城区建设与管理、社会生活与各项事业、街道概况、附录等九个栏目。

该书全面记录和反映2013年青岛市市南区政治、经济和社会发展的基本情况和重大事项。为进一步优化投资软环境，扩大市南区对外宣传力度，系统地记述市南区区情，反映市南区特色，宣传市南区风采，为各级领导、社会各界和国内外广大读者全面、系统、翔实地了解、研究市南区提供依据，为领导统筹规划、科学决策提供参考，为市南区新一轮创业发展提供服务。

记忆中的市北（第四辑）

编著者：青岛市市北区档案馆

中国文联出版社　**字　数：**33万

该书是区划调整后第一本《记忆中的市北》系列丛书。共收录文章90余篇，囊括了原市北区和四方区历史遗迹、民俗传奇、街巷里院、百年字号、名企名校等方面诸多内容，凝结了青岛市文联、青岛市作家协会、青岛新闻网作家和相关人员的心血。该书的出版将为存史、资政、育人起到积极作用。

李沧年鉴2013

编著者：青岛市李沧区档案局、李沧区史志办公室

科学技术文献出版社　**字　数：**72万

《李沧年鉴》是中共青岛市李沧区委、李沧区政府主办，李沧区档案局、李沧区史志办公室编纂的系统反映李沧区政治、经济、社会事业状况的综合性年刊，每年编辑出版一卷。该书为年鉴总第四卷。载录的是李沧区上一年度经济与社会发展的基本资料。全书主要设：1. 特载；2. 区情综述；3. 大事记；4. 政治政务；5. 政法军事；6. 经济管理；7. 工业；8. 商贸流通；9. 城建环保；10. 旅游节庆会展；11. 交通物流；12. 财政税务；13. 科技文化；14. 教育体育；15. 医疗卫生；16. 食品医药；17. 社会各项事业；18. 街道工作；19. 一园三区；20. 人物；21. 附录，共21个栏目。该书设卷首、卷中、卷尾彩色图片，突出宣传全区重大活动、重点建设、重要事件；以及李沧人昂扬向上的精神风貌和丰富多彩的文化生活；为方便读者查阅，全书设中英文目录。

城阳之光——荣誉档案专辑

编著者：青岛市城阳区档案局、青岛市城阳区史志办公室

黄河出版社　**字　数：**26万、图片500余幅

该书辑录城阳区1994年建区至2012年各行各业荣获市委、市政府以上荣誉千余项，共分历史沿革、政治建设、经济发展等8个栏目，全面翔实记述和

反映城阳建区以来在政治、经济、文化等各个领域所取得的丰硕成果，为城阳区建区20周年献礼。该书记述各项事业发展历程，全面、真实地把全区荣誉汇集成册，对外宣传和展示城阳区的形象。

莱西年鉴（2013）

编著者：李冰、周日杰、于如宽

黄河出版社 **字 数**：67万

该书是莱西市人民政府主办、莱西市史志办公室承编、莱西市档案馆协编的系统反映莱西市情况的大型综合性年刊。旨在逐年记述、系统反映上一年度全市的基本情况，为各级领导了解市情、实施科学决策及为社会各界了解、研究、认识莱西提供市情资料，为向海内外推介莱西提供资料性宣传品。同时，为编史修志积累资料。

该书为年鉴总第九卷。全书正文字数总量40万左右，设综合文字、宣传彩页两大部分。共设文献选辑、大事记、市情综述、政治、政法、工业、农业、国内贸易、对外贸易·经济合作、经济事务管理、城市建设管理、生态建设、交通·邮政·信息、财税·金融、科技·文化、教育·体育、卫生、社会生活、旅游、人物、镇·街道、荣誉榜、附录等23个类目。该书主要记载2012年莱西政治、经济、文化和各项社会事业等方面的发展情况。为保持事物的连续性和完整性，部分条目的资料作适当的上溯和下延。

红色记忆

编著者：烟台市档案局

黄海数字出版社 **字 数**：16万

该书从档案角度对烟台红色文化进行专题编辑，客观记述了烟台早期党组织从思想准备、组织创建、发展壮大和统一领导等各个阶段的活动过程，详尽记录了烟台党组织在创建、发展和壮大过程中的重大事件、重要活动、重要战事、行政区划重大变化和著名人物的活动。该书以档案公布的形式增强了学术价值和凭证作用；资料翔实，内容丰富；形象直观地显现了烟台红色文化的雄厚底蕴。

印象寒亭

编著者：刘志伟、孙兆颖、徐化源、崔宗宝

山东画报出版社 **字 数**：35万

该书以寒亭浓厚的历史人文为创作源泉，将寒亭人文历史的代表性元素以散文随笔的形式予以重现，从一个侧面反映了寒亭的魅力所在。该书是寒亭区档案局组织编著的该区第一部以散文随笔体介绍寒亭人文历史文化的图书，图文并茂，分64个题目，撰写了寒亭从古到今的地域文化、乡土艺术、名人轶事、红色记忆、现代纪实等内容。意在开掘和阐发寒亭历史与文化的丰富内涵，发挥“软实力”的久远作用，从而助推地方经济和社会事业的发展。

诸城历代方志

编著者：吴金忠、张清吉

中华书局 **字 数**：150万

该书包括明嘉靖《青州府志·诸城》、明万历《诸城县志》、清康熙《诸城县志》、清乾隆《诸城县志》、清道光《诸城县续志》、清光绪《增修诸城县续志》、清光绪《诸城县乡土志》、民国《诸城县乡土志》，详尽地记述了治域朝代更替、政治得失、经济兴衰、人文厚美等可资借鉴的珍贵史料，极具文献价值。为解决有志难读、读志难懂的问题，该书对上述古志进行了点校、译注，让人们基本能看懂、读懂，为人们了解诸城明清历史提供了依据。

寿光市档案馆指南（二）

编著者：潍坊市寿光市档案馆

山东省新闻出版局 **字 数**：32万

该书主要介绍了1985—2000年寿光市档案馆概况、馆藏档案、馆藏资料情况，是一本介绍档案馆及其馆藏情况的工具书，编制符合国家规范，查阅方便，可供档案工作者和档案利用者使用。

该书的编写查阅了大量档案、资料，进行了走访调查，经过反复核实，三易其稿，内容翔实，具有重要的参考价值。

济宁运河档案史料汇集（六）——山东运河兵备道档案

编著者：济宁市档案局

济宁市新闻出版局 **字 数**：9万

该书内容以山东省档案馆保存的清代山东运河兵备道（其衙署在河院衙署南、今道门口街北，济宁一中古槐校区）档案为主，主要是光绪年间运河兵备道报送的汛残岁修银两清册、挑河工程银两清册及咨办其他运河工程的奏呈，其中大量涉及济宁河湖闸坝工程等内容。该档案在济宁本地不存，故该书的出版，既可以填补本地馆藏档案之空白，又可以为济宁“运河之都”的历史地位提供更多的佐证。

泰山国山议

编著者：泰安市档案馆

九洲传播出版社　**字　数：**16万

自民国以来，有定泰山为“中华国山”之议，该书即为此学案的回顾与解析。全书分为两编，上编《文献校释》，全文刊登民国时期著名学者易君左等著《定泰山为国山刍议》（以下简称《刍议》），《刍议》分“缘起”、“理由”、“计划”、“办法”四大部分，提出泰山应为中国国山之学说。文后附周郢所作校注，校勘部分将《刍议》两种传世版本进行汇校，笺注部分则订补相关旁证资料。下编《学术新诠》，则是周郢对国山之议的新论新解，先分别从历史、地域、民族、信仰、精神等层面，论证了“国山”应具备的要素，继之揭出先秦秦汉时期为泰山“国山”地位的肇始期，魏晋南北朝、唐宋及金元明清时期分别为泰山“国山”地位的形成期、确立期与延续期，民国时期则为“国山”之名的提出期。以此五点线索，对各个历史时期泰山信仰的不同面貌试作探索，对《刍议》未及之处作了匡补。

历史足迹（1949.10—1956.12）

编著者：泰安市委党史办、泰安市档案局

中国文史出版社　**字　数：**22万

该书选取了泰安“国民经济恢复和基本完成社会主义改造时期（1949年10月至1956年12月）”的七个重要党史专题，每个专题分概述和历史文献两个部分。主要包括：建国初期泰安的镇反、剿匪及取缔反动道会门斗争；各级部门镇反的历史文献；泰安地区的抗美援朝运动；建国初期泰安地区的土地改革运动；建国初期泰安地区的整风整党运动；建国初期泰安地区的“三反”“五反”运动；泰安地区的社会主义改造；建国初期泰安的民主建政工作等。全书所收录的历史文献，按中央、省、地及成文时间先后编排。编辑时作了必要的校勘工作，改正了明显的错别字和不规范的标点符号；字迹模糊不清的以□代之。为了保持历史文献资料的历史原貌，编者对所收录的历史文献资料中的观点、提法和数据未加删改。

东平县大事记（2012）

编著者：泰安市东平县档案局

中国图书出版社　**字　数：**9.8万

该书按时间顺序分条记叙，每条独立一段。主要记录了东平县各机关、企事业单位在2012年的组织变动情况、重要会议、上级机关的领导活动等内容；同时为大力宣传档案法律法规在附录中收录了《中华人民共和国档案法》《机关文件材料归档范围和文书档案保管期限规定》《各级各类档案馆收集档案范围的规定》《企业文件材料归档范围和档案保管期限规定》等法规；并对全县档案工作中有突出表现的单位作了简要介绍。

环翠工业强区之路

编著者：威海市环翠区档案局

山东画报出版社　**字　数：**5万、照片350多幅

该书分五个篇章，挖掘、整理、总结、记录了环翠工业从建国前的起源和磨难、建国初期的恢复与发展、特殊岁月的波折与艰难、改革过程中的探索与攻坚、建市设区后的创业和崛起五个历史阶段的工业经济发展道路，详细阐述了环翠工业的起源、转折和兴旺，内容翔实，图文并茂，通俗易懂，为全面了解环翠工业的发展历程和成功经验，提供了崭新的平台。

罗庄区美术作品集

编著者：李传秀、孟京

天马出版有限公司

该书是在由罗庄区档案局、罗庄区文联、罗庄区美术家协会共同主办的“罗庄区美术作品展”的基础上编辑出版的，是全区美术事业蓬勃发展的标志，全面展示罗庄区书画艺术的成就。

东明县组织史资料

编著者：陈银生

线装书局　**字　数：**50.6万

1987年11月—2012年5月，副科机构及副科级以上人员变动情况。

中共河南省委河南省人民政府重要文件汇编（第十五—十七册）

编著者：河南省档案馆

河南省档案馆　**字　数：**每本约50万

1964—1966年之间，河南省档案馆保存的省委政府的重要文件。

（河南省档案局）

湖湘档案图典·湖南省国家档案馆珍藏概览

编著者：湖南省档案局

湖南人民出版社　**字　数：**25万、图片近500幅

该书按文电、公告、手稿、书刊、契约、票券、志谱、图册、音像、证书、印章、字画、实物等分类编排。收录标准注重“精”与“真”，“精”乃就其价值与品相而言；“真”即原则上非原件不取。入

选档案从载体、文种、形制、内容、地域等多角度考虑与权衡，以求馆藏档案的代表性与典型性得到全面的体现。该书的出版，具有三个显著特点。一是直观性，该书紧抓读图时代读者的阅读习惯与阅读心理，以精致的图片全面展示了湖南各级国家档案馆馆藏内容与档案形态；二是广告性，该书以其大气的设计与精美的装帧给读者以强烈的视觉冲击，使读者对湖南省各级国家档案馆馆藏基本情况有一个大致与直观的了解，一方面引起读者对档案工作的关注，另一方面激发了读者对档案利用的欲求；三是实用性，该书收录的档案图片，不单只是档案形态的反映，每一件档案的内容也能全部或局部反映出来，且所录档案大多都是重大历史题材，具有较高的史料价值。

（湖南省档案局　庄劲旅）

海邦剩馥——广东侨批档案（画册）

编著者：广东省档案馆

岭南美术出版社　**字　数：**27万

过去很长的一段时间里，在广东侨乡地区盛行着一种与海外交往的特殊文献——侨批（“批”为广东潮汕、梅州等地区对书信的俗称，在广东的江门地区又称“银信”）。它是海外华侨通过民间渠道以及后来的金融、邮政机构寄回国内，连带家书或简单附言的汇款凭证，属于民间的特殊文献。据有关史料记载，侨批大规模盛行于19世纪中叶，终止于20世纪70年代，前后历时150多年。

2013年，由广东省档案局与福建省档案局联合申报的《侨批档案——海外华侨银信》成功入选联合国教科文组织的《世界记忆名录》。该书便是为全面介绍广东侨批产生的背景、运行模式、历史作用、保管保护及开发利用等情况，广泛宣传侨批文化，推动侨批档案申报《世界记忆名录》工作，为建设广东文化强省服务而特别编辑出版。全书分为特定的背景、特别的运作、特殊的纽带和特色的遗产等四个章节，希望读者由此了解这种人类记忆载体的前世今生，从中解读其中的深刻涵义和永恒的文化价值。

杨善深作品集

编著者：广东省档案馆、荔湾区艺术档案馆、台山市档案馆

长城艺术出版有限公司　**字　数：**1万

2013年是杨善深先生诞辰100周年。杨先生与岭南画派创始人高剑父亦师亦友，是岭南画派第二代主要代表画家之一。其创作主张师法自然，四处游历进行大量的写生，作品意境高卓。先生也是一个书法家，他用绘画的笔法，写出的字古拙苍劲，富有金石气韵。2008年，杨善深先生的亲属把先生的部分字画、印章、信札、文房用具、藏书等捐赠给广州市荔湾区艺术档案馆，是研究岭南画派珍贵的艺术档案。借杨善深先生百年诞辰之际，编辑出版馆藏杨善深先生书画集，是为崇敬、缅怀和纪念。

沙面

编著者：广州市国家档案馆、广州市荔湾区档案馆

广州出版社　**字　数：**35万、图片200余张

该书以图文并茂配以中英文的形式介绍了19世纪中期以来广州沙面的历史演变和人文变迁情况，是一本了解沙面的珍贵档案资料集。全书分为“厚重的历史沉淀”、“多彩的建筑文化”、“惬意的休闲地带”三部分。一张张珍贵的历史图片，为读者了解沙面提供了一个指引，让他们透过历史与现实、古老与时尚的空间，认知沙面的前世今生，感受沙面浓郁的历史文化魅力。

寻找当年的激情岁月——广州市海珠区工业大道回眸

编著者：钟晖、李敏、谢友义、张远环、梁大山

海珠区文学艺术界联合会、海珠区档案局、海珠区作家协会、广州市作家协会　**字　数：**18.5万

该书讲述了海珠区工业大道20世纪50年代至今，广州造纸集团有限公司、广州市橡胶工业公司、广州气体厂、广州重型机械厂、广州锌片厂、广州摩托集团公司、广州制药总公司、广州万宝集团有限公司、广航国际集装箱厂、广州市五羊自行车企业集团公司等一大批影响国民经济命脉的大型国有企业的历史变迁，通过一个个可歌可泣的动人故事，谱写出工业大道传奇的历史之歌。

中国共产党从化县历史第二卷（1949—1978）

编著者：中共从化市委党史研究室、从化市国家档案馆

广东人民出版社　**字　数：**75万

该书以马列主义、毛泽东思想、邓小平理论、“三个代表”重要思想为指导，深入贯彻落实科学发展观，以中共十一届六中全会《关于建国以来党的若干历史问题的决议》及十一届三中全会以来党的有关文件精神为依据，坚持辩证唯物主义和历史唯物主义的观点和实事求是的原则，参照《广东地方党史（第二卷）编写规范》的要求，结合本地实际，

进行记述、分析和评述，力求客观、全面地记载和反映中共从化县地方组织领导政治、经济、社会文化发展的实践和党的建设的历程以及正反两方面经验，充分反映党的队伍不断发展壮大和加强党的自身建设的历史。记述时限为1949年10月—1978年12月，即从化县全境解放至中共十一届三中全会召开前夕。

天工筑韵岭南风——广州传统民居建筑装饰与构件图集

主　编：曹孟君、方锋

字　数：28万

为更好地服务于新型城市化的发展战略，争创广州特色形象世界文化名城的新辉煌，广州市规划局、广州市城市建设档案馆基于研究现状，推出《天工筑韵岭南风——广州传统民居建筑装饰与构件图集》一书，以图文并茂的形式展现了广州传统民居建筑装饰与构件的形态特征、样式工艺等，从中一窥岭南建筑的别样风情。这对弘扬岭南文化、复兴岭南建筑特色均具有重要的参考和借鉴作用。

兰台存珍

编著者：广州市国家档案馆、荔湾区艺术档案馆

长城艺术出版有限公司　　**字　数：**1万

该书是荔湾区艺术档案馆馆藏的朱永成当代山水画集。2004年，朱永成开始为荔湾区档案馆创作，他是《西关风华》和《水秀花乡》长卷的主要创作者。荔湾区艺术档案馆把馆藏的朱永成30多幅作品编辑出版。这些作品中，有他游历祖国名山大川时的记录，也有他回顾少时生活的记忆，水墨丹青里散发出作者对国家、对故乡、对生活的热爱。

民国档案揭秘（上、下册）

编著者：中国档案报社、深圳市档案局

中国出版集团现代出版社　　**字　数：**42万

该书收编了《中国档案报》（包括《档案大观》）创刊至今刊登过的有关民国方面的文章。书中展示着民国片断，探究着民国真相，讲述着民国发生的那些真实故事。

共和国将军敬录毛主席诗词书法作品集

编著者：深圳市档案局（馆）

字　数：1.2万

2013年12月26日是中国人民的伟大领袖毛泽东同志诞辰120周年纪念日，为了隆重纪念毛泽东诞辰120周年，深圳市共和国老将军书画档案专馆2013年在全国范围内开展了征集老将军敬录毛泽东诗词书法作品展。在纪念毛泽东同志诞辰120周年之际，共和国老将军们纷纷提笔以敬录主席诗词的方式表达他们对毛泽东同志的思念和崇敬。为了深切缅怀毛泽东同志的丰功伟绩，将这些作品集印在这里，以飨大众，共同怀念。

走进珠海

编著者：珠海市档案局（馆）

南方出版社　　**字　数：**20万

该书全面系统地记述了6000多年前珠海先民开创早期海洋文明以来，珠海因地理上的优势，逐渐成为“海上丝绸之路”的重要走廊。在近现代，珠海经历烽火岁月的洗礼和中西文化的碰撞交融，英才辈出，谱写了历史鸿篇。1980年珠海经济特区建立，珠海经过30多年的艰辛创业与探索，已成为一座现代化花园式海滨城市。该画册通过丰富的档案资料，从“资源与人口”、“建置沿革与历史事件”、“历史名人与文化遗产”、“建设与成就”和“机遇与挑战”等五个方面，感受珠海一幕幕重大的历史瞬间、一段段拼搏奋进的足迹，回顾珠海社会、经济、文化等各领域的建设成就，展望珠海未来发展远景。

珠海市香洲区志

编著者：珠海市香洲区档案局（馆）、香洲区地方志编纂委员会

方志出版社　**字　数：**225.8万

该书全面系统地记述了香洲自然、政治、经济、文化、社会等各个方面所取得的巨大成就和发生的深刻变化，记述年限为上限不限，记至事物发端，下限至2004年，真实记录了香洲人民力争上游、艰苦奋斗的豪情和足迹，是一部集科学性、资料性、教育性和权威性于一体的重要地情文献专著。

平远老照片

主　编：李程

香港美术出版社　　**字　数：**照片367幅

该书由平远县政协、老干局、档案局（馆）、党史室等单位有关人员组成的编纂委员会编写。中共平远县委书记、县人大常委会主任曾尚忠同志为该书作序。该书分为社会变革、百姓旧事、求学往事、知青生活、红色记忆、人物春秋等6个板块，照片最早的摄于1912年。该书配有大量文字，每一幅照片都有一个发生在平远或与平远有关的一段往事。

档案里的中山

编著者：中山市档案局（馆）

广东人民出版社 **字 数**：18 万

该书收录的文章均曾发表在省、市级刊物和媒体上。该书辑录关于中山历史文化的文章 45 篇，结合市档案馆馆藏档案，分“人物春秋”、“吊古寻幽”、“往事漫忆”三部分述说档案里的中山岁月。该书将以往分散的档案史料研究利用成果集结，让众多文史爱好者能埋首故纸堆，求证于淡墨笔痕，还原似水流年里的人和事，让读者能在字里行间领略历史风云，多方位、多角度领略中山历史文化的发展历程，为推动中山历史文化普及和研究添上了重要一笔，是档案工作助力文化建设的重要体现。

该书透过老照片或者档案史页，以及作者们在字里行间勾勒出的一段段中山往事，反映了中山经济社会发展历程和风土民情变迁。无论是对远年香山的吊古寻幽、人物春秋的史海钩沉，还是万家灯火的话说从头，投影在档案载体上的中山历史都让人回味。

印象五邑——赵茂松诗歌选

编著者：江门市档案局、江门市方志办

方志出版社 **字 数**：95 万

“东莞拳头新会笔”由此可见新会在广东不可替代的文化地位。此书作者，是生于新会、长于新会的文人。书中所辑诗歌，均是以诗人熟悉的新会作为主场景，以侨乡山水风物作为节点，将根植在这片热土的壮怀激烈与恬静悠闲、豪情满怀与舒适和谐在诗歌中吟咏而出。全书共辑诗歌 73 首，内容涉及侨乡景观、历史遗迹、历史传说、个人情怀等方面。

阳江市文化名人档案

编著者：陈宝德

阳江市档案局 **字 数**：48 万、图片 247 张

该书收入谭敬昭、阮退之、戴裔煊、何士德、关山月、何瑞基、黄云、苏天赐、黄伯荣、曾庆存、陈醉、林贤治 12 位阳江文化名人的档案资料，包括他们的生平简介，从事文化活动的历程、事业成就、作品选辑等方面的内容，图文并茂，极具存史价值。

（广东省档案局）

海南民国档案资料选辑（第一辑）

编著者：中国第一历史档案馆、海南省档案局

海南出版社 **字 数**：150 万

该书总共 14 册，由行政建制类、军事类、实业类、文教类、群团类等五大部分组成，涵盖了民国时期海南政治、经济、文化、军事等方方面面内容，尤其是海南与民国中央政府的往来文书、海南发展实业的相关档案资料非常丰富，全面展现了民国时期海南经济社会的原始状况，是研究海南民国史极其珍贵的第一手史料。

重庆大轰炸档案文献·财产损失(军工企业部分)

编著者：唐润明、胡懿

重庆出版社 **字 数**：72 万

该书是《中国抗战大后方历史文化丛书》的其中一册，是重庆市档案馆第一次将重庆大轰炸时期军工企业所遭受的损失以档案文献的形式编辑出版。该书选自重庆市档案馆馆藏相关全宗，档案时间主要集中在 1939—1945 年，内容包括了军政部兵工署第三工厂（上海炼钢厂），军政部兵工署第十工厂（炮兵技术研究处），军政部兵工署第二十工厂，军政部兵工署第二十一工厂，军政部兵工署第二十四兵工厂，军政部兵工署、经济部资源委员会钢铁厂迁建委员会，军政部兵工署第五十工厂（广东第二兵工厂）在战时所遭受的财产损失情况。这为研究重庆大轰炸时期财产损失，特别是军工企业财产损失提供了翔实的史料依据。

重庆大轰炸档案文献·财产损失(厂矿公司部分)

编著者：唐润明、高阳

重庆出版社 **字 数**：48.5 万

该书是《中国抗战大后方历史文化丛书》的其中一册，是重庆市档案馆第一次将重庆大轰炸时期厂矿公司所遭受的损失以档案文献的形式编辑出版。该书选自重庆市档案馆馆藏相关全宗，编辑时以公司厂矿为框架，在每一框架下又按时间顺序排列，以方便研究者阅读。档案时间主要集中在 1939—1945 年，内容包括了四川水泥股份有限公司，中国兴业股份有限公司，军政部所属电信机械修造厂、交通机械修造厂，大川实业股份有限公司、大公铁工厂、郑州豫丰和记纱厂，复兴面粉股份有限公司、统一面糊公司等在战时所遭受的财产损失情况。这为研究抗战时期的财产损失，特别是厂矿公司财产损失提供了翔实的史料依据。

重庆大轰炸档案文献·财产损失（同业工会部分)》(上、下)

编著者：唐润明、罗永华

重庆出版社 **字 数**：90 万

该书是《中国抗战大后方历史文化丛书》的其中一本。本书选自重庆市档案馆馆藏相关全宗，分

上下两本，档案时间主要集中在1939—1945年，内容包括了重庆市银行商业同业公会，重庆市五金电料商业同业公会，重庆市纱商业同业公会，重庆市干菜商业同业公会，重庆市绸布商业同业公会，重庆市木商业同业公会，重庆市西药商业同业公会、重庆市旅栈、茶业商业同业公会，重庆市制革业、木器、纸烟同业公会，重庆市服装、文化用品、油商、迁川工厂联合会，重庆市鞋帽业同业公会，重庆市餐馆、饭店业同业公会，重庆市百货业同业公会及其他同业公会在重庆大轰炸中所遭受的财产损失。这是重庆市档案馆第一次将所藏此类档案史料以专题形式编辑出版。

档案工作手册

编著者：重庆市档案局（馆）

重庆出版社　**字　数：**68万

为帮助全市各级档案部门和广大档案工作者明确新形势下的档案工作任务、目标、职责、要求，认识和掌握档案工作的基本知识、规律、技能，重庆市档案馆编写该书。该书汇集了档案法律、法规、规章59件，国家档案局、重庆市政府及重庆市档案局、重庆市部分区县相关部门发布的档案工作规范性文件89件，档案工作国家标准、行业标准、强制性标准71条。内容既包括档案收集、整理、保管等档案基础业务工作，档案编研和档案信息资源开发利用工作，档案信息化建设等方方面面，又涵盖档案行政管理工作、各级各类档案馆工作、机关和企事业单位档案室工作。

（姚旭）

中国梦·兰台情

编著者：四川省档案局

西南交通大学出版社　**字　数：**28.2万

该书主要收录“中国梦·兰台情”征文活动中获得一、二、三等奖和优秀奖的作品。所收作品主要是档案工作者结合自己从事档案工作的亲身经历、工作体验，畅谈对档案工作的认识体会、感悟理解、情感体验、心路历程，彰显档案工作者恪尽职守、创新求实、无私奉献的职业操守。将优秀征文汇集出版，供广大档案工作者在学习实践中参考，以便开阔视野、学习借鉴、共同进步，推动全省档案事业在科学发展、加快发展的轨道上取得新的更大的成绩。

“5·12”大地震都江堰市备忘录

编著者：都江堰市档案局（馆）

四川出版集团、四川美术出版社　**字　数：**39万

该书以档案记录为依据，详尽地记述了“5·12”大地震给都江堰市带来的灾难以及抗震救灾和灾后重建的全过程，既有真实性、完整性，又有可读性。《灾难篇》从宏观灾情、地质地貌改变、人员伤亡情况、人民环境灾情、各行业受灾情况、各乡镇受灾情况以及重点灾区灾难情况等全面真实地记录了“5·12”大地震给都江堰市带来的特大灾难。《救援篇》重点记述了中央应急反应、军队、卫生防疫等国家相关系统参与救灾以及四川省、成都市、都江堰市的应急反应和救灾、自救工作的开展、各重点灾区的救援工作、灾后过渡安置、社会稳定等方面工作。《重建篇》从灾后重建规划、基础设施、城镇住房、农村住房的重建以及精神家园重建等方面全面反映灾后重建工作。

陈无垢书法选

编著者：四川省档案馆、内江市档案馆

四川出版集团、四川美术出版社　**字　数：**2.25万

陈无垢（1902—1990）先生生前是四川省人民政府文史研究馆馆员、中国书法家协会会员、中国书法家协会四川分会理事、德阳市书法家协会名誉主席。该书是第一部系统展示无垢先生生平和书法作品的专集，也是研究和鉴赏无垢先生书法艺术的工具。所选的书法作品，有许多是无垢先生创作的诗词，或写景或抒情，或咏物或感叹，把内心的情感宣泻在点与线、墨与韵之中，向人们传递出和谐美丽的韵律，令人遐思。读者在欣赏其书法作品的同时，也能从中获得独特的文化享受。

自贡历史之最

编著者：自贡市档案局馆、政协自贡市委员会

四川出版集团、四川人民出版社　**字　数：**13万

该书概述了千年盐都自贡，在历史上的诸多首创之举，真实反映见证了自贡曾拥有的悠久的历史、繁荣的经济、领先的科技、灿烂的文化、辉煌的人文。这些首创是承载自贡荣光与辉煌的城市名片，彰显了富有首创传统精神的自贡人的国家民族作为。

民国时期的广元

编著者：广元市档案局

中国文史出版社　**字　数：**28万

该书荟萃了民国时期广元这座城市的记忆碎片，涵盖了民国时期广元社会生活的历史演变，讲述了民国时期广元的人文环境和城市变迁，记录了民国

时期广元的社会状况、政权更替和百姓生活，介绍了民国时期广元的风土人情、风俗习惯和市场兴衰，简述了红四方面军创建川陕革命根据地，抗战军兴和后方基地。透过民国的文字、民国的照片、民国的风物、民国的轶事，展示了民国时间广元风起云涌的社会大变革概貌。

日本轰炸乐山纪实

编著者：乐山市档案局馆、政协乐山市委员会

四川出版集团、天地出版社　　**字　数：**41万

该书通过大量史料，较为详尽地记录了抗日战争时期日本多次出动飞机轰炸乐山的历史事实及乐山人民由此受到的巨大牺牲和损失的情况。这是乐山人民永久的、无法愈合的伤痛。“前事不忘，后事之师”，熔古铸今，鉴往知来，联系到当前日本政府一系列逆历史潮流而动的种种行为，更加深刻地认识到了日本军国主义凶恶残暴的本质，更加明白了居安思危、“以古为镜，可以知兴替”的深刻道理。

达州“元九登高”文化的多维视域

编著者：达州市档案局

西南交通大学出版社　　**字　数：**14.4万

该书从多维视角探究作为四川重要的非物质文化遗产和“中国四川十大名节”之一的达州“元九登高”文化具有的重要价值和现实意义。达州“元九登高”文化内涵包含了缅怀元稹、寄思抒情、登高进步、祈福期盼、健康快乐与品味人生等内容；作为一种盛大的民间习俗文化，具有发展性、民俗性、区域性、开放兼容性、民族性等文化特性。作为达州文化体系重要组成部分的“元九登高”文化在建设区域文化，发展区域经济、丰富人们精神生活、培养社会认同感和凝聚力等方面具有重要价值。

僰文化的生成与积淀

编著者：宜宾市珙县档案局

四川出版集团、四川科学技术出版社

字　数：12.5万

僰人是一个古老的族群，留下了大量传说和未解之谜。被誉为“世界之最、巴蜀一绝”的僰人悬棺就是其中之一。该书尽力发掘僰人生产、生活、习俗留下的有物可查痕迹，收集、查阅考证相关资料。全面地反映了僰人特色鲜明的民间民俗文化，是一部较为完整的僰民族起源、消亡及文化传承的档案文献，也是一部厚重的文化史诗。通过对悬棺葬、农耕文化、原始信仰文化、村落文化、礼俗文化、民间艺术文化、饮食文化等的研究，可以考证当时的经济、政治、文化和习俗情况，为科学研究和地域经济发展服务。

（四川省档案局）

贵州清水江文书系列 天柱文书（第一辑）

编著者：贵州大学、天柱县档案馆、贵州省档案馆、江苏宏德文化出版基金会

江苏人民出版社　　**字　数：**980万

该书由贵州大学国家社科基金“清水江文书整理与研究”课题组首席专家张新民主编，全书共22册68卷，收录天柱县档案馆藏7000余件清水江文书，是国家重大社科招标课题“清水江文书整理与研究”的重要学术成果，是自20世纪初叶以来对研究清水江文书的一大总结。全书公布了大量珍稀的原始文献资料，对乡土中国社会政治、经济、法律、文化、宗教等诸多领域的研究将起到极大的推动作用，并将为国际性显学、清水江学的研究提供丰富的学术资料。该书的出版，标志着清水江文书的整理工作进入大规模、系统化结集出版的阶段，可称为中国文书学整理与研究的重大标志性学术成果。

贵阳抗战记忆

编著者：贵阳市档案馆

贵州人民出版社　　**字　数：**40万

该书是贵阳民国时期修建过或拟建纪念抗战碑、塔相关档案资料汇集。全书主要来源于贵阳市档案馆馆藏民国时期报刊、资料、档案，以馆藏民国档案资料中涉及抗战的史料为主，内容包括抗日救亡、防空疏散、救济难民、国际援华、抗战军兴、劳军优恤、追悼祭祀、纪念碑塔、胜利·统计等方面。

百年地图看贵阳

编著者：贵阳市档案馆

贵州人民出版社　　**字　数：**地图165张

该书被贵州省新闻出版局列为2013年度重点图书。该书通过地图展现贵阳的历史变迁，追寻城市记忆。收录明清以来贵阳地图，文字部分包括城垣演变、城市规模、城市生态三个方面内容，作为对地图的解读和补充，同时收集部分古建筑、广场、街道、路桥等新旧照片集中呈现。装帧精美，具有收藏价值。

（贵州省档案局　周端敏）

陕甘宁边区政府文件选编（1—4辑）

编著者：陕西省档案局（馆）、陕西省社会科学院

陕西出版传媒集团、陕西人民教育出版社

字　数：147万

该书是陕西省档案馆利用馆藏档案，编研出版的一套大型史料性丛书，主要收录了1937—1950年期间以陕甘宁边区政府名义正式发出的各种重要文件法规等文献资料，这些文件是陕甘宁边区政府真实历史的记录，是较为系统而可靠的第一手材料，为研究中国革命史，特别是陕甘宁革命根据地的建立、陕甘宁边区政府在经济政治文化等各方面发展，提供了翔实的史料。

（陕西省档案局）

清代徽县志集校

编著者：（点校）梁晓明 、张泓、曹鹏雁

中国文化出版社　**字　数**：19.5万

该书是梁晓明、张泓、曹鹏雁等人点校编辑的一本志书。由序言、康熙版徽州志、乾隆版抄本徽县志、嘉庆版徽县志、跋、后记等部分组成。比较全面地记录了清代徽县历史。

洮州厅志校注

校注者：张俊立

中国文史出版社　**字　数**：5.2万

洮州厅志将康熙《洮州卫志》、乾隆《洮州卫志》和光绪《洮州厅志》校注整理，合为《洮州厅志校注》一书。此书不仅对三种旧志原书中存在的讹误作了许多校正，还对三种旧志中涉及的大量的历史事件、掌故、人物、风俗以及典章制度等，作了认真的考订和比较详尽精细的注释，增加了信息量。标点之外，在版式上也作了合理调整，使之更符合原书结构内在的逻辑关系，并适应今天大多数人的阅读习惯，方便阅读和利用。《洮州厅志校注》是旧志整理工作中的一项新的优秀成果。此志体例完备，门类齐全，图文并茂，内容比较丰富。

国民党新疆省党部档案史料

编著者：新疆维吾尔自治区档案局（馆）

凤凰出版社　　**字　数**：20万

该书是《新疆通史》项目资料丛书之一，其中收录的档案史料108件均出自新疆维吾尔自治区档案馆馆藏，内容集中反映了民国时期（1928—1948年）国民党新疆省党部在新疆的有关活动，其中涉及金树人、盛世才主政期间国民党在新疆设置党部、建立组织系统、发展党员、管理党员、训练党员、征收党费以及开展宣传活动等方面的内容。档案资料是历史研究资料的主要来源，该书以档案影印的形式为新疆历史研究提供了大量翔实、可靠的资料，全面、系统地反映了国民党新疆省党部在新疆的有关活动，为更进一步深入研究民国时期的新疆历史提供有益借鉴。

民国时期新疆金融活动档案史料

编著者：新疆维吾尔自治区档案局（馆）

凤凰出版社　　**字　数**：40万

该书是《新疆通史》项目资料丛书之一，其中收录的档案史料161件均出自新疆维吾尔自治区档案馆馆藏，内容集中反映了民国时期（1928—948年）新疆金融有关活动，主要涉及民国时期新疆银行的建立、沿革、货币的发行、金银的管理等金融活动情况。档案资料是历史研究资料的主要来源，该书以档案影印的形式为新疆历史研究提供了大量翔实、可靠的资料，全面、系统地反映了民国时期新疆金融的发展情况，为更进一步深入研究民国时期的新疆历史提供有益借鉴。

（新疆维吾尔自治区档案局）

（十二）档案外事工作

国家档案局外事工作综述

2013年，国家档案局外事工作取得了新进展。

一、继续深入开展世界记忆工程工作并再次取得重大进展

国家档案局继续积极参与联合国教科文组织世界记忆工程工作，并取得重大进展。我国申报的《中国西藏元代官方档案》和《侨批档案——海外华侨银信》自入选《世界记忆亚太地区名录》后于今年双双入选《世界记忆名录》。国家档案局、广东省人民政府和福建省人民政府主办，广东省档案局和福建省档案局承办的中国侨批·世界记忆工程国际研讨会于4月19—21日在北京人民大会堂召开。国家档案局局长杨冬权、广东省副省长许瑞生、福建省副省长李红在开幕式上致辞。国家档案局邀请了联合国教科文组织世界记忆工程亚太地区委员会主席、世界记忆工程国际咨询委员会委员瑞·埃德蒙森等6位世界记忆工程专家与会。会议取得圆满成功，进一步提升了我国世界记忆工程工作的知名度和影响力。国家档案局还派团于3月赴柬埔寨出席联合国教科文组织世界记忆工程亚太地区委员会第13次执行局会议。

二、继续积极参与国际档案理事会和国际标准化组织的活动

赴法国参加国际档案理事会项目管理委员会会议。赴瑞士参加国际档案理事会企业与劳工档案处执委会会议暨企业档案国际研讨会。赴法国参加国际标准化组织信息与文献管理技术委员会（ISO/TC46）及其档案与文件管理分委会（SC11）会议。赴比利时参加国际档案理事会2013年年会暨国家档案馆馆长论坛。

根据国际档案理事会东亚地区分会第23次执行局会议决议，国家档案局于10月中旬在四川成都召开了国际档案理事会东亚地区分会第11次全体大会暨数字档案馆的规划与实践研讨会。会议邀请来自加拿大、荷兰、日本、韩国和中国的档案专家作了报告。东亚地区分会各会员国（地区）也针对会议主题分别作了国家（地区）报告。中国承办的这次东亚地区分会盛会再次取得圆满成功。

三、收集散失境外档案工作收获巨大

9月，档案馆（室）业务指导司副司长王雁宾率档案境外收集培训团赴英国培训，外事办公室副主任王红敏随团。其间，王雁宾、王红敏同志等4人以中国早期地图、电影、照片和英国涉华外交文件为重点，先后到英国国家档案馆、大英图书馆、剑桥大学图书馆、英国电影研究所、英国人民历史档案馆，调研其保存的涉及中国相关档案情况。征集到8幅涉及我国钓鱼岛和中印边界地区的古地图，其中2幅具有很高价值，可作为我国外交斗争的法理依据。

四、中俄档案合作取得显著进展

7月15—19日，国家档案局与俄罗斯联邦档案署在大连共同举办了中俄档案合作工作小组第十次会议。会上，中俄双方讨论了工作小组第九次会议纪要的执行情况，以及中俄档案合作工作小组2011—2015年工作大纲实施情况。中方组长、国家档案局局长杨冬权和俄方代理组长、俄罗斯联邦档案署副署长塔拉索夫签署了会议纪要。

7月16日，作为中俄两国档案合作的交流项目，中俄双方在大连市档案局举办了《档案中的大连历史展览》。国家档案局局长杨冬权、俄罗斯联邦档案署副署长塔拉索夫、大连市委常委、秘书长张世坤在开幕式上致辞。该展览由大连市档案局主办，俄罗斯联邦国家档案馆等协办。展览共由六部分组成，包括“清朝海防规划”、“沙俄租借辽东半岛”、“大连开埠建市”等，精选303幅档案图片以及184件实物，还有大量音像资料，揭示了大连城市与港口的历史变迁。该展览是中俄人文合作委员会框架下档案合作小组2011—2015年工作大纲的重要内容。展览成功的举办不仅为中俄两国档案领域的交流与合作发挥了重要作用，也是两国档案界紧密合作的历史见证。

7月17日，中俄双方共同举办了中俄档案鉴定圆桌会议。中俄双方还商定明年在俄罗斯圣彼得堡举办相同题目的历史文献展览，继续筹备《中苏关系文献汇编》（1949—1955年）第二册，开始筹备《中苏文化关系文献汇编》（1949—1960年）。

五、双边交流持续活跃

先后出访朝鲜、印度尼西亚、土耳其。代表团访问印尼期间出席了国际档案理事会东南亚地区分会会议。接待朝鲜国家文献局代表团和印度尼西亚国家档案馆代表团来访。接待美国密歇根大学本特利历史图书馆代表团来华访问，举办中美档案学术研讨会。

与秘鲁共和国国家档案馆签署合作框架协议。与乌克兰国家档案署签署档案合作协议。筹备与苏丹共和国国家文件办公室签署合作协议。与哈萨克斯坦、土库曼斯坦、乌兹别克斯坦、塞尔维亚等国家加强在档案领域的合作。

（刘双成）

世界记忆工程亚太地区委员会第13次执行局会议

2013年3月11—15日，国家档案局副局长李明华与外事办公室王红敏赴柬埔寨金边出席联合国教科文组织世界记忆项目亚太地区委员会第13次执行局会议。

此次执行局会议共有16项议题，分别为介绍新成员，审议会议议程安排，讨论上次执行局会议记录和本次会议议程，主席、秘书长和亲善大使口头汇报，副主席报告，联合国教科文组织曼谷办事处报告，世界记忆名录项目回顾，财务战略，战略问题通讯，《记忆画册》，名录提名，促进世界记忆国家委员会的工作，2014年第6次全体大会，其他事宜和会后评论。

此次会议确定在中国广州召开2014年世界记忆亚太地区委员会第6次全体大会。

（张轶哲）

“中国侨批·世界记忆工程”国际研讨会

2013年4月19日，“中国侨批·世界记忆工程”国际研讨会在北京人民大会堂举办。此次会议由国家档案局、广东省人民政府和福建省人民政府主办，由广东省档案局和福建省档案局承办。与会代表共81人，其中，国内代表75人，外宾6人。

会议在人民大会堂开幕，开幕式由国家档案局副局长李明华主持，国家档案局局长杨冬权、广东省人民政府副省长许瑞生、福建省人民政府副省长李红、联合国教科文组织驻华代表处信息与传播项目官员安卓和世界记忆工程亚太地区委员会主席瑞·埃德蒙森致辞。会议还邀请了15位嘉宾围绕侨批档案在世界上的影响及研究价值和意义作主题报告。

6月18—21日在韩国光州举行的联合国教科文组织世界记忆工程国际咨询委员会会议上，我国西藏自治区档案局申报的《西藏元代官方档案》和广东省档案局与福建省档案局联合申报的《侨批档案——海外华侨银信》都入选了联合国教科文组织的《世界记忆名录》。

（张轶哲）

中俄档案合作工作小组第10次会议

2013年7月15—19日，国家档案局与俄罗斯联邦档案署在大连共同举办了中俄档案合作工作小组第十次会议。会上，中俄双方讨论了工作小组第九次会议纪要的执行情况，以及中俄档案合作工作小组2011—2015年工作大纲实施情况。中方组长、国家档案局局长杨冬权和俄方代理组长、俄罗斯联邦档案署副署长塔拉索夫签署了会议纪要。

7月16日，作为中俄两国档案合作的交流项目，中俄双方在大连市档案局举办了《档案中的大连历史展览》。国家档案局局长杨冬权、俄罗斯联邦档案署副署长塔拉索夫、大连市委常委、秘书长张世坤在开幕式上致辞。该展览由大连市档案局主办，俄罗斯联邦国家档案馆等协办。展览共由六大部分组成，包括“清朝海防规划”、“沙俄租借辽东半岛”、“大连开埠建市”等，精选303幅档案图片以及184件实物，还有大量音像资料，揭示了大连城市与港口的历史变迁。该展览是中俄人文合作委员会框架下档案合作小组2011—2015年工作大纲的重要内容。展览成功的举办不仅为中俄两国档案领域的交流与合作发挥了重要作用，也是两国档案界紧密合作的历史见证。

7月17日，中俄双方共同举办了中俄档案鉴定圆桌会议。中俄双方还商定明年在俄罗斯圣彼得堡举办相同题目的历史文献展览，继续筹备《中苏关系文献汇编》（1949—1955年）第二册，开始筹备《中苏文化关系文献汇编》（1949—1960年）。

（刘双成）

赴英进行档案境外收集培训

中国档案赴英培训团一行21人从2013年9月9—29日在英国进行了为期三周的培训，达到了预定目标。

此次培训主要围绕以下内容进行：英国档案工

作的管理体制；英国馆藏档案的接收与征集；英国档案的保护和修复；英国档案馆的社会服务；英国档案的数字化；英国档案社会组织的运作及作用等。

培训的方式，一是听课，培训团先后听取了英国剑桥大学国王学院、邓迪大学档案中心、英国信息与档案管理协会、英国档案与记录联合会、英国大英图书馆等部门负责人或专家的课程。二是现场教学，培训团在伦敦威斯敏斯特档案中心、剑桥大学丘吉尔学院档案中心和帕克图书馆、苏格兰国家档案馆、英国议会档案馆、英国伦敦大都会档案馆等进行了现场观摩与教学。三是参观考察，培训团对英国人民历史档案馆、英国国家档案馆等进行了参观考察。四是讨论交流，培训团在上述单位进行培训和观摩过程中，学员们不是简单和被动地作听众和看客，而是与英国专家学者及同行积极互动，就许多业务问题进行了广泛的探讨和交流。

三周的培训，收获是多方面的。学员们对英国档案工作的理论与实践有了初步认识，对英国档案工作的历史与现状有了初步了解，与英国多个档案机构和人员有了广泛接触，加深了双方的互相认知，表达了今后的合作意向。

此次赴英培训期间，在兼顾参加培训的同时，培训团还抽出四人利用 5 天时间，以中国早期地图、电影、照片和英国涉华外交文件为重点，先后到英国国家档案馆、大英图书馆、剑桥大学图书馆、英国电影研究所、英国工党档案馆，调研其保存的涉及中国相关档案情况。征集到 8 幅涉及我国钓鱼岛和中印边界地区的古地图，其中 2 幅具有很高价值，可作为我国外交斗争的法理依据。

（张轶哲）

国际档案理事会东南亚地区分会第 19 次全体大会

2013 年 9 月 27— 28 日，国际档案理事会东南亚地区分会第十九次全体大会以及数字时代档案灾害管理所面临的挑战与对策研讨会在印尼万隆举行，国家档案局副局长杨继波等一行六人作为特邀代表参加会议。

会议主要涉及三个主题，一是灾害管理政策；二是档案灾害管理的挑战与机遇；三是档案灾害管理各国经验分享。就这三个主题，东南亚各国的档案工作者进行了深入的沟通和充分的交流。

在档案的灾害管理政策方面，印尼和新加坡均已建立起了较为完善的有关灾害预防的法律法规。印度尼西亚国家档案馆副馆长穆斯塔瑞·伊万先生强调，国家档案馆有责任保护真实可信的档案记录，预防档案遭受灾害的威胁和影响。好的档案灾害预防和灾害管理政策有助于档案机构及时有效地采取预防和抢救措施，避免和减少灾害的影响。穆斯塔瑞副馆长介绍了印尼在档案灾害管理方面的政策和执行情况，提出制定档案灾害管理政策时结合现代管理方法 5W1H，对档案灾害管理所涉及的个人进行职责设定，并明确各个环节的程序；最后印尼信息与沟通部负责人介绍了与档案灾害管理相关的信息与沟通技术。

就档案灾害管理的挑战与机遇问题，印尼茂物农业大学、日本国家档案馆、泰国国家档案馆等机构代表分别介绍了近年来各自的受灾情况及采取的对策。

日本国家档案馆诺蒂·史末洙先生强调对文件管理机构而言抗震措施是关键，所有的建筑设施都应被设计成具备高级别抗震能力，确保建筑或文件管理中心即便垮塌时文件的安全，同时加强档案异地备份管理；泰国高级档案工作者撒昆·皮明诺克先生就国家档案馆如何保护好最重要的档案提出三点建议：第一，在灾难预防以及灾后修复机制上，国家档案馆应指定明确组织，配备相关人员，加强与有关机构合作，及时形成灾后档案保护修复计划。第二，加强档案保护教育，增强民众保护档案资料的意识。第三，在保护和修复损坏文件和书籍的实践环节加强与有关方面合作。

会前，代表团还参观了印尼国家档案馆，杨继波副局长与印尼国家档案馆副馆长穆斯塔瑞·伊瑞万进行了工作会谈，双方就档案管理、人员设置、技术保护、展览利用等工作进行了深入的交流。

双方希望在《中华人民共和国国家档案局和印度尼西亚共和国国家档案馆档案合作谅解备忘录》的基础上做好以下几个方面的工作：

一是做好人员培训工作。在目前双方互派代表团进行访问的基础上，为对方培训档案工作者，促进工作能力和业务水平的提高；二是做好档案交换工作。发掘两国在政治、经济、文化交流方面的档案，对能够纪念和促进两国和两国人民友谊的档案进行交换，特别是清朝末年以来两国交流、交往中形成的档案；三是做好信息共享工作。在档案资源整合过程中，进行信息共享，丰富馆藏，提升档案馆的服务能力。

（李文栋）

国际档案理事会东亚地区分会2013年年度大会暨数字档案馆的规划与实践研讨会

2013年10月15—19日，国际档案理事会东亚地区分会2013年年度大会暨数字档案馆的规划与实践研讨会在四川成都举行，本次会议由国家档案局和国际档案理事会东亚地区分会主办，四川省档案局承办。参会代表133人，其中，国内代表93人，外宾40人，来自7个国家和地区。

10月15日，国际档案理事会东亚地区分会首先召开了第24届执行局会议。国家档案局局长杨冬权出席了会议。执行局听取了秘书长、司库等人的工作报告，并就东亚地区分会的各项日常工作展开讨论。

10月16日，国际档案理事会东亚地区分会2013年年度大会开幕，来自日本、韩国、蒙古、澳门和中国等国家和地区的代表在会上作国家报告。其后，东亚地区分会会员第11次全体大会召开，东亚地区分会主席致欢迎辞，秘书长、司库作工作报告，大会还审议了香港大学证书研修班和2014年档案研讨会2个项目。

10月17日，数字档案馆的规划与实践研讨会召开。会上，荷兰阿姆斯特丹市档案馆亚历山大·桑德先生、北京市档案馆副馆长陶水龙、日本国家档案馆滨田幸夫先生、韩国档案和文件研究所任锦汉女士与李相敏先生分别就“复杂环境中数字档案馆的实践方法”、“基于云计算的区域性数字档案馆建设研究”、“日本亚洲历史资料中心数字档案馆介绍”和“数字保存：基于风险管理的数字保存战略和实施的比较分析”等主题分享他们的工作经验。

根据国际档案理事会东亚地区分会工作计划，东亚地区分会2016年年度大会将在日本举办。

（张轶哲）

中国档案代表团赴土耳其访问

根据《中华人民共和国政府和土耳其共和国政府档案领域合作议定书》，并应土耳其共和国总理府国家档案总局邀请，以杨冬权局长为团长的中国档案代表团于2013年11月19—23日赴土耳其进行了为期5天的工作访问。

双方通过会谈，相互了解了档案工作的基本情况，并达成以下合作协议：

一、合作举办中土关系档案展

为促进中土两国友好关系，发挥档案服务外交的作用，经杨冬权局长与乌葛·尤耐尔局长会谈商定，双方计划于2015年合作举办“中土关系档案展”。双方同意该展览于2015年分别在中、土双方的首都举办，计划共展出200—400件反映中土历史联系的档案仿真复制件。

二、初步了解了土方收藏的中土关系档案情况，并确定互相交换馆藏档案目录

访土期间，代表团查阅了奥斯曼档案馆收藏的部分档案目录，发现了800余条有关中国的档案目录。并了解到，在土耳其共和国档案馆，也有部分与中国有关的档案目录。经商议，双方计划以举办展览为契机，开展中土档案史料目录交换。

中国国家档案局希望通过目录交换，为今后双方交换档案复制件奠定基础，以达到丰富馆藏内容、填补档案史料空白、服务国家外交的目的。

三、确定2014年的交流计划

受联合国教科文组织世界记忆项目亚太地区委员会委托，中国国家档案局计划于2014年4月在广州市举办联合国教科文组织世界记忆项目亚太地区委员会第6次大会。据悉，土耳其此前从未了解过该项目的工作，杨冬权局长向土耳其国家档案总局赠送了世界记忆项目中国记忆名录汇编（第三册），土方对世界记忆项目表示出了极大的兴趣，并表示希望派团参加此次会议。乌葛·尤耐尔局长希望中土两国档案部门在今后的世界记忆名录申报工作中互相支持。根据两国档案部门的合作协议，杨冬权局长邀请土方明年4月派团参加这一会议并访问中国。

此外，代表团还参观了土耳其国家档案总局奥斯曼档案馆和苏托曼手稿研究院等档案机构，同土方交流了档案工作数字化、档案馆建筑等方面的经验。

（李文栋）

国际档案理事会2013年年会和国家档案馆馆长论坛

2013年11月21—25日，档案资料利用部主任王绍忠率中国档案代表团一行6人赴比利时布鲁塞尔参加了国际档案理事会2013年年会和国家档案馆馆长论坛。

一、2013年国家档案馆馆长论坛

11月22日，2013年国家档案馆馆长论坛在比利时皇家图书馆会堂召开，团长王绍忠作为杨冬权局长的代表参加了论坛。

在开幕式环节，论坛的执行主席和主办方先后致欢迎辞，并介绍了会议安排。随后，即将上任的主席、秘书长和执行局成员进行了自我介绍。根据论坛章程，执行局应有四位成员，任期四年。目前，来自澳大利亚的亚太地区代表 David Fricker 先生任主席，来自马里的非洲与阿拉伯地区代表 Joel Tembe 先生任秘书长；代表欧洲与北美地区和拉美与加勒比地区的另两位成员将于 2015 年选出。

在组织与章程环节，大会通过了论坛的职责范围，讨论了论坛与国际档案理事会管理机构之间的关系，并对今后论坛主题的选择提出了意见。

本届论坛还邀请来自荷兰的马丁 贝伦斯先生、来自澳大利亚的宏・约翰・巴农先生和来自巴西的杰姆・希尔瓦先生分别就“国际档案理事会的地位与战略观点”、“开放政府与档案馆的作用”和“公共信息利用法规”三个主题发言。

二、国际档案理事会 2013 年年会

11 月 23—24 日，代表团参加了国际档案理事会 2013 年年会。本届年会是国际档案理事会的首届年会，有来自 100 多个会员单位的 500 多人参加。会议的主题是“问责、透明及信息利用”，采用主旨报告与平行会议相结合的方式，邀请了来自世界各地的 47 位报告人。

在主会场，年会组织者特别邀请国际文件管理基金会主席、比利时隐私委员会主席、国际档案馆员和文件管理者联合会代表做主旨报告。其后，大会分为三个平行会议，分别就开放政府与开放数据、文件与档案管理的挑战和应对方法、真相与和解、信息利用、数据保护和法律问题、文件管理员与档案工作者的作用以及公民对政府、档案和历史的参与等分论点进行探讨。

三、国际档案理事会 2013 年全体会员大会

11 月 23 日，代表团参加了国际档案理事会 2013 年全体会员大会。大会通过了 2012 年布里斯班全体大会的会议纪要，国际档案理事会主席、项目副主席和秘书长分别汇报了过去一年的工作情况。

随后，大会审计通过了 2012 年财务报告，财务副主席报告了本年度的财务情况和 2014 年的预算，并对 2014 年的会费征收范围和数额进行了说明。

在章程环节，大会通过了执行局制定的关于选举权重、官员选举和学术奖金的内部规定。

最后，大会宣布 2014 年国际档案理事会年会和 2016 年国际档案大会将分别在西班牙杰罗纳和韩国首尔举办，两次会议的主办方到场介绍了会议的筹备情况。2015 年年会尚未确定举办地点，执行局愿意接受会员单位的申请。

（张轶哲）

（十三）中国档案学会

中国档案学会工作综述

学会建设。在国家档案局领导下，中国科协的指导下，在理事长的带领下，圆满完成2013年工作任务。学会坚持常务理事会议事制度，先后召开七届八次和七届九次常务理事会。召开2013年度分支机构负责人会议。

2013年，学会新发展个人会员72人，团体会员5个，个人会员总数7952人，团体会员总数140个。

3月30日，在海南省海口市召开2013年全国档案学会秘书长会议，会议的主题是：档案学会的国际化。邀请国际档案理事会专业协会处主席、瑞士日内瓦市档案馆馆长迪迭尔·格兰特作学术报告。在此次会议上对2012年中国档案学会及省级档案学会的工作和经验进行总结；对2013年中国档案学会的工作进行了部署。

6月9日，学会在北京举行了“国际档案日”宣传科普活动。为此，中国档案学会制作了档案宣传挂图和介绍国际档案日的展板，散发了展览宣传材料和中国档案学会有关情况的介绍材料，赠送了档案专业书籍以及《档案学研究》杂志，开展了档案业务咨询，解答了民众感兴趣的问题。

向中国科协申报的“我国科技档案管理体制机制及存在问题研究”课题，获得了中国科协的立项。该课题梳理了我国科技档案事业发展的历史脉络，总结历史经验与教训，调查了解当前我国科技档案工作的现状与问题，在借鉴和吸收西方发达国家科技档案管理经验的基础上，设计一套科学合理、有效可行的科技档案管理体制、科技档案信息资源开放共享机制，并对我国科技档案管理体制机制创新提供理论指导与政策建议。

完成《档案数字化过程质量控制体系研究》课题研究报告编制，并通过国家档案局组织的评审。

10月16—18日，参加国际档案理事会东亚地区分会2013年年度大会暨数字档案馆的规划与实践研讨会，并参与了工作报告的讨论与表决，审议通过了香港大学档案学证书研修班和2014年档案研讨会项目。

全年共举办大型学术研讨会、交流会议13次，征集学术论文172篇；举办系列学术讲座4次，参加人员1200多人次；出版论文集两种。2013年档案学会的活动主题是“档案学会的国际化”，围绕主题分别召开了全国青年档案工作者学术研讨会、海峡两岸档案学术交流会、“读书、修养与档案”讲座等。

确定了中国档案学会会徽。7月9日，中国档案学会在黑龙江省哈尔滨市召开的七届八次常务理事会议上，对经过初选后评出的10个设计方案进行总评，最后确定了中国档案学会的会徽设计方案。

完成“档案信息化技术委员会”的更名工作。

全年共举办17期档案干部职业教育培训班，共培训学员1000多人次。在各种培训机构运转极为困难的情况下，保持了会员培训工作的基本稳定。

编辑出版会刊《档案学研究》，通过网络上的“《档案学研究》在线编辑系统”实施杂志的编辑工作，并对“《档案学研究》在线编辑系统”的部分程序进行调整，调整了《档案学研究》编审委员会的人员，杂志的编辑工作更加规范和高效。

中国档案学术网正常运转的机制基本确立。中国档案学术网建立前，中国档案学会建立了“文件与档案工作者继续教育园地”。中国档案学术网平稳运行后，经过一段时间的准备，两个网站实现合并，今后有关档案教育的内容将移植到中国档案学术网上进行。

国内主要学术会议。5月24—25日，档案信息化技术委员会在福建省福州市召开了以“档案云平台的应用研究暨档案数字化质量控制与安全管理”为主题的2013年度学术年会。

9月12—14日，档案保护技术委员会与中国感光学会影像保护专业委员会联合主办、由陕西省档案局、陕西师范大学及历史文化遗产保护教育部工程研究中心承办的中国档案学会档案保护技术委员会及中国感光学会影像保护委员会2013学术年会在陕西省陕西师范大学举行。

10月17日，学会企业档案学术委员会和国家档案局经济科技档案业务指导司在吉林省长春市联合主办以“企业档案工作与企业记忆”为主题的“2013年全国企业档案学术年会”。

10月25日，影像技术委员会在浙江省义乌市年召开2013年年会暨技术交流会。

11月21—22日，整理鉴定学术委员会在吉林省长春市召开了以“档案的整理鉴定与数字化”为主题的2013年年会。

（霍力华）

全国档案学会秘书长会议

2013年3月30日，中国档案学会在海南省海口市召开“全国档案学会秘书长会议，邀请国际档案理事会专业协会处主席、瑞士日内瓦市档案馆馆长迪迭尔·格兰特以“全球档案协（学）会：概述、挑战及建议”为主题作专题报告。全国各省、自治区、直辖市和计划单列市、副省级市档案学会秘书长及分管档案学会的领导110多人参加会议。

迪迭尔·格兰特的报告是根据他本人在对全球档案协（学）会的情况进行深入研究的基础上，通过对各国的档案工作情况进行对比的方式，回顾全球档案工作发展的历史，分析全球档案工作发展状况，阐述全球档案工作发展方向及面临的挑战。最后迪迭尔·格兰特还就“档案协会可以为档案专业和专业人员做些什么?”、“档案学会与其他专业协会之间的关系与合作”等问题与大家进行了交流和互动。

（霍力华）

《明清档案与读书修养》档案专题讲座

2013年6月7日中国档案学会与国家档案局在北京联合举办《明清档案与读书修养》档案专题讲座，邀请著名历史学家、央视《百家讲坛》主讲人阎崇年作题为《档案·读书·修养》的专题讲座，中国第一历史档案馆研究馆员李国荣作题为“千年科举的功过”的专题讲座。会议由国家档案局局长中央档案馆馆长杨冬权主持。中央国家机关、人民团体、中央企业和在京军队系统的档案工作者约530人聆听了讲座。

《明清档案与读书修养》档案专题讲座是首次全国统一开展的“国际档案日”宣传活动的重要内容之一，也是近年来档案部门首次面向社会举办的开放性学术报告会。

（尹力）

海峡两岸档案暨缩微学术交流会

2013年7月8—9日，由中国档案学会主办的2013年海峡两岸档案暨缩微学术交流会在黑龙江省哈尔滨市召开。国家档案局局长、中央档案馆馆长杨冬权，黑龙江省副省长孙东生等领导出席会议并讲话。中国档案学会部分常务理事，中国文献影像技术协会、台湾中华档案暨资讯微缩管理学会代表团及全国各省、市、自治区档案、图书部门的专家学者150多人参加了会议。

杨冬权在讲话中指出，收集是档案工作的基础，是建立中华民族档案记忆的重要步骤。没有收集，档案工作就失去了对象，档案整理、鉴定、统计、利用等各项工作也难于进行。此次会议以档案的收集与征集为主题，抓住了档案工作的根本，必将对确保两岸档案资源的完整，促进两岸档案事业的发展起到重要的推动作用。在讲话中，杨冬权对收集征集工作提出了五个指导性的建议。

会议主题为“超越传统：档案文献收集与应用”。会议采用论文作者发言、专家点评、与会代表提问的互动方式进行。25位论文作者围绕5个子题目分别在6个场次上进行专题发言。6位专家对发言人的论文进行点评，此次会议交流的论文涉及档案资源的收集、整合，电子档案的收集与管理，数字档案与缩微胶片的转换，海外档案资源收集的经验，国外有关档案收集的政策等。

经过研讨，专家们一致认为，在档案文献收集与应用中要重视四个方面的问题。一是档案馆藏范围的扩大问题，不能盲目的无限制的扩大范围，要对综合档案馆进行精确的定位，档案核心的主题应该是国家档案事业的馆藏体系；二是涉及档案、信息一体化的问题，要建立一个信息安全的有效防范途径，重视基础建设；三是在数字档案与缩微胶片的转换问题中，随着数字信息技术的发展，今后缩微技术对怎么样长期存储数字信息需要作深入的研究和探索；四是海外档案资源收集是档案的基础工作，要立足自我，努力研究是如何深化的问题。

（霍力华）

“档案工作在数字世界面临的挑战”学术报告会

2013年7月22日，中国档案学会与中国人民大学信息资源管理学院、数据工程与知识工程教育部重点实验室、中国人民大学电子文件管理研究中心共同举办的"档案工作在数字世界三个领域拓展面临的挑战"国际前沿学术报告会在北京中国人民大学召开。此次会议是我国档案领域针对数字世界挑战首次举办的最具前沿性和影响力的学术报告会。

美国加州大学洛杉矶分校教育与信息学学院信息学系教授，国际著名档案学学者和数字档案管理世界顶级专家 Anne J. Gilliland 作了题为《档案工作在数字世界面临的挑战》的专题报告。来自国家机关、企业事业单位、相关档案局馆的 80 余名档案界的专家、学者以及中国人民大学信息资源管理学院部分师生参加了本次报告会。

Anne J. Gilliland 教授重点讲述了在高速发展的数字环境中，档案工作在云计算和移动计算、机构知识库和数字保存及其内容管理、数字取证三个领域中所面临的挑战、机遇与对策；档案工作者面对数字环境挑战下角色的转变，以及档案实践的未来发展趋势。Anne J. Gilliland 教授认为，在日益复杂的数字环境中，档案学者与档案工作者面对全球化、网络化、数字化的变化应作出及时反应，特别要考虑如何应对法律政策变化、技术改进与更新、伦理道德等层面的难题；要将档案管理的思想融入数字环境中，转变理念、与时俱进，进一步深化改革档案管理工作，维护档案的完整性、真实性、可靠性和可用性，促进档案工作的发展。Anne J. Gilliland 教授还和与会的专家、学者就数字世界的档案学术研究、档案管理实践问题进行了交流和讨论。此次学术报告使档案工作者更清楚地意识到数字世界档案理论研究和档案实践工作面临的新挑战，拓宽了国际视野。

（安小米）

第四届"中国电子文件管理论坛"

2013 年 8 月 30 日，中国档案学会与中国人民大学电子文件管理研究中心联合主办的第四届"中国电子文件管理论坛"在北京中国人民大学国学馆报告厅举行。论坛的主题是"电子文件管理的长期保存"，来自全国政府机关、科研院所、档案局馆、企事业单位、系统供应商等社会各界的 230 余名代表参加了论坛。

欧洲永久访问协会（APA）主席 David Giaretta 博士、澳大利亚国家档案馆副馆长 Brendan Somes、UBC 大学教授谢丽、国家档案局技术部副主任蔡学美、《电子文件管理系统通用功能要求》项目组负责人副教授钱毅、江西省档案局技术保护处处长毛海帆、深圳市档案局信息技术处副处长朱玮、新锐英诚（北京）科技股份有限公司苏涛和福昕软件廖明等分别作了报告。

David Giaretta 博士在《新时代的价值与数字保存》的报告中简要介绍了 OAIS 参考模型、应对数字保存威胁的解决方案，以及以 ISO 16363 为中心的数字仓储审计与认证标准框架。Brendan Somes 的报告《数字保存：过去、现在和未来》，带领大家回顾了 20 世纪 70 年代以来澳大利亚国家档案馆数字保存实践的过程，展示了该馆数字保存领域技术与理念上从"比照纸质文件"到"走向数字方式"的发展演变。谢丽在题为《数字文件管理：数字保存不可或缺的基础》的报告中，从 InterPARES 第三期理论研究和美、加、澳、英等国家政府机构文件管理实践分析说明：数字保存机制的建立以及保存技术的实施，必须建立在数字文件管理的前提下。蔡学美在题为《电子文件长期保存的概念认识与实践要求》的报告中，从建设背景、内容、目标、系统架构、规范标准等方面介绍了"国家电子档案接收和长期保存管理系统建设试点工程项目"。钱毅在题为《可信电子文件长期保存规范研究》的报告中汇报了国家档案行业标准《数字档案馆可信数字长期保存需求规范》的研究方法与基础、结构和内容。毛海帆与朱玮在《江西电子档案长期保存之初步探索》《后保管时代的电子文件长期保存——对两次实践的认识》两篇报告中，分别介绍了江西、深圳两地电子文件长期保存的系统架构、系统运维、对文件形成单位的前端控制等内容。

（刘越男）

全国青年档案工作者研讨会

2013 年 10 月 15—16 日，由国家档案局主办、中国档案学会承办的 2013 年全国青年档案工作者研讨会在福建省厦门市召开。国家档案局副局长、中央档案馆副馆长、中国档案学会理事长李和平，福建省档案局局长、中国档案学会常务理事丁志隆出席会议并讲话。来自全国各地的 175 位青年档案工作者参加了研讨会议。

李和平表示，青年是我们事业的未来，拥有青年，就拥有未来。档案事业之所以薪火相传、生生不息，青年是重要的决定因素，档案事业需要青年，同时也成就青年，我们的事业要发展，就必须高度重视青年。

会议主题为"档案事业改革与创新"，有 16 位论文作者围绕主题分 4 场发表专题演讲。

会议还邀请福建师范大学社会历史学院教授谢必震针对南海和钓鱼岛争端问题作了专题报告。

研讨会筹备期间，在全国青年档案工作者中开展了主题征文。各省、自治区、直辖市和计划市、副省级市档案学会经过评选向中国档案学会推荐了 142 篇论文，学会组织专家从中评选出 82 篇优秀论文编辑出版了《档案事业改革与创新》论文集。

（范业凡）

“档案馆、博物馆室内环境保护”学术报告会

2013年10月22日中国档案学会在北京举办“档案馆、博物馆室内环境保护”学术报告会，邀请美国ASHRAE杰出讲师、普拉飞（PUREAFIL）空气净化设备公司技术总监、全球关键任务技术经理科瑞斯·穆勒作“博物馆环境专门过滤设备”专题报告。在京档案部门的30多位专家、学者参加报告会。

穆勒在报告中介绍了档案馆、博物馆空气质量控制技术及方法，介绍了灰尘和气体污染物所用空气过滤系统的组成，并强调静电过滤器不能用于档案馆、博物馆，因为它能产生臭氧并且将二氧化硫和二氧化氮转化为硫酸和硝酸。

与会专家就报告中所关心的技术问题与穆勒进行了交流。

（荆秀昆）

2013 年度各省、自治区、直辖市档案事业机构情况表

（单位：个）

省别	各级档案行政管理部门	各级各类档案馆	档案室（处、科）
北京市	17	18	2725
天津市	17	36	1431
河北省	138	198	5210
山西省	131	137	3663
内蒙古自治区	114	142	5678
辽宁省	115	154	6360
吉林省	70	91	2145
黑龙江省	120	151	1054
上海市	18	44	681
江苏省	113	164	3047
浙江省	100	114	5386
安徽省	125	156	7787
福建省	95	116	209
江西省	113	157	6467
山东省	160	219	6338
河南省	177	197	3331
湖北省	116	166	10239
湖南省	139	180	810
广东省	144	214	572
海南省	23	38	1065
广西壮族自治区	125	157	5853
重庆市	40	65	2119
四川省	205	246	5737
贵州省	99	103	5420
云南省	147	160	276
西藏自治区	25	86	1326
陕西省	116	139	277
甘肃省	101	118	7214
青海省	55	61	698
宁夏回族自治区	26	28	118
新疆维吾尔自治区	110	121	7322
* 合计 *	3094	3976	110558

2013年度各省、自治区、直辖市各级档案行政管理部门人员情况表

（单位：人）

省别	总计	其中：女性	年龄：50岁及以上	年龄：35—49岁	年龄：34岁及以下	文化程度：博士研究生	文化程度：硕士研究生	文化程度：研究生班研究生	文化程度：双学士	文化程度：大学本科	文化程度：大专	文化程度：中专	文化程度：高中	文化程度：初中及以下	档案专业程度：博士研究生	档案专业程度：硕士研究生	档案专业程度：研究生班研究生	档案专业程度：大学本科	档案专业程度：大专	档案专业程度：中专	档案专业程度：职业高中	接受在职培训教育
北京市	379	196	90	194	95	4	30	24	3	282	32	2	1	1	2	6	3	40	7	3	0	309
天津市	409	221	120	175	114	2	37	34	6	282	36	5	5	2	1	2	8	72	6	13	0	108
河北省	1397	749	357	811	229	0	21	25	6	695	508	79	60	3	0	3	2	80	92	8	3	280
山西省	1468	969	254	841	373	1	21	5	3	651	639	75	63	10	0	0	0	29	119	50	1	395
内蒙古自治区	1280	731	385	672	223	0	14	15	11	676	501	27	35	1	0	0	0	67	86	6	4	405
辽宁省	1292	754	346	615	331	1	47	55	4	863	268	24	23	7	0	14	10	171	30	16	0	368
吉林省	653	309	189	369	95	2	10	29	15	345	214	23	12	3	0	0	0	23	28	3	0	295
黑龙江省	1069	643	287	612	170	0	18	16	12	658	313	34	17	1	0	3	12	43	34	21	0	302
上海市	305	142	103	146	56	1	27	14	0	208	47	4	2	2	0	0	1	22	8	9	0	65
江苏省	1326	584	387	716	223	0	54	95	8	843	265	27	26	8	0	1	44	117	66	22	0	541
浙江省	1316	575	361	666	289	1	51	23	8	941	250	15	24	3	1	7	4	81	35	25	1	652
安徽省	829	306	293	410	126	1	18	20	11	463	268	34	12	2	0	2	0	59	56	12	5	361
福建省	741	362	198	389	154	0	5	7	7	416	228	42	33	3	0	1	1	35	77	0	0	375
江西省	1002	482	263	557	182	0	16	21	2	408	461	44	43	7	0	1	0	34	54	3	0	397
山东省	1339	575	342	754	243	2	53	30	8	983	204	25	30	4	1	9	8	311	55	2	0	488

续表

省别	总计		现有全部专职人员情况																			
			年龄			文化程度									档案专业程度							
		其中：女性	50岁及以上	35—49岁	34岁及以下	博士研究生	硕士研究生	研究生班研究生	双学士	大学本科	大专	中专	高中	初中及以下	博士研究生	硕士研究生	研究生班研究生	大学本科	大专	中专	职业高中	接受在职培训教育
河南省	2253	1290	504	1287	462	0	26	24	9	1097	875	126	93	3	0	4	1	109	76	10	30	565
湖北省	1267	558	414	679	174	1	26	32	2	565	557	44	36	4	0	2	0	76	100	32	3	424
湖南省	1413	696	392	787	234	1	14	23	24	670	540	81	55	5	0	1	0	53	81	4	1	302
广东省	1330	606	370	717	243	10	45	52	22	616	495	46	43	1	0	10	1	44	20	6	1	737
海南省	147	52	57	66	24	0	5	1	0	74	54	5	6	2	0	1	0	1	11	0	0	74
广西壮族自治区	804	380	212	494	98	0	7	26	2	418	295	34	20	2	0	2	1	51	39	2	2	490
重庆市	544	204	137	322	85	0	7	14	1	330	171	10	10	1	0	0	0	13	21	30	5	253
四川省	1709	803	417	1052	240	0	13	49	2	882	639	70	44	10	0	0	0	35	67	92	6	799
贵州省	1195	549	333	692	170	0	6	17	0	547	527	54	34	10	0	0	0	36	57	8	2	315
云南省	1516	785	348	891	277	0	14	23	21	830	501	67	38	22	0	0	2	119	82	4	8	475
西藏自治区	169	88	21	96	52	1	18	0	0	59	57	14	10	10	0	0	0	7	17	5	0	15
陕西省	1360	728	358	763	239	1	20	28	7	607	542	85	64	6	0	0	1	38	45	7	0	358
甘肃省	846	440	177	504	165	0	6	14	0	347	366	62	46	5	0	0	1	12	28	13	1	172
青海省	226	135	58	139	29	0	2	0	0	98	111	10	3	2	0	0	2	8	10	0	0	50
宁夏回族自治区	280	149	75	179	26	0	0	11	0	153	102	13	1	0	0	0	1	6	18	3	0	38
新疆维吾尔自治区	825	541	123	548	154	1	3	9	1	423	352	20	16	0	0	0	0	10	39	1	0	334
* 合计 *	30689	15602	7971	17143	5575	30	634	736	195	16430	10418	1201	905	140	5	69	103	1802	1464	410	73	10742

2013年度各省、自治区、直辖市各级国家综合档案馆人员情况表

（单位：人）

省别	总计	现有全部专职人员情况																									
		其中：女性	年龄			文化程度									档案专业程度								档案干部专业技术职务				
			50岁及以上	35—49岁	34岁及以下	博士研究生	硕士研究生	研究生班研究生	双学士	大学本科	大专	中专	高中	初中及以下	博士研究生	硕士研究生	研究生班研究生	大学本科	大专	中专	职业高中	接受在职培训教育	研究馆员	副研究馆员	馆员	助理馆员	管理员
北京市	421	241	94	222	105	2	26	32	3	301	51	4	2	0	1	4	3	38	8	0	0	351	3	19	130	86	25
天津市	109	68	21	64	24	1	6	28	0	60	10	1	2	1	0	0	16	12	1	0	0	16	4	16	16	11	0
河北省	1405	864	309	826	270	1	16	16	2	651	525	118	72	4	0	1	2	52	76	7	3	329	6	52	158	139	55
山西省	349	273	46	203	100	0	0	0	0	137	170	19	22	1	0	0	0	10	36	5	2	46	3	12	85	77	15
内蒙古自治区	877	562	251	469	157	0	7	17	5	414	376	35	22	1	0	1	0	51	72	1	0	331	0	18	119	123	64
辽宁省	651	428	131	354	166	0	16	13	1	457	138	11	14	1	0	3	0	108	9	7	1	166	7	29	89	24	19
吉林省	710	394	184	407	119	0	6	15	2	431	224	16	15	1	0	0	0	26	33	2	0	286	27	88	202	91	23
黑龙江省	736	455	222	395	119	0	12	4	11	453	226	21	7	2	0	2	0	63	45	1	0	200	10	82	171	50	20
上海市	354	195	36	185	133	2	47	3	1	223	77	0	1	0	1	3	0	27	15	2	2	86	6	28	86	63	24
江苏省	664	378	145	339	180	1	32	19	2	406	160	24	17	3	0	5	0	63	43	7	1	288	4	35	127	122	12
浙江省	355	170	76	172	107	1	13	4	1	255	74	2	5	0	0	0	0	10	12	2	1	154	0	12	91	29	16
安徽省	505	219	132	266	107	1	9	13	1	272	177	23	8	1	0	0	0	30	37	3	0	268	0	7	104	48	14
福建省	366	172	68	190	108	2	7	7	4	208	103	20	14	1	0	1	0	26	40	0	0	180	5	10	55	58	11
江西省	451	222	116	257	78	0	1	3	2	151	249	16	29	0	0	0	0	11	28	2	0	166	1	2	29	19	3
山东省	1256	638	286	686	284	0	35	17	14	904	227	23	32	4	0	0	1	343	57	2	2	359	14	171	275	196	48
河南省	1286	874	197	736	353	0	14	4	3	589	548	78	48	2	0	0	0	44	68	4	6	464	1	20	249	190	41
湖北省	597	302	150	351	96	1	11	11	2	276	250	25	21	0	0	2	0	52	62	9	0	153	4	17	117	56	10
湖南省	743	419	135	410	198	3	25	7	3	322	312	29	40	2	1	5	0	43	38	1	0	150	1	21	77	86	48
广东省	556	276	118	297	141	1	51	15	2	267	179	16	23	2	0	9	6	26	4	1	3	269	1	7	24	63	22
海南省	89	44	30	47	12	0	1	0	0	36	37	4	9	2	0	0	0	2	6	0	0	43	7	1	9	23	5
广西壮族自治区	524	278	156	307	61	0	0	14	9	202	246	25	24	4	0	1	1	21	35	0	7	274	1	9	63	78	42
重庆市	68	36	12	31	25	0	3	2	2	44	17	0	0	0	0	0	0	3	0	0	0	13	0	2	13	4	0
四川省	741	413	125	476	140	2	5	2	0	335	307	35	44	11	2	2	0	33	39	29	4	243	2	2	43	25	2
贵州省	510	280	117	299	94	0	2	5	1	232	234	25	8	3	0	0	0	11	40	1	3	209	0	5	36	61	5
云南省	372	232	62	233	77	0	2	1	0	175	160	23	7	4	0	1	0	35	20	0	1	172	1	30	128	61	16
西藏自治区	300	211	26	145	129	1	18	0	2	117	109	28	11	14	0	0	0	12	23	5	0	57	0	0	3	4	16
陕西省	1264	756	298	696	270	1	20	15	3	512	550	82	74	7	0	0	1	54	68	8	9	358	0	6	68	138	46
甘肃省	703	458	84	421	198	0	2	5	0	275	327	53	32	9	0	0	0	7	22	12	0	127	1	10	51	74	8
青海省	201	150	38	125	38	0	0	0	2	90	82	17	9	1	0	0	0	10	17	1	3	43	0	8	70	38	9
宁夏回族自治区	12	10	3	5	4	0	1	0	0	5	6	0	0	0	0	0	0	0	2	0	0	0	1	2	2	0	0
新疆维吾尔自治区	442	314	54	304	84	0	2	5	0	236	177	15	6	1	0	0	0	9	29	0	0	241	0	4	14	16	6
合计	17617	10332	3722	9918	3977	20	390	277	78	9036	6328	788	618	82	5	40	30	1232	985	112	48	6042	110	725	2704	2053	625

2013年度各省、自治区、直辖市各级国家综合档案馆馆藏档案情况表

省别	案卷	以件为保管单位档案	录音磁带 录像磁带 影片档案	照片档案	底图	实物档案	缩微胶片		
							平片	开窗卡	卷片
	卷	件	盘	张	张	件	张	张	万幅
北京市	5135932	667003	41359	509715	40211	48062	231	19	3397
天津市	4583588	1143620	74644	342785	987	22256	0	0	615
河北省	13381571	9936849	28502	662870	46441	49385	117	0	2
山西省	6700403	1397832	13471	358035	19129	16535	280	4650	62
内蒙古自治区	9093368	2907391	20705	374573	110698	17923	2078	3315	709
辽宁省	10201432	5721734	25143	738823	75179	48120	2	10	126
吉林省	9936130	3160570	14318	261596	10311	13926	40884	944	487
黑龙江省	6636591	4388671	21897	428796	12078	2702	154	5307	0
上海市	9318355	1673558	26334	755245	52369	37929	76967	228212	2646
江苏省	17027965	8873172	84706	1308941	29772	60985	41518	0	885
浙江省	13003628	7017835	29736	1585948	59809	54810	6314	500	1356
安徽省	13862960	5023547	8987	248081	16523	20094	4	0	264
福建省	6623701	2082292	11562	298002	7087	12103	10585	47	996
江西省	5719450	4727250	10105	173592	11069	15447	1086	0	2283
山东省	10611252	4456024	57702	2224876	123010	75721	1307241	4460	2483

续表

省别	案卷	以件为保管单位档案	录音磁带 录像磁带 影片档案	照片档案	底图	实物档案	缩微胶片		
							平片	开窗卡	卷片
	卷	件	盘	张	张	件	张	张	万幅
河南省	12511378	5339493	67041	937431	110451	27363	0	0	0
湖北省	11142069	3253110	27174	546007	45116	97054	549	43	349
湖南省	16179514	8518618	40269	560210	19143	56491	3524	0	161
广东省	14227996	7365171	43819	2797231	13990	99721	3746	572	354
海南省	483863	858427	633	51659	348	4123	30	0	0
广西壮族自治区	4398377	9392871	12718	265679	5303	28108	27399	0	356
重庆市	6526081	6155294	9189	169267	117	4183	0	0	113
四川省	17190525	13062049	20695	658494	34531	29198	629415	0	736
贵州省	5666444	6434568	7239	264214	33463	21421	4644	0	372
云南省	8263541	7599323	20548	811461	26217	68946	325	0	1660
西藏自治区	3478111	2082071	3701	99907	7371	39665	9	0	3269
陕西省	6978870	5283626	24413	250187	5894	20761	13	0	0
甘肃省	5297879	1927331	15355	349181	12391	15555	144	0	250
青海省	1929450	2083632	5168	166652	41855	37159	15699	0	156
宁夏回族自治区	1145342	1951973	3734	160404	4621	18137	0	100	0
新疆维吾尔自治区	4463703	2072974	8953	569787	380470	28935	3500	0	0
* 合计 *	261719469	146557879	779820	18929649	1355954	1092818	2176458	248179	23487

2013 年度各省、自治区、直辖市各级国家综合档案馆收集档案情况表

省别	接收档案					征集档案					接受寄存档案
	案卷	以件为保管单位档案	录音磁带录像磁带影片档案	照片档案	底图	案卷	以件为保管单位档案	录音磁带录像磁带影片档案	照片档案	底图	
	卷	件	盘	张	张	卷	件	盘	张	张	件
北京市	132760	188674	335	39651	0	189	1965	106	7239	0	0
天津市	157454	190728	66488	5115	0	614	3357	28	914	0	0
河北省	463012	1005141	193	27279	4005	4204	4859	14	5286	0	10986
山西省	461038	338766	761	29766	671	5179	7839	186	3987	0	0
内蒙古自治区	349283	529738	1596	9377	50370	21481	2285	103	16133	0	6
辽宁省	410544	1069753	990	27217	478	18564	820	38	20646	17	18780
吉林省	191343	433546	49	7721	0	412	6567	36	1002	0	8363
黑龙江省	168628	768506	863	32138	400	17380	7821	95	1320	0	3501
上海市	260566	212039	3113	35987	0	365	4719	46	3545	0	274485
江苏省	1242613	2536993	3391	45336	1127	27687	20281	105	9050	2	546490
浙江省	526377	1608688	1533	31739	25	5680	45152	402	34284	0	53101
安徽省	1128556	988939	156	13480	0	923	2658	193	1527	25	64642
福建省	211992	518468	189	6017	100	299	611	76	2619	0	7209
江西省	344163	814294	198	3194	61	3738	5877	19	879	0	1710
山东省	323085	876420	2413	74846	610	2633	26455	1407	192784	0	1751796

续表

省别	接收档案					征集档案					接受寄存档案
	案卷	以件为保管单位档案	录音磁带录像磁带影片档案	照片档案	底图	案卷	以件为保管单位档案	录音磁带录像磁带影片档案	照片档案	底图	
	卷	件	盘	张	张	卷	件	盘	张	张	件
河南省	1017713	1383500	1196	50656	618	615	16088	779	22607	0	323109
湖北省	430274	626401	801	17411	612	2004	25900	140	5110	30	67221
湖南省	520986	415530	1483	29898	210	13310	9710	17	67298	153	8255
广东省	683355	1110293	6051	138231	200	1823	11158	193	661	0	59747
海南省	22981	116733	0	1347	0	489	3642	7	287	0	699
广西壮族自治区	196734	1692288	160	10660	2	67	23137	66	3094	0	1023
重庆市	244768	1455796	94	14904	0	6629	752	64	252	0	6188
四川省	744394	3199553	1668	21859	0	4256	7730	286	8571	0	267107
贵州省	225755	1097848	408	10773	0	3006	6813	8	1005	0	311427
云南省	286154	1872425	600	13546	173	1138	3726	213	4216	0	2025
西藏自治区	13314	187044	11	2294	47	573	8107	6	800	0	3788
陕西省	147130	562247	136	4640	0	10476	16095	86	1708	0	7292
甘肃省	213458	517194	2090	15996	56	233	1459	7	1384	132	3982
青海省	94302	557165	2063	6206	1619	4	76	80	528	0	1
宁夏回族自治区	69849	257672	46	12846	0	0	6	0	270	0	3790
新疆维吾尔自治区	200035	400159	874	32542	33	330	2803	109	38938	0	33560
* 合计 *	11482616	27532541	99949	772672	61417	154301	278468	4915	457944	359	3840283

2013 年度各省、自治区、直辖市各级国家综合档案馆开放档案和利用档案、资料情况表

省别	开放档案情况		开放档案目录		利用档案		政府信息公开查阅场所	爱国主义教育基地	举办展览		利用资料		利用现行文件	
	案卷	以件为保管单位	案卷级	文件级										
	卷	件	万条	万条	人次	卷件次	个	个	个	参观人次	人次	册次	人次	件次
北京市	896389	2637	88	201	136090	177908	19	17	62	275282	614	2425	823	670
天津市	1046349	25267	117	312	49176	157860	20	17	59	23596	1295	4027	5321	7513
河北省	2863083	1162953	441569	2037134	262336	733921	140	108	325	37196	17356	38015	17501	35990
山西省	2513087	146039	216	2244	105770	320763	73	74	49	26622	11678	23075	5620	12455
内蒙古自治区	1953941	833124	237	651	64804	376957	71	53	295	21616	6510	10010	3424	5611
辽宁省	2387324	344669	405	730	203458	552570	145	48	107	108902	4638	11627	9393	14467
吉林省	1695485	621453	191662	2779190	69310	153433	36	26	20	5608	2784	5599	1908	4593
黑龙江省	2092124	1476668	721177	1087818	116154	302627	134	69	150	58503	4479	8687	6542	12268
上海市	1270053	620	114	435	241971	652656	18	19	41	331211	5296	17891	1536	2405
江苏省	2763544	260429	186	1591	385252	972450	108	106	187	264428	8256	27330	6731	15491
浙江省	2387741	575398	266375	426211	442473	1094476	91	65	173	346151	13683	57713	9495	19720
安徽省	2374297	751356	43643	432002	230141	498151	73	135	86	44830	5328	16288	5626	13781
福建省	1621479	149793	111	963	174439	412599	84	40	71	151368	2945	11765	3861	2893
江西省	1510511	447741	115268	1210105	170733	411301	93	56	48	39950	7990	16723	9907	18572
山东省	1982808	263365	67491	740837	174526	584272	383	113	373	110300	15593	26811	9817	18592

续表

省别	开放档案情况		开放档案目录		利用档案		政府信息公开查阅场所	爱国主义教育基地	举办展览		利用资料		利用现行文件	
	案卷	以件为保管单位	案卷级	文件级										
	卷	件	万条	万条	人次	卷件次	个	个	个	参观人次	人次	册次	人次	件次
河南省	2773039	868308	268526	548604	289337	652583	135	122	28	113117	26127	45836	19452	36560
湖北省	2630292	520938	127627	169733	208185	720807	99	81	511	304561	11538	38910	11503	23581
湖南省	6788207	791085	7286729	2130934	229682	775743	171	78	174	151530	15044	73085	12193	20813
广东省	839318	362448	266	810	205940	568252	141	114	199	286200	10564	20680	150942	539497
海南省	113576	97096	25	69	18596	46810	20	10	7	6319	2889	2454	1466	2979
广西壮族自治区	822691	1515324	113	1425	119848	293798	171	100	123	52087	6067	12577	8680	11161
重庆市	1842013	1488123	187	939	292056	584794	28	20	39	31702	4166	8506	4995	9753
四川省	6066484	1453399	501	746	517106	1300972	144	171	188	285529	9718	26928	26410	41278
贵州省	1612097	3177710	78	790	102944	305184	62	54	64	40716	5765	9034	7944	7017
云南省	1208101	970561	59519	1021169	151370	637779	97	570	102	34682	5800	10915	4512	8868
西藏自治区	52616	499026	635	395	4854	29786	11	4	4	680	293	611	436	1070
陕西省	1974922	288751	191086	152023	165936	546770	177	125	704	71160	4843	11205	10972	48901
甘肃省	1268356	482419	110	805	88089	311249	83	59	111	155835	7659	18183	5594	10978
青海省	160780	237511	549	50	19642	111999	33	33	39	95273	1818	3508	1103	2156
宁夏回族自治区	168092	147399	39159	242509	36742	91791	15	9	12	19981	571	1152	1387	3204
新疆维吾尔自治区	475394	77278	16048	41973	46857	233988	74	57	172	161127	2523	7302	1152	48105
* 合计 *	58154193	20038888	9839818	13033398	5323817	14614249	2949	2553	4523	3656062	223830	568872	366247	1000942

2013年度各省、自治区、直辖市各级国家综合档案馆抢救国家重点档案情况表

省别	应抢救档案总数		已抢救档案数量			
					本年度抢救档案数量	
	卷	件	卷	件	卷	件
北京市	1209466	4958	1027434	3442	17230	2365
天津市	864459	195929	174084	193615	19190	20
河北省	447956	237545	202455	46193	4000	6239
山西省	68812	83098	43366	65855	4173	3395
内蒙古自治区	404346	4361	174680	956	20361	606
辽宁省	1212473	146837	527484	53228	28901	629
吉林省	1049746	417665	379490	152065	30796	12985
黑龙江省	587127	402107	229903	194320	28742	38772
上海市	1659509	87773	1248536	87773	42953	25612
江苏省	839709	87326	691110	30015	30235	853
浙江省	582006	316453	260618	256215	19031	1385
安徽省	882325	200068	158555	72476	11212	4899
福建省	665645	117661	372839	98896	25318	6510
江西省	353845	60504	194085	43951	37222	41
山东省	876063	383751	368198	236848	37799	808
河南省	436434	161154	233718	53099	30989	3611
湖北省	944094	137066	523113	61054	33532	7933
湖南省	978097	523319	472784	33901	42902	4662
广东省	345474	529411	238820	459638	20500	1151
海南省	36164	74331	20985	22149	2378	3561
广西壮族自治区	194196	401260	88967	285799	12310	85225
重庆市	888931	18515	364306	18515	56014	0
四川省	1945480	12245	1316808	5726	41420	24
贵州省	629201	629969	305936	248175	38642	17335
云南省	1134569	581393	248130	118160	17091	29494
西藏自治区	3083692	265258	567363	104455	0	3972
陕西省	364774	354378	253964	88061	25241	13555
甘肃省	319497	711	205426	2	18020	0
青海省	117678	91750	32356	36924	5631	4423
宁夏回族自治区	58651	116111	28878	66665	4578	48879
新疆维吾尔自治区	503875	520371	278051	194745	42172	4788
* 合计 *	23684294	7163278	11232442	3332916	748583	333732

2013年度各省、自治区、直辖市各级国家综合档案馆馆库面积及馆内设备情况表

省别	馆库面积					馆内设备											
	档案馆总建筑面积	档案馆库房建筑面积	后库建筑面积	档案技术用房建筑面积	对外服务用房建筑面积	缩微设备					电子计算机		复印机	空调机		去湿机	消毒设备
						缩微摄影机	冲洗机	拷贝机	阅读器	阅读复印机	服务器	微机		集中式	分散式		
	平方米	平方米	平方米	平方米	平方米	台	台	台	台	台	个	台	台	台	台	台	台
北京市	91234	28865	0	6572	6332	7	2	5	7	1	92	1207	43	52	560	80	44
天津市	93823	33879	7670	13279	5607	8	1	2	6	1	91	732	36	120	329	101	96
河北省	234142	102721	5016	24817	10489	10	2	4	6	8	146	1448	4202	108	788	189	46
山西省	136060	64575	1124	8555	8573	9	3	2	7	11	52	910	177	55	272	155	84
内蒙古自治区	156204	59208	3750	7469	7982	8	2	1	11	4	74	1211	146	30	36	28	30
辽宁省	331198	129224	6100	28221	27226	19	4	5	27	10	104	1761	139	55	376	371	97
吉林省	500853	188308	2754	7387	5748	6	1	2	5	2	64	1053	104	43	107	151	36
黑龙江省	117676	63292	1808	6911	7737	6	0	0	0	5	73	1099	279	10	22	112	61
上海市	123121	54642	2256	13788	8494	8	4	2	18	12	235	1951	77	68	188	280	47
江苏省	547802	200630	0	27289	24451	8	2	2	17	3	279	3185	224	57	865	626	150
浙江省	367706	129374	1426	37093	31966	9	4	2	20	4	525	2507	178	171	638	376	125
安徽省	236620	135230	4917	18963	17772	7	1	2	5	3	122	1186	176	278	742	451	137
福建省	228337	91098	6569	12550	21525	3	2	3	4	4	120	1451	142	95	868	414	119
江西省	170423	86273	3473	12039	10798	8	2	3	5	2	83	1212	154	195	625	255	117
山东省	380954	142696	4950	34874	38853	21	6	5	16	13	260	2641	242	190	539	671	433

续表

省别	馆库面积					馆内设备											
	档案馆总建筑面积	档案馆库房建筑面积	后库建筑面积	档案技术用房建筑面积	对外服务用房建筑面积	缩微设备					电子计算机		复印机	空调机		去湿机	消毒设备
						缩微摄影机	冲洗机	拷贝机	阅读器	阅读复印机	服务器	微机		集中式	分散式		
	平方米	平方米	平方米	平方米	平方米	台	台	台	台	台	个	台	台	台	台	台	台
河南省	353678	186912	4425	19411	13289	19	0	8	4	7	91	1265	218	241	673	433	202
湖北省	206624	87635	5246	22653	13346	5	1	3	3	3	120	1355	173	47	727	388	130
湖南省	262860	129875	9244	29366	21916	16	1	2	3	12	148	1325	206	236	829	667	138
广东省	400117	179072	8684	44264	44054	24	4	10	19	6	291	2795	283	227	1670	943	249
海南省	30823	13403	105	3796	2722	4	0	0	0	0	10	253	43	39	181	69	49
广西壮族自治区	126298	65325	3057	4688	4829	10	1	1	5	2	89	1330	152	120	901	477	578
重庆市	106433	53072	6858	14163	7455	2	1	1	4	2	82	803	85	97	532	330	41
四川省	663511	245759	1202	55111	42278	5	4	5	5	2	158	2746	286	78	1463	1121	295
贵州省	251287	64436	3609	5956	5534	8	1	4	3	1	54	1332	176	42	238	391	95
云南省	237294	122649	3783	12404	18302	22	1	1	2	4	161	1983	201	49	158	263	73
西藏自治区	53382	27763	558	3234	431	8	1	2	3	3	11	304	41	6	13	14	0
陕西省	158634	69944	5399	6908	6880	8	0	2	0	5	81	1436	165	24	318	159	19
甘肃省	132199	69877	5402	9882	6096	8	2	3	4	6	83	1253	129	7	93	26	13
青海省	53679	22069	442	4095	6427	3	2	1	2	0	23	466	80	10	10	13	14
宁夏回族自治区	59971	14508	160	7368	4199	6	2	2	3	1	37	358	39	4	15	17	27
新疆维吾尔自治区	138044	53329	951	10214	10295	5	0	0	0	3	83	1186	179	16	106	15	32
* 合计 *	6950986	2915643	110941	513316	441603	290	57	85	214	140	3842	43744	8775	2770	14882	9586	3577

2013 年度各省各级档案行政管理部门和国家综合档案馆事业费、国家综合档案馆基建情况表

省别	档案事业费	本年度在建项目			本年度竣工项目		
		新建	改扩建	建筑面积	新建	改扩建	建筑面积
	万元	个	个	平方米	个	个	平方米
北京市	8821.71	2	0	38729	0	0	0
天津市	2540.11	0	0	0	0	1	7180
河北省	882255.47	12	0	84536	2	1	13500
山西省	5098.88	20	0	88344	4	0	16265
内蒙古自治区	5073.70	2	0	6571	3	1	15955
辽宁省	9372.16	7	1	57820	1	0	80081
吉林省	2720.82	5	1	27100	1	0	4342
黑龙江省	14006.15	6	0	16041	2	0	2795
上海市	6438.59	2	0	21343	0	0	0
江苏省	10713.90	16	1	286301	4	0	36416
浙江省	25442.57	11	0	179039	1	1	19347
安徽省	3087.40	13	0	81165	4	0	33114
福建省	3884.02	13	0	83847	5	1	28461
江西省	2303.57	20	1	107746	8	1	44004
山东省	6016.26	9	0	81154	3	0	46232

续表

省别	档案事业费	本年度在建项目			本年度竣工项目		
		新建	改扩建	建筑面积	新建	改扩建	建筑面积
	万元	个	个	平方米	个	个	平方米
河南省	3522.13	12	0	52708	2	0	12990
湖北省	7303.35	17	0	97821	7	0	34583
湖南省	3715.95	25	0	298310	7	1	29893
广东省	20511.61	17	3	1097284	5	2	119675
海南省	1496.03	6	2	34378	1	0	1928
广西壮族自治区	4701.79	15	0	87873	2	0	21658
重庆市	6342.94	3	0	25499	2	0	10118
四川省	13094.82	30	0	243453	13	1	54679
贵州省	4393.32	21	0	75808	5	0	14665
云南省	7186.93	34	0	178891	8	0	42268
西藏自治区	21709.10	16	0	16360	14	0	15085
陕西省	124858.72	21	1	99652	2	1	5199
甘肃省	1718.47	13	2	32371	4	4	11875
青海省	818.34	7	1	17683	3	0	3508
宁夏回族自治区	1611.17	1	0	1140	0	0	0
新疆维吾尔自治区	2220.33	21	0	64710	8	0	18151
* 合计 *	1212980.31	397	13	3583677	121	15	743965

2013 年度各省、自治区、直辖市直属机关档案工作基本情况表

省别	档案机构	现有全部专职人员		兼职人员	本年经费投入	室存全部档案					本年接收档案		室存资料	利用档案		陈列室	档案室库房建筑面积
			女性			案卷	以件为保管单位档案	录音磁带录像磁带影片档案	照片档案	底图	案卷	以件为保管单位					
	个	人	人	人	万元	卷	件	盘	张	张	卷	件	册	人次	卷件次	个	平方米
北京市	1401	1660	1284	15240	8007	44694268	9397408	123609	1270559	46122	2920928	1292682	380825	964236	1691034	446	109211
天津市	991	896	669	3145	10743	7208980	7046813	22786	385105	121794	429532	589297	261948	262307	612507	141	47411
河北省	4691	4765	3475	7614	915882	11343868	14358936	90531	697999	180412	566034	1446348	1808271	327525	738364	869	229290
山西省	3520	2400	1704	3117	1287	5965476	2725444	25879	249843	288755	306538	331334	440081	130374	283176	640	69830
内蒙古自治区	5211	3751	2759	5728	1728	9097705	13171128	98935	582945	145073	346016	762253	709983	236810	615554	989	137824
辽宁省	5108	3018	2254	5735	3710	24017540	21875320	178166	1519644	178718	1091125	2188642	1193115	515216	1254248	8720	221812
吉林省	2055	1377	829	1720	58161	4070016	3660482	8807	139315	19212	211671	341019	135302	92075	217058	97	35387
黑龙江省	929	872	557	789	575868	5958246	4604279	13840	487460	353142	225560	479951	385958	159023	368300	80	60000
上海市	81	134	83	306	10495	3124142	2496972	27517	185652	3328	73251	632677	204509	15370	109076	598	10358
江苏省	2465	2204	1646	8059	9589	31379395	20092284	91515	1083454	97563	2286945	2192853	456708	578480	1262040	757	165981
浙江省	4601	3456	2620	7876	900478	50563225	51527192	186383	1348433	303319	3389618	3920403	2425966	1918465	2935228	935	254179
安徽省	7382	3815	2552	11557	319181	22646422	23979807	148179	1096595	419867	1248125	2623468	1382240	576404	1142884	719	238865
福建省	89	91	72	320	200	589242	1637684	10619	100214	19051	23995	163670	46386	17495	57745	639	8196
江西省	5987	2247	1153	6505	15347	13240027	16326928	56143	538564	60590	551574	1054649	1585123	432973	917589	573	141261
山东省	5160	5617	3720	9909	443497	21082608	22442829	196772	1848018	285363	1398652	2705939	1586781	897219	1873229	7569	202757
河南省	2819	3057	2340	2884	119105	9458336	9612882	81343	738006	191959	554754	1221489	1156738	341097	632139	491	153180
湖北省	9167	6692	4914	14947	1511629	26989855	38478699	155861	2801810	354154	1411219	3077198	2589610	862576	2272402	7132	1216173
湖南省	636	520	360	565	1307791	1574126	3276961	9478	68777	58500	76900	207062	86399	77014	155186	105	26056
广东省	392	602	502	1770	22998	13755181	7598034	39286	514139	1230163	2099042	782148	899955	311058	1129342	491	58389
海南省	829	579	339	764	1889	2804461	4963940	5788	155955	10357	222499	896525	45895	134029	248455	45	22309
广西壮族自治区	5230	1404	977	6456	5525	11102929	26374444	70252	668636	96654	510874	2367736	822969	437266	788116	689	133351
重庆市	1665	966	654	2429	4589	14066054	20250809	39576	438395	20746	1276741	1931336	949667	652004	1146409	694	83939
四川省	5206	2066	1471	7461	7613	193310346	41547415	76639	857058	128820	1189940	3415458	1168208	714347	1618746	784	200633
贵州省	5096	1360	814	5765	3785	8063742	21203185	47268	621477	83496	357667	1352648	1660153	282236	526456	597	99204
云南省	83	110	85	547	34471	690746	1073270	10304	69651	123354	42350	128135	131195	13130	41190	4	9804
西藏自治区	1301	342	265	1798	49847	203676	3448087	4886	42409	10518	5119	288859	72986	23539	54126	117	25940
陕西省	180	850	503	1692	439964	3645175	6762507	17195	533455	54087	210097	418015	673762	417615	618451	238	55696
甘肃省	6473	3088	1830	5911	54806	6612755	16198359	50998	468546	101676	339503	1460671	1040749	392573	934980	1114	114704
青海省	588	281	231	541	8359	1995500	3003132	19129	238069	124903	50341	238475	146837	49389	163139	610	15096
宁夏回族自治区	33	78	40	50	45749	82394	344802	4577	17512	1166	1509	24921	19937	3563	12362	10	1987
新疆维吾尔自治区	5993	3447	2850	9115	136561	13246910	13665730	65255	951295	167242	1324242	1620384	912145	260867	531418	571	143560
* 合计 *	95362	61745	43552	150315	7028854	388583346	433145762	1977516	20718990	5280104	24742361	40156245	25380401	12096275	24950949	37464	4292383

2013 年度省以上国家综合档案馆馆藏档案情况表

馆别	案卷	以件为保管单位档案	录音磁带 录像磁带 影片档案	照片档案	底图	实物档案	缩微胶片 平片	缩微胶片 开窗卡	缩微胶片 卷片
	卷	件	盘	张	张	件	张	张	万幅
中央档案馆	1319169	269550	16588	161231	5475	5000	101202	0	664
中国第一历史档案馆	0	10000002	0	0	0	0	8200	0	1565
中国第二历史档案馆	2250000	0	0	100000	0	0	0	0	1369
北京市档案馆	2321376	0	33541	185003	12733	27553	231	19	3347
天津市档案馆	1548381	131009	70664	72523	813	0	0	0	613
河北省档案馆	848934	193653	289	18160	0	0	0	0	0
山西省档案馆	353407	0	44	450	0	0	270	0	0
内蒙古自治区档案馆	515079	15192	6423	5941	50043	0	2050	0	677
辽宁省档案馆	1383103	69966	1513	102448	0	67	0	0	0
吉林省档案馆	1473447	139531	2095	49585	2592	17	36942	0	473
黑龙江省档案馆	565700	0	313	46000	0	0	0	0	0
上海市档案馆	3155776	333564	16722	182939	0	14819	0	0	2193
江苏省档案馆	647623	240175	45646	85399	0	8824	38771	0	796
浙江省档案馆	701849	187231	8920	507150	0	36	5597	500	755
安徽省档案馆	375448	113438	893	29331	0	5950	0	0	264
福建省档案馆	499056	136405	1327	38071	0	505	10584	0	993
江西省档案馆	383738	67754	109	16328	353	336	1086	0	192
山东省档案馆	819808	50481	2018	47692	0	0	296	3850	785
河南省档案馆	407773	205490	478	39548	0	0	0	0	0
湖北省档案馆	616661	98698	1559	15308	28572	3168	42	43	345
湖南省档案馆	506288	86831	1463	26079	0	0	0	0	141
广东省档案馆	1154560	155262	7771	1127774	444	3986	815	340	1
海南省档案馆	97957	25334	414	16108	0	2735	0	0	0
广西壮族自治区档案馆	584768	120912	4025	27606	0	254	0	0	356
重庆市档案馆	905178	62293	1054	32882	0	1780	0	0	113
四川省档案馆	1165885	53707	2499	2620	0	499	0	0	729
贵州省档案馆	443422	122153	102	10742	0	717	4644	0	259
云南省档案馆	782620	286782	1786	44267	0	6284	300	0	850
西藏自治区档案馆	3164818	17557	1154	17174	0	35100	0	0	3269
陕西省档案馆	541274	85206	0	0	0	0	0	0	0
甘肃省档案馆	321032	30547	4801	31092	504	210	0	0	250
青海省档案馆	232813	25939	1269	43869	0	20665	15605	0	156
宁夏回族自治区档案馆	119724	11119	1251	10061	0	1330	0	0	0
新疆维吾尔自治区档案馆	480662	6231	353	53162	350606	0	3500	0	0
* 合计 *	30687329	13342022	237084	3146543	452135	139835	230135	4752	21155

2013 年度省以上国家综合档案馆收集档案情况表

馆别	接收档案					征集档案					接受寄存档案
	案卷	以件为保管单位档案	录音磁带录像磁带影片档案	照片档案	底图	案卷	以件为保管单位档案	录音磁带录像磁带影片档案	照片档案	底图	
	卷	件	盘	张	张	卷	件	盘	张	张	件
中央档案馆	24950	1692	155	0	0	0	524	0	0	0	0
中国第一历史档案馆	0	0	0	0	0	0	0	0	0	0	0
中国第二历史档案馆	0	0	0	0	0	0	0	0	0	0	0
北京市档案馆	72855	0	308	20731	0	0	0	1	179	0	0
天津市档案馆	34278	15633	65793	0	0	0	2208	11	587	0	0
河北省档案馆	920	2060	0	0	0	0	0	0	0	0	0
山西省档案馆	18691	0	0	0	0	0	0	0	0	0	0
内蒙古自治区档案馆	13421	477	0	0	50000	0	0	0	0	0	0
辽宁省档案馆	6600	2764	0	0	0	16919	0	0	15000	0	0
吉林省档案馆	0	0	0	135	0	0	0	0	0	0	0
黑龙江省档案馆	7096	873	26	0	0	0	0	0	0	0	0
上海市档案馆	37768	30	2083	5524	0	0	2493	0	1522	0	0
江苏省档案馆	3976	27679	0	0	0	0	0	0	0	0	534769
浙江省档案馆	4529	4997	0	0	0	0	0	0	0	0	0
安徽省档案馆	0	0	0	0	0	0	0	0	0	0	0
福建省档案馆	12258	14199	0	0	0	0	0	0	0	0	0
江西省档案馆	12591	6134	0	0	0	0	496	7	0	0	0
山东省档案馆	28163	24291	0	0	0	90	510	98	0	0	0
河南省档案馆	5983	7675	0	0	0	0	0	0	0	0	213218
湖北省档案馆	19780	2607	0	0	0	535	2481	0	5	0	13100
湖南省档案馆	12378	24624	0	0	0	0	465	0	0	0	0
广东省档案馆	1040	4334	28	57	0	0	926	0	0	0	0
海南省档案馆	2364	12193	0	0	0	0	0	0	0	0	0
广西壮族自治区档案馆	1219	12480	0	0	0	0	0	0	0	0	0
重庆市档案馆	16202	3746	10	178	0	6591	714	61	0	0	0
四川省档案馆	6049	0	0	0	0	0	0	0	0	0	0
贵州省档案馆	9143	5199	0	1229	0	940	0	0	0	0	0
云南省档案馆	62035	98023	36	816	0	0	43	78	3295	0	0
西藏自治区档案馆	3471	3	0	0	0	0	0	0	0	0	0
陕西省档案馆	2566	17169	0	0	0	0	114	0	0	0	0
甘肃省档案馆	8966	1534	0	522	0	0	0	0	0	0	0
青海省档案馆	24115	19071	34	0	0	0	36	10	0	0	0
宁夏回族自治区档案馆	2201	0	0	313	0	0	0	0	0	0	0
新疆维吾尔自治区档案馆	25311	946	0	0	0	0	68	6	0	0	11
* 合计 *	480919	310433	68473	29505	50000	25075	11078	272	20588	0	761098

2013 年度省以上国家综合档案馆开放档案和利用档案、资料情况表

馆别	开放档案情况		开放档案目录		利用档案		政府信息公开查阅场所	爱国主义教育基地	举办展览		利用资料		利用现行文件	
	案卷	以件为保管单位档案	案卷级	文件级										
	卷	件			人次	卷件次	个	个	个	参观人次	人次	册次	人次	件次
中央档案馆	0	0	0	0	2194	18523	1	0	15	58	428	2240	632	1788
中国第一历史档案馆	0	8780369	0	199	3157	11517	0	0	0	0	0	0	0	0
中国第二历史档案馆	1800000	0	92871	0	2288	7924	0	1	0	0	0	0	0	0
北京市档案馆	634576	0	63	106	6383	28267	1	1	1	2900	116	371	152	181
天津市档案馆	768139	0	77	118	2405	16826	1	1	2	9916	27	1367	0	0
河北省档案馆	641211	0	0	0	2460	9788	1	0	0	0	121	406	26	181
山西省档案馆	125800	0	13	131	3330	4487	1	1	2	6000	208	1012	12	25
内蒙古自治区档案馆	224354	0	22	52	1056	3857	1	1	1	1148	125	232	20	30
辽宁省档案馆	983998	0	105	0	1904	1904	1	0	2	1500	0	0	223	231
吉林省档案馆	29057	0	0	29057	1169	2344	1	0	3	0	426	476	126	1359
黑龙江省档案馆	242038	0	2	0	1381	5866	1	1	1	1500	0	0	376	1922
上海市档案馆	863455	0	86	341	13153	381192	1	1	9	81352	1300	2067	467	1374
江苏省档案馆	307617	21620	31	0	3011	25868	1	1	2	2950	92	1021	7	10
浙江省档案馆	174980	61272	18	49	5275	139118	1	1	2	6000	1077	19908	433	2541
安徽省档案馆	0	0	0	0	602	19820	1	1	1	13000	100	1724	0	0
福建省档案馆	174086	3759	24	70	2538	23199	1	1	6	21000	518	5560	185	706
江西省档案馆	184195	0	18	191	2345	18429	1	1	3	1500	219	1594	31	57
山东省档案馆	535290	0	27	267	1962	6208	1	1	15	5500	38	203	62	232
河南省档案馆	164719	0	16	0	2273	6501	1	1	1	800	97	180	5	6
湖北省档案馆	234585	0	24	0	1565	21950	1	1	7	10145	650	1258	33	45
湖南省档案馆	343700	0	34	515	2686	9866	1	1	7	14380	97	266	57	25
广东省档案馆	81113	727	8	103	4255	37645	1	1	6	10003	706	1334	65532	196598
海南省档案馆	55697	1000	2	24	1200	6538	1	1	1	800	130	381	120	200
广西壮族自治区档案馆	114435	0	11	38	2965	6474	1	1	0	0	152	229	153	335
重庆市档案馆	605107	0	61	410	4673	17805	1	0	6	5000	112	369	3	26
四川省档案馆	715353	0	71	0	1468	47222	1	1	3	2000	515	6247	8	10
贵州省档案馆	0	0	0	0	1857	8833	1	1	2	3000	56	211	4	4
云南省档案馆	290342	0	13	0	2772	17093	1	1	63	4045	150	320	240	350
西藏自治区档案馆	0	0	0	0	414	4947	0	0	0	0	0	0	0	0
陕西省档案馆	248727	0	0	0	621	11036	1	1	1	769	24	973	79	135
甘肃省档案馆	257095	440	18	400	1810	3780	1	1	1	40000	120	360	198	87
青海省档案馆	76195	0	8	3	3334	20288	1	1	2	3350	89	408	27	64
宁夏回族自治区档案馆	26028	424	24352	10375	1024	4038	2	1	2	14000	33	68	230	1050
新疆维吾尔自治区档案馆	27056	0	3	0	1970	11249	1	1	1	1131	40	150	220	45962
* 合计 *	10928948	8869611	117976	42448	91500	960402	32	27	168	263747	7766	50935	69661	255534

2013年度省以上国家综合档案馆抢救国家重点档案情况表

馆别	应抢救档案总数		已抢救档案数量			
					本年度抢救档案数量	
	卷	件	卷	件	卷	件
中央档案馆	0	0	0	0	0	0
中国第一历史档案馆	10000000	0	0	0	0	0
中国第二历史档案馆	0	0	0	0	0	0
北京市档案馆	1199031	0	1019685	0	17230	0
天津市档案馆	830000	0	159357	0	18171	0
河北省档案馆	236604	0	151454	0	600	0
山西省档案馆	0	0	0	0	0	0
内蒙古自治区档案馆	124563	0	36458	0	11394	0
辽宁省档案馆	531430	0	348841	0	21225	0
吉林省档案馆	469740	139531	188555	40000	11548	0
黑龙江省档案馆	275269	0	111720	0	6309	0
上海市档案馆	1518816	87410	1117326	87410	34027	25425
江苏省档案馆	188141	0	179234	0	19328	0
浙江省档案馆	127543	210355	14042	207061	195	0
安徽省档案馆	717613	0	83931	0	3138	0
福建省档案馆	179140	0	94054	0	1652	0
江西省档案馆	137692	0	63151	0	10000	0
山东省档案馆	380002	227160	83025	207830	2925	0
河南省档案馆	52063	0	36936	0	2930	0
湖北省档案馆	250000	0	159257	0	15075	0
湖南省档案馆	124786	0	89640	0	2112	0
广东省档案馆	35273	481765	25669	414706	513	0
海南省档案馆	12400	0	7490	0	0	0
广西壮族自治区档案馆	10419	0	10419	0	4873	0
重庆市档案馆	468790	0	200012	0	32372	0
四川省档案馆	567285	3384	289000	0	3400	0
贵州省档案馆	127059	0	57991	0	9684	0
云南省档案馆	606453	80441	106034	0	6328	0
西藏自治区档案馆	3076079	0	564801	0	0	0
陕西省档案馆	205655	0	156948	0	6000	0
甘肃省档案馆	88485	0	85054	0	7054	0
青海省档案馆	0	0	0	0	0	0
宁夏回族自治区档案馆	0	0	0	0	0	0
新疆维吾尔自治区档案馆	111045	0	54777	0	23040	0
* 合计 *	22651376	1230046	5494861	957007	271123	25425

2013年度省以上国家综合档案馆馆库面积及馆内设备情况表

馆别	档案馆总建筑面积	档案馆库房建筑面积	后库建筑南积	档案技术用房建筑面积	档案对外服务用房建筑面积	缩微设备：缩微摄影机	缩微设备：冲洗机	缩微设备：拷贝机	缩微设备：阅读器	缩微设备：阅读复印机	电子计算机：服务器	电子计算机：微机	复印机	空调机：集中式	空调机：分散式	去湿机	消毒设备
	平方米	平方米	平方米	平方米	平方米	台	台	台	台	台	个	台	台	台	台	台	台
中央档案馆	63045	23431	3849	3413	2075	3	1	2	17	0	35	411	29	2	0	4	1
中国第一历史档案馆	19000	5000	0	769	0	15	2	4	8	2	25	537	2	0	0	2	3
中国第二历史档案馆	31002	12402	0	2869	0	6	3	3	4	0	30	500	18	3	167	11	6
北京市档案馆	20300	9000	0	3500	1200	7	2	5	7	1	38	538	6	43	249	2	4
天津市档案馆	24500	9000	7638	5500	900	8	1	2	6	1	44	325	2	50	100	3	1
河北省档案馆	17695	4124	3539	210	300	8	1	3	5	0	8	237	5	0	389	19	3
山西省档案馆	10802	7995	0	300	200	5	2	1	4	3	0	4	2	0	18	17	0
内蒙古自治区档案馆	20852	3110	0	200	260	5	1	1	7	2	4	236	13	1	0	0	0
辽宁省档案馆	80081	35739	4300	7414	13364	10	2	3	14	1	13	214	0	1	76	3	3
吉林省档案馆	18721	3680	0	0	0	1	1	1	2	0	9	179	4	14	29	26	1
黑龙江省档案馆	0	0	0	0	0	0	0	0	0	0	4	272	0	0	0	0	0
上海市档案馆	33477	19991	2054	1454	5164	0	1	0	4	2	76	713	17	15	48	108	7
江苏省档案馆	15181	6900	0	600	390	6	1	1	11	1	10	408	8	1	103	23	2
浙江省档案馆	9228	4700	0	0	0	4	2	1	9	1	38	135	3	1	0	0	0
安徽省档案馆	8640	4525	0	0	0	3	1	2	4	1	0	0	0	0	0	0	0
福建省档案馆	41476	13907	0	3204	12636	0	0	2	1	2	21	111	0	1	0	23	3
江西省档案馆	18026	12000	0	961	2500	4	2	2	5	0	19	151	4	1	8	9	2
山东省档案馆	49230	16956	0	6014	16564	0	1	0	1	0	14	289	5	1	5	1	40
河南省档案馆	13822	7000	0	400	0	0	0	0	3	0	6	36	1	0	10	1	2
湖北省档案馆	18130	7770	0	730	850	0	1	1	1	0	17	171	8	0	126	10	2
湖南省档案馆	17290	13100	0	3300	1342	0	1	0	0	0	4	134	3	6	12	22	1
广东省档案馆	39000	19238	0	3600	5930	3	1	1	8	1	20	458	6	1	0	10	3
海南省档案馆	6200	2100	0	200	300	0	0	0	0	0	5	22	3	1	0	6	3
广西壮族自治区档案馆	11500	6890	0	350	150	3	1	1	5	1	15	233	4	16	93	42	2
重庆市档案馆	13499	7200	0	878	200	2	1	1	2	1	6	125	3	1	91	36	3
四川省档案馆	16900	8220	0	800	1500	3	1	2	2	2	5	210	0	2	0	19	0
贵州省档案馆	12248	6368	0	185	0	2	1	1	2	0	6	135	7	0	0	3	1
云南省档案馆	23000	20000	3000	0	0	12	1	1	0	2	29	214	4	5	27	13	2
西藏自治区档案馆	16364	12640	0	575	0	5	1	2	3	3	2	123	3	2	4	0	0
陕西省档案馆	22452	6000	2280	0	500	0	0	0	0	0	0	170	2	2	0	0	0
甘肃省档案馆	16243	5054	3781	1123	0	4	1	1	4	2	8	127	4	0	1	0	0
青海省档案馆	5696	1995	0	549	1500	3	1	1	2	0	14	91	3	10	10	0	0
宁夏回族自治区档案馆	18690	3065	0	3634	2336	5	2	2	3	1	16	90	5	2	0	0	0
新疆维吾尔自治区档案馆	8418	7218	0	1200	474	0	0	0	0	0	10	166	11	7	2	0	0
* 合计 *	740708	326318	30441	53932	70635	127	37	47	144	30	551	7765	185	189	1568	413	95

2013年度各省、自治区、直辖市档案专业教育基本情况表

省别	学校		毕业生数						教师人数		在职培训教育							
											面授培训						网上培训	
	高等学校	中等学校	博士研究生	硕士研究生	双学位	大学本科	大专	中专	高等学校	中等学校	岗位培训		继续教育		专题培训		岗位培训	继续教育
	个	个	人	人	人	人	人	人	人	人	期	人	期	人	期	人	人次	人次
北京市	1	0	0	0	0	82	0	0	12	0	15	1665	23	2078	166	5699	1607	2315
天津市	0	0	0	0	0	0	0	0	0	0	12	1121	6	255	34	3002	0	0
河北省	0	0	0	0	0	5	2	0	0	0	14	994	0	0	55	3541	0	0
山西省	0	0	0	0	0	0	0	0	0	0	0	0	0	0	0	0	0	0
内蒙古自治区	0	0	0	0	0	0	0	0	0	0	7	1145	2	458	4	533	0	0
辽宁省	2	0	0	24	0	79	0	0	20	0	25	2147	23	1826	8	422	0	125
吉林省	0	0	0	0	0	0	0	0	0	0	2	264	5	629	0	0	0	0
黑龙江省	0	0	0	0	0	0	0	0	0	0	3	300	0	0	3	125	0	0
上海市	3	1	0	42	0	109	0	47	28	11	17	1820	12	3231	35	2890	0	0
江苏省	1	0	0	7	0	75	0	0	16	0	21	3731	16	2698	39	4756	0	0
浙江省	0	0	0	0	0	0	0	0	0	0	6	1017	3	491	8	987	202	0
安徽省	1	0	0	25	0	52	0	0	12	0	9	1472	21	1857	12	838	0	0
福建省	0	0	0	6	0	49	0	0	7	0	25	3908	9	1875	2	170	0	484
江西省	0	0	0	6	0	45	0	0	9	0	10	838	2	273	14	1008	0	0
山东省	0	1	0	14	0	20	0	2430	8	1	22	2197	1	77	11	747	0	0
河南省	2	0	0	7	0	131	0	0	29	0	4	583	1	23	20	741	64	20
湖北省	1	1	6	28	0	92	0	113	22	27	21	2524	3	323	22	2550	0	0
湖南省	1	0	0	8	0	30	0	0	16	0	6	831	3	370	3	291	0	0
广东省	1	0	0	7	0	53	0	0	8	0	56	7590	12	2155	50	4377	1020	0
海南省	0	0	0	0	0	0	0	0	0	0	12	953	0	0	2	356	0	0
广西壮族自治区	1	0	0	11	0	49	0	0	11	0	14	1622	9	260	22	1013	26	0
重庆市	0	0	0	0	0	0	0	0	0	0	7	939	2	10	4	450	0	4
四川省	1	1	4	9	0	65	0	476	9	12	29	1839	19	1401	64	4293	0	0
贵州省	0	0	0	0	0	0	0	0	0	0	4	591	0	0	1	110	0	0
云南省	0	0	0	0	0	0	0	0	0	0	16	2763	8	494	25	2110	16	16
西藏自治区	0	0	0	0	0	0	0	0	0	0	0	0	0	0	0	0	0	0
陕西省	0	0	0	0	0	0	0	0	0	0	10	790	3	568	9	406	0	0
甘肃省	0	1	0	0	0	0	0	0	0	5	7	511	2	201	2	236	0	0
青海省	0	0	0	0	0	0	0	0	0	0	0	0	2	400	10	3891	0	0
宁夏回族自治区	0	0	0	0	0	0	0	0	0	0	2	245	1	628	7	350	0	32
新疆维吾尔自治区	2	1	0	0	0	0	0	543	10	0	20	1927	7	540	34	2316	0	0
* 合计 *	17	6	10	194	0	936	2	3609	217	56	396	46327	195	23121	666	48208	2935	2996

（十四）档案统计资料

附　录

中央档案馆国家档案局大事记

1月1日　为纪念毛泽东诞辰120周年，在国家档案局门户网站推出网络多媒体视频《档案天天看——毛泽东档案系列》。

1月7—12日　以杨继波为团长的中国档案代表团一行3人赴越南河内市出席联合国教科文组织世界记忆项目经验交流国际研讨会。

1月19—20日　组织档案验收组对秦山核电站二期扩建工程进行了验收。

1月21日　召开2012年度局长、司长（主任）、处长三级领导干部述职大会。

1月22日　印发《2013年全国档案宣传工作要点》。

1月24日　召开2012年度馆局工作总结大会。

1月28日　分别在丰盛、西山、永安路办公区组织各部门各单位领导班子成员学习讨论中共中央政治局委员、中央书记处书记、中央办公厅主任栗战书在中央办公厅2013年工作会议上的讲话，杨冬权、李明华、李和平、杨继波参加学习讨论。

2月22日　监察部、人力资源和社会保障部、国家档案局联合印发《档案管理违法违纪行为处分规定》。

民政部、国家档案局联合印发《农村五保供养档案管理办法》。

2月26日　召开全国开放档案信息资源共享平台建设启动会。

3月3日　全国政协委员、国家档案局局长杨冬权向中国人民政治协商会议第十二届全国委员会第一次会议提交了《关于随馆藏数量增加而相应增加各级国家档案馆人员编制的提案》。

3月13—16日　国家档案局、国务院三峡办、长江委信息中心共同组成调研检查组，对重庆库区移民档案工作进行调研和检查。

3月20日、22日　中央办公厅副主任赵胜轩分别走访中央档案馆、国家档案局以及中国第一历史档案馆，杨冬权陪同走访。

3月22日　第十二期档案业务人员岗位培训班开班式在北京举行，杨冬权出席开班式并以档案价值鉴定为主题作了专题讲座。

3月22—31日　在北京举办贵州省分管档案工作领导干部培训班，杨冬权出席开班式，段东升出席结业式。

3月24—30日　组织检查组对贵州省区域内建设项目档案工作进行检查。

4月5日　杨冬权代表中华人民共和国国家档案局与秘鲁共和国国家档案馆在海南博鳌签署合作框架协议。

4月9—10日　组织档案验收组对国家电网公司的青海格尔木至西藏拉萨±400千伏直流输电工程进行了项目档案专项验收。

4月11—12日　组织档案验收组对葛沪直流综合改造工程进行了项目档案专项验收。

4月18日　办公室印发修订后的《市、县级国家综合档案馆测评办法》。

4月19日　国家档案局、广东省人民政府、福建省人民政府在人民大会堂联合召开“中国侨批·世界记忆工程”国际研讨会。

在北京组织召开社会主义新农村建设档案工作示范县活动领导小组扩大会议，李和平出席会议。

4月20日　四川“4·20”芦山地震发生后，国家档案局高度重视地震地区档案和档案人员受灾情况，杨冬权多次致电四川省档案局询问灾情，指导抗震救灾工作，并于地震当天将四川省档案局报送的《四川省档案局关于“4·20”芦山地震情况的报告》呈送中央办公厅。

在山东省青岛市组织召开《档案法》修改座谈会。

4月21日　中共中央政治局委员、中央书记处书记、中央办公厅主任栗战书在了解四川芦山“4·20”地震档案系统受灾情况后，请国家档案局局长杨冬权转达中央办公厅对地震灾区档案工作者及家属的慰问，同时要求有关档案部门认真做好抗震救灾工作。

4月22—29日　在北京举办甘肃省分管档案工作领导干部培训班，杨冬权出席开班式，李明华为培训班授课。

4月23—24日　在江西省景德镇市召开全国经

济科技档案工作座谈会。

4月23—26日 2013年度国家档案局科技项目评议会议在广东省珠海市召开，李和平出席会议。

4月28日、5月8日、5月13日、6月1日 中央办公厅副主任陈世炬分别走访国家档案局、中央档案馆以及中国第一历史档案馆、中国第二历史档案馆，杨冬权陪同走访。

5月2日 国家林业局、国家档案局联合印发《集体林权制度改革档案管理办法》。

召开中国档案报社、原中国档案出版社、中国档案杂志社工作人员全体会议，传达原中国档案出版社人员分流问题解决方案。

5月10日 国家档案局、美国密歇根大学在安徽省合肥市共同举办中美数字档案学术研讨会。

5月14—24日 在中央党校举办中央党校全国档案领导干部培训班，杨冬权出席开班式并授课，段东升出席结业式。

5月24日 国家文物局、国家档案局联合印发《关于积极做好档案系统第一次全国可移动文物普查工作的通知》。

5月28—31日 在重庆市举办国家重点档案抢救和保护工作技术推广应用培训会，李明华出席会议。

5月30日—6月1日 在云南昆明组织召开国家档案局预算绩效管理工作经验交流会，段东升出席会议。

6月6日 在北京组织召开国家档案局10号令宣传贯彻培训会议，李和平出席会议。

6月7日 在北京举办《明清档案与读书修养》专题讲座活动，杨冬权、李和平出席活动。

6月9日 国家档案局决定从2013年起，将每年的6月9日“国际档案日”作为全国档案部门的宣传活动日，组织全国各系级档案部门在统一时间，以统一主题，集中开展一批主题鲜明、内容丰富、形式多样的宣传活动。

中央档案馆国家档案局、上海市档案局馆主办的“红星照耀中国——外国记者眼中的中国共产党人”展览在中华世纪坛开展。李明华出席展览媒体专场开放活动。此次活动是国家档案局开展的6月9日“国际档案日”宣传活动的一部分。

6月14日 国家档案局在北京组织召开全国建设项目档案管理示范工程经验交流会，杨冬权出席会议并讲话，段东升、李明华、李和平、杨继波出席会议。

6月18日 《国家档案局政府网站管理办法（试行）》正式施行。

6月18—21日 在联合国教科文组织世界记忆工程国际咨询委员会会议上，我国西藏自治区档案局馆申报的《中国元代西藏官方档案》和广东省档案局馆与福建省档案局馆联合申报的《侨批档案——海外华侨银信》入选联合国教科文组织的《世界记忆名录》。至此，我国已有9份文献遗产入选《世界记忆名录》。

6月29日 经中共中央批准，由中央档案馆和中共中央文献研究室联合编辑、人民出版社出版的大型档案汇编——《中共中央文件选集（1949.10—1966.5）》出版发行。

7月8—9日 2013年海峡两岸档案暨缩微学术交流会在哈尔滨召开，杨冬权、李和平出席会议。

7月10日 召开馆局开展党的群众路线教育实践活动动员大会，中央办公厅副主任陈世炬，中央第二十四督导组组长虞云耀、副组长田淑兰到会督导，杨冬权出席会议并讲话，段东升、李明华、李和平、杨继波出席会议。

办公室印发《档案信息系统安全等级保护定级工作指南》。

7月11日 印发《关于严格执行财政部　发展改革委关于联消利用档案收费规定的通知》。

7月15日 办公室印发《关于加强汛期档案安全保管的紧急通知》。

7月15—19日 国家档案局与俄罗斯联邦档案署在大连共同组织召开中俄档案合作工作小组第十次会议，杨冬权、李明华出席会议。7月16日，作为中俄两国档案合作的交流项目，中俄双方在大连市档案馆举办了“档案中的大连历史”展览。

7月26日 为表达对领袖的敬意，欧阳中石、李铎、张海等120位书法家决定将自己的作品无偿捐赠给中央档案馆。在接收仪式上，杨冬权向到场的10余位书法家颁发了收藏证书，杨继波主持仪式。

7月29日—8月4日 在北京举办云南省分管档案工作领导干部培训班，杨冬权出席开班式，段东升出席结业式，李明华为培训班授课。

7月30日 中央档案馆在北京新文化运动纪念馆举办了为期一个月的“风展红旗如画——纪念毛泽东诞辰120周年名家书画展”。

8月1—2日 组织档案验收组对青海三江源生态保护和建设项目档案进行了验收。

8月13日 中央档案馆与中国扇子艺术学会在北京艺术博物馆联合举办了“中国扇子艺术学会向中央档案馆捐赠扇面艺术作品仪式”，杨继波向书画家代表颁发了收藏证书。

8月13—16日　在青海省西宁市举办国家重点档案抢救和保护工作技术推广应用培训会，李明华出席会议。

8月23日　印发《关于开展向朱志伟同志学习活动的决定》。

9月2—4日　在山东省青岛市举办全国档案信息化建设高级研修班，杨继波出席开班式。研修班是根据人力资源和社会保障部关于培养高级专业人才计划2013年工作安排举办的，这是国家档案局第一次承担此类培训任务，培训内容涉及国家信息发展形势以及档案部门信息化具体问题。全国副省级以上档案部门共50余名档案信息化业务骨干参加了培训。

9月2—7日　组织检查组对宁夏回族自治区区域内建设项目档案工作进行检查。

9月9—10日　由国家档案局、水利部、国务院南水北调办、国家能源局组成的联合调研组对湖北十堰丹江口水库的移民档案工作进行了检查和调研。

9月10日　杨冬权出席中乌（克兰）政府间合作委员会文化合作分委会第二次会议。会议期间，杨冬权代表中华人民共和国国家档案局与乌克兰档案署共同签署了两国档案领域合作协议。

9月10—12日　组织召开2013年度全国档案科技管理暨科技成果推广会议。

9月9—20日　组织中国档案代表团赴英国进行档案境外收集培训。

10月9—11日　在贵州省凯里市组织召开全国档案优秀科技成果奖评审会，李和平出席会议。

10月9—17日　与北京市西城区委联合在北京中华世纪坛举办“党的群众路线”档案展览。由于社会反响热烈，11月1—9日，展览又移至北京民族宫继续展出，期间近5万人参观了展览。

10月9—29日　在中国浦东干部学院举办中国浦东干部学院第五期档案领导干部培训班，杨冬权出席开班式，段东升出席结业式。

10月10日　在江苏省太仓市组织召开全国数字档案馆（室）建设推进会，杨冬权出席会议并讲话，李明华出席会议。

10月12日　中央党的群众路线教育实践活动领导小组办公室、国家档案局联合印发《关于做好党的群众路线教育实践活动文件材料收集归档工作的通知》。

10月14—18日　在北京举办四川省藏区档案局馆长培训班，杨冬权出席开班式并授课。

10月15—16日　在福建省厦门市举办2013年全国青年档案工作者研讨会，李和平出席会议。

10月16—18日　由国家档案局主办的国际档案理事会东亚地区分会第11次全体大会暨数字档案馆的规划与实践研讨会在四川省成都市召开。杨冬权出席会议并参与研讨，杨继波主持开幕式，国际档案理事会东亚地区分会主席、韩国国家记录院院长朴景国致辞。

10月21日　杨冬权会见以朝鲜国家文献局副局长柳哲焕为首的朝鲜档案代表团。

11月2日　组织召开“党群众路线教育实践活动”领导班子专题民主生活会，中央办公厅副主任陈世炬到会并讲话，杨冬权、段东升、李明华、李和平、杨继波在会上依次作对照检查，中央第二十四督导组组长虞云耀作点评。

11月6—8日　在湖南省长沙市组织召开全国档案信息系统安全等级保护工作会议，李和平出席会议。

11月11日　在广西自治区南宁市组织召开全国档案系统办公室主任会议，杨继波出席会议。

11月19—23日　杨冬权率中国档案代表团赴土耳其执行中土两国政府档案领域合作议定书。

11月21—23日　组织召开机关档案业务建设座谈会。

11月25日　召开馆局务会扩大会议。会议宣布李和平同志因年龄原因不再担任中央档案馆副馆长、国家档案局副局长。会议还对馆局领导分工进行了调整。

12月9—13日　组织检查组对海南省区域内建设项目档案工作进行检查。

12月16日　办公室会同国家发展和改革委员会办公厅、财政部办公厅、国家税务总局办公厅联合印发《关于组织开展电子发票及电子会计档案综合试点工作的通知》。

12月17日　召开中央档案馆档案价值评定委员会研讨会，杨冬权、李明华，国家图书馆研究馆员李致忠出席会议，杨继波主持会议。

12月23日　为纪念毛泽东诞辰120周年，缅怀毛泽东一生的丰功伟绩，由中央档案馆和中国国家博物馆联合举办的“巨人毛泽东——毛泽东书法与当代名家雕塑绘画展”开幕式在国家博物馆举行。中央档案馆馆长杨冬权、国家博物馆馆长吕章申、毛泽东女儿李敏以及当代书画名家等出席开幕式。展览于2013年12月24日—2014年3月30日在国家博物馆一号中央大厅展出。

12月27日　全国档案局长馆长会议在北京召开，中央办公厅副主任陈世炬到会并讲话，杨冬权作工作报告，段东升、李明华、杨继波出席会议。